重庆工商大学经济管理实验教学中心组编

能力导向的经管类专业实验教学体系研究

Nengli Daoxiang de
Jingguanlei Zhuanye Shiyan
Jiaoxue Tixi Yanjiu

主　编　郑旭煦
副主编　罗勇　骆东奇

西南财经大学出版社

图书在版编目(CIP)数据

能力导向的经管类专业实验教学体系研究/郑旭煕主编. —成都:西南财经大学出版社,2012.10

ISBN 978-7-5504-0866-1

Ⅰ.①能… Ⅱ.①郑… Ⅲ.①经济管理—实验教学法—教学研究—高等学校 Ⅳ.①F2-42

中国版本图书馆 CIP 数据核字(2012)第 241003 号

能力导向的经管类专业实验教学体系研究

主　　编:郑旭煕
副主编:罗　勇　骆东奇

责任编辑:李特军
封面设计:杨红鹰
责任印制:封俊川

出版发行	西南财经大学出版社(四川省成都市光华村街55号)
网　　址	http://www.bookcj.com
电子邮件	bookcj@foxmail.com
邮政编码	610074
电　　话	028-87353785　87352368
照　　排	四川胜翔数码印务设计有限公司
印　　刷	郫县犀浦印刷厂
成品尺寸	185mm×260mm
印　　张	26.25
字　　数	585 千字
版　　次	2013 年 1 月第 1 版
印　　次	2013 年 1 月第 1 次印刷
书　　号	ISBN 978-7-5504-0866-1
定　　价	68.00 元

1. 版权所有,翻印必究。
2. 如有印刷、装订等差错,可向本社营销部调换。

前言 Preface

人才培养、科学研究、社会服务、文化传承与创新是大学的四大功能，而排在首位的是人才培养，它是高校科学研究之基，是社会服务之载体，是文化传承和创新之关键路径。大学之大在于人才培养，无论是什么类型的大学，也无论哪个层次的学校，人才培养都是学校的首要任务。如何培养人才，如何培养优秀人才，如何培养创新型人才，这是我们一直在探寻和实践的重点。培养大学生的能力是人才培养的重要目标，它需要通过第一课堂、第二课程以及各种创新实践来实现。我国高等教育从精英教育向大众化教育的转变，客观上要求高校更加重视培养学生的实践能力。

多年实践表明，实验教学逐步成为人才培养中不可替代的途径和手段，人们也已普遍认识到实验教学的重要性，认为理论教学和实验教学是培养学生能力和素质的两种同等重要的手段，二者相辅相成、相得益彰。近十年来，经管类实验教学取得了巨大的发展，但在实验课程体系构建、教学内容和实验项目的设计、教学方法创新、教学手段应用等诸多方面都尚在不断地探索之中。课程是人才培养方案中的核心和基础，人才培养方案是专业人才培养的顶层设计，是人才培养目标实现的源头，有什么样的人才培养方案，就决定着培养什么样的人才。为充分发挥实验教学在经济管理类专业人才培养中的作用，需要深化实验教学体系研究，努力把现代教育教学理念、先进的教学技术、丰富的教学资源充分应用在实验教学中，实现实验教学要素的最优配置，让经济管理实验教学最大限度的支撑财经人才培养目标。

为贯彻落实《国家中长期教育改革和发展规划纲要》，大力提升人才培养水平，增强科学研究能力，服务经济社会发展，推进文化传承创新，全面提高高等教育质量，教育部出台了《关于全面提高高等教育质量的若干意见》，意见强调了实践育人。教育部等七部委联合出台了《关于进一步加强高校实践育人工作的若干意见》，强调了实践教学对于提高学生的综合素质、培养学生的创新精神和实践能力具有特殊作用。重庆工商大学作为具有鲜明财经特色的高水平多科性大学，一直坚持人才培养是大学第一任务的思想，高度重视并积极探索实践育人的基础建设与改革路径，取得了显著成效。学校经济管理实验教学中心统筹经济管理各学院实验教学及改革与建设，2006年被评为"重庆市高校市级实验教学示范中心"，2007年被确定为"国家级实验教学示范中心建设单位"。经过多年的努力，重庆工商大学经济管理实验教学改革取得了一系列成果，按照能力导向构建了包括学科基础实验课程、专业基础实验课程、专业综合实验课程、学科综合实验（实训）课程和创新创业课程五大层次的实验课程体系，真正体现了"实验教学与理论教学并重、实验教学相对独立"的实验教学理念，并且建立了形式多样、过程为重、学生中心、能力本位的实验教学方法和考核评价体系。努力做到实验教学与理论教学有机结合，模拟与实战结合，教学与科研结合，专业教育与创业教育结合，学校与企业结合，第一课堂与第二课堂结合，创新了开放互动的经济管理实验教学模式。

为进一步加强实验教学建设，夯实人才培养顶层设计，经学校经济管理实验教学指导委员会统筹部署和安排，通过专门立项，组织各教学单位开展以能力为导向的专业实验教学体系重构。各专业能力导向的经济管理实验教学体系建设按照人才需求调研→提炼能力标准→设计实验项目→整合实验课程的流程和思路，构建与理论课相对独立的实验课程体系。通过近两年多时间的建设、论证、修改完善，28个专业形成了包括专业人才需求、能力标准调研、实验项目设计、实验课程整合的能力导向的实验教学课程体系，并已纳入专业人才培养方案。

构建能力导向的实验教学体系将有力支撑我校培养适应经济社会发展所需要的高素质应用型、复合型高级专门人才，为进一步提高重庆工商大学教育教学质量，实现转型升位，建设具有鲜明财经特色的高水平多科性大学发挥重要作用。人才培养与社会、经济、科学、技术等发展紧密联系，随着发展，人才培养顶层设计也将不断完善，人才培养方案也将在实践中不断优化与发展。

本书由重庆工商大学经济管理实验教学中心组织编写，重庆工商大学副校长郑旭煦教授担任主编，重庆工商大学经济管理实验教学中心主任罗勇教授、副主任骆东奇教授担任副主编，各教学单位教师对以能力为导向的实验教学体系建设开展了大量调研、分析和论证工作，学校经济管理实验教学指导委员会全体委员对专业实验教学体系的完善与修改提出了宝贵意见和建议。重庆工商大学经济管理实验教学中心詹铁柱、黄先德、黄洁、张学敏、石永明、范贵麟等同志参与了修改统稿工作。本书的出版得到了西南财经大学出版社李特军等编辑的大力支持和帮助，得到了教务处领导和经管类学院领导及教师们的大力支持和帮助，在此一并致谢。由于水平有限，书中难免存在不当甚至错误之处，恳请同行和读者批评指正。

重庆工商大学经济管理实验教学中心

2012 年 9 月

目录 Contents

以能力为导向重构经济管理实验教学体系 全面提升人才培养质量 …… (1)
经济学专业能力导向实验教学体系建设研究 …… (11)
国际经济与贸易专业能力导向实验教学体系建设研究 …… (28)
贸易经济专业能力导向实验教学体系建设研究 …… (51)
会展经济与管理专业能力导向实验教学体系建设研究 …… (69)
财政学专业能力导向实验教学体系建设研究 …… (79)
金融学专业能力导向实验教学体系建设研究 …… (95)
保险专业能力导向实验教学体系建设研究 …… (116)
投资学专业能力导向实验教学体系建设研究 …… (132)
工程管理专业能力导向实验教学体系建设研究 …… (141)
工商管理专业能力导向实验教学体系建设研究 …… (168)
人力资源管理专业能力导向实验教学体系建设研究 …… (178)
信息管理与信息系统专业能力导向实验教学体系建设研究 …… (191)
电子商务专业能力导向实验教学体系建设研究 …… (201)
物流管理专业能力导向实验教学体系建设研究 …… (219)
市场营销与商务策划专业能力导向实验教学体系建设研究 …… (232)
会计学专业能力导向实验教学体系建设研究 …… (241)
财务管理专业能力导向实验教学体系建设研究 …… (256)
土地资源管理专业能力导向实验教学体系建设研究 …… (267)
资源环境与城乡规划管理专业能力导向实验教学体系建设研究 …… (280)
旅游管理专业能力导向实验教学体系建设研究 …… (294)
统计学专业能力导向实验教学体系建设研究 …… (308)
社会工作专业能力导向实验教学体系建设研究 …… (317)
劳动和社会保障专业能力导向实验教学体系建设研究 …… (335)
社会学专业能力导向实验教学体系建设研究 …… (356)
公共事业管理专业能力导向实验教学体系建设研究 …… (390)

以能力为导向重构经济管理实验教学体系 全面提升人才培养质量

郑旭煦　罗勇　骆东奇　詹铁柱

在教育部印发的《关于进一步加强高等学校本科教学工作的若干意见》文件以及《国家中长期教育改革和发展规划纲要》中均强调了实践教学对于提高学生的综合素质、培养学生的创新精神和实践能力具有特殊作用。近年来，经管类实验教学取得了较大发展，但仍需继续大力开展内涵建设，而实验教学体系是实验教学内容的顶层设计，是内涵建设的根本，实验教学体系必须围绕人才能力培养的核心开展，因此，构建以能力为导向的经济管理实验教学体系意义重大。

一、以能力为导向的经济管理实验教学体系建设的背景

（一）经济管理实验教学现状

各高校对经济管理类实验教学作用认识发生了较大转变，并以地方和国家级经管类实验教学示范中心建设、中央与地方共建等项目为契机，投入大量资金建设实验室和实验教学软硬件，围绕实验课程大力开展实验教学团队建设，开展了大量的实验教学研究，使经济经济管理实验教学取得了长足的发展，成效也十分显著。取得以下重要成效：

第一，设置了独立的实验课程，形成了相对完善的实验课程体系。各示范中心及部分相关高校初步建立起了与理论课程体系既协调又相对独立的经济管理实验课程体系，并开展了实验课程建设和教学。

第二，打造了系列跨学科、跨专业的综合实训课程平台。经管类专业跨学科综合实训平台成为经管类实验教学示范中心近几年打造的实验教学平台内容。广东商学院、北京工商大学、重庆工商大学、贵州财经学院等多所学校的国家级经济管理实验教学示范中心打造了跨学科综合实训课程，作为学生毕业实训前的校内实训，对学生的知识综合应用能力、实践和创新能力、团队精神培养起到十分重要的作用。

第三，不断提升创新创业实训平台。创业教育成为世界教育发展的方向，在国外目前已经成为相对独立的学科分支，美国已将创业教育纳入国民教育体系。当前我国创业教育在理论、实践和政策等方面发展迅速，在国家政策支持和《国家中长期教育改革与发展纲要》的指导下，黑龙江大学、上海交通大学、中山大学、江西财经大学等高校在前几年就设立了创业教育学院，搭建了创业实验平台。2011年以来，

以成立创业教育学院为载体的创业实验平台如雨后春笋不断涌现，实验实训创业平台不断发展，已经成为学生创业实践的重要方式。

以上几个方面使得与理论课程体系既协调又相对独立的经济管理实验课程体系基本得以落实。但同时也暴露出一些问题：

一是经济管理实验课程平台内涵建设不足。经济管理实验教学课程平台在取得较大进展的同时，目前仍然存在诸多的问题，重点表现在内涵建设不足，创新创业教育尚需加快建设和发展。主要体现在：实验课程体系尚需不断完善；跨学科综合平台建设还不够深入和完善，与之适应的实验教学团队还不够合理；创新创业平台的打造目前大都处于起步阶段，需要经过长时间的探索和建设。

二是经济管理实验教学体系的系统性缺乏。系统的实验教学体系应该充分体现三个适应：与理论教学体系相适应，与人才培养目标相适应，实验课程之间相互适应。目前，许多高校虽然建立了独立的实验课程体系，具备了分层体系中的各个层次的实验课程，但不少实验课程的设立缺乏科学的论证，经管类实验教学体系还难与理论教学体系真正做到"相辅相成"，实验课程与理论课程之间以及实验课程之间内容存在交叉、重合等问题，实验课程的设置没有充分考虑学生能力培养的需要，难以形成基于能力培养的系统体系。例如在学科综合实训和创新创业教育方面，虽然人们都承认其对学生能力培养的重要性，但目前高校在相关课程设置、综合实训基地和创业基地建设等方面比较薄弱。实验课程之间相互脱节和重复的情况也普遍存在，从而也使得实验教学体系缺乏系统性。

（二）经济管理实验体系建设对实验课程建设的重要意义

实验课程建设是实验教学建设的核心，是深化实验教学改革，提高实验教学水平，提升人才培养质量的关键，是一项综合性整体建设工作，经济管理实验课程建设也不例外。实验课程建设的研究和实践，对提高经济管理实验课程建设质量、深化经管学科教学改革和人才培养将起到重要的推动作用。探索和明确经济管理实验课程建设的内涵是开展经济管理实验课程建设的基础。实验课程建设包含实验师资队伍建设、实验教学内容建设、实验教学方法和手段建设、实验教学条件建设、实验教学管理建设等内容。实验教学内容建设是实验课程建设的核心和主体，也是衡量实验课程建设质量的主要标准，其内容主要包括教学理念的改革与形成、课程体系建设、教学内容建设、实验教材建设、实验教学资源建设等内容。

从宏观上讲，实验课程内容就是指实验课程体系；从微观上讲，实验课程内容就是每门实验课程的实验教学内容，即每门实验课程及课程包含的实验项目。实验课程体系是所有实验课程及项目按照人才培养目标逻辑关系构成的课程系统。实验课程体系建设是从整体上建设实验课程的内容，而具体的实验课程则是具体的人才需求培养目标的实验教学内容。

教学内容建设是课程建设的核心要素。在课程建设过程中，要以专业培养目标为依据，同时结合专业特点、办学层次以及各门课程在整个培养计划中所处的地位设计教学内容。实验课程作为整个教学体系的重要组成部分，对实验课程内容及其结构进行整体优化和改革,围绕知识、能力、素质"三位一体"思路,构建新的实验课程体系,整合实验课程,完善实验项目内容建设具有相当重要的作用,先进、合理、系统的实验课程与项目内容是实现人才需求培养目标的关键。通过管理学实验、会计学实验、统计学实验、管理信息系统实验、计量经济学实验等经管类学科基础的重点打造,满足经管类专业通过实验教学对"厚基础、宽口径"的人才要求;通过综合性、设计性、研究型和创新型实验项目与课程,培养学生的创新精神与创新实践能力。

(三)经济管理实验课程体系的构建要以能力为导向的必要性

所谓能力,是指个体在活动中表现出来的并影响活动效率的心理特征,客观表现为一个人运用知识和智力顺利完成一项工作任务的本领。就专业能力而言,就是应用专业知识去分析问题和解决实际问题的能力。能力可分为一般能力和特殊能力,个体完成一切活动都必须具备的能力叫一般能力,也称为通用能力,包括思维能力、观察能力、语言能力、想象力、记忆力、操作能力等;个体从事某种专业活动应具备的各种能力的有机结合而形成的能力称为特殊能力,其特征是专业知识和专业能力的融通和结合。

实验教学目标是师生通过实验教学活动预期达到的结果或标准,是学生通过实验以后能做什么的一种明确、具体的表述,主要描述学生通过实验后预期产生的行为变化。实验教学目标必须以教学大纲所限定的范围和各学科内容所应达到的深度为依据,都必须服从、服务于人才培养这个总目标。目前,培养知识、能力、素质"三位一体"的高素质应用型、复合型人才是众多高校公认的人才培养目标,实验教学是实现该目标的一种重要途径,而通过专业实验教学体系确定的实验课程教学对能力的培养更是至关重要,在掌握知识、提升素质的同时,人才培养目标的核心是培养能力。实验课程体系直接服务于人才培养目标,实验课程体系的形成必须围绕培养目标的实现,实验教学内容的构建也必须紧紧围绕人才培养目标,人才培养目标是确定实验教学目标的根本依据。教育部启动实验教学示范中心建设的首要目的,就是要转变传统的"重理论轻实践"的观念,树立以学生为本,知识传授、能力培养、素质提高协调发展的教育理念,确立以能力培养为核心的实验教学观念。因此,必须构建以能力培养为核心的经济管理实验课程体系,才能实现经管类专业以能力为核心的人才培养目标。

以能力培养为核心的实验教学目标对落实实验教学大纲、制订实验教学计划、组织实验教学内容、明确实验教学方向、确定实验教学重点、选择实验教学方法等起着重要的导向作用。在以能力为核心的目标导向指引下,以能力为中心设计课程体系,以能力为目标改进教学方法,以能力为标准建立综合教学考评体系。下面就经管类基于能力为导向的实验课程体系构建总体思路、构建步骤、探索实践进行探讨。

二、以能力为导向的经济管理实验教学体系建设总体思路

课程建设是实验教学建设的核心内容,而实验课程体系的构建是建设具体课程内容的前提。站在学科和专业角度,要建设实验课程内容,首先要明确需要建设哪些实

验课程以及这些课程之间的逻辑关系，也就是首先要建立起专业实验课程体系。课程的确立不是凭空的，必须依据人才培养目标，必须基于目标导向来设计实验课程，由人才需求确立的培养目标体系来构建实验课程体系。实验教学体系设计应遵循能力培养导向原则，即以各专业培养目标和能力需求标准为依据设计实验项目和实验课程。

实验课程体系构建的总体思路是：在设计专业实验课程体系时，首先对专业人才需求进行充分调研，特别是社会对各专业人才的培养目标和能力需求内容；其次，根据调研情况归纳提炼成专业培养目标和能力标准；再次，根据培养目标和能力标准设计实验项目；最后，将若干实验项目按照一定逻辑整合成实验课程。若干实验课程构成实验课程体系。具体流程如下：

人才需求调研──→提炼能力标准──→设计实验项目──→整合实验课程，构建独立的实验课程体系。

三、以能力为导向的经济管理实验教学体系建设步骤

要达到人才培养的目标，首先要通过调研，明确人才能力的具体内涵，进而根据能力指标对应设计可实现培养目标的实验项目，形成实验项目体系，再根据实验项目逻辑关系以及实验教学体系总体框架整合实验课程，最终形成专业实验课程体系。以能力为导向的经济管理实验教学体系建设总体思路，正是按照该逻辑顺序设计建设流程，因此，经济管理实验教学体系建设过程也按照该流程开展。具体步骤如下：

第一步：专业人才能力需求调研

通过采用科学的调研方法，确定合理的调研对象，广泛开展需求调研，准确掌握专业人才需求，制定合理人才培养目标。调研对象包括在校高年级本专业学生、已经毕业且在对应工作岗位的本专业学生、企事业相关工作岗位的人员、社会相关咨询机构等，调研的手段可以是问卷调查、召开座谈会、利用网络等媒体进行相关数据的统计分析。调研重点是社会及用人单位对本专业毕业生专业培养目标和能力的需求，不同的专业培养目标和能力重要性以及相近专业人才培养目标和能力差异点。

第二步：专业能力体系构建

除经过人才需求调研获取直接需求目标外，还应当结合本专业所在高校制定的宏观人才培养总体要求和目标，构建专业培养目标标准体系，将宏观的目标指标细分为具体的培养目标要素，确定不同培养目标的考评及观测点，全面支撑知识、能力、素质"三位一体"的专业培养目标体系。专业培养目标体系在形成时，既要充分分析所获得的直接需求，还要注重考虑社会发展对专业发展的影响，掌握专业人才需求的变化趋势并充分体现在培养目标体系中，使制定出的专业培养目标体系具有前瞻性和可测性。

第三步：以能力为导向的实验项目体系构建

按照构建的专业能力体系，明确培养路径，针对培养目标指标或观测点，设计专业培养目标所必需的一个或多个相对独立的实验项目，明确实验项目设计目的、实验教学组织等。明确实验项目与培养目标指标之间的对应关系为一对一、一对多或多对

一的关系。实验项目作为实验教学内容的基本组织单元，其内容是一个相对独立的基本内容。某个培养目标的指标可能涉及的教学内容较多，这就需要设计多个项目来实现；反过来，有时一个实验项目也可以实现多个培养目标的具体指标。实验项目的学时和项目内容需要结合具体的实验教学组织、实验教学条件等实际情况进行设计。

第四步：分层次的实验课程体系构建

根据实验项目的类型特点以及不同实验项目间知识的规律和逻辑性，构建由多个实验项目构成的一门实验课程。实验项目整合为课程时，要充分考虑到实验课程学时数，不同实验课程前后顺序，专业目标培养与专业技能训练的不同，不同的技能和培养目标对应用型、创新型人才培养的作用存在差异。

实验教学体系建设步骤需要紧密结合学校制定的实验教学体系框架，按照实验教学体系确定的教学层次和阶段，将实验项目归属到不同层次，同一层次的项目按照逻辑关系再整合成独立的实验课程，不同阶段的相互之间具有一定逻辑关系的专业实验课程就构成了独立的专业实验教学体系，形成专业培养目标和能力标准与实验课程体系的对应表（详见本书各专业体系研究报告）。

四、重庆工商大学能力导向的经济管理实验教学体系建设实践

2007年以来，重庆工商大学成立专门的工作领导小组，研讨建设思路、制订实施计划、开展过程监督、严格验收成果，使以能力为导向的经济管理实验教学体系不断得到建设和完善，并围绕体系大力开展实验教学建设，使实验教学建设产生了质的飞跃，并将建设成果不断应用到人才培养实践，实验教学水平得到大大提升，学生的实践创新能力得到显著提高。下面就以能力为导向的经济管理实验教学体系构建和落实实践情况进行简单介绍。

（一）以能力为导向的经济管理实验教学体系的形成历程

重庆工商大学以能力为导向的经济管理实验教学体系形成主要经历了"分层次、分阶段、模块化"的包含学科基础实验、专业基础实验、专业综合实验、学科综合实验和创新与创业模拟五个层次的独立的实验课程体系和以能力为导向进行体系重构两个阶段。具体如下：

第一阶段（2007—2010年）：分层次、分阶段、模块化的独立的实验课程体系形成和实施阶段

2007年，学校成立由分管教学副校长任主任，教务处负责人、经济管理各学院分管实验教学院长、经济管理实验教学中心负责人等经济管理实验教学领域专家为成员的校级经济管理实验教学指导委员会。指导委员会首先进行了分层、递进的实验教学体系框架顶层设计（详见图1）。

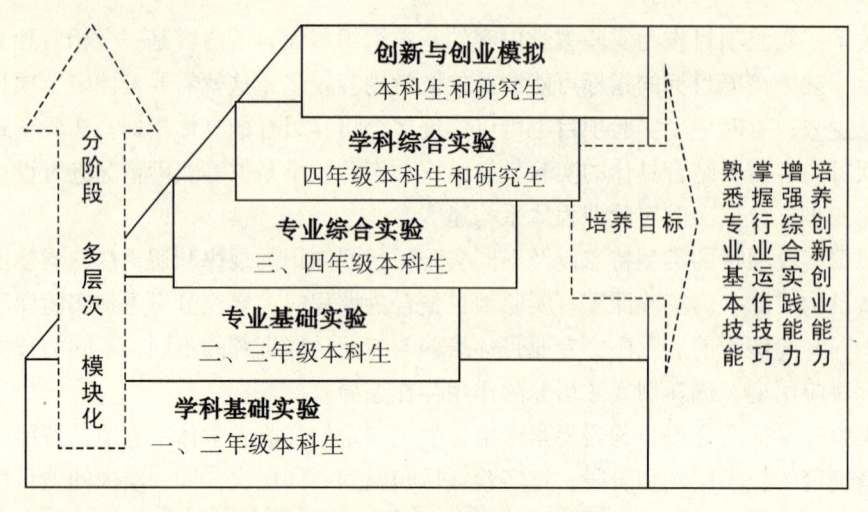

图 1　经济管理实验教学体系图

分层次、分阶段、模块化的独立的实验课程体系，包括学科基础实验、专业基础实验、专业综合实验、学科综合实验等层次共 143 门独立实验课程，自进入 2007 级人才培养方案以来，逐步实施，使实验教学水平得到较大提升。

第二阶段（2010—2012 年 6 月）：以能力为核心重构实验课程体系阶段

由于 2007 年构建的体系主要是将原有实验内容剥离，形成独立课程，存在内容不合适、课程数量偏多、内容重复等情况，更主要的是实验课程的设置不完全是建立在专业能力需求分析基础上。为此，重庆工商大学经济管理实验教学实验中心制订了以学生能力培养为核心的体系重构计划。

中心以教务处 2010 年统一部署和启动的新一轮实验课程要件建设为契机，专门针对实验教学体系建设制定了《关于经管类专业实验教学体系建设有关要求的通知》等文件，明确了经管类专业实验教学体系建设的设计思路和具体要求。中心多次组织实验教学指导委员会专家、实验室主任及各专业实验教学体系建设负责人和建设团队进行研讨，共同构建经济、管理类专业能力框架，形成宏观能力标准，指导各专业实验教学体系建设，完善后的实验教学体系框架如图 2。

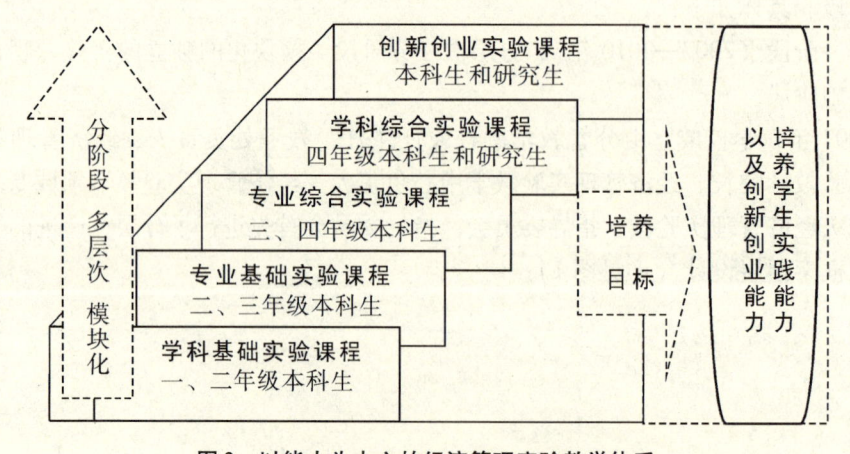

图 2　以能力为中心的经济管理实验教学体系

中心紧密围绕实验教学体系的构建和实施，在经济管理实验教学指导委员会的宏观指导下，组织经管类学院开展创业实训基地建设、经管校内综合实训平台深入建设、实验课程要件建设等系列实验教学建设工作，使体系各层次真正落到了实处。中心具体组织学科基础实验、学科综合实验、创新创业实验层次的实验课程设计与建设，供各专业构建具体的专业体系时共享。

截至 2012 年 6 月，中心遵循以培养学生能力为核心，按照"人才需求调研→提炼能力标准→设计实验项目→整合实验课程"的思路，对经管类所有专业实验课程体系进行了重构和完善，构建了与理论教学体系既协调又相对独立的分层递进的实验教学体系，在人才培养方案中形成典型的"双体系"格局。重点通过各专业设置专业综合实验，对实验教学内容进行整合，使所有 26 个经管类专业独立设置的实验课程数量减少到 98 门，每个专业均形成了以能力为导向的实验课程体系，被纳入到各专业人才培养方案中，以专业实验课程体系流程图形式体现。

（二）以能力为导向的经济管理实验教学体系各层次构建

1. 学科基础层次构建

经管类人才培养有别于理工类专业人才培养，经济管理类各专业都有基本和通用的专业基础能力需求，如基本的管理能力、信息调研与处理能力、财务能力等。为了构建通用、共享的基础能力培养平台，中心通过下设的经济学实验教学分中心、管理学实验教学分中心分别组织经管类学院分管实验的系主任共同反复研讨，并经经济管理实验教学指导委员会论证通过，形成了通用的经管类专业基础能力指标及相应的实验课程与项目对应表，从而构建起分层次的实验教学体系中的学科基础层次的实验教学内容。经管类专业基础能力指标与相应项目课程参考如表 1。

表 1　　　　　　经管类专业基础能力指标及相应的实验课程

能力类别	能力标准	实验项目	实验课程	课程类别
能力一：管理基础能力	①决策能力 ②计划能力 ③领导与激励能力 ④组织设计能力	①决策过程分析（模拟商务决策） ②计划分析与制订演练 ③领导与激励的模拟演练 ④组织设计和调整练习	管理学实验	学科基础
能力二：财务与会计基础能力	①会计凭证的处理能力 ②会计账簿的登记与解读能力 ③会计报表的编制与解读能力 ④会计报表的分析能力	①记账凭证填制实验 ②登记账簿实验 ③会计信息生成流程实验 ④会计报表分析实验	会计学实验	学科基础
能力三：数据统计调查与分析能力	①数据的搜集、整理和描述能力 ②统计数据的分析能力 ③统计数据的应用能力	①统计数据的搜集、整理与描述 ②相关分析 ③回归分析 ④时间数列分析	统计学实验	学科基础
能力四：信息系统构建基础能力	①信息系统的运用能力 ②信息系统的构建能力	①信息系统认知实验 ②信息系统分析实验 ③信息系统设计实验	管理信息系统实验	学科基础
能力五：经济理论初步分析能力	①经济计量分析能力	①经济计量分析方法 ②经济计量分析应用	计量经济学实验	学科基础

2. 专业基础与专业综合层次构建

按照以能力为导向的经济管理实验教学体系建设步骤，专业基础与专业综合两个层次主要由学院各专业教师团队组织实施建设。

组织各专业建设实验教学体系建设同时，明确体系中实验课程包含课程建设规划、实施计划、每门课程的实验教学基本材料（实验大纲、实验指导书、实验项目卡片、实验教学考核办法等）、实验教材都要进行系统建设，使专业基础与专业综合层次在宏观体系框架下，真正形成有血有肉的两个层次，保证以能力为导向实验教学在专业层面得以有效落实。

3. 学科综合层次构建

为培养学生跨学科综合应用能力，提升学生综合素质，通过广泛调研、立项研究和反复论证，从2007年开始，我校相继研发了宏观经济运行模拟、企业经营决策与管理综合实训、3S与区域经济综合实训、SCM模式下物流与商务综合实训、创业综合模拟实训、投资理财模拟实训等六大学科综合实验课程，要求我校经管类专业学生必须选修其中一门课程。宏观经济运行模拟通过实际宏观经济问题分析，培养宏观经济思想和宏观经济分析能力等，在全国尚属首创；企业经营决策与管理综合实训模拟完整的企业生产经营实践，使学生全面了解企业在实践中的运作过程，培养学生对专业知识的综合应用能力和系统思维能力；3S与区域经济综合实训应用GIS、RS、GPS（3S）技术，训练同学们将地理信息技术应用在经济与管理等多领域，实现不同学科的交叉融合；SCM模式下物流与商务综合实训综合贯通电子商务、物流管理、国际贸易、销售管理、连锁经营、市场营销等相关知识与技能，培养和锻炼学生现代物流与商务综合管理能力；投资理财综合实训培养学生的专业投资理财策划能力和创新能力，提高学生的综合素质；创业综合模拟课程通过对真实创业环境的逼真模拟，提升学生创业意识，使其掌握创业技能，增强就业能力。这六门课程充分体现了多学科交叉渗透的高度综合、强应用性思想。

经济管理实验教学指导委员会对校内综合实训所涉及相关事务进行协调和统筹，既保障了校内综合实训课程建设的多学科、跨学院、跨专业团队的构建，又有力地支撑了校内综合实训学生跨学院的组织，还强化了对校内综合实训效果的全程监控。中心组织相关学院搭建了跨学科的教学团队，自主研发六大学科综合实验课程，并全部出版教材，汇编了实训指导手册，制定了实训教学与考核办法等相关教学材料。经2007、2008、2009级共万余经管类专业学生正式使用后，受到广大同学的欢迎。

4. 创新创业层次构建

2010年以来，中心通过设立创新创业分中心，建设集创业培训、创业实战区、创业服务区为一体的"经济管理创新创业实训基地"（"学创园"），以此为依托，研发创新创业实验课程、建立创业实训公司、举办学科专业竞赛等，解决了过去创新创业教育缺乏实验教学支撑的问题，探索了专业教育与创业教育双向融合的有效模式，构建了经济管理创新创业实验教学体系。

研发创新思维训练、创业模拟实训等通识课程，让创新创业实验教学进入第一课堂，直接开展实验实训；支持我校经管类学院成立重庆金桥社会调查中心、财务与会计服务中心等以学生为主体的创业实训公司，开展与专业紧密结合的实战性质的实验项目，实现专业教育与创业教育双向融合；以赛促学，搭建"3+X"学科竞赛平台，开展学科专业比赛的综合性拓展创新实验；成立学生俱乐部，构建"虚拟学院"，搭建学生自主实践创新平台，开展创业大赛、创业论坛、经营"创业茶吧"和"创业文印中心"、出版学生专业刊物《经济管理创新论坛》等各种形式，拓展创新创业实验内容。

（三）以能力为导向的经济管理实验课程体系建设成果

1. 在人才培养方案中的应用

完成的能力导向的分层递进的经济管理实验课程体系应用，各个专业的实验教学体系在人才培养方案中都得到了充分的落实和体现。学科基础实验、专业基础实验、专业综合实验在人才培养方案中以专业主干课和专业选修课形式体现；学科综合实验则在集中实践环节，统一以"校内综合实训"明确；创新创业实验则通过通识课程、实训公司、专业赛事、俱乐部专业活动等形式以素质拓展类学分或通识学分体现。在人才培养方案中，每个专业的实验教学体系还具体通过"专业实训流程图"详细体现具体的课程及课程开设的先后逻辑顺序（详见各专业实验教学体系研究报告）。

2. 构建"三位一体"的实验教学平台

以能力培养为核心目标，通过多途径、多方式将理论与实践结合、专业与创业结合、学校与企业结合、教学与科研结合、模拟与实战结合和第一课堂与第二课堂结合，打造了分层递进的课程实验教学平台、创新创业实验教学平台和开放实验教学平台三大实验教学平台，构建实验课程教学平台（如图3所示）。将以能力为导向的经济管理实验教学真正落到实处，有效改变了长期以来实验教学依附于理论教学的现象。

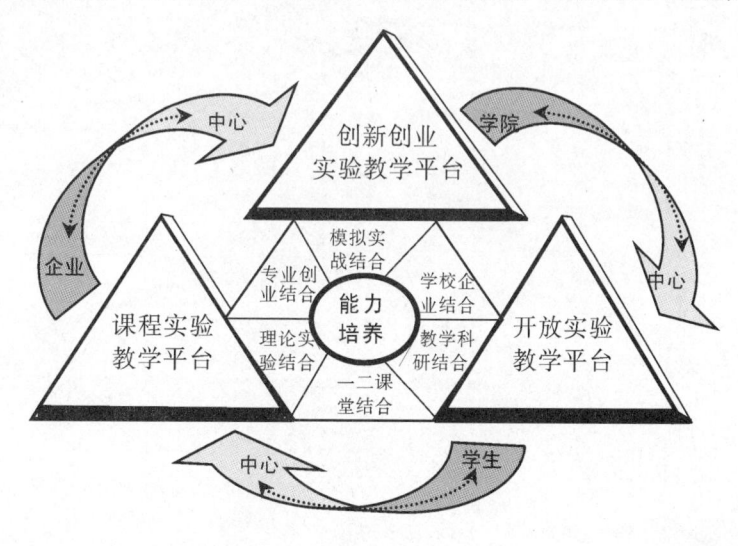

图3 以能力为中心的实验教学平台体系图

五、结束语

　　实验教学是人才培养工作中的重要组成部分，是培养学生创新能力和实践能力的重要手段和途径，随着社会经济的发展，社会对专业人才能力要求也会随之变化，相信，以能力为导向的实验教学体系的建设是一个持续的过程，也是不断改进和发展的过程，只能在实践中探索，在探索中发展，在发展中不断提高。

经济学专业能力导向实验教学体系建设研究

重庆工商大学经济贸易学院经济系

一、背景

和其他专业一样,经济学教育的直接目标有两个:一是为现实经济应用分析培养和储备人才,提高经济与社会发展的效率;二是为经济理论研究提供人才与知识基础,是经济科学与理论研究活动的重要环节。在现代市场经济背景下,两种目标的实现,都必须以职业为载体,服从市场供求法则。近年来我国经济学专业人才就业状况在宏观上表现为持续的供求波动,其背后的原因是,需求一方除了包含宏观经济运行水平这一主要因素之外,技术与制度发展背景下人才技能的匹配程度是另一个重要的因素;从供给角度讲,基于宏观经济运行趋势预测的个人专业选择是最为重要的方面,除此之外,从优化教育视角来看,针对岗位/职业的能力培养是关键的能动因素。

经济学专业实验教学体系建设项目由经济贸易学院经济学系承担。2010年9月立项,经过前期调研、总体研究框架论证与设计、专业调研、体系设计与报告撰写等阶段,最终形成经济学专业能力导向实验项目体系和专业实验课程体系。

本报告是经济学专业实验教学体系设计的论证分析报告,内容包括六部分:第一部分为专业人才与能力需求调研分析,通过对目前经济学专业大学毕业生就业状况的调研,分析相关人才市场对经济学专业大学毕业生职业能力的需求;第二部分为能力标准体系构建,以第一部分的调研结论为基础,立足现实,构建普通高等学校经济学专业本科教育能力体系;第三部分为实验项目体系,结合其他同类型院校的实践经验,构建适合我校条件的实验项目体系;第四部分为实验课程设计与体系构建,将前述实验课程有机组合,设计出经济学专业实验课程体系;第五部分为重点实验课程教学组织,针对能力培养目标为立足现有实验教学理论和教学条件,对经济学系开出的计量经济学、宏观经济分析综合实训两门课程的教学组织进行优化,形成比较稳定的教学制度;第六部分为结论篇,通过梳理前述内容,对专业能力指标与实验课程体系对应关系进行总结。

二、专业能力需求调研

从当前经济学专业人才的就业状况入手,通过就业的结构对比等方法,对我国现阶段经济学专业人才的能力结构进行分析。

（一）就业形势及其原因

1. 就业形势

进入 21 世纪以来，我国大学教育持续面临毕业生就业的压力，2008 年世界金融危机使这一状况更为严重。随着宏观经济的恢复，形势逐步好转。和往年一样，2011年理科大学生的就业总体形势有所回暖，土木工程、工程力学、建筑工程技术等专业毕业生就业形势依然大好，而三分之一的文科毕业生却面临着巨大的就业挑战。会计、市场营销、工商管理等销售服务方面的人才受市场欢迎，新闻、师范专业毕业生因市场提供的就业岗位少，就业难度相对较大。

限于统计数据，我们使用 2010 年 9 月教育部公布的经济学专业本科毕业生就业统计结果进行分析。由于我们的分析主要涉及大学毕业生就业的结构调整，而这是一个缓慢的持续过程，短期内不会有较大改变，因此使用 2010 年数据具有合理性。教育部每年均会发布全国普通高校规模以上专业的毕业生就业状况及其规模分布情况，共涉及本科专业 195 个，高职（专科）专业 276 个，其中还包括了"211 工程"院校本科专业的就业状况。就业状况的依据为每年 9 月初应届本专科毕业生初次就业率统计数据。

各专业按照专业代码进行排序，就业状况以字母代表就业率区间，如 A + 代表就业率为大于或等于 95%，每个区间梯度为 5 个百分点，依次递减。本科就业率递减区间标准如表 1 所示。

表 1　　　　　　　　　本科就业率递减区间标准

字母	A +	A -	B +	B -	C +	C -	D +	D -	E +	E -
就业率	≥95%	≥90%	≥85%	≥80%	≥75%	≥70%	≥65%	≥60%	≥55%	≥60%

作为本科专业层次的经济学，是经济学门类中的基础性专业。按学科门类的经济学 2010 年就业率如表 2 所示：

表 2　　　　　　　经济学门类本科毕业生就业率（2010）

学科门类	专业代码	专业名称	毕业生规模	就业率区间	211 院校就业率区间
经济学	20101	经济学	20 000～30 000	B +	B +
	20102	国际经济与贸易	80 000～90 000	B +	B +
	20103	财政学	5 000～6 000	B -	B -
	20104	金融学	30 000～40 000	B +	A -
	20106	贸易经济	1 000～2 000	B -	
	20107	保险	3 000～4 000	B +	A +
	20109	金融工程	2 000～3 000	B +	
	20110	税务	1 000～2 000	A -	A -

从表 2 给出的统计结果可以看出，在经济学门类的 8 个专业中，经济学专业就业率仍然处于不错的位置。同时，各专业毕业生就业状况相差不大，而且和我国传统大学生高就业历史相比较，就业状况并不乐观。

2011 年，国际金融危机对我国就业的不利影响还没有消除，尽管我国经济已经度过了 2009 年最困难的阶段，然而整个经济仍处于日益复杂的状态，宏观层面就业形势依然严峻。2011 年的毕业生人数 660 万人，比 2010 年多出 30 万人，再加上往届没有顺利就业的，需要就业的毕业生人数之多可想而知。

2. 原因分析

我国目前接受高等教育的人口仅占总人口的 5% 左右，远远落后于发达国家，如美国是 35%，日本是 23%。如此，一方面是我国大学生培养数量与发达国家之间巨大的差距，另一方面却是"毕业即失业"的大学毕业生就业难的现实——在我国经济持续稳定发展，目前已成为全球第二大经济体的背景下。因此，除了我国特殊的宏观环境之外，可以纳入教育范畴的，诸如就业态度、基本技能、专业技能等是这一矛盾的主要原因。

(1) 宏观环境

大学毕业生就业难度的增加，首先是受社会的整体就业环境影响。大学毕业生就业压力加大的这几年，恰好是我国总体就业矛盾加剧的几年，新生劳动力就业与下岗失业人员再就业相互交织，劳动力供大于求的矛盾十分尖锐。来自劳动和社会保障部的统计数字表明：虽然 2009 年城镇安排就业人数创纪录地突破 1 000 万人，但依然还有 1 400 万人待业。这样一来，劳动力供给远远超出岗位需求，严重挤压了大学毕业生的就业空间，适合他们的岗位也就面临着来自其他人的激烈的竞争。

大学毕业生就业压力大，还在于区域发展差距以及城乡二元结构导致的结构性矛盾。它表现为"有人没事干，有事没人干"、"事儿多的地方人少，人多的地方岗位少"等现象。一方面，由于区域和城乡之间的鸿沟，大学毕业生在择业时更多地考虑城市和经济比较发达的地区，大量毕业生竞争有限的岗位，千军万马挤"独木桥"。国家人事部公布的数据表明，2010 年仅北京、广州、上海和深圳 4 个城市就接收了来自 15 个省市的 10.9% 的大学毕业生。另一方面，广大欠发达地区和基层普遍缺乏人才，急需智力投入和支持，但由于分配制度、用人制度、户籍政策、保障制度、编制数量、经费困难等方面的原因，大学毕业生到欠发达地区和基层就业的空间狭小、渠道不畅，这进一步加剧了毕业生就业的困难。

与此同时，我国开始连续扩大招生规模，2003 年全国高校毕业生有 212 万人，2004 年达到 250 万人，而 2005 年和 2006 年各增长到 330 万人和 413 万人，2010 年毕业生达到 657 万人。伴随着毕业生如潮水般地涌向就业市场，而社会上对人才的需求则是呈现一个缓慢增长趋势，就业市场上呈现出供过于求的现象。解决大学生的就业问题，不仅关系到社会、家庭和大学生的利益，而且也关系到社会稳定发展以及大学生实现社会价值和自我价值，更关系到我国经济和社会可持续发展过程中高层次人力资源和人才资源的合理配置。我国大学生就业形势日趋严峻，其根本原因是大学生就业供求的错位与就业信息渠道不畅通。

（2）主观原因

首先，大学毕业生就业心态不好是造成就业难的原因之一。现今大学生就业心态主要表现为浮躁、急功近利，具体表现为：眼光高，刚毕业就想拿到高工资；对自己的职业生涯缺乏合理的规划；毕业生在毕业后没有设定合适的目标，面对社会很迷茫，不知道自己该干什么。

其次，片面的"人才观"带来大学毕业生就业困难。在我国"万般皆下品，唯有读书高"，"望子成龙"和"望女成凤"等思想根深蒂固，大部分的毕业生都想去大机关、事业单位或者大型国企工作，都希望能够在大城市就业。而一些位置相对偏远、待遇较低的单位都则乏人问津，大量毕业生都冒着风险去挤独木桥。一方面是有业不就，另一方面又是招不到合适的人。每一个单位、企业，他们的人员结构都是呈金字塔型，分别由基础人力、基本人才、管理人才、研发人才、决策者组成，越到上层，人员需求越少。如果每一位大学毕业生都想要往上走，那需求量小，竞争性大，就业的压力也就相当大。

再次，家庭因素使得毕业生就业难。相当多的家长认为，孩子从幼儿园到大学，父母为了孩子的教育付出了大量心血，经济支出不计其数，认为既然孩子受了高等教育，就应有出息，应该干一份体面工作，这样心里才能平衡。对此可以理解，这样带来的就是"择业"的问题。孩子选择的职业必须经过父母同意，由此也引发就业难。

（3）制度与历史原因

第一，我国的国情是人口多、底子薄。我国是一个人口大国，农业人口占的比例相当大，文化水平参差不齐，地区经济发展又不平衡，工业化水平不高。随着改革的不断深入，每年需就业的人数达2 000万人（2010年大学生630万人，农村剩余劳动力转移就业400万人，城镇人口和新增劳动力1 000万人）。以我国每年经济增长10%算，经济每增长1%带来80万～100万个就业岗位，这样，每年还有近1 000万人失业。而劳动力市场供大于求的局面更加大了就业压力，使得大学毕业生就业难。

第二，社会就业环境相对不公平造成就业难。应该说，经过这些年的努力，我国正在建立一个相对公平的就业环境，如公务员凡进必考，国有企、事业单位招聘必须面向社会公开、公平、公正、择优录取。但靠关系就业、灰色就业等现象还确实存在，特别是一些事业单位、垄断企业、大型的效益好的国有企业，这一现象还相当严重；还有户籍因素等，这给一部分没有"先天"资源的大学毕业的就业带来负面影响，成为大学毕业生就业难的一个重要原因。

第三，国际金融危机影响。国际金融危机带来的直接影响就是出口减少，失业增加，加上美国次贷危机，引发全球经济停滞，国际国内就业难上加难。

（4）教育质量原因

高校的教育、管理质量不过关，造成学生就业难。近几年由于大学扩招，大学、学院一起上，专业设置一哄而上。虽说解决了年轻人的上学问题，但是也给就业带来了困难。我们国家用几年的时间，完成从精英教育到大众化教育这一个阶段的转化。

大学的学生数量在不断膨胀，而大学硬件建设和软件建设却没有跟不上，大学的教学和管理水平有待提升，培养的学生距社会和市场的要求还有一定的差距。这些学生虽有大学毕业生之名，但没有大学毕业生之实。

现在我国正处在建设小康社会、构建社会主义和谐社会的关键时期，也处于经济结构调整、转变经济发展方式、保持经济又好又快发展的重要时期，大学生能否成功就业关系到我国经济发展的步伐。大学生是祖国未来的希望，如果大学生能够顺利就业，就会为国家分忧、为社会创造财富。适应市场需求、加强大学生就业能力的培养是解决大学生就业问题、保证大学生就业率的重要途径，而且培养大学生就业能力是素质教育发展的需要，也是高等教育不断改革与发展的需要，这不仅能够有效缓解大学生的就业压力，更有利于我国高级人才的深度开发和有效利用。因此，适应市场需求，加强大学生就业能力培养对大学生成功就业就显得尤为重要。

（二）能力需求分析

1. 一般能力需求分析

显然，使用单一就业率统计结果来分析我国现阶段大学生就业状况是不够的，剔除"被就业"等虚假成分之后，数量庞大的"劣质就业"——对岗位很不满意，随时处于离职边缘——是我国现阶段大学毕业生就业状况的另一重要特征。那么，相对于高等教育高度发达的国家，为什么而处于发展中的我国高等教育却面临着如此激烈、如此严峻的就业压力？一般来讲，就业率是与一个国家的经济发展速度与整体经济实力成正比的，我们国家正处于发展中国家，有如此多的国民，如此多的大学毕业生，就业形势紧张是一个比较正常的社会现象，但同时这也是与我们大学生自身的素质和我们的大学教育现状有直接的联系。对大学毕业生调研显示，企业和事业单位对雇佣大学生的一般性要求主要有以下方面：

第一，一定的工作经验。大部分企业都不会花钱、花时间去培训一个新手。一点工作经验都没有，特别是应届毕业生在择业时不具有优势。因此，在校生除了学好专业知识外，应多参加学校组织的各种活动，大学的社团好比一个小小的社会交际圈子，学生可以从中提前锻炼和培养个人职场能力，这类活跃型学生比较受企业青睐。

第二，较强的适应能力。一般初、高中毕业的员工来上班，适应时间不过一个月，而大学生的适应期特别长，有些人到要签合同了都不能适应。由此可见，当代大学生的适应能力有待提升。

第三，扎实的专业知识。一般来说，任何企业都希望招聘具有很强的专业知识的人才，这样就可以免掉很多培训费，降低劳动成本，特别是对一般的中小企业来说，由于规模组织还不够庞大，更希望减少各方面的花费。

第四，善于交流和团结的性格要求。所有的公司希望招聘那些能为公司作出贡献，并能为公司开创局面的人，特别是具备创新、独立思考和解决问题、能承受较大的社会压力、勤恳认真、团结合作、诚实正直、有良好的表达沟通能力的人。

第五，语言和计算机方面的要求。现在是一个经济全球化的时代，随着国际贸易产业的日益发展壮大，企业也紧跟时代步伐，对员工的要求也就更高。一般的中小企业要求员工英语水平必须过四级，计算机必须过基础二级。大型的企业和外企对员工的要求是英语过六级，甚至有可能是专业八级，计算机的要求也更高些，三级或是四级。还有的部分外企，需要员工掌握公司内部要求的语言，如日资企业就要求员工掌握日语。

大部分群众认为当代大学生应该是有真才实干、有专长、高素质、充满活力、待人有礼貌、孝老爱幼的。当然，人无完人，只具备其中的若干项也是有可能的，但必须努力告诉自己要做一个好人，积极向上，时刻为祖国的繁荣昌盛奉献自己的青春，那是不容置疑的神圣责任。

2. 基于教学的能力需求分析

一个较为普遍的现象是，在学校里学习成绩落在后面的同学，反而在毕业后很快就找到工作，而那些品学兼优的同学却总是在门外徘徊。很显然，大学教育中，能力培养目标及其质量和社会需求之间有着很大的差距。

第一，知识储备能力强，应用能力差。长期以来，我国基础教育的应试特征十分突出，而考核又以知识储备为主要指标，因此大学教育阶段，从教师到学生都在教与学两个方面非常重视知识储备，而运用知识解决实际问题的能力没有得到重视，使得大学生的知识应用能力较差。

第二，学习能力强，社会适应能力差。过去大学生分配工作的就业制度以及过分看重文凭的社会文化的特征，导致我国大学生普遍存在学习能力与社会能力极不匹配的现象，几乎每个大学生都存在难适应社会的问题。

第三，显性素质和技能水平较高，基础性工作技能不足。应试教育的另一个危害是，对于能够量化考核的能力，学生特别看重并重点培养，而一些隐性的能力，如写作、口头表达、交流等能力较差。

第四，单科学习成绩尚可，综合运用能力较差。

三、专业能力标准及体系

（一）当前能力评价体系述评

目前，经济管理类专业实验教学存在诸多问题，主要体现在教学方法上的不足与教学观念中存在谬误，客观上导致了工商管理类专业教学效果不佳。主要体现在以下"三重三轻"方面。

重理论，轻实践。随着目前社会、经济的发展要求，社会需要的是复合型人才、一专多能型人才和宽口径、适应性较强的管理通才。目前管理专业人才培养存在的最大问题是重理论、轻实践，培养出的学生理论知识较扎实，但运用知识与实际操作能力薄弱，对工作实践了解甚少，毕业后难以迅速胜任工作和满足用人单位要求。即使学校安排了部分实习实践环节，但由于经费少、实习时间短，也不能从根本上解决教与学两个方面"空对空"的问题。同时，缺乏对实验环节的系统设计和科学的考核标准，学生也没有认识到实验教学环节的重要性，学习起来缺乏动力，积极性不高。

重硬件，轻软件。许多经济管理类院校都非常重视实验室建设，如北京大学光华管理学院、广东商学院等都曾先后投入了3百万~4百万元进行实验室的建设，但还有部分院校经济管理类实验室建设因为资金不足、技术限制等原因，缺乏统一规划，实验室功能单一。一是实验课程没有形成体系，有些实验项目内容过时，实验手段不适应现代金融、证券、电子商务及信息管理等专业发展的要求；二是缺乏相应的专业教学软件支撑，一方面资金不够，另一面也存在资金使用不当的问题，有些软件是免费下载版本，有些软件是因为学科交叉，重复购买等；三是师资队伍建设滞后，包括实验室老师的引进和培养、授课老师实验课程方面的培训、与软件提供商提供的培训合作等方面都没有很好的措施。

重局部，轻全局。培养经济管理通才是经济管理类专业人才培养目标，在构建的实验课程体系上，除了在各个专业课程上弄清弄懂外，还要投入相当精力在各专业、各环节之间的关系和衔接上。这种重局部、轻全局的原因是相同的课程分属于不同学院，以及实验教学大纲和备课均是由教师单独完成，没有从全局的角度来进行实验课程体系的设计。

（二）经济学专业能力体系构建原则与目标

1. 构建原则

基于职业需求、遵循高等教育一般规律以及我国现阶段经济社会发展现状，构建经济学专业能力体系是一个复杂的系统工程。因此，在构建专业能力体系时需要坚持以下四方面原则：

（1）针对性原则

针对技术员层面的经济学专业人才的特点，分析学生未来岗位所需的知识和能力结构，确定教学体系的总体框架和具体的培养方案。

（2）实用性原则

根据社会需求和学生就业需要，从实际、实用、实践的角度出发，建立课程教学体系、保障机制和考核体系。

（3）一体化原则

理论教学与实践教学、语言能力与经济分析技能有机结合，相互促进。

（4）专业技能与综合能力相结合

教学体系应包括适应学生未来岗位的专业技能，以及与专业能力相关的综合能力，如信息收集和处理能力、新知识获取能力、问题分析和解决能力、团结协作和社会活动能力。

2. 能力构建的一般目标

经济学本科专业要求学生系统掌握经济学基本理论与相关的基础专业知识，了解市场经济的运行机制，熟悉党和国家的经济方针、政策和法规，了解中外经济发展的历史和现状；了解经济学的学术动态；具有运用数量分析方法和现代技术手段进行社会经济调查、经济分析和实际操作的能力，具有较强的文字和口头表达能力，熟练掌握一门外语，能在综合经济管理部门、金融机构和企业从事经济分析、预测、规划和经济管理工作。要求毕业生应具有如下知识和能力：

（1）掌握马克思主义经济学、当代西方经济学的基本理论和分析方法，具有较好的人文、艺术和社会科学基础及正确应用本国语言、文字的表达能力；

（2）能够掌握一门外国语，具有较好的听、说、读、写、译能力，能较顺利地阅读本专业的外文书籍和资料；

（3）掌握中外经济学发展历程及趋向，了解中外经济学的学术动态及应用前景；

（4）掌握现代经济分析方法和计算机运用技能；

（5）掌握现代企业经营管理的基本理论和方法；

（6）了解中国经济体制改革和经济发展动向，熟悉党和国家的经济政策和法规；

（7）掌握中外经济学文献检索的基本方法，具有较强的自学能力、分析能力和创新意识。

（三）经济学专业能力体系

经济学专业大学本科教育培养的能力，主要是以市场职业需求为导向、基础技能有机结合的经济分析能力，是一个知识能力系统。其主要包括专业知识掌握、专业知识应用、专业知识综合应用、现实环境下专业知识综合应用和现实环境下创业五大能力，依次构成后者的基础。

1. 能力一：掌握专业知识

经济学是一门现代社会科学，其知识的载体是语言，分析工具是形式逻辑和数理逻辑，分析对象范围较广、门类繁多，因此作为专业（而不是一门课程）的经济学知识包括了从工具性知识到学科知识的一系列内容，具体有：

（1）基础工具性知识

比较系统地掌握一门外语，能较顺利地阅读专业文献。掌握计算机软、硬件技术的基本知识，具有在本专业与相关领域的计算机应用能力；掌握通过网络获取信息的知识、方法与工具。能够进行中外文文献检索。

（2）人文社会科学知识

基本掌握马克思主义、毛泽东思想、邓小平理论、"三个代表"重要思想和科学发展观等基本原理，具备一定的文学、历史、哲学、艺术、法律等方面的知识，有良好的思想品德修养和健康的心理。主要包括毛泽东思想、邓小平理论、"三个代表"重要思想和科学发展观、思想道德修养与法律基础、马克思主义基本原理、中国近现代史纲要、陈嘉庚精神、形势与政策、人文社科和艺术类选修课等。

（3）自然科学知识

掌握高等数学、线性代数、概率论与数理统计、现代科学技术等方面的知识，选修运筹学等方面的知识。

（4）学科基础知识

掌握政治经济学、微观经济学、宏观经济学、国际经济学、计量经济学、货币银行学、财政学、会计学、统计学、管理学等方面的知识。

（5）专业知识

掌握发展经济学、产业经济学、制度经济学、数理经济学、中国近现代经济史、中国经济专题、西方经济思想史、当代西方经济学流派、世界经济学、国际金融等方面的知识。

基本要求包括：第一，基本概念清楚。经济学是一门科学，专业术语是其基本的逻辑单元，准确地掌握和灵活运用这些专业术语，是进行经济分析的重要前提。与此同时，经济学科"门槛低"特征造成了全民学习经济学的现象，经济学专业型概念被普遍地错误使用，因此基本概念清楚尤为重要。第二，基本规律掌握。经济分析的本质就是经济规律在现实条件下的应用，从而基本经济规律（诸如供求法则、稀缺原理、成本-收益核算原理、囚徒困境等）的内涵掌握是进行经济分析的基本条件。第三，基本技巧掌握。人类的理性是有限的，从抽象的经济原理到复杂的社会现实，并不完全是逻辑推理所能有效解决的，经验和技巧扮演着重要的角色，经济学专业学生必须在不断练习中积累经济分析的技巧。

2. 能力二：经济学专业知识应用技能

（1）计量经济分析技能

现代分析技术，特别是经济学的发展，使得经济分析精确到数量分析的程度，培养具有数量分析方法技能的经济管理人才是满足当今社会需求的重要方面。经济计量分析是用统计推论方法对经济变量之间的关系作出数值估计的一种数量分析方法。它首先把经济理论表示为可计量的数学模型，即经济计量模型，然后用统计推论方法加工实际资料，使这种数学模型数值化。这种分析方法有两个特点：①理论与观察资料相结合，赋予理论以经验的内容；②将随机因素对经济关系的影响纳入分析之中，得出的结论具有概率性。

将已经估算好了参数的模型用之于结构分析、经济预测和政策评价。结构分析的内容主要是测定模型内其他外生变量不变时某一外生变量变动一个单位或百分之一所引起的内生变量的绝对量变动或百分比变动。前一种场合，在绝对量上分析外生变量对内生变量的影响程度，称为乘数分析。后一种场合，在相对量（即百分比）上分析外生变量对内生变量的影响程度，称为弹性分析。经济预测是将预计的未来时期的外生变量值代入模型之中，求解模型，得出未来时期内生变量的预测值。政策评价是根据模型计算和比较不同政策的不同后果，以便选取较好的政策。

（2）会计信息使用技能

经济学是一门抽象的学科，其分析方法是对现实经济进行统计而总结抽象规律，和现实之间存在着一定的距离。而会计信息则是连接经济学规律和现实经济行为和指标之间的重要桥梁。

会计学是以研究财务活动和成本资料的收集、分类、综合、分析和解释的基础上形成协助决策的信息系统，从而有效地管理经济的一门应用学科。可以说它是社会学科的组成部分，也是一门重要的管理学科。按国民经济各部门对会计知识的不同要求和特点，会计学可分为工业会计学、农业会计学、商业会计学等；按照会计知识所包括的不同内容，如对不同性质、不同用途的会计信息的研究，可分为财务会计学、管理会计学和成本会计学等；按照会计知识涉及不同范围的会计主体，又可分为微观会计学（企业会计学）、宏观会计学（社会会计学）、国际会计学等。掌握一定的会计学知识，有效利用企业和宏观经济运行的会计信息，是经济分析能力的重要组成部分。

（3）统计分析技能

统计分析方法，按不同的分类标志，可划分为不同的类别，而常用的分类标准是功能标准，依此标准进行划分，统计分析可分为描述统计和推断统计。

描述统计是将研究中所得的数据加以整理、归类、简化或绘制成图表，以此描述和归纳数据的特征及变量之间的关系的一种最基本的统计方法。描述统计主要涉及数据的集中趋势、离散程度和相关强度，最常用的指标有平均数、标准差、相关系数等。推断统计指用概率形式来决断数据之间是否存在某种关系及用样本统计值来推测总体特征的一种重要的统计方法。推断统计包括总体参数估计和假设检验，最常用的方法有 Z 检验、T 检验、卡方检验等。描述统计和推断统计二者彼此联系，相辅相成，描述统计是推断统计的基础，推断统计是描述统计的升华。具体研究中，是采用描述统计还是推断统计，应视具体的研究目的而定，如研究的目的是要描述数据的特征，则需用描述统计；若还需对多组数据进行比较或需以样本信息来推断总体的情况，则需用推断统计。

3. 能力三：经济学专业知识综合应用能力

（1）宏观经济综合分析能力

在我国社会主义市场经济不断成熟以及世界经济一体化程度不断提高的背景下，社会运行和个人生活进入"经济时代"，宏观经济发展趋势构成我们生活必不可少的条件。市场对经济管理类人才的宏观经济分析能力要求越来越高。宏观经济分析能力是一种思想与技术并重的综合能力，不能有效地像一般职业技术那样采用短期培训的方式获得。因此，当前必须在高校经济学教育环节提高经济管理类学生的宏观经济分析能力。

（2）资本市场分析能力与技巧

金融是现代经济的核心，资本市场是现代金融体系的重要组成部分。我国要在经济全球化深入发展、国际竞争日趋激烈的条件下，优化经济结构和转变经济发展方式，实现全面建设小康社会的宏伟目标，就必须建立具有较强国际竞争力的金融体系和较发达的资本市场。改革开放以来，在我国经济建设和经济体制改革取得的巨大成就中，资本市场的发展是其中最为重要的成果之一。同时，我国资本市场在自身建设和发展过程中，也引领了经济社会领域中的许多变革。

市场的发展必须要有人才的支撑，大量掌握现代金融与资本市场知识、能够运用现代分析技术针对复杂的资本交易信息进行分析的大学毕业生，是我国资本市场与经济发展的重要条件。

（3）专业市场经济分析能力与技巧

专业化生产是现代经济的基本特征之一，任何企业的生存与发展必须面临自身行业或专业市场的变化和状态。根据国际经济发展状况、本国宏观经济环境以及相关信息，分析具体行业的价格、交易量等重要变量的性质和发展方向，是企业发展的重要决策内容。

4. 能力四：经济学现实环境下专业知识应用综合能力

（1）团队精神

所谓团队精神，简单来说就是大局意识、协作精神和服务精神的集中体现。团队精神的基础是尊重个人的兴趣和成就。核心是协同合作，最高境界是全体成员的向心力、凝聚力，反映的是个体利益和整体利益的统一，并进而保证组织的高效率运转。团队精神的形成并不要求团队成员牺牲自我，相反，挥洒个性、表现特长，保证成员共同完成任务目标，而明确的协作意愿和协作方式则产生了真正的内心动力。团队精神是组织文化的一部分，良好的管理可以通过合适的组织形态将每个人安排至合适的岗位，充分发挥集体的潜能。如果没有正确的管理文化，没有良好的从业心态和奉献精神，就不会有团队精神。

团队精神能推动团队运作和发展，培养团队成员之间的亲和力，团队精神有利于提高组织整体效能。因此现代企业和社会组织将团队精神作为合格员工的基本标准之一，只有能将自己的经济学专业知识在团队合作中有效发挥，才能获得市场的承认，其能力才成为有效的能力。

（2）资料搜索

现代科学的发展，不是传统历史阶段知识及其应用的"经验发现"模式，而是在庞大知识系统中进行知识的"生产"，因此现有资料和数据的获取是经济分析一个基本的能力。互联网、图书资料、访谈与统计调查方法构成了这一技能的技术部分，而学术资料、政府资源与自行统计是资源的基本类型。一个合格的经济学专业毕业生，应该学会使用不同方法去搜索这些资源。

（3）报告写作

以一般写作能力为基础，以应用文写作能力为直接支撑，总结现实经济分析的过程和结论，撰写经济分析报告，是一个重要的技能。高效的经济分析过程，必须要以逻辑清晰、结构合理、表述准确的报告呈现出来。

（4）口头汇报

口头交流是人类交流的最重要方式，也是经济学专业大学毕业生未来职业所表现的主要能力之一。向上级汇报、和同事交流以及向部门公布材料，都需要口头表达能力，这些能力的获得，通常是靠学生在日常生活中以自我意识获得的，学校教育并没有专门的计划。然而随着就业形势的发展，这种能力的要求越来越高，经济学专业实践课程需要在教学中增加这一环节的训练。

5. 能力五：现实环境下创业能力

随着高等教育管理体制改革深化和毕业生就业方式的转变，大学生将面临着越来越激烈的就业竞争。面对就业压力，自主创业逐渐成为大学生就业的主流和毕业后就业的首选。鼓励和促进学生自主创业，有利于实现个人价值，有利于促进就业和维护社会稳定，有利于推动国家经济健康发展。但是在创业过程中大学生会遇到许多意想不到的困难和阻力。创业既需要勇气和智慧，也需要政府、社会和学校的支持。2011

年6月，教育部发布《国家促进普通高校毕业生就业政策公告》，公布20条促进高校毕业生就业新举措，其中有4条（第13～16条）就是鼓励大学生毕业后自主创业。

除了良好的创业环境，经济学专业大学毕业生具有良好的自主创业能力是最重要的能动因素。具体来讲，创业能力两个重要的能力是独立决策与执行能力，以及发现与创造就业机会能力。

四、能力导向的实验项目和课程体系构建

实验项目是实验教学体系的基本单元，是实现教学目标的基本手段。实验项目体系的设计，必须遵循科学的原则和思路。

（一）实验项目构建的基本原则

实验项目是实验教学的具体内容和方法，是实验教学的基本单元和重要组成部分。实验项目设计应遵循以下原则：第一，科学性原则。实验的目的是让学生通过实验进一步深入理解理论知识，并培养运用理论知识来解决实验问题的能力。因此，实验项目的设计应从人才培养目标出发，把握好课程实验体系的整体性和单个实验项目的个体性特征，并处理好整体与个性的关系，为培养应用能力这一目标服务。第二，系统性原则。单个实验项目不是孤立存在的，是为培养某种能力服务的。实验项目是构成课程实验体系的单元，应将单个实验项目与整个实验体系融合在一起，形成一个整体，产生一个合力，形成学生一项能力。第三，实用性原则。实验项目应从实际应用的实例或实际应用中应掌握的方法来进行设计，充分考虑实验项目的实用性，让学生通过实验项目能很容易地过渡到实际的应用过程中。

（二）能力导向的经济学专业实验项目设计

本专业开出计量经济学实验和宏观经济分析综合实训两门实验课程，因此，这一部分主要给出这两门课程的实验项目体系。

1. 计量经济学实验

计量经济学实验按照理论教学内容及要求进行设计，包括6个实验项目，具体如表3：

表3　　　　　　　　计量经济学实验项目一览

课程名称	项目序号	实验项目名称	实验类型	实验类别	计划学时数	实验要求
计量经济学实验	1	EViews软件的基本使用	专业基础	演示性	2	必修
	2	线性回归模型性的参数估计和统计检验	专业基础	综合性	2	必修
	3	异方差模型的检验和处理	专业基础	综合性	2	必修
	4	序列相关模型的检验和处理	专业基础	综合性	2	必修
	5	多重共线性模型的检验和处理	专业基础	综合性	2	必修
	6	计量经济学综合实验	专业基础	综合性	3	必修

2. 宏观经济分析综合实训

宏观经济分析综合实训课程总学时为40个，一周内连续进行。实验项目总共16个，学生实训以小组形式进行，每小组选择一个项目完成实训。原则上学生应在16个项目当中选择，但如果可行，实训小组可自行选定题目。实验项目分为三类：一般宏观经济原理验证项目、中国经济发展专题项目和高级专题。

（1）一般宏观经济原理验证项目

实验项目1：财政政策评价；

实验项目2：货币政策评价；

实验项目3：通货膨胀及其经济效应；

实验项目4：人民币汇率变动的经济效应分析；

（2）中国经济发展专题项目

实验项目5：我国居民消费与经济增长分析；

实验项目6：我国居民储蓄分析；

实验项目7：流通业对经济发展的贡献分析；

实验项目8：产业结构与经济增长分析；

实验项目9：我国总需求结构分析；

实验项目10：我国经济增长的人口红利分析；

实验项目11：我国城乡收入差距问题；

实验项目12：我国的经济增长与城市化；

（3）高级专题

实验项目13：中国技术创新投入产出弹性研究；

实验项目14：重庆固定资产投资与经济增长关系研究；

实验项目15：中国工业技术发展战略与经济增长；

实验项目16：中国消费与经济增长关系实证研究。

（三）能力导向的经济学专业实验课程体系构建

依据学校本科教学培养方案及目标，经济学专业实验课程分为四大类，即基础实验、学科基础实验、专业实验和综合实训，具体关系及时间安排见图1。

实验教学体系在实践中不断地总结、建立和完善，逐渐形成系统的专业实验教学体系。教学环境建立一套基于计算机网络的实验平台，以实验性的教学模拟系统为核心，以核心实验和扩展实验为层次结构，辅以开放式的实验模式和不断更新的实验环境，包括硬件设施的进一步完善，更重要的是实验软件的引入、实验教学规章制度的设立和执行以及实验室师资力量的加强。

教学环节借用实验平台，要设计好与理论教学相配套的实验环节，包括上机实验、课程设计、课程论文、学年综合论文和毕业论文，同时，要加强每一个实验教学环节相应的实验指导书、实验大纲和实验考核文档方面的建设。各实验教学环节应该设立相应实验课程考核标准，为避免学生互相替作、抄袭的现象出现，应建立一种重过程、重手段、重运用能力、重管理思想体现、重创新意识和创新能力、轻结果的实验考核模式。教师对学生实验的考核依据是其实验过程、手段和方法是否合理、高效，而不应该单纯考核实验结果，从而提升学生的学习能动性、积极性和创新意识。

基础实验 ⇒ 学科基础实验 ⇒ 专业实验 ⇒ 综合实训

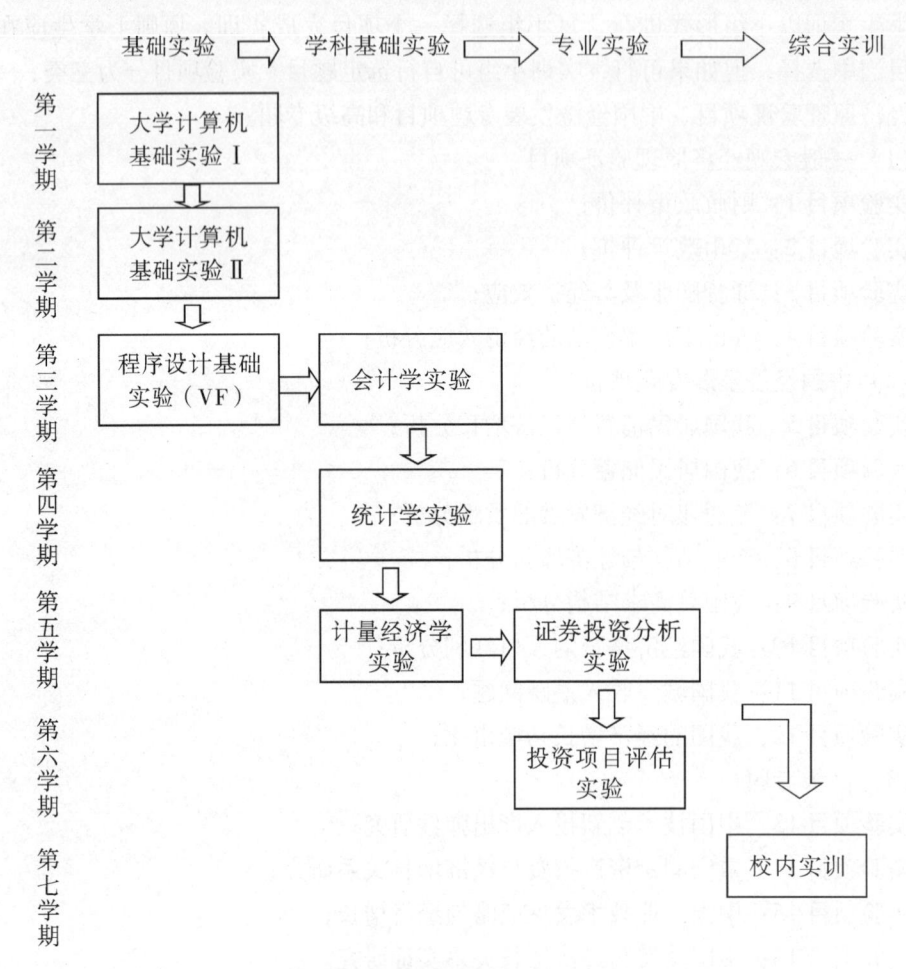

第一学期：大学计算机基础实验Ⅰ
第二学期：大学计算机基础实验Ⅱ
第三学期：程序设计基础实验（VF）→ 会计学实验
第四学期：统计学实验
第五学期：计量经济学实验 → 证券投资分析实验
第六学期：投资项目评估实验
第七学期：校内实训

图1　经济学专业实验实训流程图

在教学内容设置上，建立一个基础实验、重点实验和扩展实验的3层次教学结构。根据学院的主要服务对象和行业、学院教学特色和特长、对人才的阶段性需求、实验项目在学科中的影响、实验学科之间的衔接关系及实验条件，抓好基础实验，再以各学科重点实验为基础，辅以相应的扩展实验。在抓好重点实验前提下，根据学科层次结构和课程关系，围绕重点实验向外扩展，建设好相关的扩展实验。这样既保证了学科基本理论的扎实性，又充分照顾到相关专业实验的系统性，还从学科角度避免了实验之间的重复和空缺。

在实验教学方法上，要注重实验环节的策略与方法，如在理论教学时，上机实验注重的是验证性实验部分，要基础扎实、运用熟练、掌握其规律，这时教师以讲解为主，学生以实践为主；在课程设计部分，可采取教师辅导与自主设计相结合的形式，教师定题、讲解知识点，学生自主选择方法和工具，规定一段时间内提交成果；在课程论文部分，在整个专业课程的范围内实行自主设计为主，老师定期答疑；在学年综合论文和毕业论文部分，结合所有所学知识和自己的能力，包括自学的知识，实行综合性的自主设计为主的形式。老师可以间断性进行检查和答疑。在各实验教学环节中，为了起到更好的实验教学效果，可以将实验大纲、实验指导书、操作指导和现实举例等放在实验室网络上，供学生提前预习。

五、能力导向的经济学专业实验课程体系及人才培养方案中的体现

经济学专业实验课程体系中，经济贸易学院经济学系承担了宏观经济运行综合实训和计量经济学实验两门课程，教学组织方式如下：

（一）宏观经济分析综合实训

1. 实训形式

课程的组织以小组形式进行，每个小组 6~8 人，在教师指导下完成一个宏观经济专题的分析，最终完成分析报告并进行成果发布。实训项目一般应在教材给出的 16 个项目中选择；实训报告的撰写要按照附录中的规范格式进行；实训成果发布需要制作 PowerPoint 文件，每个小组成果发布的口头汇报成员由教师随机选定，因此每个成员都要准备。

整个实训过程原则上要求学生在实训实验室完成。如有资料搜集、数据查询和专家咨询等事宜需要，经指导教师批准后可以外出实施。

实训项目均以我国宏观经济现实为基础，要求学生就具体实训内容要求完成书面实训报告。一般要求使用统计分析方法，包括相关性分析、计量经济分析等，鼓励学生使用图和表的形式表述分析过程与结论。

2. 实训阶段与时间

（1）实训阶段

实训过程由启动、实施、汇报与完善修改三个阶段组成。

第一阶段启动实训项目。首先由指导教师进行讲授，包括课程性质与目标、实训纪律要求以及实训过程和形式介绍，最后宣布分组；然后在教师指导下，各小组商讨组织形式（小组组长），并在一天内解决选题、技术路线与成员分工事宜，并将组织方案和技术路线交予指导教师，经同意后开始实施。

第二阶段实施实训项目。按照事先组织方案和技术路线，完成实训内容要求，并撰写书面实训报告和成果发布的 PowerPoint 文件，各小组成员准备成果发布的口头汇报。

第三阶段成果发布。小组完成项目的分析和报告的撰写之后，将以口头汇报的形式进行成果发布，有一名小组成员以幻灯片为背景，汇报小组工作的过程与成果。一般情况下，所有实训小组的成果发布一起进行。

第四阶段完善书面实训报告。根据指导教师对书面实训报告和 PowerPoint 文件的意见，进行最后的完善与修改，并按时交给指导教师。

（2）实训时间

整个实训为期一周，一般从周一开始，周五结束，其中课堂讲授时间为 8 学时，实训结果汇报时间为 4 学时，其余时间学生自行完成实训项目。

3. 实验步骤

和所有经济研究活动一样，本实训课程项目的完成要经历一个从现实到抽象，再从抽象回到现实的过程。具体来讲有四个基本步骤，如图2：

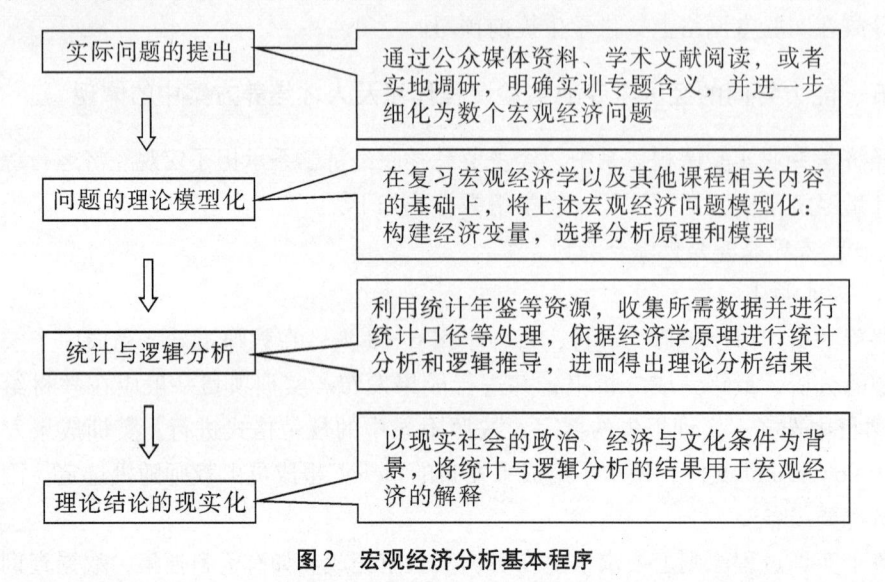

```
实际问题的提出 ── 通过公众媒体资料、学术文献阅读，或者实地调研，明确实训专题含义，并进一步细化为数个宏观经济问题
       ↓
问题的理论模型化 ── 在复习宏观经济学以及其他课程相关内容的基础上，将上述宏观经济问题模型化：构建经济变量，选择分析原理和模型
       ↓
统计与逻辑分析 ── 利用统计年鉴等资源，收集所需数据并进行统计口径等处理，依据经济学原理进行统计分析和逻辑推导，进而得出理论分析结果
       ↓
理论结论的现实化 ── 以现实社会的政治、经济与文化条件为背景，将统计与逻辑分析的结果用于宏观经济的解释
```

图 2　宏观经济分析基本程序

上述分析过程体现了经济管理专业学生分析问题的基本要求。首先，需要以一定的框架构建整个逻辑过程，从而区别于"就事论事"的非专业方式；其次，是对宏观经济理论、原理在具体条件下的应用，也就不同于一般漫谈；最后，是针对某个经济现象或问题进行全面的分析，而不是简单地进行指标计算。

（二）计量经济学实验

1. 课程性质与时间安排

计量经济学实验和计量经济学理论课程配合行课，单独考核。教学时间安排为理论课程行课 4 周后，从第 5 周开始，逢单周进行实验教学，共 6 次课，18 学时。

计量经济学实验教学的主要目标是使学生能够应用计量经济学所学的理论方法，根据经济系统中经济现象反映的问题，提出反映经济现象本质的经济计量模型，并通过上机实际操作，完成模型的参数估计，模型的统计检验，从而建立经济计量模型。实验使学生对经济计量建模过程有一个直观感性的认识，并对现代计量经济分析软件（如 EViews）的实际操作流程有所了解，且能初步运用到实际的经济分析中去。

2. 考核方式

学生主要有两方面，一是实验报告的撰写及平时课堂表现，二是最终的笔试闭卷考试。

（1）实验报告

体现计量经济建模的四个主要步骤：通过建立计量经济模型论证经济变量之间的关系，并根据模型中参数估计值进行结构分析，利用通过检验的模型进行经济预测。对模型分析后，提出相应的建议和策略。

（2）期末考试

考虑到学校实验室时间与场地安排的条件限制，计量经济学实验期末考核采取笔试形式，时间为 1 小时。

（三）专业能力指标与实验课程体系对应表

根据前面部分"就业形式—原因分析—能力体系—实验项目—课程体系"五个环节的有机分析，可以形成基于当前经济社会现实和高等教育条件的经济学专业学生"能力—实验项目—实验课程"的对应关系，具体如表 4：

表 4　　　　　　　　　专业能力指标与实验课程体系对应表

能力类别	能力标准	实验项目	实验课程	课程类别
能力一：掌握专业知识	①基本概念清楚 ②基本规律掌握 ③基本技巧掌握	所有项目（其他学院开设）	课程1：大学计算机基础实验Ⅰ	学科基础、专业基础
		所有项目（其他学院开设）	课程2：大学计算机基础实验Ⅱ	
		所有项目（其他学院开设）	课程3：程序设计基础实验（VF）	
能力二：专业知识应用技能	①计量经济分析技能 ②会计信息使用技能 ③统计分析技能	所有项目（其他学院开设）	课程1：会计学实验	专业基础
		所有项目（其他学院开设）	课程2：统计学实验	
		项目1：EViews软件的基本使用 项目2：线性回归模型性的参数估计和统计检验 项目3：异方差模型的检验和处理 项目4：序列相关模型的检验和处理 项目5：多重共线性模型的检验和处理 项目6：计量经济学综合实验	课程3：计量经济学实验	
能力三：专业知识综合应用能力	①宏观经济综合分析能力 ②资本市场分析能力与技巧 ③专业市场经济分析能力与技巧	所有项目（其他学院开设）	课程1：证券投资分析实验	专业综合
		所有项目（其他学院开设）	课程2：投资项目评估实验	专业综合
能力四：现实环境下专业知识应用综合能力	①团队精神 ②资料搜索 ③报告写作 ④口头汇报	项目1：货币模块 项目2：产业模块 项目3：财政模块 项目4：外贸模块 项目5：宏观经济政策综合效应模拟分析	综合模拟实训（校内）	学科综合
能力五：现实环境下创业能力	①独立决策与执行能力 ②发现与创造就业机会能力	—	创业公司实习（选修）	创新创业

表格说明：①课程类别指学科基础、专业基础、专业综合、学科综合、创新创业。
②此表内容作为对人才培养方案中实验实训流程图内容的直接支撑。
③一项能力可以对应多个实验项目，多个能力可能对应一个项目，但不同课程的实验项目不得重复。

（项目负责人：陈纪平　项目组成员：熊维勤　邹璇　孙建）

国际经济与贸易专业能力导向实验教学体系建设研究

重庆工商大学经济贸易学院国际经济与贸易系

实验教学改革一直是21世纪高等教育教学改革及课程体系改革的重点和难点之一。实验教学有着理论教学所不可替代的地位，通过实验不仅要加深对某一理论知识的理解，而且要有利于实验技能、研究、分析、解决问题的综合能力的培养，即学生综合素质的培养。因此，设置实验教学势在必行。

自1998年教育部对高等学校本科专业目录进行调整开始，到目前全国高校中的国际贸易专业点约有700多个，主要包括综合类院校、财经类院校、理工类院校、师范类院校以及农、林等其他院校。一些院校的英语专业中也开设了国际贸易及国际商务方向。尽管每个学校的培养目标有一定差别，但实验教学部分的核心内容却基本相同。因此，在就业压力不断增加、学生一毕业即面临着激烈的市场竞争的情况下，我校国际贸易专业人才的培养不能继续沿袭教育部规定的一套内容和模式，而应建立起理论教学与实践教学相互交融的知识、能力、素质三位一体的专业能力培养体系，在教学安排上，积极探索构建一个与理论教学相平行的实践教学体系和模式，促进学生涉外专业技能和各项综合技能的培养。

一、背景

（一）国际贸易专业基本概况

1. 学科内涵

国际贸易学是研究国际间商品与劳务交换过程中的生产关系及有关上层建筑发展规律的科学。作为一门学科，它的任务是要研究国际间贸易产生与发展的原因和贸易利益在各国间进行分配的制约因素，并要揭示其中的特点与运动规律。国际贸易学的研究对象既包括国际贸易的基本理论，也包括国际贸易政策以及国际贸易发展的具体历史过程和现实情况。一般认为，国际贸易学的研究对象包括以下四个方面：①各个历史发展阶段，特别是当代国际贸易发展的一般规律；②各国对外贸易发展的特殊规律；③国际贸易理论与学说；④国际贸易政策与措施。

2. 国内外设置国际贸易专业的状况和发展情况

我国加入世界贸易组织以来，国内越来越多的高校设立了国际贸易专业，本科教育的学校超过了580所，专业硕士的高校达到120所，培养博士研究生的高校和科研单位达 26 所。其中走在全国前面的有中国人民大学，对外经济贸易大学、南开大学等。重庆市高校中开设国际贸易本科专业有重庆大学、西南大学、重庆工商大学、西南政法大学、四川外语学院、重庆交通大学、重庆邮电大学、重庆理工大学、重庆科技学院 9 所院校，其中只有重庆大学招收硕士研究生。国内各高校为适应经济全球化与中国加入世界贸易组织新形势、新环境的需要，在教学与科研及人才培养上，大都提出了"四化"，即国际化、信息化、数字化和规范化，加强了对现代西方国际经济学的学习与研究，在重视理论规范分析研究及定性分析研究的同时，也加强对国际贸易的实证研究及应用数学模型与经济计量学的定量分析研究。尤其是在专业课程设置上，大都本着"宽口径、厚基础"的精神，不断优化传统课程设置，并且不断加强基础理论与前沿理论的学习，如开设高级微观经济学、高级宏观经济学、高级国际经济学等，同时还开设大量的新课程，如商务外交、中国对外贸易专题研究、国际贸易问题实证分析、服务贸易专题研究等，让学生了解和掌握本学科的前沿问题及发展趋势，提高认识问题、分析问题与解决问题的能力，不仅重视学生对基础理论的掌握和知识的运用，而且还十分重视学生综合素质的提高，很多高校在部分基础与专业课程中增加双语教学，加强国际学术交流与国外最新教材的引进，很多课程如高级国际经济学等使用英文原版教材，以更好地培养掌握国际经济学前沿理论的国际化通用复合型人才。

（二）我校国际贸易专业基本情况及特点

1992 年我校开始招收国际营销专业本科生，1994 年开始招收国际贸易专业本科生，我校国际贸易专业是重庆市最早设立的国际贸易本科专业，也是重庆工商大学唯一的涉外专业。经过二十年的建设与发展，我校国际贸易专业已经成为特色鲜明、优势突出的国家级特色专业，在重庆以及西部地区具有较大影响。该专业开设了以国际经济学、国际贸易实务、国际市场营销等课程为专业主干课，形成了国际贸易、国际金融、国际工商管理等三个专业方向的选修课模块，构建了层次清晰、相互衔接、专业方向细分的专业课程体系，形成了独特的学科优势和特点：

1. 就业前景好，发展空间大

我院国际经济与贸易专业建设的指导思想是坚持以就业为导向，以提高人才培养质量为目标，以人才培养模式改革与创新为主题，紧紧围绕对外贸易业务流程，以培养职业技能与适应能力为主线，以重组课程体系、优化教学内容为重点，全面加强专业建设。该专业培养出来的学生职业素质高、能力强，受到各用人单位的好评。该专业因就业率高、就业质量高、职业生涯发展空间大而深受广大学子的青睐。根据调查统计，我院国际贸易专业历届毕业生的一次性就业率都在 90% 以上，许多学生在毕业后 3－5 年就开始创业，独立经营外经贸业务，个人收入高，不仅改变了自己的命运，而且改变了家庭的命运。

2. 雄厚的师资力量

本专业拥有一支学历层次较高、教学经验丰富、业务能力强的师资队伍，职称结构、学缘结构、年龄结构、专兼结构都非常合理。本专业现有专任教师 16 人，63%

的教师在45岁以下；其中教授5人，副教授8人，高级职称人数的比例达81%；引进培养包括美国哥伦比亚大学谢新等在内的具有博士学位的教师6人，35岁以下青年教师中具有硕士以上学位的比例达100%；博士生导师1人，硕士生导师6人，重庆市学术带头人1人；重庆市学术带头人后备人选1人，本专业有5位教师经学校考核获得双语教学资格。本专业负责人张宝均教授是重庆市政协委员、南岸区人大代表，兼职重庆市人大常委会立法咨询专家、重庆化医集团独立董事，在《数量经济技术经济研究》《社会科学研究》等期刊发表多篇论文，在反倾销理论研究领域具有重要影响。师资队伍结构优化、素质优良，专业带头人具有较高社会知名度。

3. 科学的课程体系，先进的教学模式和教学方法

我们对外经贸企业做了大量的调查分析，确定了本专业目标岗位的职业能力。在此基础上构建了以外经贸业务工作过程为主线、以岗位职业能力要求为核心的课程体系。该课程体系充分体现了职业性、实践性和开放性，并逐步形成了基于工作过程的"理实一体、学做同步"的教学模式和"项目导向、任务驱动"的教学方法，专业教学突出实践性；开发了富有特色的五模块实践教学环节。注重培养学生的职业素养和实际操作技能，为其顺利走上工作岗位打下坚实的基础。

4. 突出学生的英语应用能力培养

除了正常的英语学习外，还专门开设了由外教主讲的英语口语、专业英语等相关课程，切实加强学生语言能力的培养。

5. 模块教学，多证教育

我们根据本专业相关的职业资格考试内容开设相关的课程，形成与职业资格证书对接的教学模块，学生可以根据自己的职业生涯规划选取相关的模块进行学习。与本专业必考的职业资格证书有外贸业务员、国际商务单证员等，可选考的职业资格证书有报关员、报检员、国际货运代理员等。

6. 完善的实习实训条件

本专业在校内设立了专门的国际贸易模拟操作实训室，购买了相关的教学软件，使学生可以在模拟的环境中掌握实际工作中所学的基本的技能，从而为培养学生的应用能力和实际操作能力奠定了良好的基础。同时，我们还与10多家外经贸企业建立了深入的校企合作关系，为学生的顶岗实习提供了保障。通过顶岗实习，提高了学生的职业综合素质和业务操作能力，为学生毕业参加工作积累了丰富的专业技能和工作经验。

二、国贸专业能力需求分析

（一）人才素质需求

据《中国人才发展报告（2010）》预计，2010年外贸人才需求达79万多人，而根据教育部高校就业指导中心统计，我国每年高校经济类专业毕业在13万人左右，即使这13万人全部从事外贸行业，供需缺口仍然很大。专家表示，未来三年，我国的外贸人才中，负责外贸公司重大投资和战略投资的决策人才最为欠缺，需求缺口达

到 2/3 以上；业务营销人才欠缺 30% 左右；专业管理人员估计欠缺一半以上；服务外贸人才估计在七成到八成；投资人员的供求缺口也在 60% 左右。

我国外贸人才的需求在 20 世纪 80 年代和 90 年代初达到改革开放后的第一次高峰。当时由于我国对外经济贸易发展势头迅猛，进出口贸易以年初 15.6 倍的速度增长，使得数量有限的外贸人才格外紧缺，外贸专业的高校毕业生供不应求。时至今日，我国的外贸行业又遇到一个发展良机，但是，与 20 世纪 80～90 年代不同的是，今天对外贸人才的渴求不仅体现在数量上，更多地体现在对人才素质的高要求上。这是因为我国的对外经济贸易行业已不再是改革初期的低水平运行状态，对人才的要求也不只限于外语好、专业对口等基本条件。新的经济环境下，企业对外贸人才的素质需求主要体现在以下方面：

1. 具有良好的职业道德

踏实肯干、立足于企业、与企业共进退是任何一名企业员工应具备的基本素质。由于外贸行业其自身的特殊性，使得上述品质更为企业所看重。外贸流通领域的竞争性强，所具有的核心资产如人才、客户资源都不容易控制。现在的外贸活动很大程度上是"个人贸易"，一些外国客户信任业务员本人胜过信任企业。如果一名业务员离职，会带走大批客户资源，甚至会泄露企业的商业秘密，使企业蒙受巨大的经济损失。而很多的高校毕业生自身期望值较高，企业提供的报酬和工作环境远低于毕业生的期望，巨大的落差使得毕业生不安心于本职工作，员工频繁跳槽已成为不少外贸企业头疼之事。根据近百家进出口企业的网上招聘要求来看，约有 76% 的企业把就职者的职业道德和工作态度摆在首要位置。

2. 具有较强的实践操作技能

动手能力强、具备实际操作能力是外贸人才必备的专业技能。随着市场竞争的加剧，企业想方设法在市场竞争中脱颖而出。我国的外贸企业大多是中小企业，不愿意花费时间和资金去培养自己的人才，更倾向于拿来主义。因此，外贸企业在招聘时希望招聘有相关工作经验、熟悉外贸流程、动手操作能力强的外贸人员。这样的外贸人员一方面能更快地适应高强度的工作，融入企业团队，为企业带来更高的经济效益；另一方面可以节约培训时间，降低企业自身的培训成本。

3. 具有较强的沟通交流能力

交流能力包括语言交流能力和跨文化交流能力。2006 年美国国际进出口协会副总裁盖格斯在接受记者采访时曾说过，中美两国贸易所面临的挑战主要来自相互间的理解和交流。在国际贸易活动的各个方面，英语是主要的工作语言，英语的听、说、读、写能力是外贸人才最基本的能力，在技术引进、对外劳务承包、对外贸易、海外投资、跨国经营、国际旅游等方面，没有出色的英语能力是无法胜任工作的。同时，随着我国与世界各国外贸合作的不断增加，精通俄语、西班牙语、意大利语、德语、阿拉伯语等小语种的外贸人才有更强的竞争力。此外，国际贸易人才还必须了解外国的历史、政治、地理、风土人情、风俗习惯，熟悉外国的相关法律，尊重外国的宗教信仰，具有跨国文化沟通的能力，做到在任何文化环境中都能够游刃有余。

4. 具有较强的创新能力

外贸从业人员站在风云变幻的国际舞台前沿,他们面对的竞争者是世界级的,从观念到行为必须有足够的勇气去尝试新事物、发明新技术、形成新观念、寻找新方法、创建新理论,以独创的思维谋略和经营理念取得先发优势。在经济全球化的背景下,随着国际竞争的不断加剧,人们越来越意识到,只有不断地更新观念、不断创新,才能在竞争中取胜。

5. 具有扎实的理论知识

扎实全面的外贸专业知识是用人单位在招聘人才时看重的主要方面。它是外贸人才专业能力形成的基础,展现其发展潜力和后劲。外贸专业知识可分为外贸理论、政策和实务三部分。外贸人才首先应掌握最基本的国际贸易理论,能运用所学理论分析国际贸易的发展趋势;其次,应对我国的对外贸易政策有一定的认识,对当前国际贸易的态势和规则有大概了解,能帮助企业把握国家的相关政策及法规并能应对处理买卖双方间的简单的贸易纠纷;再次,应熟练掌握国际贸易实务知识,如运输与保险、商检、索赔、仲裁、外贸函电、国际结算、海关实务等具体操作流程,具有处理一般问题的能力。

6. 具有较强的信息处理能力

知识经济把国际贸易带入了一个科技信息化时代,从国际贸易的构成到国际贸易的手段和方式都有了巨大的变革。根据我国入世的承诺,目前已经实现了进出口经营权由审批制向登记制的过渡。越来越多的企业将直接走向国际市场,参与国际贸易,这一切均使得作为新型贸易手段的电子商务成为了一种现实的要求。同时也对外贸行业从业人员提出了新的要求,即计算机能力及敏锐的信息发现、利用能力。外贸人员需要利用计算机和网络通讯技术,开展电子商务,创建一条畅通的信息流,链接顾客、销售商和供应商,以最快的速度、最低的成本回应市场,善于利用网络上的有用信息,及时抓住商机,不断增强竞争力。

7. 熟悉国际规则和国际惯例

随着我国在世界贸易中的地位日益提高,我国与一些国家之间的贸易摩擦加剧,像国内许多外贸企业和产品屡遭反倾销而被征税、对国外客户资信调查不够造成损失、合同条款有纰漏而出现争议等问题越来越多,企业的进出口权、进出口配额等贸易问题都需要通过相应的贸易法规和惯例来解决。这就要求外贸专业人才熟悉国内外经贸法律法规、了解国际条约、精通世界贸易组织规则。缺乏这些知识,就无法在国际贸易中争取自己的权利,捍卫自身的经济利益。

(二) 高校人才培养存在的问题

虽然一方面社会对外贸人才有着强烈的需求,但另一方面以培养外贸人才为主的国际贸易专业却面临着求职困难的问题。就调查资料来看,我国普通高校国际贸易专业本科毕业生专业对口就业率约为60%。国际贸易专业面临着需求旺和就业率低、入学的热门和就业的冷门的难题。对于外贸企业来讲,他们更多期望的是来了就能发挥作用的、具有较强实践和操作能力的人才,而我们的本科毕业生应用能力差、业务拓展能力低、对单位的贡献不明显，难以满足外贸企业对应用型人才的需求。高校培养的外贸人才与社会需求脱节，主要在于对本科应用型人才的培养上存在问题，具体如下：

1. 忽视对实践及动手能力的培养

国际贸易是一门技术性较强的应用性学科，其实践性教学是必不可少的内容。然而，在我国，大多数高等院校认为强调理论教学是本科生和专科生培养的一个重要区别，因此，在国际贸易的本科课程设置中普遍存在"重理论、轻实践"的现象。大部分高校国际贸易专业没有专门的实训工具和场地，学生缺少体验进出口业务操作过程的机会，很难全面、系统地掌握对外贸易的主要操作技能和方法，在审核信用证、填制相关单据、报关和防范商业风险等方面缺乏实践经验。各高校虽然都在教学计划中安排了毕业实习，但由于没有稳定的对外贸单位作为实习基地，缺少严格规范的毕业实习考核办法，从而使毕业实习流于形式。过于偏重理论课程的教学，一些重要的实务性课程和实践环节缺失，使得学生实践能力和操作能力低下，直接影响了他们在外贸行业的就业。

2. 缺乏对外语应用能力的培养

良好的专业外语应用能力是外贸人才的必备素质。在经济日趋一体化的条件下，沿海地区加大同中东和非洲等地贸易往来，对小语种外贸人才需求逐渐升温。但多数高校国际贸易专业过多地强调外语理论知识的学习，不能对学生进行充分的专业外语应用能力训练，更缺乏对小语种专业知识的传授，尤其是专业基础和外语能力"双优"的教师短缺，配套措施不够健全，很难营造讲外语和用外语的氛围。因此，大多数学生的外语水平仍停留在阅读阶段，听、说、写的能力普遍较弱，难以在复杂的国际经贸环境中与外国客户进行畅通地交流。

3. 师资队伍不够完善

在国际贸易专业教学过程中，教师是培养应用型人才的主角，教师的业务水平、实践能力、创造能力直接影响着学生的实践能力。但从当前高校实际情况来看，讲授国际贸易专业课程的教师大多是毕业后留校或直接分配到高校，没有从事外贸实践工作的经历，不熟悉本行业的实践操作。不少外贸公司出于种种考虑，即便形式上接受教师到公司挂职，也拒绝让教师一起处理实际公司业务。这样的师资队伍决定了在专业教学中，教师都比较注意理论的完整性和系统性，但对理论与实践的结合却没有足够重视，在讲授实务实践课程时，只是纸上谈兵，致使课堂教学中的实践性不够突出，培养出来的国际贸易专业的毕业生在实际工作中动手能力很差，远不能满足市场和企业的要求。

4. 教学方法单一

目前虽然各高校都在积极地改进教学方法，但由于各种因素的制约，"仓库理论"依然盛行。该理论认为"大脑是储存知识的仓库"，教育就是用知识去填充"仓库"，把记忆知识的多少作为评价教学效果的标准。在国际贸易专业的教学中采取单一的灌输教育方式，片面强调知识的传授，缺乏分析问题的引导和训练。这种非启发式教育忽视了学生的自主性学习，学生一味地接受教师传播的知识，缺乏思考，所以谈不上吸收，更谈不上创新。此外，随着科学技术的发展，一些新的科技手段未能被充分运用到教学过程中，制约了教学效率和教学质量的提高。

5. 课程体系不够合理

伴随着全球化的迅猛发展，国际贸易已经从原来单纯的货物贸易发展到技术贸易、服务贸易、跨国经济合作等多种形式。国际贸易所涉及的学科包括国际贸易理论、国际贸易实务、国际金融、国际贸易法、电子商务、经济学原理、国际经济合作等多个学科。但是，当前我国许多高校在课程体系上没有能够根据国内国际经济形势的发展变化进行及时调整和更新，缺少高质量的国际贸易类的专业教材，对国际经贸领域的最新进展及研究前沿缺乏足够的敏感性，缺乏针对主流用人单位和针对主导进出口产品特点的应用型人才的培养，致使国贸专业的本科生在就业时面临两难困境：在理论知识方面不如研究生，在操作技能方面不如高职生和专科生，从而在择业时高不成低不就。

高校要适时转变教育观念，及时调整培养方案，培养高质量的外贸应用型人才，为我国从贸易大国转变为贸易强国作出贡献。

（三）国贸专业实验教学体系的设计背景及必要性

所谓国际贸易专业实验教学，是根据国际贸易专业的专业特点和规划、课程结构及课程教学计划之间的内容联系，将单独设课的实验课程和理论课中包含的实验课程单列出来，形成实验课程教学计划。无论是独立设课的实验教学课程还是非独立设课的实验教学课程，均必须有相对独立的实验计划，它是国际贸易专业实验教学的先导，是实验教学过程控制的主要依据，同时，也是考核与评价学生学习和教师教学工作的主要依据。

国际贸易是一门实践性比较强的专业，加强实验教学是提高学生实践能力，培养高层次复合型应用人才的重要途径，因此需要有良好的实验条件和实验氛围。一方面要求学生认识到专业实验的重要性，另一方面又要求学院为学生提供良好的实验教学体系和实验教学模块。

国际贸易专业实验教学的目的，概括起来有三点：①运用国际贸易专业实验的方法，配合专业课程的课堂教学，验证并巩固课堂讲授的定理、概念和方法，让学生学好国际贸易专业课程的知识体系与结构；②学习基本的实验技术，让学生在运用实验方法探求未知的过程中，培养自己的思维观察能力，掌握从事科学研究或处理工程问题的能力，即运用理论通过技术解决问题的能力；③养成运用实验方法解决问题的习惯，在不断解决经济与管理实践问题的过程中，培养学生的创新能力、实践能力和创业精神，为日后走上工作岗位奠定良好的基础和能力。

如何通过实验教学，使我校国际贸易专业毕业生能够在较短的时间内迅速精通业务，成为业务精英，同时也树立国际贸易专业复合型应用人才的良好形象呢？通过吸收他人的观点以及对实践的总结，我们认为要培养我校国际贸易专业学生的良好的实践能力，则应该为学生量身定做国际贸易专业的实验教学体系和实验教学模块。

1. 国内院校国际贸易专业实验课程开设情况

从实验室的建设和教学模式上来看，目前国内众多高校实验教学方式主要有两种：

一种是以对外经济贸易大学为代表的嵌入式教学，对外经济贸易大学的国际贸易实验室从属于国际贸易系，使用的是南京世格的国际贸易实务软件，主要是国际贸易实务模拟操作软件 Sim Trade、外贸模拟练习系统、外贸单证教学系统等，我校目前就属于这种状况。

另一种是以上海外贸学院为代表的独立式教学。上海外贸学院的国际贸易实验室是在上海的高校国际商务实习中心，是由上海市人民政府教育委员会和上海对外贸易学院于 1997 年 2 月共同投资创建的国内首家提供国际商务专业培训与仿真实习的公共服务基地，使用的是自己开发的软件，包括国际贸易模拟学习教学软件、国际贸易操作训练系统等。上海高校国际商务实习中心的人员相对独立，可以自主开发、销售软件，自主安排上机课程，该基地不仅对本校学生服务，也对外提供国贸实务的上机服务，并能够对外贸从业人员进行业务培训，颁发证书等。

两种模式各有特点，前者投入较少，但软件更新较慢，适合内陆地区；后者投入较大，但软件更新较快，适合沿海开放地区。无论哪种模式，都是以实验室为中心，模拟实际国际贸易环境，包括国际贸易各个环节，比如准备阶段、装运阶段、售后阶段等，让学生置身其中，模拟不同的角色，比如出口商、进口商、船主、保险公司、海关、银行等，主动完成各项任务，比如参与谈判、订立合同、国际函电往来、报关、通关、关税收缴、国际结算、货物交接及风险处理等。

另外，从各高校的实验课程设置来看，绝大多数仅仅是在国际贸易实务课程中增加了实验课的学时，或单独开设了国际贸易实务实验课程。但也有部分高校，如安徽财经大学，在商务英语函电、电子商务概论等课程中增加了较多的实验学时，同时在专业限选课中还开设了实践性较强的"海关实务"等课程。

在课程设计上，按照实验技能及技术的难易程度进行分类，分别设立基础实验、学科实验、综合性实验和设计性实验。基础实验主要包括计算机应用基础、计算机程序设计基础实验，在学生大一阶段完成，目的主要培养当代大学生必须掌握的使用计算机的能力；学科实验主要包括利用 SPSS 软件、国际贸易模拟实习平台、外贸单证实习平台、外贸模拟练习系统、外贸实务教学系统、进出口实务操作题库等进行宏观经济分析、国际贸易、国际贸易实务、商务英语函电等课程的模拟实验，在学生大二和大三上学期完成，目的主要培养学生的专业技能；综合性和设计性实验主要安排在大三下学期和大四上学期，利用外贸实习平台、外贸单证实习平台、电子商务模拟实验平台以及上述各软件平台进行电子商务概论、海关实务、商务项目策划、国际贸易操作实验等课程的实验，利用 Dreamweaver、Fireworks、Flash、Windows 2003Server、SQL server 2000 等软件进行商务网页设计与制作、商务网站建设与维护等课程的实验，这一阶段主要培养学生的综合应用能力、设计能力和挖掘学生创造性思维能力，以培养学生的创新意识。兰州商学院长青学院设置的专业实验课就包括有 ERP 实验、西方经济学实验、国际商务函电实验、外贸综合模拟实习、单证与报关模拟等。

2. 我校国际贸易专业实验教学的现状

经过多年的努力和不断完善，目前，我校国际贸易专业实验已初步建成"分层次培养、层层递进、逐步提高"的实验教学课程体系。具体而言，四年的本科学习过程中，学生共需接受四个层次、约十门实验课程的培养，其中，基础实验包括大学计算机基础实验Ⅰ、大学计算机基础实验Ⅱ以及程序设计基础实验，在学生大一阶段完成，目的主要培养当代大学生必须掌握的使用计算机的能力，为今后的专业学习提供技能支持；学科基础实验包括会计学实验、统计学实验和计量经济学实验，面向一、二年级本科学生，主要进行基本分析方法与研究方法的训练，帮助学生理解经济管理基本原理，掌握基本方法和基本手段；专业实验包括管理学实验、市场营销模拟、国际货运与保险实验以及国际贸易实务实验，致力于专业技能训练和实践能力培养，主要是二、三年级的本科生进行学习；此外以提高学生综合实践能力的综合实训，针对四年级本科学生，在对系统专业知识的掌握与练习的基础上，通过出口业务与进口业务的模拟操作，促使学生将所掌握的知识向实践能力方面转化，培养学生从事外贸工作的具体业务能力。

经过几年的发展，我校国际贸易专业的实验教学取得了一些成绩，主要体现在：

(1) 已经设置了相关的课程实验和实验课程

在2004年国际贸易实验室试运行期间的实验教学基础上，从2005年开始，本专业在国际货运与保险、报关实务等课程中设置了相关实验项目，安排了实验学时，并已开设独立的实验课程国际贸易实务实训。目前，已成功对2004～2007级国际贸易专业共约1 000个学生实施专业实验教学，学生反响较大，取得了较好的教学效果。

(2) 修订培养方案，强化实验教学环节

从2007年开始，在制订国际贸易专业培养方案时，在考察全国典型高校的基础上，充分考虑本专业的特点与发展趋势，适时修订培养方案，强化实验教学环节，将课程实验的实验学时和实验课程写入培养方案，以培养方案的形式将实验教学常规化和规范化。

(3) 科学确定实验项目，准备实验教学大纲、指导书和实验报告书等教学资料，规范实验教学过程

通过任课教师拟订、专家评审等程序，科学地确定了国际货运与保险、国际贸易实务实训等课程的实验项目，并报经管实验中心备案。在国际贸易实验室的组织下，本专业任课教师根据教学过程、内容以及重点，准备了实验教学大纲、指导书和实验报告书等教学资料，并经专家组评审通过，交付教学使用。通过实验项目的确定、实验教学资料的编制，规范了本专业的实验教学过程。

3. 我校国际贸易专业实验教学存在的问题

虽然我校国际贸易专业实验教学改革取得了一定的成绩，但是与国内其他高校相比，特别是要达到提高学生综合实践能力、满足社会和企业需求的目的，还存在较多的问题。主要体现在：

(1) 重视程度不够

有关老师和学生还没有充分认识实验教学的重要性。有些老师习惯于理论教学，没有认识到实验教学对本专业学生培养的重要性，从而不愿意参与实验教学，或者对实验教学的实施和管理不认真负责。从学生层面来看，部分学生由于缺乏对实验教学重要性的充分认识，实验课程的参与和实验任务的完成，往往流于形式或者应付了事，难以达到实验教学的目的。

(2) 实验教学体系尚不完善

从企业和社会对本专业毕业生的要求来看，需要他们具有国际商务谈判能力、外贸函电拟订能力、国际贸易合同拟订和履行能力以及国际贸易单证缮制和审核能力等综合实践能力。与此相适应，本专业的课程设置就包括有国际商务谈判、外贸英语函电、报关与商检、国际货物运输与保险、国际贸易单证、国际贸易实务等课程，这些课程都强调了本专业学生的实际操作与动手能力的培养。如果对这些课程的内容进行模拟实验操作，就会在理论教学的基础上，提高学生掌握国际贸易理论与业务的实际操作水平。

但现阶段，我校仅开出了国际货物运输与保险课内实验和国际贸易实务实训实验课程，且由于国际贸易实务实训课程涵盖的内容繁多，缺乏外贸英语函电等先行课程，将所有内容浓缩在有限的 48 个学时的教学时间内，老师难以面面俱到地讲解所有内容，而学生又会面临众多的难题，难以达到培养目标的要求。

(3) 实验教学效果不容乐观

我校国际贸易专业实验教学虽然提高了学生的积极性，学生反响较好，但是由于种种原因，教学效果仍然不容乐观，要达到培养目标还需要继续努力。由于缺乏科学有效的引导和组织机制，教师对于实践教学环节的设计、掌控能力有限，这使得实验教学的组织和实施不尽如人意。实验教学效果的监督机制与管理制度缺乏，缺少有效的评估激励机制。虽然目前使用的实训软件中有评分系统，但所给分数却存在不准确的问题，无法参考，这个漏洞使得学生对做多做少、正确与否无所谓。部分教师对实验教学中自己的角色定位不准确，要么形成放任自流的局面，要么让课堂变成全堂灌输的"实验室理论课"。由于实验时间有限，现有实验内容繁多，加上学生英语水平有限，缺乏专业英语培训，往往使得部分学生的模拟实验活动容易流于形式。对于如何在网站上找客户、如何回复邮件、如何报价、如何进行业务洽谈等，很多学生只是想当然地自己确定。缺少实验课教材及教学材料，现有的实验教材与软件系统的衔接存在问题。如何凭借纸质资料帮助学生掌握实验内容、加强实验的教学效果，也是目前面临的一个较为棘手的问题。

(4) 实验教学师资力量薄弱，实验教师缺乏实践经验

本专业实验教学师资严重不足，基本都由理论课教师兼任，缺乏专业的实验教学老师。而且实验教师实践经验普遍缺乏，只有极少数实验教师从事过或参与过国际贸易实践，实验教学教师的知识也绝大多数来源于书本，致使部分教学内容与现实脱节，造成实验教学效果不佳。

由此可见，加快国际贸易专业实验教学改革，完善专业培养方案及实验课程体系就显得尤为重要。

（四）国际贸易专业实验教学体系的构建思路

1. 实验课程类别

我校国际贸易专业实验教学体系的构建，要考虑实验与教学的一致性，综合实验模块的独立性与相关性以及实验体系的广度和深度，还要结合地方经济资源。国际贸易实验可分为学科基础类实验、专业基础类实验、专业综合类实验、学科综合类实验、创新创业类实验。这些实验有两种实验形式：一是实验室实验形式，即在人为建造的特定环境下进行；二是现场实验形式，即在日常工作环境下进行。我校完全可以利用现场试验形式，把学生融合到当地的社会、经济中，使学生能够更真实、有效地掌握专业技能。其中，学科基础类实验和专业基础类实验以实验室实验为主，专业综合类实验和学科综合类实验如条件允许，应以现场实验为主，创新类实验包括开发实验和开放实验。由此构成我校国际贸易实验教学体系。

2. 实验教学体系的纵向结构

基于上述我校国际贸易专业实验体系内容的构建，为了使学生能学以致用和有所创新和突破，实验体系的时间安排和内容安排要科学、合理。科学的实验体系能让学生对所学的国际贸易专业知识取得实际的实践经验，能够让他们直接感受国际贸易专业知识的商业化应用过程，具体地把握所学的专业知识，最终达到将所学的书本知识实用化、具体化、商业化，并且使他们在整个实验过程中进一步认识、理解所学到的相关知识，拓展知识面，继而做到融会贯通，提高适应商业活动的综合素质。因此，要构建的国际贸易专业实验体系应该是纵向层次的（见表1）。

表1　　　　　　　　国际贸易专业实验体系纵向层次表

实验阶段	实验类型	实验主体	实验效果
基础阶段	基础类实验	教师为主体	学生难以自由发挥，学习的积极性通常不高
应用阶段	综合类实验	学生为主，教师为辅	学生的积极性有一定提高，但缺乏创造空间
提高阶段	创新创业类实验	学生为主体	学生学习的主动性和创新的积极性大幅度提高

在国际贸易专业实验的各阶段，教师所起作用也不尽相同，在认识型实验阶段，以教师为主体，学生自由发挥的空间小，学习的积极性也不是很高；随着实验的升级，经过了应用阶段的综合类实验，学生的积极性得到了一定程度提高；到了提高阶段，学生学习的主动性和创造性得到了大幅度的提升，这时候，学生也更为积极地把所学到的知识运用到这一阶段，从而更为清晰地发现自己存在的问题和不足。这就是国际贸易专业实验体系设置纵向层次实验的重要原因。

3. 实验教学模块的构建

根据国际贸易专业实验教学体系的内容和层次要求，结合地方外贸特色，其实验教学模块的设计应具有多样性、渐进性、动态性、系统性、辐射性、开放性等特点。因此，我校国际贸易专业实验教学模块可以由认知型实验教学模块、案例型实验教学模块、模拟型实验教学模块、生产型实验教学模块四个模块构成。从微观上看，这四个模块的设计是彼此独立、互不相干的；但从宏观上看，它们却是相互联系、由低到高、由简单到复杂的一个体系。

（1）认知型实验教学模块。认识型实验教学模块认识的对象主要是基于地方外贸的特色，是为了让学生开阔视野，增强感性认识，培养专业学习兴趣，激发求知欲望，为专业课的学习做准备。具体采取的方法可以是"走出去、请进来"的开放式教学理念。"走出去"就是带领学生到当地的大型外资或外贸公司、工厂进行参观考察。"请进来"就是请当地校外的专家、企业家到学校讲座。通过"走出去、请进来"的实验教学方法，学生亲身目睹和感受外贸企业的工作流程、感受外贸业务的魅力，提高学生学习的积极性。而且在这一个实验教学的模块实施中，学生会产生许多专业问题，带着这些专业问题进入专业课的学习，能取得更好的教学效果。

（2）案例型实验教学模块。案例型实验教学模块的实施必须配合大三专业课的教学进行。在专业主干课（如国贸实务、外贸函电等）教学过程中安排一定的教学时间，结合专业教学内容，请当地企业的校友和专家基于亲身的经历，开展专题性的案例教学，形成教与学互动式教学氛围，使学生所学的理论知识能与实践结合，加深学生对理论和实务知识的掌握程度，从而达到较好的教学目的。

（3）模拟型实验教学模块。模拟型实验教学模块设计出仿真的模拟环境，如SimTrade外贸实习系统，由系统管理员、老师、学生共同参与实验过程，在专业实验室完成实验。这一模块的主要目的是使学生在已经基本掌握专业理论知识的基础上，通过实验将专业的理论知识在仿真的环境中模拟演练，弥补专业知识的不足，加深对专业知识的理解，同时也可以锻炼动手能力和动态思维能力。因此这一模块的实施必须在第二模块案例实验教学完成的前提下进行。

（4）生产型实验教学模块。生产型实验教学模块就是让学生到当地的经济活动的实践现场地点去，使其通过亲身实践，感受企业文化，了解外贸企业的运作，提高实践能力，培养创新精神。当地为该模块的实施提供了良好的空间，成为外贸人才了解当地、服务地方经济的契机。该模块的实施让学生的见习和毕业实习结合。在模拟型实验教学模块训练后，学生已经基本具备外贸实务的操作能力，但是毕竟是在实验室里通过电脑完成的，与现实仍然有一定的差距。生产型实验教学的实施可以采取以"分散为主、集中为辅"的教学方式，把学生下放到生产实习基地去，自我管理、自我组织完成教学任务，变被动实习为主动实习，在理论联系实际的同时，还能提高学生的适应能力，培养团队协作精神，最后使所学理论知识得到升华。

4. 实验教学课程体系的构建

国际贸易专业实验教学体系建设的思路是：根据社会对国际贸易专业人才的需求

认真调研，设计本专业本科生的能力培养标准体系。根据能力标准设计实验项目，再根据实验项目及现有教学条件设计实验课程，形成完整、有层次的国际贸易专业实验教学课程体系。具体路径为：人才需求调研→提炼能力标准→设计实验项目→整合实验课程（详见国际贸易专业实验教学课程体系建设方案）。

基于我校对国际贸易专业学生的培养目标为实践型的服务地方经济的复合型外贸人才，因此在构建国际贸易专业实验教学体系时要突出地方外贸的特色，实验模块内容设置中不仅要有通用的国际贸易实验内容，也要有结合地方外贸实践的实验内容。只有融入了地方外贸特色的国际贸易专业实验教学，培养出来的国际贸易学生，才能快速地融入服务地方经济的队伍中，才是理想的国际贸易专业教学体系。

三、国际贸易专业能力标准及体系

（一）国际贸易专业实验教学课程体系设计方案

1. 建设目标

本教学体系是理论教学纵向相互交叉，横向相互交融的技能、能力、素质培养体系。通过体系各实践环节的教学，使学生掌握扎实的国际贸易实务操作技能以及计算机运用、统计、会计、计量等未来职业要求的相关基本技能，具有从事涉外企业、涉外银行、外经贸管理部门等与专业有关的工作的实践能力，具有良好的职业道德、踏实的工作作风、较强的创新精神和一定的科研能力。

2. 建设原则

以学生能力培养为导向，以培养高素质的应用型外贸人才和涉外经济管理人才为宗旨；强调对学生主体意识的培养，发挥其主观能动作用，拓宽其创造性思维，从而促使学生生动、活泼、主动地创造性发展；在教学安排上，积极探索构建一个与理论和教学相平行的实践教学体系和模式，促进学生涉外专业技能和各项综合技能的培养；在教学人员组合上，促进理论教学团队与实验教学队伍有机结合，从而充分利用现有师资，达到教学目的；在实验课程设置上，要坚持先奠定理论基础，后提高实践技能的原则，科学合理地安排教学任务。

（二）国际贸易专业能力标准体系

随着我国对外开放程度越来越高，我国经济和世界经济的联系越来越紧密，客观上迫切需要有大批具有扎实专业技能的、具有国际视野的人才。从连续多年来人才市场的需求状况来看，经贸类的国际贸易专业人才需求量是较大的。但从用人单位的使用情况看，该类专业的毕业生并不能达到用人单位岗位实际需要的预期。主要原因是：其一，本科院校培养目标定位较高。重视理论教学，忽视专业技能教学，导致毕业生不能马上适应工作需要。其二，学生自身对自己未来的职业定位比较模糊，导致学生对今后就业岗位的职业能力结构缺乏了解，形成专业技能训练的意识不强。其三，本科院校与用人单位沟通不畅。由于外贸专业人才缺口较大，就业形势较好，用人单位求贤若渴，学校未十分重视用人单位的岗位职能的具体要求。近年来，政府和教育部门多次强调加强学生职业技能的培养，为此，我们根据我校国际贸易专业人才培养目标以及课题组所进行的大量调查研究，提出了国际贸易专业学生需要具备的知识、能力、素质三位一体的专业能力标准体系，将国际贸易专业本科生应具备的能力总体上划分为一般能力、专业基础能力、专业核心能力以及拓展能力四个主要方面，并在此基础上进一步细化为专项能力，以期形成科学、全面的国贸专业本科生能力培养体系（见图1）。

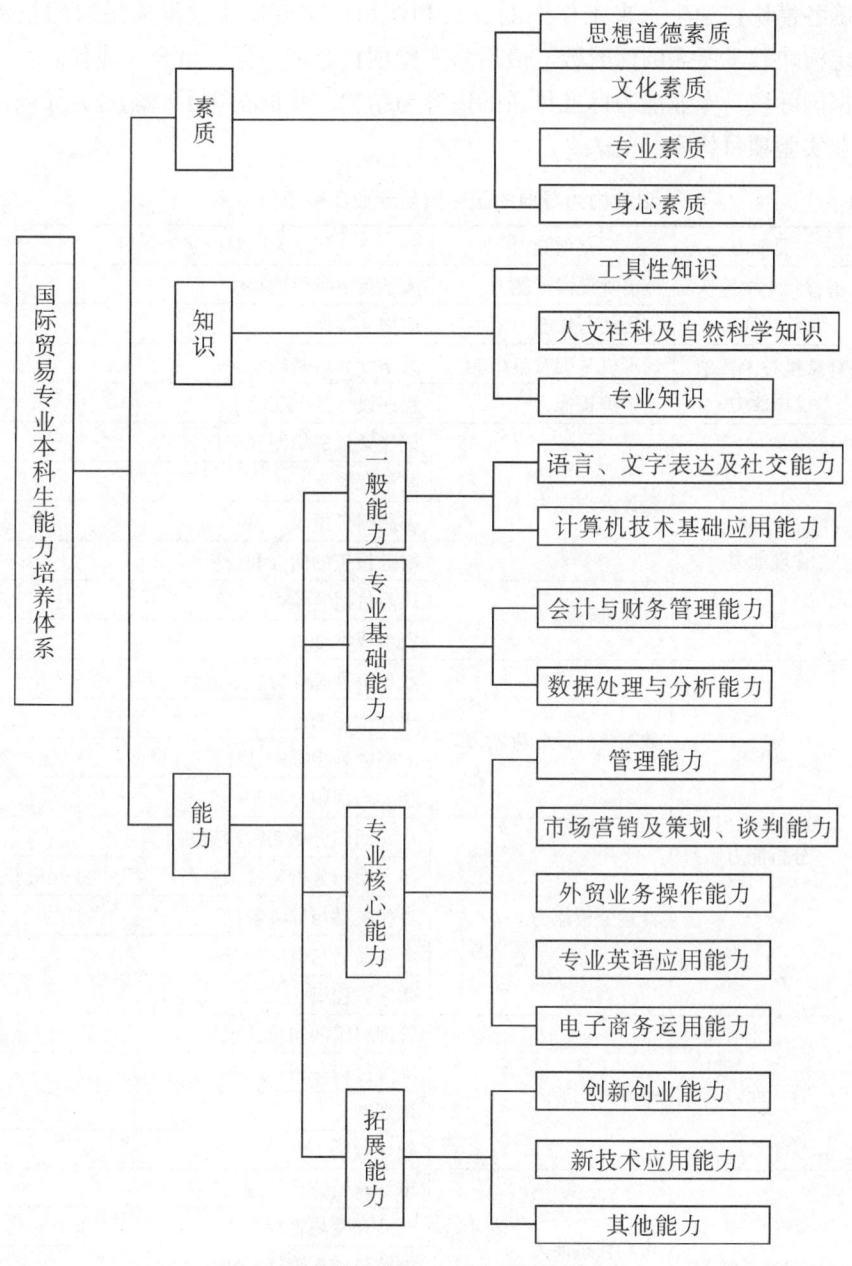

```
国际贸易专业本科生能力培养体系
├── 素质
│   ├── 思想道德素质
│   ├── 文化素质
│   ├── 专业素质
│   └── 身心素质
├── 知识
│   ├── 工具性知识
│   ├── 人文社科及自然科学知识
│   └── 专业知识
└── 能力
    ├── 一般能力
    │   ├── 语言、文字表达及社交能力
    │   └── 计算机技术基础应用能力
    ├── 专业基础能力
    │   ├── 会计与财务管理能力
    │   └── 数据处理与分析能力
    ├── 专业核心能力
    │   ├── 管理能力
    │   ├── 市场营销及策划、谈判能力
    │   ├── 外贸业务操作能力
    │   ├── 专业英语应用能力
    │   └── 电子商务运用能力
    └── 拓展能力
        ├── 创新创业能力
        ├── 新技术应用能力
        └── 其他能力
```

图1　国际贸易专业本科生能力培养体系

四、与专业能力对应的实验项目及课程体系

（一）以能力为导向的实验项目体系

根据教学规律要求和能力的可融合性，首先组合设计出许多教学模块，同时按照国际贸易专业人才培养方案及教学大纲的内容要求，有重点的取舍模块内容；然后进一步明确各模块在学生未来工作中的意义和作用，完成模块教学应采取的权重和分值，确定模块教学所需的课时数。最后将实验项目合理归类，组合为课程。

根据国际贸易专业能力标准体系的内容与结构，我们构建了以能力为导向的国际贸易专业实验项目体系（见表2）。

表2　　　　以能力为导向的国际贸易专业实验项目体系

分类	主要能力	专项能力	对应实验项目
一般能力	语言、文字表达及社交能力	英语听说读写能力	大学英语听说读写
		应用文写作能力	应用文写作
	计算机技术基础应用能力	计算机基础及应用能力	大学计算机基础实验
		初级编程能力	程序设计基础实验
专业基础能力	会计与财务管理能力	会计处理能力	记账凭证的填制和审核
			登记账簿
			编制财务报表
			财务报表的阅读和分析
		财务管理能力	风险价值实验
			资本成本分析
	数据处理与分析能力	数据统计及分析能力	数据整理统计分组、统计表和统计图的绘制
			统计指标的计算
			时间数列指标的计算
			相关与回归分析基础
		计量分析能力	一元回归分析与检验推断
			多元回归分析与检验推断；多重共线性检验及弥补
			自相关性与异方差性
			分布滞后与自回归分析
			联立方程组
专业核心能力	管理能力	基础管理能力	管理组织的初步认识
			决策过程分析
			计划制订
			领导激励
	市场营销及策划、谈判能力	市场营销能力	市场营销信息管理
			产品开发与管理
			推销与销售管理
			服务与客户关系管理
		市场策划能力	市场营销计划与管理
		商务谈判能力	商务谈判

表2（续）

分类	主要能力	专项能力	对应实验项目
专业核心能力	外贸业务操作能力	熟知外贸业务流程	Simtrade 实习平台及资料的填制
			交易磋商及合同的订立
			外贸流程操作（L/C + CIF）
			外贸流程操作（D/P + FOB）
			外贸流程操作（L/C + CFR）
			外贸流程操作（T/T + CIF）
			外贸流程操作（T/T + CFR）
			外贸流程操作（D/A + FOB）
		商务单证缮制能力	信用证的开立和审核
			商业发票和装箱单的填制
			出口货物明细单和提单的填制
			投保单、原产地证明、报检单的填制
			报关单和汇票的填制
		报关操作能力	进出口货物的国家管制制度
			进出口货物的基本通关程序
			特殊贸易方式进出口货物的报关
			我国海关关税的征收
			常用和特殊报关单证的填制
		货运与保险业务操作能力	承运人的责任
			运输合同
			国际货运单证填制
			提单条款
			提单的法律适用
			国际货物运输保险
			外贸保险单证填制
			运输索赔的操作
	专业英语应用能力	撰写英文商务信函	交易磋商
		商务英语沟通能力	订立合同的过程
		专业英语阅读能力	信用证的审核与修改
	电子商务运用能力	电子商务操作能力	B2B 与 B2C 的比较
			自建网站
			网页制作
			熟悉大型商务网站的电子商务模式
拓展能力	创新创业能力	创新创业能力	素质拓展
			综合模拟实习
			创业大赛
			校园孵化
	新技术应用能力	新技术应用能力	现代商业技术
			网络贸易
			电子结算
			现代信息管理
	其他能力	其他能力	选修实验项目

（二）以能力为导向的专业实验课程体系

以能力培养为主线，根据实验项目体系建设分模块、多层次的实验教学体系；坚持传授知识、培养能力、提高素质协调发展，注重对学生探索精神、科学思维、实践能力、创新能力的培养。以能力培养为主线，设计四大模块（认知型实验教学模块、案例型实验教学模块、模拟型实验教学模块及生产型实验教学模块）的实验课程，建设三个层次（基础阶段、应用阶段和提高阶段）的实验教学体系。

表3的专业实验课程体系仅涉及专业教育模块，通识教育模块（包括公共基础实验课程、通识课程等）未在体系中。据实验项目的类型特点以及不同实验项目知识的规律和逻辑性，构建了由多个实验项目构成的一门实验课程。实验课程体系见表3：

表3　国际贸易专业依托实验项目整合的专业实验课程体系

能力	能力标准	实验项目	实验课程	课程类别
会计与财务管理能力	①会计处理能力 ②基础财务管理能力	项目1：记账凭证的填制和审核 项目2：登记账簿 项目3：编制财务报表 项目4：财务报表的阅读和分析 项目5：风险价值实验 项目6：资本成本分析	课程1： 会计学实验	学科基础
数据处理与分析能力	①数据统计与分析能力	项目1：数据整理统计分组：统计表和统计图的绘制 项目2：统计指标的计算 项目3：时间数列指标的计算 项目4：相关与回归分析基础	课程2： 统计学实验	学科基础
	②计量分析能力	项目1：一元回归分析与检验推断 项目2：多元回归分析与检验推断、多重共线性检验及弥补 项目3：自相关性与异方差性 项目4：分布滞后与自回归分析 项目5：联立方程组	课程3： 计量经济学实验	学科基础
管理能力	①基础管理能力	项目1：管理组织的初步认识 项目2：决策过程分析 项目3：计划制订 项目4：领导激励	课程4： 管理学实验	专业基础
市场营销及策划、沟通能力	①市场营销能力 ②策划能力	项目1：市场营销信息管理 项目2：产品开发与管理 项目3：推销与销售管理 项目4：服务与客户关系管理 项目5：市场营销计划与管理	课程5： 市场营销模拟	专业基础
	③商务谈判能力	项目1：商务谈判	课程6： 国际商务谈判模拟（课内实验）	专业基础

表3（续）

能力	能力标准	实验项目	实验课程	课程类别
电子商务与运用能力	①电子商务操作能力	项目1：B2B与B2C的比较 项目2：自建网站 项目3：网页制作 项目4：熟悉大型商务网站的电子商务模式	课程7：电子商务实验（课内实验）	专业基础
外贸业务操作能力	①商务单证缮制能力 ②熟知外贸业务流程能力 ③专业英语应用能力	项目1：交易磋商及合同的订立 项目2：信用证的开立和审核 项目3：商业发票和装箱单的填制 项目4：出口货物明细单和提单的填制 项目5：投保单、原产地证明、报检单的填制 项目6：报关单和汇票的填制 项目7：Simtrade实习平台及资料的填制 项目8：外贸流程操作（L/C + CIF） 项目9：外贸流程操作（D/P + FOB） 项目10：外贸流程操作（L/C + CFR） 项目11：外贸流程操作（T/T + CIF） 项目12：外贸流程操作（T/T + CFR） 项目13：外贸流程操作（D/A + FOB）	课程8：国际贸易模拟实验	专业综合
	④报关操作能力	项目1：进出口货物的国家管制制度 项目2：进出口货物的基本通关程序 项目3：特殊贸易方式进出口货物的报关 项目4：我国海关关税的征收 项目5：常用和特殊报关单证的填制	课程9：报关实务模拟	专业综合
	⑤货运与保险业务操作能力	项目1：承运人的责任 项目2：运输合同 项目3：国际货运单证填制 项目4：提单条款 项目5：提单的法律适用 项目6：国际货物运输保险 项目7：外贸保险单证填制 项目8：运输索赔的操作	课程10：国际货运与保险实验	专业综合

对以上课程体系进行整理，共设计专业实验课程10门，其中，课内实践2门，分别是国际商务谈判模拟和电子商务实验，课程类别均属于专业基础课；单独设置的实验课程8门，涵盖学科基础、专业基础及专业综合三个课程类别，共占用学时208个，在整个专业教育模块总学时中占的比例为14.0%。具体课时及学分分配如表4。

表4　　　　　　　　　国际贸易专业实验课程（单独行课）

实验课类别	实验课程名称	实验课学分	实验课学时
学科基础实验课程	会计学实验	0.5	16
	统计学实验	0.5	16
	计量经济学实验	0.5	16
专业基础实验课程	管理学实验	0.5	16
	市场营销模拟	1	32
专业综合实验课程	国际贸易模拟实验	1.5	48
	报关实务模拟	1	32
	国际货运与保险实验	1	32

五、重构后的国际贸易专业实验教学体系建设规划

国际贸易专业是培养应用型人才的综合型学科，国际贸易专业的特点要求外贸从业人员要具有专业理论知识、操作技能和分析问题、解决问题等各个方面的能力和素养。这就要求国际贸易专业的教学应十分注重对学生实践能力方面的培养，对一些国际贸易必备的行业素质和技能的教育培养应该贯穿整个大学教育阶段。实验教学是课堂理论教学的延续、补充和深化，是其他教学环节不能替代的。因此在国际贸易专业教学中应对实验教学环节给予充分的重视，不断完善实验教学设施和教学体系，让学生在校期间就可以熟悉对外贸易的相关业务，熟练操作一些具体的流程，培养能在涉外经济贸易部门、外资企业及政府机构从事实际业务、贸易管理、调研和理论工作的高级应用型人才。

（一）指导思想

以培养学生实践能力、创新能力和提高教学质量为宗旨，树立知识传授、能力培养、素质提高、协调发展的教育理念和以能力培养为核心的实验教学观念，改革传统的实验课程体系，建立一种与理论教学既紧密联系又相对独立的，符合专业培养目标要求的，分阶段、分层次、多模块的实验教学体系。通过深化实验教学改革，优化实验教学体系，创新管理运行机制，建设满足现代实验教学需要的高素质实验教学师资队伍，全面提高实验教学水平，满足新时期实施素质教育和培养创新人才的需要。

（二）建设目标

1. 总体建设目标

十二五期间，我系将立足于社会人才需求与学科发展需要，建立一个结构合理、特色明显、整体水平较高的国际贸易专业实验课程体系。构建与理论教学有机结合的相对独立的实验教学体系，改进和完善软硬件设备，加强实验课师资培养，修订和完善各种规章制度，完成学生能力基础、专业和创新三个层次的培养，从而培养出具有创新精神和实践能力的高素质人才。

2. 阶段性建设目标

阶段性建设目标可以从近期、中期和远期目标三个阶段进行规划。具体而言：从2011年至2014年，三年实现近期目标，建立规范的国际贸易教学实验室，初步构建以综合性实验为主的国际贸易专业实验教学课程体系；从2011年至2016年，五年实现中期目标，构建起实验课程体系相对完善，验证性实验、综合性实验、设计性实验比例合理的专业实验课程教学体系，在西部地区同类高校中处于领先地位；从2011年至2021年，十年实现远期目标，建设成为全国同类高校一流的国际贸易教学和科研实验室，建立体系完整、实验类型比例合理、符合专业能力和职业岗位要求的实验课程教学体系，师资队伍建设取得明显成就。

（三）建设内容

1. 严格定位，修订教学计划，改造实验教学体系

依据确立的培养目标制订好实验教学计划，在实验教学内容方面要体现层次性，遵循从简单到复杂、从基本操作到职业综合技能培养的原则，循序渐进地培养学生的能力。着重从实验项目和实验功能方面加强实验教学系统性建设。根据有利于培养学生独立工作能力和开展自主实验的要求，充分吸收实验教学改革和科学研究的新成果，按照基础实验、综合实验、设计研究实验分层次编写实验项目，对"基础实验"和"综合实验"都要编写配套的实验指导书和网络课件。通过学校立项，组织实验教学团队，编写起点高、立意新的系列实验教材，实现教材与教学内容的同步、快速发展，推动实验课程和实验教学向的深层次改革，为高水平实验教学创造新的台阶。

实践教学的层次以基础性实验、专业性实验、创新性实验为主，要使实验内容自成体系，后一层次以前一层次为基础，每一层次的培养目标和任务不同，涉及的课程以及教学计划要与之相适应，切实起到培养学生各方面能力的作用。

专业理论课中的实验课和实验教学中的实验课，可以通过整合的方式避免实验内容的重复设置和教学资源的浪费，在实践课程的总量和环节方面要与专业理论课程并重，要尽可能使学生深入到国际贸易的主要环节中从事实践活动。

2. 加强国际商务实验室的建设

作为一个国际经济与贸易专业的应用型、复合型、外向型人才，首先必须具备专业技能，而提高专业技能的一个有效途径就是开展国际贸易仿真模拟实习。因此应加大实践性教学环节，加强国际商务实验室建设。

进一步整合各类资源，努力搭建以基础技能训练平台、竞赛创业实验平台、就业岗前培训平台为一体的具有鲜明地方特色的普通本科院校经管实验教学体系。建立提高学生基本专业技能和基本职业素养的基础技能训练平台；顺应社会和时代潮流，构建面向各类各级专业技能竞赛、创新创业为目的的竞赛创业实验平台；整合行业资源，组建以开拓就业途径和培养零适应能力的国贸人才为目的的行业岗前培训平台。

在国际商务实验室服务器上构建国际贸易模拟实习平台、外贸实习平台、外贸单证实习平台、外贸模拟练习系统、进出口报关模拟实习平台、进出口实务操作题库、电子商务模拟实验平台，给学生创造更多的机会参与各种实践操作，提高学生的动手

操作能力。

3. 加强跨学科的综合性实验项目建设，建设实验精品课

发挥中心的综合平台实验优势和特色，探索校级"经贸人才培养基地"建设规律，大力开设一系列综合性实验项目，着重挖掘其实验深度，使之更好地满足创新能力培养的要求。到 2015 年，有综合性、设计性实验的课程要占有实验课程总数的 80% 以上，开设设计性、应用性、综合性实验要占开设实验的 60% 以上，选做实验要占开设实验的 40% 以上。探索并建立实验项目准入和退出机制，加大实验项目的更新力度，力争使年实验项目更新率达 10% 以上。本专业形成 3 个以上能独立设课的综合实验项目，形成 2 个以上的精品实验项目，培养学生创新能力。

4. 加大实验教师队伍的培养力度

教师队伍建设是国际贸易专业实验室建设的关键。我们可以采取"请进来、送出去"的方式，来解决这个问题。"请进来"就是邀请行业精英和操作能手到学校来进行示范教学，这些行业精英和操作能手可以从与我校进行合作的优秀企业员工或是管理者中选出，可以作为"校企合作"的一个项目，教学的形式可以灵活多样，场地的选择也不要只局限在学校的实验室，这样既能够降低教学成本，也加强了学生与企业的交流，为其就业搭建了一个良好的平台；也可以定期与其他院校优秀的同行进行经验交流，邀请相关领域的专家进行技术讲座和学术交流。"送出去"就是对于国际贸易专业教师进行再教育，目的是不断提高其自身的理论与实践相结合的水平和实验操作能力，不断充实、更新自己的实验教学内容，使实验教师队伍的年龄结构、专业结构和学历结构合理，以适应行业迅速发展的需要。可以有计划地派出教师到全国知名的高校、外贸公司、外向型企业学习先进的管理经验、服务规程和服务标准或者是到合作企业中兼职或调研，使他们从理论到实践再到理论。通过"请进来、送出去"这种途径，有利于建立一支技术优良、专业素质强的实验教师队伍，让实验教师真正成为"双师型"教师。

支持并鼓励教师、实验技术人员进行实验教学研究工作，实验教学和实验技术等方面所取得的成果和其他教学、科研成果同等对待。五年中专项用于实践教学人员培训经费不少于 30 万元。

对新上实验课的老师，实行实验室主任、系主任听课制度。

5. 加大实验室开放力度，实现实验教学手段的多样性

建设好实验教学中心自主学习平台，积极开展国际贸易教学研究与实践，按照开放式教学的要求改进实验室管理信息系统的设计，加强中心软件资源库的建设，建立较为完善的课件与习题资源库、案例教学资源库、经贸类政策信息资源库、学科理论资源库，充实网络辅助教学资源，为全面实现实验教学的开放管理提供保障，大幅度提高网络辅助教学系统的使用效益。强化服务意识与管理效率，打造具有人文精神特色的实验室文化系统，通过多种实验形式和现代化的教学手段，实现教学模式的多元化和教学内容的创新。充分发挥多学科综合优势，支持兄弟院校经贸类实验课程建设，为人才培养、科技发展、经济建设和社会发展提供服务。实行开放式教学，扩大

实验室的开放范围，力争使每一实验室日开放时间达 10 小时以上。

6. 建立完善的实验制度体系

实验制度体系主要是指国际贸易专业实验教学的管理制度、运行制度、安全制度、文档管理制度等规范国贸专业实验教学规章制度，实验制度体系能够确保国际贸易专业实验教学的顺利进行。具体而言，一方面就是结合我校实验教学管理系统和专业实验室管理的各个环节，制定切实可行的规章制度，建立岗位责任制，加强规范化、网络化管理，同时对有条件的模拟实验室实行开放式管理；另一方面是校外实训基地的建设和管理，主要是校外实训基地的选择和建设、校企合作以及运营过程中涉及的对学生、教师、日常事务管理等方面的制度的制定。

（四）保障措施和实施计划

1. 保障措施

第一，坚持以马克思列宁主义、毛泽东思想、邓小平理论、"三个代表"重要思想和科学发展观为指导，深入学习国家有关教育工作的路线方针政策，认真贯彻执行国家的教育方针，切实完成学院各项工作部署。

第二，注重实验教学规模与教学质量的协调发展，注重人才培养与社会需求相适应的要求，结合社会对人才的需求和前沿知识的更新，不断为课程体系注入新的内容。

第三，加强对本专业实验教学建设的管理，形成科学合理的实验课程教学体系，提高学生学习的积极性与主动性。制定和完善一系列政策和措施，调动任课老师的工作积极性和创造性。

第四，加强与省内外相关高校、院系之间的相关学术和工作经验的交流。

第五，加大实验教师业务水平培养力度，鼓励和选派优秀教师赴国内著名高校院系进行实验教学的学习，切实提高教师的综合素质。

第六，建立和完善实验课程服务体系建设，增强服务工作的科学性和规范性，提供教育创新信息，及时发布教育改革动态，提高教育教学质量。

第七，建设专业实验档案资料库，创建共享型专业实验教学资源库。对实验教学目标与标准、教学内容、教学指导、学习评价等要素，建立数字网络化、互动式教学资源共享库，满足近端和远程的应时信息交流需要，为各类学生自主学习搭建公共平台。

第八，建立科学的实验教学质量评价体系。重视教学管理，建立比较完善的教学质量保证和监控体系，严格考试管理，有机地实施好教学模块之间呼应连贯、无缝对接。在常规教学的实施过程中，不断深入开展教学研究，运用现代教育理念，积极探索教学模式、教学方法改革。

2. 实施计划

为了保障以上目标能顺利完成，目前应解决和加强的工作：

第一，将课程体系设计方案尽快在培养方案中予以体现，使整个建设计划迅速落到实处，并在实践检验中不断修正与完善。

第二，加强教学基础建设，建成与教学规模相适应的相关实验室，并进一步加强实验软硬件建设。

第三，认真组织学习，使教师明确专业实验教学的现状、定位与发展目标，树立理论教学与实验教学并重的教学理念，增强教学工作责任感。

第四，强化系部工作，使系部工作经常化、制度化，在实验教学改革与课程建设中更大程度地依靠系部开展活动，发挥作用。

第五，确立明确的目标，制订切实可行的工作计划，目标与计划的制订须有充分可靠的论证。在实施计划过程中须周密安排，步步落实。

第六，进一步完善教学质量保障监控体系，形成完备有效的学科和专业建设的激励和保障机制。

第七，充分发挥教学委员会在实验教学建设中的评价和指导作用，教学委员会、教学督导组应加强实验教学评估和教学质量检查，开展学生评教活动，结合教师个人自评和同行专家评议，构成对教师授课质量和教学水平的评价。

（项目负责人：蒋兴红　项目组成员：王美英　胡伟辉　戴佩华）

贸易经济专业能力导向实验教学体系建设研究

重庆工商大学经济贸易学院贸易经济系

实验教学作为高校教学的一个重要环节，可以有效地提高学生的实践能力与创新能力，随着现代信息技术、现代流通手段日益广泛应用于商贸流通产业及企业，这既对贸易经济专业的学生专业知识与实践技能提出了更高的要求，也给本专业的实验教学提供了更多的实现手段。作为西南地区唯一一所保留有贸易经济专业的院校，探索与建设贸易经济专业实验教学体系，对培养应用型高级商贸人才具有重要意义。

一、背景

（一）贸易经济专业基本概况

1. 基本情况简述

贸易经济专业是国家教育部在我校保留的特色专业之一，全国仅有十余所高校设置有该专业。目前，该专业是重庆市特色专业、重庆工商大学品牌专业，专业所在的产业经济学科也是重庆市重点学科。我校贸易经济专业在全国处于领先地位，是西南地区培养高素质应用型高级商贸人才的高地。本专业注重内贸与外贸相结合、营销与管理相结合，以内贸、营销为主，重视学生综合能力的培养。通过贸易经济学、零售学、连锁经营、消费经济学、现代商场管理、西方商业、现代商业技术、物流管理、市场调查、商务谈判、电子商务等专业课程的讲授，要求学生熟练掌握现代商贸基本理论和基本技能，熟悉商贸政策法规，具有较强社会适应能力、实践能力和创新创业精神，培养出具有较高外语水平的德才兼备的高素质应用型高级商贸专门人才，毕业后能够在零售、批发、物流、商务服务以及工业企业、涉外企业等各类工商企业从事商贸经营与管理工作，也可在政府管理部门、科研机构、大中专院校等行政事业单位从事管理和研究工作。本专业强调高级应用型人才的培养，重视实践教学体系的建设。

在重庆建设成为长江上游经济中心、率先在西部实现全面小康和城乡统筹发展的中央直辖市的历史进程中，作为西南地区唯一一所保留有贸易经济专业的院校，我校充分发挥着为西南地区商贸流通行业及企业进行人才培养与输送的重要作用。依托我校经管实验中心建立贸易经济实验室，对于培养高素质应用型高级商贸人才，促进西部地区商贸流通产业发展具有很大的作用。

2. 特色及优势

本专业研究主要方向体现了贸易经济理论、地方经济发展与商贸企业实际需要的紧密结合，在教学和科研过程中取得了丰富的理论和应用研究成果，形成了独特的学科优势和特点：

（1）跨学科结合，辐射力强。主要关联贸易经济学、现代管理学、消费心理学等多学科，横跨经济、管理两学科。

（2）校企结合，实用性突出。紧紧围绕重庆市社会经济的重大问题开展学科建设与科学研究，服务于重庆市及周边省市地方社会经济发展。与重庆商社集团、人人乐超市等大型商贸流通企业开展长期合作培养人才的合作。构建贸易经济实验教学体系，可以更好地使学生的实验教学直接与社会经济接轨，使专业的应用型得以实现，提高学生的操作能力和解决现实问题的能力。

（3）理论与实践结合，建设基础良好。重庆工商大学相关专业门类较为齐全，基础理论研究较丰富，建立本项目的教学需求、技术基础和管理经验都已有一定的积累基础；同时，也比较重视应用型研究，一方面与多个大型商贸服务企业展开终端数据共享合作，另一方面，积极组织学生深入各企业实习，强调学生培养的应用型。扎实的理论与丰富的实践性相结合，为贸易经济实验教学体系的构建提供了良好的建设基础。

（二）专业人才培养的社会背景

1. 我国是商贸流通大国

商贸流通业是指以商品流通和为商品流通提供服务为经营内容的营利性事业，包括批发和零售贸易业、仓储业、运输业、流通加工业、包装业及相关信息业等。我国具有悠久的贸易历史，进入 21 世纪，世界经济已由工业社会迈入服务社会，流通产业成为国民经济的基础产业和先导产业，发挥着越来越重要的作用。2010 年，我国社会消费品零售总额达到 154 554 亿元，比上年增长 18.4%。社会零售总额从 2003 年到 2008 年完成了 5 万亿元到 10 万亿元的跨越，而只用了 2 年时间就跨越了 15 亿元大关。商业网点遍布全国，商业配套设施开发量增长迅速，商业街区、社区商业蓬勃发展。据预测，"十二五"期间，我国新建的城市商业配套设施和城市综合功能体及现代商业服务业产业体系面积将达 10 亿平方米以上。

2. 商贸流通业已发生深刻变化

从世界经济发展的趋势来看，21 世纪以来，全球经济由工业经济向服务经济转型的趋势进一步加快。基于这一趋势，2007 年 3 月 19 日国务院下发了《关于加快发展服务业的若干意见》，2008 年 3 月 13 日国务院办公厅又下发了《关于加快发展服务业若干政策措施的实施意见》。在这两个文件中，商贸流通业是需要大力发展的服务业。尤其需要指出的是，基于服务业与制造业相互融合进一步加强和生产性服务业已经全面渗透到制造业的流程中的趋势，在《国务院关于加快发展服务业的若干意见》中，将商贸流通业列为当前我国需重点发展的六大生产性服务业之一。这表明商贸流通业的发展方向需要重新定位，要从以往主要面向民生提供生活服务转向面向民生提供生活服务和面向生产提供生产性服务并重的轨道上来，充分发挥商贸流通业对制造业的先导作用。

3. 商务部"人才强商"战略的实施

商务部成立后，实现了国内外贸易行政管理一体化，为国内外贸易的一体化进程奠定了基础。当前，我国商务工作与国民经济和社会发展的联系比任何时候都紧密，我国参与国际竞争与合作也比任何时候在范围上更大、领域上更宽、层次上更高，这对加强商务领域干部人才建设提出的要求，比任何时候都更高和更新。为了适应内外贸一体化的趋势，2004年商务部在全国商务领域干部人才队伍建设工作座谈会上就提出，商务领域必须树立科学的人才观，实施"人才强商"战略，努力造就一支高素质的商务干部人才队伍，这为近年来贸易经济专业的加速发展奠定了基础。

4. 重庆将建成长江上游地区商贸会展中心

重庆作为年轻的直辖市和长江上游经济中心，大力发展商贸流通业对其加快实施"314"总体部署起着极为重要的作用。"十一五"期间，重庆市商贸流通业快速稳步发展，主要指标实现了"六个翻番"，成为新的经济增长点和扩大就业的重要力量。其中，社会消费品零售总额2 950亿元，比2005年增加1.43倍，年均增长19.4%；商品销售总额7 100亿元，比2005年增加1.72倍，年均增长22.2%；商业增加值760亿元，比2005年增加1.31倍，年均增长18.23%；人均社会消费品零售额10 424元，比2005年增加1.4倍，年均增长19.1%；连锁经营销售额1 145亿元，比2005年增加2.91倍，年均增长31.3%；餐饮住宿业营业额430亿元，比2005年增加1.65倍，年均增长21.6%。此外，商贸服务业从业人员达375万人，比2005年增加138万人。未来五年重庆商贸流通发展的目标是实现"七个翻番"、"三个突破"。"七个翻番"就是：到2015年，全市社会消费品零售总额超过6 000亿元，在2010年的基础上翻一番，人均社会消费品零售总额超过全国平均水平；商品销售总额达到16 000亿元，在2010年基础上翻一番；会展直接收入超过50亿元，在2010年基础上翻一番以上；餐饮住宿业零售额达到1 000亿元，在2010年的基础上翻一番；年交易额百亿元以上商品交易市场个数达到18个，在2010年的基础上翻一番；电子商务成交额在2010年基础上翻一番以上；连锁经营销售额超过2 000亿元以上，在2010年基础上翻一番以上。此外，我市还要实现"三个突破"：到2015年，居民最终消费率提高4个百分点，占全市GDP的比重突破40%；全市商贸服务业从业人员新增25万人，总额突破400万人；全市商业零售设施面积增加800万平方米，总量突破4 000万平方米。到2015年，重庆要基本建成长江上游地区商贸会展中心，力争在西部地区率先实现流通现代化。

(三) 我校贸易经济专业实验教学的开设情况

1. 贸易经济专业实验教学体系的基本模块

多年以来，贸易经济专业始终重视推进实验教学建设，加大实验课比重，完善模拟实习。目前，已初步形成"分层递进、学科专业交融"的"五层次"实验教学课程体系（图1），增强学生的动手能力和分析问题、解决问题的能力。

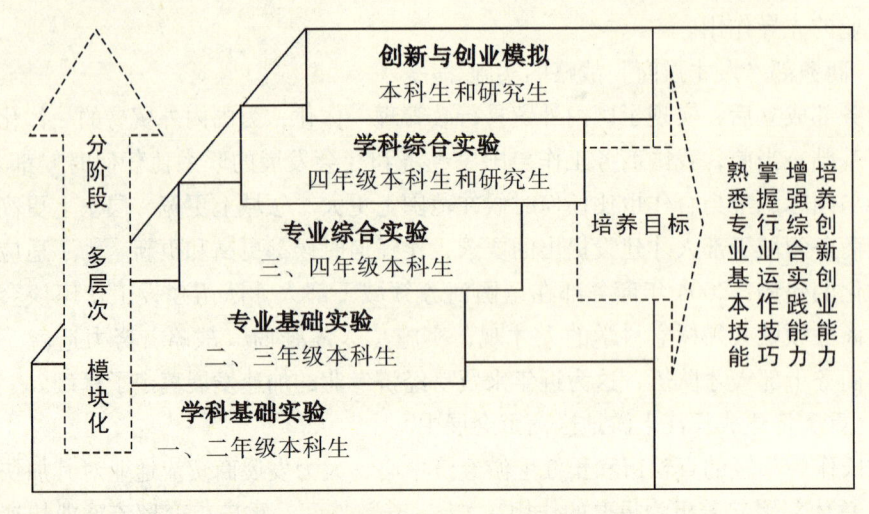

```
          ┌─创新与创业模拟─────┐
          │  本科生和研究生      │
          ├─学科综合实验───────┤  熟  掌  增  培
   分     │  四年级本科生和研究生│  悉  握  强  养
   阶     ├─专业综合实验──────┤  专  行  综  创
   段     │  三、四年级本科生    │  业  业  合  新
          ├─专业基础实验──────┤  基  运  实  创
   多     │  二、三年级本科生    │  本  作  践  业
   层     ├─学科基础实验──────┤  技  技  能  能
   次     │  一、二年级本科生    │  能  巧  力  力
   模
   块
   化
```

图1 贸易经济专业实验教学课程体系

在实验教学课程体系中，学科基础实验面向专业一、二年级本科学生，该层次由会计学实验、统计学实验、计量经济学实验、管理学基础实验构成，主要进行基本方法与技能训练，帮助学生理解经济管理基本原理，掌握基本方法和基本手段；专业基础实验在二、三年级本科学生中开设，主要由国际贸易模拟实验、电子商务实验、物流管理基础实验等实验课程构成，致力于专业基本技能训练和实践能力培养；专业综合实验在三、四年级本科学生中开设，进行本专业综合实验技能训练，以培养学生专业知识的综合运用能力及一定的决策与创新能力，包括宏观经济运行模拟分析、3S与区域综合规划实训、SCM模式下物流与商务综合实训等实验（实训）课程构成；学科综合实验针对四年级本科学生，进行跨学科、跨专业综合实验与创新设计，开设综合模拟实训课程；创新与创业实验主要通过课外科技创新活动和创业论坛，使学生熟悉创业实际过程，增强自主创新与创业能力。

2. 贸易经济专业实验教学存在的主要问题

（1）实验教学还未形成完整的体系结构

虽然，贸易经济专业已形成由学科基础实验、专业基础实验、专业综合实验、学科综合实验和创新与创业实验五大模块构成的实验教学体系，但是这个体系是基础的，也是不完整的。一是未形成系统的专业实验教学体系的顶层设计，模块之间如何联结、关系如何处理需要进一步分析。二是每个模块的课程亟待优化，课程之间的关联性需要加强。三是缺乏实验教学课程体系内各课程实验项目的层次、结构、内容设计。实验课程教学大纲、实验项目卡片等材料需要进行建设和完善。

（2）实验教学体系的专业特色不明显

虽然我们通过调整课堂教学与实验、实习课的比例，使得课堂教学与实验、实习教学的比例达到70∶15∶20，然而真正培养专业实际操作能力和创新能力的实验教学环节在整个教学方案中所占的学分比例仍然偏小，不能体现应用型专业强调的实践性特色。虽然贸易经济专业是市级特色专业，但是至今未有自己的实验室，专业主干实验软件零售连锁企业经营模拟还未正式投入使用。虽然实施了"五层次"实验教学课程体系,但是与实际需求联系紧密的如零售管理、连锁经营、市场营销、管理信息系统等课程所设置的实验与实践学时少。虽然我们增加了综合模拟实训、创新与创业实验,但这两大模块还非常单薄,如何更好地落实这两个模块的实验教学,达到培养学生的决策能力、创新与创业能力等目的,还应该深入调研与分析。

(3) 部分实验教学与企业经营实践脱节

从当前的实验教学看,实验(实训)课程主要通过购买的软件和沙盘演练,实现情景模拟,学生在一个封闭的环境下训练实际操作能力和决策能力。许多软件和沙盘本身就脱节于企业经营实际,是一些专业教学软件公司依据简单的实际操作原理设立,很多内容是过时的,现实中无法使用的,而且很多软件只能实现简单操作功能而不能进行复杂决策。这样的实验教学导致闭门造车,很多学生毕业到相关行业就业后根本用不到这些东西,更不懂现实企业的相关营运操作,背离了实验教学目标。这对教师选择软件提供商和软件提出了更高的要求,更要求教师具备最新的行业、企业经营管理实践能力。

(4) 课堂教学重理论灌输,轻课内实验

实验教学不能仅仅依赖独立设置的实验课程,课内案例教学与实验(实训)也相当重要。但是,目前我校经管类专业普遍存在课堂教学方法和手段重理论灌输,轻案例分析与动手实践。课堂教学组织仍然以课堂讲授为主,虽然采用了现代化的多媒体教学手段,但教学内容的传授形式上仍是传统的"教师讲,学生听"或"黑板上写,讲台下记"以及"屏幕演示,台下记录",缺乏真正的互动性。教学中案例的举证与分析大多停留于描述层次,缺乏实战特征,教师留给学生进行思维碰撞的时间和空间也很有限。另外,虽然课内实验(实训)提了这么多年,但是真正开展课内实验(实训)的并不多,形同虚设,导致讲授的理论过于抽象,学生无法真正掌握其知识要点,更谈不上动手实践了。

(5) 实验教学的师资队伍力量明显不足

随着高校学生规模的扩大,教师队伍也迅速膨胀,与我校其他经管类专业一样,本专业教师虽然学历结构偏高,但大都是从学校到学校的博士生、硕士生,从理论到理论,从学校到学校,其本身就缺乏实战性的专业锻炼,不了解企业运行状况,因此在提高学生实践能力方面缺乏丰富的经验。再加上年轻教师居多,在教学上又没有经过教师职业技能的专门训练,其教学方法比较单一,对教学内容、课堂气氛的驾驭能力偏弱,一定程度上束缚了对学生实践能力、创新思维的开发。

二、专业能力需求调研

(一) 本专业人才需求分析

1. 人才需求基本情况

从我国商贸流通业发展历程看,自 20 世纪 90 年代起商贸流通业发生了巨大变化,市场竞争日趋激烈,营销方式不断创新,现代化管理技术日益普及,加上新型零售业态层出不穷，新型批发形式不断涌现，物流业也已突破传统的仓储、运输概念而渐渐发展成为商贸流通业的一个新的重要的分支。特别是中国零售业，近十年来，国外出现的各种零售业态几乎可以在国内找到模型，中国零售竞争格局正发生着前所未有的变化。连锁经营的发展使零售组织化程度有了质的突变，从过去传统的单体店为主正逐步转向以现代化的连锁商店为主。所有商业的变革，全面、深刻而丰富多彩，表现出的问题尖锐而突出，表明中国商业发展已进入一个新的阶段——需要系统策划、全方位融合、资源整合、资本运营、细节服务、差别经营的时代。流通领域的这些变化对高等学校的人才培养形成了一个挑战，迫切要求高等院校针对这一商贸流通业的变化，培养和输送一批适应现代商贸市场竞争的高级专门人才。而我国高校在本专业人才培养上，无论规模和结构方面均远远不能适应时代的需求，贸易经济专业人才供求呈现明显的缺口与矛盾。

零售业人才匮乏成为当前我国零售企业最严重的瓶颈制约。零售业的竞争现在聚焦于人才的竞争。在各行业人才供求上，零售行业的人才缺口是最大的。不少零售连锁企业在扩张过程中，由于找不到店长而分店迟迟不能开张。在连锁财富论坛期间，不少五百强外资企业异口同声地表示，目前在中国的扩展所面临的最主要的问题并非资金，而是人才。零售业人才的匮乏从本质上说，归根于国内院校对零售人才的培养力度与步伐远远落后与我国零售生产的发展以及零售企业的人才需求。据统计，我国每年不完全的商业产值占 GDP 的比例在 10% 左右，但国内高校却很少设置有关流通产业的专业，这使得企业没有办法从市场上获得足够的人力资源。而我校贸易经济专业开设的零售与连锁方向正是市场上最需要、最缺乏人才的领域。因此，加强贸易经济专业建设，尤其根据市场需求构建贸易经济专业实验教学体系，适应市场发展的需要，是十分紧迫而重要的任务。

2. 人才供求的结构性矛盾

（1）从规模上看，贸易经济专业人才供求存在明显的数量缺口

随着中外流通企业在我国扩张步伐的加快，流通产业的竞争更聚焦于人才的竞争。流通行业人才不仅数量少，而且素质也不高，具有大专以上文化程度的各类专门人才只占 3% 左右。

（2）从结构上看，贸易经济专业人才培养存在供求结构错位问题

从行业需求来看，对贸易经济专业人才需求最大的是进入企业的应用型高级商贸专门人才。而从高校供给来看，按传统模式培养的大学生越来越难以适应市场经济和商贸产业发展的要求，我们虽然强调培养应用型贸易专业人才，但是课程设置方面重理论轻实践，重商贸流通中观知识，轻流通企业经营管理知识，从而人才供求出现较大错位和结构性矛盾，也导致学生就业方向不明，毕业后真正走向流通行业、企业的寥寥无几，也使得商贸流通人才匮乏成为当前我国商贸企业最严重的制约瓶颈。

（3）从质量上看，贸易经济专业人才培养存在理论与实践脱节的普遍现象

现代服务业的发展对高层次应用型商贸人才的需求不断增加、要求不断提高，然而高校尚未完全摆脱传统的过于偏重知识传授的教学模式，所培养的学生动手能力

弱、适应能力和竞争能力较差，所讲授的知识存在大量理论与实践脱节的地方，无法满足用人单位的需要。我校贸易经济专业的实践教学也存在同样的问题，实验、实训、实习教学相对薄弱，教学内容与社会现实有所差距，教学方法与教学手段单一等。这些问题也导致了一些"怪"现象的出现：掌握本专业的基础知识和基本技能理所当然，但学生在校期间甚至毕业后仍需接受本专业领域的再培训（基础经营管理知识）才能找到相应的工作或适应岗位的需要；用人单位到学校招人后不得不设立相关的培训机构对毕业生进行再培训，使其胜任岗位（如国美学院、苏宁学院等）。

综上所述，我国高等教育长期以来重理论、轻实践，这种倾向严重影响高等教育人才培养规格，在校期间没有经过系统实践技能训练的毕业生不能在企业生产经营活动中较快地胜任工作。无论从规模、结构还是质量上讲，贸易经济专业的人才培养均无法适应我国商贸流通产业的发展和企业的需要。以培养高素质、应用型高级商贸人才为导向的贸易经济专业必须充分重视实验教学环节，改革原有实验教学模式，构建完善的实验教学体系，从根本上提高学生职业能力、动手能力、知识应用能力及创新能力。

3. 用人单位对本专业毕业生专业能力的需求

本课题组对重庆商社集团、永辉超市、人人乐、武汉中百仓储等知名商贸流通企业以及行业主管部门进行了多次调研与交流，行业单位对本专业毕业生专业能力的需求总结如下：

(1) 具有良好的政治思想与职业道德素质

爱国爱党，具有良好的政治思想素质与道德修养；具有突出的吃苦耐劳精神、奉献精神以及团队合作精神；诚实守信，坚忍不拔，德才兼备。商贸流通行业基层工作细碎、艰苦、服务要求高，管理工作幅度大，尤其节假日更是工作高峰期，由于工作强度大而基层工作的报酬较低，因而人才流失率也较高。很多高校毕业生自身期望值较高，企业提供的报酬和工作环境远低于毕业生的期望，巨大的落差使得毕业生不安心于本职工作，员工频繁跳槽已成为令不少流通企业头疼之事。

(2) 具有较强的实践操作技能

动手能力强、具备实际操作能力是商贸流通人才必备的专业技能。随着市场竞争的加剧，企业想方设法在市场竞争中脱颖而出。我国的商贸流通企业尤其是众多零售企业门店多、市场广、人才缺，在招聘时往往希望招聘有相关工作经验、熟悉零售经营流程、动手操作能力强的专业人才。一方面这些人才能更快地适应高强度的工作，迅速进入工作状态，融入企业团队，为企业带来更高的经济效益；另一方面可以节约培训时间，降低企业自身的培训成本。

(3) 具有较强的沟通交流能力

交流能力包括语言交流能力和服务交流能力。商贸流通行业是典型的服务性行业，随时都要跟顾客打交道，商贸流通企业的竞争更多的是服务的竞争，这就需要从业人员尤其管理人员具有较强的语言交流与服务能力，需要有流畅的商品营销专业技能、规范的服务礼仪与服务态度、睿智的突发事件解决能力。

(4) 具有较强的创新能力

商贸流通从业人员站在风云变幻的市场最前列，商贸流通行业的变革与创新日新月异，因而需要从业人员从观念到行为必须有足够的勇气去尝试新事物、发明新技术、形成新观念、寻找新方法、创建新理论，以独创的思维谋略和经营理念取得先发优势。在经济全球化的背景下，随着国际竞争的不断加剧，人们越来越意识到，只有不断地更新观念、不断创新，才能在竞争中取胜。

(5) 具有扎实的理论知识

扎实全面的商贸流通专业知识是用人单位在招聘人才时看重的主要方面。它是现代商贸流通高级人才专业能力形成的基础，展现其发展潜力和后劲。贸易经济专业知识可分为贸易经济理论和实务两部分。贸易经济人才首先应掌握最基本的贸易经济理论，能运用所学理论分析商贸流通的发展规律与发展趋势；其次应熟练掌握贸易经济实务知识，如批发、零售、物流、电子商务、连锁经营等具体操作流程，熟悉商贸流通企业经营管理方法与技能。

(6) 具有较强的信息处理能力

知识经济把贸易经济带入了一个科技信息化时代，使传统的商贸流通突破了时空的界限，商贸流通企业经营管理模式、手段和方式都发生了巨大的变革。根据我国入世的承诺，目前已经全面实现了外资零售企业的准入，全球500强的商贸流通企业绝大多数都进入我国参与竞争。这对商贸流通行业从业人员提出了新的要求，即计算机能力及敏锐的信息发现利用能力。从业人员需要利用计算机和网络通讯技术，开展电子商务，创建一条畅通的信息流，链接顾客、销售商和供应商，以最快的速度、最低的成本回应市场，善于利用网络上的有用信息，及时抓住商机，不断增强竞争力。

(二) 贸易经济专业加强实验教学体系建设的必要性

1. 从培养学生的实际动手能力以及创新能力来看，实验体系建设具有非常重要的作用

为了培养学生的实验动手能力和创新能力，目前大多数普通高校通常采用以下两种手段：一是组织学生到相应企业去参观，二是安排学生到相应单位去实习。实际上，这两种方式在实际运作过程中，均存在一些不足：

(1) 组织学生到相应企业去参观，确实可以让学生亲眼看见实实在在的零售企业经营现场、设施设备及其运作情况，可以听到企业里相关人士就每个部门、设施设备及相关操作的简单介绍。虽然参观可以让学生有个直观的认识，但是，通过参观，学生所能获得的动手能力和创新能力很有限。理由有二：一是在参观期间，相关企业一般情况下是不可能允许学生亲自去动手操作，往往只是企业安排相应的工作人员，完成操作，向学生展示硬件的运行，所以，通过参观是很难提高学生实际动手能力的；二是学生通过参观所了解到的仅仅是营业场所最基础的操作层面的内容，至于详细的营运内容尤其是经营管理方面的专业技能，如店址选定、排面设计、库存控制、采购策略、促销策略、出入库的策略等，是不可能通过参观了解的，更不要说深入研

究各个经营管理策略对整个运作的影响，从而进行一定的经营管理创新，因此，学生的创新能力也几乎得不到明显的培养和提高。从2005级、2006级、2007级贸易经济专业学生现场参观的调查情况来看，仅靠参观确实不能完全满足教学需要。

（2）仅通过到相关单位去实习也难以完全达到提高学生实际动手能力、培养学生创新能力的目的。实习不同于参观，一般情况下是可以进行实际的操作，学生的实际动手能力会有相当程度的提高。但是，由于实习时间的有限，实习单位可能出于自身利益的考虑或是出于商业机密的保密问题，不可能安排每个实习生到每个工作岗位上去实习，尤其是单位的核心岗位，更是不可能给实习生来做的。通过对2002—2008级贸易经济专业的实习情况分析发现，无论是分散实习还是集中实习，无论在家乐福、沃尔玛这些国外零售企业，还是在新世纪、重百、永辉、人人乐等这些本土零售企业进行实习，企业往往安排学生从事收银、防损、销售、理货等简单的局部的操作。所以，学生通过实习所了解到的只是零售经营系统的一个很局部的内容，至于零售企业中其他的岗位在做些什么就很难了解，更谈不上其具体操作了。除零售连锁企业外，学生更少能在商业地产、物流企业、中介服务企业这些企业进行实习并学习到相关知识。这种情况下，学生通过实习，对于整个商贸流通业系统不可能有比较清楚的认识，更谈不上如何更有效地去经营管理了。

通过实验课程体系的建设，同时结合学校已有的专业实验室中相应的硬件、软件，可以让学生在该课程体系的不同实验课程中，扮演不同角色，了解和熟悉不同岗位的具体操作（包括硬件及软件的操作），当扮演完所有角色后，学生可以对流通业及企业有一个整体的认识，熟悉流通企业的业务流程及其数据流程，并在熟悉的基础上，认真分析其管理层面甚至是决策层面的内容；可以鼓励学生在熟悉的基础上，通用所学经营管理的基本理论与方法对流通业及企业中的问题、案例进行分析、评价与改进，从而在提高学生实际动手能力的同时，培养学生一定的管理能力及创新能力。

综上所述，贸易经济专业实验课程体系的建设，有助于培养学生的实际动手能力和创新能力。

2. 从专业建设及学科发展来看，需要加强贸易经济专业实验课程体系的建设

前面提到，目前社会对于商贸流通高级人才的需求缺口很大，由于流通行业的特殊性，社会对于商贸流通人才实际动手能力和创新能力提出了很高的要求。但由于传统教育只重视理论教学，忽略实践教学，按这种模式培养出来的大学生难以适应社会的需求；与此同时，也正是由于贸易经济专业本身具有很强的操作性，这就要求贸易经济专业的教学除了理论教学外，还应特别强调实验教学。而以专业实验教学体系的顶层设计为内容，整体优化实验教学课程体系，有利于加强学生创新精神与实践能力培养；通过完善实验教学课程体系内各课程实验项目的层次、结构、内容设计，有利于规范实验课程教学大纲、实验项目卡片等材料，有效促进贸易经济专业的建设及学科发展。

三、专业能力标准及体系

贸易经济专业的人才培养目标是：培养具有良好的政治思想素质与道德修养，符合社会经济发展需要，熟练掌握现代商贸基本理论和基本技能，熟悉商贸政策法规，具有较强零售经营、策划与组织能力、实践能力和创新思维，具有较高外语水平的德才兼备的高素质应用型高级商贸专门人才。毕业后能够在零售、批发、物流、商务服务以及工业企业、涉外企业等各类工商企业从事商贸经营与管理工作，也可在党政机关、科研机构、大中专院校等单位从事管理和教学、科研工作。

根据人才培养目标以及前面的调研情况，确定了贸易经济专业学生需要具备的知识、能力、素质三位一体的专业能力标准体系，将贸易经济专业本科生应具备的能力总体上划分为一般能力、专业基础能力、专业核心能力以及拓展能力四个主要方面，并在此基础上进一步细化专项能力，以期得到科学、全面的贸易经济专业本科生能力培养体系（见图2）。

四、与专业能力指标对应的实验项目和课程体系

（一）贸易经济专业实验教学体系的框架思路

1. 实验课程类别

贸易经济实验可分为学科基础类实验、专业基础类实验、专业综合类实验、学科综合类实验、创新创业类实验。这些实验有两种实验形式：一是实验室实验形式，即在人为仿真的特定环境下进行；二是现场实验形式，即在实际工作环境下进行。本专业既要加强仿真模拟实验的建设，又要充分利用校外实践基地资源，把学生融合到当地的社会、经济中，融入到商贸流通企业的实际经营环境中，使学生能够更真实、有效地掌握专业技能。其中，学科基础类实验和专业基础类实验以实验室实验为主，专业综合类实验和学科综合类实验可部分开设现场实验，创新类实验包括开发实验和开放实验。由此构成我校贸易经济专业实验教学体系。

2. 实验教学体系的纵向结构

科学的实验体系能让学生对所学的贸易经济专业知识取得实际的实践经验，能够直接感受贸易经济专业知识的商业化应用过程，具体地把握所学的专业知识，最终达到将所学的书本知识实用化、具体化、商业化，并且使他们在整个实验过程中进一步认识、理解所学到的相关知识，拓展知识面，继而做到融会贯通，提高适应商业活动的综合素质。因此，要构建的贸易经济专业实验体系应该是纵向层次的（见表1）。

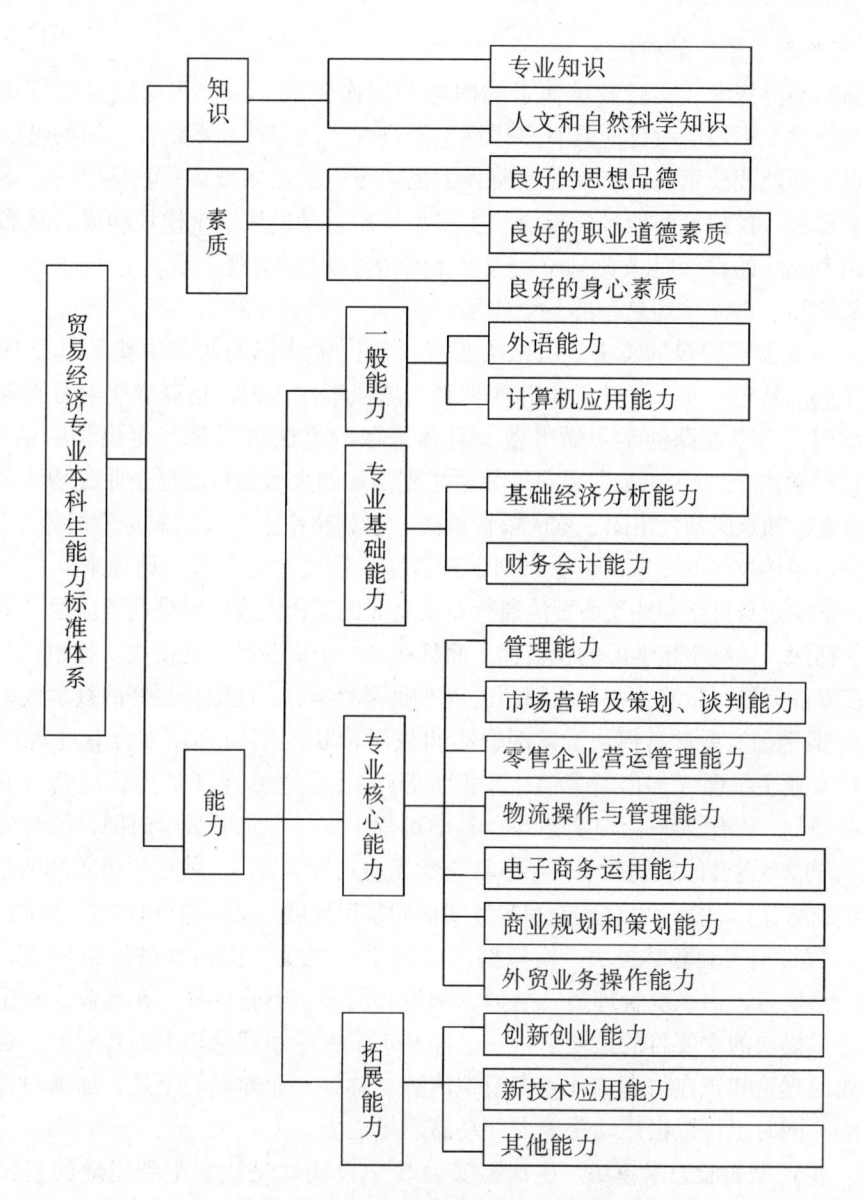

图2 贸易经济专业本科生能力标准体系

贸易经济专业本科生能力标准体系：
- 知识
  - 专业知识
  - 人文和自然科学知识
- 素质
  - 良好的思想品德
  - 良好的职业道德素质
  - 良好的身心素质
- 能力
  - 一般能力
    - 外语能力
    - 计算机应用能力
  - 专业基础能力
    - 基础经济分析能力
    - 财务会计能力
  - 专业核心能力
    - 管理能力
    - 市场营销及策划、谈判能力
    - 零售企业营运管理能力
    - 物流操作与管理能力
    - 电子商务运用能力
    - 商业规划和策划能力
    - 外贸业务操作能力
  - 拓展能力
    - 创新创业能力
    - 新技术应用能力
    - 其他能力

表1　贸易经济专业实验体系纵向层次表

实验阶段	实验类型	实验主体	实验效果
基础阶段	基础类实验	教师为主体	学生难以自由发挥，学习的积极性通常不高
应用阶段	综合类实验	学生为主，教师为辅	学生的积极性有一定提高，但缺乏创造空间
提高阶段	创新创业类实验	学生为主体	学生学习的主动性和创新的积极性大幅度提高

3. 实验教学模块的构建

根据贸易经济专业实验教学体系的内容和层次要求，结合西部地区商贸流通特色，其实验教学模块的设计应具有多样性、渐进性、动态性、系统性、辐射性、开放性等特点。因此我校贸易经济专业实验教学模块可以由认知型实验教学模块、案例型实验教学模块、模拟型实验教学模块、生产型实验教学模块四个模块构成。从微观上看，这四个模块的设计是彼此独立、互不相干的；但从宏观上看，它们却是相互联系、由低到高、由简单到复杂的一个体系。

（1）认知型实验教学模块。认识性实验教学模块认识的对象主要是基于地方商贸流通产业的特色，是为了让学生开阔视野，增强感性认识，培养专业学习兴趣，激发求知欲望，为专业课的学习做准备。具体采取的方法可以是"走出去、请进来"的开放式教学理念。"走出去"就是带领学生到当地的大型商贸流通企业或物流公司进行参观考察，如重庆商社集团、重庆粮食集团、永辉超市、人人乐股份公司等。"请进来"就是请当地校外的专家、企业家到学校讲座。通过"走出去、请进来"的实验教学方法，学生亲身目睹和感受商贸流通行业及企业的工作流程，感受商贸流通产业的魅力和博大精深，提高学生学习的积极性。而且在这一个实验教学的模块实施中，学生会产生许多专业问题，带着这些专业问题进入专业课的学习，能取得更好的教学效果。

（2）案例型实验教学模块。案例型实验教学模块的实施必须配合专业课的教学进行。在专业主干课（如市场营销、零售学等）、专业选修课（如连锁经营、商场管理、商业规划、经纪人理论与实务等）教学过程中安排一定的教学时间，结合专业教学内容，开展专题性的案例教学，形成教与学互动式教学氛围，使学生将所学的理论知识能与实践结合，加深学生对理论和实务知识的掌握程度，从而达到较好的教学目的。

（3）模拟型实验教学模块。模拟型实验教学模块设计出仿真的模拟环境，如零售企业经营模拟，由系统管理员、老师、学生共同参与实验过程，在专业实验室完成实验。这一模块的主要目的是使学生在已经基本掌握专业理论知识的基础上，通过实验将专业的理论知识在仿真的环境中模拟演练，弥补专业知识的不足，加深对专业知识的理解，同时也可以锻炼动手能力和动态思维能力。

（4）生产型实验教学模块。生产型实验教学模块就是让学生到当地的经济活动现场去，使其通过亲身实践，感受企业文化，了解商贸流通企业的运作，提高实践能力，培养创新精神。重庆建设长江上游地区商贸会展中心及商贸流通行业的蓬勃发展为该模块的实施提供了良好的空间，成为贸易经济人才了解本行业实际运行、服务地方经济的契机。该模块通过学生的假期实习、毕业实习实施。在模拟型实验教学模块训练后，学生已经基本具备商贸企业实务操作的能力，但是毕竟是在实验室里通过电脑完成的，与现实仍然有一定的差距。生产型实验教学的实施可以采取以"分散为主、集中为辅"的教学方式，把学生下放到生产实习基地去，自我管理、自我组织完成教学任务，变被动实习为主动实习，在理论联系实际的同时，还能提高学生的适应能力，培养团队协作精神，最后使所学理论知识得到升华。

4. 实验教学课程体系的构建

贸易经济专业实验教学体系建设的思路是：根据社会对贸易经济专业人才的需求

认真调研，设计本专业本科生的能力培养标准体系。根据能力标准设计实验项目，再根据实验项目及现有教学条件设计实验课程，形成完整、有层次的贸易经济专业实验教学课程体系。具体路径为：人才需求调研→提炼能力标准→设计实验项目→整合实验课程（详见贸易经济专业实验教学课程体系建设方案）。

基于我校在贸易经济专业学生的培养目标为高素质、应用型的服务地方经济的复合型高级商贸人才，因此在构建贸易经济专业实验教学体系时要突出地方商贸流通产业的特色，实验模块内容设置中不仅要有通用的贸易经济实验内容，也要有结合地方商贸实践的实验内容。只有融入了地方特色的贸易经济专业实验教学，培养出来的贸易经济学生，才能快速地融入服务地方经济的队伍中，才符合我校贸易经济专业建设西南地区商贸流通人才培养高地的宗旨与目标。

（二）与专业能力指标对应的贸易经济专业实验项目

根据教学规律要求和能力的可融合性，首先组合设计出许多教学模块，同时按照贸易经济专业人才培养方案及教学大纲的内容要求，有重点地取舍模块内容；然后进一步明确各模块在学生未来工作中的意义和作用，完成模块教学应采取的权重和分值，确定模块教学所需的课时数。最后将实验项目归类，组合为课程。

根据贸易经济专业能力标准体系的内容与结构，我们构建了以能力为导向的贸易经济专业实验项目（见表2）。

表2 与专业能力指标对应的贸易经济专业实验项目

分类	主要能力	专项能力	对应实验项目
一般能力	语言、文字表达及社交能力	英语听说读写能力	大学英语听说读写
		应用文写作能力	应用文写作
	计算机技术基础应用能力	计算机基础及应用能力	大学计算机基础实验
		初级编程能力	程序设计基础实验
专业基础能力	会计与财务管理能力	会计处理能力	记账凭证的填制和审核
			登记账簿
			编制财务报表
			财务报表的阅读和分析
		财务管理能力	风险价值实验
			资本成本分析
	数据处理与分析能力	数据统计及分析能力	数据整理统计分组、统计表和统计图的绘制
			统计指标的计算
			时间数列指标的计算
			相关与回归分析基础
		计量分析能力	一元回归分析与检验推断
			多元回归分析与检验推断、多重共线性检验及弥补
			自相关性与异方差性
			分布滞后与自回归分析
			联立方程组

表2(续)

分类	主要能力	专项能力	对应实验项目
专业核心能力	管理能力	基础管理能力	管理组织的初步认识
			决策过程分析
			计划制订
			领导激励
		管理信息系统运用能力	数据库录入
			系统分析
			系统设计
	营销营销与策划、谈判能力	市场营销能力	市场营销信息管理
			产品开发与管理
			推销与销售管理
			服务与客户关系管理
		市场策划能力	项目、产品策划
		商务谈判能力	商务谈判
	零售企业营运管理能力	零售企业基础信息管理	基础资料录入
			POS－MIS系统
		零售企业营运能力	零售战略
			商圈分析与商店选址
			商品销售与促销管理
			商店布局与陈列
			采购与配送管理
			零售服务
		零售企业管理能力	连锁经营
			财务管理
			人力资源管理
		网络商店营运操作能力	网络零售店开发
			网络零售交易
			网络零售支付结算
	物流操作与管理能力	物流操作能力	物流业务流程操作
		物流管理能力	物流系统规划与设计
			物流信息管理
			物流配送
	电子商务运用能力	电子商务操作能力	B2B与B2C的比较
			自建网站
			网页制作
			熟悉大型商务网站的电子商务模式

表2(续)

分类	主要能力	专项能力	对应实验项目
专业核心能力	商业规划与策划能力	商业规划能力	商业网点规划
			商店开发
		会展策划能力	节事活动策划与管理
	外贸业务操作能力	外贸业务操作能力	SimTrade 实习平台及资料的填制
			交易磋商及合同的订立
			外贸流程操作
			外贸函电处理
拓展能力	创新创业能力	创新创业能力	素质拓展
			综合模拟实习
			创业大赛
			校园孵化
	新技术应用能力	新技术应用能力	现代商业技术
			信息资源检索与利用
	其他能力或素质	其他能力或素质	选修实验项目

(三) 与专业能力指标对应的贸易经济专业实验课程体系

以能力培养为主线，根据实验项目体系建设分模块、多层次的实验教学体系包括以下内容：坚持传授知识、培养能力、提高素质协调发展，注重对学生探索精神、科学思维、实践能力、创新能力的培养。以能力培养为主线，设计四大模块（认知型实验教学模块、案例型实验教学模块、模拟型实验教学模块及生产型实验教学模块）的实验课程，建设三个层次（基础阶段、应用阶段和提高阶段）的实验教学体系。

表3的专业实验课程体系仅涉及专业教育模块，没有包括通识教育模块（包括公共基础实验课程、通识课程等）。根据实验项目的类型特点以及不同实验项目知识的规律和逻辑性，构建了由多个实验项目构成的一门实验课程。实验课程体系见表3：

表3 贸易经济专业基础能力指标及相应的实验课程

能力	能力标准	实验项目	实验课程	课程类别
能力一：会计与财务管理能力	①会计处理能力 ②基础财务管理能力	项目1：记账凭证的填制和审核 项目2：登记账簿 项目3：编制财务报表 项目4：财务报表的阅读和分析 项目5：风险价值实验 项目6：资本成本分析	课程1：会计学实验	学科基础
能力二：数据处理与分析能力	①统计与分析能力	项目1：数据整理统计分组、统计表和统计图的绘制 项目2：统计指标的计算 项目3：时间数列指标的计算 项目4：相关与回归分析基础	课程2：统计学实验	学科基础

表3（续）

能力	能力标准	实验项目	实验课程	课程类别
能力二：数据处理与分析能力	②计量分析能力	项目1：一元回归分析与检验推断 项目2：多元回归分析与检验推断；多重共线性检验及弥补 项目3：自相关性与异方差性 项目4：分布滞后与自回归分析 项目5：联立方程组	课程3：计量经济学实验	学科基础
能力三：管理能力	①基础管理能力	项目1：管理组织的初步认识 项目2：决策过程分析 项目3：计划制订 项目4：领导激励	课程4：管理学实验	学科基础
	②管理信息化运用能力	项目5：数据库操作 项目6：系统分析 项目7：系统设计	课程5：管理信息系统实验	专业基础
能力四：市场营销和策划、谈判能力	①市场营销能力 ②策划能力	项目1：市场营销信息管理 项目2：产品开发与管理 项目3：推销与销售管理 项目4：服务与客户关系管理 项目5：市场营销计划与管理	课程6：市场营销模拟（课内实验）	专业基础
	③商务谈判能力	项目6：商务谈判	课程7：商务谈判模拟	专业综合
能力五：零售企业营运管理能力	①基础信息管理能力 ②零售门店营运能力 ③零售企业管理能力	项目1：基础资料录入 项目2：POS－MIS系统 项目3：零售战略 项目4：商圈分析与商店选址 项目5：商品销售与促销管理 项目6：采购与配送管理 项目7：零售服务 项目8：连锁经营 项目9：财务管理 项目10：人力资源管理	课程8：零售企业经营模拟	专业基础
		项目11：商店布局规划与商品陈列	课程9：商业空间展示设计（课内实验）	专业综合
	④网络商店营运操作能力	项目12：网络零售店开发 项目13：网络零售交易 项目14：网络零售支付结算	课程10：网络零售实验（课内实验）	专业综合
能力六：物流操作与管理能力	①物流工作操作能力 ②物流管理能力	项目1：物流业务流程 项目2：物流系统规划与设计 项目3：物流信息管理 项目4：物流配送	课程11：物流管理基础实验	专业基础
能力七：电子商务运用能力	①电子商务操作能力	项目1：B2B与B2C的比较 项目2：自建网站 项目3：网页制作 项目4：熟悉大型商务网站的电子商务模式	课程12：电子商务实验	专业基础

表3(续)

能力	能力标准	实验项目	实验课程	课程类别
能力八：商业规划与策划能力	①商业规划操作能力	项目1：商业网点规划 项目2：商店开发	课程13：地理信息系统实验（商业应用）	专业基础
	②会展策划能力	项目1：节事活动策划与管理	课程14：会展概论（课内实验）	专业综合
能力九：外贸业务操作能力	①外贸业务操作能力	项目1：SimTrade实习平台及资料的填制 项目2：交易磋商及合同的订立 项目3：外贸流程操作 项目4：外贸函电处理	课程15：国际贸易实务模拟实验	专业基础

五、重构后的专业实验课程体系及其在人才培养方案中的体现

对以上实验课程进行整理，共设计专业实验课程15门，其中，课内实验4门，分别是市场营销模拟、商业空间展示设计、网络零售实验和会展策划，课程类别均属于专业综合课；单独设置的实验课程11门，涵盖学科基础、专业基础及专业综合三个课程类别，共占用224个学时，在整个专业教育模块总学时中占的比例为16.4%。具体课时及学分分配如表4：

表4　　　　　　　　贸易经济专业实验课程（单独行课）

实验课类别	实验课程名称	实验课学分	实验课学时
学科基础实验课程	会计学实验	0.5	16
	统计学实验	0.5	16
	管理学实验	0.5	16
	计量经济学	0.5	16
专业基础实验课程	国际贸易实务实验	1	32
	零售企业经营模拟	0.5	16
	物流管理基础实验	1	32
专业综合实验课程	电子商务实验		
	地理信息系统实验（GIS与商业应用）	0.5	16
	管理信息系统实验	0.5	16
	商务谈判模拟实验	0.5	16

以上专业实验课程体系全部进入《2012年贸易经济专业人才培养方案》中。专业实验课程体系如图2：

学科基础实验 ⇒ 专业基础实验 ⇒ 专业综合及能力发展实验

第一学期： 专业感知实验 ←

第二学期： 专业认知实验 ←

第三学期： 会计学实验、管理学实验

第四学期： 统计学实验 ； 国际贸易实务模拟实验

第五学期： 计量经济学实验 ； 零售学实验、电子商务实验 ； 创业综合实验

第六学期： 物流管理基础实验、地理信息系统实验、管理信息系统实验 ； 校内综合模拟实训

第七学期： 期货贸易实验、商务谈判模拟实验

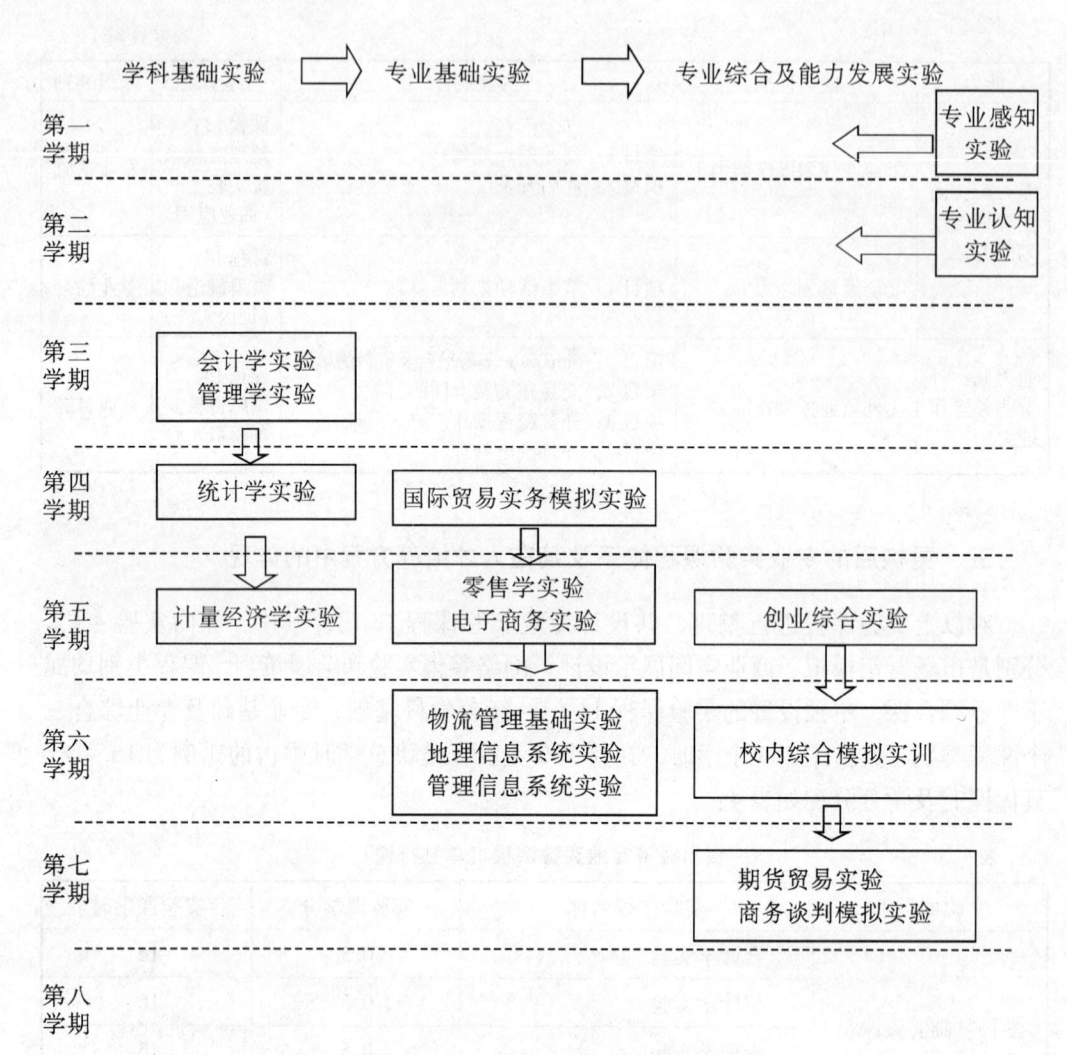

第八学期：

图2 贸易经济专业实验实训课程的先行后续关系

（项目负责人：宋 瑛 项目组成员：杨军 陈淑祥 严艳）

会展经济与管理专业能力导向实验教学体系建设研究

重庆工商大学经济贸易学院贸易经济系

会展经济与管理专业（以下简称会展专业）是我校 2008 年开设并开始招收学生的一个新专业。本专业注重经济学和管理学结合，重视学生综合分析能力和实际操作能力的培养，是一个应用性很强的专业。实验教学作为高校教学的一个重要环节，可以有效地提高学生的实践能力与创新能力。探索与建设我校会展经济与管理专业实验教学体系，对培养应用型高级会展专业人才具有重要意义。

一、本专业市场需求调研

（一）会展业发展形势和对人才的需求潜力

会展业被称作为 21 世纪的朝阳产业，有着巨大的生机和潜力，对地区经济具有强劲的辐射带动作用，成功的会展能为举办地经济发展注入相当大的活力。近年来，我国会展业的发展十分迅速，已经形成了以北京、上海、广州为中心的国内三大会展经济发达地带，国内其他城市也都在积极发展会展业。西部地区会展业在全国相对比较落后，但近年来成都、西安、昆明、重庆等西部城市正在成为国内重要的会展城市，会展业的发展势头十分迅猛。

会展经济的迅猛发展，对会展经济专业人才产生了巨大的需求。但是，国内高校过去没有会展经济专业，只是近年来随着会展经济迅猛发展才开始增设相关专业。重庆市作为西部唯一直辖市和长江上游经济中心，发展会展业有巨大潜力和需求。2009 年国务院 3 号文件提出了重庆市打造"会展之都"的目标，重庆市将会展业纳入重点发展的产业，2010 年 5 月，重庆市人民政府制订了《关于加快会展业发展的意见》，提出了建设打造长江上游地区会展之都、区域商贸会展中心的目标和任务要求。2011 年已经开始在渝北动工建设新的重庆国际博览中心，展览面积超过 40 万平方米，建成后将使重庆拥有国内一流、国际先进的会展场馆，重庆会展业正在迎来大发展的历史机遇。

会展经济在重庆具有广阔的发展前景，对会展专业人才具有很大需求。根据调查，重庆市目前有专业会展公司 70 多家，从事会展业务的公司有 100 多家，对会展专业人才的需求量超过 3 000 人。另外，重庆各区县及周边地区也都在发展会展经济，对会展人才均有较大的需求。不论从全国还是重庆市的会展业发展和会展人才需求看，设置会展经济专业，培养宽口径、厚基础、复合型的高素质应用型人才，均具有重要的现实和战略意义。

（二）会展业发展对人才素质能力的需求

从会展企业和政府会展主管部门的需求了解到，会展业发展对会展专业人才的素质需求主要体现在以下方面：

1. 具有良好的职业道德

良好的职业道德素质是任何一名企业员工应具备的基本素质。会展行业由于其自身的特殊性，使得员工的职业道德品质更为企业所看重。会展行业的竞争性强，风险也比较大，人、财、物和信息的流动性强于其他行业领域，如果一名业务员离职，会带走大批客户资源，甚至会泄露企业的商业秘密，使企业蒙受巨大的经济损失。而很多的高校毕业生自身期望值较高，企业提供的报酬和工作环境远低于毕业生的期望，巨大的落差使得毕业生不安心于本职工作，员工频繁跳槽已成为不少会展企业头疼之事。因此，会展行业的企业把员工的职业道德和工作态度摆在首要位置，要求员工具有爱岗敬业的职业品质。

2. 具有比较全面的理论基础和扎实的专业知识能力

会展业是一个行业关联度极高、涉及面很广的行业，要求从业人员特别是行业策划管理和营销人员宽广的专业基础理论知识，这是用人单位在招聘人才时主要看重的方面，也是会展人才专业能力形成的基础，展现其发展潜力和后劲。会展专业知识可分为会展专业理论、政策和实务三部分。会展人才首先应掌握最基本的经济学、管理学和会展经济与管理的理论，能运用所学理论分析会展行业的发展趋势；其次，应对国内外会展行业发展政策法规要有一定的认识，能帮助企业把握国家的相关政策及法规，并能应对处理会展经济活动中的纠纷；再次，应能掌握会展策划、管理、营销等具体工作的实务知识和操作流程，具有处理一般问题的能力。

3. 具有较强的沟通交流能力

会展业是兴新的现代服务业，会展项目活动的开展，涉及方方面面，需要与政府、企业、行业协会、国内外机构、公众部门以及各类参展商、观众打交道，需要开展大量的公关和营销工作。因此，会展企业所需的会展人才，要求有良好的语言表达能力和沟通协调能力。

4. 具有较强的创新能力

会展业也是一个创新很强的创意产业，只有不断创新，才会办出有特色、有吸引力的会展活动，会展发展才有生命力。随着会展行业竞争的不断加剧，会展企业越来越意识到，只有不断地更新观念、不断创新，才能在竞争中取胜。因此，要求会展专业人才具有较强的创新能力。

5. 具有较强的信息处理能力

在信息时代，信息成为决定企业发展成败的重要因素。会展业是一个开放性极强的行业领域，会展活动的成功举办，需要全面丰富的行业信息和国内外专业信息，信息的搜集和处理是会展行业的一项基础性工作，也是非常重要的工作。这一切均使得信息搜集和处理技术与能力成为了会展业对人才最现实的要求。

二、会展专业人才培养情况调研

相较于会展业的蓬勃发展，优秀会展人才缺口不断增大。有资料显示，全国50%在职会展管理人员未受过专业教育，受过专业培训的仅占15%。我国国内发达城市会展从业人员大学以上学历的比例不超过25%，同发达国家会展从业人员本科率达71%相比，在学历层次上有较大差距。我国会展人才高、中、初级层次结构为1∶2∶7，中高层次人才尤为紧缺。

在全国，会展经济与管理专业是一个年轻的专业，2003年以来在国内高校和高职学校才陆续开设此专业。2003年国家教育部批准设置高校会展本科专业，上海师范大学和上海对外经济贸易学院率先成为开展会展经济管理本科专业的高等院校，这标志着我国会展教育进入快速发展的新阶段。截至2010年年底，包括会展本科专业和会展培养方向在内，全国共有184所高校开展会展专业教育。从这184所院校的地区分布状况看，开展会展教育的院校大都集中于沿海经济发达地区（同时也是会展经济较发达地区）。如上海、广东、江苏、浙江、北京就集中了96所院校，占据了半壁江山，这几个省市也代表了我国的三大经济发达区域。显然开展会展教育的院校聚集程度与该区域经济发展的水平成正相关关系。

在开展会展专业教育的184所院校中，教育部只备案或批准了38所院校开设会展本科教育，仅占总量的21%，而其他院校则在其他学科下设置会展专业或会展研究方向。

在重庆，我校是继重庆文理学院之后，第二个开设会展经济与管理本科专业的学校，我校融智学院2009年开始招收会展经济管理专业本科学生。目前，重庆市会展本科专业每年毕业的学生只有100人左右，远远满足不了会展快速发展的需要。

总体上分析，我国会展业发展将呈现快速发展趋势，目前尚处于初级阶段，整体水平不高，与会展业发达的西方国家相比存在较大差距，根本上是人才的缺乏。由于人才特别是高级人才的缺乏，国内一些高端会展市场，往往被境外专业会展公司抢占。因此，要缩小我国与发达国家会展经济的差距，提高会展业发展水平，加快人才培养十分必要和迫切。

三、其他高校相同专业建设情况调研

会展专业在全国都是一个开办不久的新专业，专业建设都在起步阶段，课程设置大同小异，主要是在管理学专业基础课的基础上加上一些会展实务课程。我们调研了在全国较早开设会展专业的广东商学院和在重庆第一个开设会展本科专业的重庆文理学院，它们的会展专业设置的主要课程如下：

广东商学院会展经济与管理专业开设的课程有：管理学、经济学、市场营销学、管理信息系统、统计学、会计学、财务管理、会展概论、会展经济学、会展政策与法规、会展运营与管理、会展营销学、展览策划与管理、大型活动策划与管理、国际会议策划与管理、会展经典案例分析、场馆管理与服务、会展物流管理、酒店管理、国际公共关系学、大学英语、专业英语、第二外语等。

重庆文理学院会展经济与管理专业开设的课程有：管理学、市场营销、财务管理、会展概论、广告学、市场调查与分析、公关礼仪、会展策划与文案、会展组织与管理、会展设计与布局、品牌战略研究、会议策划与组织、节事活动策划与组织、会展项目策划与组织、大型活动策划与组织、会展客户关系管理、会展信息管理、谈判与沟通、展示设计制图、商业展示设计、会展专业英语等。

上述两个高校在会展专业实验教学体系建设方面也都处于起步阶段，实验室教学尚处于初创阶段，在社会实践教学上做得比较多。例如重庆文理学院会展专业，多次组织学生参加全国会展策划创意大赛并获得较好成绩，他们与会展协会和多家会展企业建立了比较紧密的合作关系，建立实习基地。但在实验教学体系和实验教学软件的应用上基本上还处于起步阶段，还没有成体系的专业实验教学内容。

四、会展专业能力需求调研

（一）会展行业、企业专业人才能力需求调研

为了使我校会展经济与管理专业实验教学体系建设更加科学和更加适应社会需要，我们在2010年11～12月、2011年4～5月分别走访了重庆市政府会展办、重庆市会展协会、重庆国际会展中心、重庆优创会展公司、重庆大地会展公司、重庆高地会展公司、重庆中心展览公司等部门和企业，了解了政府主管部门、行业协会和会展企业对会展专业人才的需求以及对会展专业人才培养的建议，这些部门和企业都有一个共同的建议，就是认为会展行业是一个实践性、操作性很强的领域，对学生的实际操作和动手能力要求很高，学生仅仅只有书本理论知识是远远不够的，他们建议会展专业的学生加大实践课程和实验课程的学习，多与会展实际工作部门合作，增加实际工作经验。这些部门的领导和专家还对我校会展专业的培养方案进行了诊断，他们从政府希望和企业需求的角度提出了宝贵意见，认为应该加强会展实务性的课程和实验实践教学环节，在全面系统学习基础理论知识的基础上，要加强培养学生实际操作能力、创新能力和解决问题的能力。这些调研意见，对我们论证建设会展专业实验教学体系具有重要的指导意义。

（二）在校学生的能力需求调研

为了掌握会展专业学生对实验教学课程体系建设的意见，我们在2011年4月对我校2008、2009级会展专业部分学生做了调研，这些学生普遍认为我校会展专业开设的专业实验课和专业实践课程太少了，很多专业实习实践只能是在一些专业课程内由任课老师组织学生到会展中心参观，还有就是学生参加会展活动的兼职实习，没有独立开设专业实验课程。一些即将毕业的2008级学生反映，目前大多数会展公司不愿意招聘应届毕业生，主要是因为这些公司认为应届毕业生缺乏实际工作经验，动手能力较差，他们更愿意招聘有工作经验、动手能力强、马上就能独立胜任工作的人员。这种现象，说明了目前会展行业对学生动手能力的要求是比较高的，如果学生在

校期间缺乏实际操作能力的训练，将很难适应社会的需要。

五、会展专业建设实验教学课程体系的必要性

（一）培养学生的动手能力和创新能力需要实验教学课程体系

为了培养学生的动手能力和创新能力，目前大多数普通高校通常采用以下两种手段：一是组织学生到相应企业去参观，二是安排学生到相应单位去实习。实际上，这两种方式在实际运作过程中，均存在一些不足：

（1）组织学生到会展中心和会展企业去参观，可以让学生亲眼看见实实在在的会展活动现场、会展组织策划和管理的情况，可以听到行业人士对展会活动的简单介绍，可以让学生有直观的感知认识。但是，仅仅通过参观，学生所能获得的知识很有限。理由有三：一是在参观过程中，学生一般不可能亲自去动手操作，仅仅通过参观是很难提高学生实际动手能力的。二是学生通过参观所了解到的仅仅是会展活动表现出来的内容，无法通过参观了解和感受会展活动的实际策划、组织、营销、管理的过程，更不可能深入研究各个经营管理策略对整个运作的影响，因此，学生的创新能力也几乎得不到明显的培养和提高。三是组织学生参观在实践上也受到限制，不可能安排很多时间让学生去参观，许多展会活动的现场门票也比较高，每次都去参观的成本也较高，如果能够在实验室通过教学软件操作学习，就能解决学生不可能经常到现场参观的问题。

（2）通过到相关单位去实习也难以完全达到提高学生实际动手能力、培养学生创新能力的目的。实习不同于参观，一般情况下来说，实习是可以进行实际的操作，学生的实际动手能力会有相当程度的提高。但是，由于实习时间的有限，实习单位可能出于自身利益的考虑或是出于商业机密的保密问题，不可能安排每个实习生到每个工作岗位上去实习，尤其是单位的核心岗位更是不可能给实习生来做的。通过我们对2008级、2009级会展专业的学生实习情况看，学生无论是在会展中心为参展商兼职实习，还是在一些会展企业参加兼职实习，都只能做最简单的接待、发资料、服务、推销等工作，根本不可能接触会展活动最核心的环节，不可能介入会展策划、组织、管理等工作，仅仅通过实习，学生对会展活动的实际业务了解甚少。

鉴于上述两方面的局限，会展专业十分有必要建设专业实验课程体系，通过实验课程体系的建设，同时结合学校已有的专业实验室中相应的硬件、软件，可以让学生在该课程体系的不同实验课程中，扮演不同角色，了解和熟悉不同岗位的具体操作（包括硬件及软件的操作），当扮演完所有角色后，学生可以对会展活动及会展企业的经营管理工作流程有一个整体的认识，能够让学生在熟悉会展企业的业务流程及其数据流程基础上，认真分析其管理层面甚至是决策层面的内容，可以鼓励学生应用所学经营管理的基本理论与方法对会展业和会展企业发展中的问题、案例进行分析、评价与改进，从而在提高学生实际动手能力的同时，培养学生一定的管理能力及创新能力。

（二）专业建设及学科发展需要实验课程体系

目前社会对会展经济与管理高级人才的需求很大，由于会展行业的特殊性，会展企业对于会展专业人才实际动手能力和创新能力提出了很高的要求。但由于传统教育只重视理论教学，忽略实践教学，按这种模式培养出来的大学生难以适应社会的需求；与此同时，也正是由于会展专业本身具有很强的实践操作性，这就要求会展专业的教学除了理论教学外，还应特别强调实验教学。而以专业实验教学体系的顶层设计为内容，整体优化实验教学课程体系，有利于加强学生创新精神与实践能力培养；通过完善实验教学课程体系内各课程实验项目的层次、结构、内容设计，有利于规范实验课程教学大纲、实验项目卡片等材料，有效促进会展经济与管理专业的建设及学科发展。

六、我校会展专业实验教学现状

我校会展经济与管理专业从 2008 年开始招生至今已有三届学生，从本专业的本科培养方案看，还处于不断完善的过程，培养方案中总学分 170 学分，总学时 2 400～2 500 个左右，总学时中，实验和实践教学课时占的比例在 12%～15% 左右。

在现有的实验教学课程体系中，包括公共基础实验课、学科基础实验课和专业实验课三个部分。公共基础实验课主要是大学计算机基础实验和程序设计基础实验；学科基础实验课主要由管理学实验、会计学实验、统计学实验、管理信息系统实验构成，主要进行基本方法与技能训练，帮助学生理解经济管理基本原理，掌握基本方法和基本手段；专业实验课主要在专业主干课和选修课中开设有部分实验课，比如会展营销与策划实验、会展组织与管理实验、国际贸易模拟实验、电子商务实验、物流管理基础实验等实验课程，还有部分专业课没有独立开设实验课，而是设置了课内实践环节，比如会展概论、会展场馆经营与管理、会展企业管理、会议策划与管理、展览策划与管理、节事活动策划与管理等。在实际教学中，公共基础和学科基础实验课课程以及国际贸易模拟实验、电子商务实验、物流管理基础实验等实验课程基本按照惯例已经开设，其他专业实验课程由于师资和实验室条件的限制没有完全开设，一些专业课课内实践也是组织学生到会展中心参观展会活动，除了公共基础课和学科基础课的实验教学以外，会展专业的专业实验教学体系尚未建立起来，实验教学的设备、软件均没有购置，师资力量不足，尚不具备开展系统的专业实验教学的条件。主要的原因包括：一是目前国内会展专业实验教学软件还不成熟，二是我校会展专业实验教学专业教师比较缺乏，短期内还难以开设会展专业实验课程。

七、会展专业能力导向的实验教学课程体系构建思路

会展经济与管理专业的人才培养目标是：培养德、智、体、美全面发展，有扎实的经济学和管理学理论基础，有良好的职业道德和服务意识，系统掌握会展经济与管理专业知识，具备较强的会展活动策划与组织能力、创新思维和实践能力的高素质应用型专门人才。毕业后能够在会展管理部门、会展行业协会、会展策划公司、会展服务企业、商务酒店以及各类参展企业从事会展经济分析、会展策划、会展设计、会展组织管理、会展服务等工作，也可在党政机关、科研机构、大中专院校等单位从事管

理和教学科研工作。

根据人才培养目标以及调研情况，会展经济与管理专业必须尽快构建以能力为导向的专业实验教学体系，将学生培养成为知识宽厚、理论过硬、专业技能扎实、素质较高、极具竞争力的复合型高级专门人才，满足社会、行业及企业的人才需要。

构建以能力为导向的实验教学课程体系，首先必须调整和完善专业培养方案，加大专业实验课程的教学力度，增加独立设置实验课程的专业课，改革实验教学模式和内容，尽快建立会展专业教学实验室，尽快购置会展专业教学实验软件，尽快引进或校内招聘会展专业实验教师，充实会展专业师资队伍，理顺和完善实验教学管理体制，为会展专业实验教学体系建设创造条件，推动我校会展专业的建设发展，全面提高会展专业学生的实验、创新和综合能力。具体路径为：人才需求调研→提炼能力标准→设计实验项目→整合实验课程（详见会展经济与管理专业实验教学课程体系建设方案）。

八、会展专业能力导向实验教学课程体系设计方案

（一）设计必要性和原则

会展专业是个实践性很强的专业，它的发展得益于全球经济一体化的迅速发展，也得益于会展业这一朝阳产业在我国的迅速崛起和发展。目前，全国会展业已形成以北京、上海和广州为代表的会展经济区域格局，而西部地区则是形成了以成都、重庆、西安、昆明等城市为代表的会展经济带，重庆市更是被国家定位为长江上游地区的会展之都，会展经济发展前景十分广阔。随着会展经济的发展，一方面，形成了较大的会展专业人才缺口，另一方面，市场也对会展专业化人才提出更高的要求，不仅对其基本素质和知识结构进行要求，很多会展企业更是对专业人员的实践能力提出了更为苛刻的要求。在这种背景下，我校会展经济与管理专业亟须加强实践和实验教学，为学生模拟实践训练提供必要的条件，提高学生综合素质和能力。

会展专业是我校2008年才开设的新专业，专业培养方案和实验教学体系都还处于探索过程中，需要通过教学实践不断完善，从现行培养方案看，会展专业的课堂教学总学时数在2 400～2 500个左右，其中实验和课内实践课学时所占比重为13%～15%（2011级培养方案实验实践占课13.7%）。在实验课中，主要是公共基础实验课和学科基础实验课，专业实验课所占比例较小，独立开设实验课的会展专业课程几乎还没有。这与会展专业实践性强的专业特点和人才需求还不相适应。因此，有必要加快会展专业实验教学体系建设，完善专业培养方案，尽快将专业实验课程纳入人才培养方案。

会展专业实验教学体系建设的原则为：以学生能力培养为导向；独立开设专业实验课与课内实践相结合，专业主干课尽量独立开设实验课，专业选修课则以课内实践课为主；实验教学与理论教学有机结合，体系完整，在教学人员组合上，理论教学团队与实验教学队伍有机结合，在实验课程设置上，在对理论教学内容和结构充分理解的前提下，使实验内容与理论教学内容有机结合，学时比例安排合理。

（二）会展专业能力导向实验教学课程体系设计

以能力培养为主线，建设分模块、多层次的实验教学体系：

坚持传授知识、培养能力、提高素质协调发展，注重对学生探索精神、科学思维、实践能力、创新能力的培养。以能力培养为主线，设计两大模块的实验课程，建设四个层次的实验教学体系。

两大模块：

一是通识教育模块，二是专业教育模块。通识教育模块主要是公共基础课实验课程，包括"大学计算机基础上机实验Ⅰ"、"大学计算机基础实验Ⅱ"、"程序设计基础实验（VF）"。专业教育模块包括学科基础课实验课程和专业课实验课程（见表1）。

四个层次：

第一层次——基础层次

目的要求：基础性实验项目。学生通过演示型、验证型、操作型实验项目的全面训练，掌握实验的基本操作方法及技能，正确使用仪器，掌握正确的数据处理方法。正确地写出实验报告，培养学生严肃认真的实验作风。

第二层次——综合实践层次

目的要求：综合性实验项目。通过综合型的实验、操作型与设计型相结合的实验、到校企合作实习实践基地参与试验与研究工作，培养学生综合运用各种知识和技能，提升学生从事实际会展企业经营管理工作的能力。

第三层次——专业层次

目的要求：提高型实验项目。通过设计型专业课程实验，使学生掌握了一定的专业方向理论知识和实验技能，再经过实验培养学生的思维能力、动手能力、学会用实验方法去研究会展经济现象及规律，培养学生在实验过程中发现问题、分析问题及解决问题能力。

第四层次——研究创新层次

目的要求：创新性实验项目。在以上三个层次训练基础上，通过对参加课外科技活动和设计竞赛等活动的学生的教育，培养其创新设计能力和综合素质培养。让学生在活动中充分发挥想象和思索，使其创新意识和能力得到一个上台阶式的提高。

表1　　会展经济与管理专业实验教学课程体系基本架构

模块类别	实验课类别	实验课程名称	实验课学分	实验课学时
通识教育模块	公共基础实验课程	大学计算机基础上机实验Ⅰ	0.5	16
		大学计算机基础实验Ⅱ	0.5	16
		程序设计基础实验（VF）	1	32

表1(续)

模块类别	实验课类别	实验课程名称	实验课学分	实验课学时
专业教育模块	学科基础实验课程	管理学实验	0.5	16
		会计学实验	0.5	16
		统计学实验	0.5	16
		管理信息系统实验	0.5	16
	专业实验课程	会展营销与策划实验	0.5	16
		会展服务管理实验	0.5	16
		会展企业管理实验	0.5	16

上表中，学科基础实验课程和专业实验课程学时在整个专业教育模块总学时中占的比例为13%，加上其他专业课程的课内实践和实验，实验实践课程学时占专业教育模块总学时的比重达到18%～20%。

表2　　　　会展经济与管理专业核心专业实验课实验项目

实验课程名称	实验项目名称	实验项目类型
会展营销与策划实验	会展营销调研的方法与技术	验证
	会展主题策划	综合
	会展项目策划	设计
	会展招商方案策划	设计
	会展展位营销	设计
	会展品牌形象策划	设计
会展服务管理实验	会展前期服务	验证
	会展会展当期服务	验证
	会展后期服务	验证
	会展辅助服务	验证
	会展服务质量管理	综合
	会展服务外包管理	综合
会展企业管理实验	会展企业信息管理系统基本操作实验	验证
	会展企业信息管理系统日常运行及管理实验	验证
	会展企业信息系统文件管理及安全保密实验	验证
	会展企业客户关系管理系统操作实验	综合
	会展企业招商活动管理模拟实验	综合
	会展企业危机管理模拟实验	综合

```
基础实验  ⇒  学科基础实验  ⇒  专业实验  ⇒  综合实训
```

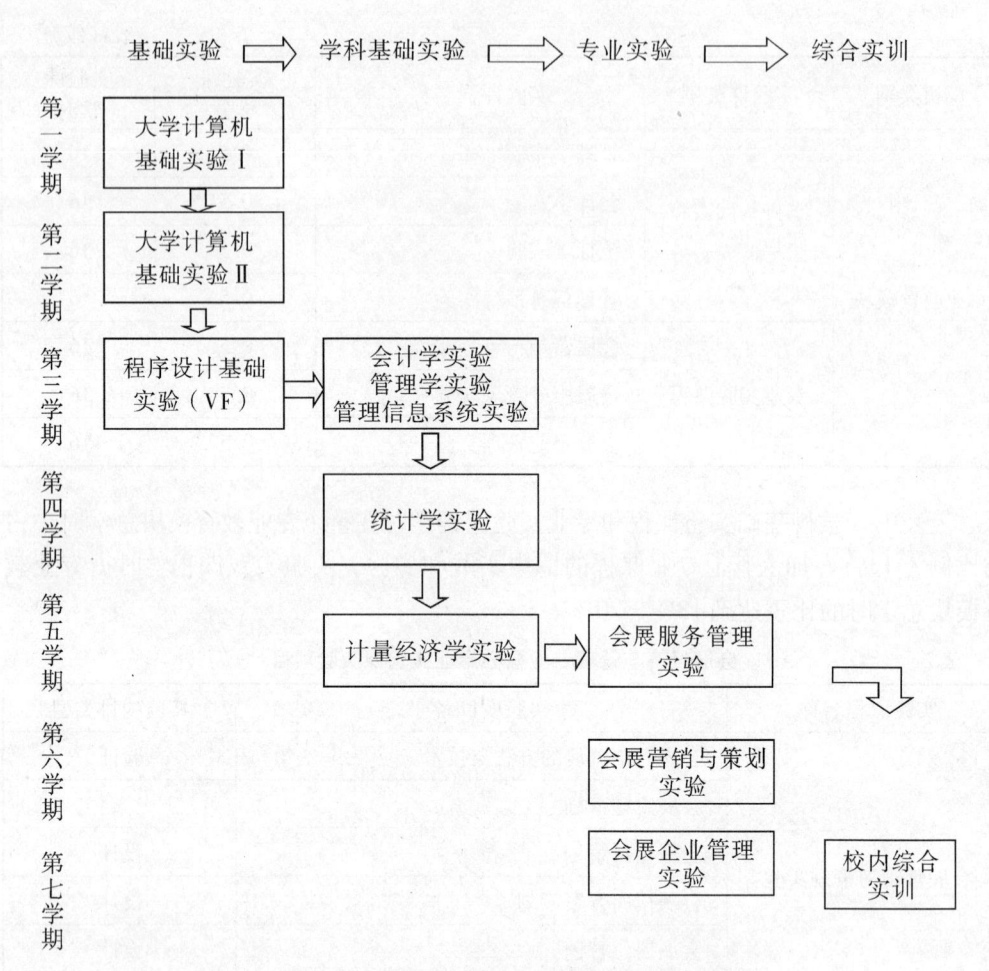

第一学期	大学计算机基础实验Ⅰ
第二学期	↓ 大学计算机基础实验Ⅱ
第三学期	↓ 程序设计基础实验（VF） → 会计学实验／管理学实验／管理信息系统实验
第四学期	↓ 统计学实验
第五学期	↓ 计量经济学实验 → 会展服务管理实验
第六学期	会展营销与策划实验
第七学期	会展企业管理实验 → 校内综合实训

图1　会展经济与管理专业实验实训流程图

（项目负责人：杨军　项目组成员：宋瑛　陈淑祥　严艳等）

财政学专业能力导向实验教学体系建设研究

重庆工商大学财政金融学院财政与税收系

《国家中长期教育改革和发展规划纲要（2010—2020年）》在总体战略、发展任务、体制改革和保障措施等方面，对我国2020年前的教育改革与发展提出了新的思路。在今后一个时期，我国高等教育将进入发展理念战略性转变的新阶段，将把提高质量作为高等教育发展的核心任务，在学科专业建设方面苦练内功，面向现代化建设办出特色、办出水平。

财政学专业要以国家中长期教育发展规划纲要为准绳，注重专业内涵建设，创新专业培养模式。创新教育是对学生的创新精神、创新思维和创新能力培养，是一种鼓励学生不墨守成规，善于怀疑、善于思考、勇于探索的教育。在财政专业（注册税务师方向，以下简称注税方向）实验教学中充分引入创新教育的新思维，对进一步搞好财政学专业本科教育，不断提高学生的专业岗位能力，培养学生生存能力、沟通能力、实践能力和专业能力，培养知识经济时代需要的创新人才有重要意义。为达到财政专业（注税方向）实验教学目的，必须进一步优化实验课程体系的设置，使之符合创新型人才培养的要求。

一、财政学专业（注税方向）实验教学体系研究的背景

在高校创新人才培养过程中，实验教学是贯穿始终、不可缺少的重要组成部分，是学生理解理论知识、形成主动学习精神、培养综合素质和能力的重要手段。加强实验教学，进一步提高学生的实践能力和创新精神，是高校进一步创新教学模式、深化教学改革面临的紧迫任务。

实验是指在科学研究中，为检验某一理论或假设而进行的操作和活动。实验教学通常是指在事先设定的场所，按照教学大纲的要求，在教师的指导下，由学生亲自验证所学理论知识、探索未知领域、发现科学道理的实践性教学活动。通过实验教学，不仅可以使学生加深对理论知识的理解和运用，而且可以训练学生的实践能力，培养科学思维和创新精神。以往财政专业（注税方向）在实践教学环节中大多沿袭传统实践教学方式：认识实习—社会调查—毕业实习—毕业论文。随着市场经济的发展、本科层次教育模式的转变以及就业形势变化，传统的实践教学方式已不能完全适应人才培养的需要。从实习单位看，一是因工作场地所限，接纳学生实习有一定困难；二

是因单位工作繁忙，没有精力对实习学生进行全面深入指导；三是出于业务性质和质量的考虑，不会让学生进行实质性的操作。从实践教师看，由于学生数量较多，难以做到有针对性地指导。所以，校外实习只能作为增加学生感性认识的一种途径，且时间不宜过长，否则会流于形式，达不到提高学生实践能力的目的。目前，我校建立了统一的经济管理实验教学中心，并根据专业不同分别设立专业实验室，建立仿真模拟工作环境。在实验教师指导下，让学生亲自动手，参与教学活动。通过实验教学，一是能够使学生对未来的工作环境或业务流程有一个感性认识，缩短学校与社会的距离；二是组织学生自己动手完成各项业务操作，使学生验证、理解、巩固所学的基础理论和专业知识；三是指导学生运用所学的基础理论和专业知识，分析和解决实际工作问题，使知识转化为能力；四是在验证和应用实验的基础上，进行开拓型训练，拓展思维，增强创新能力。

20 世纪 80 年代，为适应改革开放和税收事业发展的需要，许多财经院校陆续开设了税务专业。税务专业人才培养目标非常明确，就是为各级税务部门培养高级管理人才和为高校、研究机构培养教学研究人才。这一时期，税务人才的专业知识结构主要侧重于税收基础理论和税收管理。20 世纪 90 年代末期，为适应国家本科专业调整的要求，我国财经院校纷纷将税务专业并入了财政学专业。2003 年以后，为适应社会经济发展和学科发展的需要，许多财经院校又逐渐恢复了税务专业。此时，我国社会经济形势发生了重大的变化，社会对税务专业人才的需求已呈现出多样化的特征。尤其注册税务师人才需求缺口很大。注册税务师行业的认知度不断提高，社会影响不断扩大，已经成为促进纳税人依法纳税、推动税收事业发展的一支重要力量。在这种新形势下，财政专业（注税方向）的培养方向必须适时调整，由过去单一方向转变为三个方向：一是为税务机关培养高级税收管理人才；二是为企事业单位培养纳税管理人才；三是为注册税务师行业培养涉税服务人才。在这种情况下，税务人才的专业知识结构就需要有相应的变化。在专业基础方面，应具备财务、会计、法律、税收方面的基础知识。在专业技能方面，应体现以下三个方面：一是具有税收征管和税务稽查方面的技能，满足税务机关对税收管理人才的需求；二是具有税务会计和税收筹划方面的技能，满足企事业单位对纳税管理人才的需求；三是具有涉税服务、涉税鉴证和税收筹划方面的技能，满足注册税务师行业对涉税服务人才的需求。

我校财政专业（注税方向）作为重庆地区设置的唯一财政学专业，应确立"学科基础宽、应用能力强、综合素质高"的创新人才培养目标，重点服务区域定位为"立足重庆、面向西部、服务全国"，力争成为重庆和西部地区财税专业人才的重要供给基地。实验教学是从理论培养到职业素养和创新能力培养的一个重要环节，是人才培养体系不可缺少的一部分。实验教学体系应与课堂理论知识培养体系、职业规划和职业素养培训体系相结合，形成完善的有机联系的人才培养系统，贯穿大学教育的全过程，促进学生知识、能力和素质的综合发展。

二、财政专业（注税方向）实践教学与实验教学现状分析

近年来，许多高校财政专业（税务方向）实践教学在逐步探索之中积累了一些

经验，但仍存在着"重理论，轻实践"和"学校与社会脱节、教学与科研脱节"等诸多问题。如何进一步更新教学观念、提高认识、改革实践教学内容、创新实践教学体系，这已成为财税专业教育迫切需要研究的重要课题。

（一）重理论教学，轻实践教学

长期以来，我国财政专业（注税方向）教育始终未能摆脱学科型教学模式的束缚，在对实践教学环节的认识上还远不如理科、工科类院校。课程设置和教学内容强调理论研究，注重课堂讲述，轻视实践教学。其突出的表现是专业实践教学课时安排少，在教学设计中所占份额低。在教学计划中，普通高校实践教学的总学时一般不到学位获得总学时的20%，实践课程远远低于理论学时。在传统的教学模式和课程安排情况下，学生绝大部分时间用于为专业"打基础"，导致学生的专业训练十分薄弱，专业实践能力无法得到显著提高，使高等教育脱离生产实际和就业需求，远离社会对运用型、复合型专业人才的需求，造成毕业生高分低能、难以就业的现实。

为摸清高校财政（税务）专业实验教学情况，我们对西南财经大学、厦门大学、中央财经大学、首都经贸大学、河北经贸大学等高校进行了调查，发现许多高校财政学（税务）实验课程偏少，一般开设只2~3门专业实验课程。除了部分独立开设的实验外，一些实验课程采取了课内实验的方式进行开设（表1）。

表1　　　　部分高校财政（税务）专业实验课程开设情况

学校	开设的专业实验课程	开设性质和方式
中央财经大学	税务管理实验	课内实验
	纳税检查实验	独立开设
	税务筹划实验	课内实验
首都经贸大学	税务管理实验	课内实验
	纳税检查实验	独立开设
西南财经大学	税收实务实验	课内实验
	税务征管实验	独立开设
厦门大学	税收征管实验	独立开设
	纳税检查实验	独立开设
	政府预算实验	独立开设
河北经贸大学	税务征管实验	独立开设
	税务筹划实验	课内实验
	税务申报实验	独立开设
重庆工商大学	税务征管实验	独立开设
	纳税检查实验	独立开设
	税务代理实验	独立开设

（二）重基本能力训练，轻专业实践教学

从高校人才培养方案中可知，普通高校实践教学的形式包括入学教育、军训、公益劳动、课程试验、专业实训、专业实习、毕业论文、社会实践、学术报告等，其目的是为了提高学生的基本实践能力和专业实践能力。从执行情况看，与培养学生基本实践能力相关的军训、入学教育、公益劳动等教学活动开展较好，学生相关能力提高显著。而与专业实践能力相关的教学活动，如课程试验、专业实训、专业实习、毕业论文、社会实践等则普遍存在落实力度不够。一些院校对实践教学的重视仅停留在口头上，没有实质性的行动；一些院校虽已经有所行动，但更多的是停留在实验的层面上，作为课堂教学的附属物，甚至是可有可无；还有一些院校仅限于搭建一个实验教学平台，平台主要有几台机器设备，并没有实际运作。因此，不难看出，有不少学校的课程试验、专业实训、毕业实习等实践教学活动更多的是流于形式。

根据实际调查，从近三届毕业生在毕业后的表现情况看，用人单位普遍反映我校财政学专业学生的实践动手能力还不够强，工作上手还比较慢。认为学生实践动手能力"非常强"和"较强"的比例只有75%左右，将近三成用人单位表示学生的实践动手能力不够强（表2）。

表2　　　　用人单位对财政专业（注税方向）学生实践能力调查

年级	调查结果			
	非常强	较强	不够强	较差
2005级	12%	56%	22%	10%
2006级	13%	60%	18%	9%
2007级	14%	61%	16%	9%

（三）重验证性实践教学，轻综合性和开放性实践教学

统计分析表明，在为数不多的专业实践教学内容中，验证性的内容占绝大多数，综合性实践教学内容偏少，开放性实践教学严重不足。验证性实验是在学生既得知识经验基础上设计出程式化实验方案，再由学生通过观察和操作，验证并巩固所学知识，同时培养实验技能的实验方式。这种传统的教学模式以教师为中心，知识的传递主要靠教师对学生的灌输，作为认知主体的学生在教学过程中自始至终处于被动状态，其主动性和积极性难以发挥，不利于培养学生的发散性思维、批判性思维和创造性思维，也不利于创造性人才的培养。综合性实践和开放性实践教学虽然可以有效避免上述问题，但由于目前的课程实验、实习缺乏开放性和自主性，满足不了实践教学的需要，影响了实践环节教学质量。

（四）重单一课程教学，轻实验教学体系建设

为确保实验教学整体效果，一方面要求实验课程设置应针对人才培养目标，形成一个具有系统性、完整性的课程体系。另一方面也要求各专业实践环节能前后连贯、无缝对接。只有这样，各实践课程之间才能相互呼应、彼此联系，最终形成合力，促进学生实践能力和创新能力的提高。例如，一个完整的实验教学体系应该包括：实验

教学的目的、实验项目设计、实验指导手册（实验教材）、实验环境布置、实验总结与评议等若干不可缺少的环节以及组织实验教学的实现形式等。由于财政税务专业实践教学起步较晚，教学重视时间不长，不少高校不同实践教学课程之间存在断裂，不连贯，不能环环相扣。此外，各实践环节之间的割裂也比较明显，没有对实践教学环节进行有效的整合，更没有对社会实践进行较高层次的指导，造成各实践教学环节的脱节。以实验教学为例，一些学校把实验教学的某种形式，如课堂上准备若干案例讨论、搞几次模拟场景练习，就等同于实验教学的全部内容。实践教学体系的不完善影响了实践教学人才培养目标的实现。

根据我们对近三届毕业生的调查发现，财政（税务）专业学生认为现行实验教学课程设置"合理"和"非常合理"的不到80%，还有20%左右表示"一般"和"不合理"。这表明我们的专业实验课程设置与学生的期望和要求还不完全一致（表3）。

表3　　　　　财政专业（注税方向）实验课程体系设置调查

年级	调查结果			
	非常合理	合理	一般	不合理
2005级	15%	60%	20%	5%
2006级	16%	62%	18%	4%
2007级	15%	64%	18%	3%

（五）重课程开设，轻质量考评

高校实验教学普遍存在重实验课程开设、轻教学质量管理的问题。轻质量管理主要表现在缺乏全面的质量控制标准。许多学校的实验课程的评价体系不完善，很多课程缺乏较为系统的评价方法。学生的实验成绩通常就是由平时考勤成绩和实验报告成绩构成，缺乏一套科学合理的评价方法。同时，对一些设计型的实验，也没有合理的评价方法。因此，许多学校的财政学实验效果并不理想。根据我们对重庆工商大学近三届毕业生的调查发现，财政（税务）专业学生对本专业实验课程的满意度还有待进一步提高（表4）。

表4　　　　　财政学专业毕业生对专业实验课程的满意度

实验课程	2005级	2006级	2007级
税务代理实验	87%	89%	91%
纳税检查实验	89%	91%	90%
税收征管实验	86%	87%	88%

三、财政学专业（注税方向）学生能力体系构建

财政学专业（注税方向）的目标定位于培养适应社会需求的高素质应用型税务人才。这种高素质应用型人才，不仅需要具备扎实的理论功底，而且需要具备很强的实践动手操作能力和良好的职业后续发展潜力。为进一步提升财政学（注税方向）专业学生的能力，我们分别对用人单位和在校的财政学专业学生展开了调查，初步了解到财政学（注税方向）专业学生在能力培养上存在的问题和不足。

（一）用人单位对学生能力的要求

围绕财政学（注税方向）专业学生到底应具备怎样的素质，我们对重庆市国家税务局、重庆市地方税务局、重庆市南岸区国家税务局、重庆市南岸区地方税务局、重庆市地税稽查局、重庆市和勤税务师事务所、重庆天健会计师事务所等用人单位人事教育部门负责人进行了访谈，了解到用人单位对财政学（注税方向）专业在学生能力培养存在以下要求：

1. 注重理论与实践的结合

用人单位认为，我校财政学（注税方向）专业毕业生具有扎实的理论功底和丰富的专业知识，但在实践应用能力方面还需要加强。财政学（注税方向）专业毕业生参加工作之后，需要较长时间才能适应工作岗位。高校需要改革当前的培养模式，加强实践环节教学，着力提高学生对专业知识的应用能力。此外，用人单位呼吁高校领导和全体师生都应重视和加强与政府、企业之间的联系，要在课堂教学方法、实践教学环节等方面大胆探索和改革，培养适应社会需求的财政学（注税方向）方向专门人才。

2. 强化对学生基本技能的训练

对于财政学（注税方向）专业而言，现实工作要运用大量的财务会计、税收知识。为此，高校必须加强财务会计、税收知识等专业应用能力的培养，提高学生处理专业问题的能力。在知识化、信息化社会，人们还必须熟练掌握计算机、英语、公文写作等基本技能。虽然，在目前的培养方案中，高校财政学（注税方向）专业都设置有相关课程，但从实际效果来看，学生在这些方面的基本技能还有待提高。例如，部分学生虽然系统学习了计算机课程，但对 Excel 等基本应用都还不熟悉；部分学生虽然英语考过了六级，但审查外企的账簿、凭证等资料时还存在一定的困难。基本技能的培养，必须与学生的专业发展结合起来，真正做到学以致用。

3. 加强对学生综合素质能力的培养

在现代社会，要出色完成工作不仅要求参与者具有扎实的专业知识，而且还必须具备广博的综合素质。综合素质在一定程度上影响甚至决定参与者的发展潜力。财政学（注税方向）专业毕业生多数将在有着浓厚的传统文化与社会背景的税务机关、中介结构和各类企业工作。要适应现在的社会环境，并能够尽快融入社会，高校就需在人才培养中注重对学生的综合素质的培养，加强传统文化、哲学艺术、现代科学技术、人际交往、创新创业、应用写作等方面知识和技能培养。

4. 强化对学生道德品质和敬业精神的培养

财政学（注税方向）专业毕业生未来从事的是经济工作，要求从业者具备廉洁奉公、敬业勤业、甘于奉献等优秀品质。目前，越来越多的大学毕业生在家是独生子女，生活条件优越，但工作之后独立生活和工作能力却不容乐观，敬业乐业的精神需要进一步培养。学校在人才培养过程中，不仅要重视其专业技能和业务素质的培养，也要重视对学生思想品德和敬业精神的培养。学校教育应和家庭教育相配合，帮助学生改掉骄娇二气，培养学生的吃苦耐劳、认真踏实、勤奋钻研、敬业乐业、克己奉公等优秀品质。

总之，从用人单位的反馈来看，他们对财政学（注税方向）专业现有的理论教育基本上没有提出异议，主要问题都落在实践性能力的培养方面。用人单位直接提出了加强理论与实践结合，强化基本技能训练，重视品质和敬业精神的培养等一系列要求。实践教学环节能让学生接触到真实的社会，能真实地与人相处，也能真实地感受成功或失败，这是提高学生实践创造能力，帮助学生磨砺品格的有效途径。用人单位提出的意见和建议，对我们进一步探索实践环节的改革具有重要的借鉴意义。

（二）在校学生能力培养的调查

为全面地了解在校学生对财政学（注税方向）专业能力培养情况的看法，我们通过问卷和座谈的形式，对财政学（注税方向）专业有关能力培养问题进行了调查。在调查问卷中，除了对学生的专业培养目标认识开展了调查之外，还包括了学生对实践环节教学的感受。调查中发现，财政（税务）专业学生认为现行实验教学课程设置"合理"和"非常合理"的不到80%，还有20%左右表示"一般"和"不合理"。这表明我们的专业实验课程设置与学生的期望和要求还不完全一致。从专业实验课程开设的效果看，财政（税务）专业15%左右的学生对本专业开设的实验课程表示不满意。关于认识实习和毕业实习，有65%的学生认为认识实习是"走过场"，没有达到预期的实习目的，而有76%的学生认为毕业实习环节安排不合理，主要原因是与考研、就业有时间冲突。

为了更好地了解学生对实践教学和实验课程的学习体会和学习要求，我们对目前在校的2008级和2009级财政学（注税方向）专业的部分学生召开了座谈会。在座谈会上，学生代表结合自己的学习经历和体会，总结了自身在学校里获得了知识和能力的拓展，增强了社会交往和沟通能力，培养了对本专业的热情和未来的抱负等。同学们也指出，在大学期间能获得学校社团经历和外出兼职机会的学生，大大地提高了自己的社会实践能力。但仍有相当一部分同学因个性、自我认识和机会的原因只能完全按照学校的教学安排完成学习，缺少在实际工作中发现自己、锻炼自己的机会，社会实践能力没有得到较好的锻炼。关于学生的能力培养和实践教学环节，学生感到的困惑和提出的要求主要有：

1. 基本技能实践不足

我校经济管理类专业普遍开设了计算机、会计、统计等方面的基本技能实验课程。但在具体专业领域，基本技能方面的实验课程还显得不足。以财政学（注税方向）专业为例，本专业很多课程具有较强的实践性，理应开设相应的实验课程来开展教学。比如政府预算管理、税务筹划、税务会计、纳税评估等课程，但由于目前没有配置合适的实验教学软件，相应的实验教学难以开展。由于基本技能方面的实践不足，学生的知识和能力培养与社会对专业人才的需要还存在一定的差异，影响到了财政学（注税方向）专业人才培养目标的实现。

2. **缺乏对理论知识进行综合运用的锻炼**

目前，我国高校各学科的专业理论知识分解较细，这有助于自然科学知识的学习，且能够较为迅速地形成相应的系统思维。但对社会科学而言，由于理论知识思想性较强的缘故，学生通过知识理论学习形成系统思维的速度要慢得多，而且显得非常抽象。许多理论知识在学习之后，学生难以形成十分深刻的印象，甚至还没有加以实践就已经忘却。因此，大学阶段在学习理论知识的同时，必须加强专业性实践活动，让学生在实践活动中"感到"社会关系的存在，这种内心的感受不仅有助于学生系统思维的建立，而且也能通过实践活动对理论知识进行综合运用。

3. **缺少校外实践锻炼的机会**

财政专业理论知识很多都属于具体操作的范畴，如果不加强必要的实践锻炼，学生很难将这些知识转化运用到实践中去，这就需要加强实践教学环节。由于财政（注税方向）专业的特殊性，要让税务部门、中介机构提供专业对口的实习岗位，具有很大的局限性。在我校的实践教学过程中，要求在学生人数和时间安排上体现出规模性的集中实践教学安排通常难以实现，而分散式的实践活动也就成为常态。但是，由于学生实习地点分散且受师资方面的限制，有针对性的教师指导也会因此显得薄弱。所以学生会感到走出校门不够，真正通过实践教学得到锻炼的机会很少。造成校外实践教学特殊且复杂，校内模拟实习又难以达到相同的实践效果。鉴于此，我们希望学校高度重视校外实践教学，为学生提供更多的校外实践锻炼的机会，从根本上改变我校经管专业重理论轻实践的现状。

（三）加强财政学（注税方向）专业学生能力培养的现实基础

财政学（注税方向）专业是一个培养高层次应用型人才的专业。在财政学专业人才培养方面，我们始终坚持以能力培养为导向，强调理论与社会实践的有机结合，严格按照"宽口径、厚基础、重能力"的要求，全面培养学生的综合素质和业务能力。从20世纪90年代开始，我们就已经在培养学生的综合能力方面进行了一些探索，主要有：组织学生参加"大学生创新创业技能大赛"、"挑战杯"全国大学生课外学术科技作品大赛、全国大学生英语竞赛、"发现杯"大学生软件设计大赛、"银河证券杯"大学生模拟炒股大赛、"注税杯"全国注册税务师知识大赛、全国税法知识大赛、德勤税务精英挑战赛等全国性的比赛以及"和谐杯"税收辩论赛、税收宣传征文等重庆市内的活动。学生通过技能竞赛提高自身专业技能水平的同时，也提高了实践能力。我校财政（注税方向）专业学生积极参与这些竞赛项目，取得了"重庆市税收辩论赛冠军"、"重庆市税收宣传征文特等奖"等优异的成绩。实践证明，参与各项竞赛是提高学生专业技能的一条重要而且有效的途径。

在财政学（注税方向）专业人才培养过程中，注重同税务部门和税务师事务所等单位的合作，充分利用社会资源开展专业人才的培养。自2005年以来，我校先后与重庆市南岸区国家税务局、重庆市南岸区地方税务局、重庆市江北区国家税务局、重庆市渝中区地方税务局、重庆市云阳县地方税务局、重庆市奉节县地方税务局、重庆和勤税务师事务所、重庆市地税稽查局等单位建立了合作关系，利用这些社会资源为财政（注税方向）专业人才提供实习就业机会。目前，实习基地可为我校财政（注税方向）专业提供实习岗位120余个，完全满足了财政学（注税方向）专业人才实习实践需要（表5）。

表5　财政学专业校外实习基地建设情况

实验基地名称	建立时间	可供实习岗位（个）
重庆市地税稽查局	2007年	10
重庆市南岸区地税局	2004年	15
重庆市南岸区国税局	2006年	10
重庆市云阳县地税局	2005年	10
重庆市奉节县地税局	2009年	10
重庆市江北区国税局	2008年	15
重庆市巴南区国税局	2007年	15
重庆市巴南区地税局	2007年	15
重庆市渝中区地税局	2008年	10
重庆和勤税务师事务所	2006年	10

（四）财政学（注税方向）专业学生的能力体系

我们从专业基础能力、专业核心能力、职业拓展能力三个方面设计了财政学（注税方向）专业学生的能力体系，并将其作为我们设计财政学（注税方向）专业人才培养计划的基础。具体见图1：

```
                    财政学专业人才能力培养体系
          ┌──────────────┬──────────────┬──────────────┐
        专业基础能力      专业核心能力      职业拓展能力
```

- 专业基础能力：语言文字表达及社交能力、财务与会计基础能力、数据分析与处理能力、计算机技术应用能力、经济综合分析处理能力
- 专业核心能力：税务会计与纳税申报能力、税收征收管理与执法能力、税务稽查与账务调整能力、企业节税与税务筹划能力
- 职业拓展能力：人际关系沟通与协调能力、政策与法规分析处理能力、Office软件应用能力、创新与创业能力、系统思维能力、综合应急处理能力

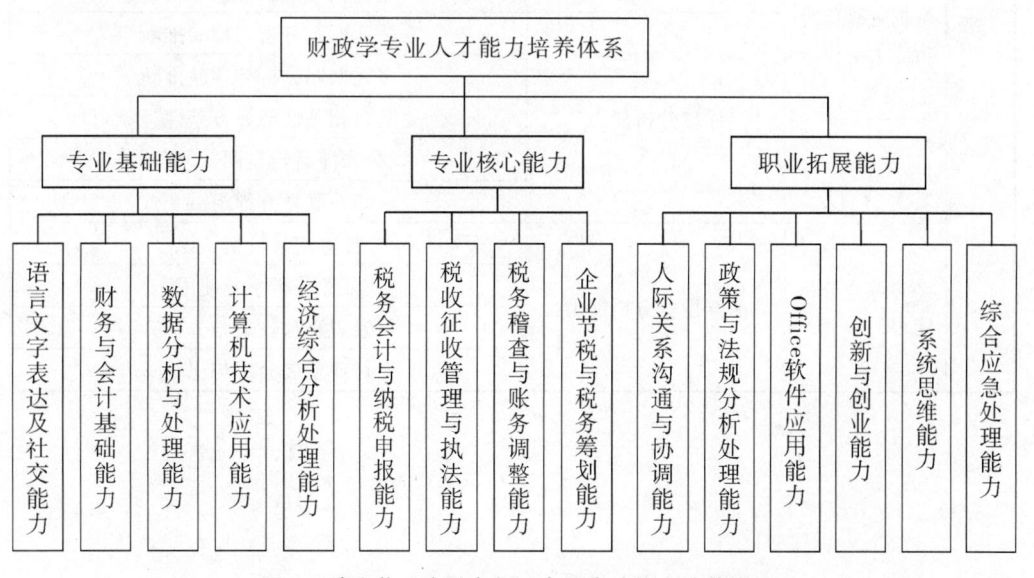

图1　财政学（注税方向）专业人才能力培养体系

四、以能力为导向的财政学专业实验教学体系方案设计

(一) 以能力为导向的财政学专业实验项目体系

我们可以根据教学规律要求和能力的可融合性,首先组合设计出许多教学模块,同时按照财政学(注税方向)专业人才培养方案及教学大纲的内容要求,有重点的取舍模块内容;然后进一步明确各模块在学生未来工作中的意义和作用,确定模块教学所需的课时数;最后将实验项目合力归类,组合为课程。根据财政学专业能力培养体系的内容与结构,我们构建了以能力为导向的财政学专业实验项目体系(见表6)。

表6　以能力为导向的财政学(注税方向)专业实验项目体系

分类	主要能力	专项能力	对应实验项目
专业基础能力	语言、文字表达及社交能力	英语听说读写能力	大学英语听说读写
		应用文写作能力	应用文写作
	计算机技术基础应用能力	计算机基础及应用能力	大学计算机基础实验
		初级编程能力	程序设计基础实验
	会计与财务处理能力	会计处理能力	记账凭证的填制和审核
			登记账簿
			编制财务报表
			财务报表的阅读和分析
		财务管理能力	风险价值实验
			资本成本分析
	数据处理与分析能力	数据统计及分析能力	数据整理统计分组、统计图表的绘制
			统计指标的计算
			时间数列指标的计算
			相关与回归分析基础
		计量分析能力	一元回归分析与检验推断
			多元回归分析与检验推断
			自相关性与异方差性
			分布滞后与自回归分析
			联立方程组
	经济综合分析能力	证券投资分析能力	证券交易行情认识
			证券分析系统使用
			宏观资料收集与分析
			行业发展分析与比较

表6(续)

分类	主要能力	专项能力	对应实验项目
专业核心能力	税务会计与纳税申报能力	税务会计处理能力	增值税会计处理
			消费税会计处理
			营业税会计处理
			所得税会计处理
		企业纳税申报能力	增值税纳税申报
			消费税纳税申报
			营业税纳税申报
			企业所得税纳税申报
	税收征收管理与执法能力	税收征管能收管能力	税务登记流程
			税务发票管理
			纳税申报流程
			税款征收流程
			税务稽查流程
			税务处罚流程
	税务稽查与调账能力	税务稽查与调整能力	会计资料的检查
			增值税纳税检查与调账
			消费税纳税检查与调账
			营业税纳税检查与调账
			所得税纳税检查与调账
	企业节税与税务筹划能力	节税与税收筹划能力	增值税税务筹划
			消费税税务筹划
			营业税税务筹划
			所得税税务筹划
职业拓展能力	创新创业能力	创新创业能力	素质拓展
			综合模拟实习
			创业大赛
			校园孵化
	Office软件应用能力	Office软件应用能力	建立和编辑Word文档
			Excel制表和数据分析
			Word与Excel文档之间的转换
			电子邮件的处理
	其他能力	其他能力	选修实验项目

(二) 以项目为依托的财政学专业实验课程体系

财政学专业（注税方向）人才培养目标为：培养系统掌握财政、税收理论与业务技能，熟悉我国财政、税收相关政策，具备较全面财务会计理论知识，熟悉市场经济理论，富有开拓创新精神，能主动适应社会主义市场经济需要的高素质应用型、复合型高级财政（税务）专门人才。学生毕业后，可在税务部门从事税收征管与税务稽查、财政部门从事财政管理，在税务师事务所、会计师事务所等从事税务代理、税收筹划，以及在企业、事业单位从事财务与会计管理、办理纳税事宜和进行税收筹划等工作。

按照我校经济管理实验教学体系设计的基本要求，财政专业（注税方向）以能力和素质为导向的校内实验教学包括学科基础、专业基础、专业综合、学科综合和创新创业五个层次。其中，学科基础、专业基础按照学校统一要求设置，包括统计学实验、会计学实验、计量经济学实验等课程；学科综合和创新创业由经济管理实验教学中心设计。综合考虑财政学专业人才培养要求，初步构建了实验教学体系（见表7）。

表7　　　　　　　　　财政学专业实验教学课程模块设计

课程模块	主要实验课程		
	课程名称	实验学分	实验课时
学科基础实验	基础会计学实验	0.5	16
	统计学实验	0.5	16
	计量经济学实验	0.5	16
专业基础实验	财务会计实验	0.5	16
	成本会计实验	0.5	16
	财务管理实验	0.5	16
	证券投资分析实验	0.5	16
	财务报表分析实验	0.5	16
	税务筹划实验	0.5	16
	税务代理模拟实验	0.5	16
	纳税检查实务实验	0.5	16
专业综合实验	财政专业综合实验	1	32
学科综合实验	略（由经济管理实验教学中心统一设置）		
创新创业实验	略（由经济管理实验教学中心统一设置）		

财政学专业实验课程从大学第一学期开始，到第七学期全部结束。几乎每个学期都开设了相应的实验课程。从课程开设的顺序上，我们按照基础实验、专业基础实验、专业综合实验和学科综合实验依次开设。财政学专业实验课程流程图如下（图2）：

```
基础实验 ⟹ 学科基础实验 ⟹ 专业基础实验 ⟹ 综合实训
```

第一学期　　计算机基础实验

第二学期　　程序设计基础实验 → 基础会计学实验

第三学期　　　　　　　　　　　　　　　　↓
　　　　　　　　　　　　　　　　　财务会计学实验

第四学期　　　　　　　　统计学实验　　成本会计学实验

第五学期　　　　　　　计量经济学实验　财务管理实验
　　　　　　　　　　　　　　　　　　　税务筹划实验

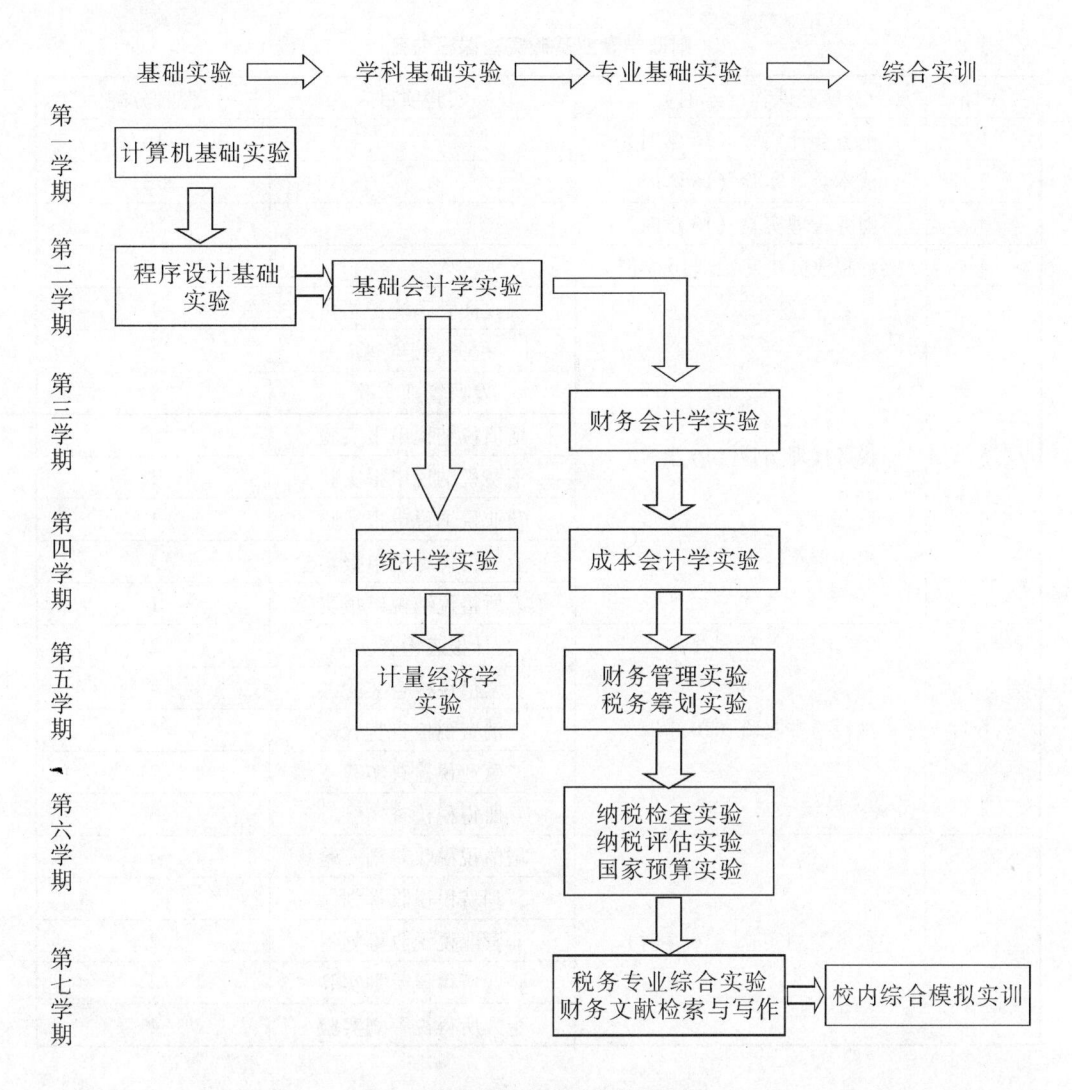

第六学期　　　　　　　　　　　　　　　纳税检查实验
　　　　　　　　　　　　　　　　　　　纳税评估实验
　　　　　　　　　　　　　　　　　　　国家预算实验

第七学期　　　　　　　　　　　税务专业综合实验　　→　校内综合模拟实训
　　　　　　　　　　　　　　　财务文献检索与写作

图2　财政学专业实验教学流程图

（三）财政学专业基础实验的构成

根据财政（税务方向）人才培养目标的要求，财政专业（注税方向）学生必须加强财政、税务、会计等方面的实践动手能力的训练。财政学专业（注税方向）方向的专业基础实验教学课程包括财政、会计、税务等方面。财务会计方面开设基础会计实验、财务会计实验、成本会计实验、财务管理实验、财务报表分析实验；税收方面设置税务代理实验、税务筹划实验、纳税检查实验等。以上实验课程的开设，能够大大提高学生的实践动手能力，满足财政（注税方向）专业培养高素质应用型人才的要求。学科基础实验、学科综合实验和创新创业实验由学校按照统一的要求设置，我们重点关注财政学专业基础实验和专业综合实验的设置。财政学专业基础实验和专业综合实验无疑是财政学专业实验教学体系中最重要的组成部分（表8）。

表8　　　　　　　　　　财政学专业基础实验课程内容

序号	实验课程（学时）	实验项目	课时分配
1	财务会计实验（16学时）		16
2	成本会计实验（16学时）		16
3	财务管理实验（16学时）		16
4	会计报表分析实验（16学时）		16
5	税务代理实验（16学时）	税收征管系统初始化	1
		税务登记实验	1
		发票管理实验	1
		增值税纳税申报实验	5
		消费税纳税申报实验	1
		营业税纳税申报实验	1
		企业所得税纳税申报实验	5
		个人所得税纳税申报实验	1
6	纳税检查实验（16学时）	会计报表检查实验	2
		增值税检查实验	4
		消费税检查实验	2
		营业税检查实验	2
		所得税检查实验	6
7	税务筹划实验（16学时）	增值税税收筹划实验	4
		消费税税收筹划	2
		营业税税收筹划	2
		企业所得税筹划实验	4
		个人所得税筹划实验	4

（四）财政专业综合实验的设计

财政专业综合实验是指在财政、会计和税务专业课程结束之后进行的综合模拟，目的是提高学生综合利用专业知识的技能。财政（注税方向）专业综合实验包括以下几个方面的内容：

1. 会计核算与税务实务综合实验

本项实验目的是训练学生综合运用会计知识和税务解决实际问题的能力。实验内容包括编制记账凭证；登记会计账簿；编制会计报表；办理纳税申报；开展资产负债表的结构和项目分析、利润表的指标分析和项目分析等。通过本项综合实验，可使学生熟悉一个企业某一段时期的账务处理程序，提高识别原始凭证、编制记账凭证、登记会计账簿和编制会计报表、办理纳税的操作技能，从而达到理论联系实际、适应工作需求的目的。

2. 企业纳税行为甄别实验

在实际工作中，税务人员要对纳税人的纳税行为进行准确甄别，判断纳税人是否存在偷逃税款的问题。实验内容包括计算构成税额的企业收入、成本与费用各项目，并根据税法的规定判别纳税人是否存在偷税问题。根据税法的规定，偷税是指纳税人采取伪造、变造、隐匿、擅自销毁账簿、记账凭证，在账簿上制造虚假支出或者收入记账不真实，经税务机关通知申报而拒不申报或者进行虚假的纳税申报的手段，不缴或者少缴应纳税款的行为。偷税是违法行为，其行为应受到处罚。通过本项综合实验，可使学生明确影响税额的项目，熟悉企业常用的偷税手段，为税务稽查提供思路和方法，切实提高学生的实际应用能力，为就业后从事税务工作打下良好的基础。

3. 税收征管模拟实验

该项实验属于验证型和应用型相结合的实验，目的是让学生在仿真模拟的环境中，熟悉税务机关各个业务岗位的工作内容和实际操作办法，掌握和运用税收征管法规。实验过程是按照中国税收征管信息系统（CTAIS）设置的子系统及其功能模块进行模拟操作。具体内容包括：①管理服务：登记与认定、发票管理、待批文书、证件管理、资料管理、档案管理、信息采集、交叉稽核；②征收监控：申报征收、稽核评税、税收计划、税收会计、税收统计、票证管理；③税务稽查：稽查选案、稽查实施、稽查审理、案卷管理；④税收法制：违章处理、行政复议、行政应诉、行政赔偿；⑤税务执行：一般执行、强制执行、税收保全。

4. 涉税服务和涉税鉴证模拟实验

该项实验是从注册税务师行业角度进行的模拟实验。主要内容包括：代理税务登记、代理发票领购、代理纳税申报、代理纳税审查等代理业务，以及土地增值税清算鉴证、企业财产损失税前扣除鉴证、企业所得税汇算清缴鉴证等。实验目的是让学生熟悉注册税务师行业的业务操作办法及流程，增强应用税收法规的能力。

五、财政学（注税方向）实验教学与创新模式的措施保障

（一）强化实验教学制度保障

实验教学和理论教学是高校教学中不可分割的两个部分，应高度重视实验教学。实验教学是教学型院校的办学特色点之一和重要体现，是培养社会所需人才的根本保障，更是教学型院校专业教育可持续发展的重要路径，要充分认识到深化实验教学是办学思路改革的需要。因此：一是要高度重视和支持实验教学工作，加强对实验教学硬软设备资源的资金投入；二是在政策上对实验教学要有倾斜政策；三是加强制度建设，以制度引导和规范实验教学。要明确实验教学的师资与理论教学的师资地位是同等的，要制定相应的、切实有用的优惠政策，稳定实验教师队伍。在实验教学的课时津贴、工资、奖金、职称、评优等方面给予优惠；在科研上无法突破的领域中吸引更多的高学历人才，以充分调动他们的积极性和主动性，让他们有更多的精力投入到实验室教学改革中；在实验教学和管理岗位上形成一种人人努力进取、各个爱岗敬业的良好风气。而不要让一些专业能力强的教师失望离岗去从事吸引力更大的理论教学和科研工作。应该像稳定学科师资队伍那样稳定实验教学队伍，特别是实验技术人员队伍。

（二）强化实验教学师资队伍的建设

实验教学时空跨度大，实验教学与课程内容教学存在差异，客观上决定了从事实验教学的教师必须集普通教师和实验教师于一体的教师，既是教师，又是实验师。既能从事专业理论教学，又能指导技能训练的新型教师。一是"走出去"。制定鼓励性的措施，选择专业实务课教师到财税等实践部门顶岗调研实习，提高自身的实践动手能力。鼓励青年教师到实际部门调研实习。同时，支持和鼓励教师到国内外大学参观交流实验教学内容和实验教学方法。二是"请进来"。从实践部门中聘请具有丰富实践经验、相关职业能力极强的工作人员做兼职实验教师。这样就可使理论型与实践型教师相互转化，从而推动实验教师队伍的建设。同时，应该像培养学科带头人那样制定培养目标，以培养一批既有理论教学水平又有实践教学能力的实验教学带头人和实验技术方面的专家，使之成为实验室建设的骨干，并通过他们带领或影响实验室的其他人员，努力提高实验技术队伍的整体素质，从而将教学和科研工作提高到新的档次。三是传帮带。现有的实验教师带动和引领部分青年教师学习掌握运用实验软件，直接参与校内综合模拟实习，以此扩大实验教师队伍，配备专职实验教师。

（三）改革实验教学内容

在专业课程中，针对实验性强的课程，如税务管理、税收筹划、纳税检查、税务代理等课程实现按专业实验教学内容模式改革实验教学内容。编写单一性实验教材和综合性实验教材，使之与专业课程内容教学相对应，实现专业课程内容教育与实验教育同步。

（四）加强实习基地的建设

多年来，我校财政学专业虽然在校外建立有实习基地，但由于空间、时间和业务性质的限制，学生亲自实践和动手的机会较少，以致实习效果不理想。因此，要充分认识实验对税务专业质量的重大影响，继续充分利用财税部门和中介部门的良好关系，拓展实习空间，增加实习基地数量。同时，学校要与实习部门充分沟通，选择适当的时间安排实习，以增强实习效果。这样，实习基地既可以作为学生的实习场所，同时又可为实践部门提供一个培训平台，实现双方共赢。

（项目负责人：贾　鸿　项目组成员：莫云　汤凤林　谢丹　朱沙）

金融学专业能力导向实验教学体系建设研究

重庆工商大学财政金融学院金融学系

本项目以培养"厚基础、重实践"的金融学专门人才为导向，构建金融学专业实验课程教学体系为目的。项目主要采用收集资料、比较分析和访问调查的研究方法，通过总结经验进行新的探索。本项目继承和利用了前期教学改革的研究成果，参照了中国人民大学、中央财经大学、首都经贸大学、上海财经大学、复旦大学、上海金融学院、广东金融学院、厦门大学等院校的金融学专业的人才培养方案和教学计划，并广泛征求了金融系所有专业教师的意见，形成了较为成熟的实验课程体系。

一、金融学专业实验课程教学体系建设的意义

构建模拟实验教学体系，不仅可实现课程建设、专业建设与实验室建设的良性互动，而且还有望从以下四个方面实现实验教学内容方式及其效果的有效突破。

（一）优化了实验教学的内容，改变过去教学中的理论与实践脱节的症结

通过构建以金融业务流程为主的经营模拟环境，将金融企业内外的各个业务部门、各个职能岗位有机地连接在一起，将系统性的经营理论与流程运作实践有机结合，使每个实验者深刻地体会局部与整体的关系，体会自己在流程中所处的职能岗位位置并主动去规划自己的实验过程和实验步骤，独立完成相应的业务处理等相关体验性实验，通过虚拟平台实验实训资源，将零散的知识整合为相互融通的系统知识，实现理论水平与应用能力的同步提升。

（二）改变了实验教学的形式，实现教学活动从以教师"教"为中心转向以学生"学"为中心

学生成为专业实验教学活动的主体，自主学习、互相协作、共同提高成为实验教学活动的中心，教师的作用转向以教学设计、组织、指导、监控与考核为主，课堂讲授与学生自主式、模拟体验式研究性学习相结合。

（三）模拟实验教学突破了经济管理类专业实验教学活动空间的局限

通过参加模拟和仿真现实金融企业和市场的经济管理活动，使学生在实验室内就能够体验到真实的"场景"和真实的"感受"，在很大程度上为实验环节的实施创造了条件。

这种"模拟"的教学形式充分体现出"行为导向"和"岗位体验"的实验教学

方式对经管类专业学生从学校走向社会工作岗位起着重要作用。

二、金融学专业实验课程教学体系建设的必要性

金融学专业是随着社会主义市场经济改革的深入，尤其是为适应市场经济和投资理财的需要的热门专业之一。作为一门具有专业理论与实务技能的专业，金融学专业强调在实际操作过程中应该具备一定的能力和具体的服务技巧。金融学教育通过在实验室等环境中不断地角色扮演、分享、交流以达到这种专业要求。因而，实验教学成为金融学教学专业性与实务性的坚实保障。

（一）从专业建设和价值取向看实验课程体系建设的必要性

实验教学可以帮助学生更好地认识和理解专业发展理念，熟悉和掌握工作实践中应该具备的操作技巧，较为准确地把握当前我国快速发展的金融行业特点与未来发展走向以及国家货币金融政策、资本市场运行状况，通过各种实验项目的模拟与演练，逐渐具备金融学专业的特色和价值理念。同时，从教学效果来看，实验教学可以与课堂理论教学形成互补，通过教师与学生的互动，通过学生兴趣小组的团队活动，一方面提升了实验教学的实际效果，另一方面实验教学的教师示范、学生参与、角色扮演可以帮助学生较快进入社会现实情景中，以增进学生对复杂的社会管理与公共服务的互动过程的体会和理解，树立专业自我，强化专业意识。

金融学专业实验教学体系建设将进一步扭转我校金融学专业基础相对薄弱、社会基础相对较差的局面；巩固和强化我校金融学专业的地位，提升专业的社会形象，扩大我校金融学专业在同类院校金融类专业中的影响力。

（二）从创新能力培养看实验课程体系建设的必要性

金融是经济的中心，社会需要一支具备跨学科知识体系的高层次、复合型、应用型的金融管理人才。如何培养与市场经济体制相适应且符合金融学学科发展规律的金融管理人才是金融学专业教学中必须着手解决的重要问题。

金融学专业实验教学体系建设是创新课堂教学的客观要求。我系开设有商业银行实务、国际结算业务、外汇交易实盘操作、银行会计手工等专业实验课程，实验教学将有效地把理论教学与实践教学紧密结合起来，在培养学生创新精神和实践能力、分析解决问题的能力、正确的思维方法及严谨的工作作风和提高学生综合素质等方面起着不可替代的作用，将极大地增强其就业竞争实力。

金融学专业实验教学体系建设是提高教师科研创新水平的客观要求。目前，尽管各教师的科研方向有所不同，但绝大多数教师都以理论研究为主，这与教师缺乏实证研究的平台有紧密联系。要提高教师的综合科研水平，要鼓励教师在"经济类"学科级期刊发表论文，就必须鼓励更多的教师进行实证研究。参考国内外高校与研究机构的惯常做法，就是逐步建立相关的实验室，开设相关的实验课程，提供实证研究的机会，这也为培养教师创新能力和学生的社会实践能力奠定了坚实的基础。

（三）从产学研一体化看实验课程体系建设的必要性

金融学专业实验教学还是金融学专业技能与技巧的训练基地，是金融学研究的平

台,对于学校教学、职业资格考试、机构培训、学生自学、教师科研和科研成果转化等都有很大的帮助。

总之,金融学专业实验教学以专业实验教学体系的设计为内容,整体优化实验教学课程体系,有利于加强学生创新精神与实践能力培养;通过完善实验教学体系内各课程实验项目的层次、结构、内容设计,有利于规范实验课程教学大纲、实验项目卡片等材料,有效促进金融学专业的建设及学科发展。

三、金融学专业实验课程体系建设前期调研

（一）调研背景

为了适应市场经济的发展需要,掌握社会现有金融学专业人才状况,了解社会对金融学专业人才的需求及人才培养规格要求,本次调查是由重庆工商大学财政金融学院金融系组织实施的,为进一步明确和完善财政金融学院金融学专业人才培养目标、人才培养方案和实验课程体系设置提供基本的依据。

（二）调研期间

调查时间为 2010 年 12 月至 2011 年 3 月,历时 4 个月。

（三）调研主题与内容

调查的主题是"金融学专业实验课程教学体系及教学内容改革",涉及金融学专业培养方案、专业发展目标、专业实验课程体系、教学内容、教学方法改革、师资队伍、教学条件、经费支持等。

（四）调研对象

调查人群范围包括 2007 级、2008 级、2009 级、2010 级随机抽样的 50 名金融学专业的学生,其中 2007 级 20 名、2008 级 15 名、2009 级 10 名、2010 级 5 名;本学院金融学专业任课教师 12 名;调研对象还包括北京、上海等地高校金融学专业实验教学设计和课程。

通过这次广泛的调查,基本上对金融学专业有了一个比较清晰的认识和把握,获得了较多第一手调研资料,经过对这些调研资料的整理和提炼,为金融学专业实验课程定位和教学内容改革提供了有力的依据。

（五）金融学专业能力调研

金融学专业培养具备金融学方面的理论知识和业务技能,能在银行、证券、投资、保险及其他经济管理部门和企业从事相关工作的专门人才毕业生应具备以下几方面的知识和能力:

（1）掌握金融学科的基本理论、基本知识;

（2）具有处理银行、证券、投资与保险等方面业务的基本能力;

（3）熟悉国家有关金融方针、政策和法规;

（4）了解本学科的理论前沿和发展动态;

（5）掌握文献检索、资料查询的基本方法,具有一定的科学研究和实际工作能力。

四、金融学专业实验课程教学目前存在的突出问题

我校金融学专业自 1994 年创办以来，在专业建设、师资队伍、科学研究和就业等很多领域，均得到了较快发展。金融学专业主干课程基本固定下来，涵盖了金融学、商业银行经营学、国际金融学、金融市场学、投资学、金融中介学、公司金融、中央银行学、国际结算学、外汇市场与外汇理论、银行会计等。与此相同时，金融学专业自从 2005 年开设实验课程以来，已经形成一定基础的专业基础实验平台和专业综合实验平台。专业基础实验平台包括会计学实验、统计学实验、计量经济学实验等实验课程体系；专业综合实验平台包括商业银行实务实验、国际结算业务实验、外汇实盘实验、银行会计手工实验课程。

财经类院校金融学专业实验教学面临改革与机遇。经济管理是当前经济社会发展的热点领域，财经专业是我校学科发展的重中之重，如何结合财经类学科特点与经济快速发展的背景，在学分制改革旗帜下，创新专业发展思路，加强金融学专业实验教学与校内财经学科的有机对接，形成金融学专业实验教学的财经特色，必将成为我校金融学专业实验教学改革与发展的重大机遇。

金融学是一门理论性、实践性、应用性及其与相关学科的渗透性很强的学科。因此，成为一名合格的金融人员必须具有很好的金融操作技能和基于金融机构管理的视野。金融实验室教学作为高等院校金融教学工作的重要组成部分，对培养学生的动手能力、分析解决问题的能力、正确的思维方法以及严谨的工作作风等方面起着不可替代的作用，它也是培养创新人才的重要途径。然而，笔者认为目前金融实验室教学中，存在三个较为突出的问题：金融实验教学内容生硬刻板；就金融论金融，缺乏拓展思维训练；金融实验教学课程还是处在从属的地位。这些与我们建立金融实验室的初衷相悖。

（一）金融实验教学内容生硬刻板

目前很多院校都建有金融实验室，我们暂且不去谈论那些虚有其表——只是作为摆设而没有实际使用的院校金融实验室，单就那些确实正在为学生所使用的金融实验室来说，它们的教学内容给学生的普遍印象是生硬刻板。金融系的学生一般在大三下学期或大四接触这门课。由于他们面临找工作的压力，因此对这门课他们一般都有很高的预期，并在学习时非常认真。然而学生认真地学，并不能改变这门课教学内容生硬刻板的事实。金融实验教学是一个具有实践意义的课程，因此，按道理应该可以更生动、更具有趣味性。然而，现实的金融实验教学没有做到这一点。主要表现在：

1. 套路僵化

在高校金融模拟实验教学中，常常是给学生一本金融软件配套的金融实验教材，要求学生在教师的指导下，对教材里面的金融业务进行相应处理，完成"录入—核对—打印"的循环。硬件设施较好的金融实验室会有一些通用金融软件的使用。然而，这些套路虽然符合金融机构一些操作的过程，但是仅此而已，未能很好地挖掘实验课程的趣味性，更多的是在熟悉软件流程。

2. 传授的内容单一，缺乏立体感

在金融实验教学中，普遍存在教授的内容简单、教学要求低的特点，并未达到建实验室时的构想，打折现象严重。这虽然与实验室后续资金投入有关，但是原因不仅仅于此。在实际金融业务中，金融业务是多方面、立体、动态的。从银行角度来看，柜台业务不仅有对公业务，还有对私业务，对公业务中还分有对公存款和贷款业务，对私业务中还分有储蓄业务、理财业务、贷款业务等；甚至在柜台上还会有专门对公会计柜和对私会计柜。而涉及后台管理业务则会更多，流程也不全相同。这些多方面的知识完全可以在教学内容上立体统筹安排，这不仅增加了趣味性，而且可以生动地再现现实中金融机构人员的日常活动。

（二）就金融论金融，缺乏拓展思维训练

金融是一门渗透性很强的学科，在实际生活中它可以渗透到各个领域。因此，也正如大家所说，"经济越发展，金融越重要"。在金融实验教学中，将即将毕业的学生培养成为金融机构需要的人才，是金融实验室建立的初衷。我们不能只是把金融实验室定位为将学生培养成为能够通过面试，更不能将以后的学习让他们在金融机构自己学或者由金融机构自己来培养。作为一个培养技能的场所，我们虽不能使每个学生具有可以在金融机构使用 5~6 年的知识，但是我们完全可以将金融实验室定位为能够使学生不仅熟悉金融机构的主要日常金融活动，而且应可以发散思维，使毕业生在进入金融机构后能够给金融活动的某个具体细节或环节带来提升。目前金融实验教学就金融论金融，主要表现有：

1. 内容安排单一，缺乏基于整个机构管理的视野

目前开设的实验类型以验证型实验为主，而应用型、设计型实验较少。例如，金融专业中最主要的两个实验课程"银行模拟实验"和"证券模拟实验"都是验证型实验。实际上是一种操作训练，实验内容、实验的操作程序由教师规定，学生只要操作得当，就能实现预期的结果。尽管这种操作训练对于学生来说也是重要的，但是，在这种实验教学过程中，学生很少有解决实际问题的锻炼，他们大多只是忙碌于测数据、作报告，根本无法在实践中发现问题。

2. 将金融实验规划为单一活动

要么是将金融简单归类为银行中柜员的工作，从而变成了熟悉银行计算机系统的操作员；要么就是将金融简单归类为股票投资，除了看看盘，低买高卖就别无他想。因此金融实验教学只是就金融论金融，将严重影响学生的思维能力和接受新事物的能力。如何通过金融实验教学，拓展学生的思维，形成较强的思维能力、创造能力和创新精神，并擅长知识的运用和实际问题的解决，进而使学生在进入金融机构后更快地适应、更好地接受新事物是金融实验教学需要努力的方向。

（三）金融实验教学课程地位还处在从属的阶段

目前金融实验课程依附于理论教学，实践仅限于验证理论，或作为巩固理论概念的手段。无法培养学生应用所掌握的知识去分析问题和解决实际问题的能力。一些发达国家在 20 世纪 50 年代和 70 年代所进行的两次教育改革中，重点加强了实验教学

改革力度，增加了实验教学的学时，很多大学实验学时都超过30%，有的甚至达到50%。而我国高等院校现行教学计划中，实验教学课时数一般偏少，实验学时占总学时的8%~20%不等。尽管部分院校根据社会对金融人才提出的新要求，对金融教学计划中的实验课时进行了适当的调整，但只是象征性的，没有较大突破。除了学时偏少外，在课程设置的理念上也存在以理论课程为中心、实验课程为辅的旧观念。我们认为金融教学就是为了培养应用型金融人才，因此金融实验课程应该成为金融所有课程的轴心，是其他课程设置的依据。正确的观念是理论课程应该是为实验课程服务的，而不是实验课程是为理论课程服务的。理念的转变带来模式的转化是我们目前金融课程改革的突破口。

五、金融学专业实验课程体系优化的基本思路

通过对本专业学生与教师的调研，通过比较研究其他学校同类专业实验教学设计和课程，可以得出如下调研结论：

（一）要明确实验教学体系改革的目标与思路

通过对2007级、2008级和2009级50名金融学专业的学生和12名教师的座谈、咨询和问卷调查，通过充分比较研究其他学校同类专业实验教学设计和课程，理清了我校金融学专业实验教学的发展现状和存在的问题，明确了我校金融学专业实验教学体系改革的目标与思路，为建设和完善金融学专业实验教学体系奠定了良好的基础。

实验教学体系改革的目标是构建以能力为导向的实验教学体系，培养学生的综合素质。

实验教学体系改革的思路是：按照实验教学内容改革理念积极进行实验课程教学内容的组织与安排，研究制定金融学专业实验教学建设规划，明确本专业实验课程建设目标，夯实基础课程实验教学，大力推进专业基础科实验教学，加快建设专业课实验教学，稳步推进三大实验教学平台建设。进一步进行实验课程科研立项研究，研究教学内容，改革实验课程教学体系。建设立体化教材，建设网络教学资源；在处理好与传统教学手段关系的基础上，充分发挥现代教育技术手段的优势进行教学，将金融学专业实验课程建成具有一定财经特色的课程体系。

（二）要积极推动实验教学内容改革

实验教学内容改革理念应包括：实验教学内容改革方向要适应新时期我国经济社会发展的需要；实验教学内容改革按照学科基础、专业基础、专业综合、学科综合和创新创业五个层次，以能力和素质为导向重构金融学专业实验教学体系；实验教学内容改革要按照"面向宏观金融，立足微观金融"的建设思路，切实加强专业内涵建设和特色发展。

（三）要加大实验教学师资队伍建设力度

1. 加强实验教学师资队伍的建设规划

通过培养、结对子、兼职、访问进修等形式，规划建设一支数量和结构合理，专业理论水平、教学实践和科研水平较高的实验教学教师队伍。建立健全奖惩激励机

制，形成制度，鼓励、奖励引导教师勇挑重担，多做贡献，出成果。

2. 完善相关措施

一是加强"双师"型教师队伍建设，积极引入有丰富实践经验的校内外人士担任实验教学教师。以专业带头人、骨干教师为核心构建"双师结构"的专业教师队伍，加大与政府、企业兼职教授的交流合作，聘请行业专家为兼职教师，进行专业实验课程、实践实训课程的教学与指导工作；选派双师素质教师到金融机构挂职锻炼、短期培训，全面提高金融学专业专任教师的教育教学水平和实践操作能力。二是对新上课教师实行"导师制"，形成"老—中—青"可持续的实验教学梯队。三是鼓励中青年教师进修学习、提高学历和业务素质。通过引入先进教学仪器设备和教学相关资料，为中青年教师提供平台，鼓励教师多出成果。

（四）要进一步加强校内实验实训室建设

1. 改善实验实训教学条件

将理论教学和实验教学有机结合，实验目标是培养学生综合能力和创新素质。充分利用学校国家级经济管理实验教学中心的丰富资源，培养学生实践能力和创新能力；实现理论与实践紧密联系，密切学校与社会联系，打造学生实践能力和创新能力培养的基地。

2. 加强专业教学资源库的建设

利用现代信息技术手段，通过信息技术与实验课程的有效整合来实现一种理想的学习环境和全新的、能充分体现学生主体作用的学习方式，从而彻底改变传统的实验教学结构和教育本质，达到大批培养创新人才的目的，将专业核心实验课程的校本教材、文本教案、案例、常见问题解答、课件上网，以实现资源共享。

六、金融学专业实验课程教学的改进建议与构想

金融专业实验课程教学问题的归纳总结固然重要，然而更为重要的是基于问题找到解决的途径。当前，我国高等教育早已不是精英教育，我们的大学毕业生面对的是"买方市场"，用人单位获得了绝对的主动权和决定权。因而，人才的标准不再由学校来决定，而是由从业团体来决定。没有工作经验，几乎成了大学生就业的"拦路虎"。因此，金融实验室教学的重要性可见一斑，而问题的解决自然也应从金融实验室教学的内容设置、教学模式、实验室教学老师的激励与培养等角度寻找突破口。

（一）基于金融实验课为轴心的课程设置体系

课程是列入教学计划的各门学科。项目组认为，金融学专业课程设置应该以金融实验课程为轴心，以理论课程知识的秩序为红线来进行安排。在金融实验课程设计中，首先，应在大学一年级开设体验认知型的金融实验课程，目的是培养学生对金融工作及其环境的感性认识，为今后理论学习打基础，并让学生在理论学习同时对金融实务有个感性认识，便于对理论知识的理解。基于此，在金融学专业理论课（或金融学专业基础课）前半段和后半段学时中，对应的在金融实验室中安排最初体验金融实务和粗浅的金融实务准备训练。其次，在大学二年级时开设验证性实验项目，即

使所有专业课程掌握传统金融工作操作的程序和方法，并进行粗浅的分析。与此对应，在金融理论课程中开设商业银行、证券分析、期货分析等课程。最后，在大学三年级和四年级开设综合性的金融实验课程，使金融学的学生综合运用商业银行、国际结算、外汇市场与外汇理论、银行会计、计算机等方面的理论知识。与此对应，在这个时间内完成理论课程中综合运用课程的学习。具体安排上可以相对灵活一些，宗旨是以金融实验课程为轴心，使所有专业课程具有较强的实践性、实用性、有效性、综合性和创新性，使学生具有较强思维能力、创造能力和创新精神，擅长知识的运用和实际问题的解决。

（二）基于开放性和趣味性的教学模式

开放性是相对封闭性来说的。正如前文所说，传统金融实验室教学常常是给学生一本金融软件配套的金融实验教材，要求学生在教师的指导下，对教材里面的金融业务进行相应处理，完成"录入—核对—打印"的循环。然而这种安排是封闭性的，未能开放性地把金融各学科知识都融进来，进行综合性的安排，更别说包容金融学之外的学科知识。封闭性的安排，必然导致学生在处理问题时的思维定势，无法创造性地解决问题。在理工科中，开放式实验教学是一种旨在给学生提供宽松实验环境（包括硬件环境和软件环境）的实验教学模式。它包括以下三个方面：一是内容上的开放，即以"实验任务书"取代"实验指导书"；二是指导方法上的开放，即改"教为主体"为"学为主体、教为主导"；三是管理模式的开放，即给学生提供一个充分开放和自由的实验环境，在教师有限的指导下由学生自己有步骤、有目的地学习相关知识。自己去设计实验内容，自己去完成某一个具体的项目或任务。在金融实验室教学中同样可以借鉴，我们可以布置实验任务，并制定实验要求，比如使用所需数据、资料和相关其他课程的哪些知识。同时放弃教师全程教授的模式，改用学生为主体，学生自我讨论，老师把关的方式进行。在拓展思维训练中，可以将实验资料与相关学科知识与金融学科专业知识结合，由学生自己设计并完成实验，并进行学生讨论与老师点评。这些开放性的安排不仅使学生学到知识，同时可以提高创造性解决问题的能力，并增加了实验课程的趣味性。增加趣味性，开放性是一个方面，我们还可以基于实验课程的特点，设计逼真的场景。以银行模拟实验为例，我们将大一学习金融学原理课程的同学扮演银行的大堂经理或柜员，将大二的同学分担客户经理和相应后台管理人员，而将大三学生作为银行部门管理人员，并由老师担任银行高级管理者指派人员进行信息搜集和分析等。如此生动安排，不仅可以再现银行现实的日常活动，而且可以实现各学年级学生的知识和学习有机的结合的目的。

（三）激励和培养金融学实验教师

开放性和趣味性的金融实验室教学，如果没有高素质的金融实验室教师显然是不行的。基于新要求的金融实验室教学，我们必须培养具有紧跟金融机构实务、融会贯通金融学和经济学各种知识的实验室教师。然而培养金融学实验室教师不是一蹴而就的事情，但是我们不能因此而打住，这是一个渐进的过程。首先，我们应该组建金融实验室教师团队，这个团队的成员要施行"请进来"和"走出去"的方针，即团队成员既要有具有精通各门金融学专业课程的理论课背景的骨干老师，同时也要有实业界的一些理论水平较高且具有丰富实际工作经验的人员，充实师资。这些人员思维敏捷、头脑灵活，其从事金融工作的经历和经验是学校教育不可多得的宝贵财富。理论课背景的骨干教师在与实务界的教师互相学习中彼此促进与发展，但同时也应走出去，定期到金融机构实习或挂职锻炼，以了解他们最新的动态，进而充实到实验室教学中。学校在这个过程中，应给予适当激励（业绩考核、职称晋升、职务升迁），鼓励这种拓展实务经验的安排。目前，学生进金融机构实习，由于金融的特殊性和学生能力的限制，而经常被拒之门外。然而，如果安排个别老师进金融机构实习则可以很好地解决这个问题。此外，我们还可以根据部分金融岗位的时间灵活性特点合理安排老师实习的时间。

外界环境的不断变化，给金融教学带来新的要求、新的问题。因此，我们只有不断地紧跟环境的变化，对金融实验教学中的不足进行有针对性、有效的革新，才能使金融实验室教学不断地适应、并更好地满足各方面的需求。

七、金融学专业实验教学体系规划

（一）实验课程教学在专业教育和人才培养中的地位

专业课程体系主要解决两个相关的问题：一是实现培养目标应选择的课程及其内容的深度与广度；二是各课程内容和呈现方式间的互相配合和衔接。课程体系是一个具有特定功能系统，不仅要将内部的要素，诸如各类课程，连接成一个统一整体，还必须充分体现培养目标和培养规格，适应社会经济发展的需要，反映科学技术发展的现状与趋势，符合学制及学时限制。随着金融专业对应用型人才培养要求的提升，实验教学在整个课程体系中的地位越来越突出，作用也越来越明显。

构建金融学专业实验课程体系，要以金融学本科教育目标、金融学专业的性质和特点以及其发展规律为依据，要以满足现实的社会实际对实用型、复合型金融人才需求为目标，制订科学合理人才培养方案。正确认识金融学专业为什么要实施实验教学，首先从理念上解决理论教学和实践教学之间的关系。实验教学在大学教学体系中的地位如图1所示：

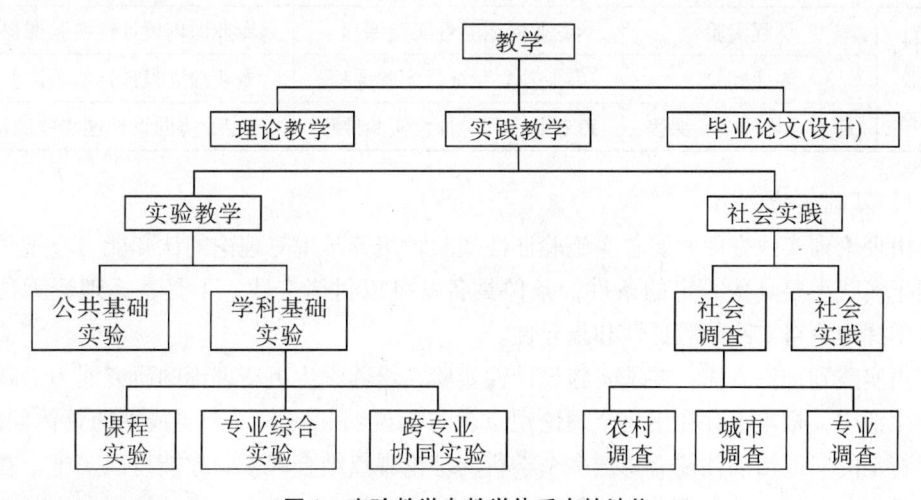

图1 实验教学在教学体系中的地位

（二）构建实验教学体系的原则

1. 目标原则

实验教学体系的构建必须紧紧围绕专业培养目标和人才培养规格进行。

2. 系统原则

必须遵循认识规律和教育规律，运用系统科学的方法，结合专业特点，根据实验教学活动各环节的地位、作用及相互联系，系统地构建实验教学体系。

3. 整体优化原则

不仅要做到实验教学过程各要素之间的协调统一，还要从人才的全面素质和能力发展的要求出发，注意教学各环节相互配合和实验教学与理论教学互相渗透，教学内容和课程体系相适应。

4. 规范化原则

在人才培养方案中要规范实验教学的内容，制订出相应的教学方案、教学大纲、教学规范、考核标准和要求。

（三）实验教学体系的构建

理论与实践辩证关系对实验教学的要求：由理论到实践要求实施验证性实验，培养学生对理论的认知能力；由实践到理论要求实施研究性实验，培养学生更新理论的设计研究能力。实验教学体系把实验教学分成"两个级次"。

经济管理类学科专业的理论和实践的特殊性对实验教学的要求：公共基础实验、专业实验（课程内单元和专业的综合训练）和跨专业的综合实训实验。实验教学体系把实验教学分成"三个层级"。

综合以上两项要求，我们得出经济管理类专业实验教学体系框架，它是"三层两级"的实验教学体系，实验教学体系架构如表1所示：

表1　　　　　　　　　　　　实验教学体系架构

实验课程		难性实验	设计性实验
公共基础实验		公共基础难性实验课程	公共基础设计性实验课程
学科专业实验	课程实验	专业课内验性实验课程	专业课内设计性实验课程
	专业实验	专业独立验证性实验课程	专业独立设计性实验课程
	跨专业协同实验课程	跨专业协同验证性实验课程	跨专业协同设计性实验课程

1. 基础实验

由理论到实践方面：要求实施验证性实验，培养学生对理论的认知能力。把理论应用于实践需要具备一定的条件，条件具备，可以付诸实践，不具备，理论无法应用，掌握理论对实践的验证性和指导性。

由实践到理论方面：要求实施设计性实验，培养学生更新理论的研究能力。现实社会生活中，根本不存在用一个理论观点就可以说明和解释一个实践中的具体问题，一个特定的实践活动往往需要把多个学科的理论观点结合起来，才能得以实施。在实验教学中，学生充分发挥自身的创造力和想象力，实现对理论知识的拓展和更新。如计算机上机实验、会计学实验、统计学实验、计量经济学实验等。

（1）公共基础验证性实验课程

公共基础验证性实验课程主要包括计算机、思政类、社会实践课程以及三下乡实践活动。

（2）公共基础设计性实验课程

公共基础设计性实验课程主要包括：个性发展类实验课程，如模拟炒股、网上模拟期货交易等个性化和延伸实验；素质培养类实践课程，如财经应用文写作、商业银行实务、证券投资分析等；工具使用能力实验课程，如计算机基础实验、程序设计实验、实践调查等等。

2. 专业实验

理论体系的封闭性要求所有专业的学生都需要学习基础理论、基本知识和基本技能课程，其功能是建构人才的知识结构主体，使学生获得以主干学科为核心的大门类范围内的基本理论知识，并受到相关的方法训练，为学习后续课程和更深入的知识打好理论、方法和技术的基础。掌握必要的专业知识与技能，形成职业竞争力。开设课内实验，在理论学习的同时，有针对性地进行实验操作，进行验证性实验。

（1）专业课内验证性实验

专业课内验证性实验是指专业单元验证性实验。通过实验教学，使经济管理类学生通过验证的方法来理解和掌握必备的单元专业知识，是根据理论知识对应验证性实验的教学单位划分。通过实验讲授、实验过程、实验报告等使学生掌握单元知识或培养单项能力。例如会计学实验、统计学实验、金融会计实验。

（2）专业课内设计性实验

学生根据自身所需的科研专项训练、科研专项课题，目的是充分利用专项潜力，进入专业科学研究领域，接触科学前沿，了解科学发展动态，通过实际的研究和工程，培养学生的创造精神和创新能力，并在实践的同时，激发学生进一步深入学习理论知识和探究未知的积极性与热情。例如国际结算业务实验、外汇实盘操作实验、证券投资分析实验。

（3）专业独立验证性实验课程

该实验使经济管理类学生在获取必要的基本技能和专业技能的基础上，进一步提高他们的综合应用能力。这一层面的实践教学环节是为某一阶段的学习需要建立感性认识的综合实训，或是综合前期所学知识的一种系统训练和设计。例如商业银行实务实验、金融期权与期货实验等。

（4）专业独立设计性实验课程

要求学生综合运用所学知识和能力进行本专业综合理论的创新，使学生在掌握专业基础知识的基础上，进入专业科学研究领域，接触科学前沿，了解科学发展动态，通过实际的研究和设计，培养学生的创造精神和创新能力。例如炒股大赛、网上期货交易模拟等。

3. 专业的综合训练

理论体系的完整性与教学过程的分散性和阶段性是相矛盾的，即胜任职业岗位的职业能力所必需的综合经验技术和动作技能以及理论技术和创新技能与专业综合知识相联系。专业综合训练既是理论完整性的需要，也是实践需要和综合能力的实际需求。技术应用或综合技能训练，着重培养学生在更真实的职业环境下，综合运用相关知识和技术解决综合性实际问题以形成实践能力。独立开设实验课程，如商业银行实务实验、金融期权与期货实验、证券投资分析实验。

4. 跨专业的协同训练

组成实验团队对所学的专业知识进行实际检验，使学生达到掌握知识、培养实践能力的目的和合作精神，掌握各种理论知识的应用条件和作用范围。如综合实训。

首先，专业知识和具体实践是多对多的关系，一个具体实践需要超脱专业范围的综合理论指导，不存在理论和实践的一一对应关系。其次，因为实践的主体是人，实践具有社会性和开放性，专业或职业实践是一种社会活动，一方面是人与人之间的合作，另一方面表现为人与人之间的相互影响。因此，实验教学需要解决协同训练的问题。金融学专业与财务管理、会计学、管理学、市场营销学、投资学、保险学等相关专业相结合，以模拟实体为对象，进行企业投资、融资与经营管理的全过程模拟演练，进行综合实训。

实验课程体系及进度可参照图2所示执行：

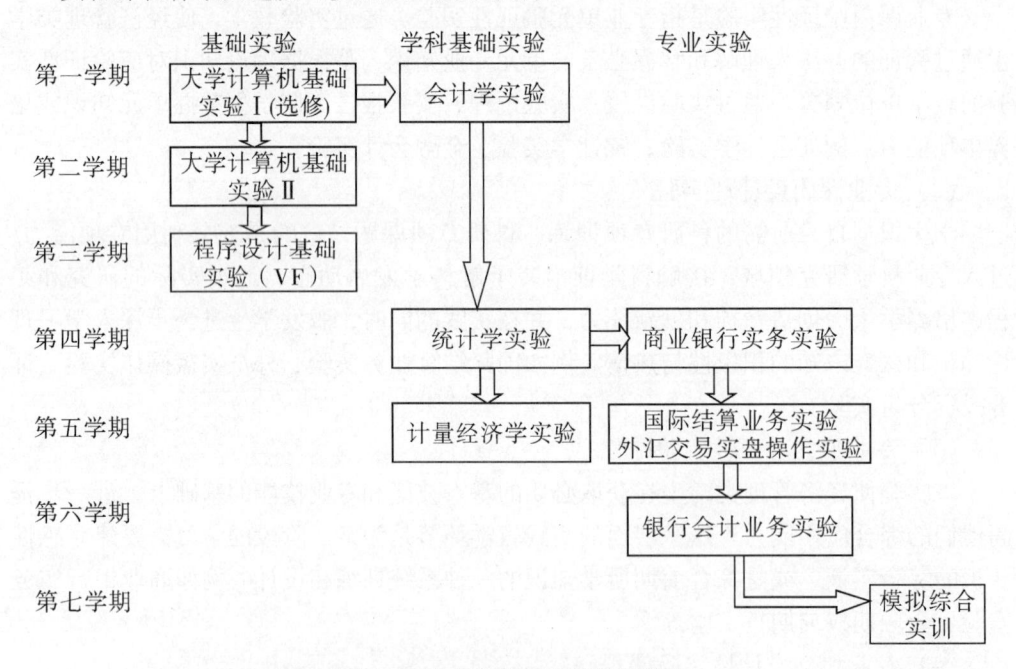

图2 金融学专业实验实训流程图

（四）实验教学资源建设

实验资源建设工作分为六个大项：师资队伍、实验室设施、实验教学软件、实验教学大纲、实验教学项目设计和实验教材的编写。根据实验教学体系，六个大项工作拆分为12项具体工作，如表2。

表2　　　　　　　　　　　　实验资源建设清单

	教学软件	实验大纲	实验项目	实验教材	实验教师	实验设施
公共基础实验	软件开发与购置	大纲编写	项目设计	教材或指导书编写	培养或引进	设施建设
学科专业实验	软件的购置和师资培训	实验大纲编写	项目设计	教材引进或编写	师资引进或培养	设施完善和建设

七、金融学专业能力标准体系框架

随着金融自由化程度的提高和中国对外开放步伐的加快，我国经济与世界经济的联系越来越紧密，国际金融活动更加频繁，金融作为一个国家和地区经济的核心，客观上迫切需要有大批具有扎实专业技能的、具有国际视野、具有投融资动作能力以及金融风险分析控制能力的人才。从连续多年人才市场的需求状况来看，金融专业人才需求量大，高端人才缺乏。近年来，政府和教育部门多次强调加强学生职业技能的培养，为此，我们根据国内金融专业人才培养目标以及课题组所进行的大量调查研究入手，提出了金融学专业学生需要具备的知识、能力、素质三位一体的专业能力标准体系，将金融学专业本科生应具备的能力总体上划分为一般能力、专业基础能力、专业核心能力以及拓展能力四个主要方面，并在此基础上进一步细化专项能力，形成金融学专业本科层次人才能力培养体系（见图3）。

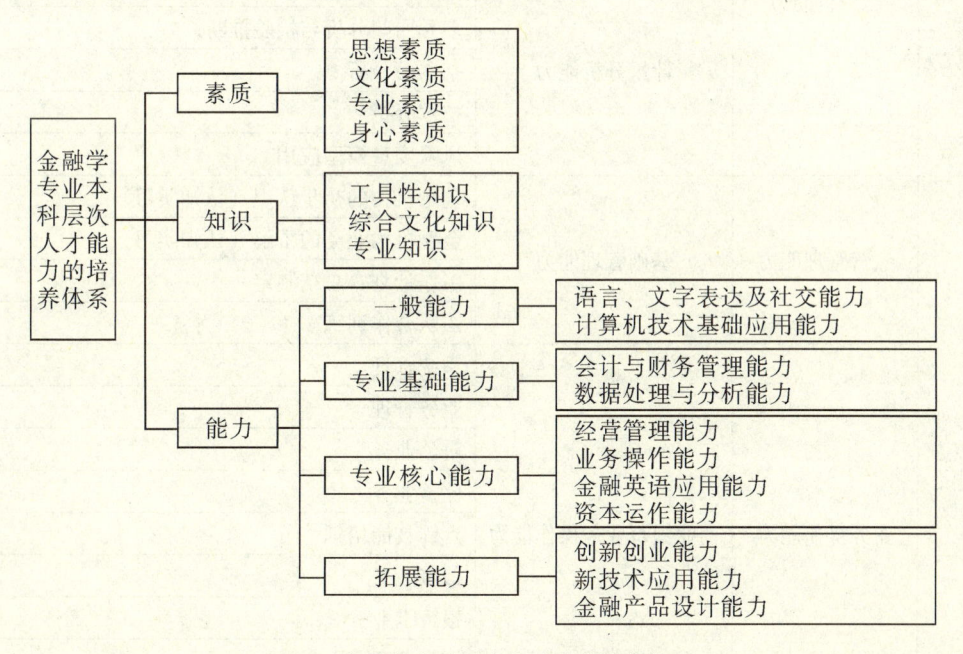

图3　金融学本科层次人才能力培养体系

根据金融学专业本科层次人才能力培养标准体系，在实验课程设置中就应该有相应的课程和项目与之对应，形成一个完整的能力培养体系。

表 3　　　　　　　以能力为导向的金融学专业实验课程及项目体系

分类	主要能力	专项能力	对应实验项目
一般能力	语言、文字表达及社交能力	英语听说读写能力	大学英语听说读写、专业英语对话训练
		应用文写作能力 沟通能力	应用文写作，撰写学术论文 金融营销沟通技能训练、演讲、辩论比赛
	计算机技术基础应用能力	计算机基础及应用能力	大学计算机基础实验 课程设计、毕业设计
		初级编程能力	程序设计基础实验 金融应用软件开发
专业基础能力	会计与财务管理能力	会计处理能力	点钞训练
			记账凭证的填制和审核
			银行柜台业务
			编制财务报表
			财务报表的阅读和分析
		财务管理能力	信用评估实做训练
			证券投资分析
	数据处理与分析能力	数据统计及分析能力	金融数据查询、统计分析
			经济指标的选择与计算
			时间序列分析的应用
			相关与回归分析基础
		计量分析能力	一元回归分析与检验推断
			多元回归分析与检验推断；
			基本面分析
			技术分析
			风险度量模型应用
专业核心能力	经营管理能力	基础管理能力	金融机构的初步认识（认知实习）
			金融机构业务的了解（认知实习）
			工作计划、总结制定
			团队合作训练
	业务操作能力	商业银行业务操作能力	系统管理
			业务管理
			对公业务
			储蓄业务
			点钞技能培训
			信贷业务
			银行卡业务
			综合业务
			设计业务

表3（续）

分类	主要能力	专项能力	对应实验项目
专业核心能力	业务操作能力	国际结算业务操作能力	进口信用证
			进口代收
			出口来证及议付
			出口托收
			光票托收
			汇款
		银行会计处理能力	储蓄存款业务的处理（上机）
			结算业务的处理（上机）
			存款业务凭证填制实验（手工）
			票据业务凭证填制实验（手工）
			非票据业务凭证填制实验（手工）
		外汇实盘操作能力	外汇银行报价
			外汇实盘模拟交易
			外汇交易基本分析
			外汇交易技术分析
	金融英语应用能力	英文资料阅读能力	对外交流和业务磋商
		专业英语对话能力	
		专业文书写作能力	
	资本运作能力	投融资能力	证券投资分析
			外汇买卖
			贷款融资
拓展能力	创新创业能力	创新创业能力	素质拓展
			综合模拟实习
			证券、期货模拟大赛
			创业园/金融控股公司运作
	新技术应用能力	新技术应用能力	支付宝结算
			网络银行、电子银行、手机银行
			征信系统应用
			信用档案管理
	金融产品开发能力	开发能力	金融工程实验
			课程设计
			毕业实习
			毕业设计/论文

八、金融学专业实验课程开设计划清单

金融学实验课程开课计划见表4，但每个年级培养方案和教学计划须根据专业教学要求和实际情况做微调。

表4　　　　　　　　　　金融学专业实验课程开设计划清单

序号	实验类别	实验课程名称	实验项目序号	实验项目名称	实验类型	实验课时	实验学时	实验学分	开设学期
1	基础课程实验教学平台	大学计算机基础实验（Ⅰ）					16	0.5	1
2		大学计算机基础实验（Ⅱ）					16	0.5	2
3		程序设计基础（VF）					16	0.5	3
4		会计学基础实验	1	基础会计模拟	综合型	2	16	0.5	2
			2	财务会计模拟	综合型	4			
			3	成本会计模拟	综合型	3			
			4	财务管理模拟	综合型	3			
			5	会计综合业务模拟	综合型	4			
5	专业基础课实验教学平台	统计学基础实验	1	数据管理与软件入门	综合型	3	16	0.5	1
			2	描述性统计分析（频数分析、统计图表）	综合型	4			
			3	相关分析与回归分析	综合型	3			
			4	综合练习	综合型	6			
6		计量经济学实验	1	EViews软件基本操作初步及一元回归分析与检验推断	综合型	2	16	0.5	3
			2	多元回归分析与检验推断；多重共线性检验及弥补	综合型	2			
			3	自相关性与异方差性	综合型	2			
			4	分布滞后与自回归分析	综合型	2			
7			5	时间序列	综合型	2	16	0.5	4
			6	联立方程组	设计型	2			
			7	模型设定与测量误差	综合型	2			
			8	综合练习	综合型	2			
8	专业课程实验教学平台	商业银行实务实验	1	系统管理	验证型	4	32	1	4
			2	业务管理	验证型	4			
			3	对公业务	验证型	4			
			4	储蓄业务	验证型	4			
			5	信贷业务	验证型	4			
			6	银行卡业务	验证型	4			
			7	综合业务	综合型	4			
			8	设计业务	综合型	4			

表4(续)

序号	实验类别	实验课程名称	实验项目序号	实验项目名称	实验类型	实验课时	实验学时	实验学分	开设学期
9	专业课程实验教学平台	国际结算业务实验	1	进口信用证	验证型	4	16	0.5	5
			2	进口代收	验证型	2			
			3	出口来证及议付	验证型	4			
			4	出口托收	验证型	2			
			5	光票托收	验证型	2			
			6	汇款	验证型	2			
10		外汇实盘操作实验	1	外汇银行报价	设计型	2	16	0.5	5
			2	外汇实盘模拟交易	设计型	6			
			3	外汇交易基本分析	综合型	4			
			4	外汇交易基技术分析	综合型	4			
11		银行会计实验	1	储蓄存款的处理（上机）	验证型	4	16	0.5	6
			2	结算业务的处理（上机）	验证型	4			
			3	储蓄业务的处理（手工）	验证型	4			
			4	票据结算的处理（手工）	验证型	2			
			5	非票据结算的处理（手工）	验证型	2			
12		校内综合模拟实训			综合型		32	1	7

实验课程体系建设是专业建设和课程建设的必要条件，是全面提高教学质量，培养应用型人才的必然选择。

经过项目组近一年时间的努力，通过广泛的调研、走访等形式，收集大量的资料和素材，认真分析、讨论，多次易稿，并征求有关专家和任课教师的意见，最后形成此报告。希望本研究能够对金融学专业教学，特别是实验课程教学起到很好的指导作用，并在教学实践中得到不断完善和提高。

九、金融学专业实验课程教学质量监控

（一）实验课程教学质量控制责任

系（部）主任作为教学工作第一责任人，需要经常深入教学第一线，了解教学工作，研究和解决教学中存在的问题。聘任具有高级职称和高学历的教师担任专兼职督导员。按教学工作水平评估的要求，制订学校教学质量监控体系和各主要教学环节质量标准。完善学校督导团、教务处、院系、教研室四级教学质量监控体系。每学期组织期初、期中、期末教学检查工作，检查各教研室教学活动执行情况和教师课堂授课、实验授课等情况。利用新的教学管理软件全面开展学生评教活动，把学生对教师的评价结果与教师考核相结合。

（二）实验课程教学质量监控体系建设

学校形成了较为完善的实验教学检查和质量监控体系，对各实验教学环节的监控措施不断加以完善，对各种实验教学工作行使督查、调研、评价、指导、咨询职能，定期组织校、院督导进行交流总结活动，编发督导简报和消息，为校领导决策提供依据，为各学院及时发现、解决问题提供信息，有效促进了教学质量的提高，教风趋于良好，人才培养模式更加符合财经大学的办学特色与定位。

学校调整、选拔、充实了以高级职称为主的专兼职教学督导队伍，采取听课、师生座谈、学生评教打分、课堂满意率问卷及到课率检查、开学准备工作与期中检查、抽查考试（试卷）、实验报告、了解教师指导学生实验教学情况等提出建议和改进措施方式，进行教学质量督查。

健全财政金融学院质量监控体系，以系统的教学管理模式和科学的质量监控机制为学生提供优质服务。学院选拔有丰富教学经验教师成立听评小组，以评促教，定期进行课堂观摩活动，把教学基本功作为听评课重点，及时组织经验交流，分析结果送达教师本人，取长补短，帮助教师提高基本功。

（1）实验（实训）备课项中的指导书一项涉及的环节内容包括：实验分析、教学目的、教学重难点、教学方法、教学过程、突出技能训练及教学后记。指导书环节全，内容详细，书写规范，评定为5分；环节全，内容详细，书写欠规范，评定为4分；环节全，内容详细，书写欠规范，评定为3分；环节全，内容简单，书写潦草，环节不全，评定为2分；内容简单；书写潦草，评定为1分。

（2）教学手段：符合以能力、素质为导向的实验教学目标，采用多媒体、软件教学，实践环节体现明显，评定为5分；符合以能力、素质为导向的教学目标，有实践环节，教学辅助材料充分，评定为4分；符合以能力、素质为导向的教学目标，实践环节欠佳，有教学辅助材料，评定为3分；符合教学目标，大部分是理论传授，评定为2分；不符合教学目标，全部理论传授，评定为1分。

（3）课堂设计：教学方法灵活新颖，所用教法与该节实验课程内容协调，课堂调控能力强，评定为5分；教学方法灵活新颖，所用教法与该节课程内容比较协调，课堂调控能力好，评定为4分；教学方法灵活新颖，所用教法与该节课程内容欠协调，课堂调控能力一般，评定为3分；教学方法不适用该节课内容，课堂调控能力一般，评定为1分。

（4）知识内容：所授知识系统、丰富、正确，符合该专业要求的知识标准，评定为5分；所授知识系统、丰富、正确，与该专业要求的知识标准基本符合，评定为4分；所授知识系统、欠丰富、正确，与该专业要求的知识标准太深或太浅，评定为3分；所授知识系统、欠丰富、无知识错误，与该专业要求的知识标准太深或太浅，评定为2分；所授知识系统欠丰富、有知识错误，与该专业要求的知识标准太深或太浅，评定为1分。

（5）课堂互动：教师与学生互动环节明显，达到预期效果，教学主体性体现明显，评定为15分；教师与学生互动环节明显，达到预期效果，体现教学主体性，评定为13分；教师与学生互动环节明显，效果不明显，教学主体性体现一般，评定为11分；教师与学生互动环节明显，效果一般，评定为9分；教师与学生有互动环节，有一定效果,评定为 6 分。

(6) 师德:授课中有明显德育渗透,学生领会,评定为 5 分;授课中有明显德育渗透,学生基本领会,评定为 4 分;授课中有明显德育渗透,学生领会一般,评定为 3 分;授课中有明显德育渗透,学生不领会,评定为 2 分;授课中无德育渗透,评定为 1 分。

(7) 教学效果:95%的学生掌握教学内容,评定为 10 分;85%的学生掌握教学内容,评定为 8 分;70%的学生掌握教学内容,评定为 6 分;60%的学生掌握教学内容,评定为 4 分;40%的学生掌握教学内容,评定为 2 分。

(8) 实验报告等作业量:8 次以上评定为 5 分,6~7 次评定为 4 分,4~5 次评定为 3 分,4 次评定为 2 分,3 次以下评定为 1 分。

(9) 实验报告等作业批改:批改认真,有详细评语,并有批改记录,评定为 5 分;批改认真,无评语,有批改记录,评定为 4 分;批改认真,无评语,有记录,评定为 3 分;有批改,无记录,评定为 2 分;无批改,评定为 1 分。

(10) 实验效果:优秀率 20%以上,及格率 90%以上,评定为 15 分;优秀率 15%以上,及格率 85%以上,评定为 13 分;优秀率 70%以上,及格率 80%以上,评定为 11 分;优秀率 60%以上,及格率 80%以上,评定为分 9 分;及格率 80%以上,评定为 7 分。

(11) 教学创新:备课、授课、作业及考核各环节尝试最新手段,能成为同行学习的榜样,善于探索并有总结,评定为 5 分;备课、授课、作业及考核在任一环节有创新,成为同行学习的榜样,善于探索并有总结,评定为 4 分;备课、授课、作业及考核在任一环节有创新,善于探索有总结,评定为 3 分;备课、授课、作业及考核在任一环节有创新,无总结,评定为 2 分;备课、授课、作业及考核在无一环节创新,评定为 1 分。

(12) 善于探索研究总结教学经验,有论文发表在核心刊物上,评定为 5 分;善于探索研究总结教学经验,有论文发表,评定为 4 分;善于探索研究总结教学经验,有论文,评定为 3 分;善于探索研究,有教学总结,评定为分 2 分;仅有教学经验总结,评定为 1 分。

十、金融学专业实验课程教学方法和手段

教学方法和手段在实现办学目标与特色方面具有直接的作用,为了突出我校金融学专业办学特色,要不断改进和完善教学方法,在教学中采用以下教学方法和手段:

(一) 开放教学法

以教师、教材、课堂为中心的教育方式,即学生坐在教室里按照既定的教学计划和教学内容,各学期修完若干实验课程,考试合格以后,就可以拿到毕业文凭,最后的结果是"教师课上满堂灌,学生课下不知怎么办"。所以,要打破这种"师生面对面、课堂满堂灌"的封闭式、注入式的教育方式,应采取"请进来、走出去"的开放式教学方法。具体做法是:

（1）请市内外大学相关专业的知名学者做兼职教授，定期到学校传播各种新思想、新理论和学术动态，开阔学生视野，及时获取新的知识和信息。

（2）请企业家走上实验实训课堂，介绍创业及成功的经验和教训，通过"现身说法"增强学生的感性认识，提高学生的学习积极性和主动性。

（3）利用学校三个学期的特殊安排，积极引导和安排学生走向社会进行社会实践活动，有计划地安排学生参与金融业务操作或管理工作，将实验实训变成真正的实践，以此检验所学理论的科学性，汲取新的营养。这样学生可以从感性上了解、认识金融学的经营规律，掌握一些操作方法和手段，同时，在实践中学生不断磨炼意志，坚定信念，逐步走向成熟。

（二）项目模拟教学法

项目教学法是一种很常见的实验课堂教学方法。实验课堂教学以任务（项目）为载体，以问题解决过程为导向，引入热点现象活动训练项目，进行情境教学。以学生为主体、教师为主导进行课堂教学。具体就是教师退后，将课堂时间让给学生，把学生分成若干小组，采用任务形式，充分调动每一个学生的学习积极性和参与欲，教师只作引导，让学生自主学习，提高教学效果。

在开放的市场经济条件下，为了使我国企业充分利用国内外两个市场、两种资源，金融专业必须向市场输送一大批具有坚实理论基础和一定实践经验与实际操作能力的人才。而模拟教学是提高实验实训课堂教学质量和提高学生实际操作能力的有效途径之一。金融学专业是一门理论和实践性都较强的学科，在教学中如何培养学生的实际操作能力和加强基本技巧的训练，使学生得到更多的感性认识，真正做到学以致用是学习这些实验课程的关键所在。通过模拟教学、角色扮演和情景再现使学生有切身的体验和感受，充分体验现实中金融学的各个环节和整个过程，模拟融入整个系统，必将大大增强学生的动手能力，提高实际操作能力，达到了事半功倍的效果。

（三）案例教学法

理论来源于实践，实践又使理论进一步升华。对现实经济生活中典型案例的分析，一方面可以检验所学书本知识的正确与否，增强鉴别能力和分析判断能力；另一方面又可以从中学到新东西，使原有理论得以修正、完善和发展。案例教学是启发式教学，能增强学生的参与意识，其理论基础是实践出真知。案例教学的精华在于学以致用，学用结合。案例教学法改过去学生被动学习为主动学习，改掉了死读书、读死书的毛病，它最突出的特点是用所学的理论创造性地解决实际问题，以提高学生独立的思维能力和解决问题的能力。案例分析为学生提供了施展才能的机会，参与者可以各抒己见，取长补短，需要大家集思广益，共同研究。案例并非黑白两色的单纯世界，现实纷繁复杂，办法多多益善，通过了解他人的间接经验，可以启迪心智，增长才干。

（四）探究式教学法

近几十年来，在教学方法上，创造性的探究式教学已成为当今世界各国科学教育的主流，它强调探究的过程和方法，注重"创造力"的培养，主张变革传统的教学；

强调以学生动手实验为中心,并辅以阅读教材、参看录像等直观手段,教师设疑提问,最后通过实验、讨论而得出结论来获取知识的一种教学方法。探究式教学可以实行小组制,一个班级分成若干个小组,每个小组就是一个团队,各个小组之间形成竞争。整堂课以发展学生探索能力为主线来组织教学,以培养探究性思维的方法为目标,培养学生个人思维与团队配合能力和素质,使学生通过再发现的步骤进行主动学习。这种新型的教学方法克服了传统的"注入式"教学的弊端,也培养了良好的团队意识。

采用探究式教学,在教师指导下,由学生通过收集资料、实地调研、征求专家意见,最后运用自己的知识、经验和思维,找出解决问题的途径,对于应用型人才的培养,提高学生的综合素质有重要意义。

(五)多媒体(网络)教学法

多媒体教学手段是现代教育技术,当实验课堂教学引入多媒体课件,并与传统实验教学相结合,将增大实验教学课堂的信息量,使传统课堂教学更加直观、生动、具体、容易理解。在教学手段上,鼓励教师使用多媒体软件、课件和教学辅助材料如电子图书馆、电子教材、电子资料室。实验课程教学课件的制作可以采用幻灯片、动画、图片、施工现场录像等多媒体教学手段。

实验课程教学中教师制作该实验课程的电子课件、电子教材、教学素材库、案例库、角色模拟互动等教学资源,形成网络实验课程,使之具备助教系统、助学系统、自测系统。教师利用助教系统进行网上备课、网上教学、网上答疑。学生利用助学系统进行课后练习、完成作业、网上答疑、进行学习测试等。这一教学手段的应用将提高学生课后灵活学习、自主学习的积极性。

(项目负责人:陈勇阳 项目组成员:许世琴 骆志芳 唐晓玲 韩昭敏)

保险专业能力导向实验教学体系建设研究

重庆工商大学财政金融学院投资与保险系

一、保险专业加强实践实验教学的必要性及重要意义

保险业作为现代金融体系三大支柱之一,已经成为现代金融体系的重要组成部分。在我国,保险业已经成为中国发展速度最快的行业之一。同时,保险业也是与实务紧密联系的行业,作为金融业中开放时间最早、开放力度最大的行业,其面临的人才竞争也最为激烈,人才资源已经成为推动保险业发展的第一资源。"十一五"期间,我国保险业快速发展,在保险人才队伍建设方面,通过不断加大人才引进、培养和使用的力度,人才队伍建设取得了显著成效:一方面,保险人才队伍总量上不断扩张;另一方面,保险人才整体素质明显提升,学历稳步提高,年龄结构更趋合理。目前,中国保险业正在努力实现向内涵式发展模式的根本转变,保险公司间的竞争已经转变为人力资源的竞争,加快保险业人才培养已成为保险业做大做强的根本保证。

但是,综观我国保险业的人力资源现状,无论是在管理机制上,还是在人才总量和结构上,与金融业等其他行业相比还相对薄弱,保险业人才成长速度总体上滞后于保险业的发展速度。保险产品的复杂性要求从业人员应具有较高素质,但目前的市场环境和运行机制很难吸引高素质人才。

2011年9月发布的《中国保险业发展"十二五"规划纲要》明确提出,要牢固树立人才资源是第一资源的理念,坚持德才兼备,全面实施人才兴业战略,建设适应保险业发展的管理人才队伍、技术人才队伍、营销人才队伍和监管人才队伍,夯实保险业科学发展的人才基础,实现人与事业和谐发展。

目前保险从业人员主要来自于非保险专业,但随着开设保险专业的院校逐渐增多,在保险业界的保险专业学生越来越多,他们在保险业中发挥着越来越大的作用,不少保险专业毕业生已经成长为各保险公司总部及分支机构的中高级管理人才、营销精英、技术骨干。相对于其他专业学生,保险专业学生表现出专业知识丰富、理论基础扎实、发展后劲足的优势。

然而,与其优势相对应的是目前保险专业学生培养也存在着明显的不足,其中最为明显的就是教学中重理论轻实践,理论与实践脱节,学生缺乏实践经验,动手能力差,知识综合应用能力弱,工作后难以很快上手和适应。这使得当前我国保险人才培养上呈现出"不够用、不适用、不被用"的尴尬状况。目前,保险专业的应届毕业生在进入保险公司后,往往需要进一步接受公司内部的专业培训才能上岗,而真正熟练掌握专业技能尚需更长时间。

提升保险专业学生的实践能力和业务技能有多种途径,而通过实验进行模拟教学是一种有效而快捷的途径,比如上海金融学院保险专业就与软件公司合作开发实验软件,提升学生应用能力。保险实验课程已经成为保险课程体系的重要组成部分。完整有效的实验课程体系将有助于深化学生对理论课程的学习,在培养学生综合能力方面起着重要的作用。具体而言,其作用表现在以下方面:

(一)是对保险专业理论课程的重要补充

过去,重视保险实验实践教学的主要是一些职业培训及高职院校或普通金融院校,比如保险职业学院、成都保险学校、广东金融学院等,保险实验教学已经扩展到重点财经院校和综合性院校的保险专业,保险专业的学生进入金融领域工作会接受岗前培训,但是培训的时间很有限。学生要真正能够将所学理论知识与实践结合还需要较长时间。因此,大学四年对理论知识的积累与有效的实验、实训课程的结合是必不可少的。从目前情况来看,由于保险企业具有一定的特殊性,能够接纳学生实习的机会不多,因此实验课程更多采用实验室教学的方式。

(二)是培养复合型保险人才的需要

保险专业需要经济、金融、管理、财务、营销等方面的综合知识,我们培养复合型保险人才需要学生不仅有理论知识,而且需要融会贯通,比如人身保险理财规划、汽车保险理赔与公估。这些仅仅靠书本学习和老师讲解远远不够,通过实验模拟并加以综合应用是一个行之有效的办法。

(三)通过实验教学促进与企业的有效对接,学生可以高质量就业

从发展趋势来看,高校毕业生就业竞争日益激烈,没有相应技能的学生将很难脱颖而出。保险专业实验教学中,由于实验流程与保险公司操作流程高度仿真,实验内容也与未来到保险公司的工作内容一致,保险专业学生通过实验教学实践的锻炼,他们到公司上手较快,其工作适应性将得到公司认可,这对于其就业具有很大裨益。

二、保险专业人才需求与专业能力要求的调研分析

(一)保险人才需求与能力要求调研的概况

保险行业是一个朝阳产业,需要各方面的人才,不少地方都出现由于缺乏专业管理人才和技术人才而无法开设分支机构的情况,找一个分支机构负责人和业务骨干都很难,而只能在行业内"挖角"、"火线提干"。我们的部分学生毕业后进入保险公司,常常感觉进入公司之后需要学习很多新东西,一些知识虽然在课本上学过,老师讲过,但似是而非,没有扎实掌握;企业则感觉我们的学生"不好用"、"用不上"。因此我们的人才培养与行业需求及公司需求之间还有较大差距,而实验教学可以显著弥补理论教学的不足,提升学生的素质和能力。

因此,根据学校关于经管类专业实验教学体系建设的要求,同时结合建立重庆金

融学院创新人才培养模式与培养方法手段的要求,保险专业全体教师在全面学习了教育部、学校及经管实验中心有关文件的基础上,对于保险人才需求、能力素质要求及人才培养方面进行了深入调研。主要进行了以下调研工作:

1. 广泛听取行业意见

广泛听取和征求了保险行业人力资源部门及相关高管对于人才需求及学生专业能力要求的意见和建议。包括走访泰康人寿保险重庆分公司人力资源部,安诚财产保险总公司及重庆分公司人力资源部、长城保险经纪重庆分公司,了解他们对于保险人才的需求及学生需要的素质和能力。同时还听取了重庆保监局秦士由副局长、中国人保财险重庆分公司总经理龙保勇、中国人寿重庆分公司总经理张红路、阳光人寿保险公司副总经理雷万春、重庆市保险行业协会秘书长黄明江以及多位保险公司部门经理和主管的意见,包括将我们的培养方案呈送他们,征求他们的意见建议,综合他们的意见,形成了业内对保险人才需求情况的一手资料。

2. 学习其他高校保险实验建设的经验

2011年5~6月,包括保险系主任及教授在内的财政金融学院考察团队先后到厦门大学、上海财经大学、对外经济贸易大学、中央财经大学、上海金融学院等高校考察调研,其中包括对于保险人才培养、实验教学体系建设等内容,获益匪浅。同时,我们还网上搜索查阅了部分高校及保险专业实验教学的经验介绍,对不同类别高校保险专业实验教学有了一定的了解。

3. 参加保险人才培养的学术研讨会,探索实验教学途径

通过参加保险人才培养的学术研讨会,我们可以学习其他高校建设经验。谭湘渝、樊国昌两位教授参加了2009年在厦门大学举办的第五届中国保险教育论坛,2011年9月,谭湘渝老师参加了在西南财经大学举办的"中国保险业人才培养研讨会",该研讨会由中国保险行业协会、中国保险学会及西南财大共同举办,是第一次由保险行业内的各保险机构和高校共同参加的研讨会,来自中国人寿、太平洋保险等保险公司代表对人才培养都提出了要求,尤其是如何加强学生实务技能问题。2011年11月21~24日,谭湘渝教授参加了在对外经济贸易大学举办的第六届中国保险教育论坛,并提交了《保险的学科属性、行业发展及人才培养定位》论文,并在"人才培养分论坛"中与来自复旦大学、对外经济贸易大学等高校的学者进行了交流。其中,台湾朝阳科技大学的陈建胜副校长关于台湾保险职业技能人才实习制度的分析为我们的保险实验教学提供了启示。同时保险专业老师还参加了"海峡两岸风险管理与保险学术研讨会",了解了台湾等地高校保险人才培养的情况。

4. 听取和征求在校学生和毕业学生的意见

我们通过回访部分在保险公司就业的毕业学生,听取2007、2008级高年级保险专业学生对于保险教学,尤其是实验教学的看法,了解了学生对于能力培养的诉求,包括保险实验教学中需要改进的一些方面,比如教学内容,考核方式等,使得我们修订人才培养方案中实习实训内容时更能从学生发展的角度加以考虑。

(二)保险业对人才需求的调研分析

通过调研,尤其是通过对保险行业的调研,我们能了解保险业对人才需求的状

况。保险行业需要各类人才，综合来看，可以分为三类：一是经营管理人才，二是专业技术人才，三是营销与服务人才。从保险公司的角度来看，上述三类人才都非常急需。我们的学生主要集中于基层的保险机构就业，进入保险机构总部的很少，而基层保险公司及保险机构对于上述三类人才有不同的需求。

1. 经营管理人才

保险公司对优秀的经营管理人才的需求十分强烈。事实上，一些新保险公司开业或者拓展业务机构时，面临的一个最大困难就是难以找寻到合适的中高级管理者和经营人才，甚至由此而导致无法开业。有的公司由于一时找不到合适的管理人员，就只能看谁业务做得好，就将谁提拔起来当经理、当主管。而这些"火线提干"的业务骨干却往往缺乏管理经验，不会带团队，工作很被动。有的公司以"挖墙脚"的方式争抢人才，造成人才争夺的恶性循环。

成长为合格的管理人才需要多年的行业经历积淀，因此无法在院校就培养出此类人才。但是，从另一个角度看，高校教育不同于短期培训之处就在于高校更加重视素质教育和通识性教育，注重人才的长远职业发展。保险专业学生在未来的职业生涯发展中要更快成长为合格的中高级管理者，不仅仅需要专业的保险知识和技能，更需要综合性的经济管理知识和理论素养，更需要其他人文素养知识和经历的积淀，也需要自然工程方面的基础知识。大学里开设了众多涉及社会科学和自然科学的课程，高校保险人才培养应当利用这种优势使学生成为未来的领导者和管理者。

2. 专业保险技术人才

保险业需要不同层次的专业技术人才，保险是由许多职业岗位构成，比如产品开发、展业、承保、防灾、理赔、会计、信息技术、人力资源，保险业不同的险种需要有很强专业背景的人才，如精算人才、核保人才、理赔人才、投资人才、财务人才等。

从基层保险公司的反馈意见看，由于基层分公司和支公司与总公司的职能差别，部分人才他们并不急需或者用不上，比如产品开发、精算人才、投资人才，一些人才可以从其他渠道获得或培养，比如财务会计人才和计算机操作及信息管理人才，但是，他们需要具有一定的精算、财务和计算机信息管理、法律等知识和理论的专业人才。

基层公司很需要核保、理赔、风险管理、培训等方面的专业人才，比如财产保险公司的车辆保险业务，需要大量的理赔人才，而这些理赔人才需要懂车辆构造、汽车修理、熟悉保险条款及赔偿处理、相关法律规定等多项知识，保险公司需要的是专业精通的人才，同时这些人才还应当具有必要的复合型知识和技能。

3. 营销人才与业务管理人才

对于省市级保险分公司或支公司，尤其是营销服务部，他们最急需的还是营销人才、业务管理人才、服务人才。事实上，目前我国的基层保险公司更多的是一个展业机构，不养闲人，不需要那么多"坐办公室"的纯管理岗位，其工作岗位基本上都是围绕销售而展开的，基层公司对于在个人销售渠道、银行保险代理渠道以及团体保险渠道从事培训、销售管理、团队管理等岗位的人才十分看重。

三、保险人才专业能力体系及对实验教学体系的要求

人才培养既要适应目前的市场需求，更要面向未来的发展，进入21世纪以来，经济全球化、金融国际化以及银行、保险、证券混业经营的趋势不断深化。对保险人才的素质提出了更高的要求，综合接受调研的保险公司高管的反馈信息，我们归纳出保险业发展呈现出一些新特点与新趋势，表现在四个方面：一是保险交易的市场空间向国际化、全球化方向发展；二是保险业以更快的速度从一般的服务业向以科技含量高的产业化、信息化为主要特征的方向发展；三是保险企业的运作目标将会从扩大市场份额为特征的"粗放式经营方式"转向以提高效率和注重业务质量的"集约化"目标；四是保险业具有向综合金融控股公司发展的趋势。同时，笔者认为保险专业化经营也对保险人才的培养提出了更高的要求。

为适应保险业的变化，综合对业界的调研访谈，保险企业对于保险人才必备的素质和能力提出如下要求。

（一）有扎实全面的保险知识，掌握保险基础理论

核心职业技能需要专业知识作为能力培养和储备的后盾。保险公司需要的是具有扎实的保险理论知识和熟练的专业业务技能的人才。学生需学习好专业知识，具备了扎实的保险理论知识，才能在日后的工作中结合实践进行创造性的工作。保险业界普遍反映从其他专业来的从业人员，由于保险理论知识欠缺，发展到一定阶段后，继续发展后劲不足，他们希望保险专业学生具有一定的理论素养和对行业发展的宏观视野。

（二）具有综合知识并加以融会贯通的应用能力

保险经营涉及许多知识，包括经济、金融、法律、管理、投资理财、医学基础、工程等综合知识以及诸多保险课程，保险业界反映学生虽然在校期间已经学习了其中很多知识，但仅仅停留在知识层面上，而不会举一反三综合应用。同时，一些必要的知识缺乏，比如对于车辆基本构造、医疗常识等知识欠缺，制约学生在核保核赔等工作的参与度。

（三）具备掌握投资理财知识且为客户提供全面投资理财服务的能力

在人身保险业务中，尤其是个人业务中，涉及的是客户的综合性的理财规划，保险需要的是综合性的理财规划师，需要掌握银行、证券期货、税收筹划、投资、财务管理等综合知识，这样一个优秀的保险从业人员才能为客户提供科学的理财观念和理财服务。

（四）具备较强的动手能力和实践能力

保险业是一个与实务紧密结合的服务性行业，其工作绝不仅仅是"坐办公室"的一般事务性工作，比如核保理赔工作需要学生对保险标的有深入的了解，车辆理赔需要学生对于车辆构造、维修基本知识等很熟悉，医疗保险需要从业人员跟医院、工伤鉴定机构打交道，从事销售管理必须先要有一定的销售经历，否则难以胜任相关岗

位工作。事实上，目前人才市场上被企业一致看好的抢手人才，近90%都是既有学历又有工作经验的人，而刚刚走上社会的大学生缺乏工作经验。保险专业大学生的实践操作能力，将直接影响到其作用的发挥。因此，大学生应注意克服只注重理论学习，而轻视实践操作的倾向，一个大学毕业生如果在实践操作上有过硬的本领，一定会受到用人单位的青睐。同时也需要教师在教学中加强学生实践能力的培养。

（五）具备较强的表达能力、沟通能力与社交技能

任何行业的工作都不是闭门造车，需要与外界沟通，但相对而言，保险更加强调与外界的沟通和交流，尤其是以销售为导向的基层保险机构，学生必须学会与人打交道。保险工作的多数环节都需要上述能力，比如理赔环节需要面对客户的咨询，甚至可能有客户的误解或指责诘难，此时理赔人员的沟通能力在化解客户怨气方面就特别重要。售后服务人员的表达能力、沟通能力无疑非常重要，而销售人员，不管是个人销售还对团体销售，其社交技能也是必不可少的。

上述各种能力需要通过多种途径加以培养，比如课堂教学、实习、实训、素质拓展训练等，而其中一些能力可以通过实验教学环节加以培养和提升。

四、保险专业实验课程体系的构建原则与思路

（一）构建原则

保险人才未来的职业能力总体上表现为掌握保险相关的知识与理论，掌握从业相关技能，具有综合应用能力及从业的综合素质。这需要课堂理论教学、实验教学、实习实训及综合素质拓展等教学方式的有机结合，而实验教学发挥着重要的作用。

保险专业实验教学课程体系设计与建设的基本思路是：以"厚基础、强能力、育素质、重应用"为实验教学建设的基本理念，以保险市场对人才的需求为导向，以能力培养为中心，以素质教育为主线，以服务保险业基层业务及管理人才为基本定位，以培养未来的中高层经营管理人才为目标，培养适应保险经营管理需要的复合型应用人才。

（二）构建思路

基于保险人才的能力标准和应具备的素质要求，我们认为需要构建以下实验课程体系，即建设"大平台，多模块，多层次"的保险专业实验教学体系，如图1所示。以计算机操作及应用技能、会计、统计为主的公共基础实验平台培养学生的基本技能，以保险基础实验为平台，延伸出财产保险、人身保险、保险精算等专业模块，构建基础技能实验—专业基础实验—专业实验—不同方向跨专业实验及专业扩展实验的多层次教学体系。将理论知识转化为实践知识，增强对理论的认知，融会贯通多学科知识，培养动手能力、创新能力、沟通协调能力。

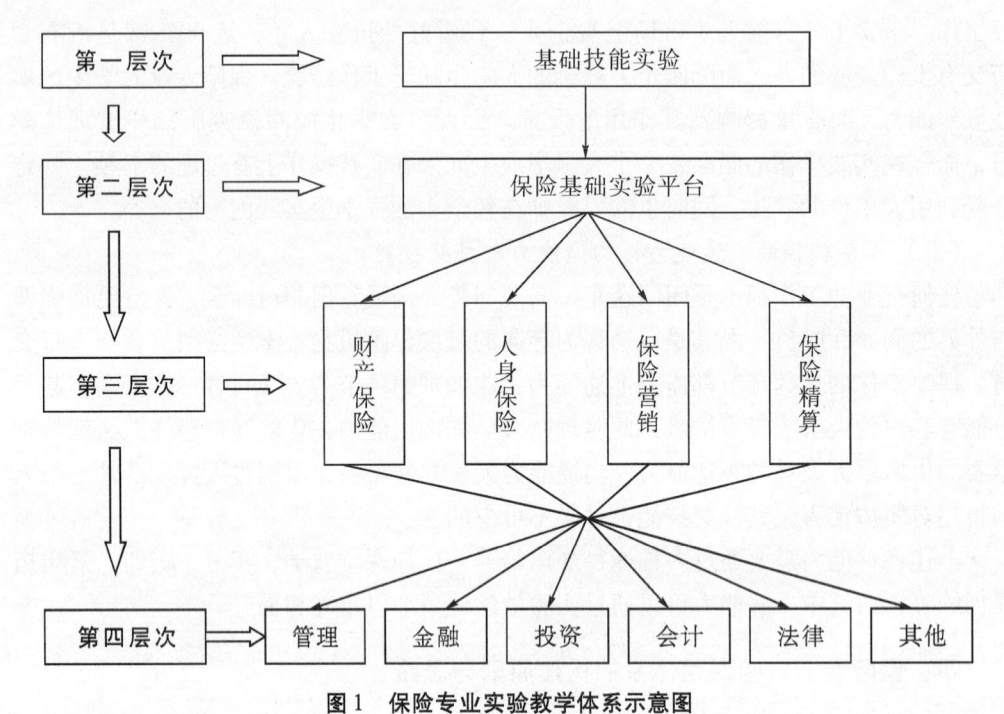

```
第一层次  ⇒  基础技能实验
   ⇓
第二层次  ⇒  保险基础实验平台
   ⇓
第三层次  ⇒  财产保险 | 人身保险 | 保险营销 | 保险精算
   ⇓
第四层次  ⇒  管理 | 金融 | 投资 | 会计 | 法律 | 其他
```

图1 保险专业实验教学体系示意图

五、保险专业实验教学体系的设计方案

（一）基础技能实验

从理论到专业实践的过程不仅需要学生掌握基本专业的理论知识，还需要具备基础的实践技能，只有具备了这些条件，才能更好地投入到专业实践中来。基础技能实验可以提高学生的基础实践技能，使其初步掌握实验的规则、拓展学生的思维、培养学生的创造力和想象力。

基础技能实验主要包括大学计算机基础实验、程序设计基础实验、统计学实验、会计学实验、计量经济学实验等，也包括学生的社会实践以及"三下乡"实践活动等。

（二）保险基础实验

保险基础实验面向所有经管类专业学生开设，为学生奠定保险实践基础。保险基础实验更是保险学专业学生非常重要的实验课程，通过基础理论、基本技能的学习，为后续课程打好良好的理论、方法和技巧的基础。

保险基础实验主要包括模拟保险公司、模拟个人被保险人及团体被保险人、模拟保险中介机构等实验项目，帮助学生理清保险从承保到理赔各个环节中各方之间的关系，对保险业务有总体认识。

（三）专业实验

专业实验是保险专业实验的主体，培养学生动手能力及在实际中具体处理问题的能力，同时又能强化学生的理论知识。专业实验又包括四大模块：财产保险实验、人身保险实验、保险精算实验、保险营销模拟实验。

1. 财产保险实验

财产保险是对财产损失或经济收入减少的补偿，对安定人民生活、保障社会财富、稳定整个社会的正常经济政治秩序有着重要意义。财产保险实验主要处理的保险业务是财产损失保险及责任与信用保证保险，通过模拟财产保险公司的实际运作，培养和增强学生对财产保险业务的处理能力，提高学生的动手能力和综合素质。

财产保险实验可以分为三种类型的训练：验证性实验、设计性实验、综合性实验。验证性实验是通过实验教学，使学生通过验证的方法来理解和掌握专业知识。学生可通过保险关系的构建、相关单据的查证等来达到认知的目的。设计性实验需要学生根据实验要求，灵活运用所学知识，创造性地完成实验。例如险种设计、保险招投标方案设计等实验。通过这些实验，培养学生的创造精神和创新能力，激发学生学习和探索的热情。综合性实验需要学生融会贯通所学知识并发挥创新思维完成实验。综合性实验要求学生完成从开发保单到理赔结案整个保险过程。综合性实验可以依据险种分别设置，并且需要组成团队合作完成，这也训练了学生的团队协作能力。

2. 人身保险实验

人身保险是对身体和生命的保障，对个人和家庭起到经济保障的作用，也有助于稳定社会生活。人身保险实验主要处理的保险业务是人寿保险、意外伤害保险和健康保险。通过模拟人寿保险公司的实际运作，培养和增强学生对人身保险业务的处理能力，提高学生的动手能力和综合素质。

人身保险实验可以分为三种类型的训练：验证性实验、设计性实验、综合性实验。验证性实验是通过实验教学，使学生通过验证的方法来理解和掌握专业知识。学生可通过保险关系的构建、相关单据的查证等来达到认知的目的。设计性实验需要学生根据实验要求，灵活运用所学知识，创造性地完成实验。例如险种设计、团体保险方案设计等实验。通过这些实验，培养学生的创造精神和创新能力，激发学生学习和探索的热情。综合性实验需要学生融会贯通所学知识并发挥创新思维完成实验。综合性实验要求学生完成从开发保单到理赔结案整个保险过程。综合性实验可以依据险种分别设置，并且需要组成团队合作完成，这也训练了学生的团队协作能力。

3. 保险精算实验

保险精算是运用数学、统计学、金融学、保险学及人口学等学科的知识和原理，去解决商业保险和社会保障业务中需要精确计算的项目。保险精算对于科学拟定保险费率、合理提取保险责任准备金、测试偿付能力等有着重要意义。保险精算实验通过模拟产品定价、提存责任准备金等帮助学生掌握精算理论知识，提高逻辑思维能力，提高演算推理能力。保险精算实验以验证性实验为主，分为寿险精算和非寿险精算两大部分。

4. 保险营销模拟实验

目前保险营销是基层保险机构，包括分公司和支公司以及营销服务部的基本业务，保险专业学生就业后必须要有一定的营销经历才能够真正适应未来的中高级管理岗位的能力需要，即使是核保理赔岗位与售后服务等岗位，都需要与客户打交道，因此应当在实践教学中培养学生营销的知识和必备素质,当然这主要是通过实训及实习来提升其能力,而通过模拟实验,分析客户的需求、掌握不同类别客户的购买定位,同时培养学生的沟通能力。

(四)专业扩展实验与跨专业综合实验

保险是一门特殊的学科,虽然划归金融类专业,但却与其他多门学科也有着紧密联系。保险专业人才更是具有多方向多层次性,根据不同学生的特长培养不同的专业人才符合开放式教学的需要。跨专业综合实验即是为了满足这种需要而设置,学生可以根据自身特长及偏好选择深入学习的领域。这些实验可以是管理、金融、投资、会计、营销,也可以是其他任何可以与保险相结合的领域,可灵活设置。

管理综合实验可以包括管理信息系统实验、人力资源管理实验、企业经营模拟决策等。金融综合实验可以包括商业银行实务实验、国际结算业务实验、外汇实盘操作实验等。投资综合实验可以包括证券投资分析实验、投资项目评估实验、网络金融实验等。会计综合实验可以包括财务会计实验、会计电算化实验、财务报表分析实验等。营销综合实验可以包括网络营销实验、市场营销模拟等实验。

实际上,上述分类也是与其能力培养定位相匹配的。对于保险人才的能力,参照一些学者的分类方法,我们将其分为基本能力、核心能力、专业扩展能力、专业相关能力,这些能力构成了保险实验教学的能力体系。保险专业实验教学课程体系与能力标准匹配见表1。

表1 保险专业实验教学课程体系与能力标准匹配表

实验课程名称	课程性质	课程要求	对应的专业能力标准	能力类别
计算机基础实验	基础实验	熟悉计算机操作、信息处理、网络运用的基本技能	基础的实践能力和操作技能	基本能力
会计学实验	学科基础实验	掌握会计账务处理、会计科目、会计核算	掌握基本的会计财务知识	基本能力
管理学实验	学科基础实验	掌握管理学基本理论,熟悉基本管理技能与方法	掌握基本的企业管理知识	基本能力
统计学实验	学科基础实验	掌握统计数据处理、分析与统计软件运用	工作需要的基本技能与方法	基本能力
保险基础实验	专业实验	掌握保险基本业务流程,保险运作基本流程	保险从业基本技能	核心能力
人身保险基础实验	专业实验	掌握人身保险核保理赔基本技能,熟悉人身保险及理财规划	人身保险专业技能	核心能力
财产保险基础实验	专业实验	掌握财产保险不同险种核保理赔的基本要求,基本的技能	财产保险专业技能	核心能力
保险营销模拟实验	专业实验	掌握保险销售技巧、保险话术、渠道拓展,保险营销策划、保险综合理财规划	具备较强的表达能力、沟通能力,综合知识应用能力	专业扩展能力

表1(续)

实验课程名称	课程性质	课程要求	对应的专业能力标准	能力类别
保险精算实验	专业实验	综合应用数学、统计、金融等知识掌握保险定价原理、产品精算特征、准备金与偿付能力测算，保险财务	具备较强的综合素质，掌握领会保险经营的规律与业务特征	专业扩展能力
商业银行实务实验	专业扩展实验	熟悉银行业务实务知识，熟悉银行相关产品知识	具备掌握投资理财规划知识，熟悉金融业三大支柱的银行基本业务	专业相关能力
证券投资分析实验	专业扩展实验	熟悉证券投资的理论与投资分析技能	具备掌握投资理财规划知识，熟悉金融业三大支柱的证券基本业务	专业相关能力

六、保险专业实验教学体系建设步骤、教学方法与质量

(一) 保险实验教学体系的实施步骤

我校保险专业属于新建专业，对于保险实验体系建设经历了从无到有、逐步完善的过程，同时需要根据专业方向进一步细分未来设计内容。

保险实验教学将根据实际情况及现有教学和软件资源采取三步走的方案。

首先立足于建设保险的核心实验课程为基础，包括全面建设好人身保险实验和财产保险实验两门核心专业实验课程，建设好实验教学大纲、教学指导书、实验具体项目设计、未来实验教程、保险实验教学改革研究项目、实验相关案例库等内容；

其次，优化基础实验和专业相关扩展实验内容，比如对于会计学实验，增加保险会计的实验内容，对于银行业务实验，由于目前银行保险已经成为保险营销的主渠道，在商业银行实验中增加银行保险模块，当然，在具体教学中，需要与相关实验教学老师进行沟通，共同建设；

另外，对于保险专业扩展实验，包括保险精算实验和保险营销实验，列为未来建设的实验课程。

对于保险精算，目前已经有公司推出模拟教学软件，对于保险精算，由于其对学生数学与统计知识要求较高，再加上对于多数同学而言，除了在产品开发、精算或财务与投资部门之外，基层分公司和支公司直接应用较少，但作为培养学生具有较为全面的保险理论知识，以及未来走上中高级管理岗位后的综合素质，实验教学体系中，保险精算应当占有一席之地，虽然开设该实验课并不紧迫，但必须做好规划，未来可作为选修实验课程。

对于保险营销模拟实验，应当说很适合学生就业需要，但目前市面上尚没有保险营销的实验教学软件，而一般的市场营销模拟教学软件与保险营销有较大差距，比如一般营销软件考虑价格与需求的关系，而保险营销产品更多是考虑客户的风险需求与家庭财务安排，因此保险营销实验可以作为中远期建设的实验内容。

(二) 保险实验教学方法

保险实验教学采取案例教学法、"请进来"实验教学法、学生互动实验等教学

方法。

1. 互动式实验教学法

讨论式实验教学法是学生在教师的指导下，学生分为不同的实验小组，每个学生在实验中承担不同的角色，比如让不同学生承担投保人、保险公司、保险经纪人、保险代理人的角色，同时在一轮实验后变换角色，同时让每个学生分别从投保人、保险公司及代理经纪人角度理解投保与承保、核保与理赔核赔、保单保全与批改的各个流程。同时教师可以在实验题目中设疑，即针对保险业务中的实际问题，让同学们通过实验加以解决。这种教学方法有利于发挥学生的学习主动性，同时也有利于学生实现由掌握知识向发展能力的转化。通过角色互动，学生不仅掌握了各保险险种的内容、特点、适应对象等基本知识，熟悉了保险的全流程，更重要的是学生的自觉能力、思维能力。

2. 案例教学法

保险实验教学适当运用案例教学，可使一些繁琐、枯燥的保险条款内容或保险业务流程变成一个个生动具体的案例，使学生的分析能力以及运用所学知识处理现实中复杂问题的能力都得到了锻炼。由于保险专业的特点以及在保险实践中积累了大量的保险案例，保险专业课更适宜采用案例教学法。保险专业所用的保险模拟软件专门内置了大量保险实务案例，其中不少涉及保险业务流程不规范带来的问题，例如不如实告知问题、代签名问题、保险赔款及费率计算争议问题，这些都可以借助保险实验教学加以解决。比如在实验课堂中首先让部分学生将争议问题输入软件系统，然后另一些同学就此核保，或者学生扮演的客户故意在索赔中制造诸如索赔资料中缺失某些必要文件等问题，看那些负责核保的同学能否发现其中的问题或"陷阱"，这样的核保或理赔问题最能锻炼和考核学生对知识的综合应用能力。

3. "请进来"实验教学法

目前的保险教学模拟软件虽然尽量模仿保险业务流程，但是毕竟与真实的保险公司运营流程还有相当的距离，而且不同公司的业务操作软件也有一定差别，同时，实验教师多数是高校硕士博士毕业后直接进高校，虽然认真钻研实验教学，但毕竟没有在保险业界干过，即使部分老师曾经有保险从业经历，但不见得对于保险每一运营流程都清楚，可能由于岗位原因，根本就没有接触保险内勤管理岗位。因此单靠在校的保险实验教师来上实验课仍显不足。可以考虑在教学中将保险公司从事核保理赔、保单保全的经验丰富的保险业界骨干请进实验课堂，由他们为学生讲授部分实验课程，这样他们还可以对实验中没有涉及，但在实务中经常遇到的问题进行讲解和操作指导。这种"校企结合"实验教学方法有助于学生实验所学与保险公司真实业务更好对接，使得学生未来工作可以更快上手熟悉业务。事实上，我们在课堂教学中已经采取了这种方法，取得了较好的效果，比如 2011 年下半期正在进行的财产保险理论课中，我们就请永安财产保险重庆分公司核保部经理桑文彬和安润保险经纪公司总经理关琳川进入课堂，分别为学生讲授企业财产保险和货物运输保险的相关内容，学生反映非常好。在未来的财产保险实验课程中，计划考虑请保险业界内勤部门的经理为学生讲授部分内容。

(三) 保险实验教学要件建设

保险实验教学要件建设工作分为六个大项：师资队伍、实验室设施、实验教学软件、实验教学大纲、实验教学项目设计和实验教材的编写。鉴于部分基础性实验或跨专业实验涉及其他专业或学院，其要件建设我们可以提出建议要求，但需要相关院系的协同，我们重点就保险专业核心实验课程建设提出建设计划及要求。

1. 师资队伍

由于班级不多，以及主要承担本专业课程教学，目前保险专业教师数量比较精干，6名专业教师中有教授2人，副教授1人，讲师3人，其中，博士学历2名，硕士学历3名，未来还会陆续引进2~4名教师。目前保险实验教学任课教师有3名，其中核心教师有两名，包括保险系主任和一名青年骨干教师，随着今后师资引进，计划将实验教师人数增加到4名，并要求承担人身保险和财产保险理论教学的老师必须能够上相应的实验课程。

2. 实验设施与教学软件

目前实验教室及电脑台数能够基本满足教学需要，今后重点是对教学软件加以优化和采购，目前的浙科保险实务教学软件基本满足教学需要，但仿真度还需改进，今后可以更新其版本或另选其他品牌软件，但近几年可以维持不动。对于保险精算模拟软件，初步的考虑是等保险专业增加至两个班后，其中一个班向精算方向培养，到时采购专门的保险精算教学软件。目前市面上尚未出现专门的保险营销教学软件，今后可以考虑采购市面上通行的营销模拟软件进行教学，但针对具体商品设计的该软件与保险产品营销软件差别较大，一种方式是在可能的情况下，委托软件商或合作开发，但成本较高，可行性还待进一步研究；另一种方法是暂时仍用普通营销模拟软件，在教学中老师根据保险营销的特殊性有选择和变通性讲授。当然最好的选择是待今后市面上推出类似软件后采购使用。

3. 实验大纲、教材、项目体系建设

目前，作为核心的人身保险、财产保险实验大纲已经较为完备，指导书也已基本成型，对于实验教材，由于浙科保险实验软件属于新购置软件，仅仅为两届学生使用，需要进一步熟悉，为确保产出高质量教材，故未申报第一次经管实验教材出版目录，但已经计划纳入下一批拟出版实验教材。

(四) 保险实验教学质量建设

对于实验教学的质量保证，需要从人和事两个方面加以建设。对于首开实验课的教师，必须提前多次上机熟悉，目前已经有两位老师能够从事保险实验教学，当然，仍需要进一步探索教学方法及教学内容的优化，对于其他拟任实验课老师，必须在其他实验课老师上课时随堂听课，与学生一样操作，从而熟悉实验软件运用。我们要求只有实验老师完整全程进实验室一学期后才有资格上实验课，从而保证新实验老师的授课质量。

同时，随着实验教学质量建设体系的完善，经管实验中心、督导专家及学院领导的抽查和听课将促进实验教师探索教学方法，进行教学改革，提高实验教学质量。当然，实验室主任作为教学工作第一责任人，要经常深入教学第一线，与实验教师研究和解决教学中存在的问题。同时采取校企结合模式，聘请保险公司有经验的相关业务管理人员进入实验课堂，亲自上实验课或辅导教学，提升实验与实务的对接效果。每学期组织两次实验教学研讨会。利用新的教学管理软件全面开展学生评教活动，将学生对教师的评价结果与教师考核相结合，根据学生反馈的意见及时改进教学手段方法和优化实验内容。

保险实验教学对于促进学生掌握保险基本知识，领会基础理论，融会贯通所学基础和专业知识、提升学生综合素质具有十分重要的意义，但还有大量的知识、能力和素质培养也需要其他形式的培养，比如沟通与社交能力、抗压力能力、管理与组织能力等需要通过专业实习和综合素质拓展等方式加以发展，实践和实训应当与实验有机结合，协调发展。

七、保险专业实验课程体系及能力指标对应表

（一）保险专业各类实验课程开设内容

在保险专业培养方案中，保险实验课程开课计划如表2，但每个年级培养方案和教学计划须根据专业教学要求和实际情况做微调。

表2　　　　　　　　　　保险实验课程开设计划一览表

序号	实验类别	实验课程名称	实验项目序号	实验项目名称	实验类型	实验课时	实验学时	实验学分	开设学期	课程开设归属学院
1	基础课程实验教学平台	大学计算机基础实验（Ⅰ）					16	0.5	1	计信学院
2		大学计算机基础实验（Ⅱ）					16	0.5	2	计信学院
3		程序设计基础（VF）					16	0.5	3	计信学院
4	专业基础课实验教学平台	会计学基础实验	1	基础会计模拟	综合型	2	16	0.5	2	
			2	财务会计模拟	综合型	4				
			3	成本会计模拟	综合型	3				
			4	财务管理模拟	综合型	3				
			5	会计综合业务模拟	综合型	4				
5		统计学基础实验	1	数据管理与软件入门	综合型	3	16	0.5	1	
			2	描述性统计分析（频数分析、统计图表）	综合型	4				
			3	相关分析与回归分析	综合型	3				
			4	综合练习	综合型	6				

表2(续)

序号	实验类别	实验课程名称	实验项目序号	实验项目名称	实验类型	实验课时	实验学时	实验学分	开设学期	课程开设归属学院
6	专业基础课实验教学平台	计量经济学实验	1	EViews软件基本操作初步及一元回归分析与检验推断	综合型	2	16	0.5	3	经贸学院
			2	多元回归分析与检验推断；多重共线性检验及弥补；	综合型	2				
			3	自相关性与异方差性	综合型	2				
			4	分布滞后与自回归分析	综合型	2				
7			5	时间序列	综合型	2	16	0.5	4	
			6	联立方程组	设计型	2				
			7	模型设定与测量误差	综合型	2				
			8	综合练习	综合型	2				
8	专业课程实验教学平台	人身保险实验	1	人身保险的投保与承保实验	验证型	4	16	0.5	3	财政金融学院
			2	人身保险的保全实验	验证型	4				
			3	人身保险产品理赔流程实验	验证型	4				
			4	个人与家庭人寿保险综合理财规划实验	综合型	4				
9		财产保险实验	1	财产保险的投保实验	验证型	4	16	0.5	5	财政金融学院
			2	企业财产保险与货运险的承保实验	综合型	2				
			3	财产保险客户服务实验	验证型	4				
			4	机动车辆保险的理赔实验	综合型	4				
	学科综合实验教学	证券投资分析实验	1	证券投资分析技术系统基本操作	验证型	2	16	0.5	6	财政金融学院
			2	K线理论	验证型	2				
			3	形态与波浪理论分析	综合型	4				
			4	股票技术指标分析	综合型	4				
			5	大盘分析，个股分析	综合型	4				
		商业银行实务实验	1	储蓄业务	验证型	4	16	0.5	6	财政金融学院
			2	银行保险业务	综合型	4				
			3	综合业务	综合型	4				
			4	设计业务	综合型	4				
10		校内综合模拟实训			综合型					

（二）专业能力指标与实验课程体系对应表

表3　　　　　　　　　　专业能力指标与实验课程体系对应表

能力指标	能力标准	实验项目	实验课程	课程类型
文字编辑处理技能	①打字速度和正确率 ②文本编辑 ③表格制作及运算 ④图像应用 ⑤幻灯片制作	项目1：各种输入法学习和练习 项目2：Word工具及应用 项目3：文本编辑技术 项目4：图表处理技术 项目5：幻灯片制作及美化	课程1：计算机文化基础实验	学科基础课
会计要素及财务报表分析	①熟练会计分录 ②财务报表分析 ③经营绩效分析	项目1：会计学实验 项目2：财务报表审查与评价 项目3：财务报表分析	课程1：会计学实验 课程2：财务管理实验	学科基础课 专业选修课
人身保险业务操作	①了解和熟悉投保人保险投保理赔流程 ②熟悉保险公司和保险赔 ③综合人身保险理财规划	项目1：人身保险的投保与项目2：承保实验 人身保险的保全实验 项目3：人身保险产品理赔流程实验 项目4：个人与家庭人寿保险综合理财规划实验	课程1：商业银行实务 课程2：保险营销实验 课程3：证券投资分析实验	专业主干课 专业选修课 专业选修课
财产保险业务操作	①了解和熟悉财产保险投保理赔流程 ②熟悉各类财产保险业务核保核赔要点 ③财产保险业务风险管理	项目1：财产保险的投保实验 项目2：企业财产保险与货运险的承保实验 项目3：财产保险客户服务实验 项目4：机动车辆保险的理赔实验	课程1：财产保险实验	专业主干课
保险规划与营销技能	①能全面为客户进行保险规划 ②策划保险方案 ③保险话术与技巧	项目1：保险：银行、证券产品组合财务规划 项目2：保险营销方案策划 项目3：保险产品演示与销售	课程1：人身保险实验 课程2：商业银行实务 课程3：证券投资实验 课程4：保险营销实验	专业主干课 专业选修课 专业选修课 专业选修课

备注：保险营销实验由于市面尚无现成软件，先做计划，待未来条件成熟时开设。

（三）保险专业培养方案实验课程体系图

```
基础实验 ⟹ 学科基础实验 ⟹ 专业实验
```

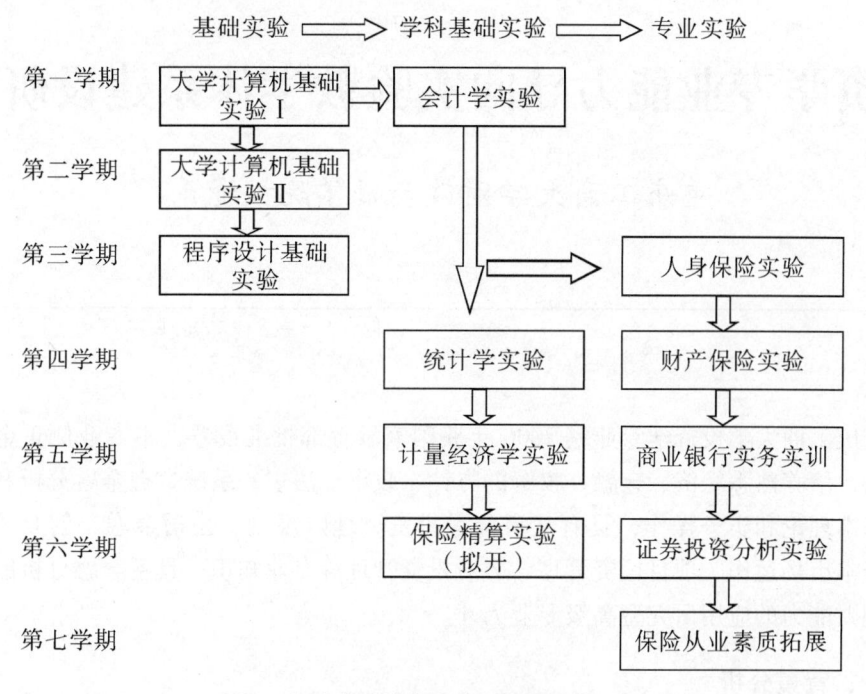

第一学期	大学计算机基础实验Ⅰ → 会计学实验
第二学期	大学计算机基础实验Ⅱ
第三学期	程序设计基础实验 ⟹ 人身保险实验
第四学期	统计学实验 → 财产保险实验
第五学期	计量经济学实验 → 商业银行实务实训
第六学期	保险精算实验（拟开）→ 证券投资分析实验
第七学期	保险从业素质拓展

图2 保险专业培养方案实验课程体系图

（项目负责人：谭湘渝　项目组成员：张娓　樊国昌　余涛　粟丽丽）

投资学专业能力导向实验教学体系建设研究

重庆工商大学财政金融学院投资系

重庆工商大学投资学专业是 2006 年获国家教育部批准设置,本专业侧重金融投资方向,培养熟悉经济、金融、投资的方针、政策、法规,系统掌握金融分析和投资理财基本理论和实务操作,具有从事金融投资、理财规划、公司金融、创业风险投资、资本市场运作、项目投资管理、政府投资管理等专业知识,具备金融分析能力和投资理财能力的应用研究型高级专业人才。

一、背景分析

(一)对我校学生进入投资专业学习的原因调查分析

为更好地分析我校投资专业学生对专业认识情况,了解专业培养目标定位是否清晰、明确,2012 年 5 月我们对 2008 级、2009 级、2010 级和 2011 级投资专业学生进行了问卷调查,发放问卷 100 份,收回问卷 100 份,其中有效问卷 100 份,有效率 100%。下面就相关调查情况进行陈述:

问题:你为什么选择投资专业?

表 1　　　　　　　　学生进入投资专业的原因调查统计结果(四选一)

序号	选项内容	选择人数	选择比例
1	本人在高考填报志愿时,了解此专业,觉得挺喜欢。	33	33%
2	没有多少了解,从专业名字看,投资能赚钱,感觉挺不错。	30	30%
3	本人在高考填报志愿时,听父母的话或其他人说,填报了本专业。	28	28%
4	因为分数线问题,被调剂到本专业。	9	9%
	本问题有效填写人数	100	100%

在表 1 统计中,第 2、3、4 项占调查统计人数的 67%,表明大多数学生在选择本专业时,是不太了解投资专业,对投资专业知之甚少。选择第 1 项的学生占 33%,这部分学生是在初步了解本专业后做的主动选择;第 3、4 项表明 37% 的学生是完全是被动选择的。选择第 2 项的学生占 30%,他们是没有多少了解,只从专业名字看,

投资能赚钱，感觉还不错，说明他们是盲目选择的。

（二）投资专业学生对实验课程体系认识情况调查分析

为更好地分析我校投资专业学生对实验课程体系认识情况，了解专业培养目标定位是否清晰、明确，2012年5月我们对2009级投资专业学生中进行了问卷调查，发放问卷100份，收回问卷100份，其中有效问卷90份，有效率90%。下面就相关调查情况进行陈述：

表2　　　　　　　　　学生选择投资学专业的原因调查统计结果

序号	问题	选项内容及选择比例分布			
1	你认为你所学习的专业实验课程对提高自身能力有多大帮助？	很好	较好	一般	较差
		12%	27%	35%	26%
2	你认为投资专业实验课程体系建设完善程度如何？	完善，不需要修改	较好，但还需要局部修改	一般，还需要进一步完善	很差，需要重新建设
		9%	30%	39%	21%
3	你认为学校重视实验课教学和建设的程度如何？	很重视	与理论课一样	一般，略低于理论	根本不重视
		18%	33%	40%	9%
4	你认为专业实验课程教师的课堂教学认真程度和水平如何？	很好	较好	一般	较差
		20%	39%	31%	10%
5	专业实验课程体系教学方式、方法如何？	很好	较好	一般	较差
		13%	35%	32%	20%

从表2调查统计结果我们能分析得出：①金融投资实验教学体系对提高学生能力的效果不明显，选择一般和较差的占61%；②学生认为金融投资实验教学体系不够完善，选择一般和很差的占60%；③多数学生认为我校比较重视实验课的教学，重视程度略低于理论教学或等于理论课；④多数学生认为我校金融投资实验教师的教学认真程度和水平较高，选择很好和较好的占59%，但比例不太高，也需要教师进一步提高教学质量；⑤在实验课程教学方式、方法上，我们调查发现有的课程采用了较多的方式和方法，比如案例、引导、演示、推导、提问和验证等，但也有的课程教学方法比较单一。

二、专业能力需求调研

对于专业能力需求调研，我们从两个方面进行：一是金融业务发展的趋势，二是市场对投资学专业人才的需求情况。其主要目的是厘清投资学专业培养的目标和方向，以便设置合理的专业培养方案，培养出优秀的人才。

（一）金融业务发展的趋势

1. 银行传统业务不断扩大，创新业务不断涌现。银行的存贷款、外汇买卖、贸易融资等业务不断扩大，国际结算、结构性融资、金融理财、电子银行等业务新产品不断推出。

2. 金融市场业务不断扩大，股权交易日益增加。2010年年末，我国上市公司股票总市值达26.54万亿元，预计到2020年我国股票总市值超过60万亿元。股权交易、企业收购兼并、风险投资等成为金融投资活动日益活跃的新领域。

3. 保险机构规模不断扩大，保险需求快速上升。保险公司和保险专业中介公司的规模不断扩张，业务量不断增加。2010年全国实现保费收入1.45万亿元，同比增长33%，预计到2020年全国保费收入将超过4万亿元。

（二）投资学专业人才的需求

1. 金融投资活动增加，投资人才需求上升

金融市场在今后一段时间，以下几大趋势特别显著：一是对外开放逐步增加；二是市场化机制作用逐步增强；三是创新活动日益活跃；四是投资品种日益丰富；五是风险管理更加严格。由于金融投资环境的复杂性和投资品种的多样性，对金融专业性服务需求日益增强，对金融投资人才需要逐步上升，为投资者提供包括：投资管理、融资活动、投资咨询、投资研究等服务，特别是随着居民财富的增长，理财服务不仅是传统的为法人机构提供投资管理服务，个人投资理财代理服务也将逐步增加。

2. 国际金融业务增加，国际投资人才紧缺

随着重庆长江上游金融中心的建设和更多的外资企业来渝发展，重庆对国际金融人才的需求将不断增加。由于中外经济结算方式的差别，使得国际金融结算以及国际会计人才的需求量增多，并且此类国际人才的缺口数量非常大。有报道称，仅美国惠普公司的亚太金融结算中心就需要超过3 000名国际金融结算和会计人才，再加上5 000家外企，平均1家外企需要2个国际会计人才，那么重庆近2年至少急需10 000个本土国际金融结算和会计人才！

三、对当前金融投资实验课程体系的问题分析

经过对我校学生进入投资学专业学习的原因调查分析、学生对实验课程体系认识情况调查分析和投资学专业能力需求的市场调研，我们发现我校投资学专业现有的实验教学体系存在一些问题。

（一）实验课程安排与实际有脱节

从课题组发放问卷的统计情况来看，投资学专业学生认为实验课程体系设计中的问题主要集中在几个方面：一是即将毕业的学生在参加金融机构岗前培训时，感到学校实验课程设置不足，有的课程未开设实验课，有的课程实验课时太少，对于提高学生技能的作用不明显。二是当前我校投资学专业的实验课程主要采取实验室教学的模式，校外实训、校企合作的方式非常少，实验课程的设置容易受到市场上金融教学软件开发的限制。三是我校实验软件都是从软件开发公司购置的，软件开发公司与金融企业的实际业务脱节，影响了软件的实践可操作性。

（二）实验教学理念还有待更新

当前我校对于金融投资实验课程的定位存在一定的误差，不像国家重点财经类院校实验课程系统那样完整。一部分教师在教学思维上对实验课程重视程度不如理论课程，对于教学案例、手段等的熟悉程度不足，固有模式的教学往往使实验课不能吸引学生。另外就是学生不够重视实验课程，调查问卷显示：在经过专业方向选择后，学生往往只对感兴趣的实验课程认真完成。例如选择银行方向的学生消极对待证券实验课程，选择证券方向的学生又会消极对待银行实验课程等。

（三）未能结合社会需求设计实验课程

现在我校金融投资实验课程体系主要围绕理论课程体系来设置。按照教育部的整体规划思路，首先设置专业核心课程，再设置非核心课程。实验课程的课时安排及设计不是根据金融企业的需求来进行设计，而更多的是根据课程的安排来设计。例如，我校没有开设公司信贷和个人理财实验课程，它的重要性被大大降低，相关实验课程也被边缘化了。而对于商业银行这样的金融机构来说，信贷与理财产品仍旧是最主要的、对商业银行利润贡献占绝对优势的业务。

（四）实验教学方式单一

我校对金融投资实验教学采取的基本模式是：先学习理论知识，然后进实验室做实验；或者单独设置某些实验课程，加大课时量，变成单独的实训课程。在教学过程中，由于缺乏有效的实验课程指导教材，因此需要教师先熟悉软件操作再对学生进行指导，学生的自主创新能力很难提高，学生对实验课的兴趣也难调动起来。此外因为文科类实验课程固有的缺陷，学生的实验结果很难用一个好的方式来评价，教学方式的创新也就无法实现。

四、专业能力标准及体系构建

为了夯实投资学专业学生理论基础，更好地认清能力体系，开展对应的能力培养，我们从基础能力（包括一般基础能力和专业基础能力）、专业核心能力、拓展能力三个方面设计了投资学专业学生的能力体系，同时将其作为设计培养计划的基础。

根据投资学专业能力标准体系的内容与结构，我们构建了以能力为导向的投资学专业实验项目体系（见图1）。针对投资学专业能力培养体系的构建，我们对教学方案有了以下认识：

（一）基础理论与实验对专业培养的铺垫

一般基础能力主要是培养学生的社会交际、语言文字表达能力，同时培养学生计算机基础的应用能力。专业基础能力主要是培养学生的专业知识所能用到的专业基础理论，课程设置的主要目的是构建一套与专业能力体系相适应的基础理论课程体系，并作为实验和实践活动的支撑。其主要开设的实验或实训课程有计算机基础实验、程序设计基础实验、统计学实验、计量经济学实验、宏观经济模拟实验等。

```
                         ┌─ 一般基础能力 ──┬─ 社交、文字及语言表达能力
                         │                └─ 计算机及应用能力
                         │
                         ├─ 专业基础能力 ──┬─ 数量分析及运用能力
                         │                └─ 宏观经济分析能力
投资学专业本科生能力培养体系 ─┤
                         │                ┌─ 证券投资分析能力
                         │                ├─ 外汇交易能力
                         ├─ 专业核心能力 ──┼─ 投资理财能力
                         │                ├─ 银行业务操作能力
                         │                ├─ 财务管理及会计应用能力
                         │                └─ 金融风险分析与防控能力
                         │
                         └─ 拓展能力 ──────┬─ 创新创业能力
                                          ├─ 新技术应用能力
                                          └─ 其他能力
```

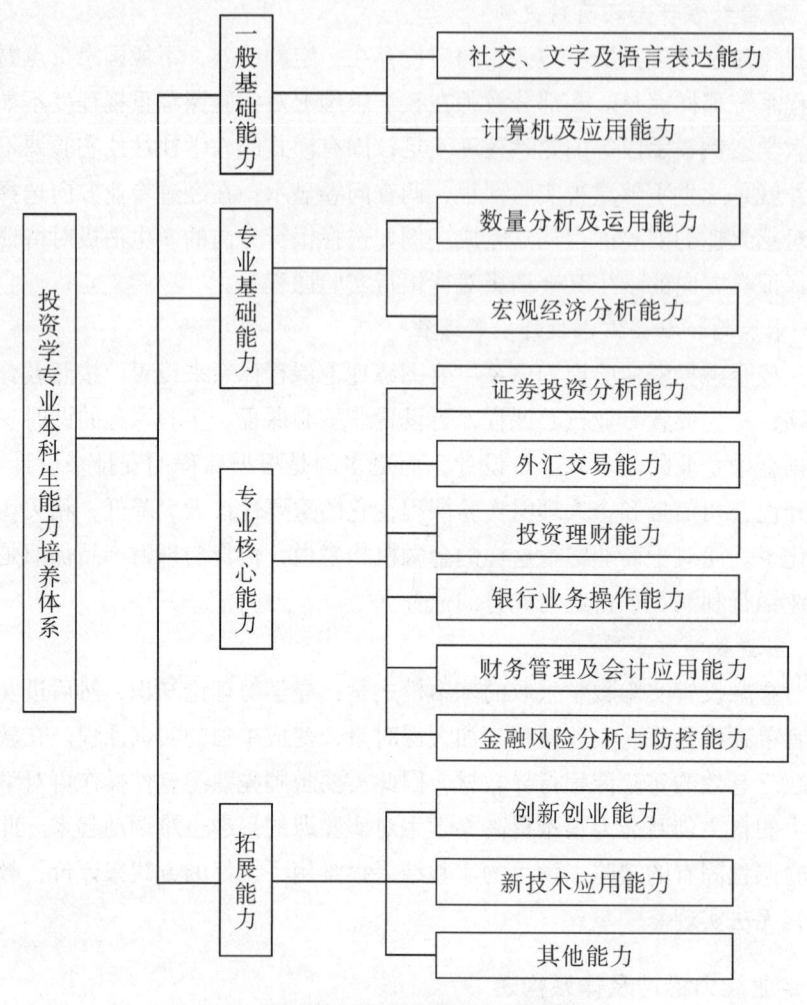

图1 投资学专业本科学生能力培养体系

（二）夯实专业核心能力培养的实验体系

实验体系的主要目标是培养金融投资的高级应用型人才，以便学生能在商业银行、证券公司、保险公司、集团财务公司、担保公司、投资银行、风险投资公司、资产管理等机构从事投资工作。专业核心能力包括证券投资分析能力、外汇交易与投资分析能力、投资理财规划能力、银行业务操作与经营管理能力、公司财务分析能力、投资项目评价能力、金融风险分析与防控能力。这些能力的培养主要集中在大学的第三学期至第六学期完成，实验课程体系有：证券投资分析实验、外汇理论与交易实验、投资理财规划实验、商业银行实务实验、会计学实验、投资项目评估实验、财务报表分析实验、金融工程实验和金融风险管理实验。

（三）拓展学生适应金融投资业务发展与创新的能力

主要目标是培养学生创业精神、综合运用能力、解决新生问题能力、管理沟通与协调能力，以便学生在未来能胜任金融投资管理的工作。拓展学生适应金融投资业务发展的能力包括创新创业能力、新技术应用能力、管理沟通与协调能力等。这系列能

力的培养主要集中在大学的第六学期至第八学期完成,实验课程体系有:创新创业综合实训、投资理财综合实训、开放实验(选修)、社会实践等。

(四)构建实验课程体系的思路

针对投资学专业学生在学习过程中容易出现的迷茫的情况,我们将学生在校期间的能力划分为不同阶段,对每一阶段的能力培养从实验教学的角度做了内容上的安排。见图2:

基础能力实验	专业感知实验	专业认知实验(主要是专业基础实验,它是专业核心课程基础工具)	专业核心实验(主要是专业核心实验,对本专业的学生培养起到提升专业知识和能力的作用)	综合运用能力实验(主要是针对本专业学生所学知识的一个综合运用的能力培养)
大学生通识能力	金融投资能力认识	专业发展基础能力培养	专业核心知识提升能力训练	综合知识运用能力训练
阶段一	阶段二	阶段三	阶段四	阶段五

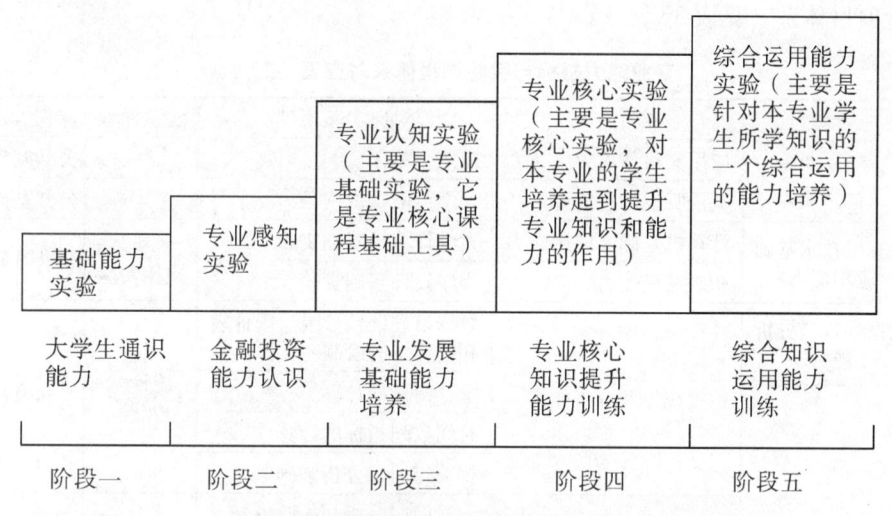

图2 基于投资专业能力进步的实验活动体系构建

第一阶段的基础能力实验计划开在第一、二学期,内容包括语言、文字表达及社交能力和计算机技术基础应用能力培训等,主要掌握对基础工具的运用。

第二阶段的专业感知实验计划开在第二学期,内容包括对金融企业参观、讲座、讨论会等。主要目的是让学生对自己的专业有一个感性的认识,初步了解自己的角色和职业定位,从而对未来四年内要学习哪些知识,进行哪些实践活动,以及这些知识的地位和作用有个初步的认识。

第三阶段的专业认知实验计划开在第三、四学期,主要是专业基础实验,让学生能够掌握金融基础工具,初步了解本专业所涉及的业务范围,金融投资业务发展方向和内在关系,增强学生学习理论知识的兴趣,为专业核心实验和综合运用与创新实验打下基础。

第四阶段的专业核心实验主要是投资学专业核心课程的实验,对本专业的学生培养起到提升专业知识和能力的作用。主要目标是培养金融投资高级应用型人才,以便学生能胜任在金融机构从事投融资的工作。

第五阶段的专业综合知识运用与创新能力实验主要是投资学专业课程的延伸,培养学生的综合知识运用能力,开发学生潜在的创新能力。

五、与专业能力指标对应的实验项目和课程体系

以现代金融市场的发展和金融投资教学规律和能力为导向,首先组合设计出基础能力、专业核心能力、创新与拓展能力的三大教学主体模块，同时按照投资学专业人才培养方案及教学大纲的内容要求，有重点的取舍模块内容，核心思想是提高学生的投资学专业技能。然后进一步明确各模块在学生未来工作中的意义和作用，完成模块教学应采取的权重和分值，确定模块教学所需的时数。最后将实验项目合并归类，组合为课程体系。

根据投资学专业能力标准体系的内容与结构，我们构建了以能力为导向的投资学专业实验项目体系（见表3）。

表3 专业能力指标与实验课程体系对应表

分类	主要能力	专项能力	对应实验项目	实验课程	课程类别
基础能力	语言、文字表达及社交能力	应用文写作能力	应用文写作		公共基础
		英语听说读写能力	大学英语听说读写		公共基础
	计算机技术基础应用能力	计算机基础及应用能力	大学计算机基础实验	计算机基础应用实验	公共基础
		初级编程能力	程序设计基础实验		公共基础
	数据处理与分析能力	数据统计及分析能力	数据整理统计分组、统计表和统计图的绘制	统计学实验	学科基础
			统计指标的计算		
			时间数列指标的计算		
			相关与回归分析基础		
	宏观经济分析能力	计量分析能力	一元回归分析与检验推断	计量经济学实验	学科基础
			多元回归分析与检验推断		
			多重共线性检验及弥补		
			自相关性与异方差性		
			分布滞后与自回归分析		
			联立方程组		
		国民经济运行分析能力	宏观经济运行模拟实验	宏观经济模拟实验	学科基础
		财政政策变动对金融市场影响分析能力	财政税收实验		
		货币政策变动对金融市场影响分析能力	货币政策工具实施模拟实验		
专业核心能力	会计与财务管理能力	会计处理能力	记账凭证的填制和审核	会计学实验	学科基础
			登记账簿		
			编制财务报表		
			财务报表的阅读和分析		
		财务管理能力	财务分析实验	财务管理实验	专业实验
			风险价值实验		
			资本成本分析		

表3(续)

分类	主要能力	专项能力	对应实验项目	实验课程	课程类别
专业核心能力	管理能力	基础管理能力	管理组织的初步认识	管理学实验	学科基础
			决策过程分析		
			计划制订		
			领导激励		
	金融营销及策划、谈判能力	金融营销能力	金融营销信息管理	金融营销实验	专业实验
			产品开发与管理		
			推销与销售管理		
			服务与客户关系管理		
		金融策划能力	金融营销计划与管理		
		商务谈判能力	商务谈判		
	金融投资业务操作能力	证券投资分析能力	证券交易与分析技术系统基本操作	证券投资分析实验	专业实验
			K线理论与股票买卖分析		
			形态理论与股票买卖分析		
			波浪理论与股票买卖分析		
			股票技术指标分析		
			大盘分析		
			个股分析		
		外汇交易与技术分析能力	外汇银行报价实验	外汇交易实验	专业实验
			外汇实盘模拟交易		
			外汇交易基本分析		
			外汇交易技术分析		
		投资项目评估能力	经济评价指标的计算	投资项目评估	专业实验
			投资项目财务评价实作：(1) 基础数据的估算与整理—辅助报表的编制；(2) 基础数据的整理—基本报表的编制；(3) 分析评价指标的计算；(4) 风险分析及财务评价报告的撰写		
		金融期货与期权交易和投资分析能力	期货期权市场行情与报价	金融期货与期权实验	专业实验
			期货期权模拟交易		
			期货期权交易基本分析		
			期货期权交易技术分析		
创新与拓展能力	创新创业能力	创新创业能力	素质拓展	创新创业实验	创新创业实验

六、重构后的专业实验课程体系及其在人才培养方案中的体现

实验课程体系设计的主要思路是以能力体系为指导,综合考虑理论知识学习的节奏,按照通识能力、专业基础能力、专业核心能力、金融业务发展与创新能力从低级到高级的逻辑顺序逐步推进,形成从通识基础实验到学科基础实验到专业核心实验再到专业综合应用及业务能力发展实验的不同阶段。

综上并结合理论课程体系,投资学专业实验课程体系在人才培养方案中的体现如图 3 所示。

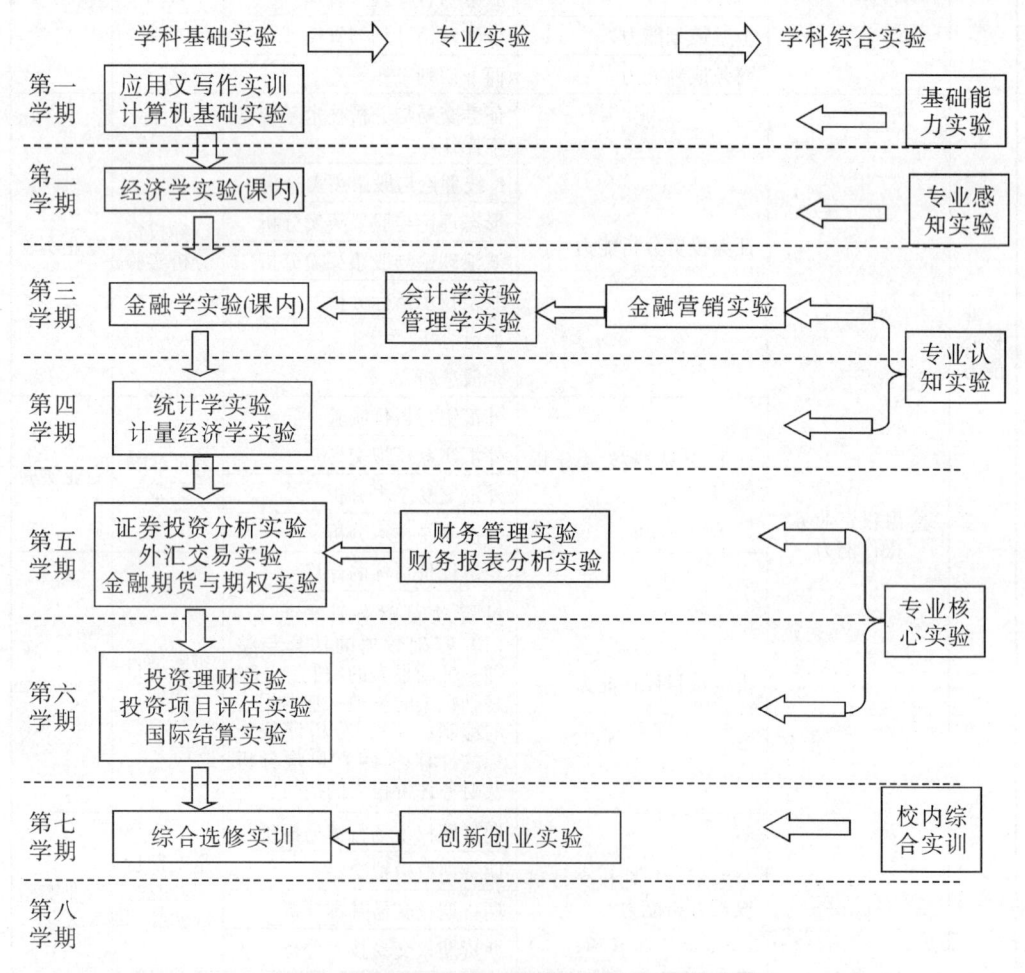

```
                 学科基础实验  ⟹    专业实验      ⟹    学科综合实验

第一学期    ┌─────────────┐                              ┌──────┐
           │应用文写作实训│                      ⟸       │基础能│
           │计算机基础实验│                              │力实验│
           └──────┬──────┘                              └──────┘
                  ┆
第二学期    ┌─────────────┐                              ┌──────┐
           │经济学实验    │                      ⟸       │专业感│
           │(课内)        │                              │知实验│
           └──────┬──────┘                              └──────┘
                  ┆
第三学期    ┌─────────────┐  ┌─────────────┐  ┌─────────────┐  ┌──────┐
           │金融学实验    │⟸│会计学实验    │⟸│金融营销实验  │⟸│专业认│
           │(课内)        │  │管理学实验    │  │              │  │知实验│
           └──────┬──────┘  └─────────────┘  └─────────────┘  └──────┘
                  ┆                                            ⟸
第四学期    ┌─────────────┐
           │统计学实验    │
           │计量经济学实验│
           └──────┬──────┘
                  ┆
第五学期    ┌─────────────┐  ┌─────────────┐                ┌──────┐
           │证券投资分析实验│⟸│财务管理实验  │        ⟸     │专业核│
           │外汇交易实验  │  │财务报表分析实验│              │心实验│
           │金融期货与期权实验│└─────────────┘              └──────┘
           └──────┬──────┘                                    ⟸
第六学期    ┌─────────────┐
           │投资理财实验  │
           │投资项目评估实验│
           │国际结算实验  │
           └─────────────┘

第七学期    ┌─────────────┐  ┌─────────────┐                ┌──────┐
           │综合选修实训  │⟸│创新创业实验  │        ⟸     │校内综│
           └─────────────┘  └─────────────┘                │合实训│
                                                            └──────┘
第八学期
```

图 3 投资学专业实验实训课程的先行后续关系

(项目负责人:唐平 项目组成员:靳景玉 江信毅)

工程管理专业能力导向
实验教学体系建设研究

重庆工商大学管理学院信息与工程管理系

一、背景

为充分体现《国家中长期教育改革和发展规划纲要》和《国家中长期人才发展规划纲要》的精神,进一步细化落实学校实验教学要件建设工作要求,结合经济管理类实验教学的特点及发展趋势、社会对工程管理专业人才的能力需求以及社会对执业资格准入制度的需求,健全和完善我校工程管理专业实验教学要件和实验教学体系,特开展本课程研究。

(一)实践教学的概念

实践教学作为大学人才培养中的重要环节,对于提高学生的综合素质,培养学生的创新精神和实践能力具有不可替代的重要作用。实践教学是高等学校整个教学活动中的一个重要环节,它侧重于对理论知识的验证、强化和拓展,具有较强的直观性和操作性。实践教学在培养、训练学生的观察能力和动手能力、学科研究能力、专业技能和创新能力等方面具有重要作用。

从狭义上讲,实践教学包括实验、实习、社会实践、课程设计、学年论文、毕业论文(设计)等。不同类型的实践教学环节在教学计划中的地位、顺序、时间分配等方面要符合培养目标的要求,要和相关课程相匹配。例如,河北工业大学从建校伊始就提出了"工学并举"办学思想。经过百年的传承和发展,按照人才培养目标要求不断深化实践教学内容的改革,大力加强实践教学条件建设,设计提出了由"四个层面"构成实践教学体系,并与理论教学紧密结合,实现了实践教学四年不断线。

工程管理专业实践教学相对于课堂教学而言,指的是实验、实习、课程设计、毕业设计(论文)等工程实践教学环节。而实践教育是一种制度化的教育理念,不单指实验、生产实习、毕业设计(论文)等工程实践教学环节,不能完全与实践教学等同,它更重要的体现在大学人才培养全过程中,贯彻实践教育的思想,通过课堂内外各个实践环节,全面构建完整的实践教育体系,提高大学的人才培养质量。[①]

---

① 中国石油大学(北京). 创新人才培养模式 提高人才培养质量 [J]. 北京教育(高教版),2008(1):26-28.

（二）工程管理实验和实践教学类型

按照工程管理专业的实验和实践教学的性质，可将其分为六种类型。

1. 理论验证型

如物理实验、工程力学实验等。此类实验以演示某些自然现象并揭示其内在规律为目的，使学生加深对基础理论的理解和掌握。通过实验，学生应具备材料力学性能的基本知识，并掌握其测试方法。

2. 技能训练型

以训练基本操作技能为目的。如计算机上机实验，训练学生的程序调试、数值计算、信息管理、工程绘图等方面的技能。再如测量实习，培养正确操作测量仪器的技能，从而能进行相关的工程测量工作和施工放样工作，并能在地形图上进行量算，进而确定建设项目的工程量并能够确定有关经费的概预算等。

3. 感性认识型

以增加典型工程建筑物感性认识为目的。例如认知实习，使学生了解各类工程项目的基本构造以及施工流程等。

4. 实验技术型

以培养实验数据采集和数据处理技术为目的。例如土力学实验，在具备土的物理力学性质的基本知识后，培养学生进行土的容重、比重、含水量、击实、直剪、黏性土的液限与塑限等的测试能力。例如建筑材料实验，在具备建筑材料成分、结构和工程技术性质关系基本知识的基础上，培养学生对常用的建筑材料（水泥、混凝土、砂浆、金属材料、木材、烧结材料等）进行实验和质量鉴定。

5. 专业应用型

以培养工程项目决策能力、工程项目全过程管理能力、研究和应用开发创新能力为目的。该方面的实践教学集中反映在各种课程实验、课程设计、生产实习等教学环节中。通过这些环节，培养学生综合应用基本知识、概念等基础理论和基本技术、方法、手段等实践技术，解决本专业的实际问题，例如工程建设项目评价、工程建设项目概预算、工程质量控制、工程成本控制、工程项目管理、工程建设监理及工程建设项目计算机辅助管理等。

6. 素质培养型

以提高综合素质特别是思想素质为目的，通过社会调查、社会实践、公益劳动、军事训练和国防教育等实践教学环节，使学生充分认识我国的基本国情，牢固树立实践第一和一切从实际出发的观点，增强历史使命感和工作责任心，使学生既具备健全的心理和健康的体魄，又具有良好的社会公德和职业道德。

（三）工程管理专业学生应获得的实践技能

工程管理专业是实践性很强的应用型专业，通过实践教学学习，学生应获得以下素质能力的培养：

（1）不仅要理解和掌握课堂所学的基本知识、概念、理论，而且要综合运用相关学科的基本技术、方法和手段，熟悉工程技术实践的方法和程序，提高分析和解决工程实际问题的能力。

（2）通过实验，培养学生的动手能力，细致的观察能力、严谨的学习态度和实事求是的作风。

（3）通过实践教学，进一步对学生进行马克思主义认识论的教育，进一步培养学生的创新意识和创新能力。还应培养学生作为一名科技工作者所应具备的思想素质和优秀品质，包括：诚实笃信、认真负责，严格遵守国家或行业的有关规范和仪器设备的操作规程；爱护公物，使用各级各类仪器设备时严谨细致；要有吃苦耐劳的精神、团结协作的风格等。

（四）工程管理专业实验教学的意义和作用

1. 工程管理实验教学的意义

工程管理专业实验教学环节是为了配合理论教学，通过实验将理论与实践相结合并运用于实践中，培养学生分析问题和解决问题的能力，加强专业训练和锻炼学生实践能力，努力培养和提高学生综合素质而设置的教学环节。

（1）工程管理专业实验教学是工程管理专业教学过程的重要环节

第一，实验教学是适应时代发展，培养社会所需人才的需要。随着我国改革的日益深化和开放的不断扩大，社会急需生产、建设、管理和服务等一线的应用型人才。用人单位选择人才不仅看文凭，还要看他是否具有实际操作能力。随着社会节奏的加快和市场竞争的激烈，用人单位越来越要求工程管理专业毕业生上手快，在招聘时大多要求有专业实践经验。工程管理是一门实践性极强的管理科学，工程管理专业实习作为工程管理专业教育重要的、不可忽视的实践性教学环节，已越来越多地受到工程建设单位及施工企业以及为工程管理行业及其相关岗位输送人才的高等院校的重视。

第二，实践性教学环节是理论教学的重要补充和有益延伸，是促使理论知识学习与实践能力培养有效结合的重要形式，是提高学生由知识向能力转化的主要途径。工程管理专业人才培养的目标是既懂工程技术又懂经济管理的复合性应用型人才，学科专业的特征必然要求大力开展工程管理实践教育。实践性教学与理论性教学具有同等重要的地位，通过实践性教学可以提高学生们的学习兴趣，是训练和提高学生能力以及检验教育教学质量的重要手段。实践性教学环节对于配合理论性教学，确保教学质量，培养学生分析问题和解决问题的能力，具有特别重要的意义。

第三，实验教学是培养学生动手能力的重要环节，对实现应用型人才的培养目标起着关键作用。加强实践性教学环节，通过模拟操作、强化实训、实验等实践性教学环节，培养学生的动手能力，可切实保证学生的专业技能训练质量，培养实用型人才。

工程管理专业的实践性教学环节根据培养方案、培养目标、培养计划的需要，可以设置包括认识实习、生产实习、课程设计、计算机应用及上机实践、毕业实习、毕业论文（设计）等环节，学时安排一般相当于学生整个大学阶段在校学习时间的1/4，这既是工程管理专业特色和要求的具体反映，更是培养学生具有较强实践能力的保证。其中，认识实习、生产实习、毕业实习三大实习环节对学生的影响与作用很大，同时也是学校实行开放办学，引导学生学以致用，接触社会的重要途径。能否安排、利用好实习活动，成为衡量实践性环节是否搞好的关键。

(2) 工程管理专业实验教学是造就和培养优秀工程管理人员的重要保证

随着国家社会经济水平的提高，工程建设及房屋建筑逐渐向着高档化、智能化的方向发展，工程管理的难度越来越大，需要有丰富的工程管理经验和专业知识的人员才能胜任工程管理相关工作。工程管理专业实习为培养优秀工程管理人员提供了如下保证：①时间保证。我国高等教育在课程结构体系及单一课程教学内容编排上，由于较多强调全面、严谨、自成体系，造成教学课时屡压不减，大量挤占实践教学，与国外一些高校相比，我国高校的实践课程时数偏少。因而，安排一定数量的实习实践活动是学生能力与素质培养的重要保证。②场所保证。工程管理专业实习的场所是保证实习正常进行的条件之一，采用分散式实习方式从某种角度解决了实习场所紧缺的问题，打破传统的实习模式，也打破了以往只靠学校解决实习单位的情况，实现了固定实习场所和分散实习场所的有效互补，同时，在一定地域范围内建立较为稳定的实习基地。③师资队伍保证。实习必须在有经验的教师指导下进行，因此，除了工程管理专业教师之外，应选择有经验的优秀工程管理人员担任兼职实习指导教师，建立一支专职与兼职的工程管理实习指导教师队伍，对提高实习质量、培养学生综合素质和创新能力十分有益。

(3) 工程管理专业实验教学是创新型工程管理人才培养的关键途径

创新型人才的特征是具备高度的责任感、个性化、自主学习的意识和能力、具备合作精神和合作能力。在实践教育中，学生学习更为主动，学习方式更为灵活，思维训练更为开放。工程管理实践教学中设置综合性、设计性实验既能够锻炼学生对所学知识的综合应用能力，又能够充分发挥学生在学习过程中的积极性，从而有目的地进行探索和研究。工程管理实践教学对于提高学生综合素质，培养学生创新精神与实践能力有着理论教学不可替代的特殊作用。因此，为了提升工程管理专业学生的创新能力，必须进一步强化实践教育和实践教学，构建以老师为主导、学生为主体，师生结合的教学实践、社会实践、科研实践、生产实践教学体系。

2. 工程管理专业实验教学的作用

(1) 有利于提高学生综合素质、培养学生的创造力

由于工程管理涉及技术、经济、管理、心理、法律多方面的知识，它既要面对业主，又要面对政府的各个主管部门，它的管理范围相当广泛，服务项目多元化，是一种特殊的服务行业，搞好工程管理需要从事工程管理的人员具备良好的综合素质与创造力。设置工程管理实习这样的实践性教学环节，正是为学生提供了综合运用所学知识的时间与空间，学生可以在各类工程——尤其是建筑工程项目、房地产及物业管理企业的各个重要环节上实习，既有技术操作性强的实习岗位，又有服务、经营、管理等实习岗位，学生通过实际运用把课堂上学来的知识变成自己的东西。由于实习环节的综合性与灵活性，就为学生提供了综合运用所学知识的机会和场所，在实习期间所要解决的问题与涉及的知识，既可能是技术方面的，又可能是经济、管理方面的，甚至还会是法律方面、心理方面的；既可以是基础知识，也可能是专业基础或专业知识；既要考察知识掌握情况，又要求学生运用所学的知识去解决实际问题，还会涉及文字、语言表达、组织、宣传、公关能力。在实习期间学生的综合素质与创新能力可

以得到了充分的检验。实习环节对学生的要求和课堂教学的差别，有利于充分调动学生的想象力与创造力，实习环节对学生的素质与能力的培养能起到课堂所不能起到的作用。

（2）有利于全面考查课堂教学的效果

课堂教学对学生的检验、考查，往往局限于书本知识，通过工程管理实习，学生往往能发现自己所学基础知识、专业基础与专业课存在的不足，或是基础不扎实，或是知识面不够，或是运用知识的熟练程度与灵活性的缺陷。学生通过实习常常能增强奋发学习的自觉性，并能在今后的学习过程中自觉地拾遗补缺，主动地、有针对性地学习。

通过工程管理实习，又能检验教学计划、课程设置、教学内容，以至教师教学方法上存在的不足。因为学生实习中暴露出来的一些问题，正是对教师教学存在问题的反应，如果学校管理部门、教师能自觉总结学生实习中存在的问题，一定能使工程管理专业的教学计划、课程设置、教学内容，以及教学方法得到不断改进，并逐步完善。

（3）有利于学生逐步融入社会

工程管理专业作为管理类专业之一，它既有其自身的个性，又有管理专业的共性。以工商管理专业为例，工商管理对学生的选择是有条件的，如美国麻省理工学院斯隆商学院在挑选学生时，不但要考察其在大学期间的成绩，更要考察其工作经验、背景，以及相关的能力——总之十分重视学生的实践背景，其目标就是培养一流的企业以及各类组织的领导人员，使他们有领导才能，有创造能力，能用新的办法、新的思路去经营企业。同时，工商管理专业在教学过程中仍然十分突出理论联系实际，其特色之一是实施案例教学。与传统的灌输式教学不同的是，案例教学要求学生对具体的管理情景做出反应，学生经教师引导进入到具体的管理情景之中，面对管理过程中提出的两难问题，教师与学生共同思考，层层剖析，互相质疑。工商管理专业的另外一个特色是重视学生实践能力的提高，如我国对外经贸大学工商管理学院把商务部的几家总公司作为学生的实习场所，此外他们还将实习生派往摩托罗拉、爱立信以及英国石油公司等设在中国的分部，甚至直接派往普华永道为代表的国际会计师事务所。这些单位把实习生像雇员一样放手使用，使得学生在实习期间视野大开，积累了课堂上无法得到的实践经验，培养出来的学生受到企业界认同。

当然，工程管理专业与工商管理专业所培养的人才的类型是不一样的，但是它在重视实践教学方面的要求应该是与工商管理专业相同的，重视案例教学与加强工程管理实习，在工程管理专业教学计划中也就显得十分突出。与工商管理专业有所不同的是工程管理专业培养的学生，或直接面对工程项目、或直接面对工程使用者和业主，因而对于每一个从事工程管理的人员来讲，都应该具有超前的管理意识、持久的服务水准，管理过程中能发挥主观能动性。同时，以人为本，加强沟通的理念，使得现代管理内容之一——与员工的沟通、与客户的沟通、与承包商的沟通都更为重要。对从事工程管理人员的这些要求，在课堂上是不能全部学到的，也不可能在校园里得到亲身实践，只有在社会实践中才能逐步做到。工程管理实习为学生提供了这种机会，使学生亲身去面对工程项目、面对工程使用者、面对业主。通过实习，进行接触，逐步沟通，了解建筑业及房地产业的社会需求和实际困难与问题，了解不同层次的承包商、分包商、业主的需要，了解工程项目、房地产项目、物业管理项目的实际的操作过程、操作惯例、操作要求，了解社会对工程管理项目及企业的评价，以及管理中存在的问题等。

总之，工程管理实验教学环节为学生逐步融入社会提供了机会，使学生能了解现实社会的生存结构，领略现实社会的各种各样的问题，积累社会工作的经验。因此，工程管理实验在专业教育中确实占有重要的位置。

二、专业能力需求调研

（一）工程管理专业实验教学体系设计思路

工程管理专业实验教学体系设计遵循能力导向原则，即以本专业能力需求标准为依据设计实验项目和实验课程。

本专业在设计专业实验课程体系时，应该首先对专业人才需求进行调研，特别是社会对各专业人才的能力需求内容；其次，应根据调研情况归纳提炼本专业能力标准；再次，根据能力标准设计实验项目；最后，将若干实验项目整合成实验课程。流程如图1。

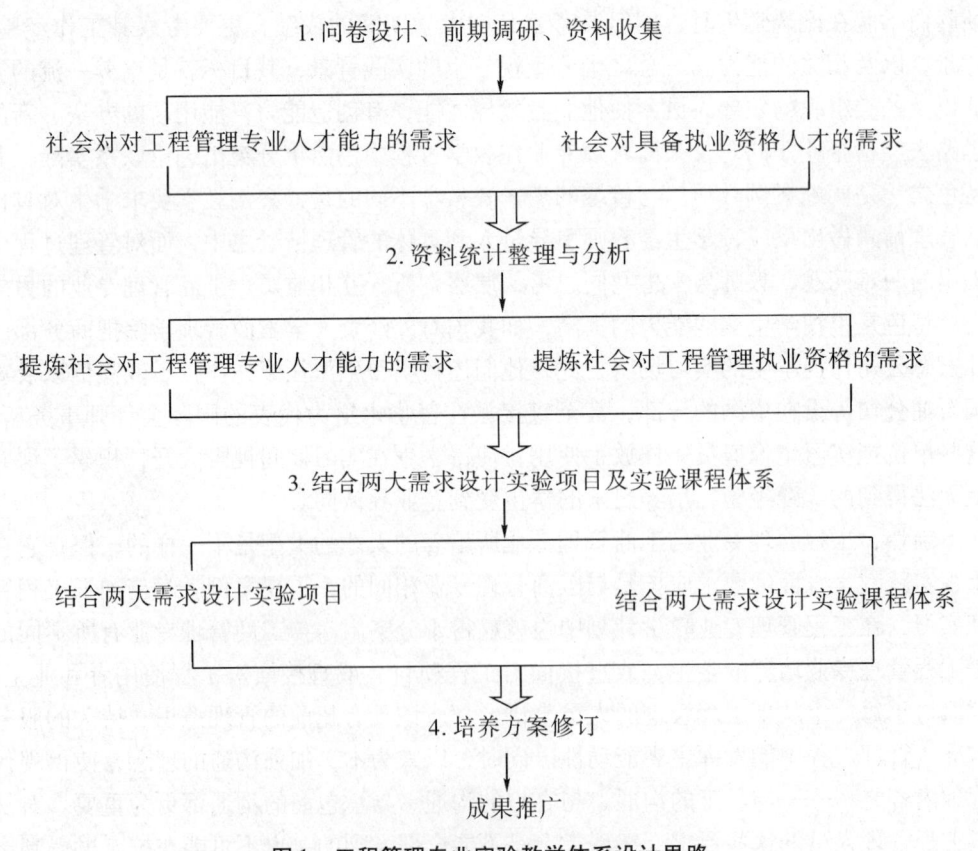

```
1.问卷设计、前期调研、资料收集
    ↓
社会对工程管理专业人才能力的需求    社会对具备执业资格人才的需求
    ↓
2.资料统计整理与分析
    ↓
提炼社会对工程管理专业人才能力的需求    提炼社会对工程管理执业资格的需求
    ↓
3.结合两大需求设计实验项目及实验课程体系
    ↓
结合两大需求设计实验项目    结合两大需求设计实验课程体系
    ↓
4.培养方案修订
    ↓
成果推广
```

图1 工程管理专业实验教学体系设计思路

（二）课题工作计划及人员安排

1. 工作计划

（1）2011 年 2～3 月：召开本专业培养方案及实验课程体系座谈会，整理座谈会资料。

（2）2011 年 4 月：设计调查问卷、发放及回收问卷、统计问卷。

（3）2011 年 5～6 月：前期资料汇总整理，完成中期报告。

（4）2011 年 7 月：论证报告初稿撰写、修改、定稿。

2. 人员安排

表 1　　　　　　　　　　　具体实验课程及课程负责人

序号	实验课程	负责人	建设内容
1	工程项目管理	郑欢	①实验指导书 ②实验教学大纲（实验项目） ③实验项目卡片 ④实验课程考核办法 ⑤授课计划 ⑥实验报告模板
2	房地产经营管理	肖艳	
3	AutoCAD 建筑制图	黄先德	
4	工程估价（建筑工程概预算）	肖兵	
5	（土地）测量学	臧亚君	
6	建设工程招投标与合同管理（新增）	黄居林	
7	房地产估价（课内实验）	肖艳	
8	投资项目评估	陈晓莉	

（三）调研过程及结论

1. 毕业生座谈会资料整理

表 2　　　　　　　　　　　毕业生座谈资料内容整理

序号	内容
1	毕业后如果从事施工员工作，对技术性要求较高，感觉建筑方面的知识学的太少了
2	需要加强识图能力、标准图集、工程施工验收规范、测量仪器等的学习
3	专业方向必须明确，要有专业的特色
4	感觉专业施工类和技术类的课程较笼统，课时量不够；专业知识泛而不专
5	工程管理专业目前比较缺乏管理型人才，希望能够为学生在校期间进行一个职业规划，让学生明确学习方向，以便平时进行知识的积累
6	希望学校为学生创造一个良好的外部环境，利用寒暑假多安排社会实践
7	建议大二时就把专业方向分清楚，否则什么都学一些，什么都学不精，缺乏竞争力
8	如何把宽口径和学生个人兴趣结合起来，可否推行类似导师制的方式，在大一或大二阶段根据每位学生的兴趣分配专业导师，持续跟踪到学生毕业，引导学生找到适合自己的发展方向和发展目标
9	希望学校能够增加教学硬件设施的投入，加强学生的动手能力
10	个别学生认为专业方向不宜分得太细，因为约有四分之一的学生毕业后并未从事本专业相关的工作

2. 用人单位座谈会资料整理

（1）建筑公司如何用人？学生如何适应企业环境？我们认为比较关键的一点是学生要有技术，要突出自己某一方面的特长。进入企业之后，能够明确自己到底能做哪方面的工作，以便企业根据情况进行合理安置。学生实践方面的能力可通过到校企合作实习基地锻炼。学生在实践过程中要虚心、务实，在施工现场待的时间要长，要认真、吃苦。其中，学生需要锻炼的最核心的能力是要能够看懂图纸。

（2）学生在专业知识的学习过程中要结合某一个方向来学习，突出自身特长，方能走上管理岗位。特别是学生建筑识图方面的能力要加强。

（3）学校工程管理专业毕业生总体上素质较好，基础知识扎实，求知欲强。学生要结合个人的爱好学好专业知识。建议学生在大一或者大二阶段根据自己的兴趣进行定位，这一点非常重要。

（4）目前企业比较缺乏的是施工管理（建筑管理）人才，学生在校期间应抽出 2~3 个月的时间来接触本行业，增强理性和感性认识，在第 4 学期末的暑假进行专业实习。目前学生比较突出的一个问题是缺乏专业技术支撑。单位比较注重学生的实践经验，需要专业的人才，需要学生具备专业知识。

（5）传统（文化）教育应贯穿于大学教育的始终，学生为人处世的态度和应变能力也很重要。要培养学生对企业的忠诚度，做一行，专一行，爱一行。

3. 问卷调查统计结果

（1）调查对象统计

表3　　　　　　　　　　　调查对象性别构成

调查对象性别	调查人数（人）	比例
男	28	70%
女	12	30%
合计	40	100%

表4　　　　　　　　　　　调查对象学历

调查对象学历	人数（人）	比例
大专	5	12.50%
本科	27	67.50%
硕士	7	17.50%
其他	1	2.50%
合计	40	100%

表5　　　　　　　　　　　调查对象现职业

调查对象职业	人数（人）	比例
高校教师	2	5%
施工现场管理	8	20%

表5(续)

调查对象职业	人数（人）	比例
工程监理	1	2.50%
项目管理	5	12.50%
房地产策划	2	5%
置业顾问	1	2.50%
造价	9	22.50%
项目咨询	7	17.50%
其他（建材销售等）	5	12.50%
合计	40	100%

表6　　　　　　　　　　调查对象从事现职业的时间

调查对象从事现职业的时间	人数（人）	比例
一年以内	10	25%
一到三年	8	20%
三到五年	10	25%
五年以上	12	30%
合计	40	100%

表7　　　　　　　　　　调查对象目前月收入

调查对象目前月收入	人数（人）	比例
3 000元以下/月	10	21.43%
3 000至5 000元/月	8	40.48%
5 000至10 000元/月	10	26.19%
大于10 000元/月	12	11.90%
合计	40	100%

（2）课程设置及能力需求调查统计

表8　　　　　　　　　　理论课程情况

课程名称	重要程度				
	非常重要	比较重要	一般	比较不重要	非常不重要
管理学	30%	43%	25%	0%	3%
运筹学	25%	20%	45%	5%	5%
西方经济学	8%	40%	38%	10%	5%
工程经济学	40%	53%	5%	3%	0%
会计学	15%	53%	25%	0%	8%
统计学	18%	40%	35%	5%	3%
经济法	28%	48%	18%	5%	3%

表8（续）

课程名称	重要程度				
	非常重要	比较重要	一般	比较不重要	非常不重要
建筑法规	58%	23%	15%	3%	3%
工程合同法律制度	60%	28%	8%	3%	3%
FIDIC 土木工程施工合同	48%	30%	13%	3%	8%
管理信息系统	15%	30%	38%	13%	5%
程序设计基础（VF）	5%	18%	38%	35%	5%
专业英语	5%	13%	55%	23%	5%
建设识图与初步	63%	35%	0%	0%	3%
AutoCAD	65%	28%	5%	0%	3%
测量学	45%	33%	18%	3%	3%
房屋建筑学	50%	28%	20%	3%	0%
工程项目管理	63%	33%	3%	0%	3%
建筑材料	48%	30%	18%	3%	3%
建筑施工	50%	30%	15%	3%	3%
建筑结构	40%	45%	10%	3%	3%
工程估价	53%	43%	3%	0%	3%
工程项目成本管理	65%	25%	8%	0%	3%
工程质量与安全管理	50%	25%	23%	0%	3%
建设工程监理理论与实务	33%	33%	28%	8%	0%
施工组织与进度管理	48%	33%	15%	5%	0%
建筑工程招投标与合同管理	55%	30%	13%	0%	3%
建筑设备概论	20%	35%	30%	13%	3%
建筑力学	28%	33%	25%	15%	0%
平法讲座	50%	18%	18%	13%	3%
房地产经营与管理	48%	38%	13%	0%	3%
房地产估价	45%	45%	8%	0%	3%
房地产经济学	28%	48%	23%	0%	3%
房地产营销策划	33%	30%	30%	8%	0%
房地产投资分析	40%	48%	5%	5%	3%
城市规划	20%	35%	40%	5%	0%
物业管理与实务	13%	28%	43%	18%	0%
土地管理	18%	25%	53%	5%	0%
建筑企业管理	23%	30%	43%	5%	0%
房地产经纪实务	28%	28%	33%	13%	0%
建设工程项目融资	30%	50%	15%	3%	3%
投资项目评估	55%	28%	15%	0%	3%
项目风险管理	35%	35%	25%	0%	5%

表9　　　　　　　　　　　　　实验课程及实习设置

类别	课程名称	重要程度				
		非常重要	比较重要	一般	比较不重要	非常不重要
管理类	管理学实验	32.50%	20%	37.50%	7.50%	2.50%
	会计学实验	24.44%	40%	24.44%	4.44%	6.68%
	统计学实验	27.50%	27.50%	27.50%	12.50%	5%
信息技术	大学计算机基础实验	40%	40%	17.50%	0%	2.50%
	程序设计基础实验	15%	27.50%	35%	20%	2.50%
	管理信息系统实验	17.50%	25%	30%	17.50%	10%
专业实验	AutoCAD实验	60%	32.50%	2.50%	5%	0%
	工程项目管理实验	57.50%	27.50%	12.50%	0%	2.50%
	房地产经营与管理实验	37.50%	42.50%	15%	2.50%	2.50%
	测量学实验	57.50%	15%	17.50%	7.50%	2.50%
	工程估价实验	52.50%	40%	5%	2.50%	0%
	投资项目评估实验	45%	35%	17.50%	2.50%	0%
	房地产估价实验	52.50%	32.50%	12.50%	2.50%	0%
	建筑工程招投标与合同管理实验	60%	27.50%	7.50%	2.50%	2.50%
实习	入学教育（含专业导读）	37.50%	35%	20%	7.50%	0%
	专业认知实习	60%	25%	10%	5%	0%
	校内综合模拟实训	50%	22.50%	17.50%	5%	5%
	学年论文	42.50%	20%	30%	2.50%	5%
	毕业论文（设计）	57.50%	25%	15%	0%	2.50%

表10　　　　　　　　　　　　　学生的能力需求

类别	能力	重要性（比例）			
		非常重要	比较重要	一般	非常不重要
能力一：通识能力	执行力	90%	10%		
	沟通能力	92.50%	7.50%		
	协作能力	75%	25%		
	组织管理能力	72.50%	25%	2.50%	
	逻辑思维能力	77.50%	20%	2.50%	
	学习新知识的能力	70%	20%	10%	
	分析及解决问题的能力	90%	10%		
	适应能力	65%	35%		
	主动实践能力	67.50%	27.50%	5%	
	创新能力	60%	22.50%	15%	2.50%

表10（续）

类别	能力	重要性（比例）			
		非常重要	比较重要	一般	非常不重要
能力二：专业技能	识图能力	75%	25%		
	绘图能力	37.50%	40%	20%	2.50%
	测量仪器使用能力	45%	30%	20%	5%
	CAD 软件运用能力	57.50%	35%	7.50%	
	工程造价软件运用能力	62.50%	32.50%	2.50%	2.50%
	房地产估价能力	40%	47.50%	10%	2.50%
	营销策划能力	42.50%	45%	7.50%	5%
	招投标能力	42.50%	35%	17.50%	5%
	合同、资料管理能力	42.50%	30%	22.50%	5%
	项目经济分析能力(可研)	45%	35%	15%	5.00%
	项目管理能力	50%	37.50%	12.50%	
	建筑材料、设备识别能力	35%	35%	27.50%	2.50%
	财务管理能力	25%	40%	30%	5%
	统计分析能力	27.50%	32.50%	32.50%	7.50%
	信息管理与处理能力	32.50%	32.50%	32.50%	2.50%

（3）社会对工程管理专业人才能力的需求调查

表11　　　　　对目前学生中出现的"考证热"看法统计

对考证热的看法	比例
证书越多越好	4.76%
主要看工作能力，有没有证书无所谓	16.67%
最好拥有一两种专业资格证书	78.57%
合　计	100%

表12　单位（公司）在招聘工程管理专业的高校应届毕业生对学历的要求

对应届毕业生学历的要求	比例
博士	6.25%
硕士	18.75%
本科生	56.25%
专科生	10.42%
不要求	8.33%
合计	100%

表 13　　　　　单位（公司）对高校应届毕业生外语水平的要求

对应届毕业生外语的要求	比例
英语六级	5%
英语四级	40%
不作要求	55%
合计	100%

表 14　　　　　单位（公司）对高校应届毕业生计算机水平的要求

对应届毕业生计算机水平的要求	比例
掌握计算机基础知识并能熟悉使用办公自动化软件	73.33%
掌握计算机基础知识并能熟一种高级计算机语言	2.22%
掌握计算机技术、信息管理技术、数据库技术及网络技术	4.44%
掌握计算机的基础理论和专业知识，熟悉软件工程、数据库和计算机网络的基本原理和技术	20%
合计	100%

表 15　　　　单位（公司）认为目前应届毕业生在踏上工作岗位前最欠缺调查

认为目前应届毕业生工作前最欠缺	比例
职业生涯规划指导	15.38%
职业道德教育	13.46%
行业背景知识	19.23%
专业技能	44.23%
其他	7.70%
合计	100%

表 16　　　　单位（公司）认为应届毕业生不能胜任工作的主要原因调查

应届毕业生不能胜任工作的原因	比例
专业知识欠缺	14.75%
沟通能力不够	19.67%
社交能力不够	10.66%
协作能力不够	9.02%
创新能力不够	4.92%
学习能力不够	6.56%
承受压力能力不够	16.39%
责任心不强	13.93%
职业道德欠缺	1.64%
其他	2.46%
合计	100%

三、工程管理专业能力及体系构建

工程管理专业实验课程体系的构建思想是：以体现"人才和能力需求→确定就业方向→确定能力→确定实验项目→确定实验课程"的原则，每一岗位的技能由一个系列课程教学进行培养，形成系列交叉课程链。

（一）能力需求体系

根据调研统计，我校工程管理专业学生应该具备以下通识能力和专业能力：

表 17　　　　工程管理专业学生应该具备的通识能力和专业能力

类　别	能　力
能力一：通识能力	执行力
	沟通能力
	协作能力
	组织管理能力
	逻辑思维能力
	学习新知识的能力
	分析及解决问题的能力
	适应能力
	主动实践能力
	创新能力
能力二：专业技能	识图能力
	绘图能力
	测量仪器使用能力
	CAD 软件运用能力
	工程造价软件运用能力
	房地产估价能力
	营销策划能力
	招投标能力
	合同、资料管理能力
	项目经济分析能力（可研）
	项目管理能力
	建筑材料、设备识别能力
	财务管理能力
	统计分析能力
	信息管理与处理能力

我校的工程管理专业实验教学总的课程体系及实习包括管理类实验、信息技术类实验、专业实验及实习这几类，如下表所示：

表18　　　　　　　　　　　工程管理专业实验教学课程体系

类别		类别	课程名称
管理类	管理学实验	信息技术	大学计算机基础实验
	会计学实验		程序设计基础实验
	统计学实验		管理信息系统实验
专业实验	工程项目管理实验	实习	入学教育（含专业导读）
	房地产经营与管理实验		专业认知实习
	AutoCAD实验		校内综合模拟实训
	测量学实验		学年论文
	工程估价实验		毕业实习
	投资项目评估实验		毕业论文（设计）
	房地产估价实验（新增课内）		
	建筑工程招投标与合同管理实验		

以下重点介绍工程管理专业能力与实验课程体系设置。

（二）专业能力与对应课程

综合以上的调研统计结果，为了达到各专业技能要求的教学目标，根据本专业人才培养目标与能力体系，分析出本专业学生必须掌握的能力与课程体系结构如下。

表19　　　　　　工程管理专业学生必须掌握的能力与课程体系结构

序号	技能	核心知识技能单元	课程名称
1	识图能力 绘图能力 CAD软件运用能力	①绘制建筑工程施工图、竣工图 ②识读建筑工程施工图 ③阅读和编制工程图技术说明 ④应用CAD进行技术工作	CAD理论及实验、建筑识图与初步、房屋建筑学
2	建筑材料、设备识别能力	①常用建筑材料的性能及应用 ②常用建筑材料的检验、存放及保管 ③常用建筑材料的基本技术指标及检测 ④建筑材料检验报告单的审查	建筑材料、建筑识图与初步、房屋建筑学
3	测量仪器使用能力	①定位及抄平放线、垂直度控制 ②建筑变形观测	测量学、建筑施工
4	项目管理能力 信息管理与处理能力	①建筑工程质量、进度、投资控制 ②建筑工程合同、信息、安全管理 ③计划管理、目标管理、采购管理、财务管理、人力资源管理 ④各方关系的协调，有效的沟通和团队合作	工程项目管理、建筑施工、建筑力学、建筑结构
5	工程造价软件运用能力	①进行土建工程量的计算 ②准确应用各种计量计价文件 ③编制土建工程预算 ④进行土建工程的工料分析 ⑤参与竣工决算	工程估价、建筑施工、施工组织与进度管理、建筑识图与初步、房屋建筑学

表19(续)

序号	技能	核心知识技能单元	课程名称
6	建筑施工组织与管理能力	①编制一般建筑工程的施工组织设计 ②施工现场的布置及施工方案的制订 ③施工现场管理 ④施工进度计划的编制 ⑤施工内业文件的编制和归档 ⑥参与图纸会审及技术交底 ⑦安全施工管理 ⑧工程事故的分析与处理	建筑法规、建筑工程招投标与合同管理、建筑施工、施工组织与进度管理
7	建筑工程监理能力	①建筑工程质量、进度、投资控制 ②建筑工程合同、信息、安全管理	工程质量与安全管理、建设工程监理理论与实务、施工组织与进度管理、建筑法规、建筑工程招投标与合同管理
8	招投标能力合同、资料管理能力	①编制标底、投标报价 ②建筑工程合同、信息、安全管理	建筑法规、建筑工程招投标与合同管理、工程估价
9	房地产估价能力	①掌握三大基本估价方法 ②独立出具房地产估价报告	房地产估价、工程经济学、房地产经济学、房地产投资分析

(三) 专业能力指标与职业资格对应表及实验课程与职业资格对应图

表20 工程管理专业能力与三大职业资格证书要求

序号	典型工作	能力构成	技术标准要求	职业资格证书要求
1	施工现场施工组织与管理	识读施工图的能力	熟练	土建施工员证、一二级建造师
1	施工现场施工组织与管理	测量放线的能力	熟练	土建施工员证、一二级建造师
1	施工现场施工组织与管理	施工技术的能力	熟练	土建施工员证、一二级建造师
1	施工现场施工组织与管理	施工现场施工组织与管理的能力	熟练	土建施工员证、一二级建造师
2	工程概预算	编制土建工程造价的能力	熟练	造价员证
2	工程概预算	编制标底、投标报价的能力	熟练	造价员证
2	工程概预算	参与竣工决算	熟练	造价员证
3	建筑工程监理	建筑工程质量、进度、投资控制的能力	熟练	土建监理员证
3	建筑工程监理	建筑工程合同、信息、安全管理的能力	熟练	土建监理员证
3	建筑工程监理	建筑工程各参与方的关系协调的能力	熟练	土建监理员证

```
                    ┌─────────────────────────────────────────────┐
                    │ 项目管理及施工组织与管理能力：施工员岗位      │
                ┌──▶│ 工程项目管理、建筑工程招投标与合同管理、建筑 │──┐
                │   │ 施工、施工组织与进度管理、CAD               │  │
                │   └─────────────────────────────────────────────┘  │
                │   ┌─────────────────────────────────────────────┐  │
                │   │ 工程造价分析能力、识图及绘图能力：造价员岗位 │  │
                ├──▶│ 工程估价、建筑施工、施工组织与进度管理、建筑 │──┤
                │   │ 识图与初步、房屋建筑学、CAD                 │  │
         专     │   └─────────────────────────────────────────────┘  │   职
         业     │   ┌─────────────────────────────────────────────┐  │   业
         能     │   │ 建筑工程监理能力：监理员岗位                 │  │   资
         力     ├──▶│ 工程质量与安全管理、建设工程监理理论与实务、 │──▶│   格
         及     │   │ 施工组织与进度管理、建筑法规、建筑工程招投标 │  │   证
         素     │   │ 与合同管理、CAD                             │  │   书
         质     │   └─────────────────────────────────────────────┘  │
                │   ┌─────────────────────────────────────────────┐  │
                │   │ 测量仪器使用能力：测量员岗位                 │  │
                ├──▶│ 测量学、建筑施工、工程质量与安全管理         │──▶│
                │   └─────────────────────────────────────────────┘  │
                │   ┌─────────────────────────────────────────────┐  │
                │   │ 建筑材料、设备识别能力：材料员岗位           │  │
                └──▶│ 建筑材料、建筑识图与初步、房屋建筑学         │──▶│
                    └─────────────────────────────────────────────┘  │
         专          ┌─────────────────────────────────────────────┐  │
         业          │ 通识教育模块及学科基础课：思想政治理论、语文、数 │
         基      ──▶│ 学、英语、体育及文化素质课；管理学实验、会计学实 │
         础          │ 验、统计学实验、大学计算机基础实验、程序设计基础 │
         能          │ 实验、管理信息系统实验                       │──┘
         力          └─────────────────────────────────────────────┘
```

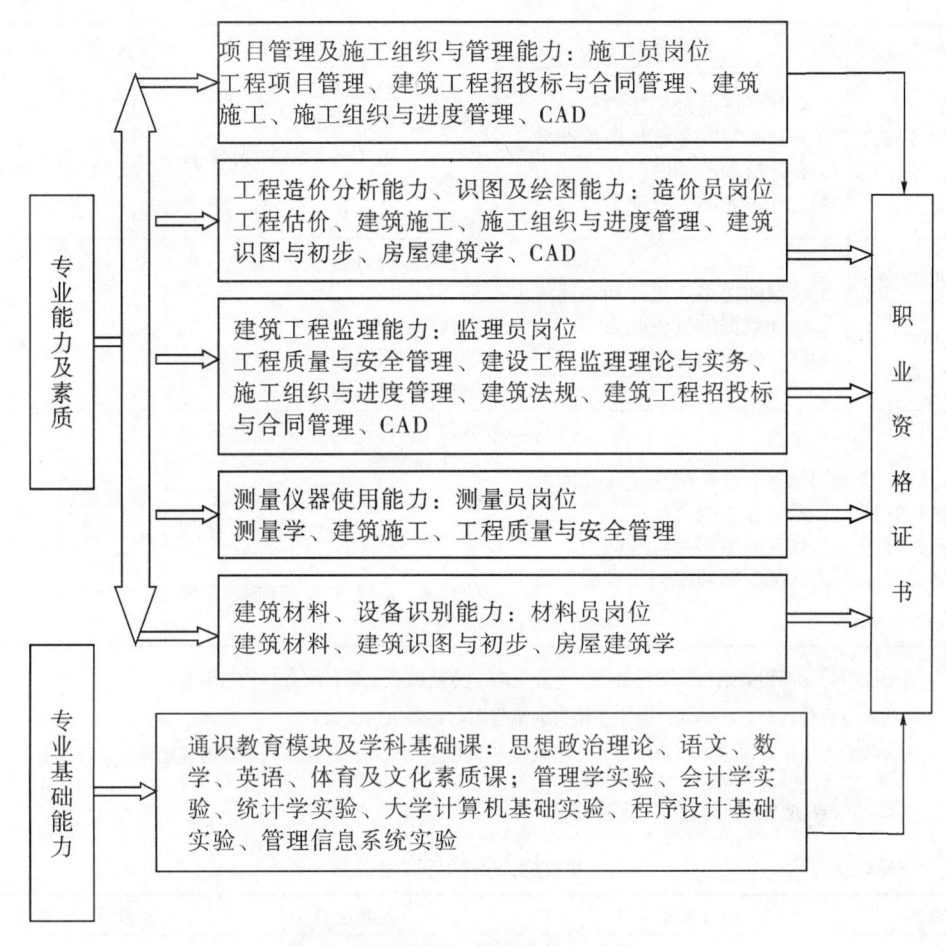

图 2　实验课程与职业资格对应图

四、专业能力指标与实验项目和课程体系对应表

（一）管理类专业基础能力指标与实验课程

表 21　　　　　　　管理类专业基础能力指标与实验课程

能力类别	能力标准	实验项目	实验课程	课程类别
能力一：管理基础通识能力	①管理决策能力 ②计划能力 ③领导与激励能力 ④组织设计和调整能力 ⑤执行力、沟通能力 ⑥协作能力 ⑦适应能力和创新能力	项目1：决策过程分析（模拟商务决策） 项目2：计划分析与制订演练 项目3：领导与激励的模拟演练 项目4：组织设计和调整练习汇报	管理学实验	学科基础

表21（续）

能力类别	能力标准	实验项目	实验课程	课程类别
能力二：财务与会计基础能力	①会计凭证的处理能力 ②会计账簿的登记与解读能力 ③会计报表的编制与解读能力 ④会计报表的分析能力	项目1：记账凭证填制实验 项目2：登记账簿实验 项目3：会计信息生成流程实验 项目4：会计报表分析实验	会计学实验	学科基础
能力三：管理统计调查与分析能力	①数据的搜集、整理和描述能力 ②统计数据的分析能力 ③统计数据的应用能力	项目1：统计数据的搜集、整理与描述 项目2：相关分析 项目3：回归分析 项目4：时间数列分析	统计学实验	学科基础
能力四：信息管理与处理基础能力	①管理信息系统建设认知能力 ②系统分析能力 ③数据的组织与管理能力 ④系统实施与维护管理能力	项目1：管理信息系统建设初步认知实验 项目2：系统分析能力演练 项目3：数据的组织与管理训练 项目4：系统实施与维护管理演练	管理信息系统实验	学科基础

表格说明：①课程类别指：学科基础，专业基础，专业综合，学科综合，创新创业；
②此表内容作为对人才培养方案中实验实训流程图内容的直接支撑；
③一项能力可以对应多个实验项目，多个能力可能对应一个项目，但不同课程的实验项目不得重复。

（二）专业能力指标与实验课程

表22　　　　　　　　　　专业能力指标与实验课程

能力类别	能力标准	实验项目	实验课程	课程类别
能力一：管理通识能力	执行力 沟通能力 协作能力 组织管理能力 逻辑思维能力	项目1：认知项目管理软件 项目2：工程项目管理软件构架、项目注册与招投标管理 项目3：合同管理、人工管理、承包商管理 项目4：成本预算管理、成本控制与分析 项目5：项目进度管理 项目6：采购管理、库存管理 项目7：工程质量安全管理协同办公平台、系统应用基础配置、数据库的配置及软件安装 项目8：对工程项目管理软件的总结和评价	工程项目管理实验	专业主干
能力二：项目管理能力	合同管理能力 人工管理能力 成本管理能力 进度管理能力 采购、库存管理能力 质量安全管理能力			

表22(续)

能力类别	能力标准	实验项目	实验课程	课程类别
能力一：管理通识能力 能力二：房地产项目经营管理能力	沟通能力 协作能力 组织管理能力 创新能力 市场调查能力 营销策划能力 项目经济分析能力 招投标能力 合同、资料管理能力 销售能力	项目1：组建团队和企业目标管理 项目2：市场调查 项目3：土地取得 项目4：项目定位策划 项目5：投融资预算 项目6：规划与设计 项目7：建筑招标与工程管理 项目8：市场推广销售	房地产经营与管理实验	专业主干
能力一：管理通识能力 能力二：识图能力、绘图能力 能力三：CAD软件运用能力	逻辑思维能力 分析及解决问题的能力 主动实践能力 创新能力 建筑图样样板文件制作能力 建筑总平面图的绘制能力 建筑平面图的绘制能力 建筑立面图的绘制能力 建筑剖面图的绘制能力	项目1：熟悉AutoCAD工作环境 项目2：熟悉AutoCAD基本命令的使用 项目3：AutoCAD的文件管理与数据输入 项目4：AutoCAD绘图界限、单位设置和图层设置 项目5：AutoCAD直线类绘图命令的使用 项目6：AutoCAD曲线类绘图命令的使用 项目7：AutoCAD中点的创建与捕捉 项目8：AutoCAD中的二维图形编辑 项目9：二维绘图命令和编辑命令综合演练 项目10：尺寸标注及文本命令练习 项目11：块、外部参照和设计中心 项目12：建筑图样样板文件制作 项目13：建筑总平面图的绘制 项目14：建筑平面图的绘制 项目15：建筑立面图的绘制 项目16：建筑剖面图的绘制	AutoCAD实验	专业选修
能力一：管理通识能力 能力二：工程造价软件运用能力	理论联系实际的能力 动手操作能力 建立轴网的能力点、线、面状构件的布置能力 钢筋输入及结构工程量的计算能力 建筑装饰工程量计算能力 CAD导图能力 施工图预算的编制能力 编制工程量清单及清单计价能力	项目1：认知概预算软件、建立轴网 项目2：点状构件的布置 项目3：线性构件布置 项目4：面状构件布置 项目5：钢筋输入与结构工程量计算 项目6：建筑装饰部分工程量计算 项目7：CAD导图 项目8：施工图预算编制、工程量清单计价	工程估价实验	专业选修

表22(续)

能力类别	能力标准	实验项目	实验课程	课程类别
能力一：管理通识能力 能力二：测量仪器使用能力	独立工作的能力 分析和解决问题的能力 团结协作能力 水准仪的使用能力 等外闭合水准路线测量能力 经纬仪的使用能力 测水平角的能力 没竖直角的能力 全站仪的使用能力 基本的地形图阅读能力	项目1：水准仪的安置与读数 项目2：等外闭合水准路线测量 项目3：经纬仪的安置与使用 项目4：测回法测水平角 项目5：方向观测法测水平角 项目6：竖直角测量 项目7：全站仪的认识与使用 项目8：地形图阅读 项目9：地图投影及其变换	测量学实验	专业选修
能力一：管理通识能力 能力二：招投标能力	制订招标计划与方案的能力 编制招标资格审查文件的能力 编制招标文件的能力 编制合同条款的能力 编制招标公告的能力 编制投标文件的能力 制定投标策略的能力	项目1：认知相关软件、制订招标计划和方案 项目2：编制资格审查文件 项目3：编制招标文件 项目4：编制合同条款 项目5：招标全程模拟 项目6：编制和递交投标文件、制定报价策略 项目7：合同审查、谈判和签约	建筑工程招投标与合同管理实验	专业选修
能力一：管理通识能力 能力二：房地产估价的能力	市场法估价能力 成本法估价能力 收益法估价能力	项目1：市场法估价实践 项目2：成本法估价实践 项目3：收益法估价实践	房地产估价实验（课内实验）	专业选修
能力一：项目经济分析能力 能力二：EXCEL软件在项目投资分析中的应用	市场调查能力 项目财务分析能力 项目财务效益评价能力 项目不确定性分析能力 项目国民经济评价能力 项目基本报表与辅助报表的理解能力	项目1：认识投资项目评价软件系统的基本功能 项目2：市场调查 项目3：投资项目的财务分析 项目4：项目财务效益的评价 项目5：项目的不确定性分析 项目6：项目的国民经济评价 项目7：基本报表与辅助报表	投资项目评估实验（财政金融学院）	专业选修

五、重建后的专业实验课程体系及其在人才培养方案中的体系

（一）实验课程体系

表 23 工程管理专业实验课程体系

类别	课程名称	类别	课程名称
管理类	管理学实验	专业实验	工程项目管理沙盘实验
	会计学实验		房地产开发模拟沙盘实验
	统计学实验		AutoCAD 实验
信息技术	大学计算机基础实验		测量学实验
	程序设计基础实验		工程估价实验
	管理信息系统实验		投资项目评估实验
			房地产估价实验（开放实验）

（二）专业实验课程体系及其在人才培养方案中的体系

学科基础实验 ⇒ 专业实验 ⇒ 专业综合及能力发展实验

第一学期：专业感知实验

第二学期：会计学实验

第三学期：管理学实验；CAD 实验；专业认知实验

第四学期：房地产开发模拟沙盘实验、测量学实验

第五学期：管理信息系统实验、统计学实验；房地产估价实验

第六学期：投资项目评估实验、工程估价实验

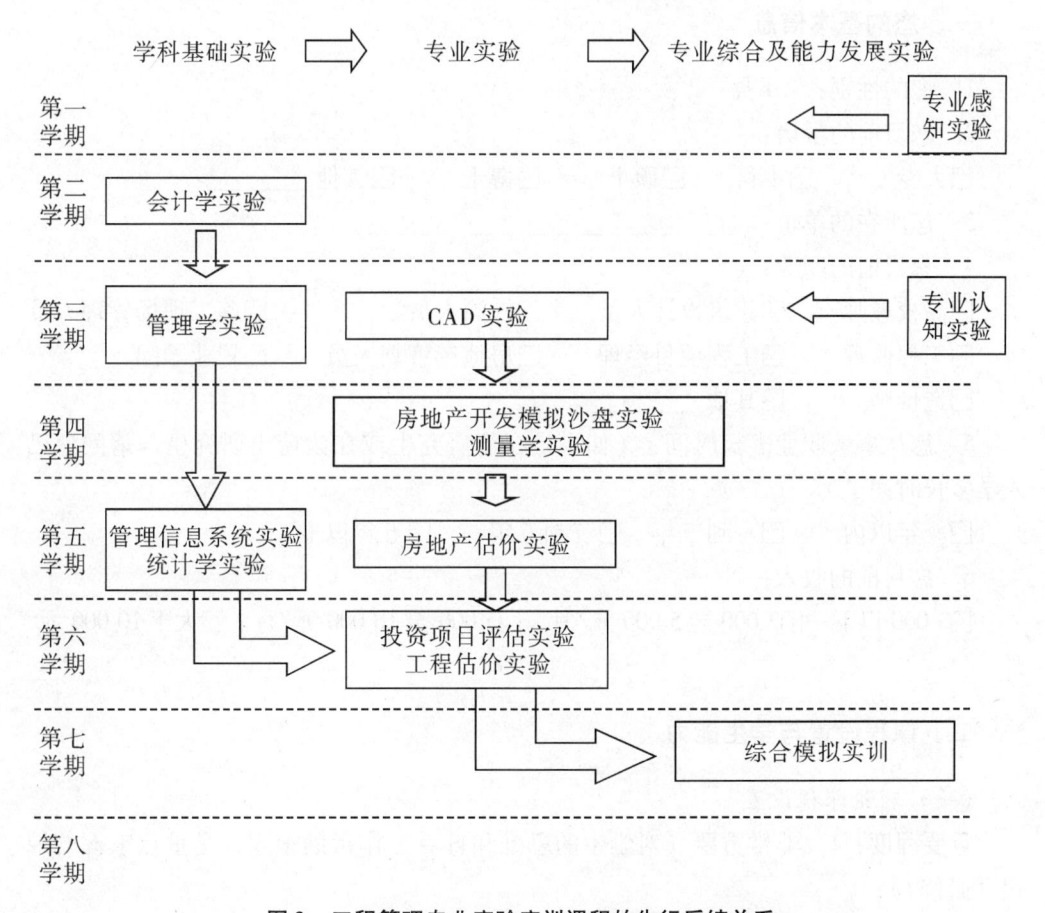

第七学期：综合模拟实训

第八学期：

图 3 工程管理专业实验实训课程的先行后续关系

附：调查问卷

工程管理专业人才能力及需求调查问卷

您好！非常感谢您能在百忙中抽出宝贵的时间做这份问卷！

<u>本次调研的目的在于了解目前建筑及房地产市场对工程管理人才的能力及需求现状，以改进工程管理专业的教学，增强学生的综合素质及综合竞争力。</u>

冒昧邀请您参与此次问卷调查，对给您带来的不便我们深表歉意。我们向您保证此次问卷调查只用于学术研究，并且绝对不会透露您的个人信息。非常感谢您的帮助。谢谢！

敬祝身体健康，万事如意！

重庆工商大学信息与工程管理系
二○一一年四月

一、您的基本信息

1. 您的性别： 1 男　2 女
2. 您目前的学历：
   □大专　　　□本科　　　□硕士　　　□博士　　　□其他_____
3. 您所在的单位：_____
4. 您目前的职业：
   □高校教师　　□建筑设计人员　　□检测人员　　□施工现场管理人员
   □工程监理　　□工程项目经理　　□房地产策划人员　　□置业顾问
   □造价师　　　□其他_____
5. 您从事该职业多长时间：（如果是在读研究生或在读博士研究生，请问您已入学多长时间了？）
   □一年以内　　□一到三年　　□三到五年　　□五年以上
6. 您目前的收入：
   □3 000以下　□3 000至5 000元/月　□5 000至10 000元/月　□大于10 000元/月

二、课程设置与学生能力

（一）理论课程设置

重要程度：1. 非常重要（对学生的思维和日后工作帮助很大，是重点掌握的课程（必修））；

2. 比较重要（相对的对学生的思维和日后工作帮助比较大，是需要掌握的课程）；

3. 一般（对学生的思维帮助比较大，工作中的实用性不大，是需要熟悉的课程

（专业选修课程））；

4. 比较不重要（需要学生对某些事物有概念即可的，是需要了解的课程）；
5. 非常不重要（该课程可以省去，可作为学生课外扩充知识面的渠道）

类别	课程名称	重要程度
管理	管理学	
	运筹学	
经济	西方经济学	
	工程经济学	
	会计学	
	统计学	
法律	经济法	
	建筑法规	
	工程合同法律制度	
	FIDIC 土木工程施工合同	
信息技术和外语	管理信息系统	
	程序设计基础（VF）	
	专业英语	
工程技术（通用课程）	建设识图与初步	
	AutoCAD	
	测量学	
	房屋建筑学	
方向课程一：工程项目管理方向	工程项目管理	
	建筑材料	
	建筑施工	
	建筑结构	
	工程估价	
	工程项目成本管理	
	工程质量与安全管理	
	建设工程监理理论与实务	
	施工组织与进度管理	
	建筑工程招投标与合同管理	
	建筑设备概论	
	建筑力学	
	平法讲座	

表(续)

类别	课程名称	重要程度
方向课程二：房地产开发与管理方向	房地产经营与管理	
	房地产估价	
	房地产经济学	
	房地产营销策划	
	房地产投资分析	
	城市规划	
	物业管理与实务	
	土地管理	
	建筑企业管理	
	房地产经纪实务	
	建设工程项目融资	
	投资项目评估	
	项目风险管理	

1．您认为本校工程管理专业所开设的理论课程合理吗？有何需要改进的？
□合理　　　　□较合理　　　□不合理
改进意见：_____

2．您认为本校工程管理专业理论体系是否有必要和现有执业资格制度接轨？
□非常有必要　　□不一定　　　□没有必要

3．您认为本校工程管理专业还应该增加哪些课程？
工程项目管理方向：_____
房地产经营管理方向：_____

4．您认为工程管理是否有必要分方向学习？如果是，请问何时分方向比较合适？
□是　　　□否
□大一　　□大二　　□大三　　□大四

（二）实验课程及实习设置

重要程度：1．非常重要（对学生的思维和日后工作帮助很大，是重点掌握的课程（必修））；

2．比较重要（相对的对学生的思维和日后工作帮助比较大，是需要掌握的课程）；

3．一般（对学生的思维帮助比较大，工作中的实用性不大，是需要熟悉的课程（专业选修课程））；

4．比较不重要（需要学生对某些事物有概念即可的，是需要了解的课程）；

5．非常不重要（该课程可以省去，可作为学生课外扩充知识面的渠道）

类别	课程名称	重要程度
管理类	管理学实验	
	会计学实验	
	统计学实验	
信息技术	大学计算机基础实验	
	程序设计基础实验	
	管理信息系统实验	
专业实验	AutoCAD 实验	
	工程项目管理实验	
	房地产经营与管理实验	
	测量学实验	
	工程估价实验	
	投资项目评估实验	
	房地产估价实验	
	建筑工程招投标与合同管理实验	
实习	入学教育（含专业导读）	
	专业认知实习	
	校内综合模拟实训	
	学年论文	
	毕业论文（设计）	

1. 您认为本校工程管理专业有必要开设经济学基础实验吗？
□有必要　　　□没有必要
2. 您认为本校工程管理专业所开设的实验课程和实习合理吗？有何需要改进的？
□合理　　　□较合理　　　□不合理
改进意见：_____

（三）学生的能力

重要性：1．非常重要　2．比较重要　3．一般　4．比较不重要　5．不重要
请您对工程管理专业学生需要具备的能力打分。

类别	名称	重要性
能力一： 通识能力	执行力	
	沟通能力	
	协作能力	
	组织管理能力	
	逻辑思维能力	
	学习新知识的能力	
	分析及解决问题的能力	
	适应能力	
	主动实践能力	
	创新能力	
能力二： 专业技能	识图能力	
	绘图能力	
	测量仪器使用能力	
	CAD软件运用能力	
	工程造价软件运用能力	
	房地产估价能力	
	营销策划能力	
	招投标能力	
	合同、资料管理能力	
	项目经济分析能力（可研）	
	项目管理能力	
	建筑材料、设备识别能力	
	财务管理能力	
	统计分析能力	
	信息管理与处理能力	

1. 对目前学生中出现的"考证热"，您有何看法？

□证书越多越好

□主要看工作能力，有没有证书无所谓

□最好拥有一两种专业资格证书

2. 贵单位（公司）在招聘工程管理专业的高校应届毕业生对学历的要求？

□博士　　□硕士　　□本科生　　□专科生　　□不要求

3. 贵单位（公司）对高校应届毕业生外语水平的要求？

□商务英语中级及以上　　□英语六级　　□英语四级　　□不作要求

4. 贵单位（公司）对高校应届毕业生计算机水平的要求

□掌握计算机基础知识并能熟悉使用办公自动化软件

□掌握计算机基础知识并能熟悉一种高级计算机语言

□掌握计算机技术、信息管理技术、数据库技术及网络技术

□掌握计算机的基础理论和专业知识，熟悉软件工程、数据库和 E 计算机网络的基本原理和技术等

5．贵单位（公司）认为目前应届毕业生在踏上工作岗位前最欠缺的是（单选）？
□职业生涯规划指导　□职业道德教育　□行业背景知识　□专业技能
□其他_____

6．贵单位（公司）认为应届毕业生不能胜任工作的主要原因是什么（多选）？
□专业知识欠缺　□沟通能力不够　□社交能力不够　□协作能力不够
□创新能力不够　□学习能力不够　□承受压力能力不够　□责任心不强
□外语水平不高　□职业道德欠缺　□其他：_____

7．贵单位（公司）为我们在校大学生的能力提升提出的宝贵建议：
_____

问卷结束，感谢您的参与！本课题项目团队所有成员祝您工作顺利、身体健康！

（项目负责人：肖艳　项目组成员：田双全　肖兵　郑欢　黄居林　臧亚君　黄先德）

工商管理专业能力导向
实验教学体系建设研究

重庆工商大学管理学院工商管理系

一、背景

长期以来，工商管理专业因就业适应面广，所学知识缺乏专业技能而给人留下一种"万金油"的印象。再加上由于历史原因，我校工商管理专业培养方案中对培养目标的表述也存在一定的模糊现象，比如2010级工商管理培养目标的表述为："本专业培养适应现代经济社会变革需要的，具有扎实的经济、管理理论基础、专业知识和技能、良好的品德修养和身心素质，富有创新精神的工商管理学科高素质复合性应用型高级专门人才。毕业后可在企事业单位从事管理以及科研工作。"

为更好地研究我校工商管理专业学生对专业认识情况，了解专业培养目标定位是否清晰、明确，2011年4月我们对2007级、2008级、2009级和2010级工商管理专业学生中进行了问卷调查，发放问卷40份，收回问卷40份，其中有效问卷40份，有效率100%。下面就相关调查情况进行陈述：

问题一：你为什么选择工商管理专业？

表1　　　　　学生进入工商管理专业的原因调查结果表

选项	选择结果	选择比例
因为分数线问题，被调剂到工管专业	8	20%
没有多了解，从专业名字看，感觉还不错	17	42.5%
在初步了解了此专业后，觉得挺喜欢	15	37.5%
本题有效填写人次	40	

可见，大多数学生在选择专业时，是盲目的、被动的，对工商管理专业知之甚少。只有37.5%的学生是在了解本专业后所做的主动选择，而62.5%的学生是盲目的或被动选择的。

问题二：进校后至今对工商管理专业的了解怎样？

表2　　　　　　　　　　工商管理学生专业认识调查结果表

选项	选择结果	选择比例
非常了解	1	2.5%
有点了解	14	35%
不清楚	25	62.5
本题有效填写人次	40	

在调查中发现在就读工商管理专业后，仍有62.5%的学生认为本专业的培养目标定位不明确。不是很清楚通过本专业的学习究竟能在未来发挥怎样的用途，这一点在一二年级尤为明显，在每学期定期进行的各年级交流中，也存在着即使是高年级的学生也说不清自己将来能做什么的现象。

应该说，由于种种原因导致的工商管理专业培养目标不够清晰的现状，已经影响到了学生的学习积极性，同时也不利于学生及时对自己未来的职业生涯作出合理规划。

在对学生、教师以及往届毕业生和用人单位广泛调研的基础上，经慎重考虑，我们决定将培养目标中原有的"高级专门人才"修改为"职业经理"，以此来明确本专业学生在毕业后的去向。修改后工商管理专业培养目标的表述全文为："本专业培养适应现代经济社会变革需要的，具有扎实的经济、管理理论基础、专业知识和技能、良好的品德修养和身心素质，富有创新精神的工商管理学科高素质复合性应用型职业经理。"

二、专业能力需求调研

在明确了将能适应各行业各级管理工作需求的职业经理作为工商管理专业的培养目标之后，我们在对在校生问卷调查的基础上，开始着手从用人单位对人才的需求，我校工商管理学生在能力培养上得到的收获与尚存的不足两大方面进行了调研。

（一）市场需求调查

围绕工商管理专业学生到底应具备怎样的素质，多年来我们一直致力于从企业的管理人才需求中寻找答案。通过对重庆力帆集团、协信房地产集团、东原地产公司、重庆海外管理咨询公司、长安福特汽车公司、重庆移动通信技术有限公司、重庆凯希物流公司等企业的高管或人力资源部门负责人的访谈，了解到现代企业对在大学进行的管理专业的学生培养存在以下要求：

1. 须高度重视理论与实践的对接

虽然其重要性不言而喻，但许多高校在具体工作中往往缺乏系统而切实的安排。企业呼吁高校领导和全体师生都应重视和加强与企业的联系。不仅从认识上，更要从课堂教学方法、实验课程的开设、集中实践教学环节甚至寒暑假学生社会实践等不同环节和阶段都做出计划。

2. 加强对基本技能的训练

应提高学生的基本技能，例如对财务会计知识的应用能力、公文写作的能力等。计算机能力则更多与实际工作相联系，只要是工作所需，学习起来也快。英语能力则被更多单位视为是特殊技能，部分外向型企业对此才会提出特别要求。

3. 应注重对学生传统文化的培养

不可否认，普通院校绝大部分的毕业生将在有着浓厚的传统文化与社会背景的企业工作。为尽可能消减学生在专业实践的理想与现实之间的巨大反差，应该在学生广泛学习西方经济管理理论的基础上，引导学生关注儒家文化，帮助学生以中西文明融合的思想来更好地理解和适应国内企业的管理。

4. 培养学生具有良好的思想品德与敬业精神

越来越多的大学毕业生在家是独生子女，独立生活和工作的能力现状不容乐观。加之工商管理的基层工作例如业务拓展，往往是个人施展才干的空间与工作压力成正比的，这使得一些学生心怀恐惧。学校教育应和家庭教育相配合，帮助学生改掉"骄、娇"二气，培养吃苦耐劳、认真踏实、勤奋钻研的意志品格。

具体到工商管理毕业生的素质方面，我们借鉴台湾学者林辉亮提出有关技能认知的七个方面：领悟、接触、指导下的反应、技巧、复合反应、适应、创新，设计了相应的问题，经访谈后发现，对社会的接触、对实践工作的专业领悟、对实践活动的信心和熟练程度、适应新环境的能力等被企业普遍看重。

从企业对工商管理人才需求的反馈来看，基本对大学的理论教育没有提出异议，主要要求归根结底都落在实践性的学习上。这不仅表现为企业直接提出的理论与实践的对接，还包括意志品格与敬业精神的培养，以及基本技能训练等。我们之所以做出这样判断是因为比如说在意志品格方面，无论是认真踏实还是吃苦耐劳的品格，除了先天气质因素的影响外，就要靠后天的环境去造就。实践的经历能让学生接触到真实的社会，能真实地与人相处，也能真实地感受成功或失败，这是帮助学生磨炼品格的唯一有效途径。再如用人单位提出的基本技能要求，这显然是站在企业开展实际工作需要的角度所考虑的。可见，用人单位对工商管理专业的毕业生有着较高的实践能力的要求。

（二）在校生问卷调查

在我们的问卷中，除了对学生的专业培养目标认识开展了调查之外，还包括了学生在专业理论学习中的感受。调查中发现，有77.5%的学生认为工商管理专业课程内容空泛，82.5%的学生认为需要借助辅修专业来解决所学过泛的问题，57.5%的同学认为需要改变一下课程设置，应增加实践课程的设置，侧重运用。看来，工商管理学生对现有理论课程的学习存在明显的不满足。我们分析原因主要在于学生所学专业知识中技能过少，而学生又缺乏对实践的体会。

（三）在校生访谈调查

为了更好地了解学生对实践教学和实验课程的学习体会和学习要求，2011年4月我们对当时在校的高年级学生即2008级和2007级工商管理的部分学生召开了座谈会。在座谈会上,学生代表结合自己的实践经历和学习体会,谈到自己在学校里获得了诸如增强了沟通能力、培养了工作激情和抱负、制定的"考证"目标让自己有了前进的动力等。同时,同学们也指出,在大学期间能获得学校社团经历和外出兼职机会的学生只是少数,多数学生因个性、自我认识和机会的原因只能完全按照学校的教学安排完成学习,从而缺少了在实际工作中发现自己、锻炼自己的机会,同时也会因此使自己的人生观和目标确立受到影响。有一个学生说到自己前两年的时光都荒废掉了,直到去年暑假亲眼看到父亲的辛苦工作,由此受到很大震动。这样的例子让我们深刻感触到实践活动对理论教学不足的巨大弥补作用。关于实践教学,学生感到的困惑、提出的要求以及我们对原因的分析如下:

1. 缺乏技能培训,缺少管理实践能力

工商管理专业学生没有工作经验,对充满艺术性和思想性的专业课程在学习之后因缺少应用的机会,容易因此产生空虚感。很多学生觉得自己的专业不能像会计、英语或计算机专业那样能让自己在学了之后就能马上在实际工作中派上用场。而工商管理的多门专业课程因重思想理念而轻工具技巧,使得没有任何工作经历的学生难以从个人认知的角度完成对知识的检验,从而滋生学习无用的思潮,这样的想法会直接影响学生的学习积极性。

2. 缺乏对理论知识进行综合运用的锻炼

受机械论观点的影响,大学里的理论知识被分解过细,这样的方式对学习自然科学知识很有帮助,也能在实践中较为迅速和具象地形成相应的系统思维方式。但对社会科学,难度则大得多。因社科领域理论知识的思想性缘故,形成系统思维的速度要慢得多,同时非常抽象。大学学习以理论知识为主,同样要紧跟专业性实践活动,学生在实践活动中不是"看到"工作对象,而是"感到"社会关系,这种抽象的内心感受使得系统思维的建立非常缓慢,也会使综合运用理论知识的难度增加,并且机会减少。

3. 希望能够更多地走出校园,参加和融入到真正的社会实践活动中去

管理理论知识很少涉及具体工具,学生也就很难想象怎样才能把这些知识用起来,这当然就需要实践教学环节的跟进。但是,由于工商管理专业的特殊性,要让社会提供能很好进行专业对口实习的岗位非常困难,所以要求在学生人数和时间安排上体现出规模性的集中实践教学安排通常会成奢望,分散式的实践活动也就成为常态,基于师资方面的限制,有针对性的教师指导也会因此显得薄弱。所以学生会感到走出校门的机会不够,这其实是有组织地走出校门的机会较少。

基于对工商管理实践活动的重要性和特殊性的认识,以及对学生在实践教学中表现出渴望的理解,我们认为实践教学环节不仅在工商管理本科教育中要得到足够的重视,更应在实践教学的方式和方法上不断创新,弥补理论教学和传统实践教学方式的不足,才能培养出具有职业经理基本胜任力的工商管理毕业生。

三、专业能力标准及体系构建

为了在夯实工商管理学生理论基础上更好地认清能力体系,开展对应的能力培

养，我们从基础能力、核心能力、职业发展能力三个方面设计了工商管理专业学生的能力体系，同时将其作为设计培养计划的基础（如图1）。

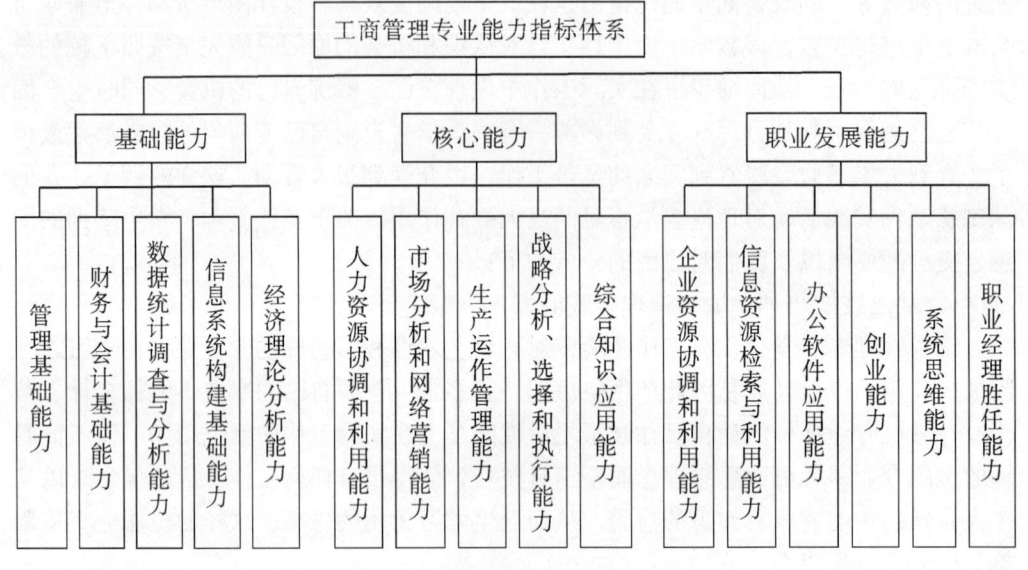

图 1　工商管理专业能力指标体系

围绕上述能力体系的构建，我们对教学活动应该如何循序渐进地铺开存在以下认识：

（一）理论基础知识的铺垫

高校学生能力培养的主要手段是知识应用。在知识应用之前，我们首先要保证学生具有实践活动的理论工具——理论知识。为此，首先要构建起一套与能力体系相适应的理论课程体系，作为实验和实践活动的支撑。否则，这种实践就成了无本之木，无源之水。

工商管理专业按照专业基础课、专业主干课、专业选修课的层次来设计培养方案。这些课程讲授的理论知识与专业能力体系形成对应关系。

基础能力体系主要包括财务与会计基础能力、管理基础能力、经济理论分析能力、数据统计调查与分析能力和信息系统构建基础能力五大类基础能力。这五大类基础能力对应五门学科基础理论课程，分别是会计学、管理学、西方经济学、统计学和管理信息系统。根据所涉及理论知识的广度和深度，这些理论课程分别在第二到第五学期开出。

专业核心能力包括人力资源协调和利用能力、市场分析和网络营销能力、生产运作管理能力、战略分析、选择和执行能力、综合知识应用能力。这些能力所对应的理论知识分别来自于以下课程：人力资源管理、生产运作管理、市场营销和战略管理。根据所涉及理论知识的广度和深度，这些理论课程分别在第三到第五学期开出。

职业发展能力包括企业资源协调和利用能力、信息资源检索与利用能力、办公软件应用能力、创业能力、系统思维能力和职业经理胜任能力。这些能力所对应的理论知识分别来自于以下课程：企业资源计划、信息资源检索与利用、创业管理以及人力资源管理、战略管理、财务管理等，分别在第三到第六学期开出。

能力进步主要包括工商管理学前的基本实感获得，企业管理职能活动认识、职业发展能力、知识整合能力提高。其涉及的理论知识包括上述全部理论课程。

(二) 实践教学环节的延展

实践教学环节是对理论知识学习的重要补充，在现代众多高校都提出应用型人才培养目标的背景下，实践教学更是被提升到了与理论课程体系相同甚至更加重要的地位上去。我们的实践教学内容几乎涉及所有适于开出实验内容的理论课程。对于实践教学环节的延展主要采用了两种形式，一是课内实验，二是独立实验课。

课内实验主要适用于实践教学学时较少，实践教学方式较灵活，对场地和设备没有特别高的要求，在室外或教室内即可完成的课程。如经济学实验，战略管理实验等。独立实验课适用于那些实践教学学时较多，内容较丰富，且对场地或设备有特殊要求，必须在实验室完成的课程。

根据工商管理专业的能力体系，我们的实践教学课程体系也大致分为四个方面。一是与基础能力体系对应的学科基础实验；二是与专业核心能力对应的各类专业实验和综合实验；三是与职业能力发展相对应的专业综合及能力发展实验；四是为第一和第二两个实践阶段做引导的专业感知和认知实验。

实验教学内容丰富，形式多样。以能力培养为导向，既有对理论知识的验证和检验，也有理论应用型的设计性和综合性实验。

(三) 构建实验课程体系的思路

针对工商管理学生在学习过程中容易出现的迷茫，我们将学生在校期间的能力进步划分为不同阶段，对每一阶段的能力培养从实验教学角度内容做了安排。见图2：

			专业综合实验环节（含企业经营决策模拟、职业经理系统思维训练、职业经理基本技能训练）
		专业深化实验环节（含企业资源计划实验、信息资源的检索和利用、创业综合实验、Office应用）	
	专业认知实验		
专业感知实验			
工商管理学前的基本实感获得	企业管理职能活动认识	职业发展能力培养	知识整合能力训练
阶段一	阶段二	阶段三	阶段四

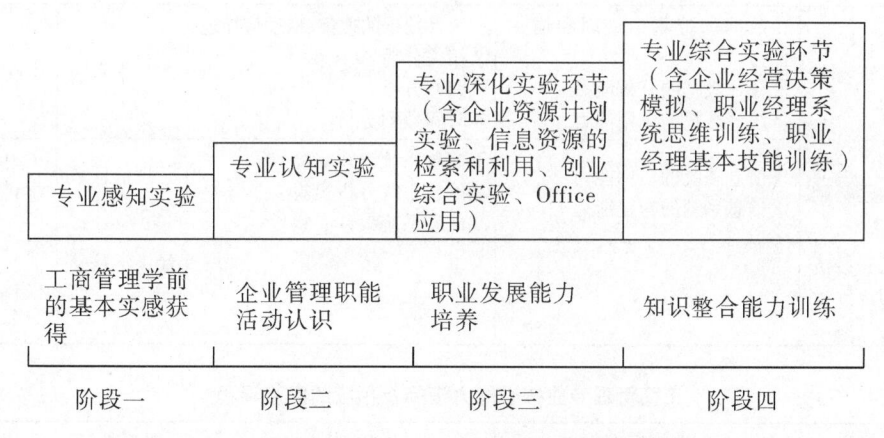

图2 基于工商管理专业能力进步的实验活动体系构建

第一阶段的专业感知实验（纳入集中实践教学环节的实验课）计划开在第一学期，内容包括企业参观、讲座、讨论会等。主要目的是让学生对自己的专业有一个感性的认识，初步了解自己的角色和职业定位，从而对未来四年内要学习哪些知识，进行哪些实践活动，以及这些知识的地位和作用有个初步的认识。

第二阶段的专业认知实验计划（纳入集中实践教学环节的实验课）开在第三学

期伊始，内容主要为企业部门角色职能认识和企业运营基本流程演练。目的是让学生在进入具体的单个专业实验课程前建立企业运营的系统框架，了解企业各专业职能在企业这个系统中的地位和角色，不同职能部门之间的联系，从而对不同专业实验课程之间的内在逻辑关系和联系形成一个系统的认识，以取得"在见树木之前先见森林"之感，增强学生学习理论知识的兴趣，为专业实验和综合实验打下基础。

第三阶段的专业深化实验环节和第四阶段的专业综合实验环节分别由一些实验课程组成。目的分别在于让学生能初步掌握作为一个管理人员应拥有的基本管理技能，以及对所学知识与技能的整合利用能力。

四、与专业能力对应的实验项目和课程体系

综合上述我们对工商管理专业能力体系所做的研究和对实验课程体系思考的，基于能力标准的实验项目及相应课程体系的形成如表3～表6所示。

表3　　　　　　　　工商管理专业基础能力指标及相应的实验课程

能力类别	能力标准	实验项目	实验课程	课程类别
能力一：管理基础能力	①决策能力 ②计划能力 ③领导与激励能力 ④组织设计能力	①决策过程分析（模拟商务决策） ②计划分析与制订演练 ③领导与激励的模拟演练 ④组织设计和调整练习	管理学实验	学科基础
能力二：财务与会计基础能力	①会计凭证的处理能力 ②会计账簿的登记与解读能力 ③会计报表的编制与解读能力 ④会计报表的分析能力	①记账凭证填制实验 ②登记账簿实验 ③会计信息生成流程实验 ④会计报表分析实验	会计学实验	学科基础
能力三：数据统计调查与分析能力	①数据的搜集、整理和描述能力 ②统计数据的分析能力 ③统计数据的应用能力	①统计数据的搜集、整理与描述 ②相关分析 ③回归分析 ④时间数列分析	统计学实验	学科基础
能力四：信息系统构建基础能力	①信息系统的运用能力 ②信息系统的构建能力	①信息系统认知实验 ②信息系统分析实验 ③信息系统设计实验	管理信息系统实验	学科基础
能力五：经济理论初步分析能力			经济学基础实验（课内实验）	学科基础

表4　　　　　　　　工商管理专业核心能力指标及相应的实验课程

能力类别	能力标准	实验项目	实验课程	课程类别
能力一：人力资源协调和利用能力	①组织设计能力 ②工作分析能力 ③人事测评能力 ④绩效考评能力 ⑤培训计划能力	①组织结构设计 ②编制职位说明书 ③人事测评练习 ④设计KPI指标 ⑤培训需求调查	人力资源管理实验（新开）	专业主干

表4（续）

能力类别	能力标准	实验项目	实验课程	课程类别
能力二：市场分析和网络营销能力	①市场分析能力 ②网络营销能力	①市场分析与软件应用实验 ②网络营销实验	市场营销模拟实验（新开）	专业主干
能力三：生产运作管理能力	①生产管理职能战略的分析与选择能力 ②生产流程的分析与设计能力 ③5S现场管理能力	①生产管理战略制定实验 ②长安铃木生产流程的分析与设计 ③5S现场管理模拟	生产运作实验（课内实验）	专业主干
能力四：战略分析、选择和执行能力	①组织环境分析能力 ②战略选择能力 ③战略实施能力		战略管理模拟（课内实验）	专业主干
能力五：综合知识应用能力	①企业开办能力 ②战略分析与选择能力； ③营销决策能力 ④采购决策能力 ⑤生产决策能力 ⑥财务决策能力 ⑦经营绩效分析能力	①企业运营系统的构建 ②企业注册登记 ③环境分析与战略决策 ④营销决策 ⑤采购决策 ⑥生产决策 ⑦财务决策 ⑧企业经营绩效分析与战略调查	企业经营决策模拟	专业主干

表5　　工商管理专业职业发展能力指标及相应的实验课程

能力类别	能力标准	实验项目	实验课程	课程类别
能力一：企业资源协调和利用能力	①订单管理能力 ②生产计划能力 ③物流与执行能力 ④入库验收能力	①订单管理 ②计划排产 ③物流与执行 ④入库	企业资源计划实验	专业选修
能力二：信息资源检索与利用能力	①网络访问与下载能力 ②资源调查能力 ③数据库访问能力 ④百科知识检索能力	①网站访问与下载技术入门 ②资源调查实验 ③访问知网数据库 ④访问万方数据库 ⑤访问维普数据库 ⑥搜索引擎的使用 ⑦访问超星数字图书馆 ⑧阅读免费图书 ⑨百科知识检索	信息资源的检索和利用	专业选修
能力三：办公软件应用能力	①建立和编辑 Word 文档的能力 ②Excel 制表和数据分析的能力 ③Word 与 Excel 文档之间的转换能力	待定	办公软件应用（新开）	专业选修

表5(续)

能力类别	能力标准	实验项目	实验课程	课程类别
能力四：创业能力	①创业机会寻找与分析能力 ②创业模式选择能力 ③创业组织能力 ④创业融资能力 ⑤创业计划书写作能力	①寻找创业机会 ②创业机会分析 ③创业模式设计 ④创业团队组建 ⑤融资渠道的分析与选择 ⑥撰写创业计划书	创业综合实验	专业选修
能力五：系统思维能力	①基于市场竞争的经营目标与战略战术的制定能力 ②公司与职能战略和部门战术的执行能力 ③基于系统思维的经营成果分析能力	①经营前的分析与准备 ②经营初创期系统思维训练 ③经营期战略及战术结合训练 ④经营期成果分析训练 ⑤经营期管理创新训练	职业经理系统思维训练	专业选修
能力六：职业经理胜任能力	自我管理的能力 任务管理的能力 团队管理的能力	①自我管理实验 ②绩效管理实验 ③团队管理实验	职业经理基本技能训练（新开）	专业选修

表6　工商管理专业学生能力进步指标体系及对应的实验课或者实验环节

能力类别	能力标准	实验项目	实验课程	课程类别
阶段一：工商管理学前的基本实感获得	①企业管理现场工作印象 ②企业管理模式初识 ③企业管理案例感知	①企业参观 ②管理工作观摩 ③管理案例的尝试	专业感知实验（新开）	专业选修
阶段二：企业管理职能活动认识	①市场竞争环境认识能力 ②企业职能部门业务活动的认识能力	①竞争规则的建立 ②职能部门管理决策模拟	专业认知实验（新开）	专业选修
阶段三：职业发展能力	略	略	专业深化实验环节（含企业资源计划实验、信息资源的检索和利用、创业综合实验、办公软件应用）	含多门专业选修课
阶段四：知识整合能力	略	略	专业综合实验环节（含企业经营决策模拟、职业经理系统思维训练、职业经理基本技能训练）	含多门专业选修课

五、重构后的专业实验课程体系及其在人才培养方案中的体现

实验课程体系设计的主要思路是以能力体系为指导，综合考虑理论知识学习的节奏，按照基础能力、核心能力、职业发展能力层层跟进的逻辑顺序逐步推进，形成从学科基础实验到专业实验再到专业综合及能力发展实验的不同阶段。

综上并结合理论课程体系，工商管理专业实验课程体系在人才培养方案中的体现如图3所示。

	学科基础实验 ⇒ 专业实验 ⇒ 专业综合及能力发展实验

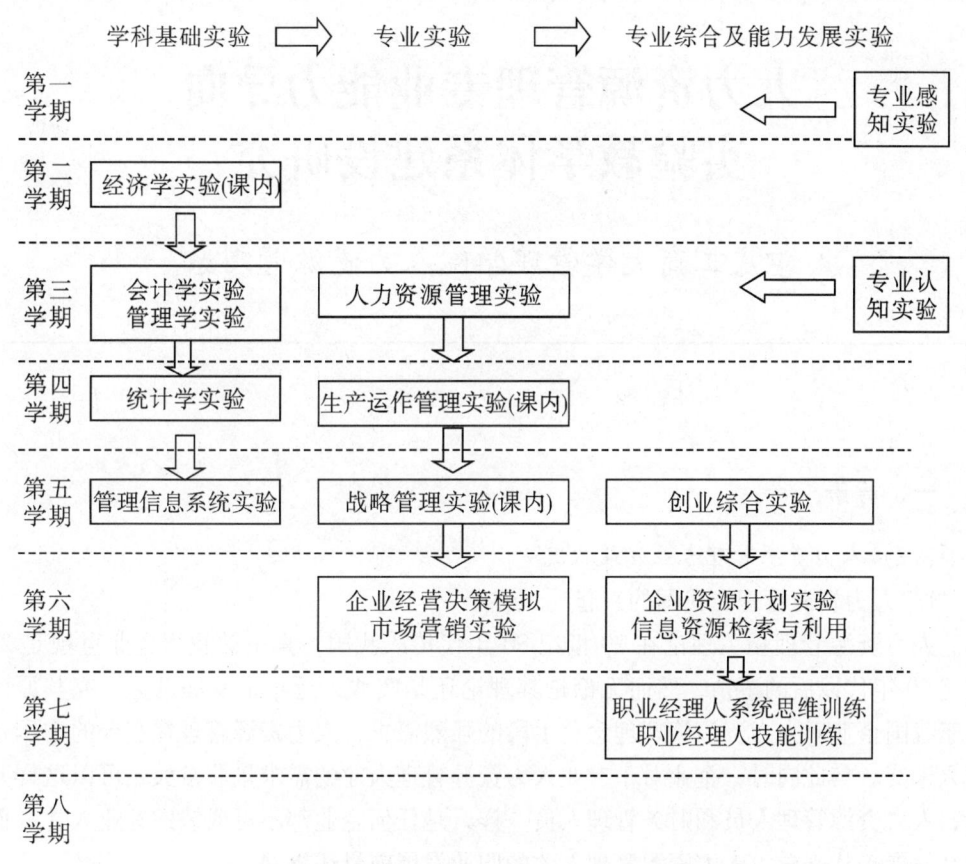

第一学期				专业感知实验 ←
第二学期	经济学实验(课内)			
第三学期	会计学实验 管理学实验	人力资源管理实验		专业认知实验 ←
第四学期	统计学实验	生产运作管理实验(课内)		
第五学期	管理信息系统实验	战略管理实验(课内)	创业综合实验	
第六学期		企业经营决策模拟 市场营销实验	企业资源计划实验 信息资源检索与利用	
第七学期			职业经理人系统思维训练 职业经理人技能训练	
第八学期				

图3 工商管理专业人才培养方案中的实验课程体系图

（项目负责人：饶荔　项目组成员：黄洁 刘惠君 邓华）

人力资源管理专业能力导向实验教学体系建设研究

重庆工商大学管理学院人力资源管理系

一、背景

（一）人力资源管理专业发展状况

1. 人力资源管理在我国的兴起

人力资源管理相关理论在20世纪80年代传入我国，真正被我国企业重视是20世纪90年代以后的事情，然而无论是其理论还是实践，近年来发展迅速，究其原因在于我国企业对人力资源管理理念、手段的强烈需求，人力资源管理在当今的中国正方兴未艾。与此同时，企业对于专业人力资源管理人才的需求量非常大，可以这样判断，人力资源管理人员和财务管理人员一样，是任何企业都不可或缺的专业人才，而且从发展趋势来看，人力资源管理人才的职业发展前景还更好。

2. 人力资源管理专业现状

人力资源管理专业是从五十年代的"劳动经济学"专业发展而来的。1977年至1992年是"劳动经济学"专业与"劳动人事管理"专业并行发展的时期。1992年国家教委决定将"劳动人事管理"专业更名为"人力资源管理"专业，但直到1997年，部分院校仍以"劳动经济学"专业的名义招收"人力资源管理"专业的学生。直到1998年"人力资源管理"专业才真正进入独立发展的时期。从全国来看，目前我国1 800多所高校中，有100多所开设了人力资源管理专业。

我国人力资源管理人才的稀缺，除了需求大的因素以外，一个重要因素是大多数企业缺乏经过专门训练的人力资源管理人才，尤其是人力资源管理高级人才，现有的人员一般是从心理学、企业管理等专业转变而来。在这个背景下，许多高校近年来纷纷设立人力资源管理专业，报考的学生也越来越多。以重庆工商大学为例，从2000年开始设立人力资源管理方向，当年招生40人，2002年正式成立人力资源管理专业，招生64人，2006年人力资源管理专业已经增加到4个班180多人，是管理类专业招生增速最快的专业，截至2011年，人力资源管理专业在校学生近500人，已毕业800多人。

（二）人力资源管理专业实验教学的必要性

目前，人力资源管理专业的专业课程设置如下：人力资源开发与管理、人力资源经济学、社会保障理论与实务、劳动法学、组织行为学、人力资源管理信息系统、薪酬管理、战略人力资源管理、职业生涯规划。从对历届毕业生回访及用人单位反馈的信息来看，人力资源管理专业毕业主要的问题是：从课程设置上来看，开设近10门专业课，几乎涵盖了人力资源管理的各个环节；从预期来看，学生是全面学习和掌握了人力资源管理的知识和技能，然而大多数学生在应聘环节和刚进入工作岗位时，却缺乏应有的自信，直接原因在于学生缺乏把学到的理论知识和技能融会贯通进而解决实际问题的能力。比如，有些企业让毕业学生做一个绩效考核方案的框架，学生具备这方面的知识，但是缺乏绩效考核整体框架的综合概念，影响了专业优势的发挥，而这些综合能力往往要经过1年甚至更长的时间才能获得。

在教学中，老师感到人力资源专业学生学习的课程很细、很专业，但是综合运用能力不强，尤其在学生毕业时，很多学过的知识不能灵活运用或基本遗忘。而在和企业界人士交流中，企业对人力资源管理专业的毕业生有两方面的要求：第一是现代人力资源管理的理念，第二是动手解决问题的能力，比如：设计绩效考核方案或者是做一个薪酬调研，后者往往成为企业判定一个学生专业能力的标准。然而，学生在这方面有较大差距。通过在毕业前对综合技能的培养与测试，可以帮助学生系统性地回顾和加深专业知识，塑造学生综合运用专业知识动手解决实际问题的能力。

在教育部本科教学水平评估中，其中一个重要环节就是学生技能测试，当然这个测试不是专门针对人力资源管理专业毕业生，但是可以看出，教育部对学生综合技能的培养非常关注，如何强化学生尤其毕业生的专业综合技能是人力资源管理专业实验教学的重要内容。

（三）人力资源管理专业实验教学现状

教育部高等教育司2005年在《普通高等学校经济学、工商管理类本科人才社会需求和培养现状调研报告》的研究中指出："学生的能力、素质水平已成为衡量培养质量高低的一个关键性因素。因此，人才培养工作必须进一步转变思想观念，更加注重能力培养，努力解决日益突出的'趋同化现象'。此外，加强与社会用人单位的联系、沟通和合作，不断调整人才培养目标、培养模式、教学内容和教学方法。与相关企业事业单位联合建立相对固定的大学生专业实习和社会实践基地，促进理论教学与实践教学的有机结合。"其主要观点还是要强化该类学生的综合技能。

关于人力资源管理专业学生实验教学的研究和探索，在国内来说成果很少。山西经济管理干部学院的郝德芳在《关于人力资源管理专业学生技能培养的思考》、四川大学罗堰在《高校人力资源管理专业教学实践体系构建的思考》中提出的都是些思路或者理念，没有具体深入研究实验教学体系的建立。同时我们看到，对于医学、理工科、师范类专业，则有比较系统的实验教学环节，对于管理类，比如人力资源管理专业，有部分院校展开了一些有益的探索，最常见的就是将角色扮演、无领导小组讨论、模拟招聘、人力资源测评等教学形式引入课堂，另外，一些高校还专门设置了人力资源管理实验课，引入实验软件或模拟沙盘等设施，总体而言，人力资源管理专业实验课程体系建设尚处于起步阶段。

人力资源管理专业课程涵盖的内容丰富，定义、概念、模块众多，在有限的课时内,学生很难将各个模块的知识掌握得很深入。同时,目前的用人单位对于学生专业技能,尤其动手能力的要求越来越高。因此,该专业的实验教学显得非常重要,是作为培养体系不可或缺的部分。2008年,我校人力资源专业首次开展《人力资源管理基础实验》教学,并随之配套"金方策人力资源管理教学仿真系统",经过两年多的发展,共进行17个教学班共计700多学生的实验教学,也积累了一些经验,但其中也暴露出一些问题。2010年11月,本专业开设了人力资源专业综合实验(实训)课程。本专业的实验教学体系需要在论证的基础上进行完善和提高。

二、人力资源专业实验教学体系论证的方法

我们采取的论证方法主要是四个步骤:

第一:调研。调研用人单位对本专业学生能力素质的需求,分析人力资源专业学生未来的职业生涯发展对基础能力、专业能力、专业综合能力的整体需要。

第二:建立能力素质模型。形成人力资源专业学生能力素质模型。

第三:经验总结及借鉴。借鉴其他高校人力资源专业实验教学的经验,同时总结几年来重庆工商大学人力资源管理专业实验教学的得失。

第四:体系设计。以本专业学生能力素质模型为基础,设计实验教学体系和实验项目。

具体过程(见图1):

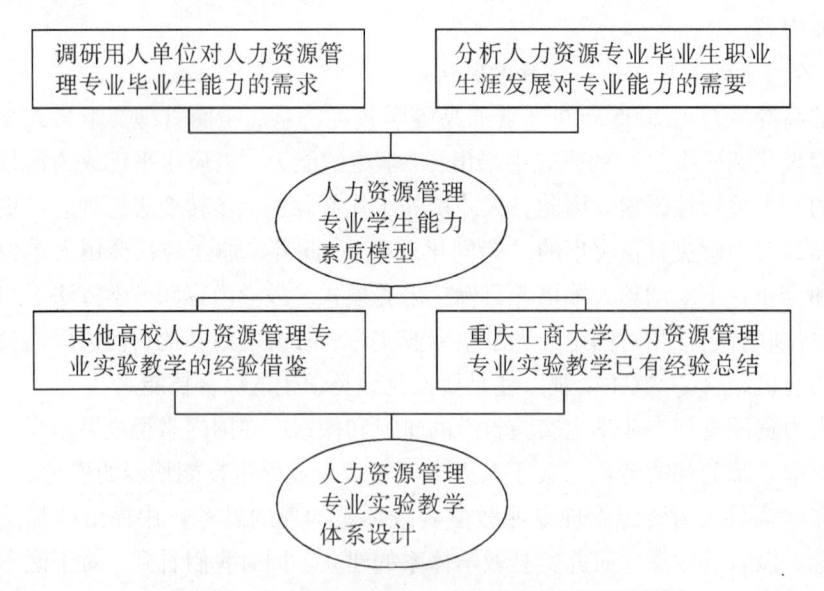

图1 人力资源管理专业实验教学体系论证思路

三、论证的详细过程

(一)专业能力需求调研

1. 用人单位调研

近一年来,人力资源管理系利用各种机会与用人单位的人力资源部门交流,了解

其对我校人力资源管理专业毕业生在能力素质方面的需求及意见。

（1）2010年6月，人力资源系利用修改2010级本科培养方案的机会，邀请重庆金九集团、重庆宗申机车公司、重庆众业人力资源管理咨询公司等企业人力资源管理负责人，征求他们对人力资源管理专业人才培养的意见。

（2）2010年9月以来，人力资源管理系通过"人力资源管理故事会"平台，邀请重庆市金九集团等单位的人力资源部门负责人或从业人员来管理学院，跟人力资源管理系老师和学生分享这些用人单位的人力资源管理经验，并就人力资源管理人才培养的某些挑战性问题展开了研讨。期间，我们也征询并认真听取了这些用人单位对人力资源专业学生的能力素质的建议和意见。到2011年10月为止，人力资源管理系一共举办了十六期"人力资源管理故事会"（来宾名单见表1）。

表1　　　　　　　　　　"人力资源故事会"嘉宾名单

编号	单位	职位	姓名
1	重庆金九集团	人力资源总监	文玉涛
2	重庆隆鑫动力	人力资源主管	冉文广
3	重庆光大银行电子银行	总经理助理	陈沁
4	重庆跨越集团	人力资源主管	龚后琴
5	重庆才库人力资源公司	主管	邓金山
6	重庆长安福特马自达公司	劳资关系专员	廖雷
7	重庆人人乐商业有限公司	培训专员	王力力
8	重庆欢乐迪量贩式KTV公司	人力资源主管	任燕
9	重庆南方线缆公司	人力资源总监	金小龙
10	重庆新龙湖物业有限公司	招聘经理	彭鑫
11	重庆东源地产集团	人力资源经理	赵川、曾靖
12	金科地产集团	人力资源主管	袁小帅
13	中冶建工重庆公司	人力资源主管	杨年勇
14	重庆长安福特马自达公司	培训主管	郭天凯
15	重庆先城地产	人力资源经理	谢凤琴
16	重庆新鸥鹏地产集团	人力资源经理	尹黎黎

（3）2012年12月，我们利用重庆众业人力资源管理公司在我系设立的"众业人力资源奖学金"评奖的机会，调研评奖嘉宾对人力资源管理专业毕业生的能力素质要求。调研对象包括中国农业银行重庆市分行人力资源部副部长、惠普中国重庆公司人力经理等人士。

（4）利用带领学生去企业人力资源部实践的机会，了解实习单位对人力资源管理专业毕业生能力素质的需求。2010年9月至2011年10月，先后拜访了重庆润通动力有限公司、重庆隆鑫机车有限公司、易才集团重庆有限公司、可口可乐（中国）重庆有限公司、重庆万达爱美酒店、重庆排水有限公司等6个企业。

2. 调研人力资源管理专业毕业生职业生涯发展阶梯

重庆工商大学人力资源管理专业部分毕业生创办了"重庆人力资源"专业QQ群，目前一共五个群号，2 000多成员，其中长期在线的有1 000多名学生，全部是人力资源专业从业人士，我校人力资源管理专业毕业的大部分学生都在群内。通过统计其中部分毕业生的职业发展路径及各个路径阶段的能力要求，我们得出关于人力资源管理职业发展阶梯及其能力素质要求。（具体内容见后面结论部分）

3. 调研的结论

（1）人力资源管理专业学生的专业动手能力（在专业领域）非常重要，尤其在参加工作的前一年。

（2）重庆工商大学人力资源专业的毕业生比较受重庆企业的欢迎。一是因为毕业生综合素质比较强，二是因为专业动手能力有一定优势。

（3）人力资源管理专业学生的一些专业关键能力依然缺乏。比如，编制工作说明书、制订考核方案、薪酬方案并推广等，而这些专业关键能力恰恰是企业最需要的。这些专业关键能力的具备需要很强的调研能力和沟通能力。

另外，通过调研，我们还得到一个重要信息：人力资源管理毕业生普遍反映，人力资源管理职业生涯越往上走越困难，不像营销或其他技术性职业发展路线，晋升时间周期相对较短。因为如果公司本身的人力资源管理的水平如果没有提高，从业者自身的水平很难提高。比如，知识管理系统、组织变革、工作再设计、流程再造、岗位评价、考核指标体系的建立、培训体系建立，只有把这些工作推动了，人力资源管理的水平才能上档次，从业人员水平才能提高。表2是关于我校部分人力资源管理专业毕业生职业生涯发展阶段及其能力要求的调研统计结果。

表2 我校部分人力资源管理专业毕业生职业生涯发展阶段及其能力要求的调研统计表

工作年限（年）	职位	职位	职位	职位
5-8				人力资源经理
3-5			人力资源主管	制订公司人力资源规划
1-3		人事专员	问卷调研 制度编写 执行面试、面谈 组织实施培训、 绩效考核	协助公司实施组织变革 制订各种方案 协调部门间及外部的关系 本部门员工管理
0-1	实习生	执行招聘简历初选 编制培训计划 协助组织培训 计算薪酬、社保缴纳 辅助实施考核		
一般能力要求	文档处理 数据收集 领会实习指导老师的工作安排 人力资源管理的基本流程			

为使我们的毕业生受到用人单位的欢迎，更考虑到其今后的职业生涯发展的需要，我们需要重视学生专业动手能力、解决问题的能力、创造力的培养。

（二）建立人力资源专业学生能力素质模型

从企业的需求及学生未来职业生涯的发展来看，人力资源管理专业的学生能力素质模型分为三个层次：

专业核心能力：
人力资源规划、组织设计与工作分析、招聘、培训与职业生涯管理、绩效管理、薪酬管理

支撑能力：
外语、计算机、公文写作、沟通技能以及与企业管理相关财务、营销等知识

现代人力资源管理理念

图2　人力资源管理专业学生能力素质模型

第一层次：现代人力资源管理理念。通过专业培养，使人力资源专业学生树立现代人力资源管理的理念，理解其与传统人事管理的不同，在不同理念下，企业会采取不同的管理方式，而这些理念与方式的不同决定了企业不同的命运。

第二层次：专业核心能力。即人力资源管理所涉及的主要专业能力，包括：人力资源规划、组织设计与工作分析、招聘、培训与职业生涯管理、绩效管理、薪酬等。需要学生在以上方面具有制订方案和实施方案的能力。

第三层次：支撑能力。在组织中，人力资源管理是一项综合职能，要求从业人员具备企业管理各个方面的知识，比如公司运营、财务管理、营销等等，以帮助其更深入地了解企业运营，为开展人力资源工作提供支撑。另外，外语、计算机、公文写作及沟通等技能是当前企业对大多数员工都要求的能力。

具体到教学环节，人力资源管理专业学生的能力素质具体要求如下表所示。

表3　　　　　　　　　人力资源专业学生能力素质具体要求

能力类别	能力指标
能力一：通识能力	执行力
	沟通能力
	协作能力
	组织管理能力
	逻辑思维能力
	学习新知识的能力
	分析及解决问题的能力
	适应能力
	主动实践能力
	创新能力

表3(续)

能力类别	能力指标
能力二：专业技术能力	个体及群体行为认知及激励能力
	人力资源规划编制能力
	组织设计与工作分析能力
	招聘方案制订及实施能力
	培训需求调研及培训计划制订、培训效果评估能力
	职业生涯方案制订能力
	人员测评能力
	绩效方案制订能力
	薪酬市场调研、方案制订能力
	劳动合同签订及离职管理中的法律运用能力
	员工满意度调研能力
	语言及非语言沟通能力
	人力资源专业英语运用能力

（三）实践教学经验总结及经验借鉴

1. 国内高校人力资源管理实验体系建设的经验

我们通过电话、上网查询等方式了解到国内一些高校在人力资源管理实验体系建设等情况。主要收集到的信息有：人力资源实验教学的硬件建设概况、人力资源实验教学师资配备、人力资源管理实验课程教学大纲、实验指导书、人力资源实验课程使用的教材和参考资料、人力资源管理实验课程的配套软件等。

主要调研情况如表4所示。

表4　　国内部分高校人力资源实验课程体系调研统计

学校	实验室硬件	师资	主要模块	大纲	教材	配套软件	学时
西南财经大学	80平方米专门实验室，75台台式机（投影仪1台、便携式摄像机1台、数码照相机2台、打印机2台、扫描仪2台等）	专职7人，兼职4人	招聘业务管理、培训管理、绩效考核管理、离职业务管理、企业规章制度、考勤休假管理、网页法规检索	有大纲	无	霍兰德（Holland）职业兴趣量表、RAVEN测试、卡特尔16PF测验、MMPI量表、CPIA系统、北森测评软件	24
安徽财经大学	80平方米专门实验室，EP2004型心理实验台4台		减法反应时、动作稳定性、河内塔、认知方式的测定、短时记忆、广告悦目度、颜色爱好等10个实验	有	无	与硬件配套的软件	24

表4(续)

学校	实验室硬件	师资	主要模块	大纲	教材	配套软件	学时
中南财经政法大学	综合模拟实验室和ERP实验室		人力资源管理信息系统的运用、人力资源基础业务管理、人力资源职能业务管理和薪酬方案设计（ERP实验室）；人员素质测评实验包括加里福利亚个性调查表、16PF人格测验、人员基本潜能测验、人员工作动力测评、行为风格测验、职业价值观自评和人员心理健康测评	有	无	金益康人力资源管理系统（企业版）、金蝶K/3 ERP系统、诺姆四达人才测评系统	51
山东大学		4人	人力资源管理组织结构、员工档案、员工培训、员工绩效管理、员工薪酬管理、劳动关系管理（招聘实验）招聘管理、能力测试、个性品质测试（含动机需求测试）、个性品质测试（含动机需求测试）、智商（IQ）测试、情商（EQ）测试、职业生涯设计、评价中心技术、面试面谈行为模拟、面试组织工作行为模拟	有大纲	无	信创通用人事工资软件 维克人力资源管理系统vkhrm	12 24
广东金融学院	110平方米专用实验室	15人	应用心理、劳动与社会保障、人力资源管理三个专业共享	有大纲	无		24

在实验室建设方面：国内高校专门的人力资源管理实验室很少，而管理心理或行为实验室相对较多，人力资源相关实验多与行为实验有关。湖南大学管理行为实验室建设比较成功，杭州大学心理学院（现并入浙大）工业心理学国家实验室的经验也是值得借鉴的。后期如果有机会可以去实地调研。

以下是调查的结果：

（1）师资：配有专门的实验教师，一般规模在3～4人。

（2）教材：在实验室教材建设方面，目前国内的人力资源实验教材只有如下几本：

①《人力资源管理实验实训教程》（高等院校经济管理类专业实验实训教材．吴国华，催霞．南京：东南大学出版社，2008．）

②《人力资源管理实验教程》（冯明，李华．重庆：重庆大学出版社，2007．）

③《人力资源管理实验教程（十一五高等院校精品规划教材）/金蝶实验教程系列丛书》（伊辉勇，游静．北京：北京交通大学出版社，2008．）

（3）大多数院校在人力资源实验课程中都没有使用教材，以实验手册居多。

（4）实验配套软件：每个学校使用的软件都不太一样，这也是为什么实验教材通用性差的原因。

(5) 实验模块：都是选择其中的主要模块来实验，倾向于人才测评。

(6) 课时安排：普遍在 24 课时左右，最多的有 51 个课时。

总体结论：

由于人力资源实验教学在国内的起步较晚，各个学校之间的差距并不大，尤其像一些 211 大学，其主要精力放在了研究生的培养上，因此对本科生的教学特别是实验教学重视程度不够。因此，目前我校对实验教学的高度重视给了我们与其他高校甚至重点大学相关专业展开竞争的空间。

我校的人力资源管理专业实验体系建设的目标就是要力争在重庆市内具有一定优势，在全国具有一定的特色。

2. 人力资源管理基础实验课程的经验教训

目前，人力资源管理系开设的实验教学课程有：人力资源管理基础实验、人力资源管理综合实训、人事测评实验。准备开设的实验课程有：组织行为学实验、管理沟通实验。

以人力资源管理基础实验为例，从 2008 年至今，已经有超过 700 多人次选修该门课程，每次课程的实验数据、过程资料都保存了下来。通过分析这些数据和资料，可以分析获得该门课程实施的实验效果，另外，我们还通过对 2007 级、2008 级、2009 级人力资源管理专业部分学生回访，收集上课学生对本门实验课程的意见。

两年多来，在人力资源管理基础实验课中存在以下难题：

(1) 课程目标高与低抉择困难

在前期的人力资源管理实验课设计时，无非是解决了两个问题：一是让学生了解一下人力资源管理软件的功能、结构；二是将一些纸质资料输入到系统中。比如虚拟的（或案例要求的）组织结构、岗位设置、工作说明书、绩效考核指标、薪酬结构及水平的数据。如果仅仅是为了以上目标去开展人力资源实验课，则既浪费时间，又浪费资源。

但是，如果将课程目标定得过高，比如让学生将人力资源理念转化到实际操作中，将企业战略转变为人力资源战略，将人力资源实践的各个模块融会贯通并体现在系统中，一则时间不够，二则实现起来技术上难度大。

(2) 实验内容取舍困难

人力资源管理内容很多，选择哪些内容和环节来实验才能最大效能地发挥实验课的功能是一个难题。比如工作说明书环节，如果要让学生详细体会编制工作说明书的过程，从收集资料到讨论再到最后分工输入系统，可能需要 8 个课时，但是教学计划中实验课一般只有 16 个课时，若选此环节进行实验其他可选择的内容就很少了。

(3) 实验课堂组织困难

以何种方式来组织实验课是个很头疼的问题。一般上课是以一个自然班（45 人左右）为单位进行，最初有老师让每个人学生自己组建模拟的公司，设计组织结构、岗位、工作说明书、考核办法等等。但是出现两个问题：一是学生工作量太大，完成的实验成果质量不高；二是 40 多人同时操作，系统经常瘫痪。后来设想过以一个班为单位，组建一个模拟企业，人员分为高、中、低三个岗位层次，由学生担任各种岗位角色，然后再在系统上进行基础资料的输入和信息、任务的发布。这样做的一个弊端就是老师每布置一项任务需要由公司中、高层开会，然后通过布置传达给公司基层员工。这导致课堂上很多时间大部分学生无事可做，如果安排学生课后讨论，又失去了老师在课堂上进行指导的意义了。

（4）实验考核手段选择困难

实验指导教师能够简单量化考核的关于实验课学生情况的指标包袱：第一、出勤，第二、输入系统中的信息和数据。其中第二点是关键，但是，由于是电子系统，拷贝信息很容易，学生很容易拷贝他人成果。学生在上课过程中如何开展讨论、如何得到信息、如何制订方案等实验过程痕迹实验指导老师是很难知道和记录的，然而，这些实验过程又是学生掌握知识的关键。所以，实验过程考核很困难，而实验结果考核的效度又不高。

人力资源管理专业其他实验课程情况如下：

人力资源管理专业综合实验（实训课程）到目前为止，开课一次，参与学生为2007级人力资源管理专业学生（134人），该门课程要求学生将人力资源管理专业领域的理念、知识、技能融会贯通，根据背景资料，最终提出一个整体的人力资源解决方案。从实验（实训）效果来看，学生在毕业前，对人力资源管理专业的所有重点专业领域知识作了梳理和提升，达到了训练的目的。

人事测评实验在2010年5月份已经开课，主要是依托"踏瑞人才测评系统"帮助学生制订人事测评的方案，重点在于训练学生掌握针对不同类别的岗位选择不同的测评工具的能力。

目前人力资源管理系已开设三门实验课程，分别是：人力资源管理基础实验、人力资源管理专业综合实验、人事测评实验；正在准备中的实验课程有两门，分别是：组织行为学实验、管理沟通实验。这些实验课程的实施极大地提升了本专业学生的专业素养，同时，还要积极借鉴其他高校的成功经验，丰富人力资源管理实验教学课程体系。

四、人力资源管理专业能力及课程体系构建

人力资源管理专业实验课程体系的构建思想是：以体现"人才和能力需求→确定就业方向→确定能力→确定实验项目→确定实验课程"的原则，能力和实验课程之间形成交叉对应关系。

（一）能力需求体系

根据对人力资源管理专业用人单位及教学单位调研统计，人力资源管理专业学生应该具备表3中所列的通识能力和专业能力。

我校的人力资源管理专业实验教学总的课程体系及实习包括管理类实验、信息技术类实验、专业实验及实习这几类，如下表所示。

表5　　　　　　　　　　人力资源管理专业实验课程体系

类别	课程名称
管理类	管理学实验
	会计学实验
	统计学实验
信息技术	大学计算机基础实验
	程序设计基础实验
	管理信息系统实验
专业实验	组织行为学实验
	人力资源管理基础实验
	人力资源管理综合实验
	人员测评实验
	管理沟通实验
实习	入学教育（含专业导读）
	专业认知实习
	校内综合模拟实训
	学年论文
	毕业实习
	毕业论文（设计）

（二）专业能力与对应课程

综合以上的调研统计结果，为了达到各专业技能要求的教学目标，根据本专业人才培养目标与能力体系，我们分析出本专业学生必须掌握的能力与课程体系结构如下。

表6　　　　　　　　　人力资源专业能力与对应的实验课程

序号	技能	核心知识技能单元	课程名称
1	①对个体的认识能力 ②对群体的认识能力	①个体行为认知能力 ②群体行为认知 ③激励能力	组织行为学实验
2	①人力资源规划编制能力 ②组织设计与工作分析能力 ③招聘方案制订及实施能力 ④培训需求调研及培训计划制订、培训效果评估能力	①人员需求及供给预测 ②组织结构设计的步骤和方法、组织结构变革的程序 ③工作分析问卷的设计、岗位再设计、流程再造、工作说明书的编制 ④招聘流程设计、招聘广告的设计、校园招聘宣传短片的制作 ⑤培训需求调研问卷设计、培训计划制订、培训效果评估方案的设计	人力资源管理基础实验

表6（续）

序号	技能	核心知识技能单元	课程名称
3	①职业生涯方案制订能力 ②绩效方案制订能力 ③薪酬市场调研、方案制订能力 ④劳动合同签订及离职管理中的法律运用能力 ⑤员工满意度调研能力	①胜任力素质模型的建立 ②职业倾向测试及运用 ③薪酬市场数据调研、岗位薪点的制定、薪酬水平的制定 ④劳动合同样本认知、离职面谈管理 ⑤援用满意度调研问卷设计及报告撰写	人力资源管理综合实验
4	语言及非语言沟通能力	①不同沟通方式效果比较试验 ②有效沟通方式 ③高效的会议安排	管理沟通试验
5	人员测评能力	①人员素质测评量表认知 ②不同类型人员测评的量表选择 ③评价中心技术的方案设计与实施	人员测评实验

（三）专业基础能力、专业能力与对应实验课程

表7　　　　　管理类专业基础能力指标与实验课程

能力类别	能力标准	实验项目	实验课程	课程类别
能力一：管理基础通识能力	①决策能力 ②计划能力 ③领导与激励能力 ④组织设计能力	①决策过程分析（模拟商务决策） ②计划分析与制订演练 ③领导与激励的模拟演练 ④组织设计和调整练习	管理学实验	学科基础
能力二：财务与会计基础能力	①会计凭证的处理能力 ②会计账簿的登记与解读能力 ③会计报表的编制与解读能力 ④会计报表的分析能力	①记账凭证填制实验 ②登记账簿实验 ③会计信息生成流程实验 ④会计报表分析实验	会计学实验	学科基础
能力三：管理统计调查与分析能力	①数据的搜集、整理和描述能力 ②统计数据的分析能力 ③统计数据的应用能力	①统计数据的搜集、整理与描述 ②相关分析 ③回归分析 ④时间数列分析	统计学实验	学科基础
能力四：信息管理与处理基础能力	①管理信息系统建设认知能力 ②系统分析能力 ③数据的组织与管理能力 ④系统实施与维护管理能力	①管理信息系统建设初步认知实验 ②系统分析能力演练 ③数据的组织与管理训练 ④系统实施与维护管理演练	管理信息系统实验	学科基础

表 8　　人力资源管理专业能力指标与实验课程

能力类别	能力标准	实验项目	实验课程	课程类别
能力一：个体行为认知及激励能力 能力二：群体行为认知及激励能力	①理论基础 ②方案制订 ③问卷设计 ④问题归纳	①个体行为实验 ②群体行为实验	组织行为学实验	专业主干
能力一：人力资源规划能力 能力二：组织设计与工作分析能力 能力三：招聘领域能力 能力四：培训领域能力	①理论基础 ②方案制订 ③问卷设计 ④问题归纳	①人力资源规划编制 ②组织结构设计与岗位说明书编制 ③招聘方案编制 ④培训需求需求调研、培训计划制订、培训效果评估	人力资源管理基础实验	专业主干
能力一：职业生涯能力 能力二：绩效领域能力 能力三：薪酬领域能力 能力四：劳动关系领域能力	①理论基础 ②方案制订 ③问卷设计 ④问题归纳 ⑤问题解决	①职业生涯方案制订 ②绩效方案制订 ③薪酬市场调研、方案制订 ④劳动合同签订及离职管理中的法律运用 ⑤员工满意度调研能力绘图能力	人力资源管理综合实验	专业选修
语言及非语言沟通能力	①理论基础 ②问卷设计 ③问题归纳	①不同沟通方式效果比较试验 ②有效沟通方式 ③高效的会议安排	管理沟通实验	专业选修
人员测评能力	①理论基础 ②方案制订 ③问卷设计 ④报告撰写	①人员素质测评量表认知 ②不同类型人员测评的量表选择 ③评价中心技术的方案设计与实施	人才测评实验	专业选修

（四）实验其他要件建设

1. 实验室：目前，重庆工商大学经济管理实验教学中心投入了大量人力、物力进行实验室硬件设施和改造，其中行为学实验室、现代化的机房等能满足人力资源管理专业所有课程的实验教学要求。人力资源管理专业实验课程将充分利用经济管理实验教学资源。

2. 配套软件：人力资源管理专业实验课程当前使用两套软件。"金方策人力资源管理方针模拟教学体统"——支持人力资源管理基础实验课程；"踏瑞人事测评系统"——支持人事测评实验课程。目前正在着手甄选"组织行为学实验"及"管理沟通实验"相关支持软件或沙盘系统。

3. 实验教材：目前人力资源管理系教师参与编撰了《企业经营决策与管理综合实训》，其中包含人力资源管理实验内容，已经出版。另外，申请学校经管实验中心资助编撰《人力资源专业综合实验教程》作为内部印刷资料，下一步将组织教师编撰《管理沟通实验教程》《人事测评实验教程》《组织行为学实验教程》作为内部印刷资料，在此基础上，经过1～3年的完善，将正式出版上述实验教材。

（项目负责人：鄢清华　项目组成员：邓莉　梅洪常　黄钟仪　何淑明　杨军等）

信息管理与信息系统专业能力导向实验教学体系建设研究

重庆工商大学管理学院信息与工程管理系

一、信息管理专业实验教学体系的设计背景与调研

（一）实验教学体系的设计背景

在经济全球化和信息技术飞速发展的今天，企业管理信息化已成为提高企业竞争力的砝码，而企业信息化的关键在于需要一大批既掌握计算机网络操作知识，又懂得专业知识的复合型管理人才。面对市场的迫切需求，我们越来越认识到，搭建人才需求市场和高校培养体系之间的桥梁，建立以能力需求为导向的教学体系是为社会培养合格人才的有力保障。在教学体系建设中，实践教学体系设计是必不可少且非常重要的一个环节。通过实践教学可以加强学生的实践能力和培养学生的创新意识，可以促进学生们知识、能力、素质协调发展。通过实践教学可以帮助学生将书本知识转化为动手能力，提高学生的综合素质。理论知识是基础，实践能力是一个人完成的工作量、复杂程度以及完成的质量和效率的体现，是理论知识和其他要素综合起来的能力。能力和知识有关，但需要一个转化的过程，实验教学最主要功能就是使学生通过知识综合应用而形成专业实践与创新能力。学校的教学体系一旦设置，就在一段时间内不再有大的改动，而用人单位的需求却是日新月异，这使得毕业生所具备的能力与社会需求的人才所必备的能力之间产生了错位现象。为改变这一现状，我们将通过能力需求调研—数据分析—能力体系归纳—实验项目与实验课程设计—实验课程体系形成流程，最终建立一套完整、实用、以能力需求为导向的信息管理与信息系统专业的实验教学体系，并按照上述流程不断完善和调整，来改进和调整信息管理专业的实验课程教学，满足市场不断变化的需求。

（二）实验教学体系的调研及数据分析

1. 调研方案

为协调学历教育与社会需求之间的关系，建立以能力需求为导向的实验教学体系。我们拟从需求、学生反馈、实验体系设置三个方面展开调研。为此我们设计了相关调研方案（如图1所示），制作了调查问卷，并实施了调研。

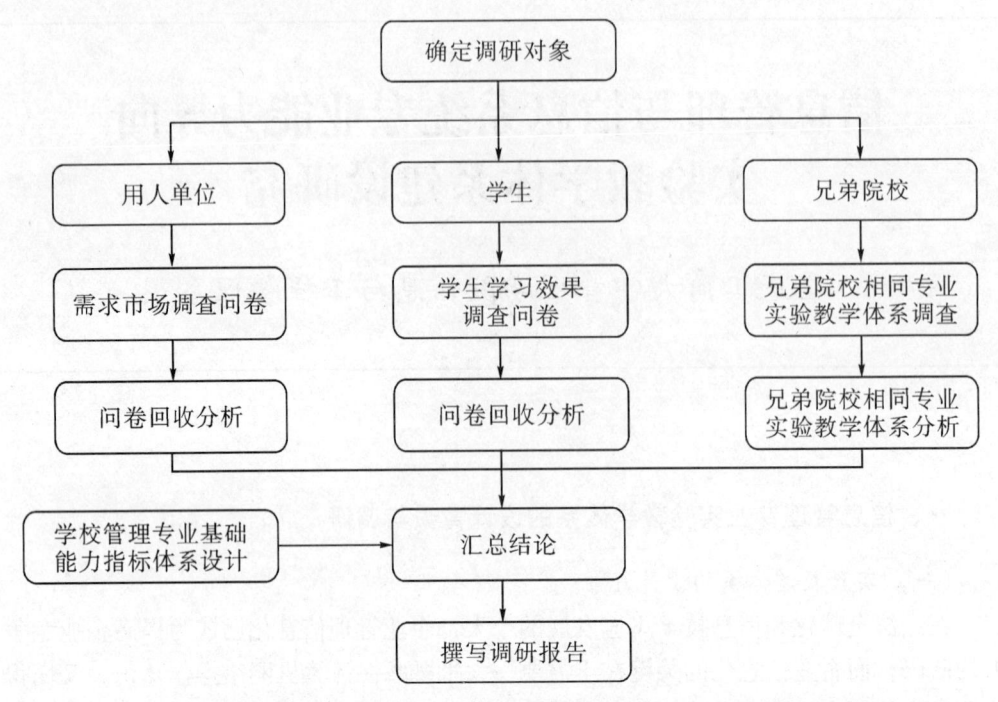

```
                    ┌──────────────┐
                    │ 确定调研对象 │
                    └──────┬───────┘
         ┌─────────────────┼─────────────────┐
    ┌────┴─────┐      ┌────┴────┐       ┌────┴─────┐
    │ 用人单位 │      │  学生   │       │ 兄弟院校 │
    └────┬─────┘      └────┬────┘       └────┬─────┘
    ┌────┴─────┐   ┌───────┴───────┐   ┌─────┴──────────┐
    │需求市场  │   │ 学生学习效果  │   │兄弟院校相同专业│
    │调查问卷  │   │   调查问卷    │   │实验教学体系调查│
    └────┬─────┘   └───────┬───────┘   └─────┬──────────┘
    ┌────┴─────┐      ┌────┴─────┐     ┌─────┴──────────┐
    │问卷回收  │      │问卷回收  │     │兄弟院校相同专业│
    │  分析    │      │  分析    │     │实验教学体系分析│
    └──────────┘      └────┬─────┘     └────────────────┘
    ┌──────────┐           │
    │学校管理专│───────►┌──┴──────┐
    │业基础能力│        │汇总结论 │
    │指标体系设│        └────┬────┘
    │    计    │             │
    └──────────┘        ┌────┴─────┐
                        │撰写调研报告│
                        └──────────┘
```

图1 信息管理与信息系统专业实验课程教学体系建设调研方案示意图

2. 在校生对专业能力需求认识的调查问卷及数据分析

结合信管专业的特点，我们制定了针对在校生的调查问卷如下：

信息管理与信息系统专业能力需求调查问卷

亲爱的同学：

你好！非常感谢您百忙当中接受重庆工商大学管理学院信息管理与信息系统专业人才的能力需求情况调查。

姓名：_____ 班级：_____ 联系方式：_____

请在您认为最合适的一个或多个答案上面划"√"。

1. 你未来想在（　　）行业从事工作？

A IT 行业　B 金融行业　C 商务流通行业　D 制造行业

E 中介服务行业　F 政府（事业）部门　G 其他_____

2. 你在信息管理与信息系统专业的学习方向定位是（　　）。

A 信息系统开发　　　B 数据分析与信息挖掘

C IT 项目管理　　　 D 其他_____

3. 你在信息系统开发类技术课程的学习过程中，感觉（　　）门课程最难学。

A C 语言　B VB 程序设计　C 数据库管理　D 网络工程

E 管理信息系统　F 信息系统开发与设计

4. 你在数据分析与信息挖掘类课程的学习过程中，感觉（　　）门课程最难学。

A 数理统计与线性代数　B 统计学　C 数据分析与管理决策

D 信息资源检索与利用　E 数据挖掘　F 其他_____

5. 你在IT项目管理类课程的学习过程中，感觉（　　）门课程最难学。
A 管理学　B 管理沟通　C 战略管理　D 人力资源管理
E IT项目管理　F 其他_____

6. 你希望能增加_____课程的学习。

7. 你在难点课程的学习过程中，存在的最突出的问题是（　　）
A 理论教学内容难以理解　　　B 实验室软硬件环境不够好
C 实验环节课时不够　　　　　D 实验与教学不匹配
E 其他_____

8. 你希望信息系统开发类技术课程的实验环节能有（　　）改善。
A 增加实验环节教学课时（　　）节
B 能随时到实验室，在有老师的辅导下学习
C 能随时到实验室，自主学习

9. 你还希望学校能开设与本专业相关的_____选修课程，其中_____课程只开设实验课。

10. 最后，请你为本专业学生应具备的能力及其培养方式提出宝贵的建议：_____。

2011年6月我们对2007级、2008级、2009级和2010级信息管理专业部分学生进行了问卷调查，发放问卷50份，收回问卷50份，其中有效问卷46份，有效率92%。调查中我们发现学生在未来就业规划方面有25%的学生希望在IT行业工作，其余的同学都希望在其他行业利用信息技术从事相关管理工作；在学习方向定位方面有55%的同学希望从事数据分析与信息挖掘工作，有40%的同学希望从事IT项目管理工作；在课程学习中有80%的同学认为程序开发类课程最难学，有15%的同学认为系统开发类课程最难学；在教学过程中，90%的同学希望能增设信息系统技术类课程的实验环节或增设有指导条件下的开放的实验课程。

3. 企业对专业能力与职业需求的调查问卷及数据分析

结合信管专业的特点，我们制定了针对在企业及用人单位的调查问卷，具体如下：

信息管理与信息系统专业能力需求调查问卷

尊敬的领导：

您好！非常感谢您百忙当中接受重庆工商大学管理学院信息管理与信息系统专业人才的能力需求情况调查。

您的姓名：_____　年龄：_____　职业：_____
单位：_____　联系方式：_____

请在您认为最合适的一个或多个答案上面划"√"。

1. 贵单位（公司）在招聘信息管理与信息系统专业的应届毕业生对学历的要求是（　　）。
A 博士　　B 硕士　　C 本科生　　D 专科生　　E 不要求

2. 贵单位（公司）在信息管理与信息系统专业最想招聘（　　）岗位的应届毕业生？

A 系统开发　B 系统管理（维护）　C 项目实施（管理）
D 生产管理　E 库存管理　F 物流管理　G 其他_____

3. 贵单位(公司)对信息管理与信息系统专业应届毕业生的能力需求是（　　）。
A 较高的信息系统开发水平　　　　B 信息分析及数据处理能力
C 较强的IT项目管理能力　　　　　D 良好的职业道德水准
E 较好的心理素质和应变素质　　　F 其他_____

4. 贵单位（公司）认为信息管理与信息系统专业的学生应该如何看待技术和管理？
A 管理更重要　　　B 技术更重要
C 两者相当　　　　D 都重要，需要有机结合

5. 贵单位（公司）对信息管理与信息系统专业技术能力的要求是（　　）。
A 掌握计算机基础软硬件知识并能迅速上手使用各类信息化软件
B 熟练掌握一种系统开发工具，熟悉软件开发过程
C 熟练掌握数据库技术
D 熟练网络技术
E 能有效管理小型系统的开发过程
F 能利用相关软件进行数据分析和挖掘

6. 您认为本校信息管理与信息系统专业理论体系是否有必要和现有执业资格制度接轨？
A 非常有必要　　B 不一定　　C 没有必要

7. 贵单位（公司）要求信息管理与信息系统专业应届毕业生拥有_____执业资格证书。

8. 贵单位（公司）对高校应届毕业生的工作经验有什么要求？
A 必须有丰富的经验，这样可以便于工作尽快上手
B 有一些基本经验，避免出现一些常规的错误
C 不一定非要有经验，可以在以后工作中慢慢积累

9. 贵单位（公司）认为应届毕业生不能胜任工作的主要原因（　　）（多选）。
A 专业知识欠缺　B 缺乏学习能力　C 创新能力不够
D 沟通能力不强　E 缺乏团队协作意识
F 责任心不强　　G 抗挫折能力差　H 职业素养不高
I 其他_____

10. 最后，请贵单位（公司）为信息管理与信息系统专业学生应具备的能力及其提升措施提出宝贵的建议：

_____

2011年6月我们对长安集团、用友软件、重庆邮政信息技术通信局等单位进行了问卷调查，发放问卷20份，收回问卷20份，其中有效问卷20份，有效率100%。调查中我们发现，就信管专业而言，50%的用人单位希望雇佣本科生，40%的单位希望雇佣研究生；在需求岗位方面对系统管理与项目实施岗位的需求占到70%以上；

对毕业生的能力需求也着重强调了对系统开发能力、IT 项目管理能力和信息分析与处理能力三项上。

4. 兄弟院校信息管理专业的实验课课程体系设置分析

对于信息管理这门新兴的学科来说，其一级学科是管理科学与工程，二级学科是信息管理，有的学校对信息管理的建设偏管理，有的偏实现技术，从而产生出信息管理专业的两种设置方法：一类把信息管理专业放在商（管理）学院，偏重从管理模式、流程再造等角度来解释信息管理；另一类把信息管理专业设置在计算机学院，偏重从系统实现、实现方法等角度来解释信息管理。对于同样设置在商（管理）学院的信息管理专业而言，不同的学校亦有不同的方向侧重，如广东商学院将信息管理的方向定位为流程再造、系统分析及管理，而重庆大学信息管理的方向则是系统分析与设计。与专业方向侧重不同相对应的是课程体系设置的差异。而不同的课程体系设置就产生不同的实验和实践需求，对信息管理类实验室的实验内容也就有了较大的差异，分析见图 2 与图 3。

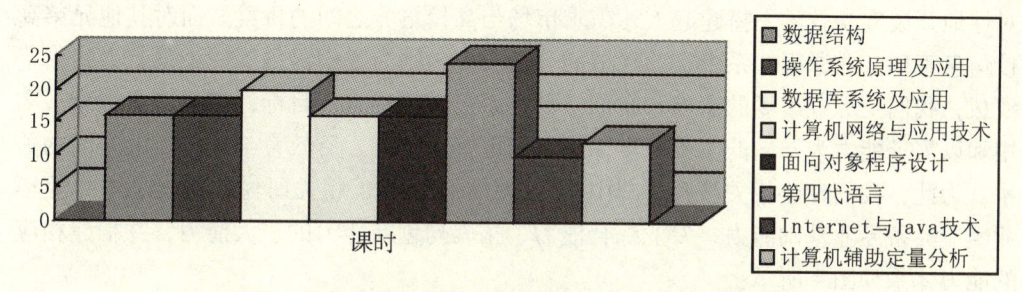

图 2　广东商学院信息管理课程体系中实验环节需求图

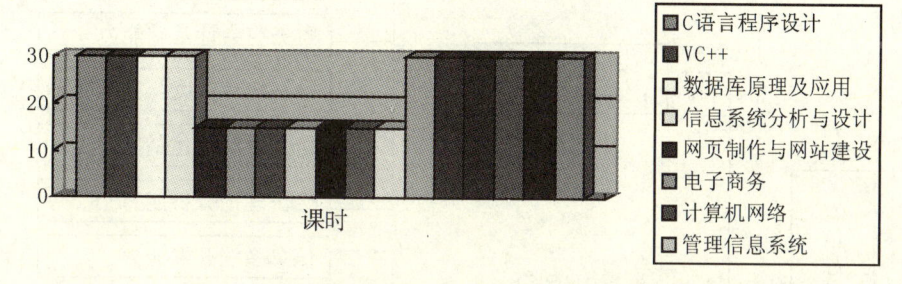

图 3　重庆大学信息管理课程体系中实验环节需求图

5. 调查结果分析

综合对学生、用人单位及兄弟院校三方的调研，我们发现在学生能力培养过程存在以下缺陷：

（1）对信息系统开发能力培养较弱，毕业生不具备独立的系统开发能力。信息管理专业的同学不仅要具备现代管理学理论方面的知识，还需要掌握系统思想和信息系统分析与设计方法，能够独立的应用相关知识进行系统开发。具备系统开发能力能促进学生在系统的分析、设计、实施管理和评价等方面能力的提高，使其更具竞争力。

（2）知识综合运用的能力较弱。信息管理专业的学生虽然学习了专业相关的理论知识，但这些知识却相互割裂，不成体系。这种现象导致的结果是被问及某方面的知识点，往往能对答如流，但是却难以综合所学知识来解决企业面临的现实问题。

（3）所学知识很难真正融入到对口的社会实践活动中，需要有相应的实践平台来锻炼专业拓展能力。课堂教学可以让学生具备信息管理方面的理论知识的储备，但是要实现知识向能力的转化，需要到相关平台实践操作。实验教学就为学生提供一个由书本知识向行为能力的过渡场所。

基于对信息管理专业学科交叉性的考虑，我们认为以信息技术能力为主的专业基础能力，以系统开发和数据分析能力为主的专业综合能力，以实践与应用为主的拓展与创新能力是本专业毕业生应具备的三大能力。

二、信息管理专业能力体系的构建

基于对在校生、用人单位及兄弟院校三方面结合的调研结论，我们掌握了用人单位对信息管理专业人才的需求特点，使我们了解了在学科体系建设中的重点，并有针对性地开展实验教学，搭建起人才需求市场与高校培养之间的桥梁。而对其他兄弟高校信息管理专业课程体系中实验环节的分析研究，则为我们提供了一个强有力的借鉴模板，我们要综合市场的需求和我们学科体系建设的特点及目标，建设一个健全、实用和以需求能力为导向的实验教学体，从而更好地协调学历教育与社会需求之间的关系。为此，我们专业相关教师于2010年7月3日展开了相关研讨，得出了本专业毕业生应具备专业基础能力、专业综合能力、拓展与创新能力的三大能力，并构建相应的能力体系如图4所示：

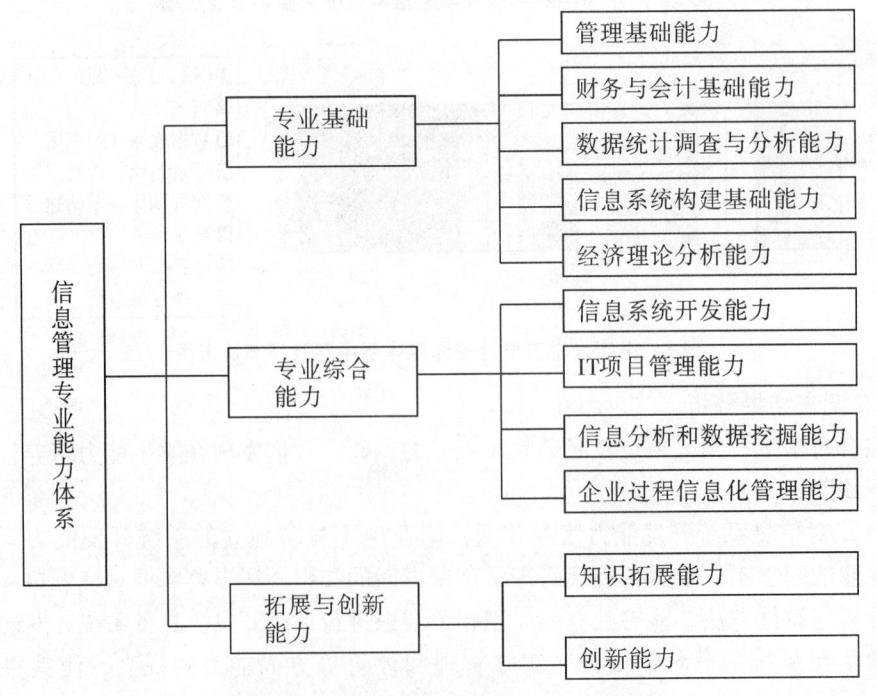

图4　信息管理与信息系统专业毕业生能力体系图

与上述能力所对应的教学课程体系如图 5 所示：

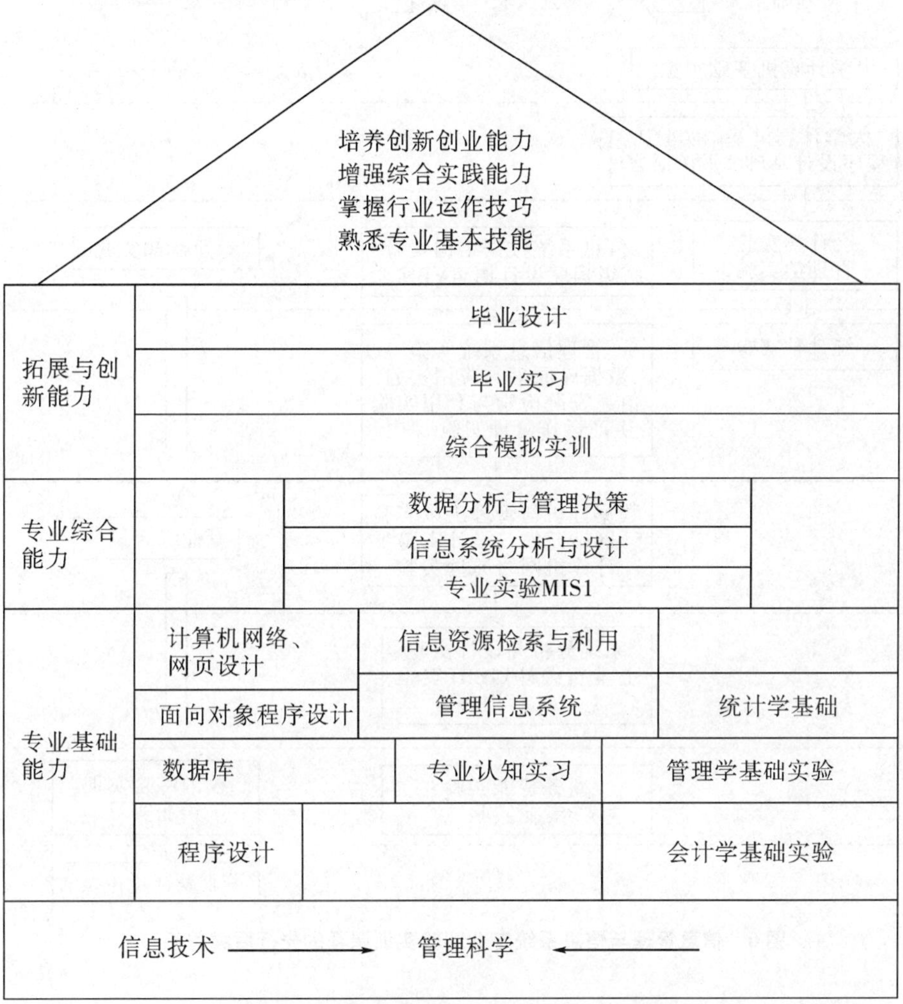

```
            培养创新创业能力
            增强综合实践能力
            掌握行业运作技巧
            熟悉专业基本技能
```

拓展与创新能力	毕业设计
	毕业实习
	综合模拟实训

专业综合能力	数据分析与管理决策
	信息系统分析与设计
	专业实验MIS1

专业基础能力	计算机网络、网页设计	信息资源检索与利用	
	面向对象程序设计	管理信息系统	统计学基础
	数据库	专业认知实习	管理学基础实验
	程序设计		会计学基础实验

信息技术 ──→ 管理科学 ←──

图 5　信息管理与信息系统专业实验课程体系图

根据上图的专业教学课程体系，我们设计了本专业的实验教学流程如图 6 所示。

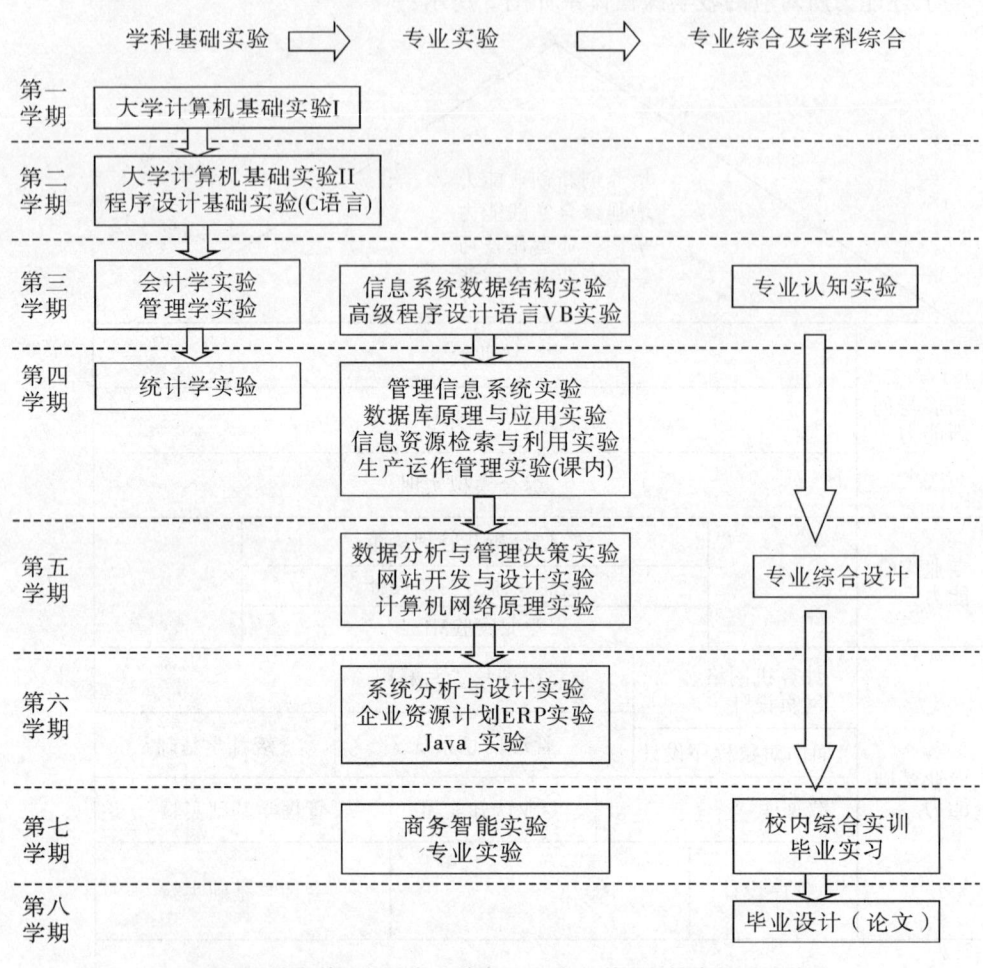

```
                学科基础实验  ⇒   专业实验   ⇒   专业综合及学科综合

第一学期    大学计算机基础实验I

第二学期    大学计算机基础实验II
            程序设计基础实验(C语言)

第三学期    会计学实验           信息系统数据结构实验        专业认知实验
            管理学实验           高级程序设计语言VB实验

第四学期    统计学实验           管理信息系统实验
                                 数据库原理与应用实验
                                 信息资源检索与利用实验
                                 生产运作管理实验(课内)

第五学期                         数据分析与管理决策实验      专业综合设计
                                 网站开发与设计实验
                                 计算机网络原理实验

第六学期                         系统分析与设计实验
                                 企业资源计划ERP实验
                                 Java 实验

第七学期                         商务智能实验                校内综合实训
                                 专业实验                    毕业实习

第八学期                                                     毕业设计（论文）
```

图6　信息管理与信息系统专业实验实训课程的先行后续关系

三、围绕能力体系的实验教学体系设计

（一）基于能力体系的实验项目的构建

1. 培养管理类专业基础能力体系的实验项目

表1　　　　　　　　培养专业基础能力体系实验项目表

能力类别	能力标准	实验项目	实验课程	课程类别
能力一：管理基础能力	①决策能力 ②计划能力 ③领导与激励能力 ④组织设计能力	①决策过程分析（模拟商务决策） ②计划分析与制订演练 ③领导与激励的模拟演练 ④组织设计和调整练习	管理学实验	学科基础
能力二：财务与会计基础能力	①会计凭证的处理能力 ②会计账簿的登记与解读能力 ③会计报表的编制与解读能力 ④会计报表的分析能力	①记账凭证填制实验 ②登记账簿实验 ③会计信息生成流程实验 ④会计报表分析实验	会计学实验	学科基础

表1（续）

能力类别	能力标准	实验项目	实验课程	课程类别
能力三：数据统计调查与分析能力	①数据的搜集、整理和描述能力 ②统计数据的分析能力 ③统计数据的应用能力	①统计数据的搜集、整理与描述 ②相关分析 ③回归分析 ④时间数列分析	统计学实验	学科基础
能力四：信息系统构建基础能力	①信息系统的运用能力 ②信息系统的构建能力	①信息系统认知实验 ②信息系统分析实验 ③信息系统设计实验	管理信息系统实验	学科基础
能力五：经济理论分析能力	略	略	经济学基础实验（课内实验）	学科基础

2. 培养专业综合能力体系的实验项目

表2　　　　　　　　培养专业综合能力体系的实验项目

能力类别	能力标准	实验项目	实验课程	课程类别
能力一：信息系统开发能力	①开发小型管理信息系统的能力 ②信息系统设计能力 ③网络工程知识的掌握 ④应用数据库的能力	①数据初始化 ②账务处理 ③业务流程分析 ④数据流程及功能分析 ⑤数据库设计 ①系统规划 ②系统分析 ③系统设计 ④系统详细设计与编程 ⑤课程设计软件演示及总结	①管理信息系统 ②信息系统分析与设计 ③网络工程 ④数据库原理与应用	
能力二：IT项目管理能力	①IT项目管理的过程 ②管理沟通技巧	略	课内实践环节	
能力三：信息收集与分析能	①管理决策与数据分析能力	①因特网网站访问及下载技术入门 ②访问中国教育和科研计算机网 ③资源调查实验 ④图书分类法实验 ⑤访问中国知网数据库实验 ⑥访问万方数据库实验 ⑦访问维普数据库实验 ⑧搜索引擎的使用实验 ①电子表格的基本操作 ②Excel基础 ③网上书店的数据库创建及其查询 ④企业销售数据的分类汇总分析 ⑤餐饮公司经营数据时间序列预测 ⑥住房建筑许可证数量的回归分析 ⑦电信公司宽带上网资费与电缆订货决策 ⑧奶制品厂生产/销售的最优化决策 ⑨运动鞋公司经营投资决策	①信息资源检索与利用 ②管理决策与数据分析	

(续)

能力类别	能力标准	实验项目	实验课程	课程类别
能力四：数据深度利用及挖掘能力	②DSS 的了解 ③模型论的掌握	①优化算法程序设计 ②关联规则挖掘算法 ③决策树 ID3 算法 ④遗传算法程序设计 ⑤神经网络（BP）算法	① DSS（决策支持系统）	
能力五：企业过程信息化管理能力	①供应链管理知识的掌握能力 ②企业信息化知识的掌握 ③生产与运作管理知识的掌握 ④财务管理知识的掌握 ⑤ERP 知识的掌握 ⑥人力资源管理知识的掌握	①订单管理实验 ②计划排产实验 ③物流与执行实验 ④入库实验	①ERP（企业资源计划）	

3. 培养知识拓展与创新能力体系的实验项目

表3　　　　　　　　培养知识拓展与创新能力体系的实验项目表

能力类别	能力标准	实验项目	实验课程	课程类别
能力一：知识拓展能力	模拟企业经营管理能力 商务与物流相关知识能力	①企业经营系统观的构建 ②公司注册登记 ③环境分析及战略制定 ④营销决策 ⑤生产决策 ⑥采购决策 ⑦财务决策 ⑧公司绩效分析与策略调整	企业经营管理模拟实训 商务与物流	
能力二：创新能力	运用创新的能力	学生模拟创业实训		

（项目负责人：唐敏　项目组成员：陈婷婷　白健明　刘红平　徐世伟　邵传毅　涂智寿　唐喜林　李红霞　周六刚　代春艳）

电子商务专业能力导向实验教学体系建设研究

一、研究背景

（一）专业发展背景

20世纪80年代以来，经济全球化以前所未有的速度、广度和深度影响着世界各国经济、政治和社会发展，信息技术特别是互联网及相关技术逐步成为推进全球化进程的根本动力之一。人类社会正在走向信息社会时代，互联网只用了短短十多年时间就将各大洲人类连接在一起。各国现代化进程也正随着信息化应用的深入快速地改变着人们生活、学习、工作和交流方式。未来经济贸易将越来越多地依赖互联网环境来开展。电子商务正在成为国家与国家、国家与企业、企业与企业、企业与个人之间主要经贸方式与沟通手段。

随着信息技术的广泛应用和企业信息化水平的不断提高，电子商务日益成为企业的重要经营模式，社会对电子商务人才的需求亦日趋迫切，人才短缺已成为全球电子商务发展过程中所面对诸多问题中最根本、最紧迫的问题。加快电子商务发展已经成为很多国家的一项重要政策。这就对中国培养高素质创新型电子商务人才提出了迫切的要求。2005年1月国务院办公厅专门发布了《关于加快电子商务发展的若干意见》，特别指出："高等院校要进一步完善电子商务相关学科建设，培养适合电子商务发展需要的各类专业技术人才和复合型人才，加强电子商务理论研究。"2007年3月国务院发布《国务院关于加快发展服务业的若干意见》，从另一个更广阔层次强调了推进电子商务的重要性。

电子商务虽然只有短短10来年的时间，但现在已经成为国民经济发展和社会信息化的重要组成部分。在产生越来越多效益的基础上，电子商务更重要的是正在改变着社会经济的运行体制，并不断促进技术和应用的创新。随着电子商务在我国的快速发展和广泛应用，对电子商务领域的人才需求和专业知识要求在不断提高，教育部从2001年初正式批准13所高校设立电子商务本科专业以来，已经累计批准了324所普通高校开展电子商务本科专业人才的培养，每年有数万名大学毕业生新增到电子商务人才队伍中。

（二）研究框架

实验教学改革必须立足于社会需求。近年来，重庆工商大学商务策划学院电子商务专业以企业需求为导向，围绕以能力培养为核心的电子商务专业人才培养模式进行创新与实践，开展了广泛的社会需求调研论证，特别是依托合作行业平台，获取会员企业人才需求信息，广泛收集各主要招聘网站对本专业人才需求及岗位能力要求，采用走访用人单位、召开专家座谈会等多种形式，预测学科发展趋势。根据电子商务人才社会需求类型，分析电子商务人才岗位需求，总结提炼出电子商务人才知识结构与能力结构体系，进一步根据知识结构与能力结构体系，构建实验课程体系与实验项目体系（如图1）。

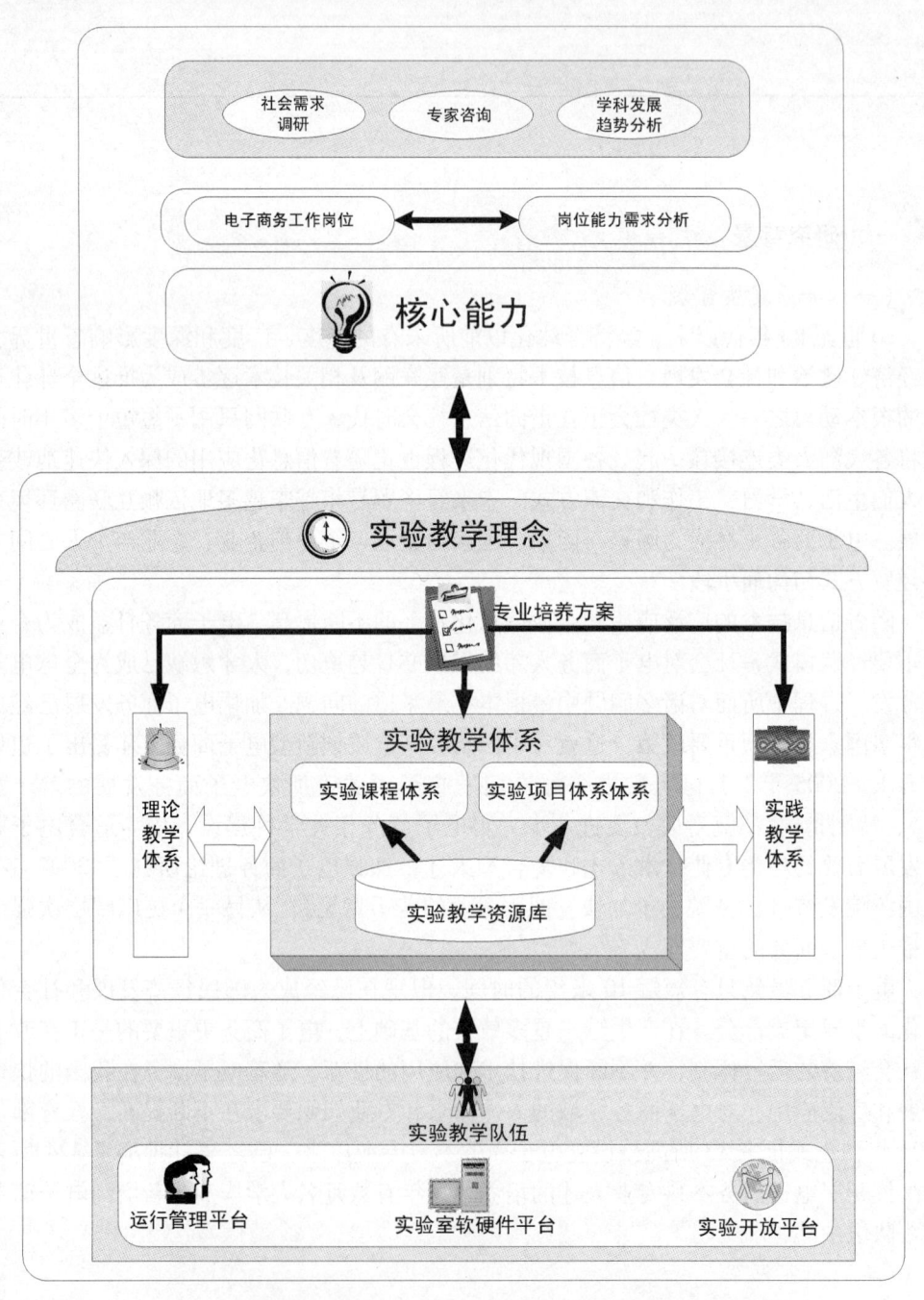

图1 以能力培养为核心的电子商务实验教学体系研究总体框架

二、专业能力需求调研

（一）调研渠道

1. 普通高等学校电子商务本科专业知识体系

为了加快培养高层次电子商务专业化人才，教育部于2001年正式批准高校设立电子商务本科专业，迄今设立该专业的高校已经超过300所。这些高校既有研究型大学，也有地方高校和独立学院。办学层次参差不齐，学科特点相差较大，行业和地方需求也各有千秋。因此，教育部于2006年初正式成立了高等学校电子商务专业教学指导委员会，根据电子商务发展的特点，紧密结合高等教育实际，制订指导性专业规范，培养高质量的、符合社会需求的电子商务专业化人才。《普通高等学校电子商务本科专业知识体系》（试行）是教育部高等学校电子商务专业教学指导委员会按照教育部"高等学校本科教学质量与教学改革工程"的要求，在经过大量调研和前期工作的基础上组织编制，并通过了专家的评审。知识体系是专业人才培养的内容核心，也是专业教学计划和课程体系的基础。该知识体系的实施能够对各高校电子商务专业的规范化建设起到积极的参考作用，同时也对复合交叉型学科的知识体系研究和专业建设起到示范作用。

2. 专家座谈

电子商务专业每年都会邀请企业专家参与讨论电子商务专业培养方案的制订，充分采纳相关建议。比如2010年电子商务专业培养方案制订座谈会上，有企业专家提出学生现在的知识以理论为主，而且知识比较零散，缺少非常系统的实践，针对这一建议，我们增加了一门综合性的专业设计课程，集中安排一个月的时间供学生独立完成整个电子商务系统的开发，从概要设计、详细设计到前端设计、程序编码、综合测试，学生能对整个流程有系统的实践。

3. 学生访谈

重点针对已经毕业或正在企业参加实习的学生，了解学生在工作中专业知识方面存在哪些方面的不足，对于共性的问题，则在培养方案中进行加强。比如学生反映工作后，特别是刚工作阶段，承担的工作比较简单，很多工作都是编辑产品介绍，需要对产品文字、产品图片等进行处理，针对这一反馈信息，我们在培养方案制订中加强网页美工和多媒体的要求，授课中补充主流的图形图像处理软件。

4. 招聘网站调查

招聘网站是电子商务专业在本次实践教学体系研究中重点采用的一种调研方式。目前网络招聘已经非常普及，所有学生都已在通过网络寻找工作，很多同学也通过网络招聘平台顺利找到自己满意的工作，而且部分低年级学生也在通过网络寻找合适的实习岗位。目前，国内已经形成几家比较大的招聘网站，相关功能和服务已经非常完善，而且对企业介绍、岗位需求、岗位能力要求、岗位业绩要求，以及学历、专业知识等都有很详细的介绍，非常适合我们的调研工作。

本次调研信息主要来自前程无忧（http://www.51job.com/）、中华英才网（http://

www.chinahr.com/）、智联招聘（http://www.zhaopin.com/）、应届生求职网（http://www.yingjiesheng.com/）、腾讯求职（http://edu.qq.com/job/）、58同城招聘（http://www.58.com/）网站，重点是前程无忧、中华英才网、智联招聘这国内三个最大的招聘网站。

为更好的制订电子商务专业人才培养方案，自2005年来，电子商务专业就开始关注上述几大招聘类网站对电子商务专业人才的需求情况。近年来电子商务人才需求有两大可喜变化，一是从最初没有专门的电子商务岗位，再到有明确的电子商务岗位，到目前已经有专门的"互联网 电子商务"行业，且位于行业类别中的显著位置（见图2、图3、图4）；二是最初没有重庆地区的电子商务岗位招聘信息，到目前已有大量重庆地区的电子商务岗位需求，而且仅2011年上半年，就有5家重庆当地电子商务企业主动上门寻求建立学生实习基地，并提供带薪实习岗位。

图2 智联招聘网行业类别

图 3 前程无忧网行业类别

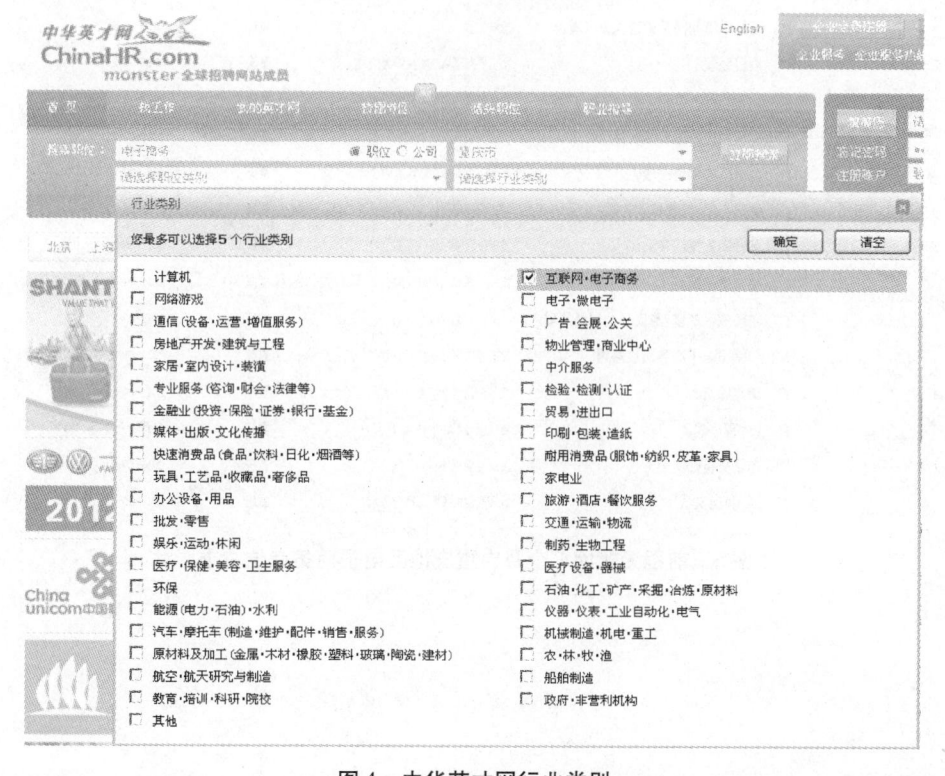

图 4 中华英才网行业类别

通过在前程无忧招聘网站搜索重庆地区一个月内发布的要求本科学历的电子商务岗位招聘信息，可以找到 357 条记录，这一搜索设置比较适合我校电子商务专业学生，我校电子商务专业学生为本科学历，在重庆本地特别是主城区就业比例很高。在这些记录中，不限工作年限（包括在读学生和应届毕业生）的有50条记录，外资企业信息有51条，民营公司有204条，包括北京中搜网络技术有限公司、聚齐互动（北京）信息技术有限公司、重庆巨尚科技发展有限公司、重庆艾夏网络科技有限公司，职位则有项目经理、商务活动部经理、外贸部经理、英语网站推广、网络编程、社交媒体研究员等，详见图5。

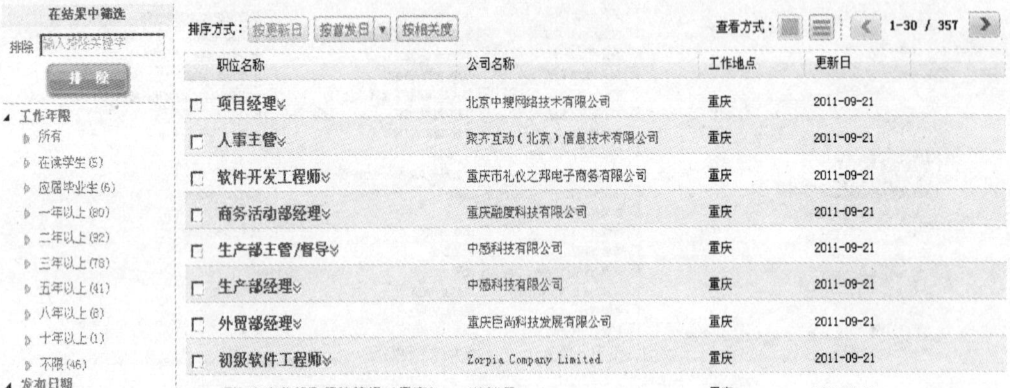

职位名称	公司名称	工作地点	更新日
项目经理	北京中搜网络技术有限公司	重庆	2011-09-21
人事主管	聚齐互动（北京）信息技术有限公司	重庆	2011-09-21
软件开发工程师	重庆市礼仪之邦电子商务有限公司	重庆	2011-09-21
商务活动部经理	重庆融度科技有限公司	重庆	2011-09-21
生产部主管/督导	中感科技有限公司	重庆	2011-09-21
生产部经理	中感科技有限公司	重庆	2011-09-21
外贸部经理	重庆巨尚科技发展有限公司	重庆	2011-09-21
初级软件工程师	Zorpia Company Limited	重庆	2011-09-21
【汽车事业部】行情编辑（重庆）	搜狐公司	重庆	2011-09-21
【汽车事业部】区域总监（重庆）	搜狐公司	重庆	2011-09-21
【汽车事业部】销售代表（重庆）	搜狐公司	重庆	2011-09-21
项目经理	北京中搜网络技术有限公司	重庆	2011-09-21
运营经理	北京中搜网络技术有限公司	重庆	2011-09-21
重庆销售分总	奇迹通讯有限公司	重庆	2011-09-21
区域广告销售经理	互动通天图信息技术有限公司	重庆	2011-09-21
储备干部/管理培训生	学亦乐信息科技（上海）有限公司	重庆	2011-09-21
英语网站推广（SEO）	重庆艾夏网络科技有限公司	重庆	2011-09-21
英文网站编辑	重庆艾夏网络科技有限公司	重庆	2011-09-21
重庆地区总监/重庆分公司总经理	F团 放心团	重庆	2011-09-21
二手房电子商务高层管理	上海祥居信息技术发展有限公司	重庆	2011-09-21
网络编辑	北京今日都市信息技术有限公司（嘀嗒团）	重庆	2011-09-21
PHP程序员	重庆世盟网络科技有限公司	重庆	2011-09-21
市场分析师	重庆世盟网络科技有限公司	重庆	2011-09-21
SEO英语文案	重庆世盟网络科技有限公司	重庆	2011-09-21

图5 前程无忧网1个月内重庆地区电子商务岗位需求

外贸网络推广

重庆恒欣源网络科技发展有限公司 查看公司简介>>

公司行业：	互联网/电子商务
公司性质：	民营公司
公司规模：	少于50人

职位信息

发布日期：	2011-09-21	工作地点：	重庆	招聘人数：	10
语言要求：	英语 熟练	学　历：	本科	薪水范围：	2000-2999

职位职能： 其他 市场/营销/拓展专员

职位描述：
1、对于网络营销售，特别是B2C B2B电子商务有自己独特的见解和较客观的认识，热爱电子商务行业；
2、IT、电子商务或者英语相关专业毕业，较好的英语基础[CET6及以上]，能够熟练使用计算机，有网络应用基础；
3、英语写作能力强，能用英语进行网络推广，对社区营销，SEM，SEO，EDM等网络推广手段有一定的认识；特别是对于搜索引擎优化有较系统的认识，以多种手段达成优化目标的实现，对主要的推广手段的实现流程和收费模式有一定了解[CPC PPC等]。
4、对外贸博客，论坛，社区资讯分享平台[如Google groups，Yahoo ask,]有一定的了解，对于资讯信息和行情知识有较快速的反应和快速收集能力；
5. 其它相关网络推广和经验，相关网络营销公司工作经验者更佳！

岗位要求：有一定商务英语基础。

图6 某电子商务岗位能力需求

英语网站推广（SEO）

重庆艾夏网络科技有限公司 查看公司简介>>

公司行业：	互联网/电子商务 贸易/进出口
公司性质：	民营公司
公司规模：	50-150人

职位信息

发布日期：	2011-09-21	工作地点：	重庆	招聘人数：	若干
工作年限：	一年以上	语言要求：	英语 良好	学　历：	本科

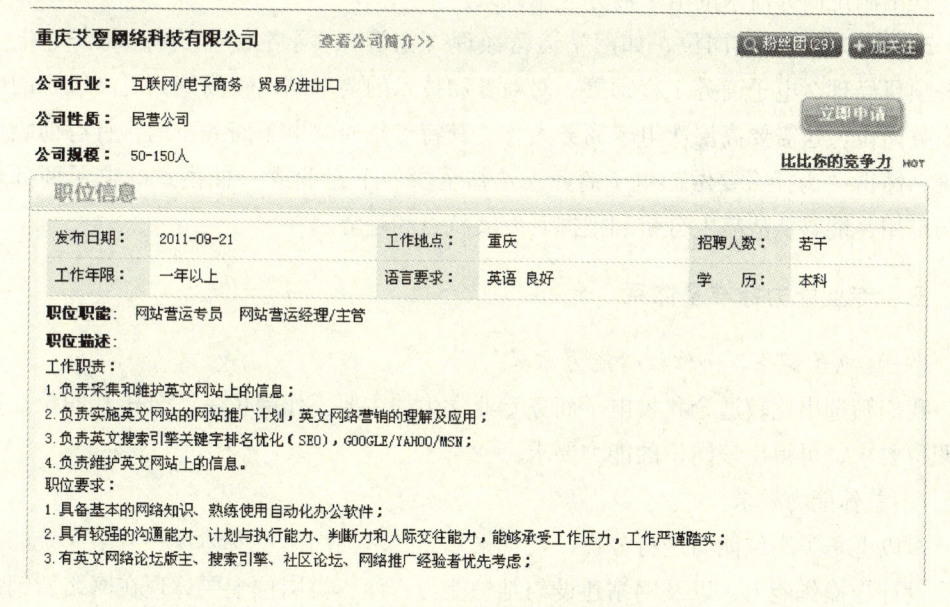

职位职能： 网站营运专员 网站营运经理/主管

职位描述：
工作职责：
1.负责采集和维护英文网站上的信息；
2.负责实施英文网站的网络推广计划，英文网络营销的理解及应用；
3.负责英文搜索引擎关键字排名优化（SEO），GOOGLE/YAHOO/MSN；
4.负责维护英文网站上的信息。
职位要求：
1.具备基本的网络知识、熟练使用自动化办公软件；
2.具有较强的沟通能力、计划与执行能力、判断力和人际交往能力，能够承受工作压力，工作严谨踏实；
3.有英文网络论坛版主、搜索引擎、社区论坛、网络推广经验者优先考虑；

图7 某电子商务岗位能力需求

（二）电子商务岗位社会需求分析

通过对国内三大招聘类网站电子商务类岗位的招聘信息进行检索和筛选，分析其岗位职能、岗位描述和职位要求。可发现，从社会需求来看，电子商务人才大致分为技术型电子商务人才、商务型电子商务人才与战略型电子商务人才。经过广泛社会需求调研发现，电子商务作为新兴复合性行业，要求从业人员知识面广、信息驾驭能力强、专业技术水平高,既要掌握计算机及网络在商务方面应用的相关技术,又应具有一定商务理念与电子商务活动能力。

具体来说,不同就业岗位及其能力要求各不相同。调查发现电子商务人才任职岗位主要来源于两种渠道:一是传统岗位在信息技术和互联网技术的冲击下注入了新的内容后演变而来,如网络营销岗位,是传统的营销和业务代表、市场推广等岗位用信息技术和互联网等工具武装起来而产生的;二是计算机技术、信息技术和互联网技术应用到社会生活的各方面而产生的新岗位,如网站设计师、网站美工等,这些都是最近几年才逐渐为人所知的新型电子商务类岗位。根据对技术和商务要求的侧重点不同,可以把电子商务岗位分为以下三大类:

1. 策划与技术类岗位,如网站策划(编辑)、网络广告、美工制作、网站设计员、网站开发员等。这是基础性电子商务人才,其特点是精通电子商务技术,掌握电子商务技术的最新进展动态,同时具备足够的现代商务知识,善于理解商务需求,懂得"如何做"电子商务,能够以最有效的技术手段予以实施。

2. 商贸类岗位,如网络客服专员、网络促销员、网上交易专员、网络市场调查、外贸电子商务等。这是电子商务人才的主体,其特点是精通现代商务活动,充分了解和理解商务需求,同时具备足够的电子商务技术知识,懂得电子商务"能做什么",善于提出满足商务需求的电子商务应用方式。

3. 运作与管理类岗位,如网站运营经理(主管)、网络推广、网站维护、电子商务项目经理、电子商务工程师等。对商务和技术的要求都比较高则是更高级别的电子商务岗位,这需要高层次电子商务人才,其特点是通晓电子商务全局,具有前瞻性思维,懂得"为什么要做"电子商务,熟知至少一个行业或一种模式的电子商务理论与应用,能够从战略上分析和把握其发展特点和趋势。

三、专业能力标准及体系

(一)电子商务各岗位核心能力需求

我们筛选出比较适合我校电子商务专业学生的主要工作岗位后,分析其职位描述和职位要求,可得出该岗位的能力要求。

1. 总体能力要求

对以上每类岗位能力进行分析,发现策划与技术类岗位主要体现在网络系统的策划、设计与操作能力,以及网站建设与维护能力;商贸类岗位主要体现在网络营销的实现能力和网上贸易的操作能力;运作与管理类岗位主要体现在物流管理业务处理能力和基本的项目运营与管理能力。我们认为电子商务专业人才总体能力要求包括三个方面:专业能力、方法能力和社会能力。

(1)专业能力是指系统、综合地学习和掌握本专业知识能力,如动手能力(网页制作、电子商务网站维护、操作能力等)、中文表达能力、外语应用能力、良好的职业适应能力、管理能力等。

(2)方法能力主要指自我学习能力，如探索适合自己学习方法的能力、自学能力、查找资料的能力、对事物有敏锐洞察力的能力。其中自学能力和查找资料的能力尤为重要，因为电子商务涉及大量的计算机与网络方面的知识，而这方面的知识更新特别快，运用计算机和网络查找资料是电子商务的重要任务之一。

(3)社会能力主要是指善于与人交往，善于做社会工作，善于与同事和上级共事的能力，如人际交往与合作能力、对外部环境的适应、心理承受能力、创业能力。

2. 专业核心能力

我们根据岗位要求，将专业核心能力概括为以下六大核心能力：

(1)网络系统的策划、设计与操作能力

一般要求学生能够对企业网络进行整体规划，包括内容建设、网站布局、网站结构方面的规划；能够根据网站不同产品的频道规划、活动策划、内容经营和管理；熟悉网站策划、实施、运营等业务流程等等。

(2)网站建设及维护能力

一般要求学生必须具备扎实的信息与网络通信技术、系统规划设计开发、数据库管理和应用、软件工程等基本知识和技能，能熟练地应用网页制作工具，能够独立完成动态网页制作等等。

(3)网络营销的实现能力

一般要求学生能够具备实现网络促销、网络推广、网络客服、网络品牌等实现的能力；能够配合市场活动，带动栏目的人气扩展、公司品牌，能利用自身网站资源开展对外合作等等。

(4)网上贸易的操作能力

一般要求学生具备电子商务基本原理、网上交易等方面知识和技能，能够通过网络熟练开发新客户，掌握了解各商品销售状况，为商品补货、供应做准备，确保商品销售供应；能够在线执行订购商品询价、比价、订约以及交货、运货、退货等各项业务工作等等。

(5)物流管理业务处理能力

一般要求学生掌握物流管理理论知识和实际操作技能，具备物流与运输业管理能力，为电子商务企业提供高度信息化的采购、仓储、配送等相关物流服务。

(6)基本的项目运营与管理能力

一般要求学生具有负责电子商务系统建设，管理技术开发人员，管理、监控整个项目开发、实施、维护的能力，还包括需求分析、构架、实施和测试等能力。

表1　　　　　　　　　　　　　　细分岗位能力描述

岗位类别	岗位细分	岗位能力
策划与技术类岗位	网站策划（编辑）	①具有选题、策划、采编、审核和归纳的能力
		②熟悉企业网站的功能，熟悉网站策划、实施、运营、宣传等业务流程，洞悉电子商务的发展方向
		③有较强的中文功底和文字处理能力，具有一定的网站栏目策划、运营管理知识
		④对分配的页面进行后台编辑、修改、审核、发布，同时进行图片处理，必要时撰写相关文字稿件
		⑤对其所发布内容进行审查，保证其内容安全，并兼顾对网站内容进行审查
		⑥通过各种方式收集图片及文字资料，并进行分类归档
		⑦根据市场的需求，搜集热点、组织策划选题，并负责执行实施
		⑧根据栏目需要，进行受众调查和论坛管理，对网站内容的规划与建设提出建议
	网络广告	①能够撰写网络广告文案
		②能熟练应用多种网络工具发布商务信息
		③熟悉通用的网络推广产品，如：雅虎、百度、欲歌等产品知识，并能熟练应用其开展营销活动
		④熟悉网站销售流程，并具有撰写网络营销策划方案书的能力
		⑤能熟练使用常用工具软件策划、设计、制作、发布公司产品宣传广告
	美工制作	①了解流行美学、文化
		②须有美术或设计功底，具备成熟的设计能力和技巧
		③熟悉网站结构和体系，能把握网站整体设计风格
		④能完成高质量的标识、广告图片以及网站制作
		⑤熟练应用相关设计制作软件
		⑥能熟练运用专业软件，将设计转化为网页
		⑦具备良好的沟通能力和团队意识
	网站设计员	①能熟练地应用网页设计、制作等相关软件
		②熟悉图形设计、制作软件，熟悉超文本标记（HTML）、主流网络编程语言
		③具备一定的视觉传达设计功底，擅长广告创意、设计在网络广告、传统媒体广告上的应用
		④对网站建设，企业视觉（VI）设计及应用有一定的经验，具有沟通、合作精神，有创造力
		⑤熟悉脚本语言，能够独立完成动态网页
		⑥了解网站程序实现原理，能够与程序员配合

表1(续)

岗位类别	岗位细分	岗位能力
策划与技术类岗位	网站开发员	①负责网站页面的开发与后台的技术支持
		②能够满足运作层对技术层的需要
		③精通 ASP/PHP/JSP 3 种开发语言的一种，能够独立开发后台
		④能够独立完成数据库的开发
		⑤能读懂常用 JSP 的代码，并且能够编写基本的 JSP 程序
		⑥精通 HTML 语言，完全能手写 HTML 代码；熟练掌握相关技术
		⑦熟练掌握 Windows 2000/2003、Linux/Unix 其中一种操作系统
		⑧熟练掌握 SQL Server，熟悉 Oracle 数据库管理系统
		⑨熟悉网站的管理、设计规划、前台制作、后台程序制作与数据库管理流程与技术
		*不一定要具备以上所有的技术技能，一个开发团队中会配备分别熟悉以上体系的开发人员
商贸类岗位	网络客服专员	①负责制定不同阶段网站客户的服务流程
		②负责制定不同类型客户的客户关系管理策略
		③有效实施网上客户服务
		④能够撰写客户需求分析报告
		⑤能够根据企业目标类型，选择适合的网站客户服务系统
		⑥有效实施客户关系管理
	网络促销员	①根据企业整体规划制订年度、月度促销计划
		②拟定网络促销方案
		③制定不同时期、不同促销活动的预算
		④监督实施各项促销方案，并进行费用控制
		⑤对市场促销推广活动执行效果进行评估
		⑥对终端运作状况进行评估
		⑦对分销渠道销售政策执行情况进行评估
		⑧对区域政策的宣讲培训
		⑨撰写促销总结报告
	网上交易专员	①掌握了解各商品销售状况，为商品补货、供应做准备，即确保商品销售供应
		②能够在线执行订购商品询价、比价、订约以及交货、运货、退货等各项业务工作
		③了解并掌握网络消费者进行网上购物的流程和具体操作步骤
		④熟悉网络销售的交易过程
		⑤熟练进行在线销售的前后台管理
		⑥能够制作网上单证业务处理
		⑦熟悉对网上单证出现的常见问题处理方法
		⑧网络订货系统与订货信息管理
		⑨掌握商品业务管理（包括检查各商品销售情况，发现畅销和滞销商品，处理滞销商品，整理存货、盘点等）
		⑩能够协助商品销售，即制订商品促销计划，制订销售特价商品计划，市场行销调查，了解消费者动态及竞争对手促销措施和经营策略

表1(续)

岗位类别	岗位细分	岗位能力
	网络市场调查	①能够根据企业经营需求制订适合的市场调研计划
		②能根据调研任务，选择合适的调查方法，设计、制作问卷
		③能熟练地实施网上市场调研活动
		④能够撰写市场调研分析报告
	外贸电子商务	①负责维护并回复阿里巴巴、环球资源等电子商务平台的外贸客户询盘
		②参加广交会、义博会、德国科隆博览会等专业性展会
		③能专业操作英文Alibaba或环球资源等国际网站
		④英语书面语较好，也要懂口语，办公软件操作熟练，精通某一行业的产品电子商务
		⑤能够通过网络熟练开发新客户
运作与管理类岗位	网站运营经理（主管）	①依据公司战略发展目标，搭建合理的电子商务体系，负责商务管理工作；完善公司电子商务体系，制定商务管理制度、业务流程及发展规划
		②建设优质、高效、专业的商务团队，制定并严格执行本部门及分支机构商务人员的管理、培训、考核制度
		③熟悉网络营销常用方法，具有电子商务全程运营管理经验
		④能够制定网站短、中、长期发展计划、执行与监督
		⑤能够完成整体网站及频道的运营、市场推广、广告与增值产品的经营与销售
		⑥能够完成网站运营团队的建设和管理，实现网站的战略目标、流量提升与盈利
	网络推广	①熟悉网站推广流程，并具有撰写网站推广、营销策划方案书的能力
		②熟悉通用的网络推广产品，如：雅虎、百度、谷歌等产品知识，并能熟练应用其开展营销活动
		③熟悉各种网站优化技术和方法
		④能够提出企业网站优化方案，并能协调技术部门共同实施网站优化工作
		⑤负责网站内容、网站网页设计、网站企划、网站营销企划
		⑥网站社群相关服务，内容规划及经营，会员维护及管理工作
		⑦文笔好，能够独立做市场宣传策划及文案的撰写
		⑧能够熟练运用各种宣传媒介进行宣传推广工作
	网站维护	①能够根据要求独立完成域名申请的全部工作过程
		②通过网络日志、运用网站流量分析工具，提供网络营销分析数据
		③运用运营管理知识对网站运行状况进行有效的监控
		④对网站运行中常见的故障做出有效处理
		⑤运用网站运营管理知识对网站信息内容状况进行有效监控
		⑥运用网站运营管理知识分析网站的运营情况，编写网站运营状况评估报告
		⑦结合影响网络安全和电子商务交易安全常见问题，掌握找出漏洞及解决办法
		⑧运用电子商务安全技术知识对网站运行中的安全状况进行有效监控
		⑨能够提出网络安全和电子商务交易安全管理制度

表1（续）

岗位类别	岗位细分	岗位能力
运作与管理类岗位	电子商务项目经理	①负责大型电子商务系统建设，管理技术开发人员，管理、监控整个项目开发、实施、维护过程，包括需求分析、构架、实施和测试 ②善于思考，对电子商务的运营、建设和推广有整体思考和计划，并能落实推广，具备互联网和电子商务的商务资源整合知识
	电子商务工程师	①熟悉电子商务网站的购物车、支付系统等 ②负责电子商务网站具体实现过程中一些技术问题的研究，比如引入Ajax，静态URL的实现 ③精通 NET Framework、Web Service、SQL Server、XML 技术 ④了解 NET Framework 2.0、SQL Server 2005、WIndows Workflow Foundation 技术 ⑤精通 SQL Server 2000/DB2/Oracle 中两种及以上数据库

通过深入分析企业中电子商务类工作岗位对本专业学生的实际能力需求，将工作岗位的能力要求提炼出教学内容和知识点，并通过课程实验、专业设计、开放实验、综合实训、企业培训等多层次化校内外实习模式予以实施，其中重点是实验课程环节和企业就业实习环节，确保学生能有效学习和实践企业相应岗位的实际操作，并将这一整套模式通过专业培养方案进行固化。

（二）电子商务专业培养目标

1. 总体培养目标

本专业培养适应社会主义市场经济发展需要，德智体美全面发展，基础扎实，知识面宽，能力强，素质高，具备坚实的现代经济、管理基础理论与商务活动的知识与技能，掌握网络化计算机技术和信息化商务技术的基本技能与方法，富有创新精神的高素质应用型高级专门人才。学生毕业后能够从事网络营销、网站管理、网页设计、电子商务项目管理、电子商务系统开发、业务流程规划与设计、电子商务市场管理、电子商务发展规划、电子政务管理等工作，也可从事本专业的教学和科学研究工作。

2. 培养规格

（1）思想政治素质方面：掌握马列主义、毛泽东思想、邓小平理论、"三个代表"重要思想和科学发展观。热爱祖国、热爱人民。树立科学的世界观、人生观和价值观，具有良好的职业道德。

（2）专业技能素质方面：具备宽厚的专业基础知识、系统的专业知识体系和多学科知识结构，较强的专业知识应用能力与实践能力。掌握电子商务网页设计、网络营销、电子商务网站管理、电子商务系统规划设计等基本业务技术，具备电子商务与网络营销、电子商务系统规划设计、电子商务服务经营与管理，以及电子商务模式下的贸易经济管理、电子政务与管理等专业能力，能够独立完成电子商务调研报告、电子商务系统规划设计方案的能力。

（3）文化素质方面：具有扎实的文化基础与素养，具有较好的语言文字表达能力和人际沟通能力，具有创新精神和创新能力。

（4）身心素质方面：具有积极向上的生活态度，具有健康的体魄和良好的行为习惯。

（三）电子商务专业岗位与核心能力筛选

由于社会分工的细化，使得某一个专业对应的岗位多样化，不同岗位有不同的能力需求，对于有限的大学四年学习时间来说，不可能对所有知识都面面俱到，所以必须要有所选择和舍弃，即使是电子商务专业，国内不同高校都有不同的侧重点和相应的特色，最主要是分为电子商务技术和电子商务管理两大方向。对于重庆工商大学来说，要突出财经特色和商科特色，而且本专业在商务策划学院还具有鲜明的营销和策划特色，所以学院和教研室对我校电子商务专业的就业岗位和能力要求进行反复论证，并征求校内外，特别是企业界意见，形成策划与技术岗位类、商贸岗位类、运作与管理岗位类等三大目标就业岗位。

我校电子商务专业的重点目标就业岗位是电子商务技术岗位类和电子商务应用岗位类，其核心能力分别为管理学知识、经济学知识、计算机知识、法律知识、电子商务系统规划、电子商务系统开发、电子商务系统维护、电子商务应用、网络营销实施等能力。其中专业基础知识主要通过专业基础课等理论课程实现，各岗位核心能力更看重实践应用能力培养，主要通过各专业课程实验项目予以实践和锻炼。

表2　　　　　　　　电子商务专业重点目标岗位及能力体系

结构类型		岗位核心能力
学科基础知识		①管理学知识
		②经济学知识
		③计算机知识
		④法律知识
岗位类型	电子商务技术岗位类	①电子商务系统规划
		②电子商务系统开发
		③电子商务系统维护
	电子商务应用岗位类	①电子商务应用
		②网络营销实施

四、与专业能力指标对应的实验项目和课程体系

针对电子商务专业重点就业岗位及其岗位核心能力要求，建立了电子商务实验课程体系，共包括17门实验课程，其中学科基础实验课程4门，专业基础实验课程4门，专业综合实验课程9门。

表3　　　　　　　　电子商务专业能力指标与实验课程体系对应表

能力类别	能力标准	实验项目	实验课程	课程类别
能力一：管理基础能力	①决策能力 ②计划能力 ③领导与激励能力 ④组织设计能力	①决策过程分析（模拟商务决策） ②计划分析与制订演练 ③领导与激励的模拟演练 ④组织设计和调整练习	管理学实验	学科基础

表3（续）

能力类别	能力标准	实验项目	实验课程	课程类别
能力二：会计财务基础能力	①会计凭证的处理能力 ②会计账簿的登记与解读能力 ③会计报表的编制与解读能力 ④会计报表的分析能力	①记账凭证填制实验 ②登记账簿实验 ③会计信息生成流程实验 ④会计报表分析实验。	会计学实验	学科基础
能力三：数据调查统计基础能力	①数据的搜集、整理和描述能力 ②统计数据的分析能力 ③统计数据的应用能力	①统计数据的搜集、整理与描述 ②相关分析 ③回归分析 ④时间数列分析	统计学实验	学科基础
能力四：信息系统构建基础能力	①信息系统的运用能力 ②信息系统的构建能力	①信息系统认知实验 ②信息系统分析实验 ③信息系统设计实验	管理信息系统实验	学科基础
能力五：电子商务应用能力	①电子商务基础应用能力 ②电子商务行业应用能力 ③电子商务决策分析能力	①网络店铺建立（C2C） ②网上银行 ③网上证券 ④博星电子商务（B2C） ⑤博星电子商务（B2B） ⑥数字证书的申请与使用 ⑦电子商务框架结构 ⑧电子商务技能训练 ⑨电子商务网络体验 ⑩电子商务源码实训 ⑪电子商务创业实践	电子商务基础实验	专业基础
		①制造类行业分析及电子商务网站分析 ②农业类行业分析及电子商务网站分析 ③贸易类行业分析电子商务网站分析 ④金融类行业分析电子商务网站分析 ⑤服务类行业分析电子商务网站分析 ⑥招聘行业分析电子商务网站分析 ⑦物流类行业分析电子商务网站分析	电子商务应用实验	专业综合
		①Excel在确定型决策中的应用 ②决策软件在风险型决策中的应用 ③决策软件在不确定型决策中的应用 ④决策软件在多目标决策中的应用	电子商务决策分析实验	专业综合

表3(续)

能力类别	能力标准	实验项目	实验课程	课程类别
能力六：网络营销实施能力	①常用网络营销工具应用能力 ②电子商务物流管理能力 ③客户关系管理能力	①网络店铺建立 ②企业网站建立 ③搜索引擎营销 ④E-mail营销 ⑤网站访问统计分析	网络营销实验	专业基础
		①800CRM系统使用 ②数据挖掘软件在CRM中的应用 ③电子商务环境下的CRM应用实验	客户关系管理	专业综合
		①供应链牛鞭效应实验 ②存货ABC分类管理应用实验 ③电子采购及物料领用设计实验 ④生产计划大纲和主生产计划推演验证实验 ⑤微观物流功能问题优化实验 ⑥条码进销存实验 ⑦用友ERP-U8供应链管理实验 ⑧模拟销售业务流程 ⑨电子商务环境下的采购进库销售实验 ⑩企业生产物流仿真设计实验	电子商务物流管理实验	专业综合
能力七：电子商务系统规划能力	①电子商务系统需求分析能力 ②电子商务系统设计能力	①电子商务系统功能分析 ②B2C电子商务系统功能调查及分析 ③B2B电子商务系统功能调查及分析 ④企业电子商务网站系统的安装运行及前后台分析 ⑤电子商务系统流程和数据分析 ⑥ER图分析 ⑦行业电子商务业务流程分析与数据建模实验	电子商务系统规划与设计实验	专业综合

表3(续)

能力类别	能力标准	实验项目	实验课程	课程类别
能力八：电子商务系统开发能力	①静态网页制作能力 ②图形美工处理能力 ③web程序开发能力 ④电子商务系统开发管理能力	①HTML基础实验 ②HTML应用实验 ③CSS基础实验 ④CSS高级应用实验 ⑤XHTML布局实验	电子商务网页制作基础实验	专业基础
		①多媒体应用技术基础实验 ②矢量绘图技术练习与作品创建 ③位图绘图技术练习与作品创建 ④三维静画制作 ⑤网页元件制作 ⑥数码摄影与照片处理实验 ⑦网站网络与网页设计综合实验	网络视觉营销技术实验	专业基础
		①Java平台的搭建环境变量的配置及常用命令实验 ②Java语言基础实验 ③Java与面向对象程序设计实验 ④JBuilder的使用实验 ⑤字符串与异常处理实验 ⑥数据库程序设计实验 ⑦Java编程规范实验	电子商务系统平台开发与实现实验	专业综合
		①Web服务器的搭建 ②使用JBuilder开发Web程序 ③Web程序设计基础实验 ④Web的数据库编程(JDBC)实验	WEB程序设计实验	专业综合
		①电子商务项目准备决策方法验证实验 ②电子商务项目计划与控制方法验证实验 ③电子商务项目管理实施综合实验	电子商务项目管理实验	专业综合
能力九：电子商务系统维护能力	①网络软硬件维护能力 ②网络服务器维护能力	①VMware虚拟机与操作系统安装 ②局域网网络拓扑图设计 ③Web服务器与FTP服务器 ④代理服务器	电子商务平台建设与管理	专业综合

五、重构后的专业实验课程体系及其在人才培养方案中的体现

根据上述实验课程体系总体框架，并从专业知识前后关系的角度、各门实验课程

训练开展之间的逻辑关系，在第一至第七学期分别设置了相应的实验课程，详见图8所示。

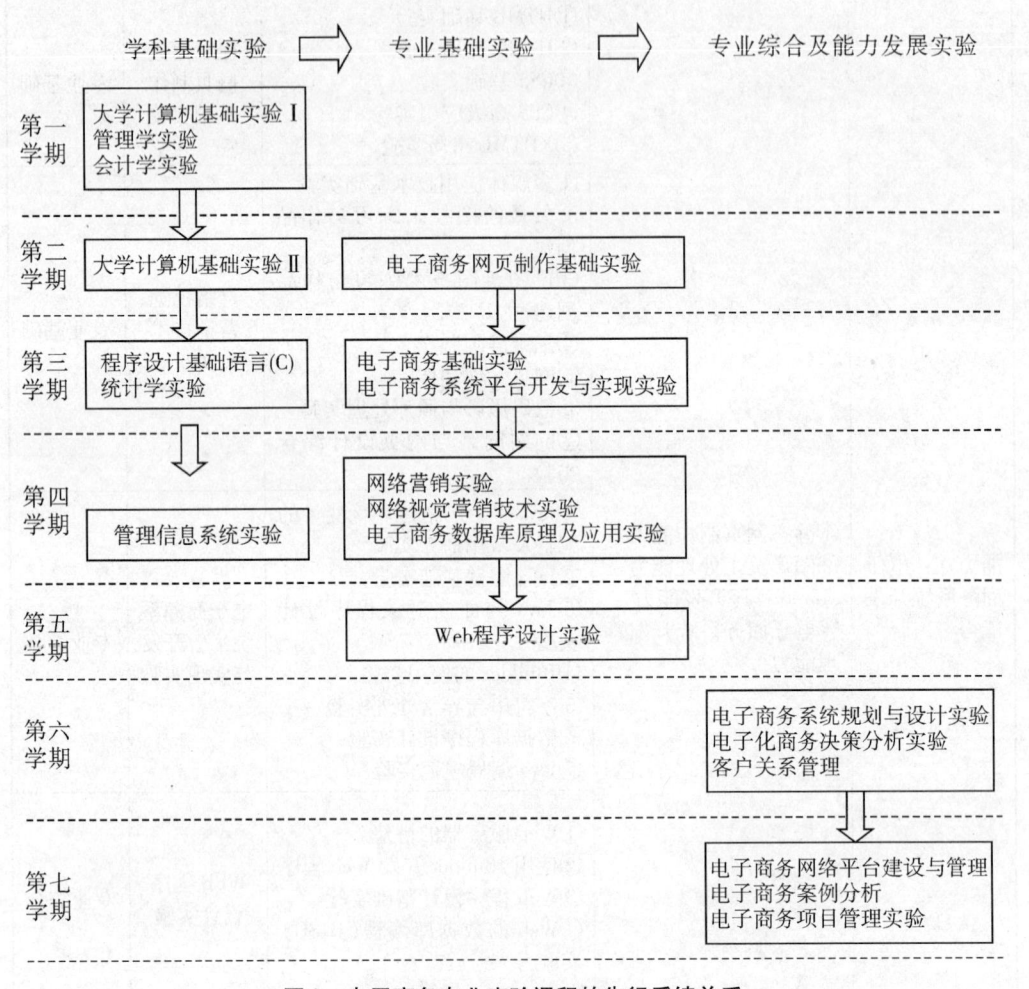

学期	学科基础实验	专业基础实验	专业综合及能力发展实验
第一学期	大学计算机基础实验Ⅰ 管理学实验 会计学实验		
第二学期	大学计算机基础实验Ⅱ	电子商务网页制作基础实验	
第三学期	程序设计基础语言(C) 统计学实验	电子商务基础实验 电子商务系统平台开发与实现实验	
第四学期	管理信息系统实验	网络营销实验 网络视觉营销技术实验 电子商务数据库原理及应用实验	
第五学期		Web程序设计实验	
第六学期			电子商务系统规划与设计实验 电子化商务决策分析实验 客户关系管理
第七学期			电子商务网络平台建设与管理 电子商务案例分析 电子商务项目管理实验

图8 电子商务专业实验课程的先行后续关系

（项目负责人：孟伟　项目组成员：刘四青　梁云　黄辉　曾波　詹川　王江涛　龙跃　青虹宏）

物流管理专业能力导向
实验教学体系建设研究

重庆工商大学商务策划学院物流与电子商务系

一、研究背景

随着近几年物流产业的蓬勃兴起，国内对物流人才的需求量越来越大。据中国交通运输协会统计，目前物流人才缺口600余万人。但是由于我国物流产业的起步比西方发达国家晚，且物流人才的教育培养跟不上经济发展的步伐，各地纷纷闹起了"物流人才荒"。

目前各地院校纷纷设立物流管理专业，但是到底物流企业需要什么样的人才？据调查，目前我国物流企业最缺乏的物流人才是懂物流实际操作（比如能处理国际贸易中的船务、报关、报检工作，清楚物流项目审批程序等）、了解物流行业现状及业内基本情况、有物流行业工作经验（最好是国有大型物流企业或外资、合资企业工作经验）的专门人才。这些人员的职位一般都是物流部门主管、项目经理等职位，年薪一般为6万~10万元。这类人才才是目前物流人才市场上的宠儿。

由于物流是一个囊括了采购、仓储、运输、包装、国际贸易、计算机等跨学科、跨专业的应用型、复合型岗位，高级物流人才不但要懂得物流专业知识，还要对所在岗位所涉及的其他专业技能有深刻的运用才能较好地胜任物流工作。现代企业最需要的高级物流人才是那种既懂得从战略的角度规划企业长远发展，又有一线部门实际工作经验的物流人才，如果有在国外著名的物流企业、物流上市公司或咨询行业工作过的背景最佳。据悉，苏宁集团计划三年内在全国设立1 000家大型连锁门店，这一庞大计划得以实现的重要条件就是需要有一个既熟悉大型物流中心的运营，又能建立仓储配送体系的物流团队。苏宁集团江苏地区的运输部门每天家用电器的配送量达到了8 000台，我们很难想象一个没有实际运输配送经验的毕业生能胜任这样的工作。

现在的学校教育和行业培训，偏重于理论教学，毕业生所掌握的专业技能与企业需求还有较大差距，这也是我国物流人才供需矛盾突出的重要原因。因此，非常有必要开设系列实验课程，让学生通过实验课堂训练，深入了解物流各环节的业务活动及软硬件的实际操作、掌握物流管理过程中运用管理决策理论与方法解决管理问题的能力，以缩小物流人才供给与实际需求的差距。

二、研究思路

考虑到物流人才实际工作需要,传统偏重于理论教学的方法培养出来的人才难以适应当今物流发展对物流人才的需要。因此,应以物流人才需求为基点设置物流实验课程体系。研究将沿着物流人才需求调研→物流人才需要掌握的专业知识和具备的能力分析→物流实验教学调研→物流实验教学探索→物流实验教学体系构建的思路进行。

(一) 物流人才需求调研[1]

所谓物流业人才主要是指具有大学专科学历(学位)或中级职称及以上的物流业从业人员。这里的物流业主要包括目前统计口径能涵盖和分离出数据的3个层面的物流相关行业:①核心层,包括运输业、港口业、装卸搬运业、仓储业、邮政业等;②辅助层,包括各种运输方式的相关辅助行业;③支持层,包括各类运输和装卸设备的制造修理业、集装箱修造业等。

在此就不同地区、不同行业、不同岗位对物流人才的需求进行分析。这些企业包括国有企业、外商独资企业、民营企业、合资企业这四种类型,主要集中分布在长三角地区、珠三角地区和环渤海地区这三个主要的经济圈。

1. 物流人才的总体需求情况

(1) 市场对物流人才的需求,从工作内容上看大致可归纳为四类:一是企业物流人才;二是物流企业人才;三是物流规划咨询人才;四是物流研究人才。企业物流人才主要是物流管理人才和物流工程人才,包括物流各功能岗位的操作人员,有:运输管理人员、仓储管理人员、报关员、配送人员、客户关系管理员等。这些人员必须对物流行业很熟悉,并且掌握了物流运输、仓储、包装、装卸等方面的知识,并能熟练地运用到实际中。物流企业人才的需求主要是第三方物流营销人才,能够运用物流知识进行物流企业的物流服务营销。至于物流规划咨询人才和物流研究人才的需求,主要需要有扎实的理论基础和渊博的知识,具有物流科技创新能力,并且知识面较宽的复合型人才。

(2) 从岗位层次上看,可分为高级物流人才、中级物流人才、初级物流人才和一般物流操作人员四个层次。目前较紧缺的是中、高级物流人才,对他们的学历要求一般为本科以上,明确要求研究生的不多;但要求有较长时间的高、中层管理经验和较高的英语实际运用能力,而这些并不能仅仅凭证书来说明。另外,由于招聘单位对初级物流人才的能力和经验要求不高,很多人都可以胜任这类职位,所以这类人才并不缺乏。

(3) 另外,外语方面,大部分岗位有外语方面的要求,主要是英语,也有少部分企业要求有一定程度的日语水平,还有个别岗位要求从业人员能够掌握一定俄语和德语;有的岗位对从业人员的计算机能力有要求。文化程度方面,大部分要求本科以上,也有要求大专以上,甚至仅要求中专以上,还有个别岗位对文化程度没有要求。性别方面,绝大部分岗位没有性别限制。其中,要求女性的工作主要是一些客户服务类的岗位，而像仓库管理员、保安、司机、配送等这些侧重于体力的岗位大都要求男性。

2. 不同地区对物流人才能力需求分析

企业对诸如运输员之类的低级人才要求很低，基本上没有学历、年龄上的要求，只要具有一定的职业道德就行。企业对高级物流人才的要求较高。下面我们从物流企业分布的不同地区来分析它们对物流人才的不同要求。

（1）珠三角地区。珠江三角洲包括广东省内的广州、深圳、珠海等9个市县。它历来是华南、中南、西南地区对外联系的主通道，也是我国南部沿海地带重要的交通枢纽。这里汇聚7万多家制造企业，拥有密集的交通设施，还集中了五大机场和五大港口，每周国际航班1 600个以上，是上海的40倍、北京的20倍左右，是我国空中航线最为密集和繁忙的地区。

由于珠三角地区空运方面比长三角和环渤海地区更占优势地位，因此在航空方面需求的人才也比其他两个经济圈多。调查结果显示，航空人才的需求主要集中在珠三角地区。这些岗位要求物流人才能熟悉空运业务的相关知识，拥有一定的空运经验，具备较高的英语水平等。

（2）长三角地区。长三角地区近年来物流迅速发展，逐渐成为继珠三角之后又一重要的物流基地。它包括上海、南京、苏州、无锡、常州、杭州、宁波等15个城市，现已成为我国物流发展前景最好的地区。

长三角地区拥有我国最大的综合性贸易港口——上海港，2005年其吞吐量达4.43亿吨，居全国第一，跃居成为世界第一大港，它与宁波港、南京港、镇江港、舟山港等组成了我国最大的港口群，与160多个国家和地区通航。由此可见，长三角地区在港口、航海贸易方面占据优势地位。调查结果显示，长三角地区对海运、报关、港口贸易方面的人才需求要比其他两个经济地区高。这些岗位要求从业人员有一定的从业证书，熟悉现代国际贸易、海运知识，有良好的英语沟通能力和熟练的计算机操作能力。

（3）环渤海地区。环渤海地区主要包括北京、天津两个直辖市，以及辽宁、河北、山东省，经济腹地涵盖了华北、东北、西北、中原等地区，成为我国三大经济圈之一。由于受多方面因素的影响，该地区的物流业竞争力与其他两个地区相比，仍然很弱。

尽管天津、大连已成为我国北方重要的物流港，但产品出口远不及东南沿海地区。东南沿海产品出口份额占全国的70%多，环渤海地区的份额仅占20%，广东一省的出口额就是环渤海地区出口总额的近2倍。环渤海地区由于受传统工业的影响，物流业的发展也侧重于铁路公路运输、仓储、采购。调查结果显示，环渤海地区招聘的物流岗位也以采购、运输、仓储类居多，这类岗位对物流人才的实际操作能力比较看中，强调工作经验。对于中高层部门经理则还要求有扎实的理论基础、熟练的计算机操作能力和一定的财务管理知识。

（4）中西部地区。西部的现代物流业因西部大开发而有了一定发展，却仍然处于起步阶段。中西部地区物流业发展程度比东部地区落后，物流企业的数量少得多，因此，物流人才招聘的岗位数量远不及东部沿海地区。和东部不同，中西部地区由于受地理条件的限制，这些地区的物流企业以从事运输和仓储类的居多，国际物流和港口物流企业很少。在调查的中西部地区招聘的10个物流岗位中，多数是运输经理、仓储主管、物流营运经理之类的，而报关员、海运操作员、国际货运经理这些涉及国际贸易、海关方面的岗位几乎没有。

在学历和经验方面，中西部地区的物流企业对人才的要求和东部地区没有明显差别。物流工程师、物流经理这样的中高级人才一般都要求本科以上学历，并且都要求有不同年限的工作经验。而一般的物流调度员、仓库管理员等初级物流人才则要求大专或中专以上学历，对经验也没有特别严格的要求。在外语和计算机要求方面，仅有20%的岗位对外语有要求，这个比例低于东部地区的39%；有30%的岗位要求从业人员能熟练使用Office等办公软件，和东部地区的31%接近。

3. 不同行业对物流人才能力的需求分析

（1）运输业。调查中，有8个是与运输有关的岗位，包括运输经理、配送主管、物流配货员等，涵盖了海运、空运、铁路和公路运输。这些岗位要求从业人员拥有运输方面经验的有85%，有40%的岗位要求员工对运输、配送方面知识深刻掌握。由于一些综合性物流企业所从事的业务通常要涉及多种运输方式和手段，因此有的岗位要求业务人员要熟悉多种运输方式并且能熟练掌握多种交通工具的使用知识。在进行物流方案设计及任务执行时，只有掌握了多方面的知识才有可能设计出切实可行、安全快速、经济有效的运输方案，才能为客户提供满意的服务。

（2）仓储业。调查中，与仓储有关的职位有17个，包括仓库主管、库存管理员、仓储主管等。这些职位中有90%要求仓储人员熟练掌握仓储管理知识或有相关工作经验，能够履行收发、保管货物的职能。随着物流服务需求的个性化和信息技术的发展，仓储管理将涉及库存控制、自动化控制、包装、加工、检验、维修等作业。调查结果显示，一些职位要求仓储管理人员有诸如电子仓库管理的经验或能够操作物料需求计划（Material Requirment Plonning，MRP）、供应商管理库存（Vendor Managed Invertorg，VMI）等现代仓储管理的技术。

（3）国际物流业。调查中，有7个岗位与国际物流有关，包括国际物流筹划部经理、国际货运经理、报关员、单证员等。所有这些岗位都要求从业人员掌握相关的国际贸易、国际结算知识或有国际贸易相关经验，具备一定的计算机知识和熟练的英语交流能力。在调查的与国际贸易有关的职位中，75%的职位对从业人员的英语水平有要求，要求他们不但能够熟练使用英语与客户进行口头和书面沟通，还要具有草拟和设计英文合同的能力；在调查的岗位中，有25%的有计算机操作要求。

（4）其他物流服务业。如信息技术（Information Technology，IT）物流服务业，目前我国的深圳、东莞和长江三角洲等地是IT制造业的聚集地，IT产品生命周期短、更新换代快、时效性强、产品价值处于不断变化之中，产品附加值高、体积小、产品精密。这就决定了IT行业物流的特殊性，第三方IT物流服务提供商要有极快的反映速度和较短的存货周期，而且很多核心元件需要进口，因而第三方 IT 物流服务提供商通常还涉及报关业务和跨国交付。这就要求 IT 行业的物流人才不仅要有物流知识、IT 方面的知识还要有国际通关方面的知识。

4. 同行业不同地区对物流人才能力的需求差异分析

（1）同是运输行业，在环渤海地区受传统化工业的影响，运输对象过分偏重能源、原材料等大宗货物，铁路运输依然是长距离运输的主力，而在长三角地区则主要侧重于海运，而且是集装箱的运输。由于两地区运输特点不同，在对物流人才的要求方面也不尽相同。

同样是对运输经理这一职位的要求，位于环渤海地区的物流企业要求所招聘的人才具有公路运输管理经验或物流（包括运输）管理经验或开发过铁路运输信息化管理系统，对铁路运输流程非常熟悉；而在上海，虽然企业对运输经理的要求总体上与北京相差不大，但仍有些细微差别，其中要求具有海外运输经验的企业占了大多数。

（2）同是制造业行业，在珠三角地区主要生产的是家电类产品，而在长三角地区生产电子产品的企业在制造业中则占据了主导地位。根据产品的特性，电子产品的更新速度惊人，产品的生命周期短，市场反应能力也相当迅速；与电子产品相比家电类产品的更新速度较慢。因此，在物流人才的选择方面，长三角地区更为严格。

5. 不同物流岗位对物流人才能力的需求差异分析

这里所说的物流业人才，是指具有大学专科学历（学位）或中级职称及以上的物流业从业人员，分为初级物流人才和一般物流操作人、中级物流人才、高级物流人才三类。

（1）初级人才和一般操作人员

初级物流人才属于执行层，他们负责具体事宜的操作。偏重于体力劳动，且通常有工作经验方面的要求。此外，还要求他们具有良好的沟通能力和团队合作精神、熟练运用办公软件、英语四级等。与对高级和中级物流人才的要求相比，初级人才和一般操作人员对工作经验的时间长短和层次高低的要求都较低。只要具有一定的相关工作经验，会使用电脑，能讲英语，能吃苦耐劳便可获得招聘单位的通行证。

（2）中级物流人才

中级物流人才主要负责企业具体事宜的计划与指挥，一般的经理和主管属于中级物流人才。例如：物流部经理、营运主管等。此类人才的工作经验要求一般为 5 年左右。如果说高级物流人才需具备的是管理经验，那么中级物流人才需具备的则是某一领域具体的管理经验。这些管理经验包括仓储管理经验、物流运作经验、采购工作经验等。另外，对于与国际贸易联系密切的岗位，对外语的要求较高，英语专业八级、日语一级、良好的德语沟通能力是众多招聘单位对中级物流人才的招聘要求之一，也是企业未来招聘的趋势。现代物流（电子商务、配送流程设计、网点控制与管理等）对专门的操作性、技能性人才的需求也是与日俱增的。由此可见，对于中级物流人才来说，具有某一领域的管理经验或精通某一技能是其应聘的法宝。

（3）高级物流人才

高级物流人才位于企业的高层，负责企业整体目标的制定。在物流企业中，出色的高级经理和总监属高级物流人才。此类人才也通常有经验方面的要求。此外，要有良好的英语听说读写能力、IT 技术知识和技能以及项目管理能力，并要熟悉企业资源计划（Enterprise Resarce Planniug，ERP）等管理运作技术。招聘企业一般要求此类人才为男性，年龄在 30～40 岁之间。

（二）物流人才需要掌握的专业知识和具备的能力综合分析

现代物流业是一个兼有知识密集和技术密集、资本密集和劳动密集特点的外向型和增值型服务行业，其所涉及的领域十分广阔。作为物流专业的在校学生，应该努力朝着高级物流人才的目标发展。在校学习期间要看清自己的不足，扬长避短，既要博览各种物流专业书籍，夯实理论基础；又要重视社会实践。

1. 物流人才需要掌握的专业知识

物流人才需要掌握的专业知识大致包括四个方面：

（1）物流管理知识

物流管理的核心要从宏观上实现资源整合、微观上实现精益运作。从事物流管理工作的人员不仅要熟悉该行业的基本流程，掌握物流系统运输、仓储、包装、装卸搬运等方面的相关技能，还应有从宏观上把握全局的能力。这就要求从业人员具备物流中心规划与布局、货物的运输与配送、采购管理与库存控制、物流机械设备的基本运用原理、物流企业的运营管理等专业知识。

（2）财务知识和其他商业知识

物流之所以被称作"第三利润源"，就是通过节约成本的方式为企业提高经济效益。作为高级物流人才，应精通财务知识，这样才能在工作中正确地为企业进行"物流诊断"，分析出物流成本并加以降低。同时还要有会计、经济学、社会学、心理学、贸易地理等商业知识。

（3）英语水平

物流管理工作需要不断借鉴世界上最新的物流管理技术和计算机、财务、外贸、人力资源等方面的知识，只有在工作中不断学习，才能保证企业的物流工作始终充满活力并达到持续节约成本的目的。较好的外语应用能力是物流人才，尤其是高级物流人才的必备技能。

（4）计算机信息系统知识

由于现代企业的物流运营对信息系统有相当高的要求，高级物流人才除了能够熟练掌握电脑使用技能和办公自动化工具外，还必须对信息系统有深刻的理解，才能在企业信息化浪潮中正确判断企业的物流需要，站在专业的角度为企业的物流变革指明方向。

2. 物流人才需要具备的能力

企业对物流人才不仅有专业知识的要求，还有综合能力的要求。大学毕业生是物流人才的主要来源，所以物流专业大学生应当努力培养相应的能力以满足企业对物流人才的需求。这些能力主要包括：

（1）组织管理和协调能力

物流的灵魂在于系统方案设计、系统资源整合和系统组织管理，包括客户资源、信息资源和能力资源的整合和管理，在目前物流行业没有形成统一标准的情况下，物流从业人员更需要具备较强的组织管理能力，在整合客户资源的前提下有效贯彻企业的经营理念，充分利用设备、技术和人力等企业内部资源来满足外部客户的需求。

（2）信息技术的学习和应用能力

物流过程同时也是一个信息流的过程，在这个过程中，货物的供需双方要随时发出各种货物供需信息，及时了解货物在途、在库状态，时时监控物流作业的执行情况，而提供服务的物流企业，也必定要有这种准确及时的处理各种信息和提供各种信息服务的能力。

（3）严谨周密的思维方式

要保证货物在规定的时间内以约定的方式送到指运地，过程的设计必须是严谨的、科学的、合规合法的。一体化物流过程中存在多个环节，任何一个环节出现问题，轻则可能增加企业不必要的费用支出，造成企业的经济损失，重则可能导致物流服务中断，造成客户更大的损失，引起法律纠纷和大数额的索赔。

（4）团队合作和奉献精神

物流作业的物理特性表现为一种网状的结构，在这个网中存在着多条线，每条线上又存在着多个作业点，任何一个作业点出现问题，若没有得到及时妥善的解决，就有可能造成整个网络的瘫痪。所以物流从业人员应具备强烈的团队合作和奉献精神。

（5）异常事故的处理能力

能够很好地执行作业指令、完成常规作业只能说明员工具备了基本的业务操作能力，异常事故的处理能力是衡量其综合素质的重要指标之一。

（6）物流质量的持续改进能力

由于科技的发展、社会的进步，市场对物流服务水平的期望将会越来越高，这就要求各级从业人员有能力不断发现潜在问题，及时采取措施，优化作业流程，持续改进作业方式，提高作业效率和服务水平。

（三）物流实验教学调研

带着上述问题，项目组进行了物流实验教学调研，前后考察了浙江工商大学物流实验室、北京工商大学物流实验室、上海物资学校现代物流实训中心、上海外高桥职业技术学校物流系统的综合模拟实验室、上海南湖职业技术学校第三方物流的综合模拟实验室、上海职业培训中心物流实训基地等。通过实地考察这些物流实验室，了解到实验室建设过程中相关设施设备及其用途。通过与在这些实验室开展实验教学的专业老师进行交流，了解上述学校物流专业实验课程体系的设置、实验课程的组织与管理、实验教学效果等。

从调研的结果来看，职业教育主要以培养学生完成物流中具体业务的操作为目的，而本科教育主要培养学生认识物流业务操作流程的来龙去脉及其涉及的管理和决策等更深层次的理论和方法。

（四）物流实验教学探索

在上述研究基础上，研究组为我校物流管理本科专业学生设置实验教学体系。刚开始是在物流信息管理专业选修课中尝试设置 6~8 个学时的单项实验课，主要以操作软件为主，目的是训练学生单方面的实验操作能力。在尝试效果不错的基础上，逐渐在多门专业课中推行开来，课程包括仓储管理、配送管理、运输管理、物流信息管理、库存管理与控制、物流系统规划与设计等几乎覆盖了物流的主要功能，并在操作软件的基础上适当增加了管理决策方法和工具的应用实验。这些实验课程的开设在培养学生实践能力方面发挥了一定的作用。但在实验过程中也出现了不少问题，最突出的问题是实验课程太分散，学生虽然分别得到了物流各环节专门的训练，但学生很难有一个整体的了解，实验课程设置方面有待进一步完善。

（五）物流实验教学体系搭建

通过深入分析企业中物流管理类工作岗位对本专业学生的实际能力需求，将工作岗位的能力要求提炼出教学内容和知识点，并通过课程实验、专业设计、开放实验、综合实训、企业培训等多层次化校内外实习模块模式予以实施，其中重点是实验课程环节和企业就业实习环节，确保学生能有效学习和实践企业相应岗位的实际操作，并将这一整套模式通过专业培养方案进行固化。

三、预期取得的成效

拟构建与社会需求、社会环境和学科属性相符合，贯穿于物流管理专业主干课程、专业基础课、基础课的层次化、模块化、相互衔接、由简单到复杂、由基础到提高再到研究创新的、循序渐进、系统科学的实验课程体系的层次结构。

根据上述实验课程体系总体框架，并从专业知识前后关系的角度、各门实验课程训练开展之间的逻辑关系，在第一学期至第七学期分别设置了相应的实验课程。

拟构建由演示型实验、验证型实验、综合型实验和设计型实验组成的四个层次的实验项目体系。

四、实验课程教学体系设计方案

（一）实验课程体系层次结构

以能力培养为核心目标，在"宽口径、重基础"的知识体系的基础上，强调"灵活多样"的人才培养模式，以课程体系整体优化为原则，把握实验课程的结构性、系统性、连续性、顺序性和整合性，关注实验课程间合理分工和紧密衔接，构建与社会需求、社会环境和学科属性相符合，贯穿于物流管理专业主干课程、专业基础课、基础课的层次化、模块化、相互衔接、由简单到复杂、由基础到提高再到研究创新的、循序渐进、系统科学的实验课程体系的层次结构，见表1所示。

表1　　　　　　　物流管理专业基础能力指标及相应的实验课程

能力类别	能力标准	实验项目	实验课程	课程类别
能力一：计算机信息系统操作能力	①树立实事求是的科学态度 ②基本实验操作技能 ③初步具备正确观察实验现象、记录实验过程、描述和分析实验结果的能力及书写实验报告的能力	①电子表格、文字处理、演示文稿、操作系统、网络操作	大学计算机基础实验Ⅰ	基础实验
		②制作就业自荐书、Excel复杂报表实验、信息检索与文献资料管理、多媒体（规定电影制作）、用PowerPoint制作节日贺卡并用Word写出贺卡制作的操作步骤、网页制作	大学计算机基础实验Ⅱ	
		③VFP环境设置和项目管理器的使用、Visual FoxPro 6.0的基本运算、结构化程序设计（入门）、数据表的基本操作、SQL语言的应用、查询设计器与视图设计器的使用、结构化程序设计、面向对象程序设计、多表操作、数据库的基本操作、结构化程序设计、系统开发综合设计	程序设计基础实验	
能力二：组织管理和协调能力	①扫描环境、分析界定问题的能力 ②科学决策能力 ③资源配置、计划制订能力 ④分析组织结构、协调职权关系、制定组织规范的能力 ⑤控制能力与搜集、处理信息的能力，特别是利用网上资源的能力	①决策过程分析（模拟商务决策）；计划分析与制订演练；领导与激励的模拟演练；组织设计和调整练习	管理学实验	学科基础实验
		②记账凭证填制实验；登记账簿实验；会计信息生成流程实验；会计报表分析实验	会计学实验	
		③统计数据的搜集、整理与描述；相关分析；回归分析；时间数列分析	统计学实验	
		④信息系统认知实验；信息系统分析实验；信息系统设计实验	管理信息系统实验	
能力三：信息技术的学习和应用能力以及严谨周密的思维方式	①常用软硬件的原理和使用能力 ②熟悉物流专业常规实验的步骤 ③动手能力、吃苦耐劳精神和协作意识 ④在物流实践中进行实际操作的能力	①分拣系统仿真设计 ②自动立体仓库仿真设计 ③复合型立体仓库仿真设计 ④综合型立体仓库仿真设计 ⑤条形码\RFID\GIS\GPS技术的使用 ⑥仓储信息管理系统实验 ⑦运输管理系统实验 ⑧第三方物流管理系统实验 ⑨POS系统实验 （归属物流专业以外的实验课程与项目详见电子商务、国际贸易和经济学专业体系描述，此处略）	物流系统规划设计实验 物流装备与技术实验 物料管理与ERP应用实验 物流业务流程实验 电子商务基础实验 计量经济学实验 国际贸易模拟实验 电子商务网页制作实验 网络营销实验 市场分析与软件应用实验 电子商务技术与安全实验 电子商务数据库原理及应用实验	专业实验

表1（续）

能力类别	能力标准	实验项目	实验课程	课程类别
能力四：团队协作和异常事故处理能力、物流质量的持续改进能力	①综合应用大学期间所学专业知识的能力 ②创新能力和团队意识 ③初步具备进行实验方案设计和科学研究的能力 ④及时采取措施，优化作业流程，持续改进作业方式，提高作业效率和服务水平的能力	①企业经营决策与管理综合实训。②3S[①]与区域经济综合实训 ③供应链管理（SCM）模式下物流与商务综合实训 ④创业综合模拟实训 ⑤投资理财综合实训（五选一）	校内模拟实训	学科综合实验

注：3S是遥感技术（RS）、地理信息系统（GIS）、全球定位系统（GPS）三项技术的统称。

（二）实验项目的设置

实验项目是实验内容组成的基本单位。围绕能力结构体系，通过对实验体系和内容的研究与设计，建立了立体化、层次化的实验项目体系。向学生提供多应用领域可选择的层次化、结构化的实验项目体系，并对实验项目根据难易程度按阶段管理，学生只有达到了一定的阶段后才能开始做后续实验项目。构筑了由演示型实验、验证型实验、综合型实验和设计型实验组成的四个层次的实验项目体系。

教学过程中，紧密结合专业学生能力结构特点，分别设置了不同层次的实验项目。物流管理专业课程中共开设了物流系统规划与设计、物流业务流程实验、物流装备与技术、物流系统仿真实验4门专业实验课程，共计28个实验项目，其中综合性实验项目4个、设计性实验项目4个，综合性、设计性实验课程比例达100%，详见表2所示。

表2   课程实验项目清单

课程编号	课程名称	项目编号	项目名称	实验学时	实验要求	实验类型	实验类别
1	物流系统规划与设计	1	分拣系统仿真设计实验	4	1	4	3
		2	仓储型物流中心系统仿真设计实验	4	1	4	3
		3	复合型物流中心的模型Ⅰ仿真设计实验	4	1	4	3
		4	综合型物流中心的模型仿真设计实验	4	1	4	3
2	物流业务流程	5	仓储管理系统实验	4	1	2	3
		6	运输管理系统实验	4	1	2	3
		7	第三方物流管理系统实验	4	1	2	3
		8	POS系统实验	4	1	2	3
		9	分角色模拟（仓储企业、运输企业、第三方物流企业、超市四个角色轮训）	16	1	3	3

表2(续)

课程编号	课程名称	项目编号	项目名称	实验学时	实验要求	实验类型	实验类别
3	物流装备与技术	10	区域物流系统沙盘演示实验	2	1	1	2
		11	自动化立体仓储系统实验	2	1	2	2
		12	流水线生产系统	2	1	2	2
		13	AGV 小车	2	1	2	2
		14	RFID 系统应用实验	2	1	2	2
		15	电子标签分拣系统	2	1	3	2
		16	连锁超市	2	1	3	2
4	物流系统仿真实验	17	建模流程	2	2	2	3
		18	建模中的标签设置和可视化	4	2	2	3
		19	仿真建模的多种实体对象运用	2	2	2	3
		20	仿真模型的分拣传送带使用	2	2	2	3
		21	建模语言基础	4	2	2	3
		22	Flexsim 中基于 pull 功能的生产线平衡	2	2	2	3
		23	Flexsim 中全局表及仿真实验器的运用	4	2	2	3
		24	Flexsim 中最佳数量操作员调用方案仿真	2	2	2	3
		25	Flexsim 中 MTTB 功能的综合运用	2	2	2	3
		26	Flexsim 中的消息传递机制	2	2	2	3
		27	Flexsim 中任务序列功能运用	2	2	2	3
		28	基于 Flexsim 的最佳分拣方案设计	4	2	3	3
		合计		94			

填表说明：实验要求：1 必修　2 选修　3 其他；实验类型：1 演示　2 验证　3 综合　4 设计；实验类别：1 基础　2 专业基础　3 专业

五、以能力为导向的实验课程体系在人才培养方案中的体现

根据实验课程体系总体框架，并从专业知识前后关系的角度和各门实验课程训练开展之间的逻辑关系，在第一学期至第七学期分别设置了相应的实验课程。如图1所示：

```
基础实验 ⟹ 学科基础实验 ⟹ 专业实验 ⟹ 综合实训
```

第一学期　大学计算机基础实验Ⅰ → 管理学实验／会计学实验

第二学期　大学计算机基础实验Ⅱ

第三学期　统计学实验　电子商务基础实验

第四学期　程序设计基础实验　　计量经济学实验／国际贸易模拟实验／电子商务网页制作实验／网络营销实验

第五学期　管理信息系统实验　　物流系统规划与设计实验／物流装备与技术实验／市场分析与软件应用实验

第六学期　物料管理与ERP应用实验／物流业务流程实验／电子商务技术与安全实验／电子商务数据库原理及应用实验／物流系统仿真实验

第七学期　校内模拟实训

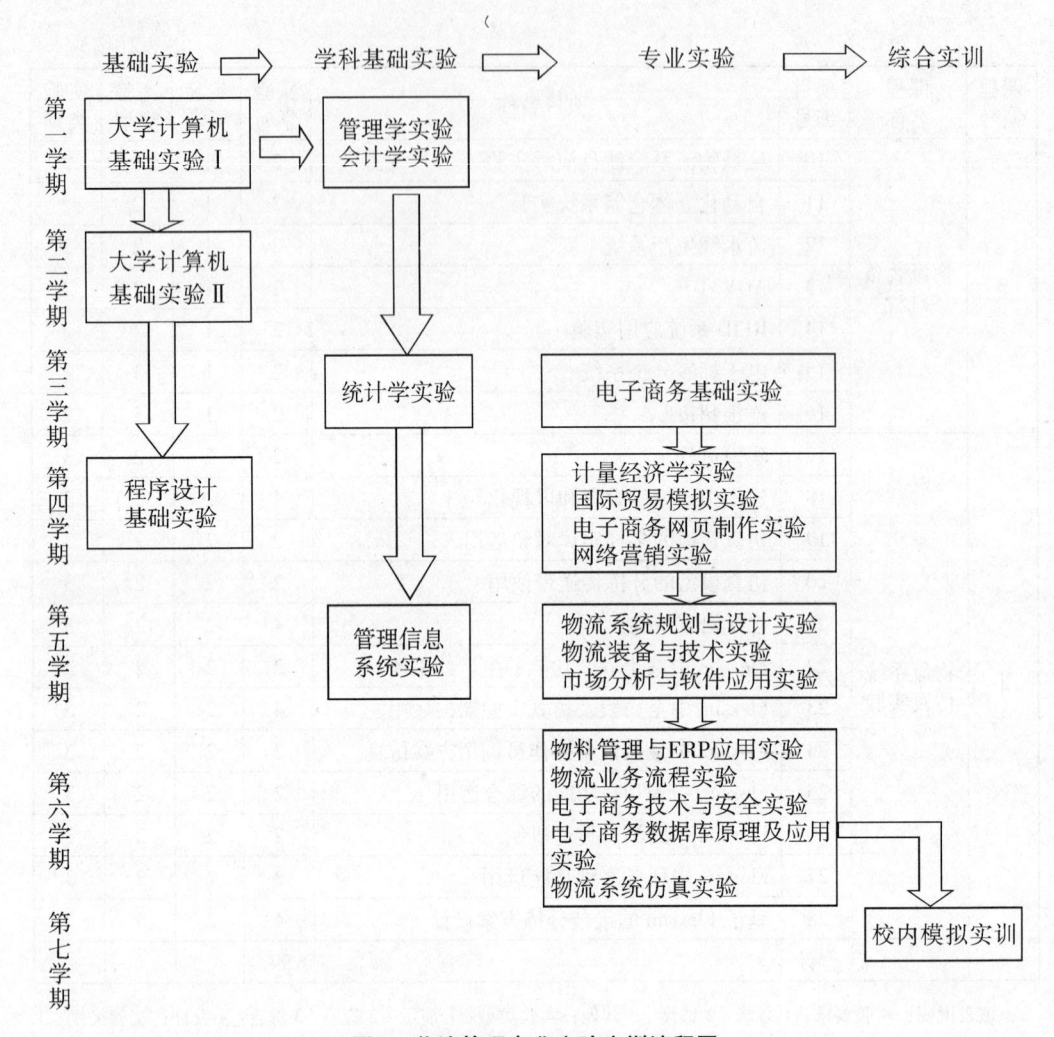

图 1　物流管理专业实验实训流程图

六、实验课程教学体系建设项目主要成果简介

构建了与社会需求、社会环境和学科属性相符合，贯穿于物流管理专业主干课程、专业基础课、基础课的层次化、模块化、相互衔接、由简单到复杂、由基础到提高再到研究创新的、循序渐进、系统科学的实验课程体系的层次结构。

根据实验课程体系层次结构，结合专业知识前后关系以及各门实验课程训练开展之间的逻辑关系，分别设置了第一学期至第七学期相应的实验课程。

构筑了由演示型实验、验证型实验、综合型实验和设计型实验组成的四个层次的实验项目体系。

教学过程中，紧密结合专业学生能力结构特点，分别设置了不同层次的实验项目。物流管理专业课程中共开设了物流系统规划与设计、物流业务流程实验、物流装备与技术、物流系统仿真实验 4 门专业实验课程，共计 28 个实验项目，其中综合性实验项目 4 个、设计性实验项目 4 个，综合性、设计性实验课程比例达 100%。

七、实验课程体系的特色与优势

（一）层次分明，整体性强

本实验课程本着培养学生综合素质和技能的宗旨，在体系的构架上也遵循同学们的自然学习规律，实验课程的设置由简到繁、由易到难，环环相扣，从对物流知识进行初步的了解到进行专业的设计训练等，确保同学们在掌握了必需的知识和技能后，再开始下一轮实验课程的学习，并通过由实习指导老师布置作业、引导学生广泛阅读等工作来拓宽学生的知识面。这样，不仅能使学生掌握基本的专业知识和技能，更能锻炼他们思辨的能力、将事物联系起来的能力，更有利于培养他们思维和知识的整体性框架。

（二）目标明确，针对性强

在对企业物流管理人才进行调研的基础上，课题组以培养此类人才所需的各种技能和知识为目标，建立起本实验课程体系。课程体系的主要目标是锻炼学生的实际动手能力和业务操作能力，让学生掌握物流专业常用软硬件的原理和使用方法，熟悉物流专业常规实验的步骤，培养学生的动手能力、吃苦耐劳精神和协作意识，使学生具备在物流实践中进行实际操作的能力。

（三）内容丰富，综合性强

从本课程体系层次的设置来看，有基础实验、学科基础实验、专业实验、综合实验；从实验项目的设置来看，有演示型实验、验证型实验、综合型实验、设计型实验。这些内容和形式的设置，无疑使得实验的内容相对以往的课程更加丰富，并且综合性更强，主要体现在校内模拟实训上，能够使学生综合应用大学期间所学专业知识，培养学生的创新能力和团队意识，在了解综合实验的原理和方法步骤基础上，使学生初步具备进行实验方案设计和科学研究的能力。

参考文献：

[1] 物流人才需求调查与分析. 中国物流与采购网，2010.9.25.

（项目负责人：陈久梅　项目组成员：刘四青　李健　李海南　梁云　黄辉　张军　龚英　杜亮　邱晗光　张德海）

市场营销专业能力导向
实验教学体系建设研究

重庆工商大学商务策划学院市场营销系

一、背景

随着社会主义市场经济体制的建立与完善，企业对经济、管理类专业毕业生实践应用能力的要求越来越高。从我校开设的经济、管理类专业来看，培养和造就高素质的应用型人才，既是学校的长期办学目标，又是适应社会经济发展的迫切需要。

（一）市场营销专业培养目标回顾

在 2007 级市场营销专业培养方案中，对本专业学生的培养目标是培养基础扎实、知识面宽、能力强、素质高、富有创新精神，从事各类企业和组织市场营销管理、国际营销管理工作的高素质应用型高级专门人才。本专业毕业的学生能够从事市场调研与预测、行业与竞争结构分析、项目开发决策、市场开发、商务谈判、销售业务、营销管理、国际营销、企业形象设计等工作，也可从事本专业的教学和科学研究工作。

上述专业培养目标的实现，主要通过理论教学（主要采用"课堂讲授"、"启发式教学"、"案例教学"、"课堂讨论"等方法）和实践教学（主要采用"课程实验"、"实习指导"、"课外社会实践指导"等方法）来实现，实践教学由基础实验、学科基础实验和专业实验组成。其中的专业实验尤其是与市场营销专业培养目标联系紧密的专业应用型实验课程体系，在专业培养方案中显得尤为重要。

（二）市场营销专业实验教学体系建设意义

回顾 2003 级～2006 级的培养方案，市场营销专业原有实验项目 23 个，分散在 6 门实验课程中。原有的实验教学课程体系对学生实践应用能力的培养以及各门实验课程教学中理论与实践的结合创造了良好的条件，但同时也存在着实验课程与实验项目之间较为孤立、零散的弊病。

为适应不断发展的教学管理要求和新的培养方案制订，必须在市场营销专业的培养计划中对原有实验教学课程体系进行优化整合。新的实验教学课程体系不仅在内容上要涵盖市场营销专业所有实验教学内容，更能够使原有的实验课程和实验项目进行有机地结合，能够充分实现市场营销专业基础理论在实践当中的动态展现，更能够较好地满足社会人才的需求。

在该项目的建设中，要求项目组站在市场营销专业的全局高度，从我校对经济管理类学生的培养目标出发，对市场营销专业所属专业课程中涉及实践、实验的环节进行有机整合和提升。这将加强我校经济、管理类学生创新精神和实践技能的训练，提高他们的综合素质和社会适应能力，拓宽就业选择面，增强就业竞争力；同时还能够促进课程设计、培养方案及培养模式的优化调整，使之更趋合理性；更能够进一步巩固和强化我校市场营销专业的重点学科地位，扩大我校市场营销专业在国内同类院校、同类专业中的影响力。

（三）专业实验教学体系的研究流程与建设基础

1. 研究流程

2007年以来，项目组围绕着以能力培养为核心的市场营销实验教学改革，进行了广泛的社会需求调研论证。通过走访用人单位、召开专家座谈会、发放调研问卷等多种方式，预测学科发展趋势，根据市场营销专业的社会需求类型，分析社会人才岗位需求，总结提炼出市场营销人才知识结构与能力结构体系，并据此构建实验课程体系与实验项目体系。

2. 建设基础

本课题的主要研究者是市场营销学、市场营销模拟（独立开设的实验课程）、市场分析与软件应用（独立开设的实验课程）、消费行为学（非独立开设的实验课程）、市场调查（非独立开设的实验课程）等课程组的核心成员，具有多年从事理论教学和实践教学的经验，多年来一直努力探索适合我校学生人才培养特点的教学模式。在多年的教学改革研究中，虽然课题组成员对每一次课堂讲授内容都做精心准备和修改，但由于实验设施、软硬件条件等方面的限制，仍深感本专业的实验教学环节需要进行系统化的深入探索和研究。

随着我校营销与策划实验室、消费心理与行为实验室、计算机辅助电话访问（CATI）实验室的相继建成以及顾客满意度测评等相关软件的购进，市场营销专业实验教学课程体系的优化整合在实验设施、实验室软硬件方面的条件已基本具备。同时，项目组各位教师多年的教学研究心得与成果，更为市场营销专业实验教学课程体系的优化整合提供了可靠保障。其中，项目组负责人所主持的校级教改课题市场调查与预测实验课程教学改革探索与研究已于2009年结题，其主持的另一项教改课题市场营销动态模拟实验课程与实验项目体系的整合与提升已获校级重点教改课题资助。该两项课题及相关研究成果为本项目的顺利完成提供了较为可行的研究思路和研究方法。

二、市场营销专业能力需求调研

从社会需求来看，市场营销人才大致分为市场开发与管理型人才、销售型人才与市场营销战略型人才。市场营销要求从业人员知识面广、适应市场能力强，具有较强的人际沟通能力和组织协调能力，同时对工商企业管理流程较为熟悉。

根据企业对人才要求的侧重点不同，市场营销岗位分为以下几类：

（一）销售员、业务员岗位

这类岗位要求具备一定的企业管理知识，熟悉现代商务活动，充分了解和理解商务需求的特点，熟悉企业营销管理计划制订流程和调整策略，同时有一定的市场信息收集能力和分析判断能力，了解数据分析软件、信息采集软件。并能够及时应对市场的需求变化，创造优良的销售业绩。

（二）市场开发与管理岗位

这类岗位要求熟悉企业整体管理流程和营销管理流程，了解所在行业的最新进展状况，熟悉企业营销管理计划制订流程和调整策略，熟悉所在企业及产品的特点和优劣势，以及主要面向的市场区域、销售渠道和竞争对手状况。同时有较强的市场信息收集能力和分析判断能力，熟练操作数据分析软件、信息采集软件，能够根据市场研究结论以及企业实际和产品实际制定切实有效的市场开发计划和管理制度，并组织销售人员、经销商贯彻之。

（三）营销战略管理岗位

这类岗位要求通晓企业管理全局，对行业发展现状和发展趋势具有前瞻性、全局性思维，熟悉企业营销管理计划制订流程和调整策略，能够从战略上分析和把握营销管理的发展特点和趋势。同时有较强的市场信息收集能力和分析判断能力，熟悉数据分析软件、信息采集软件，能够根据市场研究结论制定出企业营销战略或品牌发展战略，为企业整体发展提供系统支持。

三、市场营销专业能力标准及体系

通过对市场营销专业人才所需的能力研究，我们总结出市场营销专业能力标准及体系。如下表所示：

表1　　　　　　　　　市场营销专业能力标准及体系

能力类别	能力标准
能力一：管理基础能力	①决策能力 ②计划能力 ③领导与激励能力 ④组织设计能力
能力二：财务与会计基础能力	①会计凭证的处理能力 ②会计账簿的登记与解读能力 ③会计报表的编制与解读能力 ④会计报表的分析能力
能力三：数据统计调查与分析能力	①数据的搜集、整理和描述能力 ②统计数据的分析能力 ③统计数据的应用能力
能力四：信息系统构建基础能力	①信息系统的运用能力 ②信息系统的构建能力
能力五：网络营销能力	①利用互联网进行营销活动的基础能力 ②营销网站的应用能力 ③营销网站的构建能力

表1(续)

能力类别	能力标准
能力六：市场信息采集与数据分析能力	①常用数据分析软件的应用能力 ②市场信息采集和分析判断能力 ③市场信息的整理、分析、挖掘能力
能力七：国际贸易基础能力	①在网上进行国际货物买卖的操作能力 ②国际贸易中的单证应用能力
能力八：企业营销及商务活动基础能力	①企业管理及营销、商务活动管理流程基础应用能力 ②企业营销管理计划制订、调整能力 ③对企业营销管理全局、行业发展趋势的前瞻性、全局性思维能力
能力九：营销调研能力	①市场调研方案制订与实施能力 ②问卷设计能力与各种数据采集方法的应用能力 ③常用营销调研软件应用能力 ④根据市场调研结果对企业营销管理的咨询指导能力

四、与专业能力指标对应的实验项目和课程体系

通过深入分析市场营销类工作岗位对学生的实际能力要求，以及能力标准体系的构建，针对能力指标或观测点，提炼出教学内容和知识点，设计出培养专业能力所必需的一个或多个相对独立的实验项目，在明确实验项目设计目的的前提下，对实验教学组织、实验软硬件建设等相关环节进行设计和准备，并通过课程实验、专业设计、开放实验、综合实训、企业培训等多层次化校内外实习模块模式予以实施，确保学生能有效学习和实践能力标准体系和企业相应岗位的实际操作，并将这一整套模式通过专业培养方案进行固化。

2010年1月初，项目组启动了实验项目的调研和资料收集工作。经项目组成员研讨，初步就教学课程体系的整合优化框架和方向、实验项目优化设计初步构想等达成了一致，完成了项目推进和内容结构的论证，并在此基础上确定了信息搜集的渠道和范围。分别从高校网站、二手文献资料、电子期刊等渠道收集高校实验教改研究资料和相关的实验教改实践活动的经验和信息，同时安排到本校相关学院实验室交流参观、市内相关高校同类专业实验教学现场参观等，获取一手资料；制订了针对本项目所涉及的实验课程和实验项目的任课老师的意见反馈和建议信息的收集、2007级学生实验课认知和要求预调研、2007级以前学生实验课上课情况与意见建议的信息调研方案；掌握本校相关实验设施与软硬件资源的拥有状况、运行状况的信息，收集学校职能部门对该实验课程培养要求和专业培养方案相关信息、课堂教学与成绩考核评定要求的相关信息。经过近2个月的资料收集与调研，项目组获得了较为完备的有关市场营销专业实验教学课程的校际实践改革及研究状况的信息，校内实验设施、软硬件资源的现实情况，项目所涉及的教师对于实验课程现状、问题的反应，学生对实验课程的要求和建议等情况。为后续的课程体系设计和实验项目的整合优化打下了坚实的基础。

经过2个月的调研和论证，在2010年3月基本形成了16个专业实验项目，项目

组成员又集中讨论和论证，从内部逻辑性方面考虑和教学需要进行了缩减和调整，整合为10个实验项目。这10个实验项目充分结合了学生的能力标准要求，结合了专业理论知识以及学校的软硬件实验设备。详见表2。

表2　　　　　　　市场营销专业基础能力指标及相应的实验课程

能力类别	能力标准	实验项目	实验课程	课程类别
能力一：管理基础能力	①决策能力 ②计划能力 ③领导与激励能力 ④组织设计能力	①决策过程分析（模拟商务决策） ②计划分析与制订演练 ③领导与激励的模拟演练 ④组织设计和调整练习	管理学实验	学科基础
能力二：财务与会计基础能力	①会计凭证的处理能力 ②会计账簿的登记与解读能力 ③会计报表的编制与解读能力 ④会计报表的分析能力	①记账凭证填制实验 ②登记账簿实验 ③会计信息生成流程实验 ④会计报表分析实验	会计学实验	学科基础
能力三：数据统计调查与分析能力	①数据的搜集、整理和描述能力 ②统计数据的分析能力 ③统计数据的应用能力	①统计数据的搜集、整理与描述 ②相关分析 ③回归分析 ④时间数列分析	统计学实验	学科基础
能力四：信息系统构建基础能力	①信息系统的运用能力 ②信息系统的构建能力	①信息系统认知实验 ②信息系统分析实验 ③信息系统设计实验	管理信息系统实验	学科基础
能力五：网络营销能力	①利用互联网进行营销活动的基础能力 ②营销网站的鉴别与应用能力 ③营销网站的构建能力	①认识常用网络营销工具及其信息传递特征 ②企业网站专业性诊断评价 ③网站搜索引擎友好性分析 ④许可电子邮件营销方法 ⑤博客营销方法 ⑥专业网络营销模拟软件网站建设模块 ⑦专业网络营销模拟软件商贸网站模块 ⑧专业网络营销模拟软件企业后台管理模块	网络营销（课内实验）	专业实验
能力六：国际贸易基础能力	①在网上进行国际货物买卖的操作能力 ②国际贸易中的单证应用能力	①交易磋商及合同订立 ②信用证开立及审核 ③发票及装箱单 ④出口货物明细单及提单	国际贸易实务	专业实验
能力七：市场信息采集与数据分析能力	①常用数据分析软件的应用能力 ②市场信息采集和分析判断能力 ③市场信息的整理、分析、挖掘能力	①SPSS软件认知 ②SPSS建库 ③SPSS数据录入 ④SPSS数据分析	市场分析与软件应用	专业实验

表2（续）

能力类别	能力标准	实验项目	实验课程	课程类别
能力八：企业营销及商务活动基础能力	①企业管理及营销、商务活动管理流程基础应用能力 ②企业营销管理计划制订、调整能力 ③对企业营销管理全局、行业发展趋势的前瞻性、全局性思维能力	①认识SimMarketing营销模拟软件 ②企业营销环境SWOT分析 ③企业整体营销计划制订	市场营销模拟	专业实验
能力九：营销调研能力	①市场调研方案制订与实施能力 ②问卷设计能力与各种数据采集方法的应用能力 ③常用营销调研软件应用能力 ④根据市场调研结果对企业营销管理的咨询指导能力	④顾客满意度调研定性研究 ⑤顾客满意度调研定量研究 ⑥顾客满意度计算分析		专业实验

五、专业实验课程设计与平台构建

根据专业能力指标设置的对应的实验项目的类型特点，以及不同实验项目间知识的逻辑性，新的实验教学课程体系将原有的6门实验课程、23个实验项目，优化整合成2门实验课程、10个实验项目。这两门综合的实验课程将原来六门课程的非独立开设的实验项目和独立开设的实验课程中的实验项目有机地融合到一起，每一门实验课程均涉及数门专业课程，同时又不是原来专业课程课堂实验项目的简单聚集，而是按照一个明确的具有现实意义的实验任务串联起数个实验项目，实验项目之间具有完成实验任务的前后连贯性，也具有数据处理和实验结果利用方面的前后相继性。

比如市场营销模拟实验课程，在其中的24个实验学时里面，首先进行二手资料研究和焦点小组座谈、深度访谈等定性研究，寻找某行业或产品的满意度指标体系及指标间相互关系，设计某行业或产品的满意度测评模型，并在满意度测评软件中导入测评模型，在该测评模型基础上设计调查问卷；然后再将此问卷导入CATI软件，通过CATI方式或计算机辅助网络访谈（CAWI）方式进行数据收集和即时的数据记录；最后将收集到的数据导入到满意度测评模型，在进行数据的检验、分析后，最后得出满意度测评结论并出具满意度测评报告。通过一系列的实验项目，为学生提供了一个很好的实践操作平台，学生们不仅可以复习和实践所学市场营销、市场调研等相关理论知识，还能够掌握满意度测评的原理、方法及应用范围，并对市场上通行的满意度测评软件和CATI、CAWI软件达到熟练操作。

围绕特定产品或服务的顾客满意度测评这个实验任务，串联起二手资料收集、焦点小组座谈、深度访谈、CATI电话调查、拦截访问、网上问卷调查、顾客满意度测评等多个实验子任务，通过前后相承的实验项目，学生可以一直以明确的满意度测评作为其实验任务，以任务导向持续进行相关的实验项目的操作，学习目的明确，目标感比之前的分散的课堂实验形式要好很多，学习兴趣也大为提升。新的实验教学课程体系在继承原有实验课程、实验项目的基础上，通过具有现实意义和可操作性的实际案例，将各专业课程和实验项目有机地联系在一起。要完成实验项目，需要掌握运用原来开设实验的6门甚至更多的专业课程的相关知识。这样，通过实验课程的设置，有效地串联起了多门专业课程，有效提升了学生的实践动手能力和理论联系实际的能力，提升了学生的综合素质。专业实验教学平台详见表3。

表3 专业实验教学平台一览表

课程编号	课程名称	项目编号	项目名称	实验学时	实验要求	实验类型	实验类别
1	市场营销模拟实验	1	认识SimMarketing营销模拟软件	2	必修	验证	专业
		2	企业营销环境SWOT分析	2	必修	综合	专业
		3	企业整体营销计划制订	10	必修	综合	专业
		4	顾客满意度调研定性研究	8	必修	综合	专业
		5	顾客满意度调研定量研究	6	必修	综合	专业
		6	顾客满意度计算分析	4	必修	综合	专业
	合计			32			
2	市场分析与软件应用	7	SPSS软件认知	4	必修	验证	专业
		8	SPSS建库	4	必修	验证	专业
		9	SPSS数据录入	4	必修	验证	专业
		10	SPSS数据分析	4	必修	综合	专业
	合计			16			

在2007级、2008级的学生课堂实践中运用初步设计完成的课程体系和实验项目，通过学生的课堂实践检验和优化调整，有效地促成了本项目实验要件建设的成果得出和成果优化。为有效整合实验项目和设计课程体系，结合学校实验资料的现状和我们初步设计的课程体系要求以及教学需要，我们在最大程度利用实验中心已有资源的同时，积极采购了迪纳顾客满意度测评软件，同时积极利用兄弟院系采购的CATI电话调查软件等资源，利用实验项目将消费者心理与行为实验室利用起来，同时也积极主动利用互联网资源和免费软件资源，从而尽最大可能使学校各种实验设施和资源得到有效利用，同时达到兼顾课程体系建设、实验项目优化、学生实验方式创新、学校教学培养要求等多方需求。

六、重构后的专业实验课程体系及其在人才培养方案中的体现

在2011级市场营销专业的本科培养方案中，前述专业实验课程分别在第五学期和第六学期开设，并与其他专业基础实验和综合实训等先行、后行课程形成有机的实验教学系统。

经过2007级市场营销专业学生一个学期的实验课程学习实践的检验，项目组完成了实验课程体系整合建设的工作，将原本分散在6门课程的20多个实验项目整合为2门独立开设的实验课程及10多个实验项目，对原有实验项目进行了增删和调整，兼顾了原 6 门课程的专业教学所需同时强化了专业课程与实验课程的联系。经过一个学期的实践和磨合，逐步完善了每门实验课程的教学操作模式、实验项目之间的构架关系和每一个实验项目的教学课时安排，同时兼顾了实验室资源、学生选课情况、学校作息时间安排等多种制约条件，基本达到了实验课程与设施、学生、学校制度之间的无隙顺畅的运行。

2010 年 7 月至 9 月，利用暑假时间，项目组结合上学期的实验课程运行情况，探讨并制订了实验课程的教学计划，修订完成了实验课程的三件套资料（实验教学大纲、实验教学卡片、实验教学指导书），同时讨论并形成了课程实验报告的格式、内容，实验课组织形式问题以及实验课程最终考核形式和成绩认定的标准问题，进一步完善了本项目的实验要件建设任务，使两门实验课程形成了一个配套完善、材料齐全、结构合理、内容科学的综合性实验课程。

在接下来的新学期，利用基本完成的实验课程体系和优化后的实验项目以及配套要件，在 2008 级国际贸易专业 4 个班、2008 级市场营销和商务策划专业 6 个班学生的教学中运行了整合优化后的实验课程体系和实验项目，进一步检验本项目的研究成果，发现问题并进一步调整完善。

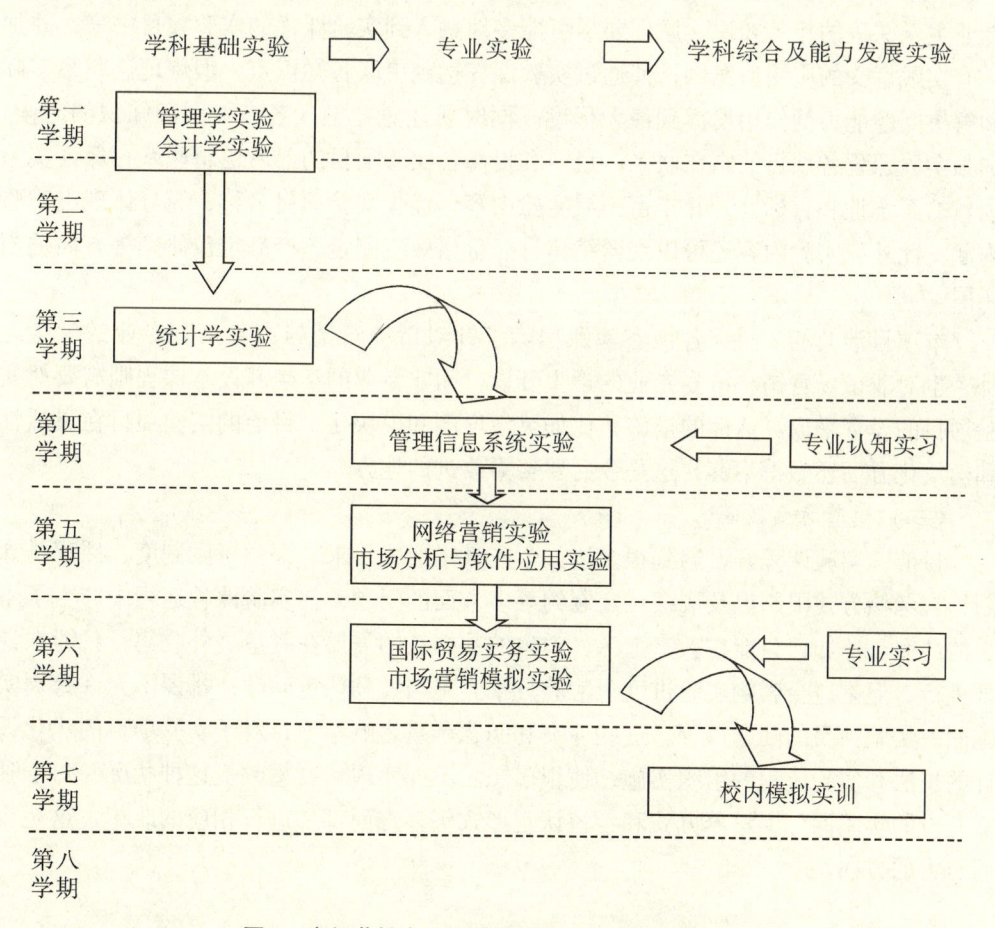

图 1　市场营销专业实验实训课程的先行后续关系

七、项目后续推进展望

虽然本项目取得了一些成绩，但是实验课程的改革发展却是不会停滞的，我们的项目研究为今后的实验课程改革发展提供了基础，同时也提出了今后实验课程改革发展的新的任务。

（一）实验软硬件资源补充完善

现有的实验软硬件资源多数是几年前购买的，在当时是符合课程教学需要的，但是经过了实验课程的体系建设和项目优化后，有的实验软硬件资源就显得有些力不从心，比如市场营销动态模拟软件的仿真程度问题、动态模拟与后续满意度测评项目的衔接问题、各实验项目软件的更新问题、软硬件资源数量配置问题等，都需要逐步的提到议事日程上来，只有软硬件资源不断更新不断补充，才能更好地与实验课程的教学配合起来，取得预期的良好效果。

（二）实验项目优化创新

目前的实验项目基于软硬件资源和实验室设施等条件，做了最大的优化，但是还不够，未来的实验课程体系里面，实验项目涉及的专业课程，尤其是专业基础课程和专业主干课程的相关知识、原理要尽可能多地融入到实验课程的实验项目中来，并加入有实践意义的应用型案例，使通过实验课程达到串联各知识点、锻炼理论联系实际和解决问题能力的作用发挥到最大程度。同时要注意在融入各专业课程知识的时候，加强实验课程各项目的内在联系，稳定和提高各实验项目的前后逻辑联系，保证实验项目的系统性和目标性，并丰富拓展实验内容，优化实验项目名称，充分体现出实验内涵。此外，实验内容还可以在营销审计、价格效应测定、产品定位研判等方面适当拓展。

本项目涉及的2门综合性实验课程除了针对市场营销与商务策划专业的学生之外，也对非市场营销和策划专业的学生开设，而非专业的学生开设本课程则需要对实验项目的设置采取灵活性的措施，比如灵活增删和模块化，目前的实验项目在灵活性和模块化方面还做得不够，这是今后要努力改进的地方。

（三）培养方式改革

目前，实验课程开设遇到很多诸如学校教学形式要求、课堂考勤制度、课程排课制约、考核方式限制以及成绩认定制约等多方面的问题，在实验课程运行中产生了不少的冲突。比如，只能在教室上课，学生的数据有的需要在教室之外收集，只能在课外进行，但是这会影响实验进度；实验分批实施与考勤认定问题；排课不允许跨周实施同一实验项目的问题等等。这些冲突和问题严重影响本项目对于实验项目的优化设计的想法和实验流程的组织实施，使很多想法不能实现。要想改变这种状况，对于独立开设的实验课程，培养方式和考核认定形式等多方面都要进行相应的改革，这是今后努力的方向。

（项目负责人：姜玉洁　项目组成员：蔡继荣　强海涛　彭建仿　周勇　张雷　涂勇）

会计学专业能力导向
实验教学体系建设研究

重庆工商大学会计学院会计系

会计学院会计学专业始建于 1987 年，该专业主要培养能适应 21 世纪社会经济发展的需要，德、智、体全面发展，具有创新能力、实践能力和自我发展能力的高素质应用型会计专门人才。多年以来，会计学专业坚持以培养学生能力为导向，改革专业实验课程体系和教学方法，取得明显成效。

一、背景

会计专业是一个实践性要求很高的应用型学科，实验教学对会计专业人才的培养至关重要。

（一）会计专业实验教学的重要性

1. 社会对财务、会计专业学生业务能力的需要

重庆工商大学会计学专业在西南地区享有较好声誉，二十多年来，该专业先后向全国各地输送了 4 万多名社会需要的财务、会计专业毕业生，培训各类会计人员 2 万多人次，成为重庆市培养会计人才的重要基地。毕业生的业务素质和能力得到了用人单位的普遍肯定。

会计学是重庆工商大学的重点建设专业。2007 年全校教育思想大讨论后，学院根据学校的人才培养目标，重新调整了人才培养目标与定位，把学生培养目标定位为复合性、应用型的会计人才，并全面而充分地凸现会计学专业的办学特色，即理论与实践相结合、学校与企业相合作；理论教学服务于实际应用，重在实践能力培养的特色，使得本专业的毕业生一直为众多企业、机关事业单位的"抢手货"，即使是在金融危机时经济不够景气、就业普遍呈现困难的情况下，我院会计专业学生仍然保持 99% 左右的就业率。

随着本科就业形势的日益严峻，通过完善专业实验课程体系，加大复合性、应用型会计人才培养力度，满足会计人才市场的需要和企业科学管理要求，已成为会计学专业的重要任务。

2. 有助于学生理论与实践契合

重庆工商大学会计专业也是应重庆市工商业的迅速发展而成长起来的，特别是重庆直辖以后，对拥有计算机、英语等综合应用能力的会计人才的需求超过以往任何一

个时期。根据我们对会计行业人才市场需求的调研和分析结论：目前重庆地区较大型的企事业单位对具有会计本科以上学历的专业人才年需求量为3 000人以上。同时，重庆周围地区（如贵州、四川等）也纷纷来校招聘会计从业人员，会计专业人才的需求量也将迅速增长。很多用人单位纷纷表示，在迅速发展的信息技术条件下，在岗会计人员的技能老化问题不容小觑，他们迫切需要具有较高水平的实训基地对本单位的在职财务会计人员进行职业资格培训和技能、技术的再培训，这些都为我们实施"会计信息系统实验教学课程体系建设"等项目提供了新的机遇。在本专业实验课程教学体系建设步入更高水平、更大规模之后，我们的服务对象将不再局限于本校，而是可以面向重庆市各企业、政府机关等相关单位，我们会计信息系统教学体系的社会知名度将大大提高，会计学专业的生存发展能力、社会服务能力将大大提高，抗风险能力也将得以提升。

3. 体现会计专业特色培养

从近年来会计学专业的毕业生就业情况看，由于学生综合素质的提高，实践技能提升特别，使学生在就业市场中的竞争能力大为提高。据统计，我院会计学专业近三年的就业率平均为96%，就业范围涉及建筑施工、工业企业、会计师事务所、商贸企业、服务业、房地产、政府机关、事业单位。从招生情况看，由于专业优势明显和招生宣传工作的到位，使得近几年的招生顺利完成了招生计划任务，且新生报到率达到了100%。根据2007—2011年连续5年进行的毕业生跟踪调查统计，用人单位对我院毕业的会计专业本科毕业生的满意率均达到99%，每年不少用人单位直接到我院进行现场招聘。不少用人单位反映，我院财务会计类专业的毕业生基础知识扎实，动手能力较强，社会适应能力强，很快就能够进入工作角色，做到从理论到实践的较好衔接。

（二）会计专业实验教学的现状

会计学院自从1987年以来，对该专业的培养方案进行了多次修订完善，非常重视学生实验与实践技能的培养。目前，实验师资、资料和设备等方面有了较大改观，2005年顺利通过了该专业的学士学位评审，会计学实验教学是评审顺利通过的一大特色。目前，会计专业共有专业课程教师25人。其中教授6人，副教授14人，高级职称占80%；博士（含在读）8人，硕士8人，研究生比例为70%；40岁以下的青年教师18人，占75%。教师中多数具有丰富的企业会计和理财实践经验，初步形成了一支高职称、高学历、年富力强的实验师资队伍。在2010年，会计专业的实验课程已经全方位开设，并在培养方案中占有显著地位，在总学时（不含集中实践教学环节）2 494个课时中，实验课程课时为382个，占比17%，加上一些课内实验实训和校外实习，实验类课程的课时比例已接近30%。

目前，会计专业开设的实验课主要有：基础实验类包括大学计算机基础Ⅰ实验、大学计算机基础Ⅱ实验、程序设计基础实验；学科基础实验类包括基础会计学实验、管理学实验、管理会计实验、统计学实验、管理信息系统实验；专业实验类包括成本会计学实验、会计实验、财务会计实验、财务电算化实验、审计学实验、财务报表分析实验、财务专业模拟实验、证券投资学实验、公司财务制度设计实验；综合实训类包括校内综合模拟实训等。

学校和会计学院都非常注重实验室建设。目前，学校建有会计在线博弈实验室（是国内较早、特色鲜明的实验室）、财务环境模拟企业资源计划（ERP）实验室、会计手工实验室、会计电算化实验室等会计专业实验室。实验室装备了 SPSS、用友、金蝶、金算盘等财务运用与课程教学软件，购买了中国股票市场交易数据库（CSMAR）、市场通等数据库，这些为会计专业的实验教学提供了很好的硬件和软件条件。

二、专业能力需求调研

（一）网络调查

1. 国内外高校会计学专业建设基本情况

据中国教育在线的统计，至 2011 年已有 1 300 多所高校（包括二级学院）开设了会计学专业。其中，上海财经大学、西南财经大学、中南财经政法大学、东北财经大学等老牌财经大学的会计学专业建设早、特色强、综合能力培养导向突出。厦门大学、中国人民大学、中山大学等综合院校的会计学专业则注重研究型会计人才的培养。在重庆，有重庆大学、西南大学、重庆工商大学、重庆工商大学派斯学院、重庆工商大学融智学院、重庆理工大学、重庆师范大学涉外商贸学院等院校开设了该专业。

在国外会计专业通常设在管理学下的商学院（系），在国内一般设在经济学下的会计学院（系）或设在管理学下的会计院（系）等。这说明国内的会计学专业与会计学专业设置已经趋同，并有不少专家学者认为会计学专业应当属于一级学科专业。

2. 各高校会计专业的课程设置

《普通高等学校本科专业目录和专业介绍》中已经明确会计学专业的主干学科为经济学和工商管理，主要课程为管理学、微观经济学、宏观经济学、管理信息系统、统计学、会计学、市场营销、经济法、中级会计、高级会计、商业银行经营管理等，这些都是会计学专业本科学生的必修课程。下面介绍几所高校会计专业的课程设置，为体现会计专业的整体性，所选高校包括了重点大学、财经院校和二级学院等几种类型，具有一定的代表性。

中国人民大学会计学专业的总学分为 170 学分，其中必修课 108 学分。主要课程包括：会计概论、中级会计学、高级会计学、公司财务管理、财务分析学、证券投资学、成本管理学、国际会计学、商业银行财务管理、计算机会计、内部控制与风险管理、房地产投资与金融、成本会计学、经济法、税法、资产评估等。选修课 48 学分，其他学习 16 学分。

天津财经大学开设专业主干课为：会计原理、中级财务会计、成本管理会计、会计原理、中级会计、高级会计、税法、高级财务会计、计算机理财、财务分析、审计学等。

山西财经大学的专业课程有：管理学原理、基础会计学、中级财务会计学、高级财务会计学、成本管理学、管理会计学、会计基础、会计实务、理财电算化、企业融资学、审计学、资产评估、投资项目评估、会计专业发展前沿等。

北京工商大学的主要课程包括：会计学原理、成本会计学、管理会计学、企业财务学、财务报表分析、投资学、企业估值与并购、国际会计等。主要实验与实践性教学环节：管理会计与控制实验、财务诊断与决策实验、初级会计实验、企业资源规划实践、各类课程的实验上机、社会实践、专业实习、毕业实习、毕业论文等。

从上述课程设置可以看出：无论是重点大学还是一般院校，也无论是财经大学还是综合大学，课程开设并无太大区别。专业课程设置的大众化可能体现了社会对会计人才需求的基础性要求，但对部分特色需求（如实验动手能力、信息化能力）有所忽视。因此大学会计专业课程设置与培养市场满意的专业化、特色化的会计人才尚有差距。

3. 部分高校会计专业的实验实践环节

为查看各高校会计专业的实验课设置，从网上搜索到部分"会计专业的培养方案"。西南财经大学实施了认知实习、教学实习、毕业实习小学期制度。中南财经政法大学的实验实践环节主要包括实验和实习。天津财经大学的实践环节包括会计手工模拟实习（手工）、财务实习、金融实习、会计方案设计、毕业实习、学年论文、毕业论文等以及案例分析、课程设计等含在专业课程内的实践教学环节。江西财经大学包括实验教学（含实验、上机）、实习实训（含军训、课程实习、专业调查、毕业实习等）、论文（学年论文、毕业论文）、课外科研创新实践等。东北财经大学的实践教学环节由军训、"两课"课外实践、计算机上机操作、农村社会调查、城市社会调查、专业调查、专题调查、实验和实训、毕业论文等部分构成。

（二）学生座谈情况（问卷）

我们开展了5次对学生的调研和2次对教师的调研。调研形式包括全样本问卷结构化调研、开放式问卷调研、深度访谈、实地观察等。调研的主要内容包括：实验课的课程设置的合理性、每门实验课的课时设置、实验指导书情况、实验课的授课方式、实验设备情况、实验效果、对专业实验教学的建议等方面以及毕业实习与社会调查等实践环节情况、实习与实验的差异、选择开放性实验课的原因、开放性实验课的效果、开放性实验课的时间安排等等。从而全面深入地掌握会计系实验建设的真实现状及应当解决的主要问题。以下是一次对2008级会计学、财务管理学专业的问卷调研的简单描述性统计情况。

1. 调查问卷的设计

调查问卷在"会计专业人才培养体系问卷"中，涉及了一些有关实验实践的相关内容，见表1。

表1　　　　　　　　会计学专业能力指标体系调查问卷

能力类别	能力标准	实验项目	实验课程	课程类别
能力一：经济学、管理学基础能力	问题： 通过实验你获得最好的能力是（　　），最差的是（　　） ①决策能力 ②计划能力 ③领导与激励能力 ④组织设计能力	问题： 你认为以下哪些实验项目没有必要开设（　　）（可不选择，选1项或全部） ①决策过程分析（模拟商务决策） ②计划分析与制订演练 ③领导与激励的模拟演练 ④组织设计和调整练习	管理学实验	学科基础实验
能力二：财务与会计基础能力	问题： （1）通过实验你获得最好的能力是（　　），最差的是（　　） ①会计凭证的处理能力 ②会计账簿的登记与解读能力 ③会计报表的编制与解读能力 ④会计报表的分析能力 （2）你认为会计实验还应该锻炼的能力有（　　）（选填）	问题： （1）你认为以下哪些实验项目没有必要开设（　　）（可不选择，选1项或全部） ①记账凭证填制实验 ②登记账簿实验 ③会计信息生成流程实验 ④会计报表分析实验 （2）你认为还应该增加的实验项目是（　　）（自行选择填写）	会计学实验	学科基础实验
能力三：数据统计调查与分析能力	问题： （1）你是否修过计量经济学或统计学实验（　　） （2）如果你修过计量经济学或统计学实验，你认为获得最好的能力是（　　），最差的能力是（　　） ①数据的搜集、整理和描述能力 ②统计数据的分析能力 ③统计数据的应用能力	问题： 你认为以下哪些实验项目没有必要开设（　　）（可不选择，选1项或全部） ①统计数据的搜集、整理与描述 ②相关分析 ③回归分析 ④时间数列分析	统计学实验	学科基础实验
能力四：信息系统构建基础能力	问题： 通过实验，你获得以下能力中的（　　）（可选择1项或两项） ①信息系统的运用能力 ②信息系统的构建能力	问题： 你认为以下哪些实验项目没有必要开设（　　）（可不选择，选1项或全部） ①信息系统认知实验 ②信息系统分析实验 ③信息系统设计实验	管理信息系统实验	学科基础实验

表1(续)

能力类别	能力标准	实验项目	实验课程	课程类别
以下为会计专业专项能力： 能力五：财务会计能力	问题： 通过财务会计实验，你获得以下哪几种能力（　　） ①会计准则的正确运用 ②会计准则之间的联系运用 ③会计报表及附注的编制 ④所得税会计的处理与纳税申报实务 ⑤会计业务处理思路与企业高管管理意图的基本关系	问题： (1) 你认为以下哪些实验项目没有必要开设（　　） (可不选择，选1项或全部) ①存货与收入 ②金融资金 ③国定资产 ④外向业务 ⑤长期股权投资 ⑥财务报表 (2) 你认为还应该增加的实验项目是（　　）（自行选择填写）	财务会计实验	专业实验
能力六：成本会计能力	问题： 通过成本会计实验，你获得以下哪几种能力？（　　） ①企业成本明细账的建账 ②会计准则之间的联系运用 ③成本核算流程的核算与账务处理 ④成本报表的编制 ⑤成本信息与财务会计信息的关系	问题： (1) 你认为以下哪些实验项目没有必要开设（　　） (可不选择，选1项或全部) ①辅助生产费用与制造费用核算实验 ②逐步结转分步法 ③平行结转分步法 (2) 你认为还应该增加的实验项目是（　　）（自行选择填写）	成本会计实验	专业实验
能力七：管理会计能力	问题： 通过管理会计实验，你获得以下哪几种能力（　　） ①利用新准则生成数据应用到管理会计中进行分析 ②管理会计（或财务管理）中的决策方法 ③企业管理与管理会计方法的关系	略	管理会计实验	专业实验
能力八：其他专业会计能力	问题： 通过所学的所有会计专业实验，你有信心或能力在以下哪些类型的企业中从事会计工作（　　） ①会计师事务所 ②银行 ③房地产公司 ④农业企业 ⑤其他小型企业	问题：你认为会计专业还需要开设哪些实验	注册会计师审计实验、特殊行业会计实验	专业实验

2. 问卷调查结果的简单描述统计

调查结果的统计，本次一共发放 300 份问卷，回收 295 份，删除其中填写不完整的问卷，有效问卷为 250 份。现将结果统计如下（为直观，以图示）：

能力一：经济学、管理学基础能力

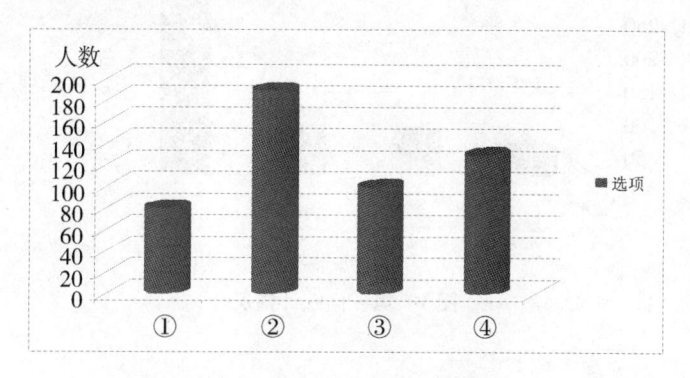

图 1　第一题第一问统计情况

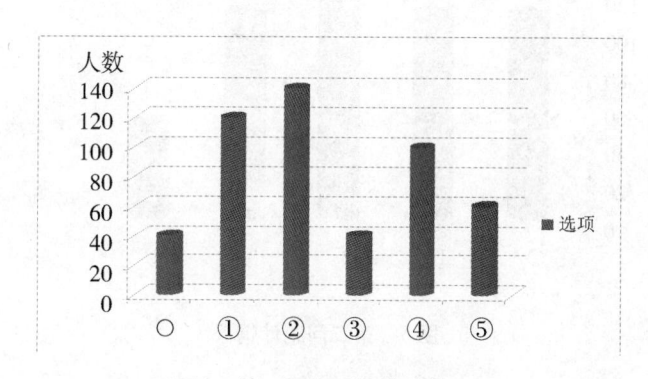

图 2　第一题第二问统计情况

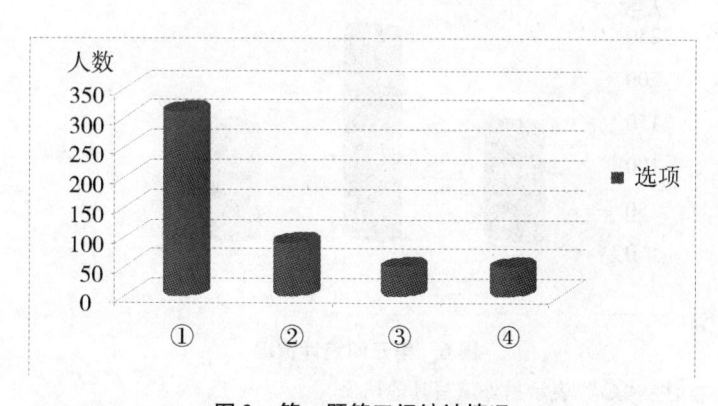

图 3　第一题第三问统计情况

第一能力维度，会计专业学生认为通过实验提高最好的是计划能力，但决策能力最差。认为管理实验中的领导实验不必开设。

能力二：财务与会计基础能力

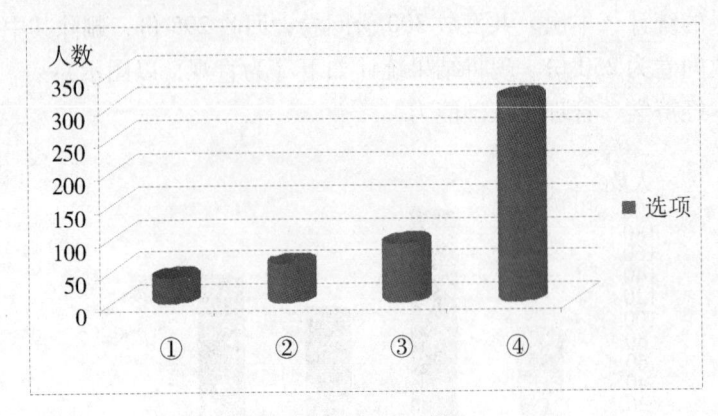

图 4　第一问统计情况

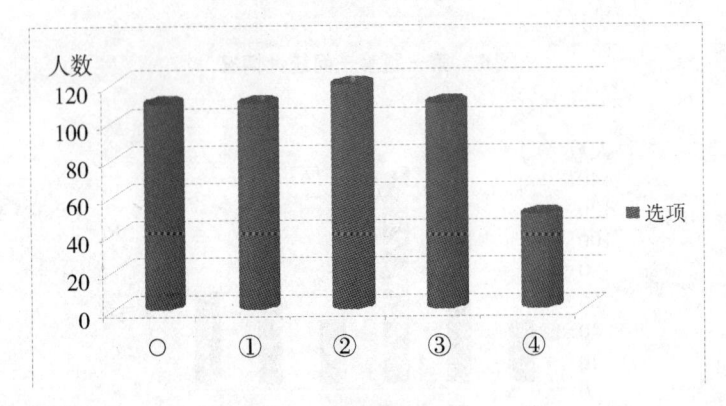

图 5　第二问统计情况

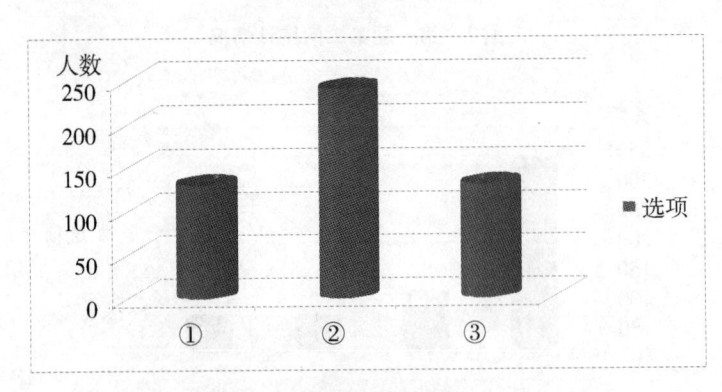

图 6　第三问统计情况

注："○"表示另外填写其他选项。

多数认为通过实验获得最好的能力是会计凭证的处理能力，最差的是财务报表分析能力。但奇怪的是学生认为会计报表实验没有必要开设，可能是报表分析能力没有得到锻炼，从而对报表编制没有兴趣？

能力三：数据统计调查与分析能力

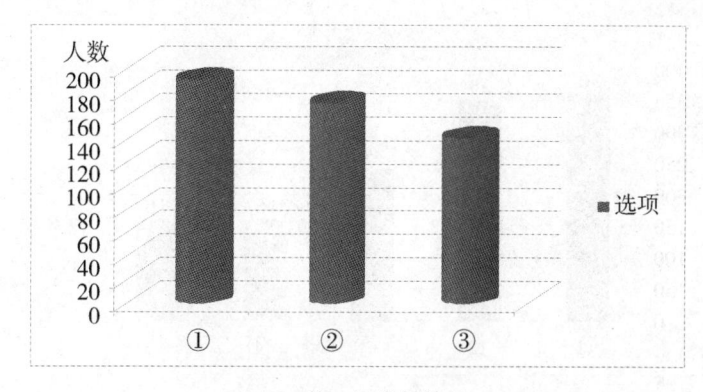

图 7　第一问统计情况

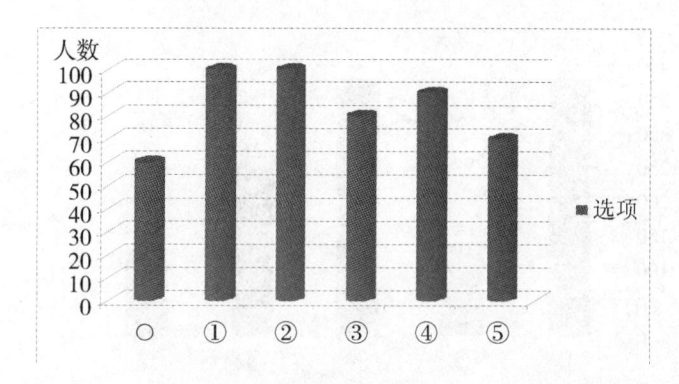

图 8　第二问统计情况

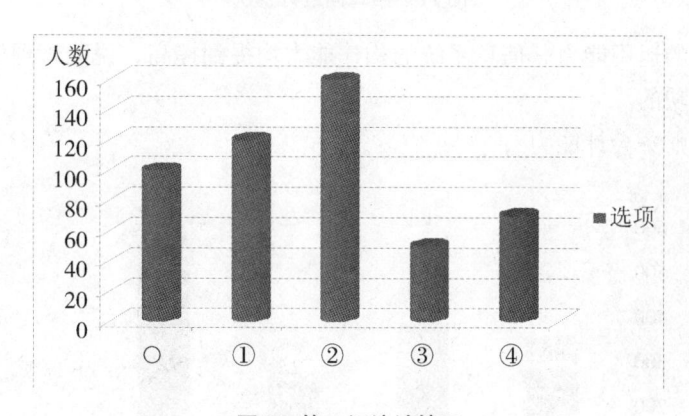

图 9　第三问统计情况

注："○"表示其他选项。

多数认为统计数据的分析能力得到最大提高。

能力四：信息系统构建基础能力

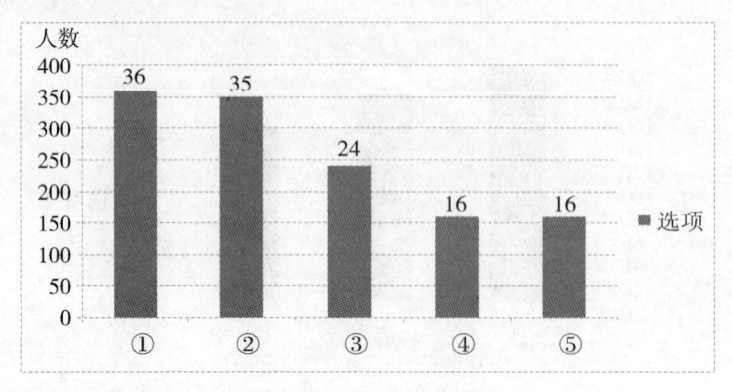

图 10　第一问统计情况

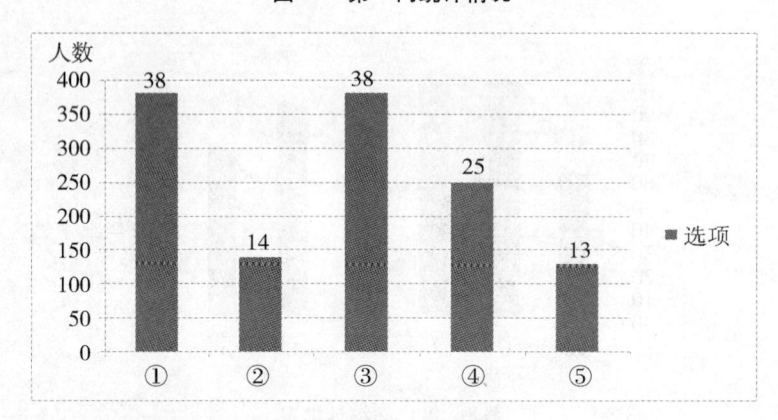

图 11　第二问统计情况

信息系统的运用能力、信息系统的构建能力均提到提高，说明管理信息系统实验目前是比较成功的。

能力五：财务会计能力

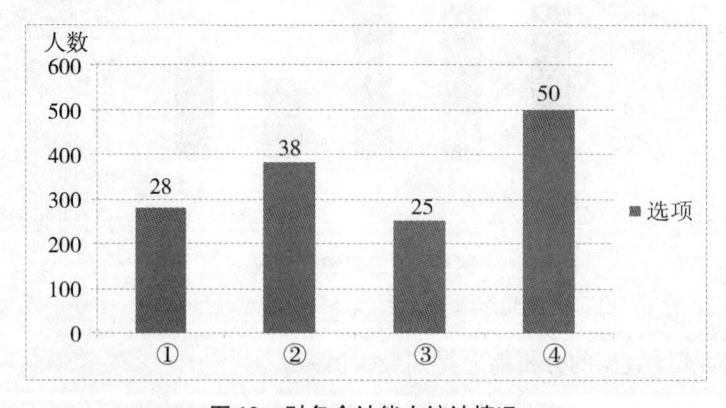

图 12　财务会计能力统计情况

奇怪的是，学生的选择刚好是选项的顺序，可能是作为项目组教师的一种感知。得到提高的是依次是会计准则的正确运用、会计准则之间的联系运用、会计报表及附注的编制、所得税会计的处理与纳税申报实务、会计业务处理思路与企业高管管理意图的基本关系。

能力六：成本会计能力

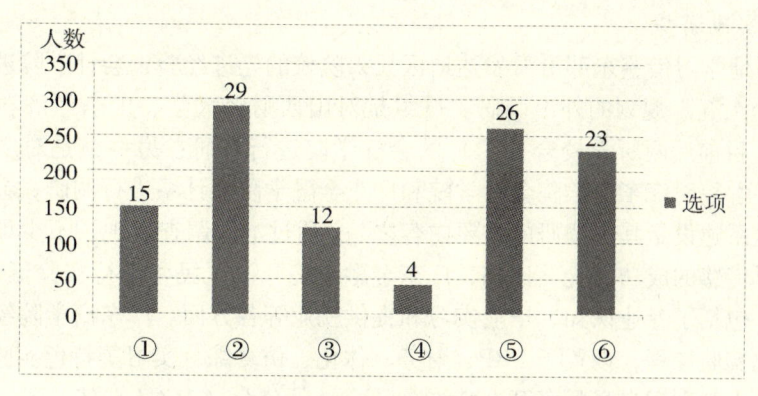

图 13　成本会计能力统计情况

目前掌握最好的能力是企业成本明细账的建账、成本核算流程的核算与账务处理，较差的是成本会计与会计准则之间的联系运用和成本信息与财务会计信息的关系。

能力七：管理会计能力

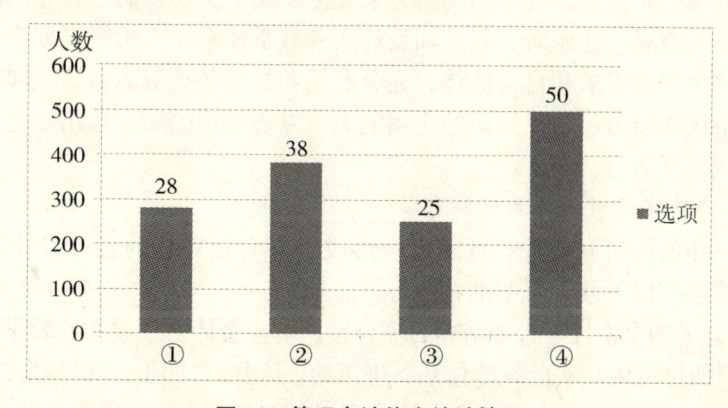

图 14　管理会计能力统计情况

掌握较好的是管理会计（或财务管理）中的决策方法。

能力八：其他专业会计能力

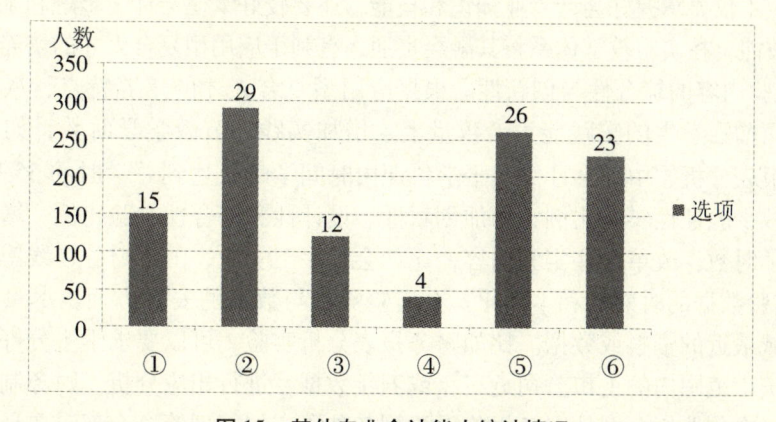

图 15　其他专业会计能力统计情况

学生选择最多是银行、房地产公司、其他小型企业,对会计师事务所和农业企业没有信心,对农业企业可能是没有兴趣。

(三) 实地调查

为更好地学习借鉴东部沿海发达地区兄弟院校的先进经验,会计学院进行了两条路线的"十二五"规划的外出调研。一组是对山西财经大学、山东经济学院和山东财政学院(目前后两所学校合并了)的会计学院进行调研;另一组是对广东外语外贸大学财经学院、广东商学院会计学院和广东金融学院会计系进行调研。会计专业的实验教学体系建设是其中调研的重要内容之一。通过本次调查发现了不少可以根据我们自身情况借鉴的成功经验。比如,广东金融学院开设"民生银行实验班",与民生银行签约,包括了专业认知、毕业实习和提供就业等各方面。广东商学院经管实验中心的特色化实验课程,设置了ERP、财务一体化、仿真综合实习等特色实验项目。广东外语外贸大学利用自身师资开办特许公认会计师公会(ACCA)实验班,强化师资培训,包括实验教师。

三、专业能力标准及体系

在学校的统一要求下,会计学院财务系逐渐明确了构建以能力为导向的会计专业实验教学体系的内涵。在调研、修订和设计实验教学体系时,始终根据会计专业的内涵和特色,结合市场需求和自身优势,充分利用和挖掘各类资源,培养和不断提高学生基本的动手操作能力、基础知识的应用能力、专业知识的综合运用能力、适应环境的创新和自我发展能力。

(一) 本专业实验教学体系的特色

经过近一年的调研和讨论,目前已经形成了一套较完整的会计专业实验教学体系。这套体系具有以下几个鲜明的特色:

1. 能力培养的全面性与人才培养的复合型。本套会计学专业实验教学体系是基于四大能力的"四位一体"实验教学体系下进行的。其中,"四位一体"指"基本技能训练"、"专项能力实验"、"专业综合实验"和"创新能力实验"一体的实验教学体系。四大能力为"基本操作能力"、"专业应用能力"、"分析及解决问题能力"和"创新能力"。本体系将财务与会计、金融、工商管理知识进行有机集成和整合,这就要求会计专业学生不仅要掌握好会计专业知识和技能,还要较好掌握会计、金融和工商管理基础知识和技能。在实验教学体系将其融会贯通,有利于应用型复合人才的培养。

2. 实验内容的综合性与创新性。根据应用型复合人才的培养特点,从数量和质量两个方面增强学生的实践能力。数量上,增加实践环节教学学时数,如会计学基础、财务报表分析、中级会计等主干学科课内时间学时数达到总学时的35%~40%;质量上,减少验证性实验比例,增加创新性、设计性和综合性实验比例,增加综合性实践环节学时数;改革某些实验内容,比如会计手工实验、国际财务在线博弈实验。

3. 实验数据的时效性和本土化。在实验资料与数据的安排方面,尽量选择时间最新、地域最近的资料或数据。比如财务报表分析实验,可以要求学生分好组后,自己收集重庆市范围内的上市公司近三年或五年数据,进行相应分析。财务制度设计实验,选择一个创业板公司从财务机构设置到各种资产的管理等,全部需要最新的公司资料和相关数据。

4. 实验项目的开放性和高仿真。学校经管实验中心进行了"开放性实验"改革，成立了学生"信永会计模拟公司"，对外接"代理记账"等业务。ERP 沙盘模拟对抗实验，具有很好的仿真效果。

四、与专业能力指标对应的实验项目和课程体系

经过调研，项目组设计的我校会计学专业与本专业能力指标对应的实验项目和课程体系如表 2 所示。

表 2　　　　　　　会计学专业能力指标对应的实验项目和课程体系

能力类别	能力标准(有 * 表示应加强)	实验项目	实验课程	课程类别
能力一：经济学、管理学基础能力	①决策能力* ②计划能力 ③领导与激励能力* ④组织设计能力	①决策过程分析（模拟商务决策） ②计划分析与制订演练 ③领导与激励的模拟演练 ④组织设计和调整练习	管理学实验	学科基础
能力二：财务与会计基础能力	①会计凭证的处理能力 ②会计账簿的登记与解读能力 ③会计报表的编制与解读能力 ④会计报表的分析能力*	①记账凭证填制实验 ②登记账簿实验 ③会计信息生成流程实验 ④会计报表分析实验*	会计学实验	学科基础
能力三：数据统计调查与分析能力	①数据的搜集、整理和描述能力 ②统计数据的分析能力 ③统计数据的应用能力*	①统计数据的搜集、整理与描述 ②相关分析 ③回归分析 ④时间数列分析	统计学实验	学科基础
能力四：信息系统构建基础能力	①信息系统的运用能力 ②信息系统的构建能力	①信息系统认知实验 ②信息系统分析实验 ③信息系统设计实验	管理信息系统实验	学科基础
以下为会计专业专项能力： 能力五：财务会计能力	①会计准则的正确运用 ②会计准则之间的联系运用 ③会计报表及附注的编制 ④所得税会计的处理与纳税申报实务 ⑤会计业务处理思路与企业高管管理意图的基本关系	①存货与收入 ②金融资金 ③固定资产 ④外向业务 ⑤长期股权投资* ⑥财务报表	财务会计实验	专业实验
能力六：成本会计能力	①企业成本明细账的建账 ②会计准则之间的联系运用 ③成本核算流程的核算与账务处理 ④成本报表的编制 ⑤成本信息与财务会计信息的关系	①辅助生产费用与制造费用核算实验 ②逐步结转分步法 ③平行结转分步法	成本会计实验	专业实验

表2(续)

能力类别	能力标准(有*表示应加强)	实验项目	实验课程	课程类别
能力七：管理会计能力	①利用新准则生成数据应用到管理会计中进行分析 ②管理会计（或财务管理）中的决策方法 ③企业管理与管理会计方法的关系*		管理会计实验	专业实验
能力八：其他专业会计能力	①会计师事务所 ②银行 ③房地产公司 ④农业企业 ⑤其他小型企业		注册会计师审计实验、特殊行业会计实验	专业实验

五、重构后的会计学专业实验课程体系及其在人才培养方案中的体现

（一）实验课程类别架构

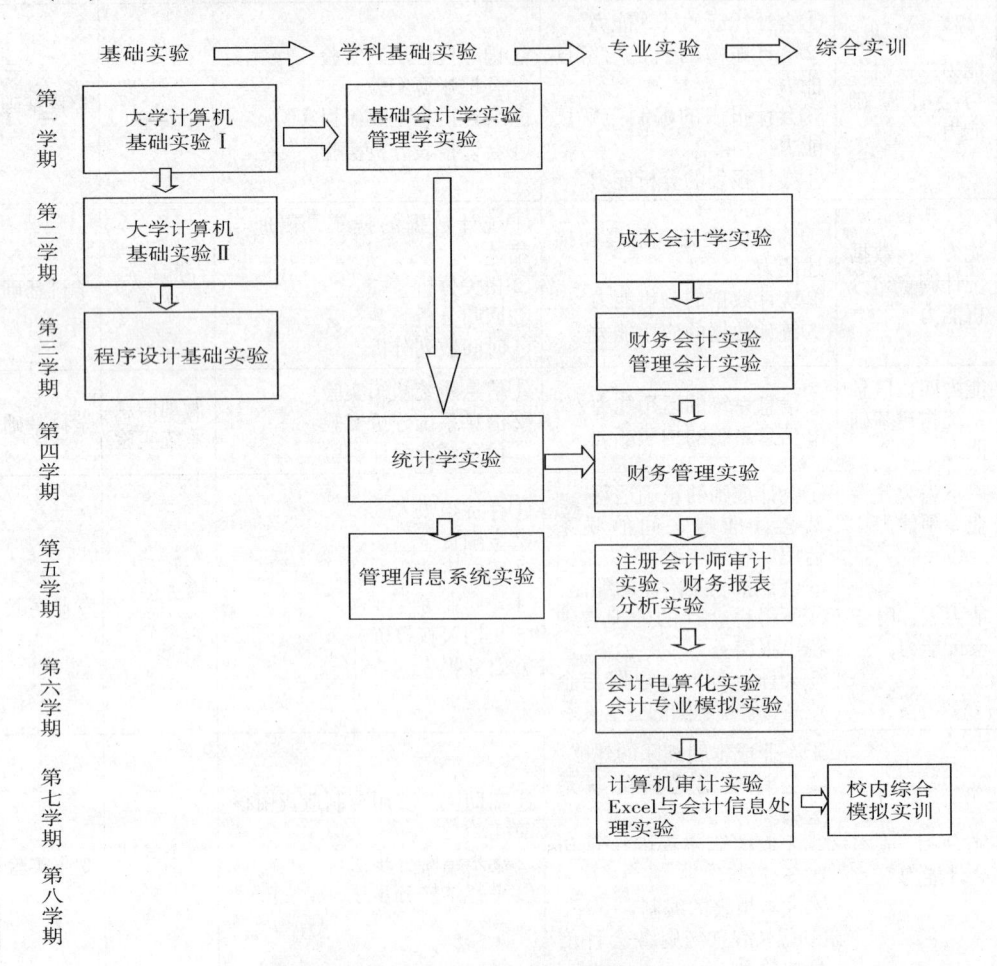

图16　会计学专业实验课程体系及教学安排

（二）实验具体安排

表3   会计学专业实验课程教学安排

课程类别	课程名称	学分	实践实验（上机）	开课学期	课程性质	开课学院
公共基础实验课程	毛泽东思想和中国特色社会主义理论体系概论（Ⅰ、Ⅱ）	6	16	3~4	必修	思想政治理论学院
	大学计算机基础实验Ⅰ	0.5	16	1	选修	计算机科学与信息工程学院
	大学计算机基础实验Ⅱ	0.5	16	2	必修	计算机科学与信息工程学院
	程序设计基础实验（VF）	1	32	3	必修	计算机科学与信息工程学院
	体育Ⅰ–Ⅳ	4	126	1~4	必修	体育学院
学科基础实验课程	管理学实验	0.5	16	1	必修	管理学院
	会计手工实验（基础会计实验）	0.5	16	1	必修	会计学院
	统计学实验	0.5	16	4	必修	数学与统计学院
	管理信息系统实验	0.5	16	5	必修	管理学院
	会计模拟实验	1	32	4	必修	会计学院
	财务会计实验	1	32	6	必修	会计学院
专业选修实验课程	成本会计实验	0.5	16	3	选修	会计学院
	证券投资学实验	2	16	5	选修	财政金融学院
	会计信息化实验	1	32	5	选修	会计学院
	注册会计师审计实验	0.5	16	5	选修	会计学院
	财务报表分析实验	1	32	6	选修	会计学院
	Excel与会计信息处理实验	1	32	6	选修	会计学院
	会计在线博弈实验	1	32	7	选修	会计学院
	公司财务制度设计实验	1	32	7	选修	会计学院

（项目负责人：陈煦江   项目组成员：章新蓉   陈永丽   刘淑蓉   赵青华   杨珂）

财务管理专业能力导向实验教学体系建设研究

重庆工商大学会计学院财务管理系

重庆工商大学是一所具有鲜明财经特色的多学科性大学，十分重视经管类专业学生实践技能培养。财务管理专业2002年开始招生，主要培养能适应21世纪社会经济发展的需要，德、智、体全面发展，具有创新能力、实践能力和自我发展能力的高素质应用型财务管理专门人才。

一、背景

自1998年国家教育部把财务管理列入工商管理学科下的专业目录以来，全国各高校围绕财务管理这一崭新专业的建设问题展开了广泛的研讨，其中的一个共识是：财务管理专业是一个对实践性要求很高的应用型学科，实验教学对财务管理专业人才的培养至关重要。

（一）财务管理专业实验教学的重要性

经过十余年的建设，各高校财务管理专业在诸多方面都取得了一定的进展，并都以实验教学体系的改革作为突破口，以期培养出既有扎实的理论知识又具备过硬实际操作能力的具有竞争力和独特个性的高素质财务管理专业人才。但时至今日，我国高校财务管理专业实验教学体系尚未形成一套完善的体系，很多高校财务管理专业实验教学体系基本上是以会计学专业实验课程为基础，经过微小调整后而制定的，造成财务管理专业毕业生缺乏应有的专业基本技能，尤其是缺乏岗位针对性的专业技能，毕业生就业困难。财务管理专业在很多方面不同于会计学专业，财务管理是一个综合性和交叉性较强的学科，融合了会计、金融和工商管理专业知识，在实验教学的内容和环节方面具有其自身特点，实验教学体系具有其独特性。因此，需要不断完善财务管理专业的实验教学体系，体现专业特色，突出能力导向，实现专业培养目标。

同时，实验教学与理论教学相辅相成，是当前的课程教学改革的重要方面和教学质量提高的重要途径。高校在开设经济管理类专业中继续采用传统的书本知识传授方式显然不够，必须注重培养学生的动手能力，必须让学生在学习阶段就进行大量的操作实践，以便培养出更多的经济管理类应用型人才。财务管理专业虽然已经设计了一系列的实验课程，但随着时间的推移，社会经济环境发生了相应的变化，一些实验课程和实验项目亟须更新和完善，以适应财务管理专业人才培养的要求。许多媒体报道了财务管理专业"一头冷、一头热"的从业现象：众多的财务管理专业毕业生找不到合适的工作，而许多用人单位又在埋怨招聘不到其所需的财务人员。这从某种程度上说明很多高校对财务管理专业的培养目标不明确，培养模式无特色，培养的人才不符合市场对其的能力要求。

（二）我校财务管理专业实验教学现状

重庆工商大学财务管理专业2002年开始招生，目前已为社会输送了800余名毕业生。会计学院财务管理系对该专业的培养方案屡次进行修正完善，尤其重视学生实验与实践技能的培养，实验师资、资料和设备等方面有了较大改观，2005年顺利通过了该专业的学士学位评审，其中的实验教学是评审的关键一环。

截至目前，财务管理专业共有专业课程教师21人。其中教授4人，副教授13人，高级职称占81%；博士（含在读3人）7人，硕士7人，研究生比例为66.7%；40岁以下的青年教师16人，占71.2%。教师中多数具有丰富的企业会计和理财实践经验，很多老师参与了学校与学院组织的各种实验培训（比如实验教学信息化培训、企业资源计划培训、用友软件培训等），是一支高职称、高学历、年富力强的实验师资队伍。

2009年，即在我校能力导向实验课程体系改革之初，财务管理专业的实验课程已经开设，并在培养方案中占有显著地位，在2 522个总学时（不含集中实践教学环节）中，实验课程课时为494个，占19.6%。财务管理专业开设的实验课主要有：基础实验类包括大学计算机基础Ⅰ实验、大学计算机基础Ⅱ实验、程序设计基础实验；学科基础实验类包括基础会计学实验、管理学实验、管理会计实验、统计学实验、管理信息系统实验；专业实验类包括成本会计学实验、财务管理实验、财务会计实验、财务电算化实验、审计学实验、财务报表分析实验、财务专业模拟实验、证券投资学实验、公司财务制度设计实验；综合实训类包括校内综合模拟实训等。在实验室建设上，建成了财务信息集成实验室和财务环境模拟企业资源计划（ERP）实验室两个专业实验室，另有会计手工实验室、广播电视实验室等也得到了充分利用。

尽管2009年本专业的实验实践课程在相关实验室都已开设，但整体看来，实验课的内容基本上都是配套相应的理论课来的，实验课成了理论课的附属品，或者称之为在实验室里继续完成理论课的作业，学生完成的实验报告也是千篇一律。这种实验课锻炼的也许是某些理论知识的应用技能，而不是综合应用技能，因而学生普遍感觉是实验课较为轻松，很好混，并无太高的积极性。事实上，由于综合性实验室和实践实习基地的缺乏，教师上实验实践课的积极性也很一般。

为此，我校经管实验教学中心在广泛调研的基础上吹响了实验课教学改革的号角，设计了"学科基础实验+专业基础实验+专业综合实验+学科综合实验+创新与创业实验"的五大实验模块，倡导实验课的能力层级培养和知识融合应用。财务管理系也根据这五大模块要求和财务管理专业的特点，构建了以能力培养为导向的实验教学课程体系，以提高学生分析问题和解决问题的能力，增强学生就业竞争力，使我校培养的财务管理专业人才具有明显特色，发挥后发优势。

二、专业能力需求调研

(一) 网络调研

1. 开设财务管理专业的高校和院系

在教育部1998年颁发的《普通高等学校本科专业目录和专业介绍》中，对原会计学、工商管理、金融学等专业进行调整的基础上新增设了财务管理专业。据中国教育在线（www.eol.cn）统计，时至今日已有424所高校（包括二级学院）开设了财务管理专业，仅重庆市就有重庆大学、重庆工商大学、重庆工商大学派斯学院、重庆工商大学融智学院、重庆理工大学、重庆师范大学涉外商贸学院等6所院校（不含高职高专院校）开设了该专业。

国外财务管理专业通常设在管理学下的金融院（系），国内一般设在经济学下的金融院（系）或设在管理学下的会计院（系）等。这说明国内的财务管理专业与会计学专业或多或少有着共性的一面，不少专家学者认为财务管理专业是"源于会计、高于会计"，即认为财务管理专业是在会计学专业的基础上延伸发展起来的。而事实上，财务管理专业应该属于"公司金融"，本质上是"微观金融"，这要求该专业人才的知识结构和应用能力与会计学专业有较大差别，自然该专业的实验课设置和能力培养也应该体现微观金融的特点。

表1　　　　　重点财经大学财务管理专业开设时间及归属院系

序 号	学校	开设时间	归属学院
1	上海财经大学	1989 年	会计学院
2	东北财经大学	1997 年	会计学院
3	中南财经政法大学	1999 年	会计学院
4	西南财经大学	1997 年	会计学院
5	中央财经大学	2003 年	会计学院
6	江西财经大学	/	会计学院
7	天津财经大学	2000 年	商学院

表2　　　　　重庆市各大学财务管理专业的开设时间及归属的院系

序 号	学校	开设时间	归属院系
1	重庆大学	/	建设管理与房地产学院
2	重庆理工大学	2001 年	会计学院
3	重庆工商大学	2002 年	会计学院
4	重庆工商大学派斯学院	2005 年	会计系
5	重庆工商大学融智学院	2005 年	会计系
6	重庆师范大学涉外商贸学院	/	管理学院

由表1可见，除了天津财经大学没有单独设立会计学院外，其他学校均在会计学院开设财务管理专业。表2的一个显著特点是重庆大学把该专业开设在建设管理与房

地产学院而不是经济与工商管理学院。

2. 各高校财务管理专业的实验课程设置

《普通高等学校本科专业目录和专业介绍》中已经明确财务管理专业的主干学科为经济学和工商管理，主要课程为管理学、微观经济学、宏观经济学、管理信息系统、统计学、会计学、财务管理、市场营销、经济法、中级财务管理、高级财务管理、商业银行经营管理等，这些都是财务管理专业本科生的必修课程。各高校财务管理专业的理论课程并无太大差别，下面介绍几所高校该专业的实验课程设置。

云南师范大学：财务管理专业实验课程分为实验、实习和实训三个部分。实验包括了手工模拟实验与电算模拟实验的双重实验课程及各个单项实验；实习包括专业实习四周（第六学期）和毕业实习八周（第八学期）；实训包括校内仿真环境下的实训、ERP"沙盘模拟"训练和实训单位的岗位实训。

四川师范大学：财务管理专业 ACCA（特许公认会计师）方向的实验课，以集中性实践环节为主，包括会计手工模拟实习（手工）、财务实习、金融实习、财务管理方案设计、毕业实习、学年论文、毕业论文等；案例分析、课程设计等实践教学环节含在专业课程之中。

江西财经大学：财务管理专业主要实践性教学环节包括实验教学（含实验、上机）、实习实训（含军训、课程实习、专业调查、毕业实习等）、论文（学年论文、毕业论文）、课外科研创新实践（含学科竞赛、学术论文、文艺作品、科研活动、创业活动、发明创造、校园文化活动、职业资格与技能训练、社会实践、社会工作等）。

常州工学院：财务管理专业实践性环节包括了专业实习、课程设计和毕业论文。其中课程设计采取了"模拟"和"课设"形式，具体包括基础会计课设、财务学原理课设、统计学课设、公司财务模拟、中级财务会计课设和公司理财综合模拟，共8学分，8周课时。

东北财经大学：财务管理专业有两个方向，一是财务管理专业资产评估方向（简称评估班），有专业模拟训练课，包括金融模拟和商务英语应用能力自主训练。二是普通方向（简称财管班），实践教学环节由军训（2学分）、"两课"课外实践（2学分）、计算机上机操作（2学分）、农村社会调查（1学分）、城市社会调查（1学分）、专业调查（1学分）、专题调查（1学分）、实验和实训（6学分）、毕业论文（6学分）等部分组成，共22学分，由学校和学院统一安排。在组织本专业的会计学、财务管理基础、公司理财、财务分析等课程的课堂教学过程中，需要在学校综合模拟实习室分别安排一定的实验教学内容。其他重点课程要安排专题讨论，并根据课程内容组织必要的社会调查；在学制内安排本专业学生在学校综合模拟实验室参加专业实验，共计6学分。此外，还组织学生到典型企业参观生产工艺过程，了解财务管理工作情况，并聘请有实践经验的同志到校进行专题介绍、现场指导或举办专题讲座。

（二）调查问卷

为了解市场对财务管理专业人才的能力需求以及本专业学生对实验实践课程的看法，我们进行了访谈和问卷，其中访谈主要是重庆工商大学财务管理专业学生，而问卷则包括了重庆市、武汉市、南京市的几所高校,比如重庆大学、重庆理工大学、华中科技大学等。

我们进行了5次学生座谈,了解的结果大致如下:①有些实验课的内容太少,主要是书本知识,真实企业的数据和案例较少,建议改进实验指导书的部分数据和案例;②老师最好在上实验课之前,讲解一下学生应该如何做实验,仅仅凭借实验指导书还是会有些不清楚的地方;③一些基础性实验(比如成本会计学实验)很有用,建议实验教学组织采取"项目组"的形式;④真正地进行社会实践和社会调查等,同学们都觉得很有用,但很多同学在实习时并不是顶岗实习,并没有天天去。找工作有时看机会,如果不挑剔,都能找到工作。

在"财务管理专业人才培养体系问卷"中,涉及了一些有关实验实践的相关内容(见表3),简单的统计分析如表4所示。

表3　　　　　　　财务管理专业的实验实践环节调查问卷

实验课的内容	仅仅是课本知识	课本+很少实务	课本+很多实务	全部是实务操作	没有实验课程
实验课与找工作的关系	相关性很强	相关性一般	相关性不大	没有什么关系	
实习效果	假实习,无效果	真实习,无效果	真实习,较有效	真实习,很有效	没有实习机会
实习单位安排	学院统一安排	学院负责安排	自己联系单位	其他	
学期平均讲座次数	10次以上	5~10次	3~5次	1~2次	0次
讲座者情况	多是名校教授	多是企业老总	多是本校教师	多是外国专家	其他

表4　　　　　　　财务管理专业的实验实践环节调查统计结果

实验课的内容	选择数	21	101	46	13	6
	百分比	11.23%	54.01%	24.60%	6.95%	3.21%
实验课与找工作的关系	选择数	88	57	28	5	0
	百分比	49.44%	32.02%	15.73%	2.81%	0.00%
实习效果	选择数	78	22	29	2	47
	百分比	43.82%	12.36%	16.29%	1.12%	26.40%
实习单位安排	选择数	48	28	70	24	0
	百分比	28.24%	16.47%	41.18%	14.12%	0.00%
学期平均讲座次数	选择数	8	11	55	82	27
	百分比	4.37%	6.01%	30.05%	44.81%	14.75%
讲座者情况	选择数	48	27	60	7	47
	百分比	25.40%	14.29%	31.75%	3.70%	24.87%

可以看出,目前实验课的内容还是偏向书本知识,实习效果也不理想。学生非常重视实验实践环节,并强烈感受到将来的就业好坏与自己的动手能力、实践能力强烈

相关。无独有偶，就"市场对财务管理专业的需求调查"结果来看，企业招聘财务人员有着多种目的，对财会人员的市场需求大多集中于成本管理、投资分析和会计实务等方面，并且首要目的在于企业成本控制和投资决策分析；就对财务人员的要求而言，几乎所有的企业都选择了"专业基础知识"选项；大多数企业都希望招聘的财务人员具有较强的财务分析能力和会计业务能力，并且尤其注重财务分析能力；大约50%的企业还选择了创新能力和交际能力。这说明财务管理专业毕业生不仅需要具备比较扎实的财会基础知识，并且要不断提高其财务分析、会计处理、沟通协作等各方面的能力，如表5所示。

表5　　　　　　　　　招聘财务人员的目的与要求（多选并排序）

招聘目的	投资分析	风险管理	成本管理	资金管理	会计实务	市场调研
选择总数	88	45	100	39	79	56
第一选择	32	6	24	26	11	4
能力要求	市场经济意识	专业基础知识	交流协作能力	财务分析能力	会计实务能力	创新思维能力
选择总数	9	101	67	89	82	46
第一选择	0	7	1	72	12	11

（三）其他高校实地考察

为更好地学习借鉴东部沿海发达地区兄弟院校的先进经验，会计学院财务管理系进行了多次外出调研，调研学校包括了山西财经大学会计学院、山东经济学院（山东财政学院）会计学院、广东外语外贸大学财经学院、广东商学院会计学院和广东金融学院会计系，财务管理专业的实验教学体系建设是其中调研的重要内容之一。

有关本专业实验教学的调研成果主要有：①广东金融学院开设"民生银行实验班"，与民生银行签约，包括了专业认知、毕业实习和提供就业等各方面；②广东商学院经管实验中心的特色化实验课程，设置了ERP、财务一体化、仿真综合实习等特色实验项目；③广东外语外贸大学利用自身师资开办ACCA实验班，强化师资培训，包括实验教师。

三、专业能力标准和体系

经过系列调研之后，财务管理系多次召开讨论会，就财务管理专业的实验教学体系进行修订。期间，学校经管实验中心管理分中心还就管理类专业的学科基础实验进行了专题讨论；学校还对本专业实验教学体系和实验要件的建设情况进行了中期检查，并提出了很好的修改意见。下面是修订后的本专业实验能力标准、实验课程体系及可能的实验课特色。

（一）财务管理专业实验能力标准和体系

项目组研究的财务管理专业实验体系如表6所示，其中包含了实验课程（项目）及相应的能力标准。由于财务管理专业从属于管理类专业，其学科基础实验与学校其他管理类专业学科基础实验完全一致。

表6　　　　能力导向的财务管理专业实验教学体系

能力类别	能力标准	实验项目	开课学期	实验课程	课程类别
计算机运用能力	①计算机的硬件组装能力 ②计算机的软件应用能力 ③一门语言的编程能力	略	1~3	大学计算机基础实验Ⅰ 大学计算机基础实验Ⅱ 程序设计基础实验	公共基础
会计基础能力	①会计凭证的处理能力 ②会计账簿的登记与解读能力 ③会计报表的编制与解读能力	①记账凭证填制实验 ②登记账簿实验 ③会计信息生成流程实验	1	会计手工实验	学科基础
管理基础能力	①决策能力 ②计划能力 ③领导与激励能力 ④组织设计能力	①决策过程分析（模拟商务决策） ②计划分析与制订演练 ③领导与激励的模拟演练 ④组织设计和调整练习	1	管理学实验	学科基础
成本管理能力	①成本记账、编制能力 ②成本分析能力 ③依据成本的财务决策能力	①混合成本分解 ②量本利分析 ③资金需要量预测 ④项目投资 ⑤财务预算	3	成本与管理会计实验	专业实验
数据统计调查与分析能力	①数据的搜集、整理和描述能力 ②统计数据的分析能力 ③统计数据的应用能力	①统计数据的搜集、整理与描述 ②相关分析 ③回归分析 ④时间数列分析	4	统计学实验	专业实验
财务决策能力	①掌握财务活动 ②财务决策方法 ③财务决策程序	①投资决策实验 ②筹资决策实验 ③营运决策实验 ④分配决策实验	4	公司财务模拟实验	专业主干
信息系统构建基础能力	①信息系统的运用能力 ②信息系统的构建能力	①信息系统认知实验 ②信息系统分析实验 ③信息系统设计实验	5	管理信息系统实验	学科基础
财务与会计软件应用能力	①常用财务软件的操作能力 ②常用财务软件的应用能力	见实验指导书	5	财务信息化实验	专业实验

表6(续)

能力类别	能力标准	实验项目	开课学期	实验课程	课程类别
证券投资决策能力	①证券投资的基本技巧 ②证券组合的决策能力	财政金融学院	5	证券投资学实验	专业实验
财务知识的单一应用能力	①审计的基本能力 ②公司报表分析能力 ③财务模型的构建能力 ④国际财务的相关决策能力	见实验指导书	5	注册会计师审计实验	专业实验
		见实验指导书	6	财务报表分析实验	专业实验
		见实验指导书	7	国际财务在线博弈	专业实验
		见实验指导书	6	财务模型分析与设计实验	专业实验
财务知识的综合运用能力	①公司财务制度的设计能力 ②ERP的综合运用能力 ③高尚情操的塑造	见实验指导书	7	公司财务制度设计实验	专业综合
		见实验指导书	6	财务专业模拟实验	专业综合
		见实验指导书	7	校内综合模拟实训	综合实训

(二) 财务管理专业实验教学体系的特色

表6列示的实验教学体系,在很大程度上体现了财务管理专业的内涵和特色,结合了市场需求和自身优势,能够培养和不断提高学生基本的动手操作能力、基础知识的应用能力、专业知识的综合运用能力、适应环境的创新和自我发展能力。这套体系具有以下几个鲜明的特色:

1. 能力培养的全面性与人才培养的复合型

本套财务管理学专业实验教学体系是基于四大能力的"四位一体"实验教学体系下进行的。其中,"四位一体"指 基本技能训练、专项能力实验、专业综合实验和创新能力实验一体的实验教学体系。四大能力为基本操作能力、专业应用能力、分析及解决问题能力和创新能力。本体系将财务与会计、金融、工商管理知识进行有机集成和整合,这就要求财务管理专业学生不仅要掌握好财务管理专业知识和技能,还要较好掌握会计、金融和工商管理基础知识和技能。在实验教学体系将其融会贯通,有利于应用型复合人才的培养。

2. 实验内容的综合性与创新性

根据应用型复合人才的培养特点,从数量和质量两个方面增强学生的实践能力。数量上,增加实践环节教学学时数;质量上,减少验证性实验比例,增加创新性、设计性和综合性实验比例,增加综合性实践环节学时数;改革某些实验内容,比如会计手工实验、国际财务在线博弈实验。

3. 实验数据的时效性和本土化

在实验资料与数据的安排方面，尽量选择时间最新、地域最近的资料或数据。比如财务报表分析实验，可以要求学生在分好组后，自己收集重庆市范围内的上市公司近三年或五年数据，进行相应分析。例如财务制度设计实验，选择一个创业板公司（或者中小企业板公司），设计该公司的财务机构和各种资产、收入和费用的管理制度等，全部需要最新的公司资料和相关数据。

4. 实验项目的开放性和高仿真

学校进行了开放性实验改革，财务管理系多名老师承担了开放实验教学任务。会计创新实验室的成立，尤其是中国股票市场交易数据库（CSMAR）和"在线博弈系统"的软硬件资源，使得很多特色实验项目得以构建。学校建立了专门的"经济管理创新创业实训基地"；会计学院也成立了学生担任总经理的"财务与会计咨询服务中心"，对外承接"代理记账"等业务。另有ERP沙盘模拟对抗实验、点钞大赛、管理决策模拟大赛等，具有很好的仿真效果。

5. 实验实践教学改革取得了多项成果

财务管理专业的老师们积极参与本专业实验课的教研教改活动，取得了较丰硕的实验成果。《财务管理学理论与实验教学资源》获得重庆市第六届优秀电教科研成果三等奖，《财务管理专业人才培养模式的创新实践——基于CIMA理念》获重庆市教育规划项目资助，《财务管理专业人才培养体系的构建与实践》和《财务管理专业实验教学课程体系建设研究与实践》获重庆市教改项目资助；《校企联合培养应用型会计专业人才模式的研究》和《会计学专业学历教育与国际职业资格教育相融合的AC-CA双语教学模式研究》等获学校教改项目资助。在这些实验教研项目的资助下，发表了多篇实验教学改革论文，并在2011年全国经济管理实验教学研讨会上进行了博弈实验项目教学演示。

四、实验课程安排和流程

（一）财务管理专业实验教学体系的安排

1. 实验课程在课程体系中的结构比例

表7　　实验课程在会计学专业课程体系中的结构比例

课程类别	总学时	实验课程学时	实验课程学时比例
学科基础课	512	64	12.50%
专业主干课	280	48	17.14%
专业选修课	568	144	25.35%
文化素质课	128	0	0.00%
合计	2 486	462	18.58%

2. 培养方案中的实验课程安排

表8　　　　　　　　　　　会计学专业实验课程教学安排

课程类别	课程名称	学分	实践实验	开课学期	课程性质	开课学院
公共基础实验课程	毛泽东思想和中国特色社会主义理论体系概论（Ⅰ、Ⅱ）	6	16	3~4	必修	思想政治理论学院
	大学计算机基础实验Ⅰ	0.5	16	1	选修	计算机学院
	大学计算机基础实验Ⅱ	0.5	16	2	必修	计算机学院
	程序设计基础实验（VF）	1	32	3	必修	计算机学院
	体育Ⅰ~Ⅳ	4	126	1~4	必修	体育学院
学科基础实验课程	管理学实验	0.5	16	1	必修	管理学院
	会计手工实验	0.5	16	1	必修	会计学院
	统计学实验	0.5	16	4	必修	数学与统计学院
	管理信息系统实验	0.5	16	5	必修	管理学院
	公司理财模拟实验	1	32	4	必修	会计学院
	财务报表分析实验	0.5	16	6	必修	会计学院
专业实验课程	成本与管理会计实验	0.5	16	3	选修	会计学院
	证券投资学	2	16	5	选修	财政金融学院
	财务信息化实验	1	32	5	选修	会计学院
	注册会计师审计实验	0.5	16	5	选修	会计学院
	财务管理专业模拟实验	1	32	6	选修	会计学院
	财务模型分析与设计实验	0.5	16	6	选修	会计学院
	国际财务在线博弈	1	32	7	选修	会计学院
	公司财务制度设计实验	1	32	7	选修	会计学院

（二）财务管理专业实验课程体系流程图

结合以上课程设计，财务管理专业的实验课程教学安排可以如图2所示。其中图2不含公共基础课程实验，公共基础实验有三门：大学计算机基础Ⅰ实验、大学计算机基础Ⅱ实验和程序设计基础实验，分别在第一、第二和第三学期开设。

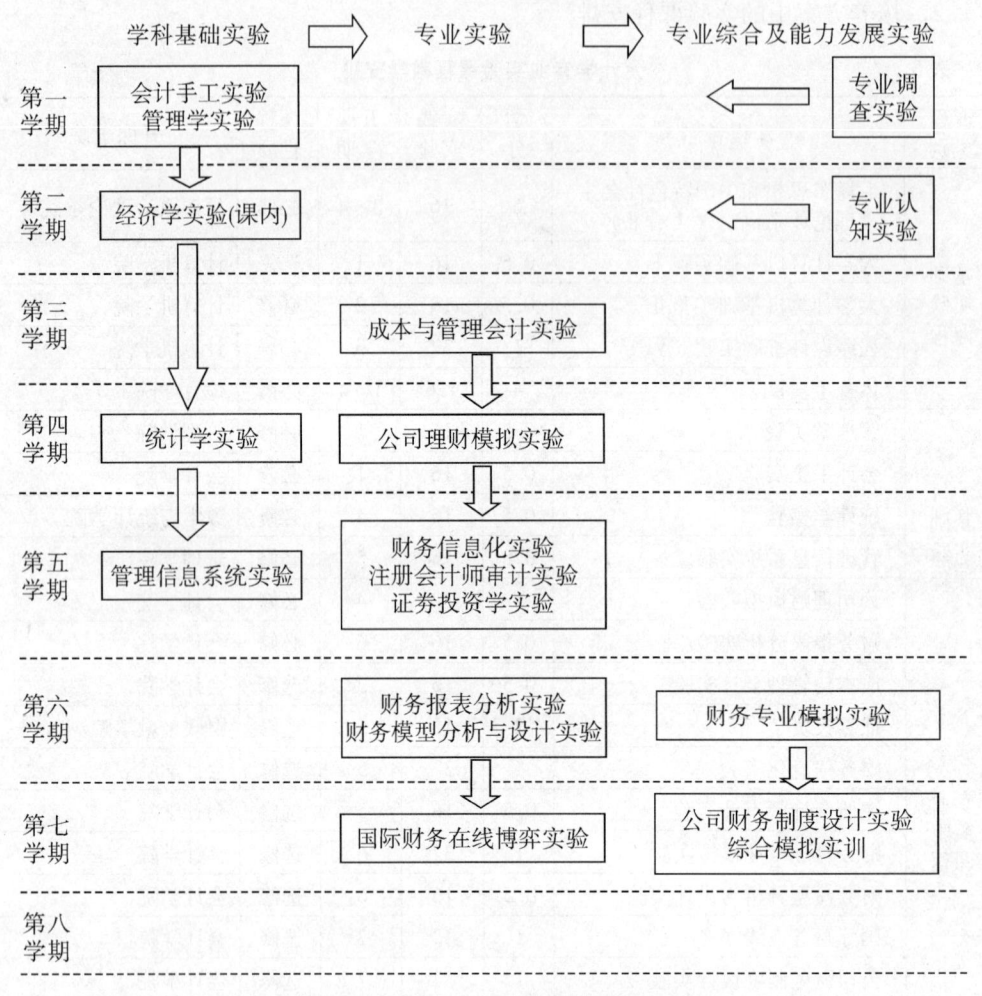

```
                学科基础实验  ⇒   专业实验    ⇒  专业综合及能力发展实验

第一           ┌─────────────┐                    ┌──────┐
学期           │会计手工实验 │          ⇐         │专业调│
               │管理学实验   │                    │查实验│
               └─────────────┘                    └──────┘
- - - - - - - - - - - - - - - - - - - - - - - - - - - - - - -
第二           ┌─────────────┐                    ┌──────┐
学期           │经济学实验(课内)│        ⇐         │专业认│
               └─────────────┘                    │知实验│
                                                  └──────┘
- - - - - - - - - - - - - - - - - - - - - - - - - - - - - - -
第三                          ┌─────────────────┐
学期                          │成本与管理会计实验│
                              └─────────────────┘
- - - - - - - - - - - - - - - - - - - - - - - - - - - - - - -
第四           ┌─────────────┐ ┌─────────────────┐
学期           │统计学实验   │ │公司理财模拟实验 │
               └─────────────┘ └─────────────────┘
- - - - - - - - - - - - - - - - - - - - - - - - - - - - - - -
第五           ┌─────────────┐ ┌─────────────────┐
学期           │管理信息系统 │ │财务信息化实验   │
               │实验         │ │注册会计师审计实验│
               └─────────────┘ │证券投资学实验   │
                               └─────────────────┘
- - - - - - - - - - - - - - - - - - - - - - - - - - - - - - -
第六                         ┌──────────────────┐ ┌────────────┐
学期                         │财务报表分析实验  │ │财务专业模拟│
                             │财务模型分析与设计│ │实验        │
                             │实验              │ └────────────┘
                             └──────────────────┘
- - - - - - - - - - - - - - - - - - - - - - - - - - - - - - -
第七                         ┌──────────────────┐ ┌────────────┐
学期                         │国际财务在线博弈  │ │公司财务制度│
                             │实验              │ │设计实验    │
                             └──────────────────┘ │综合模拟实训│
                                                  └────────────┘
- - - - - - - - - - - - - - - - - - - - - - - - - - - - - - -
第八
学期
- - - - - - - - - - - - - - - - - - - - - - - - - - - - - - -
```

图2 财务管理专业实验课程体系及教学安排

（项目负责人：黄辉 项目组成员：崔飚 潘龙萍）

土地资源管理专业能力导向
实验教学课程体系研究

重庆工商大学旅游与国土地资源学院国土与城乡规划系

一、前期调研报告

（一）专业办学特点

土地资源管理专业是以土地资源学、经济学、管理学、法学、系统科学为基础，以公共管理理论为核心，以空间信息技术为手段，多学科紧密联系的综合性专业。专业的综合性、交叉性和边缘性决定了土地资源管理专业人才的培养必须具有宽厚知识基础和较强综合能力。同时，土地资源管理专业又是实践性、应用性较强的专业，它所培养的人才要有较好的适应市场变化的能力。随着经济社会发展，土地资源管理在技术层面正在发生变化，如管理技术手段全面依托空间信息技术。这就要求高校在培养土地资源管理人才时必须与市场接轨，培养既懂理论知识又懂实际操作的人才。而当前土地资源管理专业实践教学存在目标不明确、教学内容不清晰、课时占比小、教学环节分散、组织管理不完善、经费比较薄弱等问题。毫无疑问，人才培养的新要求对土地资源管理专业教学提出新挑战。为此，在总结经验的基础上，根据教学实践过程中存在问题，对现有实验教学体系、教学模式进行改革和创新显得十分必要。

（二）实验课程开设的必要性分析

人地矛盾日趋严重、国家"数字国土"工程建设稳步推进、土地资源信息化管理日趋普及，迫切需要大量掌握土地信息化技术的专门人才，这就对土地资源管理实验教学提出了新要求。

实验教学是实践教学重要组成部分，是强化理论教学、实现知识融合、培养综合能力的重要基础和平台。土地资源管理流程化、复杂化、信息化趋势对专业教育也提出了越来越多要求。长期以来，土地资源管理专业教学中涉及的地图学、地理信息系统、遥感原理与应用、地籍管理、土地利用总体规划等实务课程的教学大都以课堂讲授为主，以教师为中心，师生之间缺乏交流，学生很少接触到实际的工作环境，易造成理论教学与实践脱节、职业适应期长等诸多问题。为促进我校土地资源管理专业顺利发展，形成办学特色，项目组调研其他高校本专业实践课程建设情况，并科学分析其实验教学建设目标、原则、课程体系、师资队伍等，为我校土地资源管理专业实验教学课程建设提供借鉴。

(三) 其他高校课程的设置

我国土地资源管理专业是1998年教育部普通高校本科专业调整中基于土地规划专业(1956年)及土地管理专业(1985年)合并而来，现已在全国130余所大专院校设立。受师资、教学条件等的影响，当前国内院校土地资源管理专业在人才培养目标定位、培养方式、教学模式方面存在差异，各具特色。如中国农业大学在土壤农化专业基础上设立土地资源管理专业，其教学与研究重点在于土地的资源特性和合理利用上；南京农业大学在农业经济管理专业基础上开办土地资源管理专业，其教学与研究重点在于土地资源经济特性、优化配置及管理；武汉大学在测绘专业基础上开办土地资源管理专业，其教学与研究重点在于土地信息技术及其应用。

重庆工商大学土地资源管理专业是依托学校浓郁经管学科背景，结合资源环境与城乡规划管理专业办学实践及经济社会对人才的需求开办的。专业依托经济、管理、资源环境等相关专业，强化土地资源管理专业中的土地评价与规划、土地整理复垦、土地信息技术等技术性课程，着力探索理论素能培养与实践技能提升并重的教学模式，办出土地资源管理专业的财经类特色。土地资源管理实际工作中涉及四种管理手段，即经济手段、法律手段、行政手段和技术手段，前三种手段必须与技术手段相结合才能起作用。所谓技术手段主要指土地信息技术。土地信息技术是利用测量与制图、计算机、网络、3S（GIS、GPS、RS）等现代技术解决土地资源管理的信息化、科学化、规范化。

目前，土地资源管理专业的办学格局具有相当的开放性，农业院校、综合性大学、师范类院校、工科院校等各种类型的学校都在不同专业背景的基础上开办了土地资源管理专业。除中国农业大学、南京农业大学、武汉大学、中国地质大学等大学外，其他院校的土地资源管理专业少有自身特色，大多有着一种"趋同性"。

随着土地资源管理事业日益重要，全国已有130余所院校创办了土地资源管理专业。在不同类型的高校，土地资源管理学科的生长点不一样、目标定位有所不同，反映在实践实验教学方面差异也较大（见表1）。

如表1所示，虽然全国有土地资源管理专业的高等院校所设置的集中实践课程都是必修课，但其课程教学时间存在较大差异，普遍存在以工学为学科生长点的院校实践必修课设置时间较长，都在30周以上，毕业时授予工学学位；以管理学为学科生长点的院校实践必修课设置时间较短，在20～30周之间，毕业时授予管理学学位。由此可见，授予工学学位的院校更强调学生实践能力的培养。在实践必修课程的内容设置上也存在差异、各具特色。具体分析见表1。

表1　　　　　　　部分代表性院校土地资源管理专业实践课程比较

专业特点	院校类型	典型院校	主要实践内容	总学时（周）	主要特征
土壤学	农业类院校土壤学科	中国农业大学	测量及地籍测量实习（2周）；土地资源调查评价实习（2周）；不动产估价与经营实习（1周）；乡村景观规划实习（5周）；土地利用规划实习（2周）；地质地貌学实习（1周）；城市规划实习（5周）；毕业综合实习（4周）；毕业论文（14周）	36	实习内容广泛，包含测量、地质、土地调查评价、不动产估价等，规划方面的实习有特色、成系列。
管理学	综合性院校农业经济学科	中国人民大学	年级论文（2学分）；学年论文（2学分）；社会调查、专业实习（4学分）；毕业论文（4学分）	12	实践课程突出社会调查实习，有文科的特色。
管理学	农业类院校农业经济学科	南京农业大学	测量与地籍测量实习（2周）；地籍管理与地籍信息系统实习（1周）；土地规划实习（1周）；毕业实习（6个月）	28	突出地籍管理的实习，毕业实习占的比重高，达24周。
工学	地质类院校测量、地质学科	中国地质大学	北戴河地质实习（2周）；测量实习（1周）；地籍测量实习（5周）；土地软件综合实习（4周）；土地调查实习（6周）；土地利用规划实习（3周）；毕业论文（12周）	33	突出土地软件综合实习相结合，强调土地资源管理知识与信息技术的并重。
工学	综合类院校测量学科	武汉大学	数字测图实习（4周）；遥感技术与应用课程设计（1周）；地籍测量学课程设计（5周）；土地信息系统课程设计（3周）；土地评价课程设计（4周）；土地利用规划课程设计（4周）；毕业综合实习（4周）；毕业设计（14周）	39	偏重于测量及信息技术在土地管理中的应用实习，强调课程设计。

注：资料来自于黄勤、吴克宇的《土地资源管理专业本科生实践教学探讨》，载于《中国地质教育》2005年第3期。

二、实验教学体系构建

（一）专业的培养目标与教学特色

1. 培养目标

以"培养基础扎实、知识面广、创新精神和实践能力强的高素质应用型高级专门人才"为目标，遵循"宽口径、重应用"基本原则，不断优化课程体系，强化实习、实训和实验课程体系，增加选修课程，不断提高学生自主学习的能力；合理使用多媒体与网络辅助教学，激发学生的创造性思维和创新精神；积极拓展学生第二课堂，鼓励学生参加各种学术活动，支持学生的创新行为。本专业培养具备现代管理学、经济学及资源学理论的应用型、复合型高级专业人才。要求掌握土地管理方面的基础知识，具有测量、制图、计算机等基本技能，能在国土、城建、农业、房地产以及相关领域从事土地调查、土地利用规划、地籍管理及土地管理政策法规方面工作。

（1）思想政治素质：热爱祖国，热爱人民，坚持四项基本原则，有为国家富强、民族昌盛而奋斗的志向和责任感，具有良好的思想品德、社会公德和职业道德。

（2）专业技能素质：具备管理学、经济学及资源学的基本理论；掌握土地调查、土地评估、土地整理、土地利用规划、地籍管理、土地信息系统应用及土地开发经营的技术；具有土地利用与管理方面的基本能力；熟悉国家有关土地利用与管理及可持续发展方面的有关方针、政策和法规；了解社会经济发展过程中土地利用与管理的发展动态；掌握文献检索、资料查询的基本方法；具有初步的科学研究和实际工作能力。

（3）文化素质：具有一定的人文社会科学和自然科学基本理论；掌握一门外语，具有较强的听、说、读、写、译等方面的应用能力；具有良好的处理公共关系和人际沟通的能力。

（4）身体素质：达到国家规定的大学生体育锻炼合格标准。

2. 教学方法

（1）课堂教学：实施以学生为主体的启发式、讨论式、案例分析、情景模拟等形式多样的教学方法，以课堂讲授为主，以讨论、参观、社会实践等其他形式为辅，理论教学与实验教学并重。

（2）课外教学：课外教学主要指第二课堂。本专业鼓励课外教学，并将课堂教学与课外教学有机结合，形成完整体系；另外充分发挥"班导师"作用，切实开展"36182"工程，鼓励学生参与教师科研活动。

（3）业务实习：本专业应用性、实践性极强，业务实习十分重要。学校应系统安排社会实践、专业见习、毕业实习并制定相应保障措施。

（二）实验教学体系的思路

实验教学体系是由实验教学的目标、内容、形式、管理、条件构成的完整体系。土地资源管理专业实验教学体系设置既要结合专业的特点，又要结合经济社会对人才需求及自身办学优势，坚持实验教学与理论教学并重，以优化实验培养过程为目标，以强化学生能力培养为根本，以基础实验、专业实验、综合实验三个阶段为递进顺序，以课程实验、课程设计、课程论文、教学实习、生产实习、科研训练和毕业实习（设计）系列为主要内容，围绕一个中心，建立五个实验教学系统，以六大保障措施作为支撑，建立全过程实验、全过程质量监控的实验教学体系构架。

"一个中心"是指以提高学生综合素质为中心，具体而言就是以学生的需求为中心、以学生的能力拓展为中心、以学生的知识结构为中心。以学生的需求为中心，就是要以提高学生技能为目标设计教学进程，提供服务支持。学生在学习中，不仅希望理论水平有所提高，还要求专业技能上有所收获。因此，在课程设置、教学内容的选取上都应该突出实验教学的地位，尽量结合土地资源管理生产实际开展实验教学，把学生需要的、想学的技能教给学生。以学生的能力拓展为中心，就是在实验教学过程中给学生传授新技术、培养学生执业能力和技术拓展能力。

土地资源管理专业实验教学必须掌握土地管理技术发展的方向，紧随时代潮流，为学生提供最前沿的技术引导，使学生能够承受现代社会竞争的压力，提高自己对技术发展的适应能力。现代社会是终身化学习的社会，学生在学校的学习却是阶段性的，因此，土地资源管理专业实验教学中除了培养学生执业能力外，还应注重技术拓展能力和创新能力培养，以满足学生毕业后自主学习的需要，以适应不断出现的新技术变化。以学生的知识结构为中心是因为土地资源管理专业是一门交叉性边缘学科，涉及学科门类多，并且随着学生的基础知识、未来兴趣，需要呈现多样化、广泛化的特征，我们必须根据实验教学的不同课题为他们选配合适的指导教师，以满足学生需要，使学生的知识结构呈现多元化发展。

"五个系统"主要是从实验教学的内容设计上考虑，包括学科基础实验、专业基础实验、专业综合实验、学科综合实验、创新创业实验五个层次，每个层次之间互相呼应、相互衔接。

"六大保障措施"是从实验教学的程序上来思考，主要包括实验教学计划保障、管理与制度保障、实验基础平台保障、实验经费保障、师资保障和教材保障。

"全过程实验"是从实验教学的时间设计上考虑，将实验教学贯穿到整个学习过程中，让学生在校期间不间断参加实践。以往在实验教学中存在一种模糊的认识，认为只有到实验室才能搞好实验教学。事实上，真正的实验教学应当是一个从学生入学到毕业的一个完整的过程。

"全过程质量监控"是从实验教学的质量上考虑的。全过程质量监控是以提高学生的实践能力为核心，以师生共同参与为基础设置的监控，其目的是保证实验教学全过程围绕教学质量目标循序渐进地开展各项活动。全过程质量监控是对影响实验教学质量的全过程和各种因素进行全面、系统的管理，其突出特点是全程性、服务性和持续性。

构建和完善与公共基础课、专业基础课、专业主干课等理论课相辅相成、层级递进的实验课程教学体系，将实验教学贯彻到学生的整个培养过程，使枯燥的知识与鲜活的实际土地利用相联系，加深学生对专业知识的理解和掌握。具体要通过各专业课程的课间实习教学以及地质认识实习、土地利用规划实习教学、土地资源管理软件综合应用、土地调查综合实践、土地资源遥感应用等相互衔接、层级推进的特色实践环节，增强学生实践技能，拓宽学生知识广度，为学生适应社会、充分就业奠定良好的基础。

（三）实验课程的体系规划与构建

根据土地资源管理专业学科"综合性、区域性和应用性"的特点，在实验教学体系建设上，构建符合学科特点、兼顾学习规律的"基础性—综合性—实践性—创新性"逐步提高的实验课程体系，实行"厚基础、多实践、强创新、全开放"的实验教学体系。为此，分别建立了基础实习、专业实习、野外综合实习、研究性的实验教学平台。

1. 建设内容

实践性教学过程在完成从单科性向综合性，从认识性、继承性向研究性，从验证向创新，从灌输式向启发式、讨论式，从传统向高科技的思想观念和方法转变的基础上，突出以学生为主体，全面改造实验性教学环节的教学方法和方式，实现知、辩、行的全面训练，培养学生的基本素质和综合思维，激发创新精神，具体内容包括：

（1）在已有实验性教学改革的基础上，统筹本科四年的不同阶段、不同课程的教学内容和计划，构建课堂教学与实验教学内容协调配置、时间穿插的、循序渐进的实验性教学新体系，完善本科实验教学环节；

（2）建设部分理论课程室内实验和课间野外实验教学的模式；

（3）发挥学科优势，实现科研资源向教育资源的转化，完成不同年级、不同实验教学基地的教学内容建设和教材建设；

（4）探索实验教学认识—技术方法—多学科综合思维与创新的实验—研究性实验—创新性实验的循序渐进的实验教学方式、方法；

（5）建立数字土地科学实验室，在实现硬件和软件建设的基础上，将开发的新技术、新方法与传统的行之有效的土地资源管理方法密切结合，形成便于操作的研究方法；

（6）建立与实验性教学体系配合的、科学、自律的管理体制；

（7）在实验教学过程中，加强人文素质培养，增强相互协作的团队精神，形成既有严谨的学习风气，又有集体性与个性共存、生动活泼的人文环境。

2. 实验教学体系设计

充分利用重庆工商大学所处的地域优势和学科优势，构建贯穿本科教育全过程，在教学上循序渐进，在教学内容上密切协调，在实验教学的地域上相互关联的特色鲜明、科学合理的认知、方法、研究、素质培养和新技术、新方法与传统方法结合，多学科交叉融合的实验教学体系，实施与之配套的行之有效的科学管理。实现宽口径、高素质、具有创新精神的土地资源管理基础人才的培养。

实现实验教学的上述目标，必须实现下述转变：

从验证性到设计性的转变：改变长期以来，主干课程的实验教学环节大多仅仅是针对理论教学过程中的相关知识进行验证性实习的传统习惯，实施课程内部各知识点的相互融通，完成实验教学目标下的过程和方式的自我设计。

从单科性到综合性的转变：通过实施以跨构造单元的区域土地资源管理调研和多学科的交叉综合分析研究、探讨教学实习区的区域土地资源管理特征及其形成演化，使学生经历不同单科性知识自然融汇的综合性实验教学训练。

从认识性、继承性到研究性、创新性的转变：针对实验中存在的问题和学生感兴趣的问题，立项进行专题研究，使学生经受选题立项，收集相关土地资源管理资料和研究技术方法资料，开展研究工作（包括测试、分析），总结撰写论文的完整训练，达到由传承向独立研究与创新的转变。

从传统土地资源管理方法到新技术方法与传统方法结合的转变：将新技术、新方法实质性的纳入实验教学体系，在野外实验过程中，以新技术（GPS、数码相机、笔记本电脑）和传统技术方法结合的方式，完成土地资源管理工作，全面提高学生的野外工作和研究能力。

从灌输式到启发、讨论式实验教学的转变：改变过去习以为常的灌输—认知—验证的传统教学模式，在教学全过程中始终贯穿以学生为主体，采用能够激发学生主动性、独立思考、创造性思维的讨论式教学模式。

3. 实验教学内容

教学内容已基本实现层次化。原则上，每门实验课程的教学内容都包含了基本（必做）和综合创新性实验，具体体现为：

（1）在一些实验课中，设置一部分基本的、必做的实验项目，以满足基本的教学要求，同时还设置了一部分拓宽与提高的选做的实验项目，为学生的自主研究与发挥留有足够的空间，以满足部分学生兴趣特长和个性发展的需求，促进创新人才的成长。

（2）在另一些实验课中，在设计单个项目的实验内容时，既设置基本的、必做的实验内容，又设置拓宽与提高的选做的实验内容。

（3）年级综合性的实验项目中，大部分以选做项目为实验内容，即从一开始就要求学生自主选择项目，而其中既有基本的、必做的内容，又有可以自主拓宽和提高的选做内容，学生研究和创新的余地更大。

4. 实验教学体系考核方法

考核和成绩评定方法以具有激励性为基本要求，使考核成为激励学生进取性和创新发挥的手段。

（1）只完成基本必做实验的成绩为及格或中等，同时完成部分拓宽或提高实验的，才有可能获得良好或优秀的成绩，具体根据完成实验的数量、难度和创新性而定。

（2）改变以往主要以实验报告评定成绩的做法，实行对实验全过程，包括对预习、实验过程、实验报告等各个环节的考核。只有在各个环节上表现出色的学生，才有可能进入良好或优秀的行列。

5. 实验教学体系框架

根据土地资源管理专业课程体系与培养目标，可将专业实验课分为3个层次，即基础课程实验、专业课程实验、综合提高实验，形成由低到高，从基础到前沿，从基本技能训练到综合能力培养的4年不间断的多级实验教学体系。

（1）基础课程实验

基础课程实验针对一、二年级的基础课程开设。大多数基础课程实验由其他院系教师负责教学，如土壤地理学、地质地貌学、计算机语言实验（C语言、Visual Foxpro）、工程测量实验、多媒体技术（Photoshop、Flash）、办公软件的使用实验（Office系列）等，本专业教师可在实验内容上给予一定的建议，使学生获得扎实的基础知识，具备初步的实践能力。

（2）专业课程实验

专业课程实验针对二年级下学期以后的专业课与专业基础课开设，主要包括地图学实验、遥感数字图像处理、地理信息系统、AutoCAD软件应用、遥感图像解译实际操作等实验，目的是让学生掌握专业知识，了解土地信息化管理的基本要求。

（3）综合提高实验

综合提高实验是在三年级下学期开设的综合实践能力提高型课程实验，主要包括地籍管理、土地利用总体规划、城市规划、基准土地评估报告撰写等，目的是培养学生综合运用知识的能力，从职业层面考虑未来人才市场的需求，也为学生进入社会做好准备。

（四）能力指标体系构建

通过课程的设置，可以为专业能力的提升起到重要的作用，该专业的能力体系构建指标如下：

表2　　　　　　　　　　土地资源管理专业基础能力指标体系

能力类别	能力标准	实验项目	实验课程	课程类别
能力一：土地资源管理基础能力	①决策能力 ②计划能力 ③领导与激励能力 ④组织设计能力	①决策过程分析（模拟商务决策） ②计划分析与制订演练 ③领导与激励的模拟演练 ④组织设计和调整练习	管理学实验	学科基础
能力二：土地经济基础能力	①土地经济的数据处理能力 ②土地的登记与解读能力 ③土地经济的编制与解读能力 ④土地经济的分析能力	①记账凭证填制实验 ②登记账簿实验 ③会计信息生成流程实验 ④会计报表分析实验	建设项目投资预算	专业基础
能力三：土地统计调查与分析能力	①地理数据的搜集、整理和描述能力 ②地理数据的分析能力 ③地理数据的应用能力	①统计数据的搜集、整理与描述 ②相关分析 ③回归分析 ④时间数列分析	土地学实验	专业基础
能力四：信息系统构建基础能力	①地理信息系统的运用能力 ②地理信息系统的构建能力	①信息系统认知实验 ②信息系统分析实验 ③信息系统设计实验	地理信息系统实验	专业基础
能力五：土地管理理论分析能力	①土地行政管理能力 ②土地资源管理能力	①土地资源管理决策实验 ②土地征用管理实验 ③土地市场管理实验	土地管理实验	专业基础

基于能力，形成土地资源管理专业能力导向实验教学课程体系（见图1）。

基础实验 ⇒ 学科基础实验 ⇒ 专业实验 ⇒ 综合实训

第一学期：大学计算机基础实验Ⅰ｜管理学实验

第二学期：大学计算机基础实验Ⅱ → 会计学实验｜地图学与测量学实验

第三学期：程序设计基础实验(VF) ⇒ 公共行政学实验｜计算机制图

第四学期：地理信息系统实验 遥感基础与应用实验

第五学期：公共政策学实验 → 土地利用规划实验 城市规划实验 土地评价实验 不动产估价实验

第六学期：建设项目投资概算实验

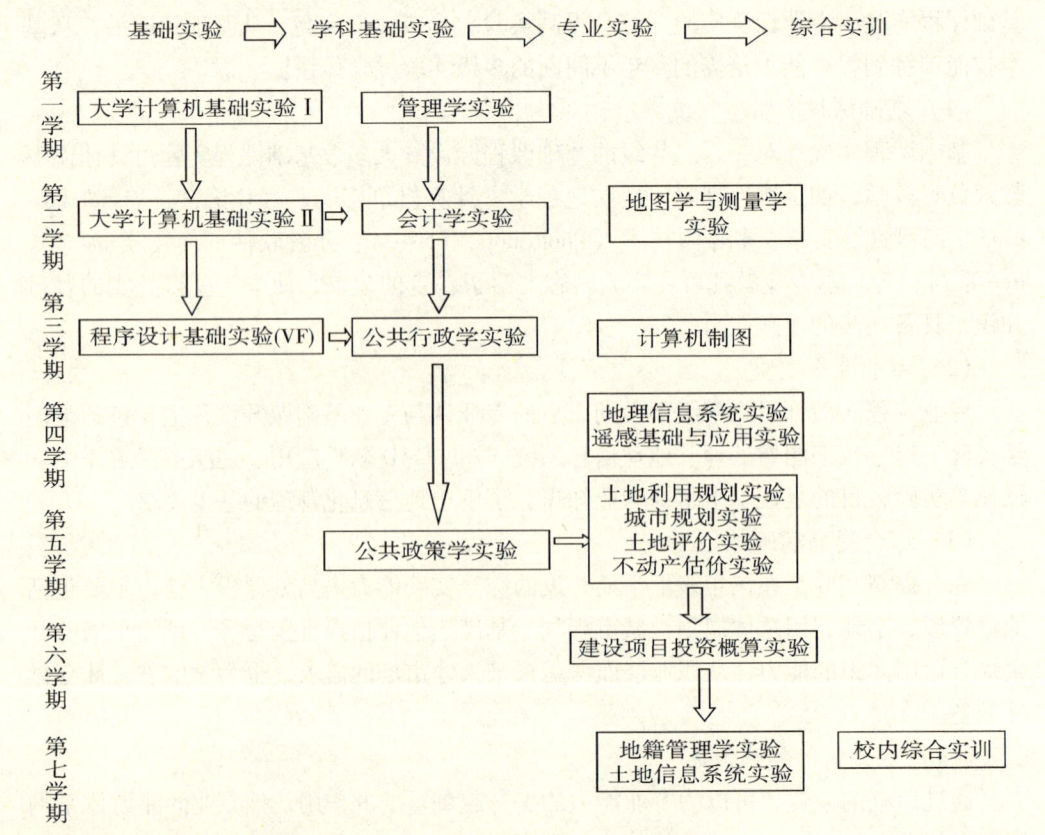

第七学期：地籍管理学实验 土地信息系统实验｜校内综合实训

图1　土地管理专业实验课程体系

三、实验教学体系有效执行的手段

（一）构建科学合理的实验模式

根据社会主义市场经济发展和高等教育改革的需要，研究现代信息社会对人才知识、能力、素质结构的要求，进一步研究社会主义市场经济对土地资源管理专业人才培养规格的要求，构造具有时代特征，融传授知识、培养能力与提高素质为一体的人才培养模式。积极拓展专业口径，加强对学生的素质教育，大胆探索，潜心研究。密切关注国内外相关研究的前沿动态，充分吸收和借鉴现代科技和本学科发展的最新成果，不断更新教学内容，改进教学方法，改革教学手段，提高人才培养质量。制定实验课程建设规划，切实加强各门课程建设，以课程评估为手段，推动课程建设的规范化。通过修订教学大纲，完善教材、教辅资料，改进教学方法，应用现代化教学手段，使土地资源管理专业课程教学质量不断提高。

（二）教学环节考核办法

土地资源管理专业积极探索实验考核方式的改革，根据实验教学的特点，以有利于激发学生实验兴趣，提高实验能力为目的，确定实验考核方法，主要分为课程实验考核和实验课程考核。

1. 课程实验成绩由该课程各个实验项目的成绩综合而成。
2. 课程实验成绩一般占课程总成绩的 10%～30%，具体比例由有关教研室和实验室视实验项目情况确定。
3. 各实验项目的成绩评定主要依据学生实验前的预习、实验过程中的操作、实验结果、实验报告和对实验数据处理的能力，并结合其实验态度和遵守实验室规章制度等方面进行综合评定，将成绩记载在实验报告上。具体成绩评定办法见表3。
4. 每个实验项目需保留完整的实验报告（属于计算机操作的应保留一定形式的电子文件或纸质材料）。实验报告由实验指导教师认真批改、签名、评分登记，并给出评语。
5. 学期期末，任课教师将实验报告、实验成绩记录表等材料交教学办公室。

表3　　　　土地资源管理实验教学课程实验成绩评定表

指标	指标内涵	分值
实验态度 （10分）	1. 实验态度端正	4
	2. 按时完成实验，无迟到、缺课现象	6
实验准备 （15分）	1. 对实验内容充分预习	5
	2. 对实验原理和实验目的清楚，对实验内容反映该学科的知识结构有一定了解	5
	3. 了解实验方法，了解仪器设备名称及其基本构造	5

表3(续)

指标	指标内涵	分值
实验过程 (50分)	1. 熟练掌握仪器设备的操作使用方法	10
	2. 实验过程规范,按照实验步骤和方法进行操作,对实验内容和操作熟练掌握	10
	3. 做好实验原始记录,实验过程记录完整,实验数据记录准确	10
	4. 对实验数据进行分析,验证实验数据的有效性,掌握实验完成情况,达到实验目的的基本要求	10
	5. 独立完成实验,鼓励和支持学生提出与本次实验要求不同的实验方法,加强综合性、设计性实验训练	10
实验报告 (20分)	1. 认真完成实验报告,格式符合要求	5
	2. 内容完整,对实验原理和实验方法阐述准确	5
	3. 数据处理准确(含误差分析)、图表完整	5
	4. 对问题分析合理,结论准确	5
遵守制度 (5分)	遵守实验室各项规章制度,注意卫生,爱护实验室环境	5

实验成绩考核方法见表4,具体分配比例为:平时考核占50%(实验态度5%、实验准备10%、实验操作20%、实验结果10%、实验报告10%),期末实验考核占50%(实验技能考核30%、实验报告20%)。建立了"平时成绩记分簿",学生实验成绩采用实验项目管理,一门实验课中只要有一个项目旷课,即取消该门实验成绩,只有补修该实验项目后,才可评定成绩。

表4　　　　土地资源管理实验教学实验课程成绩考核表

	指标	指标内涵	分值
平时考核 (50分)	实验态度 (5分)	1. 实验态度端正	2
		2. 按时完成实验,无迟到、缺课现象	3
	实验准备 (10分)	1. 对实验内容充分预习	2
		2. 对实验原理和实验目的清楚,对实验内容反映该学科的知识结构有一定了解	5
		3. 了解实验方法,了解仪器设备名称及其基本构造	3
	实验操作 (20分)	1. 熟练掌握仪器设备的操作使用方法	2
		2. 实验过程规范,按照实验步骤和方法进行操作,对实验内容和操作熟练掌握	5
		3. 做好实验原始记录,实验过程记录完整,实验数据记录准确	5
		4. 对实验数据进行分析,验证实验数据的有效性,掌握实验完成情况,达到实验目的的基本要求	5
		5. 独立完成实验	3
	实验报告 (10分)	1. 认真完成实验报告,格式符合要求	2
		2. 内容完整,对实验原理和实验方法阐述准确	3
		3. 数据处理准确(含误差分析)、图表完整	3
		4. 对问题分析合理,结论准确	2
	遵守制度 (5分)	遵守实验室各项规章制度,注意卫生,爱护实验室环境	5

表4(续)

指标		指标内涵	分值
期末实验考核（50分）	实验技能考核（30分）	1. 熟练掌握仪器设备的操作使用方法	2
		2. 实验过程规范，按照实验步骤和方法进行操作，对实验内容和操作熟练掌握	3
		3. 做好实验原始记录，实验过程记录完整，实验数据记录准确	10
		4. 对实验数据进行分析，验证实验数据的有效性，掌握实验完成情况，达到实验目的的基本要求	10
		5. 独立完成实验	5
	实验报告（20分）	1. 认真完成实验报告，格式符合要求	4
		2. 内容完整，对实验原理和实验方法阐述准确	6
		3. 数据处理准确（含误差分析）、图表完整	6
		4. 对问题分析合理，结论准确	4

在课程研究性教学改革过程中，我们注重改变以往以验证为目的的课程教学内容，培养学生全新的土地资源管理观、综合分析问题及创新性能力，加强新思维、新技术和新方法在课程教学中的应用，建立特色鲜明、科学合理、循序渐进的课程教学新体系，全面体现研究性教学课程的设计性、综合性及创新性。由于不同课程内容的差异，我们以课程的性质为依据，建立了具有特色的研究性课程教学模式。

（1）基础平台实验课程

土地资源管理类的课程多是以实践性、经验性为主，以往传统的土地资源管理类课程的教学多是以观察为主，以达到理解课堂中理论的阐述和验证课程中形态的描述，即以验证为教学的主要内容。根据土地资源管理类课程的特点，我们因课制宜，努力寻求有效的方法让学生在课程学习中获得良好的感性认识，消化理论知识，并体现课程教学的设计性、综合性及研究性。

在课程研究性教学改革过程中，普遍采用结合课程内容进行综合教学，通过资料阅读，由教师引导，学生自行提出问题，自行设计解决问题的技术途径，达到提高学生分析问题、解决问题能力之目的，完成自我设计、自我解决的综合性、设计性、研究性教学过程。

（2）特色选修实验课程

重视实验技术研究、实验项目选择、实验方案设计有利于激发学生科学思维和创新意识，改进实验教学方法，建立以学生为中心的实验教学模式，形成以自主式、合作式、研究式为主的学习方式。对于本科高年级学生的选修课程，由于学生已有较好的土地资源管理基础知识，因此具备很好的实施研究性教学改革的条件。比如，在遥感与地学应用课程教学过程中，我们就充分利用教育部遥感与GIS土地资源管理应用创新平台优良的教学科研平台，大力度地推行研究性教学改革。空间信息是20世纪60年代兴起的一个新的研究领域，近年来随着人类居住环境问题日益突出，人们环境意识的增强以及该学科研究内容不断更新和扩充，各种新成果不断涌现，预示这一学科有着广泛的应用前景和巨大的发展潜力。显然旧有的教学方法不仅不能适应于这一学科发展的需求，也有悖于当前高校创新性人才培养方针。根据本课程特点我们将教学方向重点放在研讨、综合分析和实际动手的互动交流能力的培养上。如鉴于近年来出现的大量新成果以及信息技术的广泛应用，课程制定激发学生主观能动地利用各种资源的阶段式考核，将教师命题和学生根据学科发展自己提出问题相结合的方法设立专题，给学生更多的时间在课外利用各种渠道（如图书馆、资料室和网络查询等）收集与专题相关的资料，并严格按科技论文的形式撰写各种形式读书报告（如学科发展综述、存在学科问题以及自己的看法与认识等等），不仅可以培养学生独立收集阅读文献和综合分析资料的能力，而且还能锻炼科学研究的方法和技能。另外改革传统教学考核方式，改进教学方法，采取课堂讲解与讨论的互动教学方法，给学生创造上讲台的机会并充分利用多媒体技术，以小组为单位对大家关心的问题和当前本学科的研究热点进行讲解答辩，锻炼学生的表达和辩解能力。此外本课程还注重开发学生实际科学研究的动手和应用能力，并在两个方面做一些有益的尝试：一是进行模拟式科研训练，这主要通过收集对特定地区研究所得实际资料，去除其论证和观点，给出土地资源管理背景和分析数据等，让学生根据自己的知识撰写科研论文。二是野外观察和采样以及实验室实际操作的研究过程培养。具体做法是结合本课程设计的课间野外现场教学，让学生取得第一手实际资料，这一工作的开展基本以小组为单位并与毕业论文工作相结合，成果突出者，鼓励在正式刊物发表。

通过这种多种技能训练的研究性授课方式，使学生在有限的授课学时内最大限度地了解课程的学科体系、新知识、新内容和发展趋势，同时培养学生独立思考和综合分析解决问题的能力，学会解决实际问题的科研方法和基本技能，达到创新性人才培养的目的。

（三）具体实施措施

坚持"以学生为本，以综合能力培养为目标，理论教学与实验教学互动"的理念和培养"理论基础扎实、实践能力强、富有创新精神的新型复合型人才"的人才培养目标，以培养学生实践能力、综合素质为宗旨，以实验教学改革为核心，以实验资源开放共享为基础，以高素质的实验教学队伍和完善的实验条件为保障，提升实验教学水平。

1. 树立服务意识，贯彻以学生为本的教育理念

在实验教学及改革中以学生能力培养为核心，一切教学活动以学生为主体，以提高学生的能力为宗旨。一方面通过各种学生活动调动学生实践的积极性，如超图杯GIS开发大赛、挑战杯、学生课外科技活动等；另一方面，在课程体系安排上，基础实验中巧妙设计学科内容综合实验，在一个实验中包含较多的知识点和基本操作。

鼓励学生参与教师的科研实验，注重培养学生的科研和应用意识。通过开放实验，使学生有更多独立实验的机会，充分发挥学生的创造力和聪明才智，为个性发展创造条件，有利于培养学生科学思维能力和创新能力，提高独立科学研究的能力。中心将进一步创造条件在课余时间对学生开放，并实行网上预约、登记与指导制度。

2. 整合教学内容，构建新的实验教学体系

以"加强基础、拓宽口径、重视应用、启迪思维、培养能力、提高素质"为核心，对土地资源管理实验课程体系和实验内容进行改革、整合和优化，建设"校内实验平台—校外实习平台—综合创新平台"的三层次本科实践教学平台。即将四年本科教学中各门课程实验的改革作为一个整体统一安排，打破课程之间的界限，建立相关内容融合、贯通和相互渗透的实验教学课程新体系。培养学生科学实验的基本素质，培养学生独立思维、独立操作的能力，培养学生综合运用所学知识进行创造性实验的能力。

3. 搭建信息平台，实现资源共享

将实验教学课件、实验指导等内容上网，充分利用现代化技术手段逐步实现实验教学、实验室基本工作信息和仪器设备的计算机网络化管理。专用计算机房具备学生与实验教学互动功能，学生通过信息平台进行实验预习和预约。同时，利用校园网为中心提供的网络资源，运用现代化技术及先进的实验教学手段，使用计算机辅助教学实验，推广运用虚拟、仿真等实验技术手段。对于不能在实验室进行的实验，学生可以利用计算机为载体观察实验现象，了解实验全过程。

（项目负责人：罗光莲　项目组成员：吕志强　范春　李琴　莫申国　臧亚君　邱枫）

资源环境与城乡规划管理专业能力导向实验教学体系建设研究

重庆工商大学旅游与国土资源学院国土与城乡规划系

资源环境与城乡规划管理专业是国家教育部1999年颁布实施的新专业目录中新设专业，将原来以学科分化为特征的自然资源、自然地理、人文地理、农业资源利用等专业，调整为以学科层次为基础、学科综合为特征的一门新专业。尽管该专业设立时间并不长，但由于专业归并时涉及的专业内容多，加之该专业口径也较宽，据不完全统计，目前全国已有158所高校开设该专业，约占我国普通高校总数的8.3%。

我校于2004年开办了资源环境与城乡规划管理（本科）专业。为了探索出特色鲜明的实验教学体系，我们根据教育部和市教委关于学科建设的有关精神，充分考虑到重庆工商大学自身特点，抓住快速发展的经济和社会对高等教育需求带来的机遇，从培养高等学校技术应用型人才出发，以提高学生的实践能力和综合技术应用能力为目的，设计科学的资源与城乡规划管理专业人才培养计划，构建多层次的课程实验教学体系。

一、资源环境与城乡规划管理专业实验教学体系研究背景

在高校创新人才培养过程中，实验教学是贯穿始终、不可缺少的重要组成部分，是学生理解理论知识、形成主动学习精神、培养综合素质和能力的重要手段。如何加强实验教学，进一步提高学生的实践能力和创新精神，是高校进一步创新教学模式、深化教学改革面临的紧迫任务。实验是指科学研究中为检验某一理论或假设而进行的操作活动。实验教学通常是指在事先设定的场所，按照教学大纲的要求，在教师的指导下，由学生亲自验证所学理论知识、探索未知领域、发现科学道理的实践性教学活动。通过实验教学，不仅可以使学生加深对理论知识的理解和运用，而且可以训练学生的实践能力，培养科学思维和创新精神。随着市场经济的发展，本科层次教育模式的转变以及就业形势变化，传统的实践教学方式已不能完全适应对人才培养的需要。从实习单位看，一是因工作场地所限，接纳学生实习有一定困难；二是因单位工作繁忙，没有精力对实习学生进行全面深入指导；三是出于业务性质和质量的考虑，不会让学生进行实质性的操作。从实践教师看，由于学生数量较多，难以做到有针对性地指导。所以，校外实习只能作为增加学生感性认识的一种途径，且时间不宜过长，否则会流于形式，达不到提高学生实践能力的目的。目前，关于资源环境与城乡规划管

理专业的实验建设、教学方法及实验体系建设的研究并不多,且多为理论性的思考,对于具体的建设方案、课程设置讨论得并不多。如郭文炯、王玉明提出应遵循"加强基础、重视应用、分流培养"的原则,建设三维立体结构的课程体系。徐光泉等对本专业实践教学模式进行了探讨。当然,这些研究从宏观尺度及理论描述,对本次实验体系的构建提供了较多的理论参考。

通过网络查询及典型调研,项目组收集了我国典型院校资源环境与城乡规划管理专业培养方案、实践教学方案、课程安排等资料,依据学校类型、学科基础、学科影响、空间分布等方面,选取南京大学、北京大学、武汉大学、北京师范大学、宁波大学、中国矿业大学、西南大学等10多所国内高校进行其实验体系的对比分析。从实验课程体系的学分以及占总学分的比例来看,各高校差异很大,最高的达20%,最低的只有4.3%。同时也可看出以地理背景为主的学校实验课程总分普遍偏低,以非地理学为背景,特别是以测量、地质、农学为主的学校,实验课程较多,学分偏重。从具体的实验课程设置上来看,各高校基本相同,几乎都以计算机及3S(RS、GIS、GPS)技术为基础,加上环境规划、城乡规划等几门专业核心课程。从比例上来看,计算机及3S技术所占比重较多,说明受到很好的重视,除个别高校规划课程开设较为全面、系统,包含了区域规划、规划原理、环境规划、基础设施规划等,大部分学校选择规划课程中的主干课,即城市规划、国土规划,与此相关的实验课程很少涉及。

表1　典型院校资源环境与城乡规划管理专业实践实习课程

学校	总学分	实践学分	比例(%)
南京大学	188	12	6.4
北京大学	140	6	4.3
武汉大学	154	16	10.4
吉林大学	174	27	15.5
北京师范大学	164	14	8.5
西北农林科技大学	160	32	20
中国矿业大学	189	37	19.6
宁波大学	160	20	12.5
上海师范大学	166	22	13.25
西南大学	162	15	8.8
重庆工商大学	170	24	14.1

表2　　典型院校资源环境与城乡规划管理专业的主要实验课程比较

学校	学科背景	主要开设实验课程
南京大学	地理学	地图与测量、GIS概论、城市与区域规划、土地利用规划
北京大学	地理学	计量地理学、地理信息系统、城市规划、区域规划、城市基础设施系统规划
武汉大学	测绘学	数字地图制图、区域规划、生态环境规划、城市规划
吉林大学	地质学	地理信息系统、MapGis制图、遥感技术、资源环境信息处理、国土规划
北京师范大学	地理学	地学统计、地理信息系统、遥感原理、土地评价、城市规划概论
西北农林科技大学	农学	遥感、地理信息系统、计算机辅助规划设计、建筑工程制图
中国矿业大学（北京）	地质学	资源环境数据库技术、可视化编程语言、地理信息系统基础、计算机绘图、地理信息系统设计、数字规划
北京林业大学	林学	地理信息系统及其应用、资源环境遥感、城乡资源环境规划
宁波大学	建筑工程	地理信息系统、遥感、计算机辅助制图、城市规划、环境规划、交通规划
西南大学	地理学	地学统计、地理信息系统、遥感原理、土地评价、城市规划
重庆工商大学	地理学	地图学与测量学、规划制图、地理信息系统、遥感、城市规划、区域分析、风景园林设计、城市规划实务

与此同时，在对国内相关高校本专业的实验课程设置进行梳理的基础上，对我校2007级本专业毕业生在就业过程中遇到的问题进行了调研，并于2010年3月～5月走访市内11家相关企事业单位，6月与西南大学地理科学学院相关教师就课程设置进行了交谈。在此基础上，以培养学生能力为导向，制定出适合我校资源环境与城乡规划管理专业的实验教学体系。

二、资源环境与城乡规划管理专业能力需求现状

（一）严峻就业形势对实验课程设置的考验

城乡规划专业作为地理学科下的应用性二级学科，由于涉及地理学科、环境科学、管理科学三个学科，受专业基础、学时、依托平台等因素的影响，在课程体系上仍然存在很多问题，近些年来全国高校该专业毕业生的就业状况一直不容乐观，就业率相对较低，且一直停滞不前。

表3　　我国资源环境与城乡规划管理专业近年来就业率（%）

年份	2004	2005	2006	2007	2008	2009
平均就业率	80～85	75～80	75～80	75～80	80～85	80～85
"211"高校就业率	90～85	80～85	85～90	80～85	80～85	75～80

从表3中可以看出，近年来全国资源环境与城乡规划管理专业的平均就业率维持在80%左右，处于中游偏下的水平。值得探讨的是"211"高校本专业的就业率在逐年下滑，2009年的平均水平低于全国本专业的平均水平，其原因主要是：重点高校在理论教学中实力雄厚，以地理为背景的本专业高校非常强调地理。相对而言，对资源管理、规划设计课程的设置比较薄弱，刚好这些非地理类课程的实践性强，技术性较高，也是社会对本专业人才最为需求的方面。一般高校特别是地方高校，由于"船小好掉头"，在专业课程的设置中注重社会对人才供需的变化，加之学生对就业的期望比"211"高校毕业生低，反而就业率稍高。因此，以专业能力为导向，优化城乡规划实验课程体系，提高学生的实践动手能力已成为城乡规划专业进一步快速发展的关键。

随着我国高等教育由精英教育逐渐转向大众教育，特别是当前较为严峻的就业背景下，绝大部分学校的本科教育应以培养应用型人才为主要目标，即学生毕业后在工作岗位上从事基层和实践工作，这就要求要加大实践教学环节，增强实验教学手段，切实提高学生的实践动手能力。而目前资源环境与城乡规划管理专业中，除部分规划建筑类学校的实践性较强以外，大部分高校的课程设置偏向于理论分析，与理论教学相比，实验教学环节相对薄弱，从而影响学生的工作和实践能力的提高，致使毕业生动手能力不足。从目前各大高校本专业设置的实验体系来看，以各专业软件的认知、了解和初级掌握为主，而以此为基础开设更高层次的规划设计、成果评定则很少。从而导致学生对软件了解不够深入，使用不够灵活，面对任务无从下手，在新的工作岗位必须进行二次学习才能胜任，这也是学生就业面临的最大尴尬和用人单位最为头疼的事情。

表4　　　　近年来城乡规划专业毕业生就业流向（%）

教学单位	机关	国有企业	科研设计单位	民营及私营企业	其他事业单位	高校	出国	部队	升学
15.17	8.16	6.53	6.34	6.01	4.64	4.12	1.56	0.31	23.16

由于资源环境与城乡规划管理专业设置在师范类院校较多，因此从毕业生就业流向来看，升学的比重较高，其次就是教学单位15.17%，去机关和企事业单位的比重较少，其原因主要表现为：一是这些单位大多门槛较高，如很多事业单位是以公务员的方式招人，学生进入难度较大；二是这些单位对学生的实践操作能力，特别是对规划设计能力提出的较高要求，而这些刚好是高校实验课程设置的弱项，学生达不到用人单位要求。由于此种情况普遍存在，本专业毕业生很多选择继续深造，从就业流向表中可以看出占到毕业生就业率的23.16%。

目前，国内绝大多数院校都将本专业学生培养目标定为培养从事科研、资源开发利用与规划、管理等工作的高级专业人才。根据这个目标，该专业学生就业去向就多为农业、交通、土地、环保与节能、城建、规划等政府部门从事管理或规划工作。但事实上社会对管理类的人才需求并不多，社会真正需求的主要是从事基础工作和技术工作的人才。同时，高校和科研机构等单位的学历门槛也在不断提高，对一般本科层次的人才基本不予接受。从毕业学生就业去向就可以看出现实的情况与培养目标存在较大偏差。因此，我校城乡规划专业应根据实际需求合理确定专业发展方向，确定实验教学环节课程体系，加强动手和实践能力锻炼，增强实践教学环节的应用性，加大实习和集中实践环节的学时与学分，以提高学生实践动手能力为最终目的。在实验教学环节上应该包括实验、实习、课程设计、毕业论文，同时加大课程设计的比重；在实验课程结构上应以应用性、生产性为主，验证性为辅，多设置综合性、设计性实验，少设置验证性试验；在实习上应以生产实习为主，少认知实习，课程设计也要以毕业生未来可能从事的工作来设计。

需要注意的是，各实践教学环节的要求应因发展方向而异，以便野外实习与室内实验课程相结合，取长补短，互相促进。例如人文地理实习，地理类应以产业规划、城镇体系、区域分析、旅游资源调查与评价为主，而规划建筑类应将重点放在城市土地利用、城市建设、城市结构等方面。另外，考虑到城乡规划专业的综合性和宽领域性，均应设置综合地学实习，在内容上应该包含地质地貌、土壤、气象水文、综合自然地理等。

（二）目前实验教学中存在问题

实验教学是理论教学的延续和总结，是实现培养目标的主要途径，是培养学生进行调查、研究、分析和解决实际问题的突破口，并在实验中将科学的理论知识加以验证、深化、巩固和充实，为后续的学习、课程设计和毕业设计打下坚实的基础。实验教学是理工科教学的重要组成部分，合理设计实验教学，不仅是获得知识的重要途径，也是使理论与实验的相互印证，提高学生思维能力和动手能力的同时，对培养学生的实际工作能力、知识综合应用与创新设计能力具有十分重要的作用。针对目前我校资源环境与城乡规划管理专业的实验课程体系，2011年3月~4月城乡规划3名专职教师带领7名学生对2007级79位应届毕业生、22位往届毕业生进行了调查，同时也与院系老师进行商讨，归纳总结出目前我校本专业实验教学体系中出现的主要问题：

1. 实验教学体系不完善

现行的实验教学没有独立的课程体系、教学模式和考核标准。没有量化的培养目标，实验教学的发展缺乏支撑点，实验教学寄生在课堂教学中，同时实验课时总量不足，后续发展的空间较小，实验教学的地位始终无法确立。同时实验教学内容随机性大，没有从实验教学目的、方法、教学效果以及考核方式等方面审查实验内容的科学性。从目前我校现有情况来看，实验设备、师资和专业实验教材等方面都还有待改善。实验内容由授课教师决定，教师更替则实验内容很可能发生较大变化，随意性较大，教学质量不稳定。教学效果的考核也完全在于自我评价，缺乏科学结构和合理的内涵，对实验教学产生一定的负面效应。

2. 实验课程学期设置过于集中

目前资源环境与城乡规划专业在低年级，特别是一年级，由于公共课程较多，涉及专业课程很少，加之这些专业课程多数为专业基础课，理论居多。到二、三年级，特别是三年级大量专业核心课程的开设，使得实验课程相对集中，一学期甚至达到6门实验课程，学生疲于应付，没有充足时间进行消化，学习效果难以达到预期要求。

3. 实验内容重叠度较大

二年级本专业学生主要学习一些专业软件。在软件使用过程中，老师采用的案例多涉及后续课程的内容，如城市景观、小区规划等。到三年级进行城市规划实验过程中，涉及的案例也多属于此类。虽然难度有所增加，内容有所扩展，但主题变化不大，学生没有新鲜感。由于授课教师不同，学生甚至把以往的作业稍微加工之后拿来应付，教师很难发现。

4. 实验方式较为陈旧

目前实验课程的开设多为常规性、单一性的实验，缺乏系统、综合应用的实验。同时实验课程设置多为理论课程之后，缺乏相关课程的实验整合，容易导致有些实验重复，而部分重要实验环节又严重缺失。同时，实验内容多为课程理论验证型实验，创新应用型的实验几乎没有。实验项目工程背景弱，常是假题假作，学生的聪明才智难以施展，不利于其创新应用能力的培养和训练。在实验进行的方式上，则是采用一种大体固定的模式，即在确定的时间内，让学生根据实验指导书要求，在教师指导下，按既定方法、既定仪器条件，完成实验全过程。致使实验教学环节对学生的实际分析能力、动手能力和创新应用能力的培养作用十分有限。

以上问题的存在，导致实验本身缺乏吸引力，从而影响了学生进行实验的积极性和主动性，客观上助长了重理论、轻实验的错误观点，极大地影响了实验教学的效果。特别是由于实验过程中没有提供相关背景知识，导致通过实验培养学生运用已学过的知识进行创新和应用的能力无法实现。

三、实验教学体系框架的构建

（一）构建原则

随着国家高等教育教学改革地不断深入和科学技术的迅猛发展，课程教学内容、教学手段和教学方法不断更新，也对实验教学提出了更高的要求，使得实验教学的改革面临着更大的机遇与挑战。如何提升实验教学的水平和教学质量，是高校必须正视的现实问题，也是实现人才培养的关键问题之一。

因此，实验教学体系的建设目标应符合应用型人才培养目标需求，利用现代化教学手段管理指导模式，形成具有鲜明的专业特色，不脱离于理论教学基础的相对独立的教学体系。实践教学始终坚持以综合能力、素质培养为主线，贯彻以人为本的教育思想，寻找知识、能力、素质教育统一规律，全方位、多视点地构建规范、完善、相对独立的实验教学体系。实践教学要及时吸收科学技术和社会发展的最新成果，改革实践教学内容，更新和完善教学设施，应用现代化教学手段组织实施教学，形成产学结合的实践教学基地；形成基本实践能力与操作技能、专业技术应用能力与专业技能、综合实践能力与综合技能有机结合的教学体系。

（二）构建思路

资源环境与城乡规划管理专业实验课程大体可以分为基础实验训练与综合应用型

实验两个层次。首先，基础实验训练层次侧重验证成熟的理论或规划宏观概况，培养学生基本实验技能。主要设置基础实验，减少实验对理论课的依附。其次，综合性实验是由学生和教师共同实施的实验。教师向学生提出实验目的、任务、提供相关资料，学生以独立或集体研究的方式完成实验。学生可根据下达的实验任务，拟定实验步骤，选择实验设备，在规定时间内，预约来实验室完成实验内容。开设综合应用型实验，加强各课程之间的联系，有助于对各实验课程的关联性和交互性的把握。

为提高学生实践动手能力和创新能力，通过对国内部分高校的调研以及基础课程教学改革的经验交流，我们认为应逐渐减少演示性和验证性的实验，开发学生能亲自动手调试、数据处理及规划设计的综合性、应用性的实验，建立基本技能训练、专业技能培养、创新能力培养三个模块。基本技能训练和专业技能培养模块属于基础训练层，创新能力培养模块属于综合应用型层次。其中基本技能训练主要开设在一、二年级，专业技能培养模块主要开设于三年级，创新能力培养模块结合高年级（主要集中在第六、七学期）规划课程，开设成具有一定开放性、竞争性、综合性的实验课程，充分培养学生的专业素养，其实践能力成为影响用人单位考核的重要因素之一。

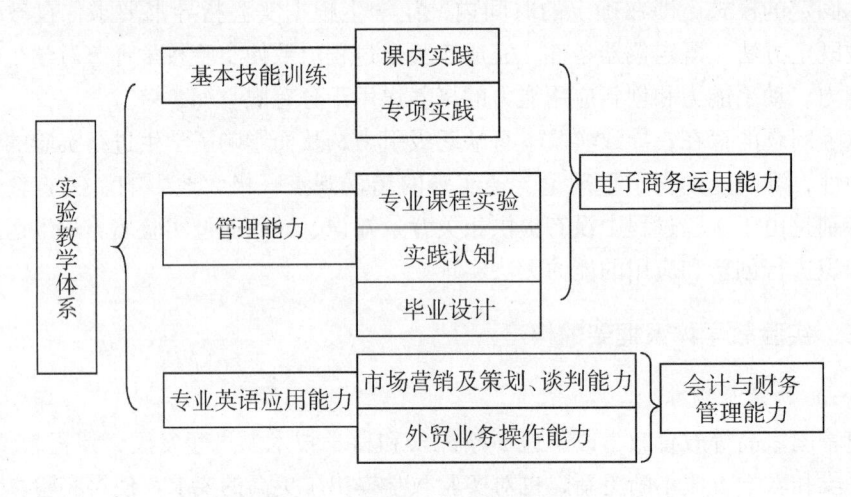

图 1 专业实验教学体系

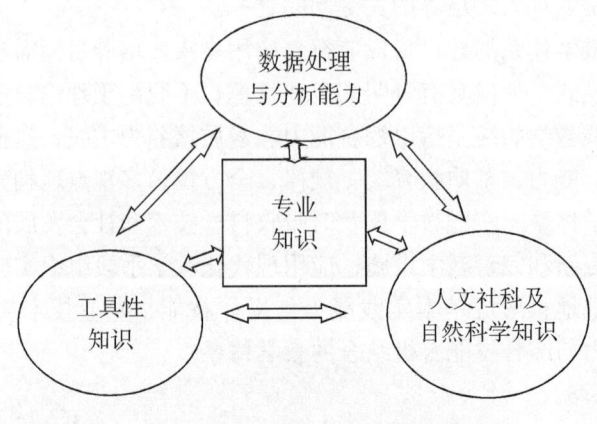

图 2 专业实验课程体系三模板关系

作为实验教学的升华，开设少量的应用设计性实验，主要突出以实验设计为主带有规划背景的专题实验，实验项目赋予学生更大的自主权和实现实验设计的空间。开设应用设计实验，学生可以充分发挥想象力和创造力，设计出自己的作品。

同时，考虑到学校现有实验室条件以及高年级学生个人电脑的普及，每个模块根据学期课程的开设，把实验分成必修实验、选修实验和开放实验三个层次以组成新一轮的实验教学体系，让学生有更多选择进行实践活动，同时也给予学生更充裕的时间和更广阔的空间去探索、创新实践，提高学生的实践能力。必修实验为教学大纲规定内容，与理论教学相平行；选修实验为每学期实验教学内容的深化，由任课教师安排具体内容然后学生自由选择，实验时间和地点由学生自己安排；开放实验主要与学院和学校每学期组织的大型活动相联系，学生以团队的形式参与，在带队老师的指导下完成较为综合的规划命题。开放实验由于有教师带队，低年级学生同样可以参与。三个层次的实验教学更加强化学生的主动性和积极性，课内与课外得到了紧密的结合，学生可以有更多的机会得到专业教师的指导。当然，与此同时也增加了部分教师的工作量，对其实验水平也提出了新的要求。

（三）以能力为导向的实验教学体系设计

根据人才培养方案，资源环境与城乡规划管理专业分别从基础实验、学科基础实验、专业实验、综合实验四个层面入手设置实验课程，旨在培养学生的规划设计实践能力、规划设计创新能力、环境评估能力等。我们可以根据教学规律要求和能力的可融合性，针对不同类型的实验，首先组合设计出许多教学模块，有重点地取舍模块内容；然后进一步明确各模块在学生未来工作中的意义和作用，确定模块教学所需的课时数；最后将实验项目合并归类，组合为课程。根据资源环境与城乡规划管理专业能力培养体系的内容与结构，我们构建了以能力为导向的资源环境与城乡规划管理实验教学体系（见图3）。

四、以能力为导向的实验教学课程体系

经过多年实践教学的探索，采取纵向整合而成的"双主线"实验教学课程设置：在培养学生能力的最终目标下，以课程实验环节串联形成的主线和以独立实验环节串联形成的主线。两条实践教学主线在时间上的递进演化为"经"，各阶段课程的理论教学为"纬"，实验教学的"经"和理论教学的"纬"交织耦合，从而实现整个专业教学的目标和功能。

（一）主线一：课程实验环节主线的组织

课程实验环节主线强调以课程实验教学和课程理论教学耦合为特征的"课程群"建设，课程实验由三大课程群构成，分别是"城乡规划技术与手段课程群"、"侧重城乡物质空间规划与设计课程群"和"城乡综合经济社会的空间规划课程群"。三大课

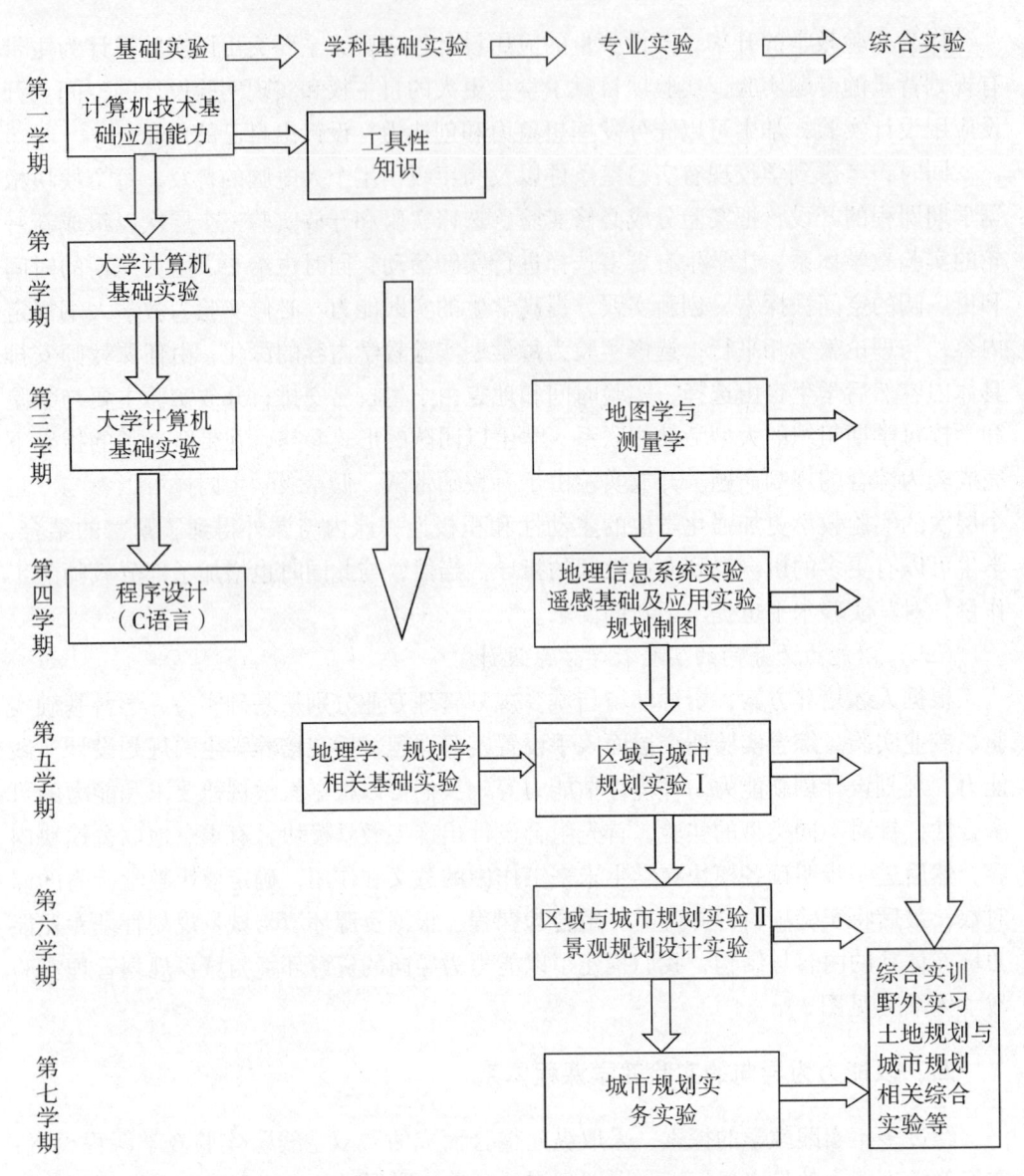

```
                    基础实验  ⇒  学科基础实验  ⇒  专业实验  ⇒  综合实验

第一学期    ┌──────────────┐
            │ 计算机技术基  │
            │ 础应用能力    │────→ ┌────────┐
            └──────┬───────┘      │ 工具性 │
                   │              │ 知识   │
                   │              └────────┘
第二学期    ┌──────┴───────┐
            │ 大学计算机    │
            │ 基础实验      │
            └──────┬───────┘
                   │
第三学期    ┌──────┴───────┐
            │ 大学计算机    │
            │ 基础实验      │
            └──────┬───────┘
                   │
第四学期    ┌──────┴───────┐                    ┌──────────────┐
            │ 程序设计      │                    │ 地图学与     │
            │ （C语言）     │                    │ 测量学       │───→
            └──────────────┘                    └──────┬───────┘
                   │                                    │
                   │                             ┌──────┴──────────┐
                   │                             │ 地理信息系统实验 │
                   │                             │ 遥感基础及应用实验│──→
                   │                             │ 规划制图          │
                   │                             └──────┬──────────┘
                   ↓                                    │
第五学期    ┌──────────────┐      ┌─────────────────────┴───┐
            │ 地理学、规划学│────→ │ 区域与城市              │──→
            │ 相关基础实验  │      │ 规划实验Ⅰ              │
            └──────────────┘      └───────────┬─────────────┘
                                              │
第六学期                          ┌───────────┴─────────────┐
                                  │ 区域与城市规划实验Ⅱ     │──→  ┌──────────┐
                                  │ 景观规划设计实验         │      │ 综合实训 │
                                  └───────────┬─────────────┘      │ 野外实习 │
                                              │                    │ 土地规划与│
第七学期                          ┌───────────┴─────────────┐      │ 城市规划 │
                                  │ 城市规划实              │─────→│ 相关综合 │
                                  │ 务实验                  │      │ 实验等   │
                                  └─────────────────────────┘      └──────────┘
```

图3 资源环境与城乡规划管理专业实验实训体系

程群中"技术与手段课程群"是基础，"物质空间规划与设计课程群"是重点，"城乡综合经济社会规划课程群"是拓展。这样在"基础—重点—拓展"的课程群设置模式下，形成了完整、清晰的"认知与实践并行，理论水平与设计能力并重（见表5、表6），微观、宏观循序渐进"的课程群体系，实现了专业实验教学以传统物质空间形态的工程规划设计为主体，将城乡规划拓展到社会、经济、环境、甚至涉及价值判断的公共管理领域中。

表 5　　　　　　　　　　　　　城乡规划专业基础能力指标体系

能力类别	能力标准	实验项目	实验课程	课程类别
基本技能训练	①机械操作能力	水准仪的安置与读数	测量与地图学	基础课
		经纬仪的安置与使用		
		全站仪的使用		
	②测绘能力	地形图阅读		
		地图投影及其变换		
	③地理数据获取与处理	Arcview 屏幕数字化	地理信息系统	主干课
		基于矢量数据的空间分析		
		栅格数据的空间分析		
	④规划制图技能	规划总平面图绘制	规划制图	主干课
		Photoshop 的应用		
	⑤遥感数据的获取与处理	遥感图像的几何校正	遥感概论	选修课
		遥感图像的增强处理		
		遥感信息的复合		
		遥感图像分类——人工解译		
专业技能培养	①城市功能的定位	城市性质分析模拟实验	城市规划	主干课
	②城市规模的确定	城市规模分析模拟实验		
	③城市空间的分布	城市用地布局实验		
		城市总体布局实验		
	④不同功能区规划	居住区规划模拟实验		
		城市交通规划模拟实验		
	⑤景点布局	园林建筑装饰小品设计	风景园林规划设计	选修课
		花坛的调研与设计		
		综合型公园规划设计		
创新能力培养	①空间布局的创新	某居住小区休闲空间设计	城市规划实务	主干课
		模拟：工商大学橡胶厂地块规划		
	②规划理念的创新	城市拓展新区概念性规划		
		村镇规划：乡村空间结构规划		

表 6　　　　　　　　　　　　　　实验课程群的设置

课程群	科目	理论	实验	开设时间
技术与手段（基本技能训练）	测量与地图学	48 学时	16 学时	第三学期
	规划制图	32 学时	32 学时	第四学期
	地理信息系统	16 学时	32 学时	第四学期
	遥感概论	32 学时	16 学时	第四学期

表6(续)

课程群	科目	理论	实验	开设时间
物质空间规划与设计（专业技能培养）	城市规划Ⅰ（详细规划）	64学时	16学时	第五学期
	城市规划Ⅱ（区域规划、村镇规划）	64学时	16学时	第六学期
	风景园林规划设计	48学时	16学时	第六学期
经济社会空间规划（创新能力培养）	城市规划实务（区域分析与规划、产业规划、环境规划等）	64学时	16学时	第七学期

(二) 主线二：独立实践环节主线的组织

根据实验教学的规律和各阶段教学制定相应的目标，达到有目的、分阶段、循序渐进地培养学生综合能力，形成以独立实践环节为主线，设置既相互独立又层层递进的独立实践环节，使各个环节相衔接，贯穿于整个教学活动过程之中，达到学生经过全过程的教学活动，对专业知识和技能更深入的掌握和更熟练的操作，更好地满足社会对本专业人才能力的需求。将在实验室进行的教学活动深入到社会实践、论文写作与毕业设计之中，这不仅是对实验教学内容的延伸，也是对实验教学效果的最直接考验。因此，独立实践环节的安排是对实验课程的补充和提高，也是实验教学体系中不可缺少的环节。

1. 低年级的"认知与体验型"实践教学模式

低年级阶段，资源环境与城乡规划管理专业实践教学主要培养的是学生的观察能力和基础文字表达能力，实践教学目的是培养学生对城乡问题的感性认知，实践内容是社会调查和城市与区域综合实习。

社会调查：依托于一年级暑假社会实践，选题一般是专业教师布置和学生自选相结合，多以基本的城乡问题，如"新农村建设问题、城市规划中的公众参与问题、城市交通难问题、城市历史街区中人群生存状态问题"等项目选题为主。社会调查一般5~6人为小组，通过社会实践可以使学生以专业的角度了解社会、观察社会、认识社会，学会社会调查的基本方法，并在实践中体验调查的科学性，对城乡问题进行观察性、意向性的认知.

城乡综合调查实习：一般放在二年级下学期，由专业老师带队，一般为期两周，实践教学内容立足重庆，要求学生了解重庆自然环境、经济社会发展、城乡建设过程，了解重庆城乡地域背景、重庆综合工业基地的形成和发展、产业经济结构特征及其未来发展战略等与专业紧密相关的领域。通过本次实地实习和参观考察活动，加强学生综合运用所学城乡规划相关知识了解和分析实际问题的能力。

2. 高年级的"研究与创造型"实践教学模式

在高年级阶段，资源环境与城乡规划管理专业实践教学目的主要是帮助学生建立一套完整的集综合性、系统性和开放性于一体的研究策略和技术路线，培养学生职业性与创造性、思维能力与操作能力、分析能力与综合能力，实践内容主体是专业综合实习和毕业设计（论文）。

专业综合实习：一般放在三年级下学期，为期4周。专业综合实习内容是城市总体规划，依托于实习基地，力求做到真题真作，全班分为四个小组，每个小组都必须做到有完整的规划文本（文献综述、理论、动态及案例分析、数据、方法，如遥感、GIS、推导过程等）和图纸（如现状图、现状分析图、规划图、规划分析图等），尽量能做到至少有两个小组做同一题目，实现多方案比较的目的。

毕业设计（论文）：毕业设计（论文）是城规专业人才培养计划中的重要教学环节，目的是培养学生综合运用所学的基本理论、专业知识和基本技能，提高分析与解决实际问题的能力；使学生得到从事实际工作所需的基本训练和进行科学研究工作的基本能力，从选题、过程管理及成绩评定三方面提高质量。

表7　　　　　　　　　　　独立实践环节的设置

类型	实践内容	成果要求	时间
认知与体验型	社会调查	调查报告	二年级
	城市与区域综合实习	调研报告	三年级
研究与创造型	专业综合实习	规划文本、规划图纸	三、四年级
	毕业设计（论文）	毕业设计（论文）	四年级

五、构建以能力为导向的实验教学体系保障措施

（一）实验教学内容的更新

实验教学内容改革，即对原有的实验内容进行补充、优化、综合，减少验证性实验，增加综合性、设计性实验内容。验证性实验属于基本实验，主要是培养学生实验技能和实际操作能力的训练，并要注意不断加强和充实新的实验技术和新的实验手段；综合性实验是学生综合运用所学知识进行实验，通过观察、分析、综合、归纳得出结论，培养学生分析问题和解决问题的能力及归纳综合能力；设计性实验主要为部分学有余力的学生，特别是高年级学生开设，使学生尽早开展科研工作。设计性实验主要由教师或学生提出实验项目，学生自己进行实验方案设计、测试分析和数据处理，将取得的结果写出报告，进而提高学生科学实验的能力和探索新问题的兴趣和综合能力，培养学生的创新意识和创新能力。只有多样化的实验教学内容，才有利于因材施教和学生个性的发展，才有利于促进教师业务水平的提高。

（二）实验教学方法的改进

实验教学方法要改变原来由教师设计好实验方案，准备好实验器材，安排好实验程序，学生只能观察现象和记录数据的教学模式。打破"讲深、讲透、讲全、讲细"的观念，注意培养学生主动学习的意识与能力。实验教学中，改变过去那种老师讲、学生听的单一教学模式，提倡启发式和讨论式教学。实验前提出一些思考题，指导实验时引导学生更多去观察、分析、认真思考、解决遇到的问题；实验中出现的部分故障，教师引导学生、鼓励学生自己动手排除，使学生感受到自己发现问题和解决问题的乐趣；围绕实验，组织小组讨论，引导学生联系现象运用所学知识分析问题，加深

对理论的理解。教师只做必要的指导，一切由学生动手来做，充分调动学生的主观能动性。将学生推到实验教学的前台，真正成为实验教学的主体，教师只在关键时刻起到把关定向的指导作用，只有这样，学生的学习主动性和综合能力才能得到更好的发挥，尤其在自主学习、动手能力以及独立解决工程实际问题的能力等各个方面都会得到较充分的锻炼。

同时，在基础实验中积极引入计算机分析和数据处理系统、计算机仿真技术、模拟技术等可以在一定程度上解决基础实验中最令人头疼的硬件依存问题，使基础实验具有合适的柔性，从而使学生能更好地在实验中体现自己的构思。

（三）实验报告评价的科学性

对实验报告的评价应该是多方位、全面的评价。要注重过程与结果并重的原则、教师评价与学生自评相结合的原则、定性与定量相结合的原则。如果是小组提交的成果，还应把握小组实习成绩与个人实习成绩相结合的原则，只有如此，才能做到对学生实验成果的科学的、客观的、公正的评价。

同时，针对资源环境与城乡规划专业的特色，可以从过程评价与结果评价两个大的方面选取九项评价指标。在权重的设定上采用层次分析方法，通过指标两两比较确定各个因素相对重要性，构造两两比较判断矩阵。由判断矩阵计算被比较元素对于该准则的相对权重，评价指标及权重计算如表8所示。实验中，特别是综合规划设计实验中，学生都会有许多心得体会、情感体验。让学生自我评价，学生主动参与，可以提高学生的主体地位，实现学生的自我反思和自我发展。教师也可对照实习任务和目标对学生及时评价，并把信息返回给学生，让学生得到更快的进步。对于总成绩的评定，可以采取优、良、中、及格、不及格五个等级。指导教师根据学生的表现及实习成果的评定，对每一项指标进行打分，评定出小组或个人的成绩等级：优秀（90~100分）、良好（80~89分）、中等（70~79分）、及格（60~69分）、不及格（60分以下）。

表8　　　　　　　　　城乡规划专业实验成果评价指标体系

评价结果	评价指标	分值
过程评价（50%）	态度端正，表现出良好的意志品质	5
	有良好的团结协作的意识	5
	能将所学专业知识、技能应用到实践当中	10
	动手能力，实践操作能力强	10
	获取与处理信息能力强，规划设计有创新意识	10
	有较强的发现、分析和解决问题的能力	10
成果评价（50%）	成果的规范性	10
	技术成果（文本、图件）评价	20
	成果的创新性	20

综上所述，通过对国内相关高校本专业实验课程设置的对比分析以及资源环境与城乡规划管理的就业形势调查，发现我们目前的专业实验课程体系中还有很多需要改

进的地方。社会用人单位对规划人才的需求是巨大的，但我们面临的问题是人才培养与市场的脱节，因此，我们对人才需求、专业人才培养目标和规格、专业教学内容与课程体系、专业教学环节质量标准与组织计划、专业教学进程和教学方法及手段、专业人才培养模式、完善人才培养条件等方面进行了认真的研究和讨论，在参考和借鉴了其他专业和兄弟院校的人才培养方案的基础上，对原有实验教学体系进行了重新构架，初步形成了以能力为导向的资源环境与城乡规划管理实验教学新体系。当然体系构建过程中仍有诸多方面不到位、不具体，尚需继续努力。

（项目负责人：周心琴　项目组成员：李斌　范春　李琴　莫申国　臧亚君　吕志强　罗光莲）

旅游管理专业能力导向
实验教学体系建设研究

重庆工商大学旅游与国土资源学院旅游与酒店管理系

一、旅游管理实验教学体系研究背景

（一）旅游行业背景分析

旅游业是永远的朝阳产业。其成长性好、综合性强、关联度大、低碳环保，在保增长、扩内需、调结构等方面具有重大的作用。旅游业的主要支柱是旅行社、酒店和景区。旅游管理专业的学生就业的方向也是旅行社、酒店和旅游景区。有研究报告指出，与旅游业直接或间接相关联的行业和部门有109个之多，而且外延还在扩张。据世界旅游组织预测，2020年，全世界境外游客的总数将达到16亿人次，国际旅游消费将达到2万亿美元。而中国将成为世界第一大旅游目的地国，世界第四大客源输出国。目前中国已有二十多个省区提出了"旅游强省，旅游建省"的发展战略，把旅游作为优先发展的行业。

旅游市场的不断扩大，为旅游从业人员提供了大量的就业机会。据世界旅游组织和国家旅游局预测，中国未来十年，每年将增加旅游从业人员100万人，而目前我国高校每年仅能为旅游行业提供15万毕业生，旅游专业人才紧缺。旅游业的持续升温、快速发展与旅游专业人才的短缺矛盾十分突出。据国家相关部门统计预测，目前全国旅游业从业人员600万人，实际需要专业旅游人才800万人以上。

就重庆而言，旅游业已被确定为重庆市及三峡库区经济社会进一步腾飞和发展的突破口。从2011年1月2日重庆市旅游工作会上获悉，重庆市高学历研究性旅游人才尤其欠缺，当前重庆拥有旅游人才4.94万人，占重庆市旅游直接就业人数24.7万人的20%，即百名直接从事旅游工作的人员中，仅有20人拥有大专及以上学历。据重庆市人才市场信息显示，在2010年人才市场中，旅游从业人员需求明显大于供给。

（二）旅游行业专业人才需求分析

首先，基础旅游人才需求空间仍然很大。我国拥有丰富的旅游资源，因此对掌握旅游基本技能的基础旅游人才仍然有很大需求，主要为宾馆酒店服务人员、导游人员、景点景区讲解员等。其次，旅游产品策划和营销人才也较为短缺。旅游产品策划和营销人才是决定旅游业发展的关键，我国旅游业的发展现状也反映出行业缺乏创新能力，这直接阻碍了旅游产业的发展。最后，旅游企业管理人才匮乏。旅游业是劳动密集性行业，近年来一直处于迅猛的发展势头，旅游业已被全国多个省市确立为支撑21世纪快速发展的支柱产业，进入大发展阶段。在旅游经济运行中，旅游人才是所有旅游业生产要素组合的必要条件和结合点。旅游项目的选择、旅游资源的开发、旅游产品的营销、旅游企业的经营和管理都需要人才，但旅游人才的需求与供给缺口比较大。

总之，我国旅游人才总量不足，需求缺口大，旅游人才结构不尽合理。旅游管理专业既有培养高技能学历人才的历史责任，还要承担培训业内人士，提升从业者素质和水平的任务。加快旅游管理专业实验课程教学体系建设既是时代的要求，也是行业的呼唤；既迫在眉睫，又任重道远。

（三）旅游管理实验教学需求分析

旅游管理专业实验教学是一个重要的实践性教学环节，有助于强化学生的实际操作能力、知识运用能力和专业实践能力，有助于培养学生理论联系实际的能力、独立分析与解决问题的能力，进而培养学生的创新意识与创新精神，形成良好的综合素质，满足社会对旅游专业人才的基本要求。同时，旅游业的发展也要求旅游管理专业加强实践教学，使学生能具备"一专多能"的特点，实现人才与企业的"零距离"，与旅游业的发展趋势接轨。我校自2011年以来，结合旅游管理专业学生需求，以能力为导向，构建与旅游管理人才培养目标相一致的旅游管理专业实验教学体系。

二、旅游管理专业能力需求调研

（一）旅游管理专业能力需求分析

"十二五"期间，我国旅游业将继续保持高速增长的态势，旅游人数、旅游收入和旅游业总收入增长速度要高于国内生产总值（GDP）的平均增长速度。相对庞大的旅游市场需求而言，高素质、强能力的专业旅游人才显得十分紧缺。在通过对洲际酒店、希尔顿酒店、万达艾美酒店、重庆中旅、远洋旅业等重庆知名酒店和旅游企业调研后收集的信息分析，酒店和旅游企业最青睐的专业人才需要具备丰富的实践经验和深厚的知识储备，并拥有出色的沟通能力和较强的领导力。

1. 知识要求

通过对旅行社的调查，旅游企业认为员工最应该有的知识有：文学、历史、地理知识、礼仪知识、导游业务知识、旅游营销知识、管理知识、计算机基础知识、法律知识、会计知识（包括人民币识别、点钞、会计凭证的填写、填制会计报表、做账与报账等）。酒店认为员工最应该有的知识是：酒店前厅、客房、餐饮服务理论知识、礼仪知识、菜肴酒水知识、酒店营销知识、酒店管理知识、计算机基础知识、会计知识（从职业规划的角度看，作为酒店的中高层管理，要能看懂财务报表，懂成本核算等财务知识）、酒店英语（特别是高星级酒店，英语沟通能力好就等于成功了80%，涉外酒店的成功 = 英语 + 做人 + 做事）。

2. 能力要求

通过对旅行社的调查发现，企业认为员工最重要的能力有：语言能力（包括普通话与英语口语)、旅游接待能力，产品销售能力，组织协调沟通能力，应变能力，创新能力，自我完善能力。通过对酒店的调查发现，企业认为员工最应该有的能力是：客房、餐饮操作能力，对客服务能力，点菜技巧，商务服务能力，前厅接待能力，办公室接待能力，组织协调沟通能力，应变能力，行政能力，创新能力，自我完善能力。

3. 素质要求

从调查中我们发现，旅游企业十分重视员工素质要求，认为这是员工能胜任本职工作并实现职业发展的基础与根本保障。主要包括思想素质、身体与心理素质、文化素质、交际礼仪素质、职业素质等。思想素质主要表现在具有正确的世界观、人生观、价值观和良好的职业道德以及吃苦耐劳精神。同时具有良好的组织纪律性、工作责任心和工作态度，特别是职业忠诚度。身体与心理素质主要是针对服务行业的工作劳动强度大、时间长，既需要有健康的身体，又要有较强健的体魄，能适应紧张高强度的工作，并且要求从业人员有较强的心理适应能力和应变、应急技巧。文化素质主要要求从业人员需要掌握或了解相关文化、历史、地理、政策法规等。交际礼仪素质是因为旅游行业综合性、开放性强，需要与各行各业的人士打交道，行业的特点要求从业人员有良好的礼仪素质与形象气质。职业素质主要包括职业意识、职业习惯、职业技能、职业理论等。

综上所述，由于旅游企业所要求的职业实践能力具有综合性特点，体现为知识、技能、经验、态度等多方面所形成的综合素质，从能力的层次上而言，旅游企业对不同层级员工的能力要求有明显的差异性，大致可划分为专业能力、方法能力和社会能力三个层面。第一层次为专业能力，包括专门知识、专业技能和专项能力。这是与职业直接相关的基础能力，是旅游职业活动得以进行的基本条件，也是旅游企业对新入职员工最起码的要求与标准。第二层次为方法能力，包含独立思考能力、分析判断与决策能力、获取与利用信息能力、学习掌握新技术的能力、革新与创造能力和独立制订计划并执行的能力。这是旅游企业员工职业晋升与发展的必备能力，也是旅游企业在考核或选拔后备人才和管理人才时最为重视的核心能力。第三层次为社会能力，主要包括组织协调能力、交往合作能力、适应转换能力、批评与自我批评能力、口头与书面表达能力、推销自我的能力、抗挫折能力、竞争能力和社会责任感等。这是旅游企业员工由执行型管理者向决策型管理者，由事物型管理者向智慧型、知识型管理者转变的关键性能力要素。

根据旅游企业对本科学生实践能力的要求，旅游管理专业培养的人才应该具有扎实的理论知识、较强的综合职业能力、较高素质水平和创新能力。因此，为适应市场对人才的需求，旅游管理专业必须摒弃过去以理论化教育为主的办学思路，建立并完善以素质教育为宗旨，以专业教育为基础，以能力培养为本位的新型的高等旅游教育体系，加强实验课程体系建设，强化实践教学环节，由以往单一注重学历化教育为主向侧重实践能力教育转化，实现理论教学与实践教学的有机结合。

(二) 旅游管理专业实验教学现状

受市场就业需求的影响，大多数旅游院校在旅游专业的学科培养结构中均开设了实验课,旨在培养能够适应社会所需的、具备旅游业从业基本素质与操作能力的旅游管理专门人才。但就目前情况来看,旅游管理专业实验教学在实验项目数量、实验教学地位、实验教学内容、实验师资、制度体系方面均存在不足。

1. 开设实验项目少

目前,高校旅游管理专业日常教学仍以理论教学为主,对所开设课程中蕴含的实验环节未能深入挖掘,开设实验项目较少,且多是一些操作技能方面的实验(如客房西式铺床、中餐摆台等),实验开设率较低。

2. 实验教学附属于理论教学

目前旅游管理专业实验教学内容基本是按照各门课程的教学要求设计的,实验教学依附于理论教学,实验教学为理论教学服务,而不是为学科素质培养服务,未形成相对独立的实验教学体系,达不到实验教学的目的。

3. 实验教学内容缺少层次性

实验教学的内容应遵循从简单到复杂、由单一到综合的趋势,实现层次化、模块化。但目前旅游管理专业实验教学项目简单孤立,而且实验教学一般与理论教学同步,显得过于集中和呆板,使得实验教学缺少层次性,不利于循序渐进培养学生能力。

4. 实验教师缺少实践经验

随着旅游教育事业的迅速发展,旅游管理专业师资在一定程度上呈现出理论知识丰富,实践经验缺乏的状况,这种状况在很大程度上制约了实验教学的发展。

5. 实验制度体系不完备

由于旅游管理专业的实验教学长期以来处于边缘状态,其实验教学体系的内容不太明确,制度体系也不完备,使得实验教学缺少相应制度保障。

三、旅游管理专业能力标准及体系

(一)旅游管理专业能力标准

旅游管理专业实验课程教学体系设计应立足社会发展需要,满足学生未来从事的职业岗位需求和自身发展的需要,紧密围绕学生的能力培养进行建设,系统构建以旅游行业通用能力为基础、以专业能力为重点、以综合能力为核心、以创新创业能力为突破的能力指标体系。

1. 行业通用能力

行业通用能力是以厚基础、宽口径为特点,培养学生具有更广泛的适应性,这也是旅游管理专业学生应具备的基础性能力。主要包括表达能力(口头、书面)、管理能力、财务能力、数据分析能力、信息处理能力等。

2. 专业能力

专业能力是以职业岗位要求为依托,口径相对较窄,培养学生解决实际工作中的问题,具有极强的针对性,是一种强调专业应用性为主的技术性能力,也是最能体现旅游管理专业属性和特色的一种能力,是专业建设中应该重点培养的必备能力。主要包括岗位适应能力、服务操作能力、组织协调能力、控制能力、营销与策划能力、社交公关能力、处理突发事件的应变能力等。

3. 综合能力

综合能力是许多职业可以通用的，具有普遍性和可迁移性，它使学生能够迅速适应岗位变化，顺利进行新的职业活动，是旅游管理专业的核心能力或关键能力。主要包括人际沟通的能力、情绪控制能力、变通能力、计算机应用能力、外语交流能力、团队合作能力、独立解决问题的能力、学习能力、培训能力等。

4. 创新创业能力

创新创业能力要求学生不仅会模仿、会学习，而且应超越自我，强调打破常规、突破传统，以独特的、别具一格的方式拓展发展空间，保持自己的先进性，包括洞察能力、批判能力、思考能力、探索能力、创造能力等。

上述能力指标体系中四大能力的相互关系如图1所示。行业通用能力具有较强的外延性和能力宽度，凡是经济管理类的课程任何专业都应熟悉并掌握，具有普遍性和通用性，同时为专业学生将来跨行业、跨专业发展提供了可能和能力基础；专业能力则是在行业通用能力的基础上强调本专业与其他专业在能力类别上的差异化，具有本专业特有的甚至是独有的技术属性与要求，是专业存在与发展的根本所在，也是旅游管理专业学生的必备能力和实验课程教学应该重点培养的主要能力；综合能力则是学生知识、素质、技能、经验等多种能力要素累积到一定程度而形成的具有较高知识性和技术性的能力，是决定学生将来职业发展速度与空间的关键性能力，属于高层次的能力标准；创新创业能力是当代大学生顺应时代潮流，不走寻常路，自主创业，创造性发展的一种重要能力，具有典型的时代烙印，是一种个性化的能力，不强调普遍性。

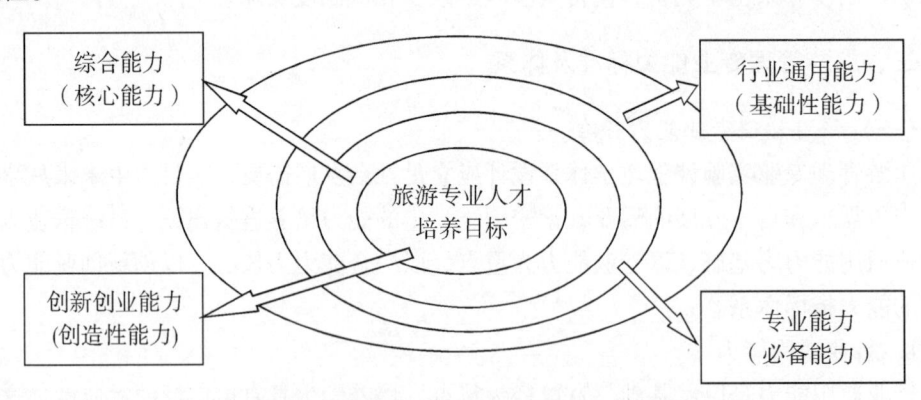

图1 旅游管理专业能力指标相互关系图

（二）旅游管理专业实验教学体系构想

1. 实验环境体系

旅游管理专业实验环境体系主要由两部分构成：校内实验环境与校外实验环境。校内实验环境为校外实验环境提供必要的基础支撑条件，校外实验环境是校内实验环境的延续。

(1) 校内实验环境

校内实验环境主要是指校内实践教学基地，主要是为学生专业岗位职业技能技术训练服务，是各专业课程实验教学活动和技能考核的主要场所。校内实验环境通常由一系列培养学生旅游业从业基本素质与能力的模拟实验室构成。其中，模拟导游实验室主要培养学生旅行社企业各方面就业能力，如导游讲解能力等；形体礼仪实验室主要培养学生个人形象塑造及基本的待人接物能力；模拟酒吧、模拟餐厅、模拟客房、模拟前厅、西式面点、茶艺（道）实验室主要培养学生星级酒店一线服务及基层督导技能；酒店管理控制中心主要培养学生利用计算机处理酒店各种信息的能力。

(2) 校外实验环境

校外实验环境是指校外实验教学基地，即与旅游相关的各类企业，对旅游管理专业而言主要是星级酒店和旅行社。在校外实验教学过程中，学生可以直接参加生产和实际工作，以"准员工"的身份顶岗实习。校外实验环境体系的建设对旅游管理专业的实验教学具有非常重要的意义，校内实验教学基地受环境所限，其操作或管理大都是模拟性质，不能够提供"全真"的工作环境，学生不能够获得真实体验，实验效果及能力培养均受到影响。而校外实验教学基地所提供的实验教学环境是全面的、真实的，能够强化理论知识的综合运用，能够强化产学研的结合，对学生的专业技能、职业素养、管理能力等综合素质的养成具有不可替代的作用。

2. 实验教学师资队伍体系

缺乏实践经验的专业教师是制约旅游管理专业实验教学的"瓶颈"。实验队伍体系应由业务优良、数量适当、结构合理、层次较高、相对稳定、具备"双师型"素质的实验室工作队伍组成，才能确保实验开设率、更新率与开放率，发挥实验教学的特色与效益，才能保证完成实验教学、科学研究和社会服务任务。当前实验室队伍建设的主要目标是努力提高人员素质，特别是骨干教师和实验指导人员的素质。其具体的培养途径可通过学术交流、培训、进修等措施，持续提高实训人员业务水平和管理能力，或采用激励机制，鼓励现有实验人员深入酒店、旅行社企业实地学习，掌握旅游行业最新动态和发展趋势。同时，也可鼓励实验人员对旅游管理专业的实验项目进行研究创新，突出其科学性、合理性和适度超前性以达到产学研的相互促进。

3. 实验教学内容体系

实验教学内容体系应根据专业培养目标，将原分散在理论课中的单项实验和一些分散的实验课程统筹安排，优化整合，按认识和能力提高循序渐进的原则，分层次（或分阶段）安排实验内容，各个层次有明确的能力培养定位，分别以基础性实验、综合性实验、创新性实验和科研性实验为主，使实验内容自成体系，后一层次以前一层次为基础。

4. 实验制度体系

实验制度体系主要是指管理制度、运行制度、安全制度、文档管理制度等规范旅游管理专业实验教学的规章制度，实验制度体系能够确保旅游管理专业实验教学的顺利进行。具体而言，就是结合高校实验教学管理系统和专业实验室管理的各个环节，一方面完善校内实验教学管理机制，建立岗位责任制，加强规范化、网络化管理，同时对有条件的模拟实验室实行开放式管理；另一方面加强校外实验教学基地的建设和评估，主要是校外实践教学基地的选择、实验指导人员的配备、实习生的管理三方面。

四、与专业能力指标对应的实验项目和课程体系

从提高学生综合素质、创新精神、实践能力的要求出发，需要在旅游管理专业教学过程中把实验课程教学作为一个相对独立的教学体系加以强化，在专业能力指标体系的基础上系统构建现代旅游教育实践课程体系的基本框架。从国内外旅游与酒店管理专业实践课程教学的研究成果和实际教学运行来看，结合我校旅游管理专业发展的具体情况，旅游管理专业实验课程教学中的实验项目与课程体系可以根据本专业的行业通用能力、专业能力、综合能力、创新创业能力的客观要求，分为基础性实验课程、专业性实验课程、综合性实验、创新创业实验四大模块，并在此基础上形成完善的专业实验课程体系。

（一）基础性实验课程模块

基础性实验课程模块具体包括管理学实验、会计学实验、统计学实验、管理信息系统实验、经济学基础实验等，主要教学目的和实验功能是使学生获得一般性行业通用的实践知识和基础能力，并具备从事旅游业所需的基本实践知识和素质，为学生继续深化理论学习和技能学习奠定坚实基础。

表1　　　　　旅游管理专业行业通用能力指标及对应实验课程表

能力类别	实验模块	能力标准	实验课程	课程类别
行业通用能力	基础性实验	管理能力	管理学实验	学科基础
		会计与财务能力	会计学实验	学科基础
		数据统计分析能力	统计学实验	学科基础
		信息分析与应用能力	管理信息系统实验	学科基础
		宏观、微观经济分析能力	经济学基础实验	学科基础

（二）专业性实验课程模块

专业性实验课程模块具体包括旅游管理专业课程实验和实习基地实训，其中课程实验主要有旅游资源规划与开发实验、导游业务实验、旅游管理信息系统实验、旅游市场调研与预测实验等。实习基地实训主要包括旅游管理专业认知实习、饭店经营管理专业实习、暑期景区、酒店专项实习等。该实验教学模块遵循教育的基本规律，循序渐进地引导学生实现由理论到实践、由通用能力向专业能力的过渡，强调学生的专业优势和职业发展必备技能，有较强的针对性和实用性。

表2　　　　　　　　　旅游管理专业专业能力指标及对应实验课程表

能力类别	试验模块	能力标准	实验项目	实验课程	课程类别
专业能力	专业性实验	①策划能力 ②规划能力 ③产品设计能力 ④软件操作能力	①旅游项目策划 ②景区景点规划 ③旅游产品设计 ④规划软件使用	旅游资源规划与开发实验	专业基础
		①表达讲解能力 ②组织策划能力 ③沟通能力 ④管理协调能力	①导游讲解 ②旅游线路与产品策划 ③模拟导游实训	导游业务实验	专业主干
		①信息系统的运用能力 ②数据分析处理能力	①信息收集、处理、分析 ②旅游信息系统分析与设计	旅游管理信息系统实验	专业主干
		①市场调研能力 ②市场分析能力 ③市场预测能力	①调研方法 ②数据分析 ③预测、决策方法	旅游市场调研与预测实验	专业主干

（三）综合性实验模块

综合性实验模块主要包括两大组成部分：其一是旅游管理专业"3+2"人才培养模式实践教学活动。针对旅游管理本科三年级学生实施一周前三天在学校进行专业理论课程学习，后两天在酒店或旅行社进行顶岗操作。其二是毕业综合实习。在充分考虑大四学生的就业意向和职业取向的前提下，组织安排针对性和目的性很强的实践活动，培养学生的社会适应能力和独立解决实际问题的能力，帮助学生在观念和行为上逐步实现由学校向社会、由学生向行业职业人才的转变，使学生毕业后能迅速适应新的工作环境，并快速得到成长。

表3　　　　　　　　　旅游管理专业综合能力指标及对应实验项目表

能力类别	实验模块	能力标准	实验项目	对应课程	实验基地
综合能力	综合性实验	①动手操作能力 ②知识转化能力 ③服务沟通能力 ④人际关系能力	旅游管理"3+2"创新人才培养模式实践教学	饭店管理、前厅管理、客房管理、餐饮管理、饭店市场学、导游学、旅行社经营与管理等	重庆希尔顿、万达艾美、皇冠假日、洲际、重庆中旅、远洋旅业等
		①高级服务能力 ②经营管理能力 ③人际关系能力 ④督导能力	毕业综合实习	饭店管理、前厅管理、客房管理、餐饮管理、饭店市场学、导游学、旅行社经营与管理等	重庆希尔顿、万达艾美、皇冠假日、洲际、重庆中旅、远洋旅业等
		①社会调研能力 ②团队协作能力 ③自立能力	社会实践		重庆仙女山、金佛山、黑山谷等
		①障碍超越能力 ②自我挑战能力 ③团队合作能力	素质拓展		

(四) 创新创业实验模块

创新实验教学主要包括学生的学年论文、毕业论文以及学生科研活动，使学生通过一定的专业积累，能对旅游管理专业和旅游行业中具有前瞻性和现实意义的一些领域提出自己独创性的见解，要求学生进行具有创新性的工作。研究成果可以用论文的形式在专业期刊上公开发表，或者鼓励学生参与到老师所进行的专业课题研究中，在专业理论研究或实践方面取得一定的突破性成果。创业实验主要安排在相关课程的学习过程中，调动学生的创业兴趣与热情，以自主经营的方式选择合适项目进行投资经营，利用校园创业投资小、风险可控的优势孵化培育经营人才和项目，培养学生自力更生、独立自主、进取开拓的意志品质，开发学生的经营智慧和经营才能。

五、重构后的旅游管理专业实验课程体系及其在人才培养方案中的体现

（一）旅游管理专业实验课程体系的层次设计

在遵循学生能力培养由低到高、循序渐进的教育思路的基础上，针对不同学习阶段的学生应掌握与之匹配的知识、具备相应的专业素质和多种能力的客观要求，我们对旅游管理专业实验课程体系进行了重新梳理与构建，将旅游管理专业实验、实训、实习在人才培养方案中进行合理安排，科学地设计旅游管理专业实验课程教学体系的不同环节和层次，使之时间上无缝对接、环节上相互衔接、功能上互为补充，最终形成体系完整、由低至高、层次分明的实践教学体系（如图2）。

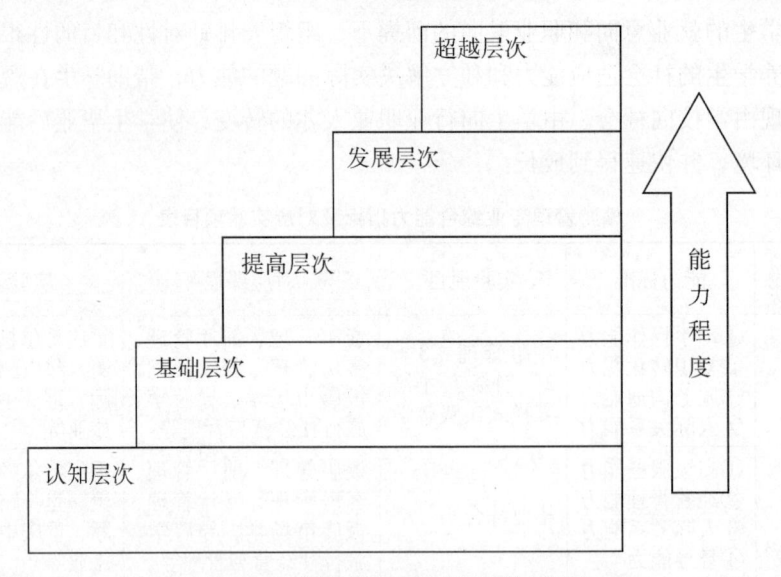

图2 旅游管理专业能力层次发展图

1. 认知层次实验课程

主要包括安排组织学生到重庆附近景区和市区高星级酒店进行参观见习活动。主要适合对象为刚跨入大学阶段的新生，由于新学生对高等教育和大学生活知之甚少，为帮助他们尽快适应大学生活与学习，增进对旅游管理专业的了解和认识，提高学生的专业认同感，加强认知层次实验课程教学活动能有效激发学生对专业的强烈兴趣和

热爱，并使之顺利过渡到相对独立的大学学习生活。

表4　　　　　　　　旅游管理专业认知层次实验课程表

能力层次	实验课程/项目	对应课程	实验基地
认知层次	景区资源调研	旅游学概论	北碚缙云山—合川钓鱼城景区
	酒店参观考察	专业教育	市区高星级酒店

表5　　　　　　旅游管理专业基础层次学科基础实验课程表

能力层次	实验课程	对应课程	课程类别	实验基地
基础层次	管理学实验	管理学原理	学科基础	校内实验室
	会计学实验	会计学	学科基础	校内实验室
	统计学实验	统计学	学科基础	校内实验室
	管理信息系统实验	管理信息系统	学科基础	校内实验室
	经济学基础实验	经济学	学科基础	校内实验室

2. 基础层次实验课程

基础层次实验课程具体包括以学科基础课程为主的管理学实验、会计学实验、统计学实验、管理信息系统实验、经济学基础实验等，主要教学目的和实验功能是使学生获得一般性行业通用的实践知识和基础能力，并具备从事旅游业所需的基本实践知识和素质，为学生继续深化理论学习和技能学习奠定坚实的基础。此外，专业实践性素质课程、专业课程案例教学、课程实践教学（设计）以及为取得相应的职业、技术等级资格证书而设置的培训内容，其对应的功能是使学生获得一般的通用性的实践知识，并具备从事旅游业所需的基本的实践知识和素质。此阶段学生获得的仅仅是相关实践知识和普通技能，但它是学生继续深化理论学习和岗位实习的前提和基础。可分为学科基础课程群、专业素质拓展课程群、课程案例教学和课程实践教学（设计）课程群、职业资格培训等。

（1）学科基础课程群：重点塑造学生的基本素质和行业通用能力。

（2）专业素质拓展课程群：主要培养学生沟通、交际等方面的能力，能从整体上提升学生的综合素质。

（3）课程案例教学和课程实践教学（设计）课程群：实际相当于模拟实践环节，主要涉及的课程有旅游市场营销学、饭店策划、饭店战略管理、饭店前厅与客房管理、餐饮管理、酒品与饮料、旅行社经营管理、导游业务、旅游礼仪、景区管理、旅游资源开发与规划、旅游心理学、旅游企业（饭店）人力资源管理、饭店服务与质量管理。每门课程根据教学内容设计安排多个经典案例进行教学，并视课程性质安排适当的课程设计环节。

（4）职业资格培训：包括为取得导游、饭店职业经理人等资格而设置的培训内容。学生根据个人特长与兴趣选修不同的培训内容。

表6　　　　　　　旅游管理专业基础层次专业素质实验课程表

能力层次	实验课程	对应课程	课程类别	能力要求
基础层次	外语口语	大学英语	公共课	强调应用型口语训练
	形体训练与礼仪	旅游礼仪	专业主干	酒店、餐饮等服务设计
	应用文写作	应用文写作	公共课	旅游公文、计划文本的写作

3. 提高层次实验项目

校内模拟岗位实习和校外旅游企业岗位实习，分别为该层次的第一阶段和第二阶段。其对应的功能是从模拟环境（第一阶段）到真实的企业运营环境（第二阶段），使学生逐步获得旅游企业某一个或某几个具体岗位的实际服务操作技能，基本具备独立上岗的能力。

第一阶段：校内模拟岗位实习。这是与各类理论课教学密切相关、衔接紧密的实践教学环节。课堂讲授的理论和对真实场景的描述可以迅速通过校内实验室的模拟得到理解和确认。

第二阶段：校外旅游企业岗位实习。这是在模拟岗位实习的基础上通过在校外旅游企业短期的实际岗位操作实习掌握相关技能。包括在饭店、旅行社、旅游景区等旅游企业的短期实习。具体可有两种方案：方案一：可安排在相应课程群（组）理论课基本结束之后集中进行，时间约2个月。学生根据各自专业方向分别选修在饭店、旅行社和景区的实习内容。校外企业以周边实践基地为主，就近安排。方案二（主要适合饭店管理方向）：学校与校外旅游企业按互利原则建立深度合作协议，实施"3+2"办学模式。即在主要专业课程学习阶段（一般为第三学年上下学期），学生每周前3天在学校完成专业理论课程的学习，后2天在合作饭店完成相应的岗位实习。每周为期2天的饭店岗位实习又可分两部分进行，先由学校教师和饭店培训教师根据所学专业课程（群）内容，结合岗位实际，设计岗前培训内容并组织对学生的培训（侧重管理实践）。这主要是针对本科学生而设计，强化学生对企业宏观管理的认识理解和实际掌控能力，以区别于较低层次的纯技能型人才。其后则是学生在饭店具体的岗位实习过程（侧重服务操作技能实践），学生通过近1学年的有组织的系统性培训和实习，初步了解、熟悉并掌握旅游企业常规岗位的操作技能和经营管理的一般流程、方法与理念。目前我院已开展和重庆万达艾美酒店、重庆希尔顿酒店（均为5星）等的合作，并已在2008级、2009级饭店方向班学生上实施。

4. 发展层次实验项目

发展层次实验项目主要包括较长时间的企业毕业实习和行业综合实习。其对应的功能是使学生能较全面地接触旅游行业和企业，熟悉和掌握某类旅游企业（饭店、旅行社或旅游景区等）大多数岗位的服务操作技能、流程和企业相关管理经验、技巧、思想等，同时熟悉旅游行业运行的一般规律与流程，能独立处理经营中常见的突发事件和矛盾，并具有发现问题，提出建设性建议的能力。这是在所有专业课程学习结束后进行的更加开放的校外实习过程，实习地点和单位可以是在旅游业相对发达和成熟的地区，并积极向国外拓展，争取国际合作机会。实践岗位则应覆盖相关行业企业的大多数岗位。学生可以通过这一阶段的实践较全面地检验所学理论知识，提高行业适应能力。具体形式可根据学生的意愿集中安排或分散进行实习。学生可根据各自专业方向（饭店、旅行社和景区管理三个方向）分别选择在饭店、旅行社和景区实习。

5. 超越层次实验项目

毕业论文设计与写作，这是专业实践的最高阶段，也是学生完成理论—实践—理论循环的认识和理解过程。因此，毕业论文或设计的选题应和学生综合实践的过程及专业理论密切相关，并与毕业实习（行业综合实习）同步启动。

（二）以能力为导向的旅游管理实验教学体系设计

旅游管理专业实验课程体系在经过多年的研究与实践中，逐步趋于完善，既形成了与理论教学相互对应、密切联系的专业教学体系，又能与专业理论教学各自成为独立的体系。在专业人才培养方案中，为确保专业实验实训的落实和顺利实施，按照学生能力要求的不同与能力发展的递进层次，科学搭建起各实验课程的教学活动安排与执行进度要求，形成了具有旅游管理专业特色、符合行业发展需要的专业实验课程，实训、实作的一体化培养方案，并直观展现出专业实践教学的建设思路与先进观念，突出旅游管理专业实验课程在专业人才培养方案中的核心地位，构建了以能力为导向的旅游管理专业实验教学新体系，进一步确保了专业人才的培养规格与职业品质（见图3）。

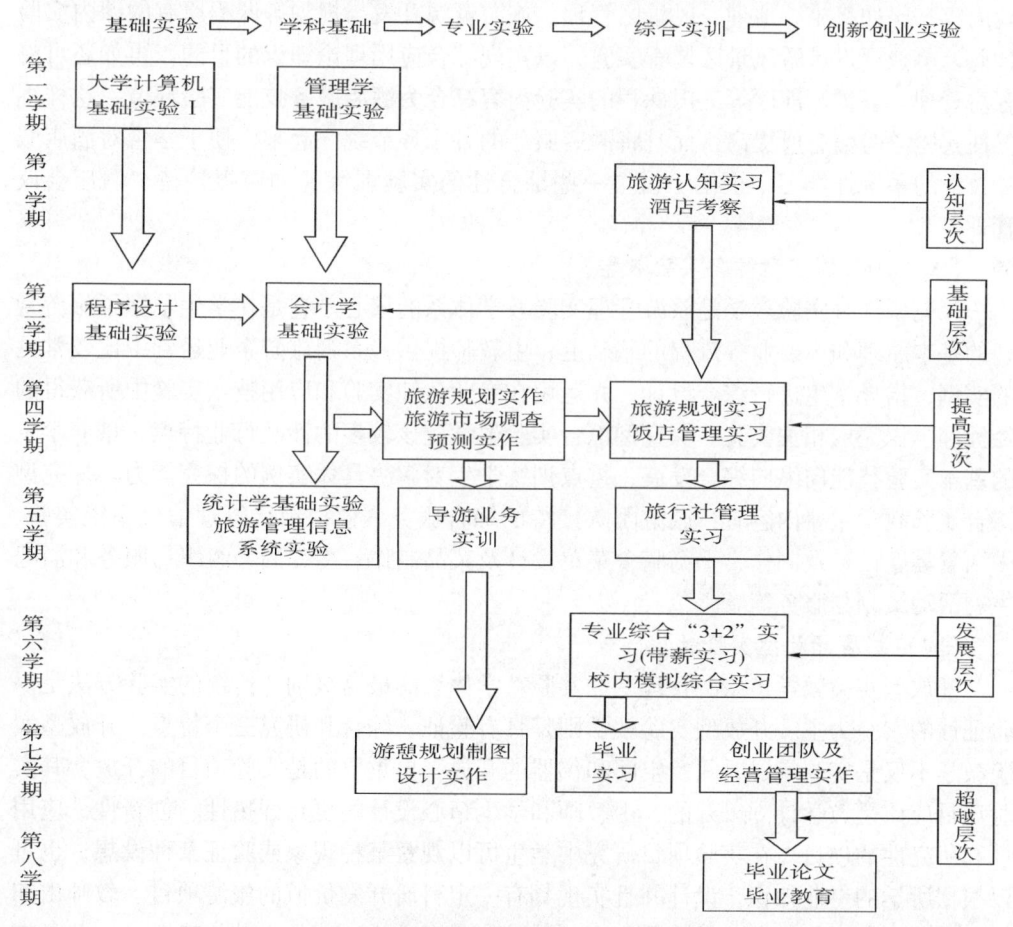

图3 旅游管理本科专业实验实训流程图

六、以能力为导向的旅游管理专业实验教学体系的改革策略

（一）开展专业认知与应用能力为主的实验教学

专业认知与应用能力为主的实验教学是旅游实验教学体系的基础。专业认知实验教学的主要目的是加深学生对旅游企业基本工作项目、环境的感性认识，培养学生基本的职业素养；应用能力为主的实验教学是专业认知实验与相关理论教学课程进行内部纵向综合后，进一步与实践相接轨的基础性实验教学。该实验教学可以训练学生的实践动手能力和基本的科学探究思维能力，进一步培养学生的专业兴趣，加强学生对旅游企业所需基本操作技能的了解和掌握。应用实验教学的主要内容有：中西餐宴席摆台及服务、酒吧服务与调酒、客房综合服务和模拟客房预订及结算系统实验、模拟导游讲解等。应用能力为主的实验应该在重点、反复培养学生实际操作基本功的同时，尽可能多地将现代旅游企业中最新的服务模式和产品以实验的形式加以介绍。实验的方法主要是演示、观察、验证。

（二）调整原有的实验内容体系

实验内容体系应根据专业培养目标，将原分散在理论课中的单项实验和一些分散的实验课程统筹安排、优化整合，按认识和能力提高循序渐进的原则，分层次安排实验内容。比如将旅游地理、风景区管理、旅游资源开发与规划等课程原有的课内实验合并，单独开设旅游风景区调查实验，以实现综合应用理论知识的目的。再如还可将客房管理、餐饮、前厅等三门课程的实验内容综合为酒店服务技能实验环节，这样不仅使实验学时数有所提高，而且将酒店服务的各个环节统一起来，便于学生对酒店服务技能的系统性学习，也便于设置一些综合性的实验训练（如模拟接待、酒店会议管理等）。

（三）加强探究型综合实验教学

探究型综合实验教学是旅游管理实验教学体系的核心。它是在学生掌握了旅游管理的基本原理和主要业务流程的基础上，由教师提供一系列旅游企业运营中比较常见的实例，指导学生进行综合设计，并运用在专业认知实验和应用技术实验中所获得的经验和学识完成相关实验。探究型综合实验教学应该较多的涉及行业特点，培养学生的基本实验技能向纵向综合发展，重点训练学生对解决具体实例的探究能力。探究型综合实验教学主要内容有：旅游团队接待的综合服务、模拟饭店管理信息系统实验、中西餐宴席设计及制作、平衡膳食菜单设计及菜品制作、冷餐酒会组织与服务和酒吧主题活动策划与服务等。

（四）拓展开放型实验教学

开放型实验教学是旅游管理专业实验教学体系的最高级别。传统的实验方法是以验证性的实验为主。开放型实验教学则是具有验证、综合和研究三个特点。开放型实验教学不仅是实验室、时间、空间和仪器的开放，更重要的是实验项目的开放，其实验项目应该是教学计划以外的，由教师和学生精心设计的更具开拓性、创新性、应用性和研究性的项目。在实验项目研究中学生可以观察某种现象或验证某种设想，也可以根据所学的专业知识，设计并且实现具有一定科研开发价值的旅游项目。教师由知识的传输者变为指导者，学生从知识的被动接受者变为知识的主动构建者。一些具有

代表性的旅游管理开放实验项目有：餐厅布局与服务动线设计、鸡尾酒调制创新、客房清洁的动作研究与工作效率提高、基于互联网络的饭店产品预订和饭店管理信息系统主要资讯的整合以及中国烹饪古籍菜肴的挖掘与整理等。

（五）加大对实验室的投入

实验室是开展实验教学的基础条件，其建设应基于旅游业和社会的实际需要，以培养学生专业技术应用能力为主旨，努力形成与一线工作相一致的真实的职业环境，为提高学生的实践能力和适应能力服务。可依据自身资金状况，分批分阶段的建设旅游管理专业实验室。首先应集中力量投入建造模拟前厅、客房、餐饮等旅游管理专业急需的实验场所，利用现有的机房和多媒体设施，通过安装相应软件开展模拟导游、旅游电子商务等实验，在此基础上，逐步建立模拟酒吧、茶艺、形体礼仪训练、旅游资源规划与开发等实验室，还可引入虚拟现实技术，以获得更好的实验效果。在实验室的设备配备上，可遵循先简后奢的原则，先满足基本需要，再通过渐次安装功能模块的方式，提升扩展实验室的功能。值得注意的是，加大对旅游管理专业实验室的投入并不是意味着面面俱到，贪大图全，学院要根据人才培养目标、学生实际就业方向与层次，权衡取舍，找准定位，突出自身的优势，最终形成自己的办学特色。

（项目负责人：胡波　项目组成员：王宁　邱继勤　李艳娜　毛勇　许曦 等）

统计学专业能力导向实验教学体系建设研究

重庆工商大学数学与统计学院统计学系

一、背景

根据《国家中长期教育改革和发展规划纲要（2010—2020年）》和《国家中长期人才发展规划纲要（2010—2020年）》的精神，我国高等教育需要加大对学生的实践实验能力培养。同时，我校国家级示范中心——经济管理实验教学中心针对国家的发展规划，结合我校实际，对我校的经济管理各专业的实验课程体系进行一系列的改革和优化。在这个背景之下，统计学专业作为经济管理的核心基础专业，如何更加合理的建设好实验课程，为经济管理各专业服务好，是新时期统计学专业发展的重要使命。为此，统计学专业同仁齐心协力，集思广益，努力建设好统计学专业实验课程体系。

二、统计学专业能力需求调研

为了充分体现《国家中长期教育改革和发展规划纲要（2010—2020年）》和《国家中长期人才发展规划纲要（2010—2020年）》的精神，根据我校经济管理实验教学中心的要求和本专业发展的需要，项目组对统计学专业的人才培养与能力需求进行了一系列的调研。

首先，针对目前统计学人才的社会需求进行了调查。分别从政府部门、企事业单位和市场三方面进行了调研，其需求分布如下图1所示：

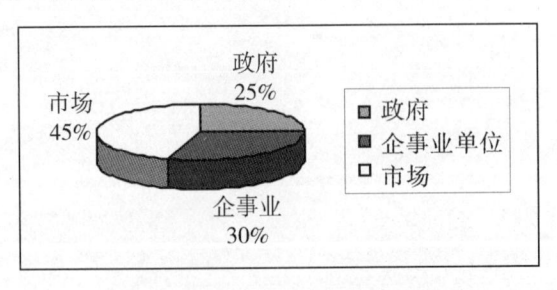

图1 统计学专业人才需求分布

其中政府部门需求占25%，企事业单位需求占30%，市场的需求占45%。从中可以看出，统计学专业的人才需求培养大多数针对企业和市场。

其次，针对目前统计学专业能力的社会需求进行了调查。分别从统计学专业能力的四个水平层次：统计入门水平、统计调研水平、统计分析水平和统计高端水平进行了调研。发现社会对统计人才的能力水平需求参差不齐。

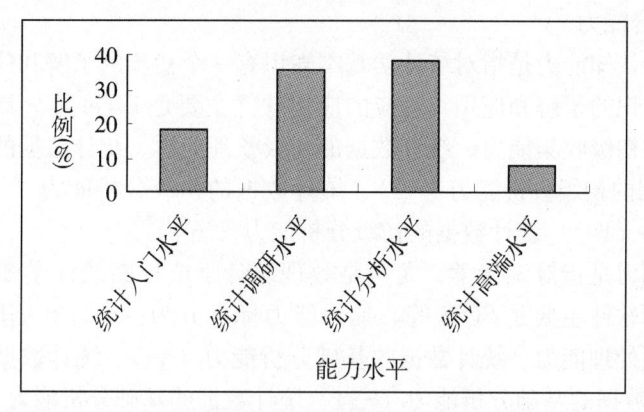

图2 统计学人才能力水平需求

从调研中可以看出，社会对统计人才的需求主要集中在调研人才和基本分析人才的需求上。说明目前我国的统计水平相对还是较为落后，统计人才的能力培养重在基础性能力的培养。

最后，对统计人才的就业渠道进行了调研。根据近五年我校统计学专业本科学生的就业情况进行了调研分析，其就业单位主要集中在政府部门、银行系统、证券公司、调研公司、大型企业、中小型企业和自主创业等。其分布情况如下图：

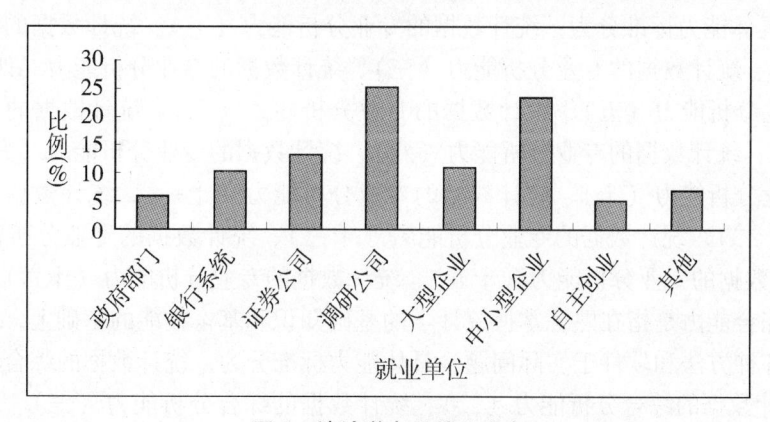

图3 统计学专业就业分布

从就业的分布情况可以看出，统计学专业的学生主要集中在调研公司和中小企业等部门，这是目前学生的主要就业渠道。如何使统计专业的学生更好地服务于政府和大型企业的经济分析，是未来培养的一个方向。

三、统计学专业能力标准及体系构建

针对统计学专业人才培养目标和社会的需求水平，通过专家和统计学师生的讨论，对统计学专业人才培养能力类别分为四个大类：

1. 统计认知能力
2. 统计基础能力
3. 统计专业能力
4. 统计综合能力

其中，统计认知能力是指对统计学基本知识有一个初步的了解和应用，主要是对描述性统计学知识的了解和应用。对应的应用软件主要是 Excel 等。具体能力标准分为：统计数据的初级收集能力、统计数据的初级整理能力、统计数据的初级分析能力（一）、统计数据的初级分析能力（二）、统计数据的初级分析能力（三）、统计数据的初级分析能力（四）、统计数据的初级分析能力（五）。

统计基础能力是指对统计学，尤其是数理统计学或推断统计学知识的掌握和应用。对应的应用软件主要是 SPSS 等。具体能力标准分为：统计数据库的建立能力、统计数据库的预处理能力、统计数据的基础分析能力（一）、统计数据的基础分析能力（二）、统计数据的基础分析能力（三）、统计数据的基础分析能力（四）、统计数据的基础分析能力（五）、统计数据的基础分析能力（六）、统计数据的基础分析能力（七）、统计数据的基础分析能力（八）、统计数据的基础分析能力（九）、统计数据的基础分析能力（十）、统计数据的基础分析能力（十一）、统计数据的基础分析能力（十二）、统计数据的基础分析能力（十三）、统计数据的基础分析能力（十四）统计数据的基础分析能力（十五）、统计数据的基础分析能力（十六）。

统计专业能力是指在描述性统计学和数理统计学的基础知识掌握下，更进一步对统计学相关的知识和领域进一步的掌握和应用。对应的应用软件主要是 EViews、SAS 和 R 等。具体能力标准分为：统计数据的专业分析能力（一）、统计数据的专业分析能力（二）、统计数据的专业分析能力（三）、统计数据的专业分析能力（四）、统计数据的专业分析能力（五）、统计数据的专业分析能力（六）、统计数据的专业分析能力（七）、统计数据的专业分析能力（八）、统计数据的专业分析能力（九）、统计数据的专业分析能力（十）、统计数据的专业分析能力（十一）、统计数据的专业分析能力（十二）、统计数据的专业分析能力（十三）、统计数据的专业分析能力（十四）、统计数据的专业分析能力（十五）、统计数据的专业分析能力（十六）。

统计综合能力是指在熟练掌握统计学的基础知识和基本技能的基础上，综合应用统计学的各种方法和软件于实际问题。具体能力标准分为：统计数据的综合分析能力（一）、统计数据的综合分析能力（二）、统计数据的综合分析能力（三）、统计数据的综合分析能力（四）、统计数据的综合分析能力（五）、统计数据的综合分析能力（六）、统计数据的综合分析能力（七）。

四、统计学专业实验项目体系

根据统计学专业的调研和人才能力培养标准体系，对应统计学专业实验体系如下：

根据统计认知能力的标准，对应于统计学专业的实验项目为：统计数据的初级收集能力——Excel 统计数据的搜集与整理、统计数据的初级整理能力——Excel 统计图表、统计数据的初级分析能力（一）——Excel 统计数据的描述、统计数据的初级分析能力（二）——Excel 长期趋势和季节变动测定、统计数据的初级分析能力（三）——Excel 相关分析、统计数据的初级分析能力（四）——Excel 回归分析、统计数据的初级分析能力（五）——Excel 综合实验。

根据统计基础能力的能力标准，对应于统计学专业的实验项目为：统计数据库的建立能力——建立数据库、统计数据库的预处理能力——数据库的预处理、统计数据的基础分析能力（一）——品质型数据的图表描述、统计数据的基础分析能力（二）——数值型数据的图表描述、统计数据的基础分析能力（三）——统计量的描述、统计数据的基础分析能力（四）——单样本 T 检验、统计数据的基础分析能力（五）——两个独立样本 t 检验、统计数据的基础分析能力（六）——配对样本 t 检验、统计数据的基础分析能力（七）——列联分析、统计数据的基础分析能力（八）——单因素方差分析、统计数据的基础分析能力（九）——多因素方差分析、统计数据的基础分析能力（十）——协方差分析、统计数据的基础分析能力（十一）——相关分析、统计数据的基础分析能力（十二）——简单线性回归分析、统计数据的基础分析能力（十三）——多元线性回归分析、统计数据的基础分析能力（十四）——曲线回归、统计数据的基础分析能力（十五）——时间序列分析、统计数据的基础分析能力（十六）——因子分析。

根据统计专业能力的能力标准，对应于统计学专业的实验项目为：统计数据的专业分析能力（一）——EViews 软件的基本操作、统计数据的专业分析能力（二）——多重共线性分析、统计数据的专业分析能力（三）——异方差性分析、统计数据的专业分析能力（四）——自相关性分析、统计数据的专业分析能力（五）——虚拟变量模型分析、统计数据的专业分析能力（六）——滞后变量模型分析、统计数据的专业分析能力（七）——联立方程模型分析、统计数据的专业分析能力（八）——分层随机抽样、统计数据的专业分析能力（九）——比率估计、统计数据的专业分析能力（十）——整群抽样、统计数据的专业分析能力（十一）——两阶段抽样、统计数据的专业分析能力（十二）——多元数据图示分析、统计数据的专业分析能力（十三）——多元正态总体检验、统计数据的专业分析能力（十四）聚类和判别分析、统计数据的专业分析能力（十五）——主成分分析与主成分回归、统计数据的专业分析能力（十六）——因子分析与综合评价、统计数据的专业分析能力（十七）——定类数据综合分析、统计数据的专业分析能力（十八）——典型相关分析、统计数据的专业分析能力（十九）——Logistic 回归分析、统计数据的专业分析能力（二十）——时序图与检验、统计数据的专业分析能力（二十一）——平稳时间序列建模、统计数据的专业分析能力（二十二）——ARMA 模型的预测、统计数据的专业分析能力（二十三）——非平稳时序模型分析、统计数据的专业分析能力（二十四）——含趋势的时序模型分析、统计数据的专业分析能力（二十五）——时间序列的季节性分析、统计数据的专业分析能力（二十六）——ARIMA 模型估计与预测、统计数据的专业分析能力（二十七）——GARCH 模型分析、统计数据的专业分析能力（二十八）——回归预测分析、统计数据的专业分析能力（二十九）——时间序列平滑预测、统计数据的专业分析能力（三十）——趋势曲线模型预测、统计数据的专业分析能力（三十一）——马尔柯夫预测、统计数据的专业分析能力（三十二）——线性规划决策、统计数据的专业分析能力（三十三）——GGM（1，1）灰色预测。

根据统计综合能力的能力标准，对应于统计学专业的实验项目为：统计数据的综合分析能力（一）——三个产业生产总值的描述性分析、统计数据的综合分析能力（二）——大学生月平均生活费的估计和检验、统计数据的综合分析能力（三）——我国人口总量的时间序列分析、统计数据的综合分析能力（四）——我国各地区职工工资的影响因素分析、统计数据的综合分析能力（五）——我国各地区农业发展状况研究、统计数据的综合分析能力（六）——重庆市信息产业的产业关联分析、统计数据的综合分析能力（七）——居民生活满意度分析。

五、统计学专业实验课程设计与体系构建

根据统计学专业的调研、人才能力培养标准体系和专业实验项目体系，对应统计学专业实验课程设计与体系构建如下：

根据统计认知能力的能力标准和专业实验项目：统计数据的初级收集能力——Excel统计数据的搜集与整理、统计数据的初级整理能力——Excel统计图表、统计数据的初级分析能力（一）——Excel统计数据的描述、统计数据的初级分析能力（二）——Excel长期趋势和季节变动测定、统计数据的初级分析能力（三）——Excel相关分析、统计数据的初级分析能力（四）——Excel回归分析、统计数据的初级分析能力（五）——Excel综合实验，对应的统计学专业实验课程为统计学实验。

根据统计基础能力的能力标准和专业实验项目：统计数据库的建立能力——建立数据库、统计数据库的预处理能力——数据库的预处理、统计数据的基础分析能力（一）——品质型数据的图表描述、统计数据的基础分析能力（二）——数值型数据的图表描述、统计数据的基础分析能力（三）——统计量的描述、统计数据的基础分析能力（四）——单样本t检验、统计数据的基础分析能力（五）——两个独立样本t检验、统计数据的基础分析能力（六）——配对样本t检验、统计数据的基础分析能力（七）——列联分析、统计数据的基础分析能力（八）——单因素方差分析、统计数据的基础分析能力（九）——多因素方差分析、统计数据的基础分析能力（十）——协方差分析、统计数据的基础分析能力（十一）——相关分析、统计数据的基础分析能力（十二）——简单线性回归分析、统计数据的基础分析能力（十三）——多元线性回归分析、统计数据的基础分析能力（十四）——曲线回归、统计数据的基础分析能力（十五）——时间序列分析、统计数据的基础分析能力（十六）——因子分析，对应的统计学专业实验课程为统计应用软件。

根据统计专业能力的能力标准和专业实验项目：统计数据的专业分析能力（一）——EViews软件的基本操作、统计数据的专业分析能力（二）——多重共线性分析、统计数据的专业分析能力（三）——异方差性分析、统计数据的专业分析能力（四）——自相关性分析、统计数据的专业分析能力（五）——虚拟变量模型分析、统计数据的专业分析能力（六）——滞后变量模型分析、统计数据的专业分析能力（七）——联立方程模型分析，对应的统计学专业实验课程为经济计量分析实验。

根据统计专业能力的能力标准和专业实验项目：统计数据的专业分析能力（八）——分层随机抽样、统计数据的专业分析能力（九）——比率估计、统计数据的专业分析能力（十）——整群抽样、统计数据的专业分析能力（十一）——两阶段抽样，对应的统计学专业实验课程为抽样调查技术实验。

根据统计专业能力的能力标准和专业实验项目：统计数据的专业分析能力（十二）——多元数据图示分析、统计数据的专业分析能力（十三）——多元正态总体检验、统计数据的专业分析能力（十四）聚类和判别分析、统计数据的专业分析能力（十五）——主成分分析与主成分回归、统计数据的专业分析能力（十六）——因子分析与综合评价、统计数据的专业分析能力（十七）——定类数据综合分析、统计数据的专业分析能力（十八）——典型相关分析、统计数据的专业分析能力（十九）——Logistic回归分析、统计数据的专业分析能力（二十）——时序图与检验、统计数据的专业分析能力（二十一）——平稳时间序列建模、统计数据的专业分析能力（二十二）——ARMA模型的预测、统计数据的专业分析能力（二十三）——非平稳时序模型分析、统计数据的专业分析能力（二十四）——含趋势的时序模型分析、统计数据的专业分析能力（二十五）——时间序列的季节性分析、统计数据的专业分析能力（二十六）——ARIMA模型估计与预测、统计数据的专业分析能力（二十七）——GARCH模型分析、统计数据的专业分析能力（二十八）——回归预测分析、统计数据的专业分析能力（二十九）——时间序列平滑预测、统计数据的专业分析能力（三十）——趋势曲线模型预测、统计数据的专业分析能力（三十一）——马尔柯夫预测、统计数据的专业分析能力（三十二）——线性规划决策、统计数据的专业分析能力（三十三）——GGM（1，1）灰色预测，对应的统计学专业实验课程为统计专业实验。

根据统计综合能力的能力标准和综合实验项目：统计数据的综合分析能力（一）——三个产业生产总值的描述性分析、统计数据的综合分析能力（二）——大学生月平均生活费的估计和检验、统计数据的综合分析能力（三）——我国人口总量的时间序列分析、统计数据的综合分析能力（四）——我国各地区职工工资的影响因素分析、统计数据的综合分析能力（五）——我国各地区农业发展状况研究、统计数据的综合分析能力（六）——重庆市信息产业的产业关联分析、统计数据的综合分析能力（七）——居民生活满意度分析，对应的统计学专业实验课程为统计综合实验。

六、统计学专业重点实验课程教学组织

根据统计学专业的调研、人才能力培养标准体系和专业实验项目体系及对应的统计学专业实验课程设计与体系构建，对统计学专业重点实验课程教学组织如下：

统计学实验是根据统计认知能力的能力标准和专业实验项目开设的统计学专业实验课程。该课程的建设主要由黄应绘教授和陈正伟教授领衔负责。

统计应用软件是根据统计基础能力的能力标准和专业实验项目开设的统计学专业基础实验课程。该课程的建设主要由李勇和刘翠霞领衔负责。

经济计量分析实验是根据统计专业能力的能力标准和专业实验项目开设的统计学

专业实验课程。该课程的建设主要由孙荣和杨爽领衔负责。

抽样调查技术实验是根据统计专业能力的能力标准和专业实验项目开设的统计学专业实验课程。该课程的建设主要由李红和杨炜明领衔负责。

统计专业实验是根据统计专业能力的能力标准和专业实验项目开设的统计学专业实验课程。该课程的建设主要由叶勇和杨宜平领衔负责。

统计综合实验是根据统计综合能力的能力标准和综合实验项目开设的统计学专业实验课程。该课程的建设主要由李红和吴东晟领衔负责。

七、与统计专业能力指标对应的实验项目和课程体系

表1　　　　　　　　统计专业能力指标对应的实验项目和课程体系

能力类别	能力标准	实验项目	实验课程	课程类别
能力一：统计认知能力	统计数据的初级收集能力	Excel 统计数据的搜集与整理	统计学实验	学科基础课
	统计数据的初级整理能力	Excel 统计图表		
	统计数据的初级分析能力（一）	Excel 统计数据的描述		
	统计数据的初级分析能力（二）	Excel 长期趋势和季节变动测定		
	统计数据的初级分析能力（三）	Excel 相关分析		
	统计数据的初级分析能力（四）	Excel 回归分析		
	统计数据的初级分析能力（五）	Excel 综合实验		
能力二：统计基础能力	统计数据库的建立能力	建立数据库	统计应用软件	专业主干课
	统计数据库的预处理能力	数据库的预处理		
	统计数据的基础分析能力（一）	品质型数据的图表描述		
	统计数据的基础分析能力（二）	数值型数据的图表描述		
	统计数据的基础分析能力（三）	统计量的描述		
	统计数据的基础分析能力（四）	单样本 T 检验		
	统计数据的基础分析能力（五）	两个独立样本 T 检验		
	统计数据的基础分析能力（六）	配对样本 T 检验		
	统计数据的基础分析能力（七）	列联分析		
	统计数据的基础分析能力（八）	单因素方差分析		
	统计数据的基础分析能力（九）	多因素方差分析		
	统计数据的基础分析能力（十）	协方差分析		
	统计数据的基础分析能力（十一）	相关分析		
	统计数据的基础分析能力（十二）	简单线性回归分析		
	统计数据的基础分析能力（十三）	多元线性回归分析		
	统计数据的基础分析能力（十四）	曲线回归		
	统计数据的基础分析能力（十五）	时间序列分析		
	统计数据的基础分析能力（十六）	因子分析		

表1(续)

能力类别	能力标准	实验项目	实验课程	课程类别
能力三：统计专业能力	统计数据的专业分析能力(一)	EViews软件的基本操作	经济计量分析实验	学科基础课
	统计数据的专业分析能力(二)	多重共线性分析		
	统计数据的专业分析能力(三)	异方差性分析		
	统计数据的专业分析能力(四)	自相关性分析		
	统计数据的专业分析能力(五)	虚拟变量模型分析		
	统计数据的专业分析能力(六)	滞后变量模型分析		
	统计数据的专业分析能力(七)	联立方程模型分析		
	统计数据的专业分析能力(八)	分层随机抽样	抽样调查技术实验	专业主干课
	统计数据的专业分析能力(九)	比率估计		
	统计数据的专业分析能力(十)	整群抽样		
	统计数据的专业分析能力(十一)	两阶段抽样		
	统计数据的专业分析能力(十二)	多元数据图示分析	统计专业实验	专业主干课
	统计数据的专业分析能力(十三)	多元正态总体检验		
	统计数据的专业分析能力(十四)	聚类和判别分析		
	统计数据的专业分析能力(十五)	主成分分析与主成分回归		
	统计数据的专业分析能力(十六)	因子分析与综合评价		
	统计数据的专业分析能力(十七)	定类数据综合分析		
	统计数据的专业分析能力(十八)	典型相关分析		
	统计数据的专业分析能力(十九)	Logistic回归分析		
	统计数据的专业分析能力(二十)	时序图与检验		
	统计数据的专业分析能力(二十一)	平稳时间序列建模		
	统计数据的专业分析能力(二十二)	ARMA模型的预测		
	统计数据的专业分析能力(二十三)	非平稳时序模型分析		
	统计数据的专业分析能力(二十四)	含趋势的时序模型分析		
	统计数据的专业分析能力(二十五)	时间序列的季节性分析		
	统计数据的专业分析能力(二十六)	ARIMA模型估计与预测		
	统计数据的专业分析能力(二十七)	GARCH模型分析		
	统计数据的专业分析能力(二十八)	回归预测分析		
	统计数据的专业分析能力(二十九)	时间序列平滑预测		
	统计数据的专业分析能力(三十)	趋势曲线模型预测		
	统计数据的专业分析能力(三十一)	马尔柯夫预测		
	统计数据的专业分析能力(三十二)	线性规划决策		
	统计数据的专业分析能力(三十三)	GGM(1,1)灰色预测		

表1(续)

能力类别	能力标准	实验项目	实验课程	课程类别
能力四：统计综合能力	统计数据的综合分析能力（一）	三个产业生产总值的描述性分析	统计综合实验	专业选修课
	统计数据的综合分析能力（二）	大学生月平均生活费的估计和检验		
	统计数据的综合分析能力（三）	我国人口总量的时间序列分析		
	统计数据的综合分析能力（四）	我国各地区职工工资的影响因素分析		
	统计数据的综合分析能力（五）	我国各地区农业发展状况研究		
	统计数据的综合分析能力（六）	重庆市信息产业的产业关联分析		
	统计数据的综合分析能力（七）	居民生活满意度分析		

八、重构后的统计学专业实验课程体系及其在人才培养方案中的体现

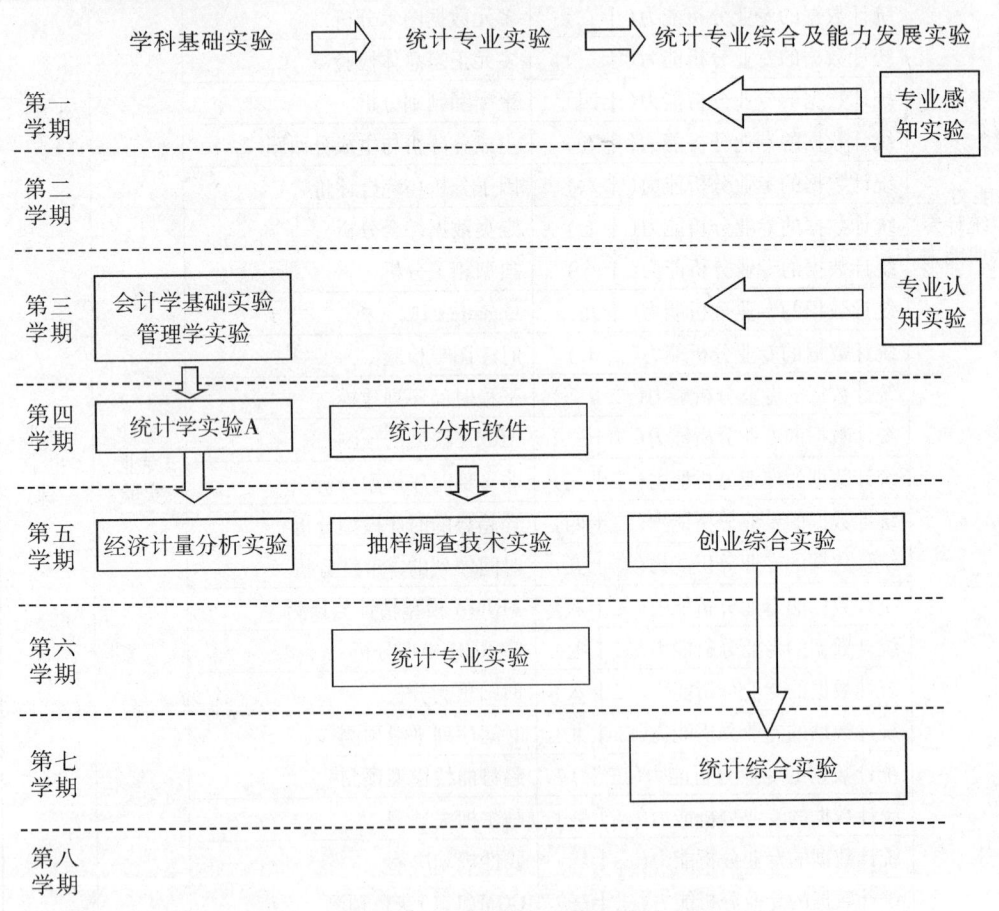

图4 统计学专业实验实训课程的先行后续关系

（项目负责人：李勇 项目组成员：黄应绘 叶勇 李红 张国强 孙荣 吴东晟 黄霞）

社会工作专业能力导向
实验教学体系建设研究

重庆工商大学社会与公共管理学院社会学与社会工作系

一、背 景

中国社会转型期涌现的大量社会问题给社会工作专业的发展带来了大好的机遇。社会工作作为一种人性化、科学化的管理和服务方式，在落实社会政策、了解群众需求、改进社会服务、协调利益关系、化解社会矛盾、增进社会和谐、推动社会进步等方面都有其独到的作用。培育具有社会工作专业知识和技能的人才队伍是实现和谐社会的重要保障。党的十六届六中全会提出：建设宏大的社会工作人才队伍；《国家中长期人才发展纲要（2010—2020年）》提出六支人才队伍的建设，其中提出2015年社会工作人才要达到200万，2020年要达到300万。社会工作专业人才培养迎来了广阔的发展前景，同时也面临着巨大的挑战。

中国社会工作专业经过近20年的努力，获得较大发展，但也存在不少问题，突出表现在实验教学环节薄弱，严重影响了社会工作专业人才培养的质量，制约了社会工作专业特色的发挥。社会工作是以解决现实社会问题为主的应用性学科，实践性、实务性是其最本质的属性和最突出的特征。社会工作专业的实务性取向使实验教学成为培养学生运用理论知识、掌握工作技巧、内化职业伦理的重要环节。因此，借鉴国内外经验，结合我校的实际情况，探索出具有社会工作专业特色的实验教学体系已是当务之急。

二、社会工作专业能力需求调研

（一）社会工作专业人才需求分析

社会工作专业人才是具有一定社会工作专业知识和技能，在社会福利、社会救助、扶贫济困、慈善事业、社区建设、婚姻家庭、精神卫生、残障康复、教育辅导、就业援助、职工帮扶、犯罪预防、禁毒戒毒、矫治帮扶、人口计生、应急处置、群众文化等领域直接提供社会服务的专门人员。社会工作专业人才是构建社会主义和谐社会、加强和创新社会管理不可或缺的重要力量。

随着我国经济体制的转变和社会结构的转型，人口老龄化、家庭结构小型化和农村城市化等一系列巨变的进程加快，整个社会对社会福利服务的需求呈现爆炸性增长，对社会工作人才的需求也日益迫切。根据国外社会工作人才占总人口的比重，结合我国实际情况，保守地推算，我国至少需要260万的社会工作人才。

重庆市正处于快速城市化的进程中，相应的人口规模产生的服务需求正日益高涨，建设社会工作人才队伍的要求也日益迫切。根据人口抽样调查数据推算重庆市2011年末常住人口为2 919万人，其中，城镇人口1 605.96万人，全市城镇化率为55.02%。如果按照国际通用的标准，以城镇人口的1/1 500，配备社会工作1/500人才，那么，城镇地区就需要专业社会工作者32 119名，这还不包括目前已经有的基层社会服务人员。

无论从全国还是从重庆看，社会工作人才需求巨大。目前，专业社会工作人才的培养主要依托于高校。因此，必须加快高校社会工作专业人才培养体系建设，培养大批社会急需的专门人才，提升我国高校社会工作教育的质量。高校的社会工作教育是培养专业社会工作人才的有效载体。在高校教育过程中，应克服目前的弊端，提升专业教师的实践能力和专业水平，把专业教育和社会实践紧密结合起来。由于社会工作教育是"舶来品"，还应注意"引进"和"本土化"相结合，借鉴国外经验和做法的同时将社会工作教育与我国的国情结合起来，科学设置社会工作教育课程体系，制定科学合理的培养标准，为社会需求提供人才保障。

（二）社会工作素质要求

根据社会工作职业化的需要、分析社会工作专业的特点，社会工作专业在本科阶段的培养目标应是实务型社会工作人才。实务型社会工作人才是指具有较扎实的专业理论功底和专业实践能力，能在社会工作价值观的引领下从事实务型社会工作（包括社会管理和社会服务）的专门人才。综合社会需求、专业特点及对社会工作服务机构调研，首先，实务型社会工作人才应该有比较高的政治素质，他们应该具备较高的政治意识，能够比较准确理解与领会党和政府在构建社会主义和谐社会方面的大政方针，能够通过他们具体的工作落实和谐社会建设的重要政治目标。其次，社会工作专业人才应该达到较高的专业化水平，即应该具备较高的专业知识和技能。当代专业社会工作是以知识和技能为支撑的专业化服务工作，它要求专业社会工作者应该具备扎实的专业基础知识，了解社会发展基本理论和前沿问题，熟悉政府和社会运行体系，熟练掌握政府各项社会政策，能够运用科学的研究方法进行各种社会调查，掌握心理疏导的基本理论和技能，并且具有较高的人际沟通能力等。再次，社会工作专业人才，应该具有鲜明的社会价值倾向，他们应该关注社会公平、关怀弱势群体、致力于解决社会问题。

三、社会工作专业人才培养能力体系建构

社会工作是以利他主义为指导，以科学的知识为基础，运用科学的方法进行的助人服务活动。社会工作的本质是一种助人活动，即以利他主义的价值观为主导的帮助他人的活动，其特征是提供服务。有效的社会工作专业人才培养模式必须满足社会需求目标，这是人才培养模式的内核和根本。造就一支结构和素质优良的社会工作人才

队伍，最终目的是满足社会需求，践行社会公平、公正，促进社会和谐发展。目前，中国对社工人才的需求主要集中在为老年人、残疾贫困人口等特殊群体提供服务和青少年心理咨询与服务、社区矫正等领域，迫切需要能直接服务于这些领域的有实务能力的专业人才。为此，社会工作专业人才培养能力体系建构主要应从三个方面来展开：一是认同专业价值；二是应用综合理论；三是提升实务能力。

（一）专业价值

社会工作是集价值伦理、理论知识和方法技巧于一体的专业，其中价值伦理处于核心地位。社会工作专业因其处理的是与人相关的问题，以助人为目标，因此，具有鲜明的价值伦理属性。社会工作专业伦理是指社会工作在实践过程中所包含的特定的价值观和信念。对社会工作专业而言，职业伦理就是一整套指导从事该专业的工作人员正确履行责任和义务并预防道德风险的行为规范。社会工作专业价值观所形成的职业伦理包括实际工作步骤的一般规则与标准，它规定社会工作者应该做什么和不应该做什么。

实务型社会工作人才只有认同并践行社会工作价值观并在价值观的引领下从事社会工作实务，才能实现社会工作的目标和功能。社会工作专业学生要掌握基本的价值观，同时也要处理好中西价值观的差异。社会工作旨在恢复人的社会功能，这其中包括三个层次：首先，解决具体困难，排除情绪困扰；其次，恢复自助能力，选择适当生活；再次，挖掘生命潜能，趋向自我实现。以上每一个层次的实现都需从业者在工作中不断进行价值观的培养与内化。

（二）理论运用

实务型社会工作人才需要有广博的理论视野。一方面，社会工作是一门综合性的应用科学，其理论基础具有综合性。在社会工作的理论体系中，除了从社会工作实践中总结出来的理论、方法和模式，还有大量的来自诸多相关学科的外借理论。社会工作者在社会工作实践中需要借助于社会学、心理学、经济学、管理学、法学等学科相关的理论和知识来分析问题和解决问题。社会工作学科的知识体系是开放的，它通过不断提炼、吸收那些有利于开展助人活动的知识来充实自己的内容。另一方面，社会工作对象和社会问题的复杂性，也决定了社会工作人才需要用宽广的理论视野和整合的方法分析问题、解决问题。随着社会的发展，社会问题也日趋繁多、复杂、多变，涉及面广，需要社会工作者能从跨学科的视角综合、系统地分析复杂社会环境下个体、群体和社区的问题，并从多个角度和层面用综合性的社会工作方法进行干预。这就要求社会工作者拥有宽广的知识面，掌握多学科的基础知识、多样的工作方法，并且能够综合地、灵活地运用这些知识和技能。

（三）实务能力

社会工作是一门以解决实际问题为宗旨的应用学科，社会工作学科提供的各种理论、方法、技术、技巧都是为解决社会问题服务的，所以对社会工作人才的实务能力要求很高。社会工作的职业化也要求社会工作人才能适应社会的需要，具有解决社会问题的能力。社会工作者在具有较广的知识视野和较高理论水平的同时，更应具备理论的应用能力,将社会工作理论践行于社会工作实务中。社会工作作为助人的职业,既需要从事具体服务的与人相关的专业技能,同时,也需要宏观层面上与各种组织相关的行政、计划、研究与评估等技能,这些能力是社会工作人才不可缺少的。社会工作是一项务实的专业,其价值核心是在实际生活中帮助受助对象和解决问题。社会工作者作为一种复合性的人才,在社会工作实务中不仅要面对面地直接与需要其帮助与服务的对象接触、互动,还需要作为案主的利益代表为他们奔走呼吁,争取社会资源,同时还承担改进和创新服务、沟通各社会机构及服务系统之间的网络、满足受助对象的社会需求的责任。社会工作者肩负多种任务的特性决定了要顺利高效地完成他们的工作,多方面高水平的综合能力是必不可少的。从我国目社会工作实践来看,社会工作者的实务能力主要包括社会交往能力、组织能力、适应能力和公关能力等。

1. 社会交往能力

社会工作是以人和社会为主要内容的专业。社会交往能力对社会工作者来说就尤为重要。高效的社会交往是完成日益艰巨复杂的社会工作任务的保障。这就要求社会工作者具备熟练、专业的社会交往能力。

社会工作的受助对象来自于社会的各个阶层、各种行业。与不同职业群体、不同社会阶层、不同年龄阶段、不同文化背景、不同生活方式的案主都能够达到有效的沟通,是社会工作者必备的素质。社会工作者所面对的不仅是需要帮助的人和群体,同时还需与提供帮助和服务的人与机构、团体交往。这些个人与群体是社会资源的占有者,可能是具有相当物质财富的捐赠人,或者是提供服务的各种社会机构,也可能为制定和执行社会政策的政府工作人员。因此,一名优秀的社会工作者在社会交往方面是多面手,能够合理、得体、娴熟地在社会资源的供需两端进行协调与联络,达到社会工作事业的目的。

2. 组织能力

社会工作的服务对象往往不是个人,如在团体社会工作与社区社会工作中服务对象是以群体出现的,社会工作者要结合成员各自的利益,根据团体的具体需要考查团体的发展,拟订工作计划,组织可以被大多数成员接受的活动项目。同时在活动开展的过程中,社会工作者应充分运用自己的组织能力领导和管理团体。社区发展的实际情况更需要社会工作者发挥自己的组织能力,通过在社区组织开展有效活动,增强居民的归属感和凝聚力。社会工作者是否具有较好、较强的组织能力对于其能否在社区顺利地开展工作有着决定作用。因此,社会工作者需具备很强的组织能力,在不同的工作环境中工作自如。

3. 适应能力

随着社会工作的服务范围从基本的生活领域拓展至更广阔的生活空间,工作内容的多样性已成为社会工作不同于其他职业的特点之一。从对受助对象单纯的救助到谋求他们的发展,社会工作者要在不同的时空里处理个人、群体、社区遇到的不同的社会问题。社会工作的服务对象与工作情况不像一般政府工作人员是固定不变的,而是存在着巨大差异。另外,就是与同一工作对象交往,服务对象可能会随着工作的进展其态度、行为发生变化。这些都要求社会工作者审时度势，随机应变，根据不同的工作情境与工作对象，选择正确合理的工作方法，制订科学的、具有可行性的活动计划与方案，做出适当的反映以达到工作的最佳效果。

4. 公关能力

由于社会工作是一个年轻的专业，因此并不为社会所熟知。向社会公众、社会团体、有关政府部门及其他专业介绍和提供社会工作专业的资料成为社会工作者的基本任务之一。同时，社会工作者要顺利地开展社会工作，也应获得广大群众在物质上的支持。以上任务的实现都要求社会工作者具备良好的公关能力，善于搞好社会工作的公共关系，引导与帮助广大群众对社会福利政策增强认识、加深了解。进一步得到广大群众对社会工作的关心与支持，获取广大群众对社会服务项目的支持与运用。

四、与社会工作专业人才培养能力相对应的实验教学体系构建

以"服务社会、服务他人、争取社会公正"为己任的社会工作专业，通过其助人的理念和系统专业的方法技巧，已在我国社会的各个领域发挥有效且不能替代的作用。中国社会工作正处在一个高速发展的时期，培养具备怎样素质、知识与能力结构的学生才是市场目前的所需，是制订人才培养计划时首先要认真考虑的问题。构建培养社会工作人才的实验教学体系时，必须坚持有利于激发学生形成学习和探索未知世界的主观能动性，有利于提高学生知识迁移、学用结合等实践活动的有效性，有利于引导学生培养科学的工作和学习作风及创新能力，有利于促进学生对整个学科体系全面而又深入的理解的原则。

（一）社会工作专业实验教学体系建设的必要性

社会工作是一门实践性和实验性很强的学科，十分注重实务与操作。当前社会工作专业大学生专业技能的培养主要是通过课堂教学、社会实践和实验室教学来完成，而实验课程教学体系因为其系统性、针对性、学习环境的可控制性等特点，在社会工作人才培养和专业教育中起着不可替代的作用。

1. 从社会工作专业发展来看

社会工作是一门应用性较强的专业，学生在学习理论知识的同时，更要接受系统实验方法和实验技能训练。社会工作实验教学体系为社会工作专业的发展提供了必要的支撑，能够促进社会工作专业实验教学的发展，加强对学生实务技能的培养，实现与社会工作实务服务的拓展相结合，并推动社会工作教育和实践的发展。

2. 从社会工作教学与科研来看

社会工作实验教学体系，一方面，为社会工作专业的学生进行个案工作、小组工作、社区工作三大方法的学习以及社会工作实务课程（如老年社会工作、青少年社会工作、学校社会工作等）提供实验教学场所。教师和学生可以利用实验室进行访谈、沟通、协商、辅导及治疗技巧的训练与操作，通过让学生在实验室里进行场景模拟，领会和掌握助人过程中的专业理念与具体技巧的运用，提高了学生将课堂理论知识进行实践模拟运用的能力。另一方面，为教师科学研究工作提供了重要的平台，

丰富了专业教师的实践经验，扩大了专业影响，为专业知识技能更好地服务于经济发展提供了基本途径。

3. 从社会工作人才培养来看

社会工作作为一门具有专业理论与实务技能的专业，强调在实务过程中具备反思的能力与具体服务的技巧。这就要求社会工作专业学生具备深刻理解服务对象当下的具体脉络与个人情感，并以尊重、接纳以及同感的价值观去开展服务。

实验教学体系可以在帮助学生掌握专业理念与技巧的过程中，避免对真实的服务对象的自尊心及情感的伤害，并且可以反复不断地进行模拟与演练；可以避免传统教师讲解、语言传授以及说教灌输在价值理念内容方面的缺陷，实验教学的教师示范、学生参与、角色扮演可以帮助师生进入临床情境中，以增进学生对助人过程双方复杂的互动过程的体会和理解，树立专业自我与专业意识；可以有利于学生梳理、澄清社会工作的价值理念，反思、讨论价值观的冲突，内化社会工作价值观，培养人文关怀的精神；社会工作实验教学还是社会工作专业技能与技巧的训练基地、社会工作实务服务的场所以及社会工作研究的平台，对于职业化时代社会工作参与社区共建和谐社会具有重要的意义。

社会工作实验教学体系所设置的实验项目重点在于培养学生的社会工作技能与方法，帮助学生在实践过程中感悟社会工作的价值理念。实验教学内容与社会工作专业学生培养方案结合紧密，将学生的社会实践技能培养与专业素质培养结合在一起，提升学生适应社会环境的能力，有助于人才培养目标的实现。

(二) 社会工作专业实验教学体系建设的路径选择

1. 完善的实验教学内容是健全实验教学的关键

社会工作专业实验课程教学体系的核心是：根据社会工作教育的特点和社会工作教育的目标，针对社会工作专业学生在不同年级的差异，设计具有层次性、阶段性的实验教学环节；根据新时期就业所需社会工作专业人才规格（知识、能力、素质）的3个方面，确定社会工作专业实验教学体系，实现培养学生运用专业知识理论解决实际问题的能力，提高其专业素养。如个案工作、小组工作、社区工作方法课程的实验教学主要是训练学生的专业技能和专业素养，要求学生掌握社会工作的专业手法；社会调查方法、社会统计学等课程的实验教学主要是要求学生掌握社会工作的研究方法与专业的研究技术，熟悉社会学的研究过程。实验体系为学生提供专业社会工作实务训练机会，使学生尝试扮演社会工作实务者的角色，体验学习到的理论和原则，深入体会各种专业工作技巧，并且通过教师协助学生整合各种知识和理论，培养学生适当的专业价值观和思考能力，为今后从事专业服务打下扎实的基础。

2. 充足的实验教学平台是开展实验教学的基础

社会工作专业课程实验教学体系的实现离不开专业实验室的建设。创新型社会工作专业学生的综合能力培养，有的可以利用现有的场所和公用的文科实验环节。如说的能力、写的能力可以利用教室，调查分析能力可以使用办公自动化机房。访谈技能实验室是培养创新型社会工作人才的摇篮。社会工作专业访谈技能实验系统由个案工作室、小组工作室和主控室组成，完成个案工作实验、群体（小组）工作实验，实现动态演练与实时观摩评讲功能。实验时部分学生扮演各种角色，进行分组实际访谈演练，另外学生可以通过单面镜观察访谈情景，或通过大型观摩室同步投影视频观摩，或听专业教师同步讲评。利用社会工作专业实验室，可以积累社会工作专业教育和实务经验，寻求社会工作人才"创新实验"的魅力。

3. 合理的实验教学师资体系是加强实验教学的依托

高校是人才培养的最重要基地，而高校能否培养出顺应时代要求的社会工作人才，实验教学是成败的关键。其中实验教学师资队伍建设又是关键中的关键。应该根据实验教学的特点，加大对实验教学队伍和实验技术队伍的建设。

实验教学着重培养学生的动手操作能力、专业知识运用能力以及解决实际问题的能力。所以，实验教学具有相对的独立性。对于承担社会工作实验教学的老师来说，除了具备一定的理论知识和教学经验外，还需要具备科研、技术方面的能力。因此，要搞好社会工作实验教学，需要一支理论与实践兼备的核心骨干稳定、结构合理且素质高队伍。因此，应吸引高素质的教师进入实验教学队伍。要在学校人才引进政策上吸引高学历的实验教学人才，但是，同时也要考虑到实验教师的特殊作用，适当降低学历要求，将经验丰富的人才（包括现有的理论教学教师）充实到实验教学队伍。构建实验教学团队，除了要求新引进的教师至少需要在实验室工作一年外，还可以通过实验教学团队建设，将学科领域的教授、副教授（高级实验师）、讲师（实验师）等纳入，形成结构合理的实验教学团队。

4. 规范的实验教学管理体系是检验实验教学质量的保障

规范的实验教学管理体系是实验教学质量的重要保障，也为检验和评估实验教学效果提供了重要依据。各门实验课程要求做到量化、标准化和可操作化。评定学生实验课程的表现，取决于负责社会工作技能实验指导老师采用的课程设计。对学生实验课程情况的评价通常以下面几点为基础：学生实验的参与情况；学生参与自我评估和促进专业成长活动的动机；每个学生获得的实验课中传授的知识、技能和技巧的程度，以各种形式显现于他们的工作行为中，例如课堂练习、录像角色扮演、团体计划、个人论文或者日志等。

对学生实验课程评价，应被看作一个贯穿于整个专业学习期间的持续不断的过程。实验指导老师在一个较规范的基础上和学生一起检查他们的学习进度和学习模式的困难、压力和弱点，同时对学生应如何去改进他们的工作情况提出建议。

此外，实验指导老师应根据实验教学评估报告，承担起正式评估每个学生的工作情况的责任。在每次实验安排中，包括两个正式的评估，一个于实验进行期间进行，另一个在实验结束时进行。在每次评估中，实习指导教师的主要任务是根据以下列出的几个评估方面进行：学生的专业态度、知识和技能、书面作业和记录的应用、实验指导的运用。

除此以外，实验指导教师也应写一份关于他（她）的学生学习情况的完整的报告。报告中应注意到每个这样的评估操作都被看作是学生与指导老师共同努力的结果。因此，在和指导老师共同讨论评估时，应鼓励学生准备一份关于他（她）实验经验的自我评价；同时，指导老师也应与学生本人分享他（她）的评估结果。

（三）社会工作专业课程实验教学体系基本架构

1. 实验教学体系建设理念

社会工作是实践性很强的学科，因此，加强理论与实践的结合，对于培养学生的学习兴趣，提高学习效果，提升学生综合素质都是十分重要的。

以加强对学生实践能力、创新意识和创新能力的培养为核心，通过实验教学与理论教学和科学研究的有机结合，形成专业基本技能实验教学平台、专业技能协作实验教学平台、专业综合能力模拟实验平台、综合实训平台、创新创业实践平台5个层次的实验教学体系，不同层次之间的演化关系体现了重庆工商大学社会工作人才培养模式的核心理念。

2. 实验教学体系改革思路

在进行必要的硬件投资的基础上，加大对软件的投入，努力构建新的社会工作实验教学体系，以满足社会工作人才培养的需要。通过边研究、边实践、边检验、边提高和边辐射推广的方法，开展教学改革实践。建立一种相对独立的实验课程体系：增加综合型、创新型、创业型的实验内容，采取科学开放的教学方法和形式，强调科学与人文精神相结合。全面提高实验教学质量和水平，培养创新和实践能力较强、专业口径较宽、适应社会需求的应用复合型人才。

3. 与专业能力指标对应的实验课程教学体系架构

社会工作是专业化的助人服务工作，其实务性、操作性较强。社会工作专业的实践性取向要求社会工作专业教育特别注重实践教学，注重培养学生实际操作的能力。社会工作实践教学的总体目标是整合课堂所学知识与实务工作，达到理论与实际相结合；认识中国社会工作的行政功能、组织架构及运行和工作程序；了解中国社会政策，将社会工作的知识、方法与态度运用于实务工作中，发展社会工作专业技巧，体验社会工作者的角色、工作内容、工作方法；培养社会工作的专业精神、态度、价值与伦理；培养学生独立思考、解决问题的能力。这一总体目标的实现，是通过具体的课程实验教学和实习教学来实现的。社会工作专业实验教学体系的基本思想在于强调社会工作思维的创新性、社会工作理论知识的综合性和应用性以及社会工作职业能力培养的循序渐进性，强调学生在实验教学中的主体地位和主观能动作用的发挥。其目的在于让学生在掌握有关知识和技能的同时，获得较强的创新意识和创新能力，从而培养既有社会工作理论水平，又具有实践能力和创新能力的专业人才。

社会工作专业对于从业者的实践技能技巧要求很高，社会工作实验教学能使学生在实验的场景下进行模拟学习和亲身实践，体会在不同情境下，社会工作者应采取的正确态度和适宜的技巧，既帮助学生加深对于理论知识的理解，也帮助学生获得专业技能的提高。

学生基本技能和创新能力的培养是一个循序渐进的过程，实验教学体系为学生提供专业社会工作实务训练机会，使学生尝试扮演社会工作实务者的角色，体验学习到的理论和原则，深入体会各种专业工作技巧，并且通过教师协助学生整合各种知识和理论，培养学生适当的专业价值观和思考能力，为今后从事专业服务打下扎实的基础。

表1　　　　社会工作专业能力指标、实验项目及相应的实验课程

能力类别	能力标准	实验项目	实验课程	课程类别
能力一：交往能力	①内化专业价值观的能力 ②认知能力 ③沟通能力	①欣赏自己与他人 ②人际交往与沟通	成长小组	专业基础
能力二：组织能力	①方案策划能力 ②判断力 ③自我觉察能力 ④协调能力 ⑤化解冲突的能力	①沟通与冲突练习 ②小组计划书 ③集体作画 ④轰炸 ⑤校园剧	团体工作	专业主干
能力三：社会统计能力	①统计数据的校验 ②统计数据的整理能力 ③频数分析能力 ④统计数据的描述统计能力 ⑤推论统计的应用能力	①单一、关联变量数据校验 ②分类数据的整理，定序数据转换成定距/定比数据，利用SPSS查找奇异值和极端值 ③频数分析 ④Excel和SPSS进行统计描述 ⑤概率计算与参数估计 ⑥假设检验 ⑦方差分析 ⑧相关与回归分析 ⑨时间序列分析	社会学研究方法实验	专业主干
能力四：适应能力	熟练运用专业技巧能力	①亲子关系互动 ②大一女生案介入演示	个案工作	专业主干
能力五：公关能力	①分析能力 ②策划能力 ③宣传、动员能力	①社区基本情况调研 ②社区服务方案设计 ③社区活动推行	社区工作	专业主干
能力六：沟通能力	①表达能力 ②符号识别能力 ③理解能力	①交谈的艺术 ②被动性案主的介入	人际沟通	专业基础

4. 实验教学体系改革的实施方案

（1）整合我校实验教学资源，统筹规划教学、科研和社会服务活动，建立分层式、模块化和开放式的实验教学新体系和以课程群为背景的分层式实验与实践教学平台。

（2）在保证实验教学项目与内容设置的同时，转向以综合型和创新型为主，并由基于课程的业务实验转向基于学科和课程群的综合实验。改革传统的实验课程体系，建立一种与理论课体系既紧密联系又相对独立的新的实验课程体系。配合实验教

学内容改革，建立新的实验教学运行机制。

（3）衔接科技创新实践平台、学科竞赛平台，营造多样化、层次化、综合化和开放式的实验教学环境，创建一种科学精神与人文精神相结合的，强调综合素质，突出创新意识与实践能力培养为特点的具有优化功能的实验教学体系。

（4）加大投入，建立良好的实验教学环境，通过实验教学内容、方法和手段三方面的改革，全面提升办学水平和实践教育质量。

（5）建立适应实验教学改革要求的实验教学管理的模式与办法，制订相适应的实验教学质量监控反馈及评估制度。

（6）优化实验技术管理与教学队伍，加强队伍建设工作。建立一支相对稳定、观念新、技术精湛、有奉献精神的、学历和年龄结构合理的实验教学和管理队伍。

五、重构后的社会工作专业实验课程体系及人才培养方案

（一）社会工作专业实验课程体系

培养方案是学校人才培养的总体设计蓝图和实施方案，它直接关系着专业人才培养的质量。按照适应二十一世纪高等教育人才培养的新要求，我们将不断深化专业教育教学改革，注重培养学生知识、能力、素质的协调发展，在通才教育中体现专业的特色，把社会工作专业学生培养成具有社会工作价值观、树立"助人自助"的专业理念、崇尚"用心去做"的专业精神、具有较为娴熟的"有效沟通"专业技能，基础扎实、知识面宽、有创新精神和较强实践能力，能够在社会福利、社会救助、慈善事业、社区建设、婚姻家庭、精神卫生、残障康复、教育辅导、就业援助、职工帮扶、犯罪预防、禁毒戒毒、矫治帮教、人口计生、纠纷调解、应急处置等领域直接提供社会服务的本科复合性应用型专门人才。

在2012年社会工作专业人才培养方案中，我们将根据社会工作教育的特点和社会工作教育的目标，针对社会工作专业学生在不同年级的差异，设计具有层次性、阶段性的实验教学环节，根据新时期就业所需社工专业人才规格（知识、能力、素质）3个方面，确定社会工作专业实验教学体系，实现培养学生运用专业知识理论解决实际问题的能力，提高其专业素养。

为了使学生掌握基本的实践技能，具有一定的创新能力，尤其是为今后的创新实践打好基础。为此，围绕社会工作人才培养目标，形成专业基本技能实验教学平台、专业基本技能协作实验教学平台、专业综合能力模拟实验平台、创新实验平台和创业实践平台5个层次的功能互补、层层递进的实验教学体系，为培养符合社会需要的社会工作人才打下坚实的基础。

表 2　　　　　　　　　　实验教学体系

	专业基本技能	专业基本技能协作	专业综合性实践	跨学科综合实训	创新、创业实践
实验模块	①计算机基础与应用 ②社会统计的研究与运用 ③人际沟通 ④成长小组	①个案工作 ②团体工作 ③社会工作实务	①实践教学基地专业实习 ②假期社会实践 ③毕业实习等	校内跨学科综合实训	①项目调研 ②社会服务开设实体公司，进行创业实践

1. 专业基本技能实验教学平台。专业基本技能实验以 1~2 年级的本科学生为主，以学科基础课程实验［如大学计算机基础实验（Ⅰ）、大学计算机基础实验（Ⅱ）、程序设计基础（VF）等］、专业基础课程实验（如成长小组、社会统计研究运用）为内容，以解决学生对专业的感性认识和强化学生的专业意识问题，培养学生掌握专业基本实验技能和方法为目的。专业基本技能实验主要在基础实验室完成。

2. 专业基本技能协作实验教学平台。专业基本技能协作实验以 2~3 年级的本科生为主，以社会工作专业相关课程知识的综合而设置实验内容（如个案工作、团体工作、社会工作实务），以解决学生的理性认识问题和拓展学生的专业知识，培养学生熟悉行业基本运作技巧和专业综合实践能力为目的。实验场所主要是基础实验室或专业实验室。

3. 专业综合能力模拟实验平台。专业综合实验以 3~4 年级的本科生为主。与社会工作专业基本技能协作实验不同，专业综合实验主要是为强调专业知识的综合应用而设置的，实验内容以专业及课程学习中的问题、企事业单位的实际问题、经济社会发展热点问题为主，训练学生综合运用专业所学，调查研究、发现问题、设计解决方案，并尝试调动资源使问题得到合理解决的能力。培养学生尝试独立制订方案和计划、运用专业理念和相关技巧开展实际工作的能力。实验场所主要是专业实验室。

4. 跨学科、跨专业综合实训平台。3 年级末，学生参加经管类专业校内跨学科、跨专业的统一综合实训。实验内容以经管类专业及课程学习中的问题、模拟企事业单位实际经营管理问题、经济社会发展热点问题为主，训练学生综合运用跨专业、学科的知识，培养学生综合应用能力，调查研究、发现问题、设计解决方案，并尝试调动资源使问题得到合理解决的能力。培养学生尝试独立制订方案和计划、运用多专业理念和相关技巧开展实际工作的能力。实验场所主要是经管中心综合实训室。

5. 创新、创业模拟实验平台。创新、创业实验主要以 3~4 年级本科生为主，以专业为平台，设置综合性的项目。与其他机构合作开展项目，主要是针对一些科研项目，通过与政府、学校、企业、社区或其他机构的合作，拓展教师和学生的思维领域，增强其服务地方的能力。同时鼓励学生自主申请科研课题和开展研究，并协助学生参与教师课题的调查科研活动。实验场所为专业实验室或者综合实验室。

6. 创业模拟实践平台。创业实践以 3~4 年级本科生为主，主要内容是组织引导学生开设实体公司，进行创业实践，培养学生的创业能力。

(二) 重点实验课程教学建设规划

系（部）主任作为教学工作第一责任人，需要经常深入教学第一线，了解教学工作，研究和解决教学中存在的问题。聘任具有高职称和高学历的教师担任专兼职督导员。按教学工作水平评估的要求，制订学校教学质量监控体系和各主要教学环节质量标准。完善学校督导团、教务处、院系、教研室四级教学质量监控体系。每学期组织期初、期中、期末教学检查工作，检查各教研室教学活动执行情况和教师课堂授课、实验授课等情况。利用新的教学管理软件全面开展学生评教活动，学生对教师的评价结果与教师考核相结合。

1. 成长小组实验课程建设规划

社会工作作为一门实践性很强的科学，是实务性、操作性取向的专业，在其专业教育目标中除了注重学生对专业概念与理论的理解与掌握，更重要的是要培养学生运用专业知识和技巧直接为社会提供服务。社会工作专业教育与训练中一个重要环节是提供机会，使学生亲身实践课堂上所学习的专业知识与理论原则，不仅使学生在认识层次上获得概念，而且使学生能灵活地将知识、价值与技巧运用于提供实际服务的工作过程中。成长小组实验是社会工作专业的基础课，成长小组是指通过小组形式，在小组工作协助下，运用有目的的小组实验，促进小组成员间互动与彼此成长的活动。成长小组的目标是帮助大一新生进行角色转变，尽快适应大学生活；提高专业认同度，培养专业精神和价值理念，并在专业的门槛之外通过小组游戏及小组互动等形式感受社会工作的价值理念；为小组成员提供自我开放的环境与方式，提升沟通技巧，增强人际交往能力，提高自信，增强班级凝聚力。

首先，围绕提高自我认知和自信心开展小组活动。①欣赏自己与他人。实验目的：学习如何欣赏自己与他人，如何赞美自己与他人，提高自信心，缩短彼此距离。②开放自我，学会拒绝。实验目的：学会释放自己的不良情绪，缓解压力，既尊重他人也尊重自己，学会拒绝。

其次，以提升人际交往与沟通能力为主题开展小组活动。实验目的：认识自己的人际交往障碍，掌握基本的人际沟通技巧。① 2 人一组进行交流，练习非语言行为，眼神、姿态、表情、动作、声调等是否恰当，说话是否得体，待人是否真诚等。②进行"交往中的谈话艺术"实训。

最后，画"生命线"、"理想树"，对自己的生命历程进行回顾，对自己的人生目标进行规划和思考，尽快完成大一新生角色转变。

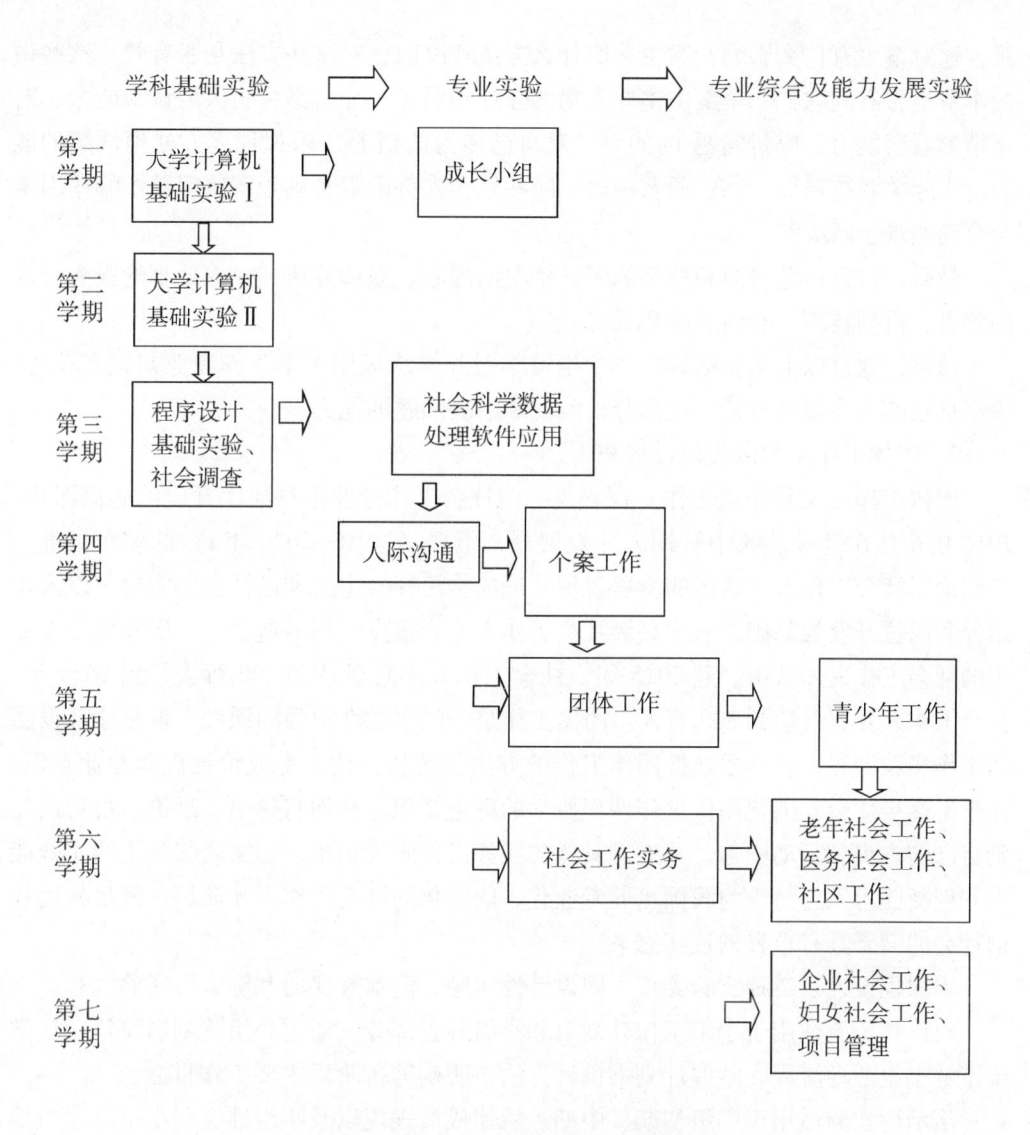

```
        学科基础实验    ➡    专业实验    ➡    专业综合及能力发展实验

第一
学期        [大学计算机基础实验Ⅰ]  ➡  [成长小组]

第二
学期        [大学计算机基础实验Ⅱ]

第三
学期        [程序设计基础实验、社会调查]  ➡  [社会科学数据处理软件应用]

第四
学期                        [人际沟通]  ➡  [个案工作]

第五
学期                                    [团体工作]  ➡  [青少年工作]

第六
学期                        ➡  [社会工作实务]  ➡  [老年社会工作、医务社会工作、社区工作]

第七
学期                                               ➡  [企业社会工作、妇女社会工作、项目管理]
```

图1　社会工作专业实验课程体系图

2. 个案工作实验建设规划

个案工作是社会工作专业的核心课，是社会工作三大直接工作方法之一，是社会工作其他方法的基础，是社会工作专业人员必须具备的专业基础知识与技巧。本专业开设个案工作实验课程，通过实习使学生有机会接触未来可能的服务情境，进而学习运用个案工作知识和技巧，最终能够尝试进行个案工作的实务操作，并为学生进入机构实习打下基础。

首先，模拟初次会谈情景，练习发问技巧，尝试体验社会工作者的角色，检视自己的价值与态度，积极运用个案工作的方法与技巧，促进专业意识与自觉，提高自己的专业服务技能。

其次，进行个案进展分析。应运用课堂所学的理论和概念，分析案主的处境和问题、其个人及社会功能等。具体包括：①评估案主现时的处境。案主正面对哪些困难,这对案主有什么影响?案主采取什么方法解决问题?这些方法是否有效?这些做法本身是否有问题?②个案中主要人物的强处和弱点。分析案主个人的认知能力、对事情的洞察能力、应付问题的能力、对自己能力的信心、乐观程度、处理情绪的能力、人际关系技巧等。③资源及困难。哪些社会支持因素有利于解决问题?哪些因素会令问题难于解决?

最后,进行角色扮演和技巧练习。练习同理心、立场分析、介入计划的服务协议的签订、再构技巧、空椅子技巧等等。

总之,通过以上实验的训练,学生可掌握并熟练运用个案工作专业知识和技巧,提高自己的专业服务技能,提高分析问题和解决问题的能力。

3. 团体工作实验课程建设规划

团体工作(又称小组工作)课程是一门社会工作专业本科层次开设的必修课程。2010 年 6 月 6 日《国家中长期人才发展规划纲要(2010—2020 年)》的颁布,进一步明确了社会工作人才队伍的发展目标:适应构建社会主义和谐社会的需要,以人才培养和岗位开发为基础,以中高级社会工作人才为重点,培养造就一支职业化、专业化的社会工作人才队伍。到 2015 年,社会工作人才总量达到 200 万人,到 2020 年,社会工作人才总量达到 300 万人。团体工作是一门实践性很强的课程,本专业开设团体工作实验课程,使学生掌握团体工作的方法和技巧,树立专业价值观和专业意识,让学生逐步体会、消化团体工作课程所学的理论知识,从而将价值、理论、技巧内化到自己的意识和行动中去,并通过具体的实务工作表现出来,切实增强学生的实践能力和创新能力,这对于为我国培养专业化、职业化的社会工作人才队伍,满足构建和谐社会的需要具有重要的现实意义。

本课程设计了三种实验类型,即设计性实验、演示性实验和综合性实验。

设计性实验适用于小组工作计划书和小组筹备部分。通过小组计划书设计,让学生了解小组活动流程,掌握计划书设计方法,明确筹备阶段主要工作目标。

演示性实验适用于小组初期、中期、后期成员表现以及小组冲突、小组凝聚力形成、小组领导等部分,通过学生亲自扮演社工和小组成员的模拟性角色演示,学生可以切身体会案主的感受,进而培养学生关注社会弱势群体、服务社会的社工精神,提升学生实务工作能力。

综合性实验适用于小组工作的应用领域等实务模块内容,要求学生综合应用小组工作理论知识与专业技术,结合社会实际问题,独立完成小组活动的分析与设计,并通过实验课加以演示,以提高学生的综合应用能力和实务操作能力。

教学理念上,始终贯穿社会工作理念,培养学生强烈的社会责任感,强调学以致用,服务社会。课程教学中始终贯穿社会工作助人自助、扶助弱势、服务社会的理念,教育学生用所学的小组工作技能为社会服务,培养学生的社会责任感和专业信念。

在教学方法上,通过实验室情景模拟衔接理论教学和实践教学两个环节,使学生在学中做、做中学,环环相扣,逐步提高。该课程教学中充分发挥社会工作实验室的功能，系统讲授理论知识之后，任课教师通过设计各种小组活动，让学生在实验室模拟、演练，让学生"边学习、边分享、边总结、边反思"，这有助于激发学生学习的兴趣和热情，巩固所学理论知识，提高学生从事实务的能力，为紧接其后的课程实习、社会实践、志愿活动打下了牢固基础。

教学内容上，及时更新，关注社会热点，讲述小组工作在解决时下社会问题中的作用，针对性和时效性强。小组工作的教学内容与当下社会正在发生的各种问题和现象紧密相连，特别注重针对性和时效性。如结合当前的留守儿童问题及时讲述如何运用所学小组工作的理论和方法为留守儿童服务等。

4. 人际沟通的理论与实务实验课程建设规划

人际沟通的理论与实务是社会工作本科专业的学科基础课，为了适应21世纪我国社会主义现代化建设和社会发展需要，培养本专业学生德、智、体、美全面发展，基础扎实，知识面宽，能力强，素质高，具有敬业、创新和奉献精神的高素质应用型高级专门人才，毕业后能够在党政机关、社会团体、事业单位、社会中介组织、大专院校和科研院所等部门运用社会工作理论和方法从事专业服务与管理和社会政策法规的研究工作。本专业开设人际沟通的理论与实务课程，主要传授人际沟通的基本理论和实务技术，使学生能够依据沟通理论，运用沟通的方法和技术，与不同的个人、群体和社区从事有效沟通，并通过场景模拟来增进学生人际沟通的能力。

首先，通过人际沟通基本理论的传授，让学生树立人际沟通的基本理念，懂得人际沟通的基本理论和基本类型，掌握沟通的基本方法，为学习和掌握实务技术做准备。

其次，鉴于本课程属于社会工作专业的技术性课程，因此，人际沟通情景模拟应该放在比较重要的位置上，为此本课程建设规划需要硬件上的支持。一是完善社会工作实验室，使其能够精确测量情景模拟的内容，提升实验的效果；二是建议教务部门安排动态活动（课桌和座椅能够组合与分开）的教室，便于教和学。

最后，引入"服务学习"理念，将课程与实际服务结合在一起，将学习的理论直接用在具体社会服务之中，进一步建立与扩大社会工作实习基地，为提高学生实际沟通能力创造条件。

总之，通过课程建设与运行，使学生掌握人际沟通理论和实务技术，善于和不同的工作对象进行沟通，进而达到服务与管理的目的。

5. 社会工作实务实验课程建设规划

社会工作是做出来的。因此社会工作实务是社会工作本科专业的学科核心课程，主要传授社会工作实务的基本理论和基本技术，使学生能够依据实务理论，运用实务技术，针对不同的个人、群体和社区的需求提供有效的专业服务，并通过情景模拟来提升学生社会工作服务管理的能力。

首先，进一步提升社会工作实务理论的传授质量，让学生树立有效助人的基本理念，懂得实务理论和基本技术，为提升学生服务管理能力做准备。

其次，鉴于本课程属于社会工作专业的技术性课程，因此针对不同工作对象的情景模拟应该放在比较重要的位置上，为此本课程建设规划需要硬件上的支持。一是完善社会工作实验室，使其能够精确测量情景模拟的内容，提升实验的效果；二是建议教务部门安排动态活动（课桌和座椅能够组合与分开）的教室，便于教和学。

最后，引入"服务学习"理念，将课程与实际服务结合在一起，将学习的理论直接用在具体社会服务之中，进一步建立与扩大社会工作实习基地，为提高学生服务社会创造条件。

总之，通过课程建设与运行，使学生掌握社会工作实务理论和实务技术，提升社会工作服务与管理的能力。

6. 社会科学数据处理软件应用实验课程建设规划

本课程是重庆工商大学社会与公共管理学院本科、研究生一体化教学阶段的必修课。通过本课程的学习，是希望通过系统、全面地介绍社会统计和社会调查研究的原理和方法，帮助学生掌握相关的理论知识，培养学生社会科学数据处理的能力，具体包括：建立研究假设、进行问卷设计、完成抽样调查、进行数据整理与分析以及撰写调查报告等。

本课程按教学计划的要求以学期为单位开设，1.5学分，48学时。在未来的几年内拟对本实验课程的建设规划如下：

本课程的建设目标

（1）强化师资队伍建设，培养一流实验教学队伍

对现有师资队伍进行培养，通过外派教师接受数据处理的专业能力专题培训，提高教师的业务水平，并引进1名具有高级统计技能的博士生或教授，提升本课程的高端知识的传授，由此本科生培养和研究生培养分类培养。在此基础上，聘请国内相关领域知名专家作兼职教授，形成一支包括教授、副教授和讲师在内的国内一流的优秀教师团队，并实现教学资源的共享。

（2）理论与实验结合，凝练教学内容

本课程是衔接社会统计应用和社会调查研究方法的工具性的实验课程，我们力争理论与实验教学无缝衔接，使得我们自己的教学内容做到能够反映国内外数据处理的最新进展，能够广泛吸收同行的优秀的教学经验，积极整合优秀的教学改革成果，并提高学生的学习和研究兴趣。

（3）创新教学方法，提升教学效果

我们将收集与数据处理有关的大量图片和教学影片，不断更新PowerPoint制作的全套教学脚本，并完善教学大纲、教案、思考题、参考文献等实验教学要件。制作软件操作演示动画，加强学生自学环节，促进学以致用。探索实验室管理人员和任课教师的配合，探讨实验教学课堂管理和考试管理的新模式。

（4）编写实验教材，完善实验教学指导书

我们将在目前的教材基础上，结合本课程的教学实践和当前最新研究成果，编写具有自己特色的实验教材和教辅用书。如果条件允许，我们鼓励采用外文教材。

本课程的建设步骤：

2010年9月~2011年9月，加强本课程的教学调研工作，厘清实验教学建设的思路和内容，制订实施计划。

2011年10月~2013年9月，本课程实验教学和研究工作实施，初步完成实验课程的教材和教辅用书编写工作，对成熟的教材公开出版。努力建设成为校级精品课程。

2013年10月~2014年，全面完成上述目标，凝练特色，探索出一套独具特色的实验教学模式。努力建设成为市级精品课程。

表3　　　　　　　　社会工作实验课程开设计划

序号	实验类别	实验课程名称	实验项目序号	实验项目名称	实验类型	实验课时	实验学时	实验学分	开设学期	课程开设归属学院
1	基础课程实验教学平台	大学计算机基础实验（Ⅰ）					16	0.5	1	计信学院
2		大学计算机基础实验（Ⅱ）					16	0.5	2	计信学院
3		程序设计基础（VF）					16	0.5	3	计信学院
4	专业基础课实验教学平台	成长小组	1	欣赏自己与他人	综合型	2	4		1	社会与公共管理学院
			2	人际交往与沟通	综合型	2				
5		青少年社会工作	1	个人层面社会工作方法的运用	综合型	3	16	0.5	5	社会与公共管理学院
			2	家庭层面社会工作方法的运用	综合型	4				
			3	群体层面社会工作方法的运用	综合型	3				
			4	社区层面社会工作方法的运用	综合型	3				
			5	社会工作行政的运用	综合型	3				
6		个案工作	1	发问技巧练习	综合型	2	4		4	社会与公共管理学院
			2	大一女生案介入演示	综合型	2				
7		团体工作	1	沟通与冲突练习	综合型	3	15		5	社会与公共管理学院
			2	小组计划书	设计型	3				
			3	集体作画	综合型	3				
			4	轰炸	综合型	3				
				校园剧	综合型	3				

表3（续）

序号	实验类别	实验课程名称	实验项目序号	实验项目名称	实验类型	实验课时	实验学时	实验学分	开设学期	课程开设归属学院
8		社会工作实务	1	社会工作者对介入策略的选择	综合型	2	4		6	社会与公共管理学院
			2	主题活动设计	综合型	2				
9		老年社会工作	1	城市社区老人基本需求调查	设计型	3	16	0.5	6	社会与公共管理学院
			2	城市老人身体健康服务方案设计	综合型	4				
			3	认知与情绪问题的处理	综合型	3				
			4	老年特殊问题的处理	综合型	3				
			5	社会支持网络的建立	综合型	3				
10		人际沟通	1	交谈的艺术	设计型	2	4		4	社会与公共管理学院
			2	被动性案主的介入	设计型	2				
11	专业综合课程实验教学平台	社会科学研究数据应用实验	1	制作社会科学研究时间进度图	综合型	2	48	1.5	3	社会与公共管理学院
			2	Excel 简单随机抽样	综合型	2				
			3	Excel 加载宏简单随机抽样	综合型	2				
			4	利用 SPSS 的"Select Cases"命令进行随机抽样	综合型	3				
			5	利用 SPSS "随机数函数"进行简单随机抽样	综合型	3				
			6	Excel 数据录入模板设置	综合型	3				
			7	Excel 数据录入有效性设置	综合型	3				
			8	SPSS 数据录入模板设置	综合型	3				
			9	SPSS 变量值标签设置	综合型	3				
			10	EpiData 软件的安装	综合型	3				
			11	EpiData 录入模板设置	综合型	3				
			12	EpiData 双录实时检控数据录入设置	综合型	3				
			13	Excel 圈释单一变量无效数据	综合型	2				
			14	Excel 筛选功能检控单一变量无效数据	综合型	2				
			15	Excel 筛选功能检控关联变量无效数据	综合型	2				
			16	EpiData 录入后数据的双录检控	综合型	2				
			17	SPSS 处理奇异值和极端值	综合型	2				
			18	SPSS 数据变量的重新编码（Recode）	综合型	2				

（项目负责人：邓蓉　项目组成员：周昌祥　吴永波　肖云　袁琳　游清富）

劳动和社会保障专业能力导向实验教学体系建设研究

重庆工商大学社会与公共管理学院公共管理系

　　重视实践能力培养是目前高校人才的培养目标，劳动与社会保障专业是一门实践性较强的专业，其实践、实验教学改革的重要性不言而喻。但由于劳动与社会保障专业属新兴专业，其实践与实验教学体系、教学课程设置、教学条件等不够健全完善，缺乏可资借鉴的范本。不过，也正因为其新兴性，国内高校同仁正加大探索试验力度，不断进行实践与实验教学改革。重庆工商大学作为重庆市率先创办劳动与社会保障本科专业的院校，在实践与实验教学方面自然需要具备前瞻意识，不断创新，健全我校劳动与社会保障实践与实验教学体系。

　　本课题结合高等教育改革发展趋势及我校开放性办学特征，阐释了劳动与社会保障专业实践与实验教学的重要意义。项目组成员在对国内高校本专业培养方案的比较和广泛调研的基础上，对实践与实验教学现状作了简要评估，并指出了实践与实验教学改革的发展趋势，重点对我校劳动与社会保障专业实践与实验教学发展所取得的成绩以及存在的问题进行分析，最后在研究报告中探讨了完善劳动与社会保障专业实验教学体系的思路。

一、劳动与社会保障专业实验教学的重要意义

（一）高校专业教学中拓展实验教学的普遍意义

1. 强化高等教育实践教学符合新形势下高等教育的发展要求

《国家中长期教育改革和发展规划纲要（2010—2020年）》对于创新人才、加强实践与实验教学作了明确的指示，在"第十一章：创新人才培养模式"部分明确指出：应创新人才培养模式，形成更新教学内容的机制，注重知行统一，坚持教育教学与生产劳动、社会实践相结合，增强学生科学实验、生产实习和技能实训的成效。在"第七章：高校教育"部分明确指出：加强实验室、校内外实习基地、课程教材等基本建设、强化实践教学环节。因此，强化人才培养的实践创新性符合新形势下高等教育的发展要求。

2. 实践与实验教学有利于学生实践能力的提高

实验课程与一般理论教学不同，它不过分追求学科知识的完整性，尽量避免理论脱离实际、学科之间联系不强的通病，以专业实践活动为中心，以学生掌握技能为目

标，充分发挥学生的能动性，注重知识、技能、态度的整合和协调，强调能力在活动中得到体现和提升。实验课程注重课堂活动的设计，弥补了现有学科课程模式的不足，是课堂讲授的重要教学环节，是在保留原课程体系的情况下强化教学改革的突破口，其发展有着不可替代的优势。

同时，实践与实验教学利用大学教学的时空、人力资源条件，设计和模拟现实工作环境，结合实践教学基地的建设，通过实训课程的教学，促进学生的社会化进程，缩短其适应职业角色的周期，改变大学生眼高手低的尴尬局面，为社会培养具有开拓创新能力的实用性高级人才。

3. 实践与实验教学有助于理论知识与实践知识的有机融合

认识论告诉我们"实践—理论—实践"相互转换与相互支撑的道理。实践与实验教学有助于学生深化对于社会保障理论的认识，发现社会保障理论研究的不足，使他们从理论层面思考提升社会保障实践能力，提高理论研究学习的兴趣。

(二) 劳动与社会保障专业积极探索实践与实验教学体系的重要意义

党的十七大提出了"加快建立覆盖城乡居民的社会保障体系"，《中共中央关于制定国民经济和社会发展第十二个五年规划的建议》提出了制定"十二五"规划的指导思想，该思想提到"深化改革开放，保障和改善民生"。社会保障是民生改善的重要内容，具体到社会保障领域，建议明确指出："加快推进覆盖城乡居民的社会保障体系建设。实现新型农村社会养老保险的全覆盖，完善实施城镇职工和居民养老保险制度，实现基本养老金全国统筹"。目前，全国纳入社会救助人数为 0.6 亿人，养老保险 3.5 亿人，医疗保险 12.3 亿人，社会保障事业正处于蓬勃发展的态势。

社会保障的制度全覆盖，社会保障事业的大发展为社会保障经办管理提出了严峻挑战。目前社会保障的经办管理平台已经建立并延伸到乡镇街道，今后将延伸到农村村社、社区。目前大多数事业单位编制处于基本收缩状态，而与民生相关的公共服务呈现扩张趋势。据重庆市政府规划，今后要将更多的大学生派遣到基层，以便支农、支医、支教，进一步健全农村公共服务体系。未来重庆市将向全市近 1 000 个乡镇社会保障服务所各派遣一位大学生，劳动与社会保障专业学生理应毫不推辞，勇于担当。

高校劳动与社会保障专业人才培养中应注重学生实践能力的提升，使学生在系统掌握劳动与社会保障基本理论、政策法规、实务操作方法的同时，熟悉社会保障与人力资源管理等信息系统，具备独立的社会调查能力，提升社会管理及社会服务能力，以适应当前劳动与社会保障事业的大发展。

(三) 探索基于我校办学特色的劳动与社会保障专业实践与实验教学体系

我校是以经济学、管理学为主，经济学、管理学、文学、工学、法学、理学等学科协调发展的多科性大学，目标是努力把学生培养成基础知识扎实，知识面广，具有创新精神和实践能力的高素质应用型高级专门人才。学校十分重视实践与实验教学，规范实习实训管理，按"四年不断线和第一、二课堂结合"的原则，明确了各专业实习实训教学环节的时间和学分要求。学校注重实习实训基地的建设与管理，积极与企事业单位合作共建校外实习实训基地。校内外结合、第一课堂和第二课堂结合、集中与分散互补等实习实训形式，保证了实习实训环节的有效实施。学校按专业建立了学科基础实验课程、专业基础实验课程、专业综合实验课程、学科综合实验课程、创新创业实验课程五个层次递进的经济管理实验课程教学平台，促使实验教学体系不断完善。学校还创造条件，采取多种形式开放实验室。

在专业实验室方面，我校在经济管理学具有显著的学科专业优势，经济管理相关的实验教学处于重庆市高校前列。重庆工商大学经济管理实验教学中心被教育部评为国家级经济管理实验教学示范中心，这种示范中心全国仅有29个，重庆市高校中仅重庆大学和我校，其中的财政金融实验室、管理系统实验室、会计实验室、应用心理学实验室等实验室等对于劳动与社会保障专业有间接支撑作用，而劳动与社会保障模拟实验平台（筹建中）、电子政务、人力资源实验室对于本专业具有直接支撑作用。在实验教学体系构建方面，劳动与社会保障专业构建了学科基础实验、专业基础实验、专业综合实验、学科综合实验和创新与创业模拟等五大层次的实验教学体系。这些实验室能够完成劳动与社会保障专业相关的课程设计，相关软件及数据库能为师生进行公共政策决策和公共管理项目提供支撑。此外，我校还拥有重庆市科学技术委员会批准的"重庆市发展信息管理工程技术研究中心"，重庆市宏观决策信息系统研发、重庆市部分区县在线使用的医疗保险管理系统等均出自此研究中心。

近五年来，劳动与社会保障专业教师承担了国家哲学社会科学基金、自然科学基金项目4项，重庆市哲学社科等省部级以上项目20余项。此外，教师还承担了市人力资源和社会保障局、市民政局、市财政局、市卫生局等相关委托项目20余项。教师在课题研究中，也吸收了部分学生参与社会调查、数据处理等相关工作，提高了学生社会实践能力。

目前，我校对于经济管理类学科的实验教学十分重视，经济管理实验教学中心和教务处于2010年9月启动了"重庆工商大学经济管理类专业实验教学要件专项计划"，历时一年有余。经济管理实验教学中心和教务处在这期间召开多次培训会、讨论会等，还组织专人进行中期考核，有效地推动了我校经济管理类学科实验教学。对于基层教学单位，我们也有效利用本次建设机会，理清建设思路，科学设计实验教学方案，大力发展多层次实验教学，力争使我校劳动与社会保障实验教学走到全市乃至全国前列，并以实验教学推动专业学科建设，促进专业学科的长足发展。

二、国内高校劳动与社会保障专业实验教学现状调研状况

（一）调研组织情况

1. 调研背景

为了适应我国人力资源与社会保障快速发展与高等学校教育发展趋势，了解国内高校的经济管理类学科实验教学体系及运行情况，我们重点对劳动与社会保障专业展开调研。本次调查是由重庆工商大学公共管理学系劳动与社会保障教研室组织，为进一步明确和完善社会与公共管理学院劳动与社会保障专业人才培养目标、人才培养方

案和实验课程体系设置提供基本的依据。

2. 调研主题及主要内容

本次调研主题是"劳动与社会保障专业实验课程教学体系与教学内容改革",涉及劳动与社会保障专业培养方案、发展目标、实验课程体系、教学内容、教学方法改革、师资力量、教学条件等。

3. 调研路径

（1）对于学校经济管理类学科的调研。我校经济管理类专业属于我校的相对优势专业,且有教育部经济管理实验教学示范中心为支撑,若干专业的实验教学走到了全市全列,在全国也有一定的影响力。因此,我们通过研论、观摩、学习等形式了解其实验教学的设置情况。

（2）重庆市属高校设置社会保障专业的调研。如今重庆市设置了劳动与社会保障专业的高校有6所,各个学校都力图办出特色。西南大学其劳动与社会保障专业主要依托于学科综合优势,重庆理工大学主要依托于劳动经济学学科优势,我校主要依托于经济管理类学科优势。各个学校都在实验教学方面有所探讨,利用召开市级学会等各种路径,了解重庆市高校劳动与社会保障专业实验教学的组织开展情况。

（3）对全国劳动与社会保障专业实验教学组织情况的调研。课题组利用召开全国学术研讨会、进修学习、函件索取等各种路径,了解全国近百所高校劳动与社会保障专业实验教学的组织开展情况。

（4）对于师生的调研。课题组通过小型研讨会、座谈会等形式,了解我校师生对于实验教学的教学体系、组织形式、教学方法等的认识。调查学生是从2007、2008、2009级劳动与社会保障专业各抽取20名。教师主要是本专业教师以及担任劳动与社会保障专业学科基础课、公共基础课的部分教师。

我们的调研集中安排在2011年4~5月,并充分利用暑假学习、开会及进修等机会,展开有效调研。我们还通过座谈会、讨论会等形式,获得了较多第一手调研资料,经过对这些调研资料的整理和提炼,为劳动与社会保障专业实验课程定位和教学内容改革提供了有力的依据。同时我们利用中国知网（CNKI）等各类数据库,收集经济管理类学科,尤其是劳动与社会保障专业实验教学的相关论文,购买相关的实验教学的书籍资料。

（二）国内劳动与社会保障专业实验教学调研情况

1. 国内经济管理类学科高校的实验教学的地位

教育部高教司司长张大良在2010年出席国家级实验教学示范中心建设成果展示交流会的开幕式讲话中指出,高校实验室工作要适应新形势,不断改革创新,认真贯彻教育规划纲要精神,推进人才培养模式改革,注重"学思结合、知行统一",加强实践教学环节。他着重强调了以下几点:第一,加强与行业、企业、科研院所的合作,探索合作育人的新模式。第二,重视实验教学。高校要把实验室工作作为推进教学改革、提高教育质量、培养创新人才的重要内容,要加大投入,提高实验室建设水平。第三,实验资源的开放整合。高校要统筹学校各类实验室资源,加强实验室管理，促进实验室开放共享，促进教学、科研结合，提高实验室使用效率和整体水平，为提高人才培养质量和创新人才成长模式创造良好的环境。第四，加强实验教学师资培育等。张司长的讲话为我们发展实验教学提供了重要的指导。

对于经济管理学科，实验教学还是近十年来发展起来的。2000年6月，教育部首次提出"经济管理类实验室和其他文科实验室的建设应得到重视和加强，尽快改变我国高等学校经济管理类专业和其他文科专业实验教学相对落实的局面"。2005年教育部又启动了"高等学校实验教学示范中心建设和评审工作"，并指出其建设目标为"推进高校实验教学内容、方法、手段、队伍、管理及实验教学模式的改革与创新"。因此，经济管理类专业的硬件设施与软件设施有较大改善，实验教学课时在总课时所占比重明显增加，实验内容及方法的改革与更新已经形成常态，实验教学对于提高大学生的动手能力、应用能力、创新能力以及综合素质水平方面的作用已被教育部门和用人单位认可。经管类实验教学目前已进入"深挖内涵、扩大应用与社会经济紧密结合"的建设阶段。

在教育部的推动下，实验教学的地位空前提升，南京信息工程大学校长、兼任教育部高等学校工商管理学科专业教学指导委员会委员李廉水甚至提出"实验室是建设一流大学的基础"。他同时指出，实验室应发挥应用导向、精英导向和国际导向中的作用，要用一流的理念引领实验室建设，实验室建设是高校中的系统工程。

若干重点高校的实验室建设理念先进，设计科学，运行良好。如中国人民大学商学院依托管理类学科的整体学科优势，围绕"培养具有扎实的理论基础，具有创新意识、创新能力和团队精神的研究型创新型管理人才"的目标，坚持在实验教学中理论联系实际，把理论教学与实验教学放在同等重要的地位，重视能力和素质培养，着眼于学生对方法的掌握，为学生进行更深层次的研究和实践打下坚实的基础，提出了开展大学生的实验教学活动"面向教学、面向科研、面向学生的职业发展"这一实验教学体系的设计思想，从理念上赋予了实验教学新的使命和方法。武汉大学经济管理实验教学中心提出坚持和落实科学发展观，以学生为本，以"三创"（创新、创造、创业）人才的培养工作为核心，制定了"夯实基础，强化实践，提高能力，促进创新"的实验教学体系。

安徽大学经济管理实验教学示范中心强调，实验教学和理论教学并重，注重协调发展的思想；构建"厚基础、强综合、重创新"与"专业特色实验实训"有机结合的分层次、分模块实验教学体系；针对不同阶段、不同层次和不同实验课程的需要，采用多种教学方式和教学手段相结合的实验教学方法；通过各种渠道构建"基础实验平台"、"专业综合实训平台"和"提高创新平台"三大平台，形成课堂实验、校内实训与校外实习相结合的实践教学环境；以激励兴趣，开发潜能，逐步提高学生动手能力、实践能力、解决问题能力和创新、竞争能力，培养"三基并重，全面发展"具有创新精神和实践能力的高素质人才为培养目标。

2. 国内高校劳动与社会保障专业实验教学培养方案

目前，全国已有200余所高校创办了劳动与社会保障专业，已经形成博士—硕士

—学士完备学科体系，与硕博侧重于理论研究相比，本科应将课堂理论教学与实践教学体系有机融合。笔者搜集了部分高校的劳动与社会保障专业的培养方案，现将其专业的实践教学部分列举如下：

如武汉大学劳动与社会保障专业的培养方案。武汉大学是率先创办劳动与社会保障本科专业的院校，其社会保障研究中心也是教育部的人文社会科学重点研究基地。由于武汉大学系综合性重点大学，以理论教学见长，因此劳动与社会保障专业的实践与实验教学学分相对较少，实践教学环节必修学分为8个学分，占140个总学分的5.7%，其中主要为毕业论文占6个学分，占总学分的4.3%。

中国劳动关系学院，以前作为全国总工会下属高校，其劳动与社会保障专业的开设历史也较长。其实践课程有：劳动人事软件、国外社会保障案例分析，其综合实践教学学分为13分，包括军事训练（2周）、社会实践（调查）（2周）、学年论文2周、毕业实习4周、毕业论文（设计）（4周），占148个总学分的8.7%。

再如，吉林财经大学劳动与社会保障专业的实践与实验教学设计，军事训练安排在第1学期，计2学分；学年论文安排在第6学期，计2学分；毕业实习安排在第8学期，计3学分；毕业论文（设计）安排在第8学期，计6学分；社会调查安排在第2、3、4、5学期，计4学分；劳动争议案例分析安排在第6学期，计2学分；总计19学分。另外，见习和课外试验随相关课程一起进行。

福建师范大学的实践教学环节主要包括入学教育、军训、劳动、计算机上机、专业实习、专业学术活动、社会调查、学年论文、毕业实习、毕业论文撰写与答辩、毕业教育等，实践与实验教学活动方式采取分散与集中相结合进行安排。

辽东学院的劳动与社会保障专业的实践与实验教学安排：主要实验（实训）课程包括：会计综合模拟实验、社会保障基金运营综合实训、劳动与社会保障业务实训。实践环节包括：社会保障工作认识实习、财务核算课程教学实习、社会保障业务类课程教学实习、毕业实习、学年论文、毕业论文、其他实践环节。其实践性环节为32个学分，占186个总学分的17.2%。

由此可见，全国劳动与社会保障专业的实践与实验教学体系、实验课程及集中实践与实验教学环节都呈现较大的差异，基本上缺乏统一的模式，即社会保障信息管理都缺乏统一教材及相关教学软件。各个学校的实践与实验教学学分也呈现较大差异，少则8个学分，多则32个学分，占总学分的比例不等，从4.3%到17.2%。但总的来看，各学校大致都有专业实习、社会调查、毕业论文、毕业实习以及2~3门相关的实验课程。

3. 国内劳动与社会保障专业实验教学基础简要评估

国内劳动与社会保障专业教学同仁均认同劳动与社会保障专业属于实践性较强的专业，急需发展实践与实验教学。在国内各层次科研会议、教学研讨会议上，同行都表示急需开发相关教学软件和配备相关实验教材。但囿于各种条件制约，相关实验教学软件与教材相对匮乏。总体而言，国内劳动与社会保障专业实践教学与相对成熟老牌专业相比，其基础较差。

第一，国内各高校缺乏相对成熟的实验教学体系。正如前文所述，国内各高校的实验教学体系大多不够统一，缺乏可资借鉴的成熟模式。之所以劳动与社会保障专业实践教学模式如此多元，有以下几方面原因：一是实践与实验教学在高校教学的地位并没有完全得以确立，才出现不同高校实践教学学分高低不一现象。二是不同高校的办学特色各异，或倚重于理论分析，或倚重于实践与实验教学。三是不同高校的劳动与社会保障专业学科基础不一，有的以劳动经济学为基础，有的以社会学为基础，有的以信息管理为基础，甚至有的以医疗保险为基础，学科基础的差异，导致其实践与实验教学体系设计也呈现较大差异。

第二，国内实验性教材仍十分匮乏。目前，有关社会保障实践与实验教学教材也十分有限，据笔者收集，仅有几本。如褚福灵主编，于 2003 年在中国人民大学出版社出版的《社会保障职位模拟教程》。此教材系北京市高等教育精品教材立项项目，是目前所见系统、理论与实践结合较好的一本教材。但囿于各种条件制约，教材大多列举了一些表格样例，没有相应的软件相配套。笔者曾于 2010 年当面向褚教授建议开发相关软件，褚教授表示愿意推动此事。此外可以作为实践实习教材的还有：张慧霞的《社会保险制度解读与操作实务》；陈继笙的《社会保险经办速查手册》；万明国编著的《社会保险案例评析》。这些专著大多是社会保障经办所填表格或者尽个人所能收集的相关案例，教学环节交互性相对较差。

第三，目前学界缺乏实验教学软件。笔者参与全国劳动科学教育协会、中国社会学全国年会等各类层次的会议，与国内同行专家积极交流，大家都期望能健全劳动与社会保障专业实验教学体系，开发相关的教学软件。但正如上面所比较结果显示，目前各高校的实验教学体系都不太完善，相关实验软件开发都较为滞后。教学实验软件之所以开发滞后，有以下几方面原因：一是政府社会保障软件后台数据库、数据包极为宏大，数据分析极为复杂，单机版难以容纳，而政府社会保障软件由于数据保密的原因，不可能直接进入课堂。重庆工商大学开发的重庆市社会保障宏观决策信息系统软件已经由重庆人力资源和社会保障局上线运用，相关数据分析均是最新数据，并纳入到政府社会保障监察范围之中。我们曾联系过此软件研发中心"重庆市社会发展信息发展研究中心"，该中心负责人表示，由于均是重庆工商大学下属机构，愿意向我们提供帮助，但涉及保密的原因，仅能提供界面或截图。二是各地社会保障信息系统有较大的差异。目前全国社会保障系统并没有实现全国统筹和全国联网，甚至养老保险的省级统筹都没有完全实现，连省级的信息系统都不太完善，因此，有些省份的市级及区县社会保障信息系统都有较大差距。这为软件开发商开发相对统一的社会保障教学软件造成一定困难，由于地方管理软件差异等原因而导致市场需求量相对较小，影响到软件开发商的积极性。三是社会保障实验教学软件开发涉及社会保障、管理信息系统等多门学科知识。社会保障专家对于管理信息系统大多不够熟悉，而软件开发人才大多缺乏社会保障相关知识，即便熟悉社会保障知识，但对于教学中的交互性理解不够，开发的软件大多数都缺乏相关互动操作平台。

4. 国内高校劳动与社会保障专业实践与实验教学的发展趋势

从笔者的文献阅读及与学界同仁交流情况来看，劳动与社会保障专业实践与实验教学呈现以下发展趋势。

（1）劳动与社会保障实践与实验教学愈发受到重视。据笔者在网上或中国知网数据库中的资料了解到，不少高校支持劳动与社会保障专业的实践与实验教学研究，如浙江财经学院教研课题"劳动与社会保障专业实践教学体系构建"，哈尔滨商业大学承担的黑龙江新世纪高等教育教改项目"劳动与社会保障专业实践教学分类化管理模式研究"，北京物质学院的教研项目"劳动与社会保障专业实践教学探索"获得该校教学成果二等奖。还有不少高校的劳动与社会保障专业实践与实验教学在公共管理学科背景下进行研究。劳动与社会保障专业实践教学研究成为社会保障教学研究的一个热点问题。

（2）实践实验教学体系越趋完善。国内高校基本上越来越重视第一课堂与第二课堂的有机结合，大多安排了第二课堂的实践性学分，使学生通过社会调查、社会实践、参观考察等形式对劳动与社会保障的实践层面有直接的感知。在第一课堂方面，高校注重基础实验课程、专业技能实验课程、综合性实验课程建设，并分类制定其实践教学大纲。李燕荣认为，劳动与社会保障专业应构建包括专业认知实践、课程教学实践环节、专业文献综述训练、劳动保障专题调研、学生科研计划、专业技能训练、综合实验课程、毕业实习和毕业论文加上形势与政策教育、军训与国防教育等九项内容以及专业基础实验—专业技能实践—综合实践三个层次的劳动与社会保障专业实践教学体系。总的来看，不同的高校的实践教学尽管有差异，但大同小异，大都主张应构建课堂实践教学、校园实践教学、社会实践教学三个层面，专业基础实验—专业技能实践—综合实践三个层次的实践教学体系，并注重实践教学内容的整合衔接。

（3）各高校的实验教学呈现探索试验性质。由于劳动与社会保障专业属新兴学科，从1997年专业创办起，迄今不过13年历史。加之劳动与社会保障事业也呈发展态势，相关的管理信息也不够成熟，处于不断修订调适过程之中，这导致开发相关社会保障实验教学软件有一定的困难。但基于社会保障专业的实践性，各高校都在摸索试验。如重庆理工大学拟筹建专业实验室，主要模拟社会保障实验大厅和部分专业软件。

三、我校劳动与社会保障专业实验教学探索成效及存在的问题

（一）我校劳动与社会保障专业实验教学改革所取得的成绩

我校劳动与社会保障专业自2004年创办以来，在学校领导及相关职能部门的指导及关怀下，实践教学体系初步形成，并有部分实践与实验教学项目卓有成效，部分优秀学生社会实践活动获得较高的荣誉。

1. 初步构建了劳动与社会保障的实践实验教学体系

我校的实践教学体系由课堂实验教学环节、集中实践与实验教学环节、素质拓展第二课堂组成。其中课堂实验教学环节包括若干单独设置的实验课程以及课内实验环节，2010级的实践教学的总时数达484个学时，占到课堂教学总时数2 586个学时的18.7%。集中实践与实验教学环节包括入学教育（含专业导读）、军训（含军事理

论)、思想政治理论实践教学、专业实习及社会实践、学年论文、毕业实习、毕业论文、大学生职业发展与就业指导，总的学分为 24 个，占到 170 个总学分的 14.1%。此外，还包括形式多样的第二课堂，如"38162"素质拓展工程、参与社区活动、社会实践、大学生创新创业实践活动、经典导读、学术讲座、参与课题研究等。

2. 课堂实验教学环节与课外实践活动相互呼应

课堂实验教学环节包括单独实验课程和课堂内的实践环节课程。单独的实验课程有：社会保险职位模拟、公共人力资源管理业务模拟、劳动法与社会保障法经典案例与模拟仲裁、社会调查研究方法实训、社会科学研究数据处理软件运用、社会保障基金管理系统实训、劳动与社会保障信息系统。7 门单独设置的实验课程的总学分数为 8 个学分，占到课堂教学总学分 146 个学分的 5.4%。此外，有部分课程还拿出部分课时进行课内实验。

3. 社会调查等特色实验项目卓有成效

劳动与社会保障专业人才致力于服务社会，因此社会调查是其基本的技能。本专业与社会调查紧密相关的课程有三门，即社会调查研究方法、社会科学研究数据处理软件运用、社会研究的统计运用。此外，劳动与社会保障信息系统等课程还涉及部分数据处理运用。除了课堂教学外，我们还注重学生实践锻炼，"大学生挑战杯"便是重要的创新实践。如 2005 级潘鸿等同学《现代社会工作创新与失地农村社会保障调查研究》在第十届"挑战杯"飞利浦全国大学生课外学术科技作品竞赛中荣获三等奖、重庆赛区一等奖。2008 级陈程同学《适度普惠视野下城镇独居老人养老服务体系调查研究》获得第十二届"挑战杯"飞利浦全国大学生课外学术科技作品竞赛重庆赛区一等奖。我院劳动与社会保障专业参与挑战杯等实践实验活动的积极性较高，近年来选送的作品数居全校各专业前茅。2009 年全校有 5 项学生作品被举荐参加重庆赛区大学生挑战杯，有 3 件作品出自社保专业学生，获得了二等奖 1 项，三等奖 2 项。

4. 部分优秀学生的社会实践活动曾获得较高的荣誉

其中 2007 级徐茂同学因为捐助贫困学生、自强不息等先进事迹于 2009 年获得重庆市唯一的全国道德模范称号，担任全国学联副主席，受到习近平等国家领导人接见。2005 级曹航同学担任 2008 年奥运会开幕式入场式的引导员。已经毕业的学生因社会实践能力较强很快便脱颖而出而成为单位业务骨干或领导。

(二) 重庆工商大学劳动与社会保障专业实验教学体系现状

按学校培养方案模块，我校实践实验教学包括理论课程的实验教学（含通识课教学模块与专业教育模块两部分）、集中实践与实验教学环节、第二课堂实践教学环节三大板块组成。

1. 通识课程教学模块实验教学课程

该课程有大学计算机基础实验Ⅰ、大学计算机基础实验Ⅱ、程序设计基础实验（VF）。

2. 专业教育模块中的实践与实验教学课程

按照学校教务处的相关规定，每 16 个学时的实验课就应设置为单独的实验课程，学分为 0.5 个学分。其中包括：管理学实验、公共管理学综合实验、社会保险职位模拟、公共人力资源管理业务模拟、劳动法与社会保障法经典案例与模拟仲裁、社会调查研究方法实训、社会科学研究数据处理软件运用、社会保障基金管理系统实训、劳动与社会保障信息系统。此外，还有课程中的实践教学环节。按照学校教务处的相关规定，未达 16 个学时的学科实验课不单独设置，仅作为课内实践环节。如劳动关系学、社会救助与社会福利等课程。我校劳动与社会保障专业实验教学课程设置情况见图 1 所示。

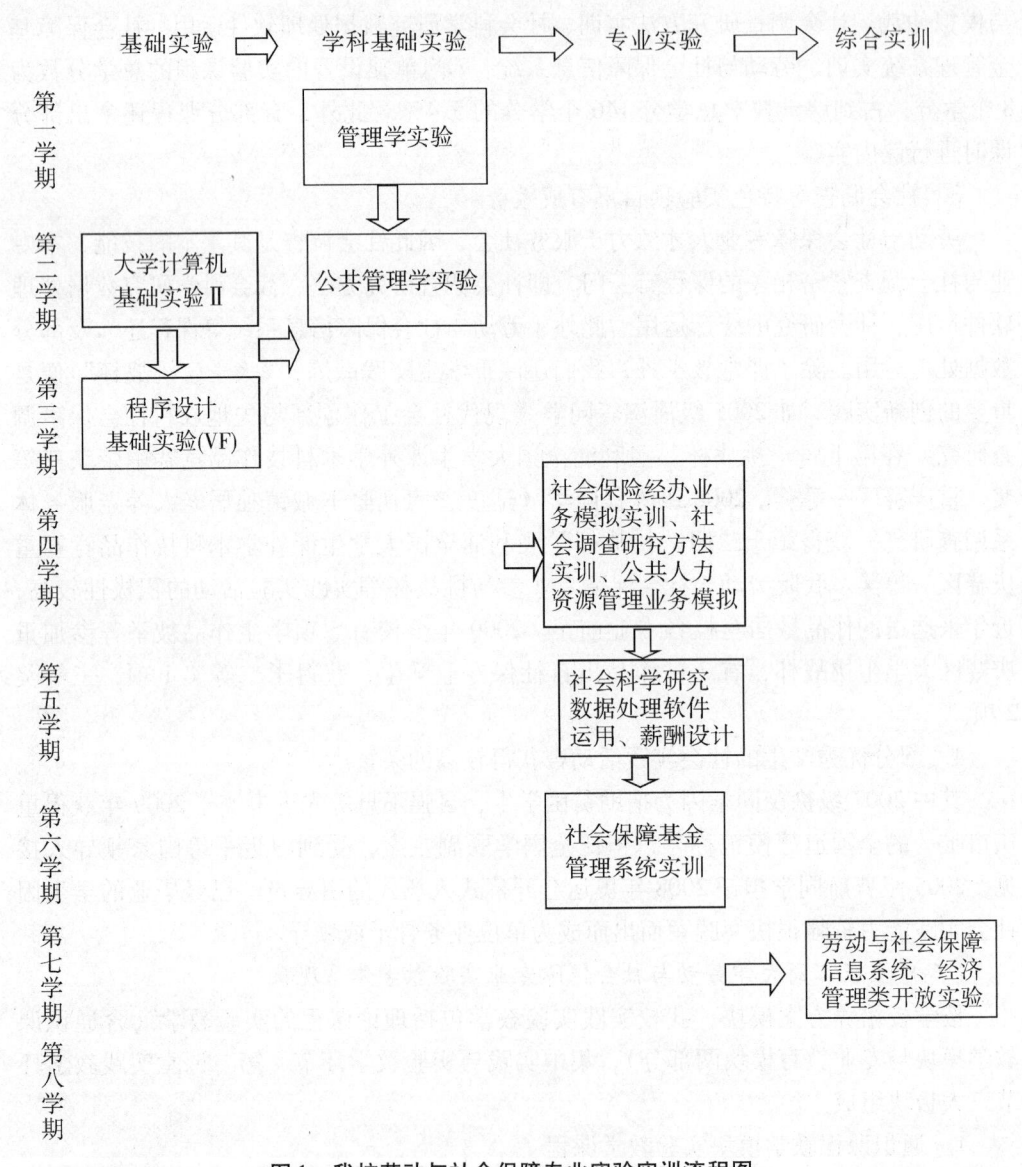

图 1 我校劳动与社会保障专业实验实训流程图

3. 第二课堂的实践与实验教学环节

第二课堂的实践与实验教学环节有："38162"素质拓展工程、新生辩论赛、大学生创新创业实践活动、参与导师课题研究、社区实践、暑期社会调查、学生创业园等活动。学生创业园开办对于学生实践创新能力的培养起到较大的促进作用，并获得全国经济管理实验教学示范中心联席委员会主任朱孟楠教授的高度肯定。

实验教学需要探索合作育人的新模式，我们利用与市人力资源和社会保障局的合作关系，多次邀请重庆市人力资源和社会保障局相关处室领导到我校讲学，并探讨合作开展实验教学的模式，如劳动关系处王荣胜处长、农村保险处孙志坚处长、医疗保险处蔡岩处长、劳动监察处石岗处长等都曾受邀，双方对于实验教学合作进行了较为深入的探讨。

（三）我校劳动与社会保障专业实验教学存在的问题

总的来看，受制于专业初创与学科发展不成熟等内外部原因，我校劳动与社会保障专业的实验教学仍处于发展初期，与我国社会保障发展态势和社会保障专业学生的期许有相当大的差距，更难以与学校的会计等老牌专业相比较。当然，若说点托辞的话，这种状态与本专业的新兴性及实验教学不成熟性有关。如果从主观能动性去评估的话，学校政策激励性不足、专业老师的惰性、师资匮乏等皆是重要因素。具体体现在：

1. 实验课程在专业教育中的地位仍然偏低

高校课程体系大致包括三大类型，即理论教学、实验教学、实践教学（对于人文科学，有时确难以分清实验与实践的区别，甚至一并称为实验实践）。从课时总量上讲，理论教学自然属于大头，约占60%以上课时；实践教学由于承载着社会服务、文化传承等任务，近年来各高校高度重视，建设起实践教学体系。而实验教学建设涉及办学经费、师资建设等内容，各高校的重视程度不一。因此，具体到各位任课教师，对于实验课程的重视程度也是不一的，大多很难将实验课程与推进教学改革、提高教育质量、培养创新人才等联系起来，更难以与理论课程教学同等看待。学生难以从实验课程中获得新知与技能，大多给予较低评价，负向反馈给任课教师，也影响到教师的积极性。因此，如何定性实验教学体系的地位，学校需要进一步研讨，在教师中达成广泛共识。

2. 实验性课程的规范性总体不足

总体而论，经济管理学科门类的实验课程起步较晚以及我校实验教学条件改善起步较晚等诸多原因，我校经济管理类的多门实验课程尚需进一步落实，目前多门实验课程仅用理论课代替，或仅停留在填表上面。而作为新兴专业的劳动与社会保障实践与实验教学大多处于摸索之中，实践课程尚未落到实处的现象更为普遍。据笔者观察，多门实验课程出于少占学分，多占课时的考虑，而非课程内容所需，也不顾实验条件陈旧。多门实验课程仅停留在名称上，或实验内容难成体系，或实验条件不够成熟，或实验教材或实验教学软件缺乏。如何引导专业教师规范自身的实验教学需要进一步思量。

3. 实验教学体系有待进一步优化

目前我校的实验教学体系由四大块构成，即公共基础课实验、学科基础课实验、专业基础课和综合实训。这属于多数高校的实验教学体系的安排，其优点便是与课程配套，随理论课程一并开设，实验课程归属于所开课学院。但也存在弊端，实验教学体系的系统性、科学性、完整性、实用性等都值得进一步推敲，如实验课程体系的目标、实验教学内容、实验教学形式尚未形成有机整体，缺乏一以贯之的指导思想，导致实验项目零敲碎打现象与多门实验课程内容重合现象并存。

4. 实验教学的激励机制不足

目前实践与实验教学改革倡导大多是学校层面，教务处提出的培养方案修订意见明确了实践与实验教学的学分、课时，因此在修订培养方案过程中，教研室老师参与了讨论，但他们并不太认同。因为实践实验课程改革涉及教学内容、教学方法以及教学组织形式的更新，教师们的工作量徒增，然而学校目前没有相应的激励机制及经费保障机制，自上而下的教学改革倡导未与自下而上教学教革探索形成有效合力，呈现上热下冷格局。同时，不同实践性课程的内容及组织管理难度有较大差异，如何考虑到实践性课程的难度也需进一步考虑。

5. 实验教学的保障措施还不够到位

实践性课程的开设自然是要增加成本的，或需要建立实验室，或需要增加相应的实验道具，或需要更大的实践与实验教学场地，或需要联系实践教学点。但目前相应的经费保障仅是经济管理实验教学中心的实验教学经费、学生的实习经费以及少量的学团经费，基本上学院无专门的实践性课程改革经费。增加相关的实验室及实验教学软件也需要层层审批，周期性较长，在一定程度上影响了老师们开设实践性课程的积极性。而对于承担实验课程的老师来讲，工作量增加不少，但是在课时费计算方面却没有一点体现，并无相应的激励机制。

此外，实验教学组织管理协调也存在一定的问题。实验教学的具体实施单位是教学学院，具体操作者是每门实验课程的任课教师。但目前作为教学学院基本上无实验教学专项经费，教师如若需要实验教学器材、软件都需要层层审批，周期较长。与实验教学相关的管理部门有经济管理实验教学中心、教务处、国资委等。这样的管理体制有利于各部门相互合作，但其沟通管理成本相对较高。因此，如何在实验教学管理体制设置过程中增大教学学院的权利，并使经济管理实验教学中心、教务处、国资处更好地协作配合，提升管理效率都需要进一步思考。

四、劳动与社会保障专业实验教学体系的基本原则及发展思路

（一）发展劳动与社会保障专业实验教学应坚持的原则

1. 遵循学科规律，科学设计系统

高校应参考借鉴中国公共管理学科教学指导委员、中国劳动科学教育研究会对于专业学科发展提出的规范要求以及其他高校本专业培养模式，科学设置本专业实验教学体系。实践教学体系需以培养学生的实践创新能力为目标，从整体上设计劳动与社会保障专业的实验教学体系。因此，发展劳动与社会保障专业实验教学需要贯彻一以贯之的指导思想，实验课程体系需要从经济高效原则出发，整合原有的实验教学体系，多开设一些综合性的实验教学课程。

2. 以学生为主体，以能力素质培育为导向

实践性学习不同于理论学习，自然更多地需要以学生为主体。实验教学要充分地调动学生参加实践的积极性，让每一个同学均有参与机会，开动脑筋，各显其能。实验教学侧重于学生的基本素质训练，基本实践素质包括语言表达能力、协调沟通能力、动手能力等。专业技能自然是重点，侧重于通过专业实验课、综合实训等课程培育专业技能。实践创新能力是更高层次要求，希望通过实践与实验教学，让学生在实践中发现问题，尝试进行探索性学习。

3. 突出我校经管类实验教学的优势特点

多年来，我校经济管理实验教学中心不断深化实验教学改革，创新实验教学模式。一是初步构建学科基础实验、专业基础实验、专业综合实验、创新与创业模拟等较为完善的实验教学体系。二是理论教学与实验教学并重，设计了具有特色的跨学科、跨专业的六大综合实验实训课程。三是创新实验项目开放形式，构建了创新创业实验教学体系。该优势得到国内许多同仁的高度认同，本专业理应借鉴。

4. 部门协作的原则

实验教学涉及的部门较多，实习单位、教务处、学生处、学生、老师等主体，其中教学单位与实习单位的协作更为重要，校内单位之间的协作也必不可少，而不是将所有责任下移至教学单位，甚至由系主任、教研室承担。

（二）劳动与社会保障专业实验教学体系构建主线

经济管理实验教学构建的主线或以能力为导向，或以专业性与职业性为导向。

有学者主张以能力培养作为实验教学体系的构建主线。能力培养型实验体系中的教学实验则是处于主导地位，教学目的不仅是让学生掌握基本的技能技术和验证理论知识，更重要的是确立能力培养目标，目标明确要求要在教学中注重对学生学科框架意识、科学研究意识、科学思维方法、科学研究方法和科研创新能力的训练与培养，把培养学生观察问题、分析问题、解决问题的能力放在实验教学的首位。由于以能力培养目标构建实验教学体系，教学实验将按照人才培养规格和能力素质设置，因此，不再过分强调实验课与理论课的必然对应关系，而是注重从学科专业整体出发，根据专业人才成长规律来综合考虑实验内容的设置。

有学者主张围绕着专业性与职业性来构建。专业性强调的是专业理论知识，职业性则要求在工作岗位上，驾驭专业知识解决实际问题的能力。在构建理论知识的体系中，专业性注重强化知识转化成能力的环节，这方面仍基于理论知识的框架结构，在理论与实践相结合实验中，实验体系保障学生的能力得到培养、展现、测试和证明。按经管类的职业特点，职业性针对岗位和业务流程的要求，采用模拟仿真的方式，构建与课程实验互补衔接但又明显具有职业特点的能力培养体系。根据对经济管理类专业社会要求的能力分析，实验教学体系确立了基本构成要素：专业培养计划、实验教学大纲、实验设计、实验模式、实验资源、实验管理、体系校正等。

笔者看来，无论主张能力导向，还是主张专业性与职业性为导向，并无二致。能力建设依托于专业素质、技能的培育，是通过专业实验教学来实现的。能力素养是以

职业技能为目标的，二种导向浑然一体。但对培养体系设计而言，二者区分还是较明显的，能力导向型可以分为若干层次，如大学生的基本能力训练、专业能力训练等。专业性与职业性侧重于与课程对接。笔者认为，能力导向过于宽泛，有放之四海而皆准的含义，因此更倾向于以专业性与职业性为导向，也便于操作，与课程实现对接。如图2所示。

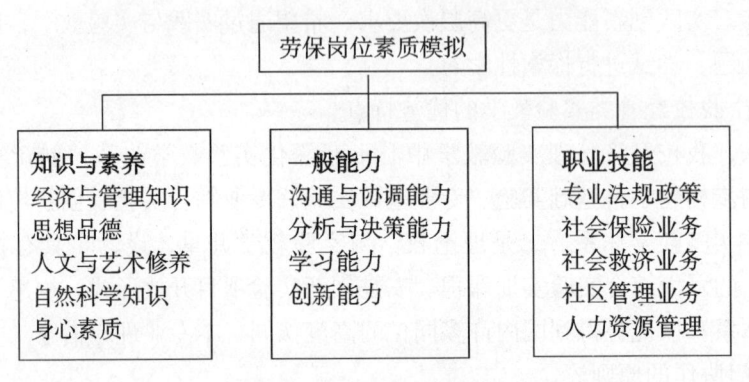

```
                    劳保岗位素质模拟
         ┌──────────────┼──────────────┐
    知识与素养         一般能力         职业技能
    经济与管理知识     沟通与协调能力   专业法规政策
    思想品德           分析与决策能力   社会保险业务
    人文与艺术修养     学习能力         社会救济业务
    自然科学知识       创新能力         社区管理业务
    身心素质                            人力资源管理
```

图2　劳保岗位素质模拟

（三）优化我校本专业实验教学体系的发展思路

1. 按经管实验中心要求设定本专业实验教学体系

本专业实验教学体系应按照学校经济管理实验中心的要求，构建学科基础实验、专业基础实验、专业综合实验、创新和创业模拟五大块实验教学体系，重点培育专业综合实验、创新和创业模拟实验。

2. 整合实验课程，着力开展综合实验课程

在目前的实验课程中，我校存在综合实验课程不足和部分实验课程内容重复现象。①事实上，无论是企业抑或机关事业单位的劳动保障相关职位，其从事的业务大多是综合性的，都涉及社会保险、薪酬管理、人力资源管理等。因此，实验教学体系需要基于劳动与社会保障专业特点，以职位模拟为导向，建设2~3门综合实训课程，并培训专门师资负责教学，拟开设在6~7学期。②部分实验课程内容有大部分重合，涉及社会保险经办的业务大约有三门课程，即社会保险职位模拟、社会保障基金管理系统实训、劳动与社会保障信息系统。因此，该体系需要进一步整合，拟取消社会保险基金管理系统实训，合理设置"社会保险职位模拟"与"劳动与社会保障信息系统"两门课程内容，避免内容重合，并将那些偏重课内实验的课程还原成理论课程，如"劳动法与社会保障法经典案例与模拟仲裁"、"社会调查研究方法实训"两门课程，而不再单独开设成实验课程。

社会科学研究数据处理运用属于本院较具特色的实验课程，属学院统筹建设，不属于劳动与社会保障专业教研室考虑。而公共人力资源管理业务模拟课程在公共事业管理、社会保障两专业开设，由公共管理学系统一建设，具体到劳动与社会保障专业，重点与三门课程有关，即社会保险职位模拟、社会保障基金管理系统实训、劳动与社会保障信息系统。

3. 筹建社会保障经办管理模拟平台

据重庆市人力资源和社会保障局领导讲，未来重庆市拟在街道建立统一的经办管理平台，包括建立统一社会保障服务标识、服务窗口、管理流程。未来参保人可以似今天我们银行一样享受方便快捷的服务。据初步测算，大约每个街道的经办管理平台的建设经费在60万元左右。因此，今后我们可以完全模拟重庆市拟建设的统一的社会保障经办平台，为学生提供校内实践基地，或者采用与街道共建的方式，将社会保障服务平台建立在工商大学校内或附近，我们提供办公用房，他们提供相应的技术支撑并可以吸纳我们的社会保障专业学生实习。

4. 实验教学软件、实验教学指导书先建设后完善

目前，国内已有几家社会保障教学软件公司与我们洽谈，但这些公司的软件设计功能不全，交互性不强，要价过高，性价比过低。我们只能多方联系，选择那些与实验教学指导书配套的教学软件，择优竞标，先建设后优化。

5. 编制本专业的实验教学指导书

我校可参考国内实验教学指导书，借鉴重庆市社会保障相关表格、软件等，联合重庆市高校同仁，编制本专业实验指导书。指导书不仅可以供学生使用，还可用于我校承担的各类劳动保障培训。此外，其他课程还需要完善实验教学大纲、实验教学教室、实验教学卡片等资料。

6. 加强集中实习环节

鉴于目前各高校的实验教学均处于初创时期，因此，通过集中实习，让学生到社保所及相关企事业单位去实习，让学生亲历实践，达到课堂教学与实践教学有机统一。如社会保障资金管理模拟实习，包括养老保险、医疗保险、失业保险、工伤与生育保险等各种业务模拟实习、社会保障会计模拟实习、社会保障软件操作模拟实习等。又如企事业员工福利管理模拟实习，包括劳动力计划与招聘职位模拟实习、工资福利管理职位模拟实习、劳动力培训职位模拟实习、绩效考评职位模拟实习等。

（四）劳动与社会保障专业实验教学的主要方法

劳动与社会保障专业实验教学主要有四类教学法，即演示型实验教学、案例型实验教学、模拟型实验教学、探究型实验教学。

1. 演示型实验教学

演示型实验属于验证性实验，是指对研究对象有了一定了解，并形成了一定认识或提出了某种假说，为验证这种认识或假说是否正确而进行的一种实验。演示型实验注重探究的结果（事实、概念、理论）而不是探究的过程。演示型实验有利于培养学生的实验操作、数据处理等技能。演示型实验教学在劳动与社会保障专业运用相对较少。

2. 案例型实验教学

案例教学方法，是通过对一个具体情境的描述，引导学生对这些特殊情境进行讨论的一种教学方法。案例型实验教学属于讨论式或主体性教学模式，它注重学生的创造能力和实际解决问题能力的培养，而不仅仅是获得固定的原理、规则，它所解决的

是如何使学生用更有效的方式获得这些知识，在此过程中开拓思路，积累经验，提高能力。社会保障专业中有若干案例可以讨论，教师可以根据相应知识点自己设计案例或寻找案例做出分析和诊断，融理论讲述、政策法规、案例剖析于一体。

3. 模拟型实验教学

教学实验本身只是一种手段，教师可以通过各种途径有效地创设实验情境，使实验成为整个教学过程的有机部分，赋予生硬的器材以勃勃生气，赋予单调的实验以丰富的色彩，从而使学生进入特定的学习状态，取得良好的实验教学效果。

在劳动与社会保障实验教学中，有两种类型的模拟型实验教学：情景模拟型实验教学和模拟软件应用型实验教学。角色扮演就是本专业常用的实验教学方法，如一组学生扮演社会保障经办人员；另一组学生扮演参保人员，包括不同身份的参保人员，如城镇职工、农民工、下岗职工、新招职工、事业单位调入人员等。经办人员计算其保费和权益。模拟软件应用更为普遍，包括社会保险软件、社会保障信息管理与统计软件等。

4. 探究型实验教学

探究型实验教学是由美国芝加哥大学教授施瓦布首先提出。他指出传统的课程是对科学进行静态的、结论式的描述，这恰恰掩盖了科学知识是试探性的、不断发展的真相。他主张学校要积极地引导学生像科学家那样对世界进行探究，他指出人本身就是一个天生探究者，探究的过程就是学习的过程，这一过程使学生有较强参与性、体验性及学术创造性。我校大学生参与挑战杯、本科生校级科研课题、暑期社会实践、创新创业平台、教师课题等皆是探究性学习的重要体现，尤其是参与挑战杯等活动在本专业学生中有一定激励效应，学生表现积极。

五、我校劳动与社会保障专业实验教学体系简表

学校经管实验中心管理分中心归纳出学科基础类实验建设标准，教研室对于专业基础实验、专业综合实验建设标准进行了讨论，形成下页简表（见表1）。

表1　基于能力与职业导向的劳动与社会保障专业实验教学体系

能力类别	能力标准	实验项目	实验课程	课程类别	学分、学时	开课学院
能力一：管理基础能力	①决策能力 ②计划能力 ③领导与激励能力 ④组织设计能力	①决策过程分析（模拟商务决策） ②计划分析与制订演练 ③领导与激励的模拟演练 ④组织设计和调整练习	管理学实验	学科基础	0.5学分，16课时	管理学院
能力二：财务与会计基础能力	①会计凭证的处理能力 ②会计账簿的登记与解读能力 ③会计报表的编制与解读能力 ④会计报表的分析能力	①记账凭证填制实验 ②登记账簿实验 ③会计信息生成流程实验 ④会计报表分析实验	会计学实验	学科基础	0.5学分，16课时	会计学院

表1（续）

能力类别	能力标准	实验项目	实验课程	课程类别	学分、学时	开课学院
能力三：数据统计调查与分析能力	①数据的搜集、整理和描述能力 ②统计数据的分析能力 ③统计数据的应用能力	①统计数据的搜集、整理与描述 ②相关分析 ③回归分析 ④时间数列分析	统计学实验	学科基础	0.5学分，16课时	数统学院
能力四：信息系统构建基础能力	①信息系统的运用能力 ②信息系统的构建能力	①信息系统认知实验 ②信息系统分析实验 ③信息系统设计实验	管理信息系统实验	学科基础	0.5学分，16课时	管理学院
能力五：经济理论分析能力	经贸学院提供	经贸学院提供	经济学基础实验（课内实验）	学科基础	0.5学分，16课时	经贸学院
能力六：公共人力资源管理能力	①组织管理能力 ②协调沟通能力 ③策划能力	①职员管理实验 ②培训、招聘管理实验 ③绩效、薪酬管理实验 ④能力素质模型实验	公共人力资源管理业务模拟	专业基础	0.5学分，16课时	社会与公共管理学院
能力七：公共管理与服务能力	①公共行政能力 ②公共政策分析能力 ③公共组织管理能力	①公共管理综合实验综述 ②公共部门的机关管理 ③公共部门的人力资源管理 ④公共危机管理 ⑤电子政务管理	公共管理学	专业基础	0.5学分，16课时	社会与公共管理学院
能力八：社会科学数据分析处理能力	①社会调查研究能力 ②数据获取能力 ③数据分析处理能力 ④数据建模能力	①社会调查研究方法实验 ②数据录入实验 ③数据分析实验 ④数据建模实验	社会科学软件数据处理运用	专业基础	1.5学分，48课时	社会与公共管理学院
能力九：社会保险经办管理能力	①社会保险原理及政策的理解力、阐释力 ②社会保险管理系统操作能力 ③社会保险数据的统计分析能力	①社会保险信息登记实验 ②社会保险费用征缴实验 ③社会保险账户管理实验 ④社会保险待遇支付实验	社会保险职位模拟	专业基础	0.5学分，16课时	社会与公共管理学院
能力十：社会保险基金管理能力	①基金管理环节实务操作能力 ②基金投资运营能力模拟	①社会保障支付实验 ②社会保障基金投资运营模拟实验	社会保障基金管理实验	专业基础	未达单独实验课程课时，算入理论课时中，12课时	社会与公共管理学院
能力十一：社会保障信息系统掌握能力	社会保障知识素质的综合运用能力。	①社会救助管理软件实验 ②社会保险管理软件实验 ③社会保障数据统计分析实验 ④社会保障管理业务流程及业务模拟实验	劳动与社会保障信息系统	专业综合实验	1.5学分，48课时	社会与公共管理学院
能力十二：实习前综合能力培训	经管中心提供	经管中心提供	毕业生综合实训	跨学科、跨专业综合实验	2学分，48课时	经济管理实验中心

本专业的实验教学体系采用能力与职业导向型，分别按学科基础课程实验教学平台、专业基础课实验教学平台、专业综合实验教学平台、学科综合实训、创新创业实验五大版块设计。这种体系设计有其便利性、科学性、先进性。便利性在于基本上与课程体系相对应，便于操作。科学性基本上按能力、职业为导向，并以课程为依托，体系科学合理。先进性体现在我校本专业充分借鉴了国内重点高校的经济管理学大类的实验教学设计，尤其是国家经济管理实验教学示范中心所在院校的实验教学设计，在一定程度上体现了先进性。

六、实验教学的保障机制及其他互补措施

（一）健全实践教学体系的运行机制

1. 多部门合作机制

实践教学体系的组织运行涉及教学学院、教务处、经济管理实验教学中心、团委、实习单位等，尽管总体来看形成了各司其职、各负其责的态势，但教学学院落实实践教学的责任压力过大，据笔者粗略统计，学院每年承担的实践教学学分为30余分，涉及学生1 000多人，其工作量足有3～4人的工作量。但目前实践教学体系的组织运行大多由主管教学院长、系主任来落实推动，其工作量和工作压力可想而知。因此，笔者建议学校建立多部门合作机制，除教学学院主要牵头课程实践教学外，可以考虑在教务处成立相应的实践教学科，具体统筹协调全校的实践教学环节，尤其是课程的实践教学环节。

2. 实验课程建设机制

目前实验课程大多处于自发状态，缺乏相应的建设机制。由于实验教学对于新专业新兴学科来讲是一种全新的尝试，教师的工作量远非理论课所能比。建议经济管理实验中心可以遴选一批实验课程加以建设，甚至可以将这些实验课程立项为优质课程或精品课程，予以重点资助。单门课程实验课，由教师承担，涉及多门课程的专业实验课程，由系或教研组牵头组织实施。学校同时还应对于新兴专业发展需要予以倾斜资助。

3. 质量考评机制

有相应的投入建设机制，自然就有相应的质量考评机制，教务处可在实验教学大纲、教案、实验教学组织、实验设备等方面予以考核。

（二）健全实践教学体系的保障机制

1. 经费保障机制

目前的实践与实验教学体系自然不是目前生均经费就能满足的，实践与实验教学涉及的师资配备、实践基地的建立和完善、实验设施的添置等。目前的经费来源主要有学生生均实验经费、经济管理实验教学中心实验经费，部分实践与实验教学环节缺少经费，如专业实习就缺乏教师的指导费。而我们按学分收取学费方式，按理就有相应的实践教学经费，但这方面的经费严重不足。课题组建议，可以考虑按学生的实践教学学分数、学生人数划拨实践教学经费至学院。

2. 师资训练机制与激励机制

实践教学大多是全新的实践，我们渐进式地加以建设，应更多地走出去参观学习，观摩国内同仁先进的实验实践教学。而目前我们的交流访问大多限制在学术会议层面，今后需扩展至实验实践教学，形成稳定的实践教学师资训练机制，通过深造、进修、不定期安排实验室人员到国内外著名的同行高校实验室参观学习，通过培训、自修、引进等多元并举方法，不断提高实验教师队伍的知识水平和实验技能。学校也可在社会上聘请人力资源管理岗位、社会保障工作岗位等的同仁作为"双师型"导师，到学校授课，同时对于承担实践教学的任课教师，在工作量的核算等方面适度倾斜。

3. 教学学院责任落实机制

责任落实关键在于权利与责任平衡，但目前教学学院更多的是责任承担，而在经费保障、奖励激励等方面的权利并无多少体现。因此，建议学校应从宏观层面上推进二级学院管理体制，相应地将实践教学运行管理的责任落实到二级学院，并实现权责平衡。

（三）注重理论教学、实践教学、实验教学协调促进

1. 要处理好实训课程与理论性教学的关系

二者应是相辅相成的关系，一方面，学生实际独立工作能力的培养、工作方法的习得、良好工作习惯的养成，都以理论学习为主要依据，它起范例、引路的作用。知识和能力发展虽不是同步与成正比的，但却是互相依存、互相制约的。如果离开了知识系统，等于失去了习得新能力的基础和阶梯，独立地发展也就变成"无本之木"。另一方面，只有将知识转化为能力，才能成为学生学习的手段。学生掌握的理论知识结构越是带有规律性，经过学生主观努力和思维积极加工而获得的理论知识越多，就越有利于实际工作能力的发展。学生理论知识的整体认知水平越高，就越能迅速地将捕捉到的相关知识信息纳入思维系统，并能保持"待用"状态，随时根据需要来激活、检索、提取信息。

但据笔者观察，目前对于实践与实验教学的重视似乎有弱化理论课教学的趋势，实践与实验教学对学分、学时的挤占自不待说。理论课程也是越开设越简单，一些纯理论课程基本上无立锥之地。有的高校劳动与社会保障专业未开设社会福利思想、福利经济学等课程。笔者认为本科专业应开设2~3门纯理论课，尤其是社会福利思想、中国社会福利思想史等课程，通过这些课程教学可培养学生对于理论学习的兴趣，学习理论的传承性、缜密性、思辨性，使其获得良好的思维训练，可达举一反三的效果，牢记"理论之树常青"的朴素道理。

2. 实验教学重要性认识逐步到位

目前各高校对于实践与实验教学重要性认识逐步到位，均认识到实践与实验教学的重要意义。但总体来看，目前劳动与社会保障的实践与实验教学体系呈现拼盘式的状态，理论课程与实践课程之间、课堂实践与实验教学环节与独立的实验课程之间、实验课程与第二课堂之间衔接不畅，或呈现内容重合现象，或呈现实验内容不完整现

象，也出现为实验设置实验课程的现象，甚至有的部门抢占专业实验课程的现象。因此，需要优化集中实践教学环节结构，据学校教务处提供的培养方案修订意见。实践教学相对稳定的内容有毕业论文、毕业实习、军训等部分，而入学教育、就业指导、专业实习、社会实践、思想政治理论实践教学等均纳入不同年级的培养方案，但学分不够稳定。笔者认为可以适度减少毕业实习和毕业论文的实践性课时，适度增加专业实习的课时。同时，应注重集中实践与实验教学环节应保持稳定性，并有明确的时间、周次安排实践。比较历年的集中实践与实验教学环节，我们发现不同年级的集中实践与实验教学环节在专业实习、社会实践等方面有不同，同时各年级在集中实践教学的安排学期、周次都有一定的区别，这不利于形成标准化、流程化的集中实践教学。还需注意集中实践与实验教学环节应进一步采取集中组织形式，目前多数集中实践教学环节采用的是分散与集中相结合的形式，一些仍采用分散的组织形式。尤其是毕业实习，大多是学生自己找工作单位实习，这有利于学生与就业单位相联系，但不容否认，分散实习导致实习单位与专业的相关性不高，实习指导跟不上，多处于"放羊式"状态。

3. 以能力为中心构建实验教学体系

笔者认为，实践与实验教学需要根据专业特征及相对应的职业能力需求，以能力培育为中心，从整体上建构专业实践与实验教学体系，注重实践与实验教学体系的整合衔接，进而思考基础性实验、专业技能实验以及综合实训课程所占课时比例及课程设计。

(四) 加强校内实验室和校内实践教学基地建设

鉴于目前社会保障教学实验室在全国均处于摸索的阶段，我们应加强这方面的建设，目前国内已有几家社会保障教学软件公司与我们洽谈。实事求是地讲，这些教学软件的层次仍较低，适用性不强。但我们仍只能先建设，后规范，尽快将专业软件联系妥当，尝试教学运行，并加强校内模拟实训，如社会保障资金管理模拟实习，包括养老保险、医疗保险、失业保险、工伤与生育保险等各种业务模拟实习、社会保障会计模拟实习、社会保障软件操作模拟实习等；企事业员工福利管理模拟实习，包括劳动力计划与招聘职位模拟实习、工资福利管理职位模拟实习、劳动力培训职位模拟实习、绩效考评职位模拟实习等。

同时，还应加强校内实践基地建设，充分利用现有经济管理实验教学中心平台、电子政务等实验室。目前经济管理实验教学中心尝试在经管类专业中开展毕业实习校内综合实训环节，这是较好的实践，也有利于发挥国家级的经济管理实验教学示范中心辐射作用，是加强校内实践教学基地的创新性举措。

今后，我们还需建设社会保障经办管理模拟平台。据重庆市人力资源和社会保障局领导讲，未来重庆市拟在街道建立统一的经办管理平台，包括建立统一社会保障服务标识、服务窗口、管理流程。未来参保人可以像今天我们在银行一样享受方便快捷的服务。据初步测算，大约每个街道的经办管理平台的建设经费在60万元左右。因此，今后我们可以完全模拟重庆市拟建设的统一的社会保障经办平台，为学生提供校内实践基地，或者采用与街道共建的方式，将社会保障服务平台建立在工商大学校内或附近，我们提供办公用房，他们提供相应的技术平撑并可以吸纳我们的社会保障专业学生实习。

（五）建设双赢互利、稳定化、专业化的实践教学基地

最近几年学生的实习我们得到了重庆市人力资源和社会保障局下属的社会保险局的帮助，他们曾经为我们联系过南岸区社保局、九龙坡区社保局等几个区级单位安排学生实习。我们也曾与南岸区人力资源和社会保障局联系过，他们帮我们提供了几个街道作为实践平台，其中社区需要量较大。我们也利用举办重庆市乡镇社会保障服务所负责人培训班的机会，与南岸、九龙坡区等几个街道服务所负责人洽谈，使他们接受过几届专业学生进行实习。我们通过在实践教学基地实习，完成综合性实践教学课程，如在社会保险大厅实习，熟悉社会保险基金内部管理系统和操作程序，运用所学知识，帮忙做咨询服务；在医疗保险大厅实习，熟练掌握整理、发放条形码，增员、减员数据输入、输出，了解办理医疗保险整个工作流程等业务工作；在职业介绍中心实习，了解失业登记、职业介绍、招聘备案、转失业档案等程序；组织学生到民营企业、国有企业、合资企业等不同所有制企业实习，了解企业参加社会保险的情况，了解职工福利项目、职工技能培训种类、企业年金、企业补充医疗保险是否举办、企业劳动保护等情况。

但我们也发现，目前这种合作关系并非双赢互利、稳定化的协作关系，往往是应急性的联系，如何与实习单位建立一种双赢互利、机制化、稳定化的实习合作关系是实现实习长效机制题中之意。笔者认为，实习单位主要需要我们在人力、智力两方面提供支持。实习单位在年终或专项检查时需要突击，因此需要我们合理安排实习时间，最好在年终前1~2个月，这样，他们就可以利用学生为他们做报表统计等力所能及的事情。另外，实习单位还需要我们的智力支持，诸如进行相关社会调查、改进服务流程、改善服务方式等。因此，我们可以利用实习机会去发现实习单位在提供服务时所存在的问题，并以科学研究态度帮助实习单位去改善服务流程，改进服务方式，从而向他们提供一定的智力支持。教学机构自然需要实习单位提供相应的实习条件与服务平台，同时是常态化、机制化的实习，而非临时、偶然的合作。目前单纯形式上的合作协议还需有互助双赢的实质，这样才能建立长效的实习合作关系。

（项目负责人：侯明喜　项目组成员：谭晓辉　李晓琴　张干　唐晓平）

社会学专业能力导向实验教学体系建设研究

重庆工商大学社会与公共管理学院社会学与社会工作系

一、背景

被取消27年的社会学专业在1979年后得到恢复重建并迅速发展。现全国高校中开设社会学本科专业的有80余所,有87所研究生招生单位(主要为高校,另外包括社科院系统和党校)开设了社会学硕士点,这87所研究生招生单位中又有博士点16个,博士后流动站6个,全国有数千名社会学教师和研究人员。如果说,中国改革与发展的前20年遇到的主要是经济发展的问题,那么,它的后20年遇到的主要是社会发展的问题,社会学在中国将为促进社会发展发挥自己的重要作用。

重庆工商大学社会与公共管理学院于2010年增设社会学本科专业,是在重庆市率先成立的新专业,目前还没有一届毕业生,2011年获得社会学一级学科硕士学位授权,2012年开始招收第一届社会学硕士研究生。在学科建设快速发展的同时,该专业学生在就业时却常常面临巨大压力,这迫使我们不得不反思:社会学的学科特色和优势如何与人才需求相结合?如何改善现有课程体系,以体现这种优势和特色?如何从理论教学与实验教学两方面着手,整合现有教学资源,全面搞好社会学专业人才培养?这些问题的解决有待我们强化对社会学专业的人才培养问题的全面系统的探索和研究。

二、社会学专业能力需求调研

(一)重庆市区域性人才队伍需求分析

重庆市人才资源总量不足、质量不优、分布不合理。我市地处内陆地区,由于起点低、底子薄,人才队伍建设不仅远远低于京、津、沪三个直辖市及东部地区,而且与同处西部地区的四川、云南、青海、宁夏、西藏等省区市相比,也有相当差距。人才队伍的发展总是依托和服务于经济社会发展,而重庆正处于加速发展时期,正加快建设长江上游的经济中心,对各类人才的需求量将大幅度增加。

《重庆市人才资源现状研究》课题组从1995年以来,以人才发展的数据为预测基础,采取回归分析、相关分析、结构分析、弹性分析、趋势判断等定量和定性相结合的多种预测方法,对"十一五"期间重庆紧缺人才需求情况进行了预测分析,发现重庆紧缺人才需求情况呈现总量不足、结构失衡、地区人才需求与供给错位、高级优秀人才紧缺等特点。

1. 区域性人才队伍结构分布不均衡

（1）区域性人才队伍学历结构分布失衡

就党政人才队伍和企管人才队伍学历结构而言，党政人才中大学本科及其以上学历人才占53.71%，而企管人才队伍中大学本科及其以上学历人才占21%，专业技术人才队伍中，大专及以上学历比例为74.7%。如图1、图2所示。

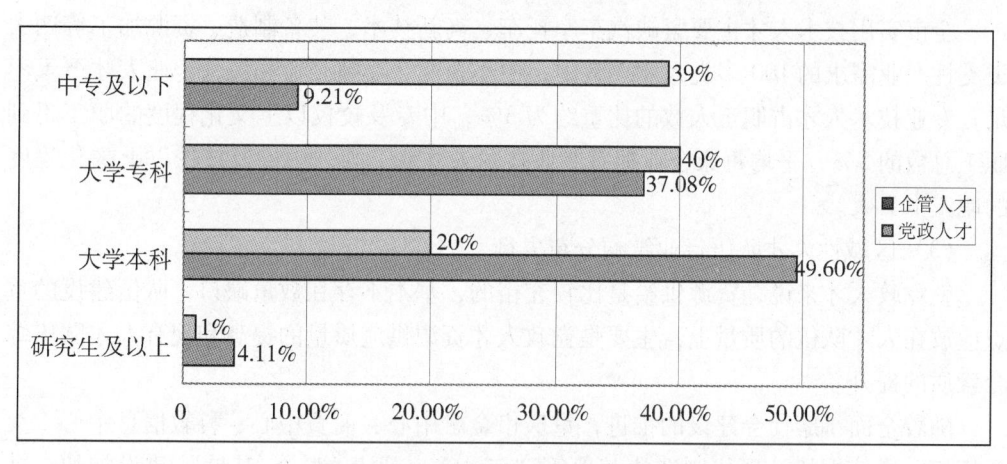

图1 企管与党政人才队伍学历结构

另一方面，中专及其以下低学历比重在企管人才中占有很大比重，占39%，在专业技术人才队伍比重为25.1%，在党政人才队伍比重是9.21%，从一定程度上反映了当前就业的择业价值取向和不同行业的就业环境。

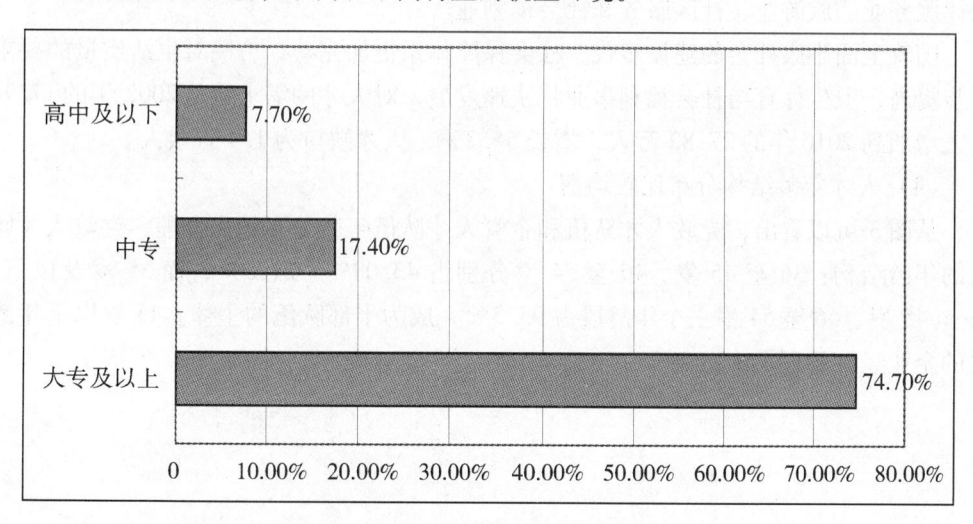

图2 专业技术人才队伍学历结构

（2）区域性人才队伍产业结构分布失衡

从产业分布看，目前全市人才资源大部分集中在机关、学校、医院、研究院所等行政事业单位，分布在工业、农业、商贸等实业领域的较少。而在各产业的技能人才分布中，传统产业人才较多，新兴产业人才较少，汽车摩托车、高新技术、装备制造、资源加工业等四类支柱产业中运用高新技术改造传统产业的高技能人才短缺，电子信息、通讯、物流等新兴行业对技能人才的需求明显。未来几年内，重庆经济社会发展特别需要一大批适应新型工业化发展需要的高技能人才。

从所有制分布看，非公有制经济组织人才拥有量占全市人才的比重达56.4%，但高学历、高职称人才大都集中在公有制行业，非公有制经济从业人员中具有高中及以上学历的仅占30%左右，具有专业技术职务的只占31%。

全市实用技术人才主要紧缺汽车摩托车、高新技术、装备制造、资源加工等四大类支柱产业需求的100多类人才。其中，中小企业、乡镇企业和民营企业人才严重不足，专业技术人才占职工人数的比重约为3%，中专及技校以上文化程度的职工不到职工总数的5%，平均每家企业拥有专业技术人才0.7人、中专及技校以上文化程度的职工1.7人。

(3) 区域性人才队伍行业结构分布失衡

就党政人才来说，资源供给是比较充裕的，基本不存在数量缺口，队伍建设的重点应放在人才队伍的质量上，主要是党政人才资源供应质量的提高和现有人才队伍综合素质的提升。

随着全面小康社会建设的推进，重庆市金融中心、商贸中心、科教信息中心、交通枢纽、通信枢纽、现代制造业基地等"三中心、两枢纽、一基地"建设加快，社会事业井喷式的发展，需要大量的中介服务型人才。到2010年该需求达到158.99万人，人才的供求缺口为5.78万人，人才短缺率为3.64%。人才需求的重点领域是交通运输和物流业、信息传输和网络服务业、商贸流通业、金融保险业、会计审计业、法律服务业、旅游业、社区服务和社会福利业。

随着全面小康社会的建设步伐，社会保障体系更加完善，市民对生活质量的要求逐步提高，卫生体育与社会福利事业将快速发展，对人才的需求将从2002年的17.93万人增加到2010年的27.82万人，增长55.2%，人才缺口为1.4万余人。

(4) 人才年龄结构分布比较均衡

从图3可以看出，党政人才队伍和企管人才队伍年龄分布较为合理。党政人才队伍的年龄结构：36至45岁、46至54岁分别占43.08%、21.5%，而35岁及以下、36至45岁、46至54岁三个年龄段占95.3%，成为干部队伍的主体。45岁以下年龄段的企业经营管理人才占70%。

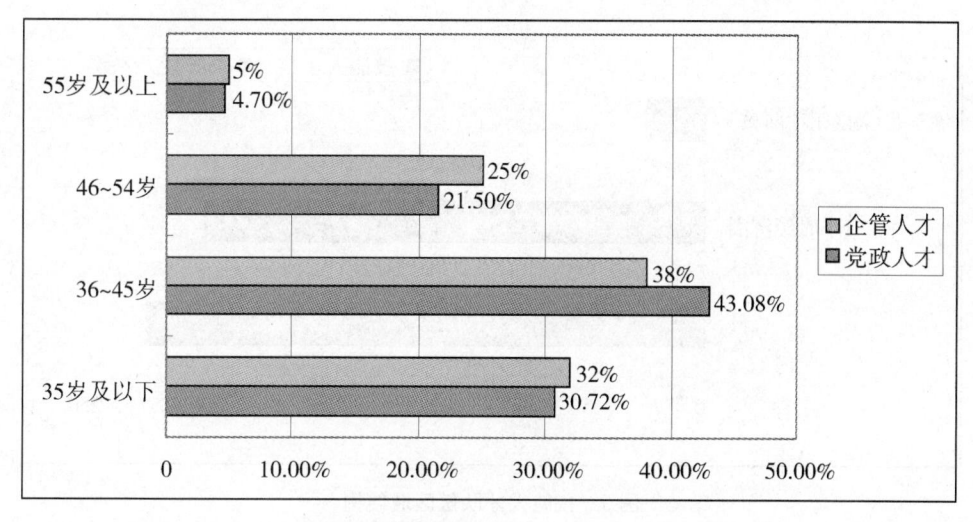

图3 企管与党政人才队伍年龄结构

2. 人才队伍地域分布不均衡

重庆市人才队伍的区域分布情况还不够合理。"一圈"较"两翼"人才密度大，高层次人才集中，部分领域的人才在"一圈"富余和在"两翼"紧缺的现象并存。

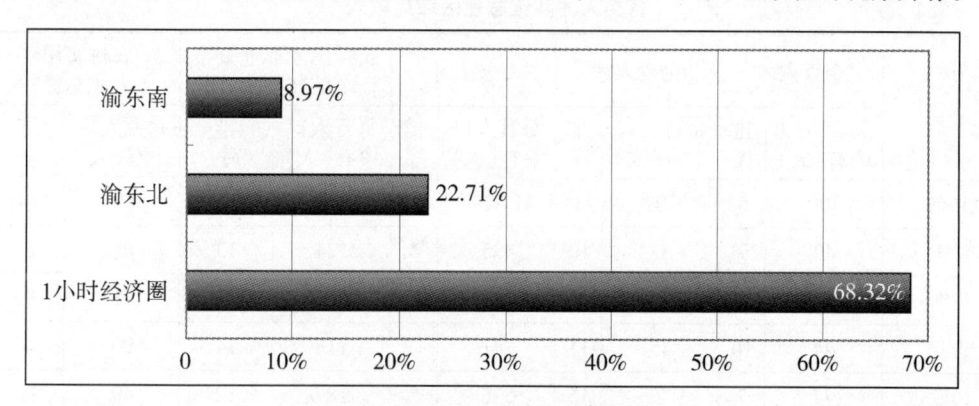

图4 专业技术人才队伍区域结构

比如专业技术人才特别是高层次人才主要聚集在1小时经济圈，三峡库区和渝东南地区专业技术人才短缺。1小时经济圈专业技术人才占68.32%，渝东北占22.71%，渝东南占8.97%。全市技能人才有196万人，其中，获得高级工及以上等级的技能人才有20.15万人，1小时经济圈有176万人。高技能人才有29万人，其中，1小时经济圈有25万人。如图4、图5所示。

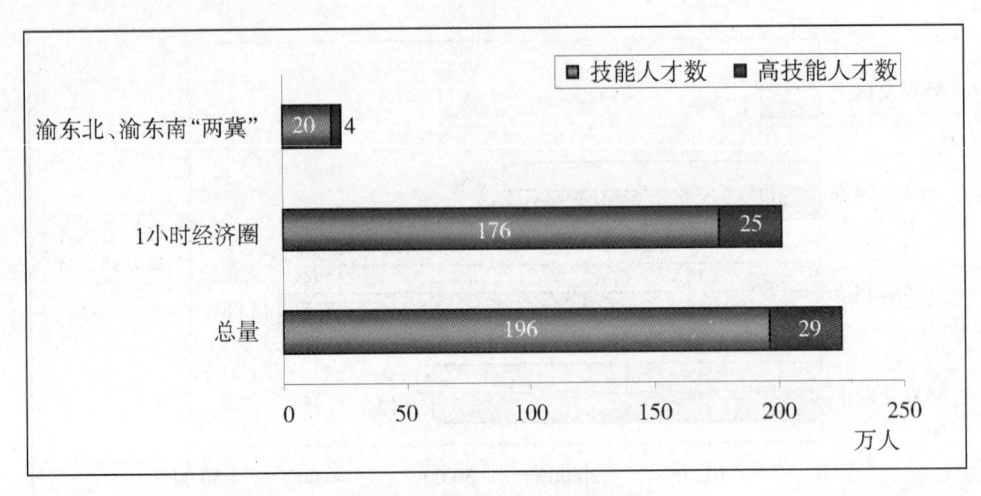

```
                               ■ 技能人才数  ■ 高技能人才数

渝东北、渝东南"两翼"  ▓ 20  4

    1小时经济圈    ▓▓▓▓▓▓ 176   ▓ 25

       总量       ▓▓▓▓▓▓▓ 196  ▓ 29

              0    50    100   150   200   250
                                              万人
```

图5　技能人才队伍区域结构

3. 人才队伍存在比较劣势，总量与质量都有一定的差距

以每万人拥有的人才数量指标来看，重庆市无论是与西部地区，或是与沿海直辖市之间比较，都有很大的提升空间。如表1所示。

表1　　　　　　　　　　　各类人才队伍总量区域比较表

	企管人才		党政人才		专技人才		获得国家职业资格证书的技能人才数		农村实用人才总量	
	每万人口中有（人）	排序	每万人口中有（人）	排序	每万人口中有（人）	排序	每万人口中有（人）	排序	每万人口中有（人）	排序
北京	100	5	107	3	1 829	2	2 075	1	7	14
甘肃	49	9	53	10	495	4	124	13	61	8
广西	33	12	39	14	281	10	265	11	41	9
贵州	44	10	45	11	241	12	118	14	90	4
内蒙古	77	7	7	15	336	7	187	12	40	11
宁夏	54	8	58	7	373	6	276	9	40	10
青海	37	11	102	4	389	5	421	4	347	2
陕西	137	4	56	9	300	9	335	7	136	3
上海	1 149	1	92	5	1 976	1	1 680	2	25	13
四川	83	6	43	12	124	15	332	8	65	6
天津	165	3	133	2	1 253	3	1 322	3	78	5
西藏	11	14	147	1	141	14	95	15	63	7
新疆	10	15	82	6	239	13	377	6	—	—
云南	18	13	56	8	303	8	275	10	28	12
重庆	467	2	39	13	279	11	411	5	487	1

全市每万人口中有企业经营管理人才467人，在西部12个省区市列第1位，在四个直辖市中列第2位，比上海少682人。全市每万人口中有党政人才39人，在西部仅高于内蒙古和甘肃，排名第10位。北京、上海和天津的党政管理人才分别是重庆的2.7倍、2.4倍和3.4倍。不过就学历层次来看，重庆市党政人才具有本科及以上学历占54.37%，在西部12个省区市中位列第1位，在四个直辖市中，比北京少2.13个百分点，比天津、上海分别多13.34、7.36个百分点。

我市专业技术人才与其他地区的总量差距明显，每万人中只有279人，在西部地区排名第8位，与北京、上海和天津三个直辖市的差距更大。总量上为北京的48%，天津的64%，上海的44%，四川的32%。

专业技术人才质量上也存在一定差距，高层次专业技术人才中，"两院"院士11人，不及四川、陕西的1/3和上海的1/15；"新世纪百千万人才工程"国家级人选46人，在西部省区市中列第3位，但比上海少154人，比天津少14人；国家突出贡献中青年专家66人，在西部省区市中列第3位，但比北京少32人，比天津少113人，比上海少264人；享受国务院特殊津贴专家2 248人，在西部省区市中列第2位，但比北京少1 286人，比天津少1 983人，比上海少7 752人。

我市专业技术人才的自主创新能力不足。2009年我市专业技术人才获国家科学技术奖13项，比京、沪、川陕少63项、43项、13项、19项；2008年我市专业技术人才获发明专利授权4 820项，是沪、京、川、津的20%、27%、36%、70%。

全市农村实用人才有156万人，占全市农村劳动力的9.3%，在西部省区市中列第1位，比北京、天津分别多8.81、5.07个百分点，比上海少0.8个百分点。每万人拥有农村实用人才数为487人，远高于其他省市，这是重庆作为西部直辖市大城市大农村的真实写照。重庆市每万人获得国家职业资格证书的技能人才数411人，西部排名第2位，还是与北京、上海和天津三个直辖市有较大的差距。

仅高级工而言，获得高级工及以上等级的技能人才有20.15万人，比四川、云南分别少15.91万人、2.01万人，在西部省区市中列第3位。全市技能人才累计获中华技能大奖、全国技术能手、国家培育突出贡献奖58项，分别比北京、上海、陕西少120项、58项、16项，在西部地区列第2位。这对重庆这个西部工业城市提出了较高的培养技能人才的要求。从结构看，全市高技能人才只占职工人数的2%，低于全国3.5%的平均水平，与国外制造业发达国家普遍达到30%～40%的比例相距甚远。如表2、表3所示。

表2　　　　　　　　　技能人才等级构成比较表　　　　　　　　　单位：万人

省份	获得国家职业资格证书的技能人才数	技能人才等级构成		
		高级工及以上	中级	初级
北京	242.76	44.25	102.32	96.19
上海	227.18	16.55	79.55	131.08
天津	124.16	11.15	34.66	78.35

表2(续)

省份	获得国家职业资格证书的技能人才数	技能人才等级构成		
		高级工及以上	中级	初级
重庆	131.6	20.15	66.55	44.89
四川	286.05	36.06	156.23	93.76
广西	128.05	10.65	60.5	56.9
陕西	122.84	16.94	75	30.9
云南	118.02	22.16	65	30.86
新疆(含兵团)	72.34	8.67	33.78	29.89
贵州	45.2	5.07	24.55	15.58
内蒙古	43.86	11.27	20.5	12.09
甘肃	32.14	4.45	19.32	8.37
青海	18.19	3.26	7.33	7.6
宁夏	16.38	2.86	9.11	4.41
西藏	2.41	0.78	0.78	0.85

表3　　技能人才获奖情况比较表　　单位：个

省份	小计	中华技能大奖	全国技术能手	国家培育突出贡献奖
北京	178	11	154	13
天津	52	4	43	5
上海	116	11	92	13
重庆	58	4	49	5
陕西	74	1	65	8
四川	56	1	53	2
云南	33	1	28	4
内蒙古	31	2	25	4
新疆	31	0	29	2
甘肃	28	1	23	4
广西	25	0	22	3
宁夏	24	2	19	3
贵州	23	2	18	3
青海	17	0	15	2
西藏	2	0	2	0

4. 高层次优秀人才队伍缺口较大

高层次科技创新人才和高层次经营管理人才将是人才需求的重点，专业技术人才的短缺是今后较长时期我市人才供求的主要矛盾，而高层次经营管理人才的短缺是我市人才供求矛盾的重要方面。如表4所示。

表4　　　　　　　　重庆市优秀人才需求总目录（2007—2012年）

单位类别		人才类别	涉及主要岗位数量（类）	涉及主要专业数量（类）	地区或单位导向（个或家）	需求数量（名）		引进方式	引进渠道
党政机关	区县	党政人才	1	13	40个区县	120	316	挂职锻炼	中央和国家机关部委
	市级部门		1	26	市发改委等48个市级部门	196			
大型企业	市属国有重点企业	高层次经营管理人才	5	8	重钢、水务集团、机床集团等30个市属国有重点企业及所属企业	265	1 173	聘用或柔性引进	中央管理的国有重要骨干企业和在京跨国公司、大型企业
		高层次工程技术人才	4	11		60			
		高技能人才	58			848			
	大型非公有制企业	高层次经营管理人才	15	8	隆鑫、宗申等430个大型非公有制企业	765	2 642		
		高层次工程技术人才	12	5		525			
		高技能人才	34			1 352			
							3 815		
事业单位	科研院所	高层次专业技术人才	47	30	重庆市农科院、重庆市汽车研究所等27个科研院所	349	4 091	调入、聘用或柔性引进	在京著名高等院校、科研院所和大型医疗卫生机构
	大专院校		9	45	重庆大学、西南大学等15所大专院校	3 509			
	医疗卫生机构		5	58	重庆市第一人民医院、重医附一院等21家医疗卫生机构	233			
总计			191	204		8 222			

2010年前重庆市对大专以上人才的需求年均增长为7.13%，比中专以上学历或初级以上职称人才的需求量增长速度6.00%高1.13个百分点，到2010年总需求量达到174.74万人。同期大专以上人才的资源量年均增长4.09%，到2010年达到142.79万人。2010年大专以上人才短缺31.95万人，占全部人才短缺量将近67%。2000年每10万人中大专及以上文化人口，北京是16 843人，上海10 940人，天津9 007人，重庆只有2 802人，大专以上人才，特别是高学历的人才，如博士、博士后人才是全市人才短缺的重要方面。

根据重庆市人事局优秀人才需求调查，全市在2012年以前，需要高层次人才

8 222 人，党政人才需求最少，只有 316 人，占 4%；高层次专业技术人才需求最大，占 49%；其次是高层次技术技能人才，占 34%，尤其是高层次技能人才，需求量达到了 2 200 人；高层次企业经营管理人才只占 13%，这从一个侧面说明了重庆市人才需求的现状和人才队伍建设的方向。如图 6 所示。

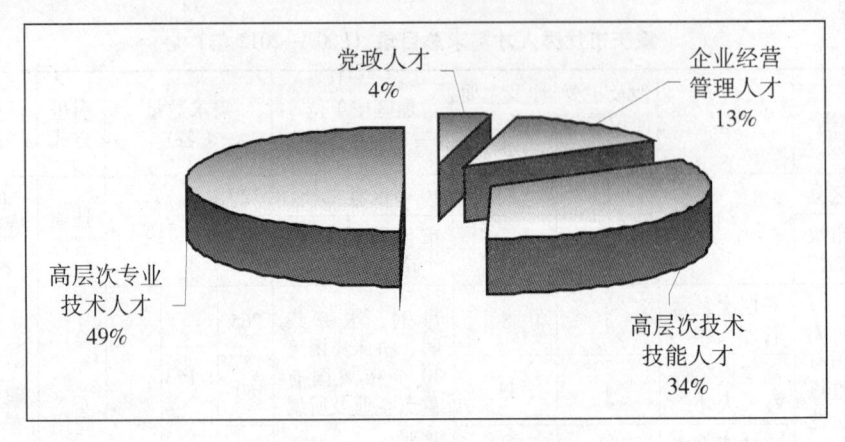

图 6　优秀人才需求行业结构

高层次优秀人才需求分布中，大型非公有制企业需求量很大，占 69%；而在高层次专业技术人才分布中，大专院校需求量比例高达 85%。如图 7 所示。

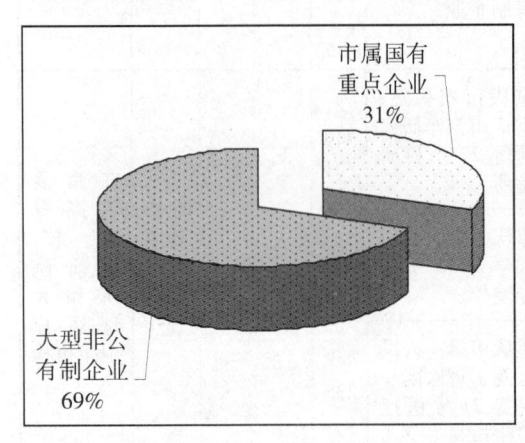

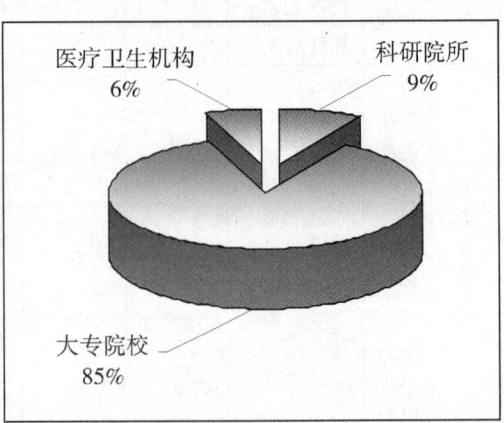

图 7　不同单位性质优秀人才需求分布结构

结论：

（1）重庆市人才队伍学历结构失衡，低学历人才队伍还存在相当比例，尤其是企管人才队伍需求大量的本科及其以上人才。从所有制来看，非公有制经济组织人才拥有量超过全市人才一半以上，但是高学历、高职称人才大都集中在公有制行业，非公有制经济从业人员学历较低。

（2）重庆市人才队伍产业分布不均衡，人才资源大部分集中在机关、学校、医院、研究院所等行政事业单位，分布在工业、农业、商贸等实业领域的较少。

（3）重庆市社会事业井喷式的发展，社会保障体系更加完善，需要大量的中介服务型人才，尤其是社会福利事业人才。

（4）重庆市人才队伍的区域分布情况还不够合理。"一圈"较"两翼"人才密度大，高层次人才集中，部分领域的人才在"一圈"富余和在"两翼"紧缺的现象并存。

（5）重庆市无论在西部地区，或是与沿海直辖市之间比较，人才队伍总量和质量都存在比较劣势，提升空间很大。

（6）重庆市高层次优秀人才需求量大。高层次科技创新人才和高层次经营管理人才将是人才需求的重点，专业技术人才的短缺是今后较长时期重庆市人才供求的主要矛盾，而高层次经营管理人才的短缺是人才供求矛盾的重要方面。

总之，在未来相当一段时间内，重庆经济社会发展特别需要一大批熟悉现代企业经营管理、具有一定国际交往能力的高素质企业经营管理人才，需要具有较强技术创新能力，能推进技术产业化的高层次专业技术人才和适应新型工业化发展需要的高技能人才。社会学专业综合性、宽口径的就业特点可以较好地解决重庆市区域人才供需矛盾，做出自己的贡献。

（二）基于区域性人才需求状况的社会学专业人才能力需求分析

当前，我国正处在经济结构调整加快、社会转型加速的关键时期，但影响社会和谐稳定的因素仍大量存在，特别是社会建设相对滞后、社会管理跟不上经济发展步伐的矛盾日益凸显。这就要求我们深刻认识经济社会发展的阶段性特征以及由此对社会稳定带来的压力和挑战，切实增强忧患意识和工作责任感；深入推进社会建设和社会管理创新，探索新形势下对新经济组织、新社会组织的管理服务的方法措施；深入开展社会矛盾化解，进一步筑牢社会建设和社会管理的基础。这必然要加大对社会学专业人才的需求。

社会学专业具有综合性的特点，它的职业领域几乎遍布于社会各个方面，一些具有远见卓识的政治家、企业家已经开始意识到社会学在其决策、管理中的重要作用。21世纪社会学专业人才的需求主要表现在以下几个方面：

1. 良好的社会学专业前景预期，促进社会学专业获得高度认同

由于国家倡导建设和谐社会，强化社会建设和社会管理，使得被调查者认为社会学专业的外部环境在改变，以至于98.8%赞同"得到公众和政策支持"因子，而"社会学是时代产物"和"人人都了解社会学"的比例也很高，赞同比例都超过90%（见表5）。

表5　　　　　　　　　社会学专业认同总体情况

专业认同指标	同意%	说不清%	不同意%
得到公众和政策支持	98.8	1.3	0
有独特视角和理论	92.6	3.8	3.8
人人了解社会学	90.1	3.8	6.3
社会学是时代产物	90.1	8.8	1.3
是具体社会科学	85	13.8	1.3
办出特色	83.8	13.8	2.5

表5（续）

专业认同指标	同意%	说不清%	不同意%
走应用型道路	82.6	13.8	3.8
有独特研究方法	82.5	13.8	1.3
促进社会和谐	77.6	20	2.6
对思维产生影响	71.3	20	8.8
以市场导向设课	67.6	17.5	15.1
我喜欢社会学	67.6	26.3	6.3
成为显学	65	31.3	3.8
经世致用特征显著	62.5	25	12.6
就业面宽	60	28.8	11.3
对工作有帮助	58.8	25	16.3

数据来源：肖云忠. 社会学专业毕业生专业认同及影响因素分析［J］. 成都理工大学学报（社会科学版），2011（5）.

有一部分个案访谈对象意识到不能以功利的态度对待和评价社会学专业，他们对社会学专业的认识达到了一定的深度。比如某位被访谈对象对此是这样看的："我想更多地研究社会学，从而对于社会有更深刻的认识与解读，一直乐观地相信社会学的道路会越来越宽的。如果太多的功利因素掺杂其中的话，建议还是考虑其他一些专业。""正是因为该专业与研究者的社会经验、人生阅历之间的关系十分紧密，必然需要厚积而薄发。"

2. 以"个人素质"为导向的社会学专业就业模式，最大限度地满足区域人才需求

（1）社会学学科性质无法支撑"专业"导向就业模式

社会学专业属于思维范畴学科，目前并非显学，社会学除了调查公司以外，没有像人力资源、会计、通信等专业有相对的行业或者具体职位来相对应，这导致了社会学专业目前的社会认可程度还不太高，因而社会学学生无法通过专业来直接应聘与专业相关的岗位，毕业出来后需要再一次做定位准备，不会像会计专业学生直接应聘会计岗位那么轻松顺利。社会学学生找工作的劣势如表6所示。

表6　　　　　　　　　　社会学找工作面临的劣势

	数量	百分比（%）
专业性不强	26	16.46
技术性不强	40	25.32
该专业的岗位需求少	39	24.68
该专业的社会认可度不够	41	25.95
所在的学校知名度不高	12	7.59

数据来源：方建中，金建东，周芃. 关于社会学专业人才培养的调查与思考［J］. 中国电力教育，2009（8）.

从表6中我们看出，占比例最突出的四个方面是相辅相成的，即作为一门新兴学科，社会学具有强烈的思辨气息，专业性和技术性并不明显，即便具有社会调查和统计分析能力，也因所涉不深，没有真正成为社会学专业特色。因此，在这样一个以技术为主导的社会里，社会学很难获得认可，也很少有专为社会学所设的岗位，因而在进入企业这个门槛上，社会学学生就已输于其他专业。

在个案调查中发现，社会学学生的就业定位不以专业为导向，比如有个被访谈者就认为："如果只理解成做调查统计就有些狭隘了。学了社会学出来找工作不一定就是要限定在什么社会学对口岗位。"

在个案调查中，也发现很多学生对社会学专业还是比较认同，只要定位宽泛一点，就业质量还是不错的，比如某被访谈者说："看了04级的师兄师姐的出路，觉得读社会学还是挺好的，其实不一定要讲什么对不对口，实际上大多数人就业都不会特别对口。社会学是比较基础的学科，除了调研公司特别对口之外，还有很多都是可以做的。"

（2）社会学专业培养应采取以"个人素质"为导向的就业模式

社会学专业培养学生一些社会学的想象力，开阔学生的社会学视野，让学生拥有独特视角和学会实地社会调查。拥有了这些基础能力后，不管学生毕业后从事哪一行，也许刚开始他们并不熟悉那个行业的状况，他们也会有很强的学习能力，懂得收集和处理新信息，懂得做相对性的调查工作，能理解周围的人和事，从而很快地适应新环境。

因此，社会学专业学生不能以"专业"导向选择就业，需要理智的认识社会学，理智的认识自己，采取"个人素质"导向的就业模式。

在个案访谈中发现，越来越多的社会学专业研究生认识到个人能力、素质比专业更为重要。有一个被调查者认为："其实现在好多大企业在招聘时都不限专业，个人能力才是最重要的。社会学可以训练学生的思维，让学生成长。"

又比如某被调查者说道："关键还是看你是什么人。学哲学的也可以当推销员，刚毕业每月就两万多，学社会学的为啥不能？""社会学在国内还没有被大多数的用人单位所理解，但是我想说的是这个学科也在被更多的人所接受，我所认识的学这个专业的人在北京都找到了工作。但是工作的方向很大程度上取决于个人的性格和能力及未来愿望。从总的趋势看，这个专业在文科中算是一个求职处于中等难度的专业。"

另一个被访谈者也认为："据我所知，一些学历史、社会学的学生也有被大公司录用的，这些大公司看重的是学生的素质，学生进公司后再进行培训。"

3. 社会学专业思维能力有助于满足社会对高级决策、咨询人才的需求

根据发达国家的经验，社会的进步并不仅仅是经济的发展，21世纪人和自然、社会和经济的和谐统一、协调发展将受到更为重要的关注，经济的发展不仅取决于经济本身的因素，而且也受到各种非经济因素、非理性因素的制约，因此在各种宏观决策中需要社会学家的专业知识。

社会学专业注重学生的社会现象综合分析能力、敏锐的洞察力和独特的社会学视角，从理论上说就是"独特的视角，另辟蹊径的思维方式"。社会学专业学生考公务员比理工科学生有明显优势，这点在进入大企业时的笔试中也体现得比较明显，因为社会学的训练不但赋予学生知识和技能，更重要的是全面提高学生对社会生活的适应能力和整体素质。如图8所示。

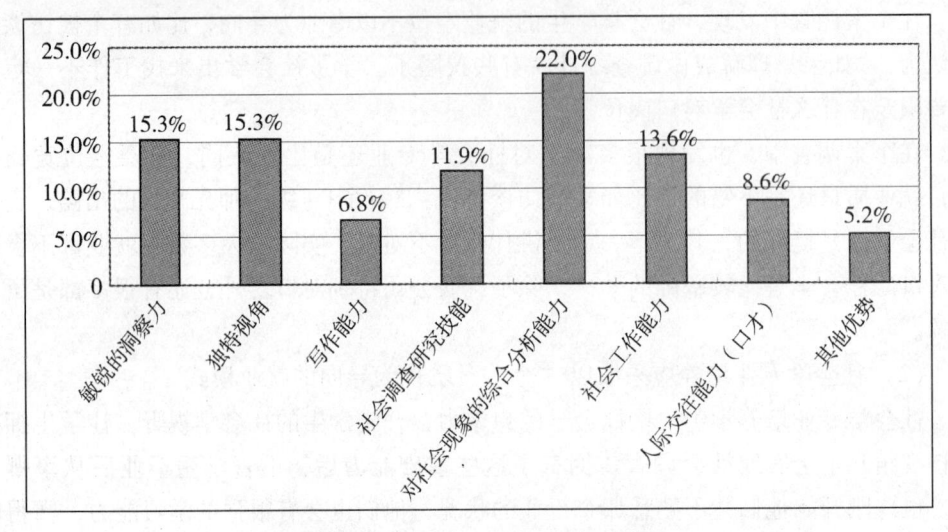

图8 社会学专业就业优势分析

从图8可看出，社会学在就业优势方面的选择比较分散，更多的人认为社会学专业的优势是"对社会现象的综合分析能力"、"敏锐的洞察力"和"独特的视角"，共占52.6%。

在个案调查中，对被调查者影响很深的是社会学的思维训练功能，社会学可以培养其独特地看待社会问题的视角。比如某些被调查者说："社会学是知识分子心灵的鸦片，我已然上瘾。毕竟，通透力和领悟力所带来的享受不是用钱买得到的，思维所达到的高度将让人在精神层面上富有。""如果不是去做解决问题的思想者，或者没有天分，就不要去了哈。社会学的出现本不是为职业服务的，而是为纯粹的思想。"

4. 社会学专业学生的企业主导就业现实，有助于缓解区域性的企管人才不足现状

现有的文献调查数据显示，社会学学生的就业领域很广，其中以企业的就业人数最为突出，占了42.2%。其次是继续深造占31.5%，毕业当公务员占20%，而从事教育部门的较少，为6.7%，这与高校引进人才以博士为主有关。见图9。

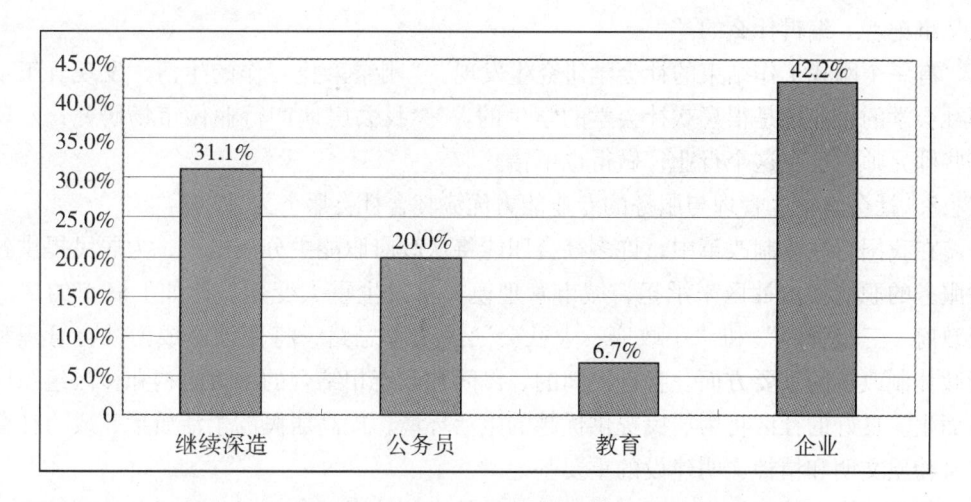

图9 当前社会学学生就业状况

在社会主义市场经济逐步完善、成熟的条件下,企业将面临两个方面的挑战。

第一,激烈的市场竞争使企业接受外部环境的挑战,企业的外部环境除了经济环境之外,还有政治环境、文化环境、社会环境、生态环境等,因此现代企业家在决策时必须综合考虑各种因素,他在决策过程中必需获取各种信息,是一种综合决策,社会学人才在帮助企业家决策时可以利用自己的专业知识提供咨询。

第二,企业将接受企业内部的挑战。现代企业管理理论告诉我们,企业管理不仅仅是对物的管理,或者仅仅是反映了人和物之间的关系,更重要的是对人的管理。职工之间的关系,职工和领导的关系,劳资关系等已经是影响企业效益的重要因素,如何提高职工对企业的归属感,增强企业的凝聚力,是企业持续、稳定发展的重要条件。

社会学的长处就在于研究人与人之间的关系。因此,国外许多大公司一般都有社会学家参与管理,或者接受社会学家的咨询。

另有调查数据表明,社会学学生就业职员广泛,以企业就业的方向为主的趋势。社会学本科专业学生的就业流向:国有企业就业为5.48%;国家基层项目2.02%;机关2.78%;其他事业单位2.78%;其他企业就业为18.45%;三资企业为7.08%;其他灵活就业7.33%;机关为0.30%;出国及退学4.63%;考取研究生比例为25.70%。

在个案调查中也发现社会学专业学生就业出口广泛,有个被访谈者谈到就业流向时说道:"嗯,社会学学生在市场研究行业的非常多。其实社会学现在就业范围挺广的。考公务员、非政府组织、销售、市场研究、咨询、编辑等。现在大公司招社会学学生的不少。"

尤其是企业对社会学人才需求在逐渐增多,比如传媒、房地产等行业,访谈中有些访谈者认为:"至于就业,我认识的学社会学的朋友干什么的都有。个人觉得社会学做媒体还是挺合适的,但前提是要开阔自己的社会学视野,掌握好社会学的理论等。""社会学在新闻媒体这方面的发展,我觉得还是可以的。社会学专业的学生可以从事记者、编辑什么的。"

有一个刚找工作结束的社会学研究生发现:"刚结束找工作的生活,发现真正了解社会学的企业还是很喜欢社会学的学生的。""我去房地产行业做市场研究,发现有些师兄师姐也在这个行业,做得也不错。"

5. 社会学社区管理与服务的专业能力优势契合社会服务人才的需求

在我国行政体制改革中,许多社会职能将从政府职能中分离出来,为居民提供各种服务的职能将由社区来承担,城市管理模式将发生重大变化。比如上海市的"二级政府、三级管理"和"小政府、大社会"的改革思路,将使社区成为社会管理和行政体制改革的重要方面。各种民间的、民间和政府相结合的中方机构和社区组织应运而生。良好的社区将为居民提供优越的生活环境,提高居民的生活质量,成为社会主义物质文明和精神文明建设的重要基地。

但是就全市社区管理水平来说还是比较低,还处于试验、起步阶段,社区管理人员素质不能适应社区管理的要求。许多部门都提出组建专业管理队伍是非常必要的,不能再仅仅依靠热心的"大妈大婶"来进行社区管理。

社区是社会学的主要研究领域,现代社区管理是一门专业的管理艺术,需要有基本理论和专业工作技巧,国内外社会学在社区研究领域中都曾取得重要成果。因此,社区发展规划的设计和社区管理工作应该是社会学的职业领域之一,需要有经过专业训练的大学生成为专业工作者或社会工作者。社会工作者的专业训练在国外主要由与社会学密切相关的社会工作系承担,在我国除了个别大学在社会学系设立社会工作专业之外,大多数都在酝酿之中。可以预见,随着我国社会保障制度的建立和行政体制的改革,社会服务人员和社会工作者具有很大的市场。

6. 社会学专业调研能力优势很好地满足社会对信息调查研究人才需求

社会的现代化、市场的激烈竞争,使得人们需要获得更多的信息,对信息的获取、分析和研究已经成为一门产业,例如市场信息的调查和对社情民意的收集在我国已经成为新型职业,这对企业、社会管理机构的决策提供了重要帮助。

据不完全统计,全国从事市场调查的机构已达上千家,据说在广州市就有上百家调查公司。上海专业调查公司有二三十家,兼有调查业务的机构多达几百家。我们国家的市场调查业还赶不上欧美 20 世纪 90 年代的水平。

据统计,从 1990 年到 1994 年,全世界市场调查业的营业收入年平均增长率为 8%,大大超过了欧美国家的经济增长速度。1994 年全世界市场调查业的营业收入达 91.5 亿美元,其中欧洲占 38.24%,美国占 34.33%,日本占 9.38%,其他地区占 9.45%。在欧洲,1994 年市场调查机构有 759 家,1990 年到 1994 年年平均增长率达 6% 左右,长期从业人员为 3.75 万人,自由调查员达 11.6 万人。

表7　　　　　　　　　毕业生对所学专业知识的运用情况

	经常用到	有时用到	从未用到	平均分	标准差
社会学基本原理	15.8	46.5	37.6	2.22	0.70
社会心理学	15.5	60.8	13.7	1.95	0.69
社会调查方法	23.0	46.0	31.0	2.08	0.73
社会统计学	13.1	49.4	43.4	2.56	1.47

数据来源：董金秋，王平. 高校社会学人才培养现状的评价研究［J］. 社会，2003（2）.

在社会科学中，对社会调查的专业训练主要集中在社会学专业，因此，随着我国社会主义市场经济日益成熟和市场竞争的需要，在21世纪将会形成较大的信息人才需求。

表7反映了对高校社会学专业所开设的四门主要专业课的知识运用情况，回答"经常用到"和"有时用到"的人数都超过了半数，尤其突出的是社会心理学，比例高达76.3%，分别高出其他三门专业基础课10个百分点左右。这说明社会心理学这门课具有很强的应用性，它已成为社会学专业毕业生适应社会的最有力"武器"。

由表7可知，社会学基本原理、社会心理学、社会调查方法和社会统计学这四门课程作为社会学系各专业方向都开设的专业基础课，大多数毕业生认为实际工作中时常用得到，可以说基本达到了"学有所用"。

从均分来看，专业课在工作中按使用程度由高到低依次为社会心理学、社会调查方法、社会学基本原理、社会统计学。从标准差来看，社会心理学不仅是毕业生工作中最常用的一门知识，而且还是所有毕业生相互之间运用差别最小的。

社会学专业毕业生在回答"所学的专业课程哪些对现在的工作最有帮助"问题时也反映了社会学专业人才培养效用。如表8所示。

表8　　　　　　　所学的专业课程哪些对现在的工作最有帮助

	数量	百分比（%）
社会学概论	16	7.14
西方社会学原理	13	5.80
中外社会思想史	0	0.00
社会调查研究方法	29	12.95
社会统计学	25	11.16
社会心理学	34	15.18
社会工作原理	5	2.23
经济学原理	15	6.70
管理学原理	20	8.93
经济社会学	7	3.13
家庭社会学	5	2.23
城市社会学	6	2.68
社会问题研究	14	6.25
社区研究	5	2.23

表8（续）

	数量	百分比（%）
专业英语	1	0.45
社会调查与研究（实践课）	29	12.95

数据来源：方建中，金建东，周芃. 关于社会学专业人才培养的调查与思考［J］. 中国电力教育，2009（8）.

在表8中，认为对现在工作最有帮助的专业课中占前四位的分别是社会心理学（15.18%），社会调查研究方法（12.95%），社会调查与研究（实践课）（12.95%），社会统计学（11.16%），而这些课程的共性是应用性极强，可以在工作和社会实践中直接被应用，尤其是社会调查与研究，是实践能力的直接培养。其次是管理学原理（8.93%），社会学概论（7.14%）、社会问题研究（6.25%）和西方社会学原理（5.80%），这些课程的一个共性是虽然应用性并不是很强，但是切合社会前沿，能够对于工作和社会实践产生直接指导性作用。处在最低层次的是经济社会学（3.13%）、城市社会学（2.68%）、家庭社会学（2.23%）、社会工作原理（2.23%）、专业英语（0.45%）和中外社会思想史（0.00%）。从数据分布我们可以看出，对工作帮助程度是与课程应用性和对于工作的直接相关性成正比的。

从应用层面上来说就是"社会调查方法"、"问卷设计与分析"、"Spss 统计分析应用"等具体的方法课程，这些可以说是对社会学学生找工作最有用的三门课程，对于企业市场部是比较对口的选择，市场部岗位需要具备市场调查、社会心理学知识的人才，社会学专业人才在这方面有优势。

社会学专业强调应用（82.6%）和独特研究方法（82.5%），对学生有较好的影响。有一个被访谈者认为："多学点实用的方法，如统计分析数学模型，至于理论，中国有10个大师就够了，一般的人学了一点用也没有。"表现出重方法的倾向。

综上所述，社会学专业人才是有就业市场的。从学科角度来讲，社会学是一门与人类现代化进程紧密联系在一起的学科，是社会现代化发展的产物，是研究社会进步、社会秩序、社会变迁和社会稳定的学科，对社会现代化建设有直接作用。所以社会是需要社会学专业人才的。就我国社会现状而言，政府需要用社会学进行社会规划，社会管理，开展民政、社会保障、社区自治、青少年和妇女等方面工作；企业和公司需要社会学专业人才进行市场调查和预测，开展公关工作；文化传播与新闻单位需要社会学专业人才从事社会热点问题的采访与评析。由此看来，中国社会是需要社会学人才的，社会学专业人才的需求将有很大的市场潜力。

（三）当前社会学专业人才培养问题分析

由上述分析可知，社会学专业人才的市场需求较大，但是另一方面，当前社会学专业的学生的就业状况不佳，这种人才队伍需求与人才培养的错位，值得我们对我们的社会学人才培养方式进行反思。

1. 社会学专业人才培养专业性不强，社会认同度有待提高

社会学是一门独立的理论学科，社会学力图在解决社会问题、促进社会发展、实现社会公正、追求社会效益等方面发挥主导作用，几乎涉及全部的社会学科，社会学

本身有其严密独立的理论体系和研究方法，但什么都研究就等于什么都不研究，因此形成了一个似乎专业性不强的弱点。因而很多社会学的学生很难对社会学有一个确定性的把握。"别人不知道社会学是什么，自己也讲不清社会学是什么，自然就不知道社会学能做什么"。

由于社会学专业在就业市场没有直接对口的岗位，目前并非显学，社会认可程度还不太高。某些被访谈者对这一点很无奈："对找工作没啥用，属于不实用的学科。""找工作时很多人对这个专业的学习内容不了解，影响找工作的速度。"

从具体人才培养的角度来说，社会学专业的专业特性表现在培养社会学专业思维、掌握看待社会现象的独特理论和视角以及独特的研究方法，但在社会学专业毕业生对专业的认同和就业优势的调查中发现，社会学专业的人才培养没有很好地体现出社会学的专业特色。

从表5可见，社会学专业有独特视角和理论，赞同比例占92.6%，不过在"促进社会和谐"（77.6%）和"对思维产生影响"（71.3%）方面赞同度并不很高，两方面的看法有一定的落差，反映了我们社会学专业人才培养存在重理论轻实际问题解决的偏差，我们在社会学人才培养上，需加强社会学思维方式的训练。

图5表明"社会调查研究技能"作为工作优势占11.9%，这也反映出社会学专业的方法教学不重视、训练不系统。学校公共课所占的比重（占7.19%）过大，导致了社会学系统性训练不够，这更是加重社会学专业特色的模糊性。

2. 社会学专业课程设置偏重理论课程，不能适应社会需求

在社会分工程度极高的社会，一个为初入社会的大学生设置的岗位，根本不可能是那些高层次的综合性岗位，而都是初级的、具有极强分工和方向性的岗位。只有具有一定的经验和能力后，大学生才可能从事高层次的岗位，比如管理人员等。而当前国内社会学专业人才培养的课程设置上偏重于理论，与实践脱节，不能适应目前社会需要。如表9所示。

表9　　　　　　　　　　社会学专业课程设置上存在的问题

	数量	百分比（%）
系统性不够	16	10.46
专业特色没有充分体现	37	24.18
与实际工作联系不紧密	45	29.41
方法方面的训练不够	28	18.30
不能反映学科最新的发展动态	5	3.27
专业课过于集中在高年级	3	1.96
学生自由选择专业课程的空间不大	8	5.23
学校公共课所占的比例过大	11	7.19

数据来源：方建中，等. 社会学专业人才培养实证研究［J］. 佳木斯教育学院学报，2009（4）.

从表9中我们看出，多数学生认为社会学的课程主要问题在于课程设置和工作联系不够紧密，其比例占了29.41%，而这主要表现在社会学专业特色没有充分体现和

方法上的训练不够，比例分别达到了24.18%和18.30%。

从表5中也看出，社会学专业的认同因子中，"经世致用特征显著"、"就业面宽"和"对工作有帮助"三个方面都成为低度认同因子，赞同比例分别为62.5%、60%和58.8%，是所有认同因子中最低的。

课程设置期望调查反映了社会学专业的学生对理论课程设置的低期望，大部分课程的百分比很低，最高的两门课程"心理学概论"和"社会政策概论"的比例分别为22.94%和13.53%，其他课程的期望值更低，差别并不明显，但它们所占比重的大小也与工作的关联性成正比（见表10）。

表10　　　　　　在未设置的课程中，你认为哪些最需要设立

	数量	百分比（%）
发展社会学	12	7.06
越轨社会学	9	5.29
政治社会学	12	7.06
医疗社会学	8	4.71
性别社会学	10	5.88
冲突社会学	15	8.82
心理学概论	39	22.94
社会政策概论	23	13.53
社会变迁与现代化	19	11.18
个人研究	18	10.59
线性代数	5	2.94

数据来源：方建中，金建东，周芃. 关于社会学专业人才培养的调查与思考［J］. 中国电力教育，2009（8）.

在对毕业生的个案访谈中发现，培养单位对学生进行调查研究的实际操作技能重视不够。比如"系里要经常联系社会，给学生创造社会调查和实践活动的机会"、"应经常采取各种形式组织学生接触社会，增强学生适应社会的能力"和"大学课堂当务之急是培养学生的实际工作操作能力"。因为相当数量的学生毕业以后都是在第一线工作岗位，而大学课堂多是空而不实、包罗万象而无一精湛。学生实习时间过短，且缺乏系统组织，调研课题不明确。

3. 社会学专业实践教学质量不高，系统化实验课程设置缺乏

当前，国内社会学专业课程设置偏向于理论教学，实践教学环节教学薄弱，教学效果不佳。从调查学生们在校期间是否参加过社会实践活动和科研活动，以及参加这些活动对他们适应工作和社会是否有所帮助的情况来看，绝大多数学生"参与过"上述实践活动，其中，社会调查实践和毕业专业实习活动，参与率为100%，因为这是社会学人才培养方案中必修的实践教学环节。相对来说，发表过文章和参与过教师科研活动的人少了一些，尤其是发表文章，调查对象中有的人回答说没有参与过。

毕业生是如何看待他们在校间参加过的这些活动呢？换句话说，参加这些活动对于他们适应目前的工作和社会有没有帮助呢？具体调查结果见表11。

表11　　　　　毕业生对科研和社会实践活动对工作的帮助情况

	很有帮助	有所帮助	无甚帮助	平均分	标准差
发表文章	48.3	41.4	10.3	1.62	0.67
参与教师的科研活动	36.2	52.2	11.6	1.75	0.65
进行社会调查及社会实践	54.2	36.2	8.5	1.54	0.65
毕业实习及专业实习	38.8	46.6	14.9	1.77	0.69

数据来源：董金秋，王平. 高校社会学人才培养现状的评价研究［J］. 社会，2003（2）.

从表11可以看出，认为"进行社会调查及社会实践"对毕业后工作有帮助的毕业生比例为90.4%，而认为"毕业实习及专业实习"对工作无甚帮助的比例最高，为14.9%，说明在社会学的人才培养的专业实习和毕业实习环节，虽然都参与了，但质量不高，原因值得探讨。从表中的均分和标准差看出，四项活动对毕业生工作帮助作用的标准差差不多，说明毕业生的看法比较的一致。

国内社会学专业忽视社会学实验教学，少量的社会学专业实验教学大多按课程设置实验课，各门课程的实验教学内容各自独立、分割，相互之间常发生实验内容和方法上的低水平重复，不利于交叉学科、前沿学科内容的引入，不能满足培养高层次复合型应用型人才的需要。

当前社会对社会学人才的要求趋向于向具有广泛社会学知识和能力的复合型应用人才方向发展，这需要克服以往实验教学的条块分割、系统化不足的弊端，加强社会学专业实验课程体系建设，使实验教学向综合化、系统化和科学化方面转变。国内社会还没有形成一套系统化的社会学专业实验课程体系，因此需要大力加强和开发系统化的实验课程教学，以克服社会实践、毕业实习等实践教学环节带来的不足。

由此看来，社会学专业不仅要设计好用于课堂教学的课程体系，而且还需要加大社会学专业特色和调研方法的实验课程的开设，实验课程设置需要点面结合，遵循宽且精的原则。就实验课堂教学而言，我们必须设计出打牢社会学专业基础知识的学科基础课程、适用性强的专业主干课程、培养大学生实际工作能力的技能专业选修实验课程。

4. 社会学专业实验教学形式化，师资力量薄弱，积极性亟须提高

社会学是实证性较强的社会科学，从历史的角度可以说，实证研究是社会学学科得以安身立命的根基。尽管在社会学学科内部一直存在着理论社会学与实证社会学的抗衡，但随着社会统计技术的发展和计算机的普遍应用，在对诸多社会问题的研究中，实证研究日显其优势，并占据着越来越重要的地位。

但是当前教师的工作量的考核机制不利于教师导向实验教学，更愿意上理论课程，教师的积极性一直是一个问题，其原因主要有：一是实验实践的经费不够，教师指导费用和学生的实验实习产生的费用无法落实；二是人文社科领域的综合性实验工作量比理论课程的备课量大，但又无法量化，教师费力不讨好；三是实验教学的学生安全责任重大。

我们要排除各种困难，互通有无。教师在教学方面，要重视学科的最新发展，关注社会动态，使教学和学生的学习紧跟社会及学科发展。学校要加强对实验教师的培

养和相关专业人才的引进工作。

(四) 社会学专业人才培养与专业发展问题的原因分析

社会学学科的发展和专业人才培养面临着难以解决的矛盾，形成难以跨越的障碍，主要包括以下六个方面的原因。①

1. 社会学参与社会经济建设缺乏必要的制度保障，导致就业环境紧缩

总结我国改革开放30年的经验教训，特别是"效率优先、兼顾公平"理念的放弃、一轮医疗改革的基本失败、伴随农村经济改革而产生的"三农问题"、城乡差距的进一步扩大、贫富差距的加剧、价格改革和国企改制等过程中滋生的腐败、城市化造就大批失地农民、群体事件频发、市场经济调控或干预的时"紧"时"松"、新就业人口的就业比率越来越低等社会现象，显示了我们对进一步改革开放、制定社会发展规划中加强科学的社会学研究的客观需求，特别是以社会整体视角的社会学学科参与科学研究的迫切需求。但是，社会学学科参与科学研究却没有制度化的途径保证。例如：各级人大、政协中有不少经济学学者，但鲜有社会学学者的席位；各级政府大都邀请经济学学者做顾问、专家，但相比之下，难有社会学学者获此殊荣；从中央到各级政府制定各项政策、制定发展规划等，大多有经济学学者发言的机会，但难有社会学学者发言的机会；三峡移民、社会保障改革这样的问题，也无社会学学者参与的机会。由此，导致大多社会学学科的研究长期游离在制度化安排之外，社会学研究成果的被重视、关注直至采纳处于惯性的滞后状态。

同时，我国由改革开放而推动的社会转型及社会高速发展，对社会学人才产生了越来越多的内在需求，例如各类（媒体、舆情、广告、商品、房地产、项目投资乃至市场等）调查、咨询业，各类（社区、学校、企业、司法、医疗、保障、残疾人、老年人等）专业社会工作，各类（基金、慈善、环保等）非政府组织，城市规划与建设，基层政府和政府政策研究部门等等都需要社会学人才。但是，社会未提供制度化接受社会学人才就业的政策和途径，实际吸纳的社会学人才极少，例如：各级政府绝大多数部门招考公务员排斥社会学专业毕业生，迄今各级政府大多尚不购买专业社会工作服务，有些制度化职业资格证书报考条件（例如房地产评估等）排斥社会学专业等。

由此，实际吸纳社会学人才渠道减少，社会学毕业生的就业环境被人为的紧缩，导致社会学专业各层次的毕业生就业面临制度化的障碍，大量毕业生到非专业性岗位工作，浪费了大量的社会学专业人才。

2. 社会学研究条件、评价机制的科学性有待加强，导致社会学专业性不强

社会学是从社会整体出发、强调社会结构要素之间联系性的理论，形成了研究社会的特殊视野，特别是创立和不断完善的社会研究方法（甚至被误认为是社会学研究方法），为研究人类社会提供了更多的科学和可靠的工具。但其科学研究的过程和结论的产生，必须依赖学科自身的范式和规律，例如：随机抽样的大样本，长期跟踪

---

① 雷洪. 论社会学学科发展和专业人才培养之间的矛盾 [OL]. [2009-07-23]. http://www.sociology-ol.org/yanjiubankuai/tuijianyuedu/tuijianyueduliebiao/2009-07-22/8435.html.

研究，社会实验研究，从探索—选择对象—假设—验证—理论抽象的过程，定量与定性的结合等等，这种研究规律需要足够的选择机制、合理的评价机制、充分的保障机制等社会条件。但是实际上社会基本未能提供符合科学研究规律的条件，例如：政府基金的研究项目由指南指导，政府基金的经费对于完成科学研究大多都显得经费短缺，科学研究工作被社会学者所在学校的聘任制、考核制所定量化、标准化、形式化，研究成果的外在评价、形式评价代替了内在评价、内容评价等等。由此，致使社会学者的研究被项目指南、有限经费、评价标准、任务定额所导向、制约甚至肢解，学者们自称许多研究成果是科学的但实际自认为这些研究并不是那么科学的。

3. 重微观轻宏观的社会学研究倾向，导致社会学专业的社会认同度低

改革开放和社会发展进程中提出了许多亟待研究的现实问题，需要包括社会学等诸学科的学科视角来思考这些问题，特别是需要宏观视野的洞察、分析和探索。但社会学学术共同体主流价值倾向于学理性、规范性的学科研究，难以认可并不成熟、完善的理念、思想、视角、观点，以致迄今为止，社会学学者对改革开放、社会发展宏观上重大问题所提出的思路、理念、原则、目标等方面的观点（例如已提出的社会转型、社会公正、共享改革开放和社会发展的成果、社会保障底线、中产阶层等）不多，相比之下，依学科范式和规范方法对微观现象的研究则比较丰富。由此，致使社会学学科在宏观领域与社会现实的对话不多，社会参与性不高，未能对推动改革开放、社会发展做出应有的贡献。

4. 当前高等教育改革的趋势不利于社会学人才培养，导致教师教学积极性不高

近年受政府主管部门和社会各种因素的导向，各高校的改革出现行政化、企业化、标准化、形式化、科研化等趋势，例如资源在行政部门而办学责任在实施教育培养的院系，这实际上是将院系变成经济实体，降低直接教育培养的经费，甚至招收研究生由导师向学校交费；教学评估的形式多、效果少，学校排名主要是科研指标而非培养学生指标，考核教师主要考核科研而非教学，按学生人头和教师人头而不按教育规律计算和考查教学业绩和效益等等。这样的趋势易造成（知识丰富、有操作能力、综合素质高的）社会学人才培养条件的绝对短缺，例如：院系忙于"创收"，教师忙于找科研项目、找经费，教师实际七分精力从事科研、三分精力从事教学，而且教师忙于应付学校制度化的指标，对于培养教育学生和指导学生实验、实习的积极性不高，实验实习经费严重不足，这直接导致学生动手能力低。由此，院系工作的重点不在教育培养，社会学专业毕业生适应社会、适应工作的能力差。

5. 学生、家长不合理的期望促使结构性就业压力加大

不言而喻，目前我国的大学本科教育实际上已从精英教育转向大众教育，培养目标是社会实用型专业人才；同时，高等学校必须依据人才市场需求决定培养各专业人才的规模和数量。但是，大多数学生、家长对接受大学本科教育的期望、需求仍是精英目标，且大多盲目崇拜高科技专业、热门专业。由此，致使社会学专业（也包括其他专业）的大学毕业生不愿意到基层工作，不愿意到实际工作部门工作，且职业期望超过社会实际提供的可能，加剧了"就业难"，并形成盲目的"转专业风"、盲

目的考研时尚等等。

社会学专业学生,尤其是研究生更容易迷茫,更容易愤世嫉俗、眼高手低。社会学最关键的一点就是打破常识,揭穿"真相",用独立思考去探索社会现象的本质。而这种"思维方式的转变"对于很多学生来说是很难做到的,其结果是很多社会学的学生打破了常识,却又没有形成自己的社会学思维,邯郸学步,最后就形成了一种外表自命不凡而内心又十分迷茫的"分裂气质",而这种心态对于个人发展其实是很不健康的。但是无可否认,这说明社会学专业在人才培养方面一定存在什么问题。

经过个案深度访谈,我们发现许多社会学学生的定位存在一定偏差,他们的就业渠道定位比较狭窄,主要集中在高校和公务员,这显然与社会需求错位。比如某被访谈者认为:"我是当事人,社会学研究生毕业工作不是很好找,进高校一般都不行了,哪怕是比较差的学校,一般都进博士,只有考公务员,但是考公务员有很多限定,这种专业很困难的,自己一定要想清楚,有的人考上了也不去,我同学是武大社会学毕业的,工作确实难找。"

三、社会学专业人才培养能力体系建构

社会学是一门独立的理论学科,社会学追求社会效益,社会效益的核心问题讲的是社会公平或社会公正问题,实现社会公平是社会学追求的核心目标。这里所说的社会公平是广义的社会公平,它包括调整贫富差距、建立社会福利与社会保障制度、创造就业机会、减少失业人口、治理贫困、消除犯罪、保护环境等等。因此,社会学在实现社会公正、解决社会问题、追求社会发展方面,发挥着主导作用。

社会学专业人才培养能力体系建构主要从两个方面来展开,一是社会学视角的思维方式,二是实际工作的社会学专业调研技能,三是通用实际工作技能。图10反映了社会学专业的人才培养的能力指标体系。

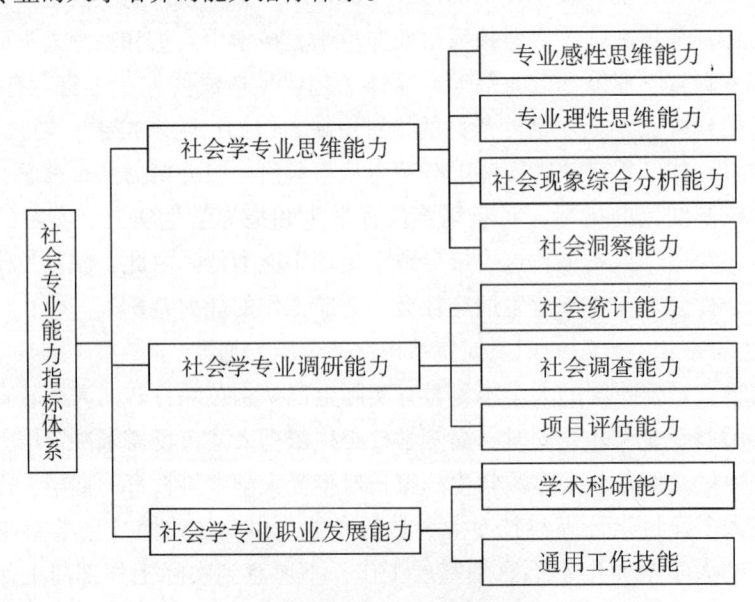

图10 社会学专业能力指标体系

（一）社会学思维能力群

在掌握了社会现象的客观规律，熟悉了社会学方法和社会学的视角之后，我们会形成和提高社会学的专业思维方式和能力，可以更理性地探索我们在日常生活中所面对的决策，运用社会学的发现以及社会学的技术，我们应该更有可能做出对我们个人幸福生活有利的决策。

比如一个受过社会学训练，具有良好的社会学思维能力的人，在他所获得的有用的技能中，能在任何一种工作中用得上的是他客观地洞察社会情势的能力。这样一个人，通过社会学训练学会了组织复杂的观点，能够运用数据检验各种直觉判断和各种理论，清晰和符合逻辑地推理。这些对很多职业都是很有用的能力。另外，社会学提供的社会技巧、组织技巧在很多职业中发挥着关键的作用，例如在正式组织内生存与发展就需要这些技巧。

表12反映了社会学毕业生找工作存在优势，其中"对社会现象的综合分析能力"优势明显，占24.07%，其次是独特的视角，有16.67%的社会学毕业生认为社会学专业学生比其他专业的学生看待社会现象有更为独特的社会学视角，第三是敏锐的洞察力，比例占14.81%。这三者是相互关联的，属于社会学专业人才所独有的社会学思维能力群，三者相加的比例为55.55%。

另外，也有14.81%的毕业生把社会工作能力选择为社会学专业的就业优势所在。表13也得出了相似的结论，对工作有利的能力中，分别有14.39%和12.95%的毕业生认为"社会工作能力"和"独特的洞察力"是对工作有利的能力。

表12　　　　　　　　社会学专业找工作若有优势，体现在哪些方面

	数量	百分比（%）
对社会现象的综合分析能力	13	24.07
敏锐的洞察力	8	14.81
独特的视角	9	16.67
写作能力	4	7.41
社会调查研究技能	7	12.96
社会工作能力	8	14.81
人际交往能力	5	9.27

找工作是求职者和用人单位就招聘这种社会情景沟通互动的过程，成功与否，最主要的取决于用人单位的需求。因此社会学专业毕业生对于这一过程能够敏锐把握和深刻洞察，并满足用人单位的需求是就业的关键。从总体上看，社会学学生认为优势应该体现在社会学学生的综合实力上。

（二）社会学专业调研技能

社会学的研究方法是非常科学的，它有严格的理论范式以及研究的逻辑体系，运用调查研究、实验研究、实地研究和文献研究四种方式开展科研工作。在这四种方式中，又会用到很多具体的研究技术，如问卷访问、抽样以及统计分析技术和统计软件

的应用技术等。社会学学科从操作层面来讲，社会调查研究方法是其专业技能。

社会学专业调研技能可以用到很多方面，比如对已经实施的项目、方案的效果作评价，评估研究用来回答这样的问题：项目成功吗？它达到预期的目标了吗？例如评估某一电视节目对学龄前儿童是否有帮助作用；评估某项新出台的法律是否有效；又比如通过社会学的研究技能来检验，相对于为穷人建筑那种有补贴的低价房屋来说，直接付费是否会更好地满足穷人对房屋的需求；政策取向的社会调查，这种大规模的、政策取向的社会调查通常是受到政府或私人基金会资助，目的是向官方或大众提供有关国家面临的主要政策问题的信息和对策性建议等；甚至我们可以通过科学社会学调研方法进行社会预测，在一定范围内作出预测并有实际效果。

从表12中看出，有12.96%的社会学毕业生把社会调查研究技能作为其就业的优势所在，这比预料的比例要低。其原因可能有两个：一是社会调查研究方法在很多高校都开设为人文社会科学领域的公共基础课了，其他专业的社会调查研究技能在提高；二是社会学专业人才培养单位在社会调查研究技能的培养上重视不够，而与前边的调查结果吻合，有18.30%的毕业生认为社会调研方法训练不足。

（三）通用实际工作技能群

当前的大学本科教育已由精英教育转变为大众教育，相当数量的学生毕业以后都是在第一线实际工作岗位，提高其一般工作通用技能是非常重要的。

表13反映的是社会学毕业生眼中的对工作有帮助的能力调查结果。由表13可知，对于工作最有利的两个能力分别为人际交往和写作能力，分别占了23.75%和23.02%。这两种能力为我们处世所必不可少的技能，这应该为我们所重视。我们进入社会，必须得学会如何与他人交往和相处，有效的沟通能力是一个人必须掌握的。

表13　　　　　　　　　　哪些能力对现在的工作最有利

	数量	百分比（%）
敏锐的洞察力	18	12.95
独特的视角	11	7.91
写作能力	32	23.02
外语能力	12	8.63
社会调查研究技能	13	9.35
社会工作能力	20	14.39
人际交往能力	33	23.75

数据来源：方建中，金建东，周芃.关于社会学专业人才培养的调查与思考［J］.中国电力教育，2009（8）.

总而言之，一个进入社会的学生，对他们来说最重要的是和社会密切相关的能力，包括精确地把握社会现状以及良好融洽地与他人相处的能力。而现行的高校一般是机械地输送脱离社会发展实际的知识，大学课堂多是空而不实、包罗万象而无一精湛。学生实习时间过短且缺乏系统训练，这已是一个普遍的现象，这不能不为我们所重视和思考。

四、与社会学专业人才培养能力相对应的实验教学体系构建

社会学实验教学作为对理论教学成果的深入和应用化，需根据理论教学的目标确定实验教学的目标，并选择适合这一目标的社会学专业的实验方式和内容，同时通过科学的管理与有效的监督，确保实验教学的实施成效，使学生社会学理论素养经过系统科学的专业训练，转化为能够从事社会学理论研究和应用研究的较全面的学科素养，从而培养出合格的社会学高层次复合型应用人才，实现社会学专业教学整体目标。

因此，强化社会学专业实验教学体系建设，学校应促进教师在实验设计和教学中启迪实证研究思路，以科研促教学，以教学夯实科研，在实验教学和实证研究的相互促进中提高教师的教学科研水平，跟踪社会学国际前沿研究工具和新兴的研究领域，立足于中国社会发展实际，从社会学学科建设的层面对实验内容进行整合，从现实应用中提取素材，从创新应用成果中吸取题材，将学生的理论与方法论经由实践加以融会贯通，使学生具备一定观察、研究、分析和解决社会问题的综合能力与科研素质。

（一）实验教学的基本概念与基本目标

实验教学是社会学专业教育教学的基本组成部分，是学生在完成了本专业基础理论的学习之后开展的又一个重要教学环节。其基本内涵是：在对学生进行社会学专业基础知识教育的前提下，通过实验教学环节对学生进行强化训练，理论联系实际，使学生能够在实际生活中熟练地运用社会学专业思维能力和专业技能去洞察问题、分析问题和解决问题。社会学专业的实验教学的基本目标表现在以下几个方面：一是巩固理论教学成果——加深学生对专业基础理论的认识和把握；二是强化技能训练——使学生熟练地掌握和运用专业化的技术方法；三是培育专业思维——使学生建立起坚实的专业素质基础；四是提高创新能力——在实践中培养和提高学生的创新能力。

（二）社会学专业实验教学体系建设的指导思想

教育部文件也指出，实验教学对于提高学生的综合素质、培养学生的创新精神与实践能力具有特殊作用。对于文科专业而言，实验教学是培养学生实践能力和创新能力最有效的方法。作为一个理论性和实证性要求都十分突出的专业，如何在教学活动中将理论知识和实际操作结合起来，使学生在有限的学习时间里既能够牢固地掌握社会学的理论和方法知识，又能很好地运用所学解决现实问题，是摆在我们面前的重要任务。经过充分的酝酿和研究，我们确定了"夯实社会学理论、强化实验教学、培育社会学思维、增强综合素质、探索创新教育"的方针，力求依靠社会学专业思维、创新能力和扎实工作完成社会学专业人才培养。

因此，我们确立了社会学专业实验教学体系建设的指导思想，这就是"适应时代变化，更新教育观念，实现理论创新、制度创新和实践创新，通过实验教学探索一条高校人文社科创新人才培养的新路"。具体从以下几个方面来体现：

1. 坚持"以学生为中心"实验教学的原则

实验教学是学校在本科学生基本完成了专业基础教学的情况下对学生的综合训练。它不仅要求学生学会运用基础理论知识观察、分析问题，还要求学生能够通过实践活动熟练地掌握专业的基本技能和方法。而要达到这个目标，教学就必须做到以学生为中心，放手让学生按照专业化的标准要求自主地去思考、去选择，这样才能调动

起学生的积极性，激发出他们的创新精神。还要在实验教学的各个环节中全面贯彻"学生是实验教学主体、以学生为中心"的原则，教师通过理论引导、方法训练和案例讲解不断启发学生，使学生做到独立思考、自行操作、反馈检验，真正在实验教学中获得全面的发展。

2. 坚持"社会学专业思维"和"实际技能"两个实验教学重点

以往的社会实验教学活动有两个明显的倾向：一是带有"见习"意味的实践活动，目的在于使学生获得理论联系实际的能力；二是对学生进行相关技术和技能的训练，如让学生作为访员开展问卷调查和统计分析等等。但是以往的教学活动没有以培养学生社会学专业思维能力为基础进行实验教学，比如其他很多人文社科专业也在进行与其专业相关调查和统计技能的训练，可能由于学科知识结构的关系，社会学专业的调查和统计技能也许没有经济学、管理学等专业的学生掌握的深度深，毫无专业比较优势，因此社会学专业学生的比较优势是在社会学专业思维能力和实际的调查统计技能相结合的社会学实验教学体系建设。两个重点不能偏废，缺一不可。

"两个重点"的建设思路就是要使学生明确自己应是一个具有良好社会学专业思维能力的学生，明确实验教学的目标就是通过实验教学强化前期所学的基础理论知识，能够理论联系实际，实现综合训练，以此学会运用社会学的视角、社会学的理论知识去洞察纷繁复杂的社会现象和问题，再运用实证研究的技能去分析问题和解决问题。

3. 实验教学的直接目标是对学生四种能力的训练

作为一项特殊的教学活动，实验教学的直接目标是对学生综合能力的训练。事实上，作为文科专业的学生，其专业的理论素养和实际操作技能集中体现在社会学专业思维能力、社会调研技能、学术研究能力和培养通用工作技能，后边两种能力是用分类培养方式进行，需要继续深造的学生在大三下学期和大四上学期进行以学术研究能力为目标的实验教学，选择大四毕业后直接工作的学生在大三下学期和大四上学期进行以通用工作能力为目标的实验教学。前两种能力是所有社会学专业学生必须达到的实验教学目标。

4. 按照循序渐进的方式推进实验教学过程

实验教学是一个完整的过程，必须按照教学发展的规律循序渐进地推进。作为一个实证性强的学科，社会学专业的实验教学活动时间长，实验种类多，如果没有一个完整的计划安排和教学进度要求，就有可能造成较大的混乱。比如针对社会学专业思维能力的实验教学会贯穿整个人才培养过程，以社会调查研究技能为目标的实验教学处于中间阶段，实验教学的后期是分类培养阶段，一类是侧重通用工作能力群为目的的实验教学，一类是侧重学术研究能力为目标的实验教学。整个实验教学一部分在实验室进行，一部分在实验室外进行。每一个阶段和每一类型都有对应的计划内容和时间安排。为此，我们专门设计了"实验教学流程图"和"实验教学时间安排进度表"，方便了实验教学的管理和执行。

（三）与专业能力指标对应的实验课程教学体系设计

当前，社会学实验教学越来越成为社会学教学发展的瓶颈，实验教学课程体系和实验项目开发建设等工作依然处于一种自发和分散的状态，存在许多不足之处。这就导致实验教学的力度和深度欠缺，同实际工作的结合不够紧密，启发学生的创新思维和研究能力的培养不够，实验效果不够理想，再加上由于实验管理体制的不健全，实验教师以及相关教材的缺乏等诸多条件的限制，社会学专业实验教学难以发挥其应有的作用。要改变这一现状，需要解决的首要问题就是构建适应社会学专业学科建设需要、符合社会学专业教学特点以及人才需求的实验教学课程体系。

在实验教学课程体系的安排上，我们努力做到"理论和实际相结合"，即将实验教学课程从第一学期就开始设置，贯穿本科的整个学程。历时三个过程，共计三大课程模块。

1. 与社会学专业思维能力相对应的实验课程模块

具有良好的社会学思维能力的人，在他所获得的有用的技能中，能在任何一种工作中用得上的是他客观地洞察社会情势的能力。这样一个人，通过社会学训练学会了组织复杂的观点，能够运用数据检验各种直觉判断和各种理论，清晰和符合逻辑地推理。这些对很多职业都是很有用的能力。另外，社会学提供的社会技巧、组织技巧在很多职业中发挥着关键的作用，例如在正式组织内生存与发展就需要这些技巧。

社会学专业思维能力群主要包括"对社会现象的综合分析能力"、"独特的社会学视角"和"敏锐的洞察力"。如表 14 所示。

表14　　　　　　　　社会学专业思维能力指标及相应的实验项目

能力类别	能力标准	实验项目		实验课程	课程类别
社会学专业思维能力	1. 对社会现象的综合分析能力 2. 独特的社会学视角 3. 敏锐的洞察力	实验一	社会知觉实验	社会学基础综合实验	学科基础
		实验二	认知对象的社会意义对认知的影响		
		实验三	归因的类型与特征实验		
		实验四	成就需要		
		实验五	逐步提出要求与态度改变		
		实验六	团体规定与态度改变		
		实验七	宣传的度与态度改变		
		实验八	宣传者的威信对转变态度的影响		
		实验九	认知不协调的改变		
		实验十	社会懈怠效应		
		实验十一	性别角色社会化的分析		
		实验十二	群体内的竞争与合作		
		实验十三	决策的偏好反转实验		
		实验十四	决策的心理账户效应		
		实验十五	决策的启发式实验		
		实验十六	道德与阶级的起源		
		实验十七	"独裁"与"民主"实验Ⅰ		
		实验十八	"独裁"与"民主"实验Ⅱ		
		实验十九 洞察力之选择性编码			
		实验二十 洞察力之选择性合并			
		实验二十一 洞察力之选择性比较			

(1) 专业感性思维实验课程

我们设置了社会学基础综合实验I课程，该课程以社会学经典案例分析和思维实验为主要形式，使学生对社会学基本知识的获取途径有一个感性的体验，初步学会用社会学专业视角洞察社会现象，以供后一阶段的方法基础课程中印证和提高学习。

(2) 专业理性思维实验课程

我们还设置了社会学基础综合实验II，该课程同样以社会学经典案例分析、思维实验为主要形式，使学生基本掌握社会学理论，能主动运用社会学专业视角和理论去洞察、分析和解决现实世界中的种种社会问题，形成独特地看待社会学专业思维能力。

2. 与社会学专业调研能力相对应的实验课程模块

社会学专业的方法技能有严格的理论范式以及研究的逻辑体系，运用调查研究、实验研究、实地研究和文献研究四种方式开展科研工作。社会学专业调研技能群涵盖很多具体的研究技术，如市场取向的调查技能（问卷设计与访问、抽样等）、统计分析技能（统计分析技术和统计软件的应用技术）、项目评估、政策取向的社会调查技能等等。我们设置了社会学方法类实验课程，总计64课时，承担着社会学方法理论和基本技能的教学，使学生掌握社会学专业方法技能。如表15、表16所示。

表15　　　　　　　社会学专业调研能力指标及相应的实验课程

能力类别	能力标准	实验项目	实验课程	课程类别
社会统计能力	①统计数据的校验能力 ②统计数据的整理能力 ③频数分析能力 ④统计数据的描述统计能力 ⑤推论统计能力	实验一　单一变量数据校验	社会学研究方法实验	专业主干
		实验二　关联变量数据校验		
		实验三　利用SPSS查找奇异值和极端值		
		实验四　分类数据的整理		
		实验五　定序数据转换成定距/定比数据		
		实验六　离散变量数据单选题频数分析		
		实验七　离散变量数据多选题频数分析		
		实验八　定序变量数据的累积频数分析		
		实验九　数值型数据的频数分析		
		实验十　Excel频数分布表排序		
		实验十一　SPSS频数分布表排序		
		实验十二　Word频数分布表美化编辑		
		实验十三　绘制频数分布统计图		
		实验十四　Excel和SPSS进行统计描述		
		实验十五　概率计算与参数估计		
		实验十六　假设检验		
		实验十七　方差分析		
		实验十八　相关与回归分析		
		实验十九　时间序列分析		

表 16　　　　　　　　社会学专业调研能力指标及相应的实验课程

能力类别	能力标准	实验项目	实验课程	课程类别
社会调研能力	①问卷设计与访问 ②抽样 ③调研数据的录入 ④项目评估 ⑤政策取向的社会调查技能 ⑥调研报告的撰写	实验一　制作社会科学研究时间进度图		
		实验二　Excel 简单随机抽样		
		实验三　Excel 加载宏简单随机抽样		
		实验四　利用 SPSS 的"Select Cases"命令进行随机抽样		
		实验五　利用 SPSS"随机数函数"进行简单随机抽样		
		实验六　利用 Excel 估计平均值时的样本大小计算		
		实验七　设计调查方案		
		实验八　设计调查问卷		
		实验九　调查访谈情景模拟实验		
		实验十　实施调查		
		实验十一　Excel 数据录入模板设置		
		实验十二　Excel 数据录入有效性设置		
		实验十三　SPSS 数据录入模板设置		
		实验十四　SPSS 变量值标签设置		
		实验十五　EpiData 软件的安装		
		实验十六　EpiData 录入模板设置		
		实验十七　EpiData 双录实时检控数据录入设置		
		实验十八　EpiData 录入后数据的双录检控		
		实验十九　撰写调查报告		

3. 分类培养实验课程模块

该课程模块属于综合实训阶段，根据学生不同的兴趣和就业意向，进行分类培养，确定不同的培养目标和技能。

（1）学术科研技能实验课程

我们对于有学术研究潜力、兴趣和考研的同学，侧重培养学生学术科研技能。该课程在第四学年开设，前期衔接课程为社会学所有专业课程，设置学术研究综合实验课程，选题自主，同时也可以教师课题或创新基金项目和"挑战杯"大学生科技作品竞赛项目为选题来源，在此基础上选出获得实验教学课程资助的研究课题，通过选题竞争建立研究小组，由研究小组负责人带领小组成员制订研究方案、组织研究队伍、实施研究计划、撰写研究报告。以此培养他们实证型的学术科研能力，为以后继续深造和进行科学研究打下扎实的基础。如表 17 所示。

表 17　　　社会学专业学术自主研究能力指标及相应的实验课程

能力类别	能力标准	实验项目		实验课程	课程类别
学术自主研究能力	①创新能力 ②思维能力 ③观察能力 ④研究自主选题能力 ⑤文献研究能力 ⑥研究报告写作能力 ⑦学科前沿发展把握能力	实验一	发散思维训练	自主研究综合实验	
		实验二	收敛思维训练		
		实验三	越障思维训练		
		实验四	联想、想象思维训练		
		实验五	观察能力训练		
		实验六	自主研究之选题准备		
		实验七	自主研究之方案设计		
		实验八	自主研究之方案实施		
		实验九	自主研究之报告撰写		
		实验十	学科发展调查		

（2）通用工作技能实验课程

我们对于立志于实务型工作的学生，设置通用工作技能实验课程，侧重于培养其通用工作技能，通用工作技能群包括就业能力、行业调查能力、沟通能力和办公能力等方面。就业能力包括就业准备、面试技能等；行业调查能力是指根据各自的就业兴趣，选择相关领域的行业调查，注重调研的描述性；办公能力是侧重于把调研统计技能向办公技能拓展，强调以社会学的视角分解和掌握办公技能。让大量将从事一线具体工作的学生能尽快地适应工作和社会。如表 18 所示。

表 18　　　社会学专业通用工作能力指标及相应的实验课程

能力类别	能力标准	实验项目		实验课程	课程类别
通用工作技能	①行业调查能力 ②就业面试能力 ③人际交往技能 ④表达能力 ⑤倾听能力 ⑥沟通能力 ⑦印象管理能力 ⑧行政管理能力 ⑨薪酬管理能力 ⑩人事管理能力	实验一	就业准备与行业情况调查	通用工作技能实验	专业选修
		实验二	面试与职业能力测试		
		实验三	交际礼仪		
		实验四	表达能力游戏		
		实验五	倾听能力游戏		
		实验六	发问能力游戏		
		实验七	反馈能力游戏		
		实验八	沟通技巧游戏		
		实验九	自我形象塑造		
		实验十	自我保护训练		
		实验十一	制作员工招聘流程图		
		实验十二	制作员工信息登记表和员工胸卡		

表18(续)

能力类别	能力标准	实验项目	实验课程	课程类别
通用工作技能	①行业调查能力 ②就业面试能力 ③人际交往技能 ④表达能力 ⑤倾听能力 ⑥沟通能力 ⑦印象管理能力 ⑧行政管理能力 ⑨薪酬管理能力 ⑩人事管理能力	实验十三　招聘面试通知单 实验十四　加班统计表 实验十五　个人所得税代扣代缴表 实验十六　员工销售奖金计算表 实验十七　带薪年假天数统计表 实验十八　批量制作员工工资表 实验十九　工资发放零钞备用表 实验二十　制作人事信息数据表 实验二十一　人事数据核对 实验二十二　员工人事信息数据查询 实验二十三　职工社会保险费统计表 实验二十四　公司会议室使用安排表 实验二十五　公司办公室布局平面图制作	通用工作技能实验	专业选修

五、重构后的社会学专业实验教学课程体系实施方案

为了培养具备较全面的社会学理论知识、较熟练的社会调查技能的应用型社会学高级专门人才，为了巩固专业教学成果，全面提高社会学专业本科学生的专业应用能力，根据教育部及学校有关高等院校本科专业实验教学的有关规定，重庆工商大学社会学专业将在2012年的人才培养方案中体现社会学专业实验教学课程体系的实施方案。具体情况见表19。

（一）社会学专业实验课程教学安排

1. 社会学基础综合实验课程

社会学基础综合实验Ⅰ课程拟开设在第一学年，其前期理论衔接课程社会学概论和社会心理学，共计16课时。

社会学基础综合实验Ⅱ课程拟开设在第二学年和第三学年上学期，前期理论衔接课程社会学理论、社会问题研究、人类学、人口学和社会保障等，课程共计32课时。

2. 社会学方法技能实验课程

社会学方法技能实验课程属于社会学专业方法技能学习阶段。拟开设在第二、三、四学期，前期衔接课程社会研究的统计应用、社会调查研究方法、市场调查与预测和民俗学与田野调查等课程。课时总计64课时，承担着社会学方法理论和基本技能的教学，使学生获得社会学专业方法技能。

表19　重庆工商大学社会学专业人才培养方案中独立的实验课程体系

社会学专业能力群	课程模块	衔接课程	实验课程名称	实验课程学时	开设时间	实验教学目标
社会学专业实验教学体系	社会学专业思维能力群	专业感性思维课程模块	社会学概论和社会心理学	社会学基础综合实验Ⅰ	16	第一学年	1. 对社会现象的综合分析能力 2. 独特的社会学视角 3. 敏锐的洞察力
		专业理性思维课程模块	社会学理论、社会问题研究、人类学、人口学和社会保障	社会学基础综合实验Ⅱ	32	第二、三学年	
	社会学专业调研技能群	社会统计技能课程模块	社会研究的统计应用、项目评估	社会学方法类实验Ⅰ	24.5	第二、三学年	1. 问卷设计与访问 2. 抽样 3. 统计分析技能 4. 项目评估 5. 政策取向的社会调查技能
		社会调查技能课程模块	社会调查研究方法和市场调查与预测、民俗学与田野调查	社会学方法类实验Ⅱ	23.5		
	分类培养能力群	学术科研技能培养	所有社会学专业课程	自主研究综合实验	32	第四学年	1. 选题能力 2. 文献研究能力 3. 研究报告写作能力
		通用工作技能群培养	职业生涯规划、就业指导、人际沟通	通用工作技能实验	32		1. 就业能力 2. 行业调查能力 3. 办公能力

3. 学术研究能力综合实验课程

学术研究能力综合实验课程针对有学术研究潜力、兴趣和考研的同学,侧重培养学生学术科研技能。该课程在第四学年开设,前期衔接课程为社会学所有专业课程,学时32学时。实验教学的最终成果包括:研究方案、调查问卷、调查(研究)报告、小组总结、个人总结(体会)、访谈(研究)笔记及与研究相关的各种资料。由课题组长给出成员成绩,经教师审核记入学籍档案。

4. 通用工作技能实验课程

通用工作技能实验课程拟在第四学期开设,前期衔接课程为职业生涯规划、就业指导、人际沟通等课程,学时共32学时。课程目的在于让大量将从事一线具体工作的学生能尽快地适应工作和社会。

(二) 实验教学的组织管理

社会学本科专业的实验教学活动应严格按照教学计划执行。主管领导为主管教学的院长,执行机构是社会学与社会工作系主任,业务指导为学院教学专家指导委员会。为了解决实验教学费用的问题,我们把整个实验实习教学整合到课程之中,具体的管理程序是:

(1) 教学秘书根据教学计划安排相应实验教学的排课,保证课时和任课教师到位。

（2）每个实验项目需要撰写实验报告，实验报告的内容包括实验目的、实验内容、实验步骤（或实验过程）和实验总结。

（3）社会学专业实验教学共有三门独立的实验课程，每门课程需要3~5名教师共同承担，确保所有的实验活动都在教师的辅导监督下执行。

（4）考虑到教学与实践活动的连续性，衔接理论课程的任课教师需参加实验课程的教学。

（5）为提高实验教师的积极性，工作量计算向实验课程倾斜，每位实验教师以1.2倍理论教学工作量来计算实验教学工作量。

（三）实验教学的经费收支

1. 实验教学经费来源

（1）实验教学的部分经费从学校教务处划拨的实习教学经费中开支。

（2）鼓励学生参与教师的科研项目，但项目所需经费应在教师个人的科研费中支出，教师计算相应的实验教学工作量。

（3）倡导以科研招标的方式为实验教学提供经费支持，比如鼓励学生申报学校创新基金项目和挑战杯，以获得实验教学的费用开支。

（4）寻求社会服务项目平台，以获得实验教学资助经费。

2. 实验教学经费的开支方式

（1）支付全部项目的方案、材料、交通和问卷印刷费用。

（2）根据实验项目教师提供的实验方案中的经费计划，按批准数额分批支付。

（3）经费的使用权归实验项目组。

（4）实验项目组必须提供合法的实验项目开展材料、交通等费用报销单据，据实核销。

（项目负责人：吴永波　项目组成员：徐宪　俞萍　李滨　邓蓉　袁琳）

公共事业管理专业能力导向实验教学体系建设研究

重庆工商大学社会与公共管理学院公共管理系

一、背景

公共事业管理专业是随着社会主义市场经济改革的深入，尤其是为适应政府经济管理和社会管理改革的需要，以管理对象为依据而设立的一个应用性较强、发展较快的热门专业。作为一门具有专业理论与实务技能的专业，公共事业管理专业强调在实际操作过程中具备一定的能力和具体的服务技巧。公共事业管理教育通过在实验室等环境中不断地进行角色扮演、分享、交流以达到这种专业技能要求。因而，实验教学成为公共事业管理教育专业性、技能性与实务性的坚实保障。

（一）从专业建设和价值理念的要求来看

实验教学可以帮助学生更好地认识和理解专业发展理念，熟悉和掌握工作实践中应该具备的操作技巧，较为准确地把握当前我国快速发展的公共事业特点与未来发展走向，通过各种实验项目的模拟与演练，逐渐具备公共事业管理专业的特色和价值理念。同时，从公共事业管理教学效果来看，实验教学可以与课堂理论教学互补。一方面教师与学生的互动、学生兴趣小组的团队活动提升了实验教学的实际效果，另一方面实验教学的教师示范、学生参与、角色扮演可以帮助学生较快进入社会现实情景中，以增进学生对复杂的社会管理与公共服务的互动过程的体会和理解，树立专业自我与专业意识。

公共事业管理专业实验教学体系建设将进一步扭转我校公共事业管理专业基础薄弱、社会基础较差的局面，巩固和强化我校公共事业管理专业的地位，提升专业的社会形象，扩大我校公共事业管理专业在同类院校管理专业中的影响力。

（二）从创新能力培养与理论与实践的结合来看

全面建设小康社会和构建社会主义和谐社会，国家迫切需要一支具备跨学科知识体系的高层次、复合型、应用型的公共管理人才。如何培养与市场经济体制相适应且符合公共管理学科发展规律的公共管理人才是公共管理教育者目前必须着手解决的重要问题。

公共事业管理专业实验教学体系建设是创新课堂教学的客观要求。我校开设有公共管理综合实验、公共事业管理实验、公共行政学实验、公共政策学实验等专业基础实验课程及专业主干实验课程。实验教学将有效地把理论教学与实践教学紧密结合起来，在培养学生管理类专业通识能力外，逐渐融入公共管理专业特色能力，包括公共政策分析能力、公共服务能力、公关管理能力和社会科学研究数据应用能力，培养学生的创新精神和实践能力、分析解决问题的能力、正确的思维方法、严谨的工作作风和提高学生综合素质，这些将极大地增强学生就业时的综合竞争力。

公共事业管理专业实验教学体系建设是提高学生社会实践能力的客观要求。目前，尽管各教师的科研方向有所不同，但绝大多数教师都以理论研究为主，这与教师缺乏实证研究的平台有紧密联系。要提高教师的综合科研水平，学校就必须鼓励更多的教师进行实证实验研究。学校可参考国内外高校与研究机构的惯常做法，逐步建立相关的实验室，开设相关的实验课程，给教师提供实证实验研究的机会，让学生可以参与教师的实证实验研究，这为培养学生的创新能力和社会实践能力奠定了坚实的基础。

（三）从产学研官媒相结合的角度来看

公共事业管理专业实验教学还是公共事业管理专业技能与技巧的训练基地，是公共事业管理实务服务的场所以及公共事业管理研究的平台，对于学校教学、政府考试、机构培训、学生个人学习、教师科研和社会服务等都有很大的帮助，对于职业化时代公共事业管理参与社会管理、公共服务、社区建设以及构建和谐社会都具有重要的意义。

公共事业管理专业实验教学体系建设将大大增加学校与社会各界接触、交流的机会。这尤其表现在横向项目的数量将有大幅度提升，同时还将扩大我校在社会各界的影响力，使我校树立良好的社会形象。公共事业管理专业实验教学体系建设的方向绝大多数都是社会化和实用型的，因此，实验室能够为许多教育科研事业单位提供有效服务，为我校横向项目的开发与开展提供一个新平台。

总之，公共事业管理专业实验教学以专业实验教学体系的设计为内容，整体优化实验教学课程体系，有利于加强学生创新精神与实践能力培养；通过完善实验教学体系内各课程实验项目的层次、结构、内容设计，有利于规范实验课程教学大纲、实验项目卡片等教学要件材料，有效促进公共事业管理专业的建设及学科发展。

本项目以构建以能力、素质为导向的公共事业管理专业方向的实验课程体系为主要目的。项目主要采用收集资料、比较分析和访问的调查研究方法，通过总结经验教训进行新的探索。

（1）收集了中国人民大学、复旦大学、南京大学、浙江大学、厦门大学、武汉大学、中山大学、云南大学、西南大学、重庆大学、西南政法大学等院校的公共事业管理专业制订的教学计划，进行比较分析。

（2）问卷调查。在我校公共事业管理专业事业学生和公共管理相关专业教师中进行问卷调查。

（3）网上收集分析公共事业管理学科教育专家的有关资料。

通过问卷调查和相关文献调研，充分比较研究其他学校同类专业实验教学设计和课程安排，对公共事业管理专业实验教学体系进行论证，构建以能力为导向的完整的实验教学体系。

二、公共事业管理专业能力需求调研

(一) 调研基本情况

1. 调研背景

本次调研是为了适应市场经济的发展需要，掌握当前我国公共事业管理专业人才状况，了解社会对公共事业管理专业人才的需求及人才培养规格要求。本次调查是由重庆工商大学公共事业管理专业教研室发起，目的是为进一步明确和完善社会与公共管理学院公共事业管理专业人才培养目标、人才培养方案和实验课程体系设置提供基本的依据。

2. 调研时间

调查时间安排在2011年4～5月，历时2个月。

3. 调研内容

调查的主题是"我校公共事业管理专业实验课程教学体系与教学内容改革调研——基于专业人才及专业能力需求"，涉及公共事业管理专业人才需求、专业能力体系、专业培养方案、专业发展目标、专业实验课程体系、教学方法改革、师资力量、教学保障条件等。

4. 调研对象

调查人群范围包括2006级、2007级和2008级60名公共事业管理专业的学生，其中2006级20名，2007级20名和2008级20名；社会与公共管理学院（以公共事业管理专业为主）教师10名；重点调研对象为2006级和2007级毕业生。

调研对象还包括国内其他学校公共事业管理专业实验教学体系和课程设计。

5. 调研方式

调研方式主要包括：对2006级、2007级和2008级60名公共事业管理专业的学生，采用问卷、座谈以及电子邮件访谈等多种方式；另外，对社会与公共管理学院（以公共事业管理专业为主）10名教师进行了座谈、咨询和问卷调查。

通过这次调查，我们从重庆工商大学这一研究视域对公共事业管理专业人才及专业能力需求有了比较清晰的认识和把握，获得了较多第一手调研资料，通过对这些调研资料的整理和提炼，获得了公共事业管理专业实验教学体系建设和实验教学改革的有力依据。

(二) 调研情况分析

我校公共事业管理专业自2002年开办以来，在专业建设、师资队伍、科学研究和社会就业等很多领域均取得了较快发展。从2004年开设实验课程以来，已经形成一定基础的学科基础实验平台、专业基础实验平台和专业综合实验平台。学科基础实验平台包括管理学基础实验、会计学基础实验等；专业基础实验平台包括公共事业管理实验、公共行政学实验、公共政策学实验、管理心理学实验、办公自动化实验等实验课程体系；专业综合实验平台包括公共管理综合实验、统计学实验、社会调查理论与方法、非营利组织管理实验、企业实训等多门实验课程。

公共事业管理专业本科生毕业后部分能在政府部门、文化教育、科技与体育、卫生组织以及市政、社会保险等服务机构从事行政、服务等工作。

然而，公共事业管理专业总体学生素质结构不合理，综合能力素养较差，还不能满足社会人才能力需求。本科生的素质结构可以分为思想道德素养、知识素养、能力素养、心理素养四个部分。本次调查显示大多数学生知识素养层面较高，基础理论知识、专业理论知识以及相关学科知识掌握较好，能够将自然科学知识和社会科学知识融会贯通。但是大部分同学也表示在学习本专业的过程中，能力素养显得最欠缺，语言表达能力、组织管理能力和分析综合能力一般，公共管理能力、调研与数据统计分析能力、公共政策分析能力、公共服务能力等社会实践和研究创新领域能力明显不足。正是因为公共事业管理专业本科生培养中实践能力和技能素养的弱化，导致其在求职竞争中处于劣势，同样在未来职场中也无法提升其社会责任感，专业情怀和专业自豪感自然也就显得比较差。

学生的社会实践机会较少，很难适应未来的职业需求。学生暑期社会实践是很好的锻炼机会，不过受经费等原因的影响，很难使全体学生受益。另外，我校的公共管理综合实验室建设严重滞后，专业实验室建设起步较晚，理想的专业实验系统软件较少，加上学校的重视和支持力度不够，这些都给校内实训带来了诸多困难。学生专业实习和毕业实习流于形式。目前建立专门有效的校外实习基地比较困难，在事业单位强调成本、效益的情况下，大多数事业单位也不愿接收实习学生，即使实习，大部分学生实习内容专业性不强，实习环节很难监控，故此实习效果较差。

本次调查中关于改善能力素质结构的建议，大部分同学提出要强化能力素质，提升社会实践能力，希望学校提供相应的平台，比如增加与政府、社会的互动机会，举办专题讲座和培训，提高综合实验、实训课程比例等，最终通过能力素质结构的改善，把本科生培养成为复合型应用人才、社会所需要的创新性人才。这也给公共事业管理专业能力素质结构改革指明了方向。

三、公共事业管理专业能力标准及体系

（一）公共事业管理专业能力标准与体系建设的原则与要求

（1）根据学科建设、专业发展规律，遵循学校相关政策和要求，按照学科基础、专业基础、专业综合、学科综合和创新创业五个层次要求，打造基础课程实验教学平台、专业基础课实验教学平台和专业课实验教学平台三大平台，以能力和素质为导向重构经管类实验教学体系，形成层次清楚、科学合理、内容完善的公共事业管理专业实验教学体系。

（2）进一步优化专业实验课程设置，整合实验课程和相关资源，彻底改革2007年以来实验课程与理论课程基本一一对应现状，打造几门专业实验课程，提炼专业实验课程特色，形成相对独立的与实验教学体系对应的实验课程体系。

（3）以实验项目为实验内容基本单位，不断深化实验项目内容，丰富教学过程

环节，积极创新教学理念和教学方法，构建系统的实验项目为基础的实验教学体系。

（4）公共事业管理专业实验课程体系及实验内容建设要注重适当的前瞻性，要不断吸收国内外院校公共管理学科和相关专业发展的最新实验教学研究成果，同时考虑我校的实验条件与环境可行性。

（5）根据每个专业须设计至少一门专业综合实验课程的要求，加大公共管理综合实验课程建设力度，要把公共管理综合实验课打造成公共事业管理专业的精品课程。

（6）本专业的学科基础实验原则上仍保留原来设计的五门课程（统计学实验、会计学实验、管理学实验、管理信息系统实验、计量经济学实验），要根据公共事业管理专业发展的需要适当动态调整，突出财经类高校的优势，不断挖掘本专业实验教学的财经特色。

（二）公共事业管理专业能力标准及体系建设框架

学校应根据学科建设、专业发展规律，遵循学校相关政策和要求，按照基础课程实验教学平台、专业基础课实验教学平台、专业课实验教学平台三大平台，学科基础、专业基础、专业综合、学科综合和创新创业五个层次，以能力和素质为导向重构经管类实验教学体系，形成层次清楚、科学合理、内容完善的实验教学体系。

1. 构建专业能力体系

根据文献调研、问卷调研和对相关专家进行咨询，按照学校人才培养总体要求和目标，构建公共事业管理专业能力标准体系，细分专业能力要素，确定不同能力的考评及观测点。公共事业管理专业的能力体系包括管理基础能力、财务与会计基础能力、调研与数据统计分析能力、公共政策能力、公共服务能力和公关管理能力等六大领域，全面支撑知识、能力、素质三位一体的专业能力体系。具体能力标准和能力指标体系见附件———专业能力指标与实验课程体系对应表。

2. 专业实验课程教学体系的设计

按照基础课程实验教学平台、专业基础课实验教学平台、专业课实验教学平台三大平台，学科基础、专业基础、专业综合、学科综合和创新创业五个层次序列，建立以能力和素质为导向、层次清楚、科学合理、内容完善的实验课程教学体系。

3. 整体优化实验课程教学体系

进一步优化整合专业实验课程和相关资源，彻底改革实验课程与理论课程一一对应现状，重点打造公共行政学实验、公共政策学实验、公共事业管理实验和公共管理综合实验等四门专业实验课程，提炼专业实验课程特色，整体优化实验课程教学体系。

4. 完善实验课程教学体系内各实验项目的层次、结构、内容设计

公共事业管理专业实验课程教学体系分为基础课程实验教学平台、专业基础课实验教学平台、专业课实验教学平台三大平台，学科基础、专业基础、专业综合、学科综合和创新创业五个层次，按照低年级进行基础实验、高年级加强综合实验训练和创新创业实践教育的顺序安排教学内容，设计能力训练标准和相应的实验项目，实验项目实行动态设计，即根据社会发展对人才需求的变化和专业发展的自身需要及时更新，保障实验课程教学体系的结构合理和层次清楚。

5. 规范实验教学大纲、实验项目卡片等材料

公共行政学实验、公共政策学实验、公共事业管理实验和公共管理综合实验等四门实验课程都要按照规范和要求设计相应的实验教学大纲、实验项目指导书、实验项目卡片，准备必备的设备和资料，为实验教学提供有力的支撑，为学生能力和素质的培养奠定坚实的基础。

（三）公共事业管理专业能力标准与体系具体内容

实验教学体系设计应遵循能力导向原则，即以公共事业管理专业能力需求标准为依据设计实验项目和实验课程。公共事业管理专业在设计专业实验课程体系时，应该首先对公共事业管理专业人才需求进行调研，特别是社会对公共事业管理专业人才的能力需求内容；其次，应根据调研情况归纳提炼公共事业管理专业能力标准；再次，根据能力标准设计实验项目；最后，将若干实验项目整合成实验课程。

1. 构建专业能力体系

（1）专业能力体系的形成依据

公共事业管理专业能力体系主要是基于对社会与公共管理学院（以公共事业管理专业为主）教师和学生的座谈、咨询和问卷调查，根据社会对公共事业管理专业人才的需求这一客观现实，遵循公共管理学科和公共事业管理专业建设的要求，结合创新型人才培养规律和实验教学自身规律，借鉴国内外发达地区高校公共事业管理类专业实验课程教学的经验，提出公共事业管理专业能力标准体系、能力要素及观测点，形成以能力为导向的实验项目体系。

（2）专业能力标准体系

学校根据调研社会及用人单位对本专业毕业生专业素质、能力的需求，结合学校公共事业管理专业人才培养总体要求和目标，构建本专业能力标准体系。公共事业管理专业能力标准体系包括基本能力和专业能力，基本能力包括管理基础能力、会计基础能力、调研与数据统计分析能力等；专业能力包括公共财政管理能力、公共政策分析能力、公共服务能力、公关管理能力等。通过细分能力要素，确定不同能力的要素及观测点，全面支撑知识、能力、素质三位一体的公共事业管理专业能力体系。

（3）能力的要素及观测点

①基本能力方面

管理基础能力的要素与观测点包括管理决策能力、计划能力、组织能力、领导与激励能力等；财务与会计基础能力的要素与观测点包括会计凭证的处理能力、会计账簿的等级与解读能力、会计报表的编制与解读能力、会计报表的分析能力；调研与数据统计分析能力的要素与观测点包括调查研究能力、数据的搜集、整理和描述能力、数据的分析能力、数据的应用能力。

②专业能力方面

公共政策分析能力的要素与观测点包括政策综合能力、政策设计能力、决策评估能力等；公共服务能力的要素与观测点包括电子政务应用能力、绩效评估管理能力、依法行政能力、公共服务意识、公共财政管理能力等；公关管理能力的要素与观测点

包括公关协调、危机控制、心理调适和综合创新能力等。

2. 优化以能力为导向的实验项目体系

要优化以能力为导向的实验项目体系。按照构建的专业能力体系，明确公共事业管理专业的培养路径，针对能力指标或观测点，设计培养专业能力所必需的一个或多个相对独立的实验项目，明确实验项目设计目的、实验教学组织等。

（1）基本能力方面

管理基础能力：管理决策能力可以设计管理思路搭建和决策分析两个实验项目；计划能力可以设计计划分析与制订两个项目；组织能力可以设计组织变革分析与设计两个项目；领导与激励能力可以设计激励与领导模拟演练两个项目。

财务与会计基础能力：会计凭证的处理能力可以设计基础会计模拟、财务会计模拟和成本会计模拟三个项目；会计账簿的等级与解读能力可以设计财务管理模拟实验项目；会计报表的编制与解读能力可以设计基本报表与辅助报表制作和财务分析与预算编制说明两个项目；会计报表的分析能力可以设计会计综合业务模拟、财务分析与预算编制说明两个项目。

调研与数据统计分析能力：调查研究能力可以设计直辖十周年成果调查研究项目；数据的搜集、整理和描述能力可以设计新农村建设调查、社会科学研究数据应用实验综述、统计数据的搜集与整理、统计图表、统计数据的描述等五个项目；项目数据的分析能力、SPSS软件应用、九龙坡区城乡统筹发展调查则分别体现了数据的分析能力和数据的应用能力。

（2）专业能力方面

公共政策分析能力：政策综合能力可以设计公共政策学实验概述和公共政策过程设计模拟两个项目；政策设计能力、决策评估能力可以设计公共交通政策出台模拟和物价调整方案模拟两个项目，并且这两个项目均体现了政策设计能力、决策评估能力两种能力。

公共服务能力：电子政务应用能力可以设计电子政务管理、行政审批管理两个项目；绩效评估管理能力可以设计地方（政府）绩效评估管理系统模拟项目；依法行政能力可以设计公共行政学实验概述和公共管理综合实验概述两个项目；公共服务意识可以设计社区管理实验项目；公共财政管理能力可以设计公共财务管理模拟和公共预算管理模拟两个项目。

公关管理能力：公关协调能力可以设计公共部门的机关管理、公共部门的人力资源管理和社区管理三个项目；危机控制能力可以设计公共危机管理项目；心理调适能力可以设计贪官的地狱生活设计模拟项目；综合创新能力可以设计校内综合模拟实训项目。

四、与专业能力指标对应的实验项目和课程体系

（一）与专业能力指标对应的实验项目

公共事业管理专业能力指标、实验项目设计目的、实验教学组织与实验项目体系形成一个有机的系统，能力标准与实验项目及课程对应情况具体如表1、表2所示。

表1　　　　　　与公共事业管理专业能力指标对应的实验项目

能力类别	能力标准	实验项目	课程类别
能力一：管理基础能力	1. 管理决策能力 2. 计划能力 3. 领导与激励能力 4. 组织能力	项目1：管理思路搭建 项目2：决策分析 项目3：计划分析与制订 项目4：激励与领导模拟演练 项目5：组织变革分析与设计	学科基础
能力二：财务与会计基础能力	1. 会计凭证的处理能力 2. 会计账簿的等级与解读能力 3. 会计报表的编制与解读能力 4. 会计报表的分析能力 5. 公共财政管理能力	项目1：基础会计模拟 项目2：财务会计模拟 项目3：成本会计模拟 项目4：财务管理模拟 项目5：基本报表与辅助报表制作 项目6：会计综合业务模拟 项目7：财务分析与预算编制说明	学科基础 专业基础
		项目1：公共财务管理模拟 项目2：公共预算管理模拟	专业基础
能力三：调研与数据统计分析能力	1. 调查研究能力 2. 数据的搜集、整理和描述能力 3. 数据的分析能力 4. 数据的应用能力	项目1：直辖十周年成果调查研究 项目2：新农村建设调查 项目3：九龙坡区城乡统筹发展调查	学科综合
	1. 数据的搜集、整理和描述能力 2. 数据的分析能力 3. 数据的应用能力	项目1：社会科学研究数据应用实验综述 项目2：统计数据的搜集与整理 项目3：统计图表 项目4：统计数据的描述 项目5：相关分析 项目6：SPSS软件应用	学科综合
能力四：公共政策能力	1. 政策综合能力 2. 政策设计能力 3. 决策评估能力	项目1：公共政策学实验概述 项目2：公共政策过程设计模拟 项目3：公共交通政策出台模拟 项目4：物价调整方案模拟	专业基础
能力五：公共服务能力	1. 依法行政能力 2. 电子政务应用能力 3. 绩效评估管理能力 4. 创新能力 5. 公共服务意识	项目1：公共行政学实验概述 项目2：公共管理综合实验综述 项目3：电子政务管理 项目4：地方（政府）绩效评估管理系统模拟 项目5：行政事务中的伦理设计模拟 项目6：社区管理	专业基础 专业综合
能力六：公关管理能力	1. 危机控制管理能力 2. 公关协调能力 3. 心理调试能力 4. 综合创新能力	项目1：公共危机管理 项目2：公共部门的机关管理 项目3：公共部门的人力资源管理 项目4：社区管理 项目5：贪官的地狱生活设计模拟 项目6：校内综合模拟实训	专业综合 专业基础 创新创业

表2　　　　社会与公共管理学院公共事业管理专业实验课程开设计划

序号	实验类别	实验课程名称	实验项目序号	实验项目名称	实验类型	实验课时	实验学时	实验学分	开设学期	课程开设归属学院
1	基础课程实验教学平台	大学计算机基础实验（Ⅰ）			学科基础		16	0.5	1	计信学院
2		大学计算机基础实验（Ⅱ）			学科基础		16	0.5	2	计信学院
3		程序设计基础（VF）			学科基础		16	0.5	3	计信学院
4	专业基础课实验教学平台	会计学基础实验	1	基础会计模拟	学科基础	2	16	0.5	2	会计学院
			2	财务会计模拟		4				
			3	成本会计模拟		3				
			4	财务管理模拟		3				
			5	会计综合业务模拟		4				
5		管理学基础实验	1	管理思路搭建	学科基础	3	16	0.5	1	管理学院
			2	决策分析		4				
			3	计划分析与制订		3				
			4	激励与领导模拟演练		3				
			5	组织变革分析与设计		3				
6		公共行政学实验	1	公共行政学实验概述	专业基础	2	16	0.5	3	社会与公共管理学院
			2	行政事务中的伦理设计模拟		4				
			3	贪官的地狱生活设计模拟		4				
			4	地方（政府）绩效评估管理系统模拟		6				
7		公共政策学实验	1	公共政策学实验概述	专业基础	2	16	0.5	4	社会与公共管理学院
			2	公共政策过程设计模拟		6				
			3	公共交通政策出台模拟		4				
			4	物价调整方案模拟		4				
8		公共事业管理实验	1	公共财务管理模拟	专业基础	4	16	0.5	4	社会与公共管理学院
			2	公共预算管理模拟		4				
			3	基本报表与辅助报表制作		4				
			4	财务分析与预算编制说明		4				
9	专业课程实验教学平台	公共管理综合实验	1	公共管理综合实验综述	专业综合	4	48	1.5	6	社会与公共管理学院
			2	公共部门的机关管理		8				
			3	公共部门的人力资源管理		8				
			4	社区管理		8				
			5	公共危机管理		8				
			6	电子政务管理		12				
10		社会调查研究方法实训	1	直辖十周年成果调查研究	学科综合	4	16	0.5	5	社会与公共管理学院
			2	新农村建设调查		6				
			3	九龙坡区城乡统筹发展调查		6				
11		社会科学研究数据应用实验	1	社会科学研究数据应用实验综述	学科综合	4	48	1.5	5	社会与公共管理学院
			2	统计数据的搜集与整理		8				
			3	统计图标		8				
			4	统计数据的描述		8				
			5	相关分析		8				
			6	SPSS软件应用		12				
12		校内综合模拟实训			创新创业		32	1	7	经管实验教学中心

（二）与专业能力指标对应的课程体系

完善分层次的实验课程体系。公共事业管理专业实验课程训练层次设计方案：根据实验项目的类型特点以及不同实验项目间知识的规律和逻辑性，构建由多个实验项目构成的一门实验课程。实验项目整合为课程时，要充分考虑到实验课程学时数，不同实验课程前后时序关系，专业能力培养与专业技能训练的不同，不同技能和能力对应用型、创新型人才培养的作用差异等。最终打造学科基础、专业基础、专业综合、学科综合和创新创业五个层次，基础课程实验教学平台、专业基础课实验教学平台和专业课实验教学平台三大平台，形成以能力和素质为导向的公共事业管理专业实验教学体系。

1. 学科基础层次：优化基础课程实验教学平台

基础课程实验教学平台主要体现为学科基础层次，其主要针对一、二年级本科学生，主要目标是学生基本的技能训练和实践能力培养，使学生理解和熟悉一些的基本理论知识，掌握基本技能，为专业学习打下较扎实的基础。这个阶段特别注意学生在知识结构、能力结构和素质结构几个方面的均衡发展。学科基础层次主要涵盖大学计算机基础实验（Ⅰ）、大学计算机基础实验（Ⅱ）、程序设计基础（VF）、管理学实验、会计学实验五门课程，这五门课程重在培养学生的基本技能和实践能力，通过掌握基本技能，为专业学习打下较扎实的基础。大学计算机基础实验（Ⅰ）安排在第一学期，大学计算机基础实验（Ⅱ）安排在第二学期，程序设计基础（VF）安排在第三学期，管理学实验安排在第一学期，会计学实验安排在第二学期。

2. 专业基础层次：夯实专业基础实验教学平台

专业基础实验教学平台主要体现为专业基础层次，其主要针对一、二年级本科学生，主要目标是对学生进行本专业基础实验技能训练。专业基础实验教学平台课程包括公共行政学实验、公共政策学实验、公共事业管理实验等三门课程。专业基础层次主要针对某一门课程的全部或主要内容设计，要求学生全面掌握运用相关专业的基本理论、基本知识和基本技能，以培养学生专业基本知识和基本运用能力及一定的创新能力，增强学生职业应用能力以及分析问题、解决问题的能力。公共行政学实验安排在第三学期，公共政策学实验安排在第四学期，公共事业管理实验安排在第四学期。

3. 专业综合、学科综合层次：大力推动专业课实验教学平台建设

专业课实验教学平台涵盖了专业综合、学科综合层次，其主要针对二、三年级本科学生，主要目标是使学生将所学专业理论知识融会贯通，对其进行本专业综合实验技能训练。专业综合实验教学平台课程包括公共管理综合实验、社会调查研究方法实训、社会科学研究数据应用等三门课程。专业综合、学科综合层次可针对某一门课程的全部或主要内容设计，也可将多门专业课内容组合在一起，要求学生全面掌握运用相关专业的基本理论、基本知识和基本技能，以培养学生专业知识的综合运用能力及一定的创新能力，增强学生职业应用能力以及分析问题、解决问题的能力。公共管理综合实验安排在第六学期，社会调查研究方法实训安排在第五学期，社会科学研究数据应用安排在第五学期。

4. 创新创业层次:积极建设开放与创新实验平台

开放与创新实验平台主要体现为创新创业层次,其主要针对公共管理类本科高年级学生和研究生,主要目标是激发学生研究兴趣,培养其自主创新创业能力和综合研究能力。创新创业层次鼓励立体式创新,在要求学生掌握专业技能的基础上,强调专业理论和知识的充分应用,强调专业意识、社会价值观和创新精神的培养,并根据当代信息技术的高速发展和日益普及,在实验中有意识地增加信息处理技术等创新型应用型技能训练,实现立体式创新的教育教学模式。开放与创新实验平台课程包括校内综合模拟实训、大学生科技创新项目、课外兴趣小组、挑战杯活动等,创新创业层次可通过课外综合模拟训练、科技创新活动等多种形式,采用自设实验项目的方式,在教师指导下,由学生独立完成。校内综合模拟实训安排在第七学期。

五、重构后的公共事业管理专业实验教学课程体系实施方案

(一)重点实验课程教学建设规划

系(部)主任作为教学工作第一责任人,需要经常深入教学第一线,了解教学工作,研究和解决教学中存在的问题;聘任具有高职称和高学历的教师担任专兼职督导员;按教学工作水平评估的要求,制订学校教学质量监控体系和各主要教学环节质量标准;完善学校督导团、教务处、院系、教研室四级教学质量监控体系;每学期组织期初、期中、期末教学检查工作,检查各教研室教学活动执行情况和教师课堂授课、实验授课等情况;利用新的教学管理软件全面开展学生评教活动,学生对教师的评价结果与教师考核相结合。

1. 公共行政学实验课程建设规划

公共行政学实验是公共事业管理专业的专业基础课,是为了适应 21 世纪我国社会主义现代化建设和社会发展需要而设置的。该课程意在促进本专业学生德、智、体、美全面发展,促其成为基础扎实、知识面宽、能力强、素质高、具有敬业、创新和奉献精神的高素质应用型高级专门人才,学生毕业后可在党政机关、社会团体、事业单位、社会中介组织、大专院校和科研院所等部门从事管理工作及政策法规的教学研究工作以及定性和定量分析工作。本专业开设公共行政学实验课程,进行传统行政与现代公共管理比较分析实验、重庆市服务型政府建设调查、行政组织部门模拟训练、行政服务大厅调查研究,有利于学生将理论知识用于实践。

首先,通过传统行政与现代公共管理比较分析实验,让学生掌握传统行政方法和现代公共管理方法,学会比较分析,发现传统方法的不足,新方法的长处,为今后行政管理方法的创新奠定基础。

其次,通过重庆市服务型政府建设调查,使学生学会调查分析方法,学会运用 SPSS 统计软件,通过具体的数据建立数学模型(线性回归方程),提高学生发现、分析问题的能力,为学生毕业后进入相关部门工作奠定一定的基础。

再次,进行行政组织部门模拟训练,使学生了解行政组织部门的相关工作性质、工作任务、相关问题的处理方法,为学生进入行政部门奠定基础。

最后，进行行政服务大厅调查研究有利于学生深入实际，观察、分析行政服务大厅运行状况，提出对服务大厅工作改进措施，提高学生思考问题能力。

总之，通过以上实验的训练，使学生学会应用 SPSS 统计软件、各种政策分析方法，掌握政策分析技能，提高学生分析问题和解决问题的能力。

2. 公共政策学实验课程建设规划

公共政策学实验是公共事业管理专业的专业基础课，是为了培养本专业适应 21 世纪我国社会主义现代化建设和社会发展需要而设置的。该课程意在促进本专业学生德、智、体、美全面发展，使其成为基础扎实、知识面宽、能力强、素质高、具有敬业、创新和奉献精神的高素质应用型高级专门人才。学生毕业后可在党政机关、社会团体、事业单位、社会中介组织、大专院校和科研院所等部门从事管理工作及政策法规的教学研究工作以及定性和定量分析工作。本专业开设公共政策实验课程，进行公共政策制定模拟分析、公共政策定量分析、群体决策的择案规则及其分析、决策模型分析以及学校管理决策支持系统模型模块设计，有利于学生将理论知识用于实践。

首先，通过公共政策制定模拟分析演示，让学生进行政策过程模拟，从而了解以下内容：①政策问题提出；②公共政策方案设计；③公共政策系统（主体、客体及环境）分析；④公共政策执行模拟；⑤公共政策评估模拟；⑥公共政策调整模拟。

其次，通过公共政策定量分析，使学生学会运用 SPSS 统计软件，通过具体的数据建立数学模型（线性回归方程），寻找政府财力投资与经济发展的相关关系，分析现行财政政策的不足，提出今后财政政策建议，为学生毕业后进入相关部门进行政策分析奠定一定的基础。

再次，进行群体决策的择案规则及其分析，使学生学会利用正负表决法、赞成法、博尔达技术计数等，分析群体决策的择案规则。

然后，进行决策模型分析，使学生了解政治分析模型、经济分析模型和数学分析模型在政策分析研究中的具体应用。

最后，进行学校管理决策支持系统模型模块设计，利用熟悉环境和基本情况的基础，系统分析学校管理体制及运行机制，建立影响或决定学校管理水平的指标评价系统，初步设计管理决策支持系统模型。

总之，通过以上实验的训练，使学生学会应用 SPSS 统计软件、各种政策分析方法，掌握政策分析技能，提高学生分析问题和解决问题的能力。

3. 公共事业管理实验课程建设规划

本课程的性质属于专业基础课，属于亲验式学习，具有很强的参与性、竞争性和实践性。学生是学习的主体，老师是客体，学生通过亲自动手参与模拟管理过程的经营决策，领悟和验证管理理论的科学性和艺术性的方式来完成学习。

（1）公共财务管理

本专业技能训练以用友财务软件为基础，着重学习 ERP 管理软件（用友 ERP－U8.50 版）中行政事业单位财务会计业务处理的基本知识和操作方法。本技能训练要求学生掌握行政事业单位账套设置、凭证录入、报表输出、财务分析等专业技能/训练主要内容包括：行政事业单位会计信息系统基础知识、基础设置、总账、会计数据综合查询、行政事业单位资产负债表编报等。

(2) 公共预算管理

本课程使用的是预算管理系统软件。本课程的目的是拓展学生关于公共预算管理的知识范围，将预算和管理结合起来，掌握公共预算编制的实务，培养学生编制公共部门预算表的实际操作能力。具体测试内容包括编制行政事业单位预算表等。

预期效果：本课程的具体目标是让学生通过实验，调动学生的学习积极性，验证各种管理理论的实用性，发现自己在系统思维上存在的不足，提高融会贯通应用各门专业课程知识的能力，为毕业后尽快获得较强的综合运用知识能力打下基础。

4. 公共管理综合实验课程建设规划

本课程的性质属于专业综合课，采用体验式学习，具有较强的参与性和实践性。学生学习的主体，老师是客体，学生通过亲自动手参与模拟公共管理和公共事务的过程，领悟和感受公共部门管理的科学性和艺术性。

教学目的：本课程的具体目标是让学生通过实验，了解并熟悉公共管理的工作流程，调动学生的学习积极性，验证各种管理理论的实用性，发现并纠正学生在系统思维上存在的偏差，提高学生融会贯通应用各门专业课程知识的能力，为毕业后尽快获得较强的综合运用知识能力打下基础。

教学要求：使学生熟悉公共管理的业务流程，了解模拟公共部门的人力资源配置，熟悉实验规则，完成规定的各种实验过程，分析各阶段模拟决策结果及其原因，并最终完成实验报告。具体包括：①了解公共部门的管理状况，熟悉业务流程。②明确公共管理各个环节的主要矛盾，制定相应对策，实现管理目标。③在老师的组织下依次进行各周期的模拟实践，了解公共部门的机关事务管理流程，掌握公共部门人力资源管理和相应的人事规则，了解和熟悉社区管理中各种公共管理部门之间的关系，明确公共危机管理中各个环节决策过程，学会运用电子政务，掌握行政审批的关键环节，同时包含老师的点评。

预期效果：本课程促使学生通过实验，了解并熟悉公共管理的工作流程，调动学生的学习积极性，验证各种管理理论的实用性，发现并纠正学生在系统思维上存在的偏差，提高学生融会贯通应用各门专业课程知识的能力，为毕业后尽快获得较强的综合运用知识能力打下基础。

(二) 实验课程教学质量监控体系建设

学校形成了较为完善的实验教学检查和质量监控体系，对各实验教学环节的监控措施不断加以完善，对各种实验教学工作行使督查、调研、评价、指导、咨询职能，定期组织校、院督导进行交流总结活动，编发督导简报和消息，为校领导决策提供依据，为各学院及时发现、解决问题提供信息，有效促进了教学质量的提高，教风趋于良好，人才培养模式更加符合财经大学的办学特色与定位。

学校在本学期调整、选拔、充实了以高级职称为主的专兼职教学督导队伍，采取听课、师生座谈、学生评教打分、课堂满意率问卷及到课率检查、开学准备工作与期中检查、抽查考试（试卷）、实验报告、了解教师指导学生实验教学情况、提出建议和改进措施等方式进行教学质量督查。

社会与公共管理学院质量监控体系健全，以系统的教学管理模式和科学的质量监控机制为学生提供优质服务。学院选拔有丰富教学经验的教师成立听评小组，以评促教，定期进行课堂观摩活动，把教学基本功作为听评重点，课堂及时组织经验交流，取长补短，帮助教师提高基本功。

（1）实验（实训）备课项中的指导书一项涉及的环节内容包括：实验分析、教学目的、教学重难点、教学方法、教学过程、突出技能训练及教学后记。指导书环节全，内容详细，书写规范，评定为5分；环节全，内容详细，书写欠规范，评定为4分；环节全，内容详细，书写欠规范，评定为3分；环节全，内容简单，书写潦草，评定为2分；环节不全，内容简单，书写潦草，评定为1分。

（2）教学手段：符合以能力、素质为导向的实验教学目标，采用多媒体、软件教学，实践环节体现明显，评定为5分；符合以能力、素质为导向的教学目标，有实践环节，教学辅助材料充分，评定为4分；符合以能力、素质为导向的教学目标，实践环节欠佳，有教学辅助材料，评定为3分；符合教学目标，大部分是理论传授，评定为2分；不符合教学目标，全部理论传授，评定为1分。

（3）课堂设计：教学方法灵活新颖，所用教法与该节实验课程内容协调，课堂调控能力强，评定为5分；教学方法灵活新颖，所用教法与该节课程内容比较协调，课堂调控能力好，评定为4分；教学方法灵活新颖，所用教法与该节课程内容不协调，课堂调控能力一般，评定为3分；教学方法不适用该节课内容，课堂调控能力一般，评定为1分。

（4）知识内容：所授知识系统、丰富、正确，符合该专业要求的知识标准，评定为5分；所授知识系统、丰富、正确，与该专业要求的知识标准基本符合，评定为4分；所授知识系统、欠丰富、正确，与该专业要求的知识标准不太符合，评定为3分；所授知识系统、欠丰富、无知识错误，与该专业要求的知识标准太深或太浅，评定为2分；所授知识系统、欠丰富、有知识错误，与该专业要求的知识标准不符合，评定为1分。

（5）课堂互动：教师与学生互动环节明显，达到预期效果，教学主体性体现明显，评定为15分；教师与学生互动环节明显，达到预期效果，体现教学主体性，评定为13分；教师与学生互动环节明显，效果不明显，教学主体性体现一般，评定为11分；教师与学生互动环节明显，效果一般，评定为9分；教师与学生有互动环节，有一定效果，评定为6分。

（6）师德：授课中有明显德育渗透，学生领会，评定为5分；授课中有明显德育渗透，学生基本领会，评定为4分；授课中有明显德育渗透，学生领会一般，评定为3分；授课中有明显德育渗透，学生不领会，评定为2分；授课中无德育渗透，评定为1分。

（7）教学效果：95%的学生掌握教学内容，评定为10分；85%的学生掌握教学内容，评定为8分；70%的学生掌握教学内容，评定为6分；60%的学生掌握教学内容，评定为4分；40%的学生掌握教学内容，评定为2分。

（8）实验报告等作业量：8次以上评定为5分，6~7次评定为4分，4~5次评定为3分，4次评定为2分，3次及以下评定为1分。

（9）实验报告等作业批改：批改认真，有详细评语，并有批改记录，评定为5分；批改认真，无评语，有批改记录，评定为4分；批改认真，无评语，有记录，评定为3分；有批改，无记录，评定为2分；无批改，评定为1分。

（10）实验效果：优秀率20%以上、及格率90%以上，评定为15分；优秀率15%以上、及格率85%以上，评定为13分；优秀率70%以上、及格率80%以上，评定为11分；优秀率60%以上、及格率80%以上，评定为分9分；及格率80%以上，评定为7分。

（11）教学创新：备课、授课、作业及考核各环节尝试最新手段，能成为同行学习的榜样，善于探索并有总结，评定为5分；备课、授课、作业及考核在任一环节有创新，成为同行学习的榜样，善于探索并有总结，评定为4分；备课、授课、作业及考核在任一环节有创新，善于探索并有总结，评定为3分；备课、授课、作业及考核在任一环节有创新，无总结，评定为2分；备课、授课、作业及考核无一环节创新，评定为1分。

（12）善于探索研究总结教学经验，有论文发表在核心刊物上，评定为5分；善于探索研究总结教学经验，有论文发表，评定为4分；善于探索研究总结教学经验，有论文，评定为3分；善于探索研究，有教学总结，评定为分2；仅有教学经验总结，评定为1分。

（三）公共事业管理专业实验课程教学方法和手段

教学方法和手段在实现办学目标与特色方面具有直接的作用，为了突出我校公共事业专业办学特色，不断改进和完善教学方法，我校在教学中采用以下教学方法和手段。

1. 开放教学法

开放教学法是以教师、教材、课堂为中心的教育方式。传统的教学方式是学生坐在教室里按照既定的教学计划和教学内容，各学期修完若干实验课程考试合格以后，就可以拿到毕业文凭，最后的结果是"教师课上满堂灌，学生课下不知怎么办"。所以，要打破这种"师生面对面，课堂满堂灌"的封闭式、注入式的教育方式，应采取请进来、走出去的开放式教学方法。具体做法是：

（1）请市内外大学相关专业的知名学者做兼职教授，定期到学校传播各种新思想、新理论和学术动态，开阔学生视野，使学生及时获取新的知识和信息。

（2）请企业家走上实验实训课堂，介绍创业及成功的经验和教训，通过"现身说法"增强学生的感性认识，提高学生的学习积极性和主动性。

（3）利用学校三个学期的特殊安排，积极引导安排学生走向社会进行社会实践活动，有计划地安排学生参与公共事业某项具体的业务或管理工作，将实验实训变成真正的实践，以此检验学生所学理论的科学性，使学生汲取新的营养。这样学生可以从感性上了解、认识公共事业管理的经营规律，掌握一些操作方法和手段，同时在实践中不断磨炼意志，坚定信念，逐步走向成熟。

2. 项目模拟教学法

项目模拟教学法是一种很常见的实验课堂教学方法。实验课堂教学以任务（项目）为载体，以问题解决过程为导向，引入热点现象作为活动训练项目，进行情境教学，以学生为主体、教师为主导进行课堂教学。其具体方法就是教师退后，将课堂时间让给学生，把学生分成若干小组，采用任务形式，充分调动每一个学生的学习积极性和参与欲，教师只作引导，让学生自主学习，提高教学效果。

在开放的市场经济条件下，为了使我国企业充分利用国内外两个市场、两种资源，公共事业专业必须向市场输送一大批具有坚实理论基础和一定实践经验与实际操作能力的人才。而模拟教学是提高实验实训课堂教学质量和提高学生实际操作能力的有效途径之一。公共事业管理专业是一门实践性较强的应用学科，在教学中如何培养学生的实际操作能力和加强基本技巧的训练，使学生得到更多的感性认识，真正做到学以致用是学习这些实验课程的关键所在。通过模拟教学、角色扮演和情景再现使学生"身临其境"，充分体验现实中公共事业管理的各个环节和整个过程，模拟融入整个系统，必将大大增强学生的动手能力，提高实际操作能力，达到事半功倍的效果。

3. 案例教学法

理论来源于实践，实践又使理论进一步升华。对现实经济生活中典型案例的分析，一方面可以检验所学书本知识的正确与否，增强鉴别能力和分析判断能力；另一方面又可以从中学到新东西，使原有理论得以修正、完善和发展。案例教学是启发式教学，能增强学生的参与意识，其理论基础是实践出真知。案例教学的精华在于学以致用，学用结合。案例教学法使学生被动学习变为主动学习，改掉了学生死读书、读死书的毛病，它最突出的特点是用所学的理论创造性地解决实际问题，以提高学生独立的思维能力和解决问题的能力。案例分析为学生提供了施展才能的机会，参与者可以各抒己见，取长补短，集思广益，共同研究。案例并非黑白两色的单纯世界，现实纷繁复杂，办法多多益善，通过了解他人的间接经验，可以使学生启迪心智，增长才干。案例教学，要求每个参与者认真阅读，彻底搞懂老师提供的案例；进入角色，进行详细的分析，找出症结所在，并以简短语句概括；提出多种可能的解决方案；拟出决策标准，做出决策，提出建议。

4. 探究式教学法

近几十年来，在教学方法上，创造性的探究式教学已成为当今世界各国科学教育的主流，它强调探究的过程和方法，注重"创造力"的培养，主张变革传统的教学，是强调以学生动手实验为中心，并辅以阅读教材，参看录像等直观手段，教师设疑提问，最后通过实验、讨论而得出结论来获取知识的一种教学方法。探究式教学可以实行小组制，一个班级分成若干个小组，每个小组就是一个团队，各个小组之间形成竞争。整堂课以发展学生探索能力为主线来组织教学，以培养探究性思维的方法为目标，培养学生个人思维与团队配合能力和素质，使学生通过再发现的步骤进行主动学习。这种新型的教学方法克服了传统的"注入式"教学，也培养了学生良好的团队意识。

在公共管理学科以及其他的经济、管理等学科中，存在着大量的实践或实际问题，针对这些问题，采用探究式教学，在教师指导下，由学生通过收集资料、实地调研、征求专家意见，最后运用自己的知识、经验和思维，找出解决问题的途径。探究式教学对于应用型人才的培养，提高学生的综合素质有重要意义。

5. 多媒体（网络）教学法

多媒体教学手段是一种现代教育技术，实验课堂教学引入多媒体课件，并与传统实验教学相结合，将增大实验教学课堂的信息量，使传统课堂教学更加直观、生动、具体、容易理解。在教学手段上，该教学法鼓励教师使用多媒体软件、课件和教学辅助材料如电子图书馆、电子教材、电子资料室。实验课程教学课件的制作可以采用PPT、动画、图片、施工现场录像等多媒体教学手段。教学中，可使用模拟电子政务软件，模拟演示政府、企业、个人三种角色；教育事业、科学研究业务领域的实验项目可使用案例教学软件；文化、体育、卫生等公共事业等领域的实验项目可使用影视等多媒体资料进行演示，充分拓宽教学的领域。

实验课程教学中教师制作该实验课程的电子课件、电子教材、教学素材库、案例库、角色模拟互动等教学资源，形成网络实验课程，使之具备助教系统、助学系统、自测系统。教师利用助教系统进行网上备课、网上教学、网上答疑。学生利用助学系统进行课后练习、完成作业、网上提问、学习测试等。这一教学手段的应用将提高学生课后灵活学习、自主学习的积极性。

（四）公共事业管理专业实验教学体系建设保障措施

我们通过对公共事业管理专业的师生的调研和比较研究，理清了我校公共事业管理专业实验教学的发展现状和存在的问题，充分认识到专业能力的重要性，专业能力建设不仅对社会需要、学生就业有重要意义，同时对学科建设、专业发展也是关键所在，这为进一步明确我校公共事业管理专业实验教学体系改革以及完善公共事业管理专业实验教学体系奠定了坚实的基础。

1. 要高度重视实验教学体系建设，积极推动实验教学体系改革

学校应进一步更新观念，充分发挥教育主体作用，进一步明确实验教学体系改革的目标和思路，构建以能力为导向的实验教学体系，培养学生的综合素质；按照实验教学改革理念积极进行实验课程教学内容的组织与安排，研究制定公共事业管理专业实验教学建设规划，明确本专业实验课程建设目标；实验教学体系改革方向要适应新时期我国公共事业改革和发展的需要，实验教学打造基础课程实验教学平台、专业基础课实验教学平台和专业课实验教学平台三大平台；按照学科基础、专业基础、专业综合、学科综合和创新创业五个层次，以能力和素质为导向重构公共事业管理专业实验教学体系；实验教学内容改革要按照"立足大公共事业，面向大市场"的建设思路，切实加强专业内涵建设和特色发展。

2. 要加大专业扶持力度，夯实实验教学师资队伍建设

（1）加强实验教学师资队伍的建设规划

通过培养、结对子、兼职、访问进修等形式，规划建设一支数量和结构合理，专业理论水平、教学实践和科研水平较高的实验教学教师队伍。

建立健全奖惩激励机制，形成制度，鼓励、奖励引导教师勇挑重担，多做贡献，多出成果。

（2）完善相关措施

一是加强"双师"型教师队伍建设，积极引入有丰富实践经验的校内外人士担任实验教学教师。以专业带头人、骨干教师为核心构建"双师结构"的专业教师队伍，加大与政府企业兼职教授的交流合作，聘请10名行业专家为兼职教师，进行专业实验课程、实践实训课程的教学与指导工作；选派双师素质教师到公共部门、企业挂职锻炼和短期培训，全面提高公共事业管理专业专任教师的教育教学水平和实践操作能力。

二是对新上课教师实行"导师制"，形成"老—中—青"可持续的实验教学梯队。

三要鼓励中青年教师进修学习、提高学历和业务素质。通过引入先进教学仪器设备和教学相关资料，为中青年教师提供平台，鼓励教师多出成果。

3. 要进一步提升硬件建设水平，加强校内实验实训室建设

（1）改善实验实训教学条件

将理论教学和实验教学有机结合，实验目标是培养学生综合能力和创新素质。充分利用学校国家级经济管理实验教学中心这一丰富资源，培养学生实践能力和创新能力，实现理论与实践紧密联系，密切学校与社会联系，打造学生实践能力和创新能力培养的基地。

进一步完善校内实验实训室，优化模拟实训教学系统，建立以计算机为核心的"电子政务实训室"和网上模拟实训系统，学生在电子政务实训室内模拟电子政务实务。通过计算机模拟政府、企业和个人等不同的社会角色，根据具体情况做出正确的分析、判断和处置，帮助学生提高认识和把握政府工作实际的能力，增加学生对政府部门电子政务和公共管理的感性认识，开阔眼界。

（2）专业教学资源库的建设

利用现代信息技术手段，通过信息技术与实验课程的有效整合来实现一种理想的学习环境和全新的、能充分体现学生主体作用的学习方式，从而彻底改变传统的实验教学结构和教育本质，达到大批培养创新人才的目的，将专业核心实验课程的校本教材、文本教案、案例、常见问题解答、课件上网，以实现资源共享。

表3　　　　　　　　　与专业能力对应的实验项目和课程体系

能力类别	能力标准	实验项目	实验课程	课程类别
能力一：管理基础能力	①管理决策能力 ②计划能力 ③领导与激励能力 ④组织能力	项目1：管理思路搭建 项目2：决策分析 项目3：计划分析与制订 项目4：激励与领导模拟演练 项目5：组织变革分析与设计	管理学基础实验	学科基础
能力二：财务与会计基础能力	①会计凭证的处理能力 ②会计账簿的等级与解读能力 ③会计报表的编制与解读能力 ④会计报表的分析能力	项目1：基础会计模拟 项目2：财务会计模拟 项目3：成本会计模拟 项目4：财务管理模拟 项目5：基本报表与辅助报表制作 项目6：会计综合业务模拟 项目7：财务分析与预算编制说明	会计学基础实验	学科基础 专业基础
	①公共财政管理能力	项目1：公共财务管理模拟 项目2：公共预算管理模拟	公共事业管理实验	专业基础
能力三：调研与数据统计分析能力	①调查研究能力 ②数据搜集、整理和描述能力 ③数据的分析能力 ④数据的应用能力	项目1：直辖十周年成果调查研究 项目2：新农村建设调查 项目3：九龙坡区城乡统筹发展调查	社会调查研究方法实训	学科综合
	①数据的搜集、整理和描述能力 ②数据的分析能力 ③数据的应用能力	项目1：社会科学研究数据应用实验综述 项目2：统计数据的搜集与整理 项目3：统计图表 项目4：统计数据的描述 项目5：相关分析 项目6：SPSS软件应用	社会科学研究数据应用实验	学科综合
能力四：公共政策能力	①政策综合能力 ②政策设计能力 ③决策评估能力	项目1：公共政策学实验概述 项目2：公共政策过程设计模拟 项目3：公共交通政策出台模拟 项目4：物价调整方案模拟	公共政策学实验	专业基础
能力五：公共服务能力	①依法行政能力 ②电子政务应用能力 ③绩效评估管理能力 ④创新能力 ⑤公共服务意识	项目1：公共行政学实验概述 项目2：公共管理综合实验综述 项目3：电子政务管理 项目4：地方（政府）绩效评估管理系统模拟 项目5：行政事务中的伦理设计模拟 项目6：社区管理	公共行政学实验	专业基础
能力六：公关管理能力	①危机控制管理能力 ②公关协调能力 ③心理调试能力 ④综合创新能力	项目1：公共危机管理 项目2：公共部门的机关管理 项目3：公共部门的人力资源管理 项目4：社区管理 项目5：贪官的地狱生活设计模拟 项目6：校内综合模拟实训	公共管理综合实验 校内综合模拟实训	专业综合 创新创业

```
基础实验  ⟹  学科基础实验  ⟹  专业实验  ⟹  综合实训
```

第一学期：大学计算机基础实验（Ⅰ）⟹ 管理学实验

第二学期：大学计算机基础实验（Ⅱ）⟹ 会计学实验

第三学期：程序设计基础（VF）⟹ 公共行政学实验

第四学期：公共政策学实验、公共事业管理实验

第五学期：社会调查研究方法实训、社会科学研究数据应用

第六学期：公共管理综合实验

第七学期：校内综合模拟实训

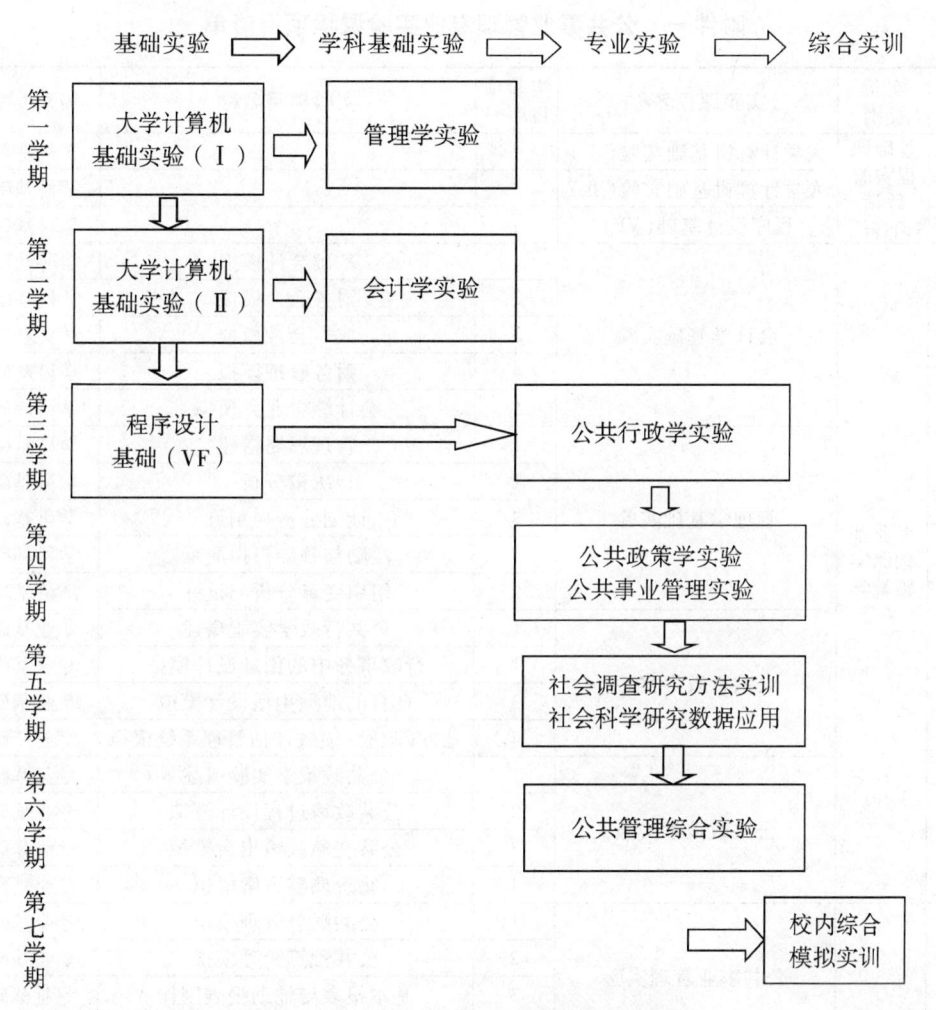

图1 公共事业管理专业实验课程体系图

附件一 公共事业管理专业实验课程项目清单

序号	实验类别	实验课程名称	实验项目序号	实验项目名称	实验类型
1	基础课程实验教学平台	大学计算机基础实验（Ⅰ）			学科基础
2		大学计算机基础实验（Ⅱ）			学科基础
3		程序设计基础（VF）			学科基础
4	专业基础课实验教学平台	会计学基础实验	1	基础会计模拟	学科基础
			2	财务会计模拟	学科基础
			3	成本会计模拟	学科基础
			4	财务管理模拟	学科基础
			5	会计综合业务模拟	学科基础
5		管理学基础实验	1	管理思路搭建	学科基础
			2	决策分析	学科基础
			3	计划分析与制订	学科基础
			4	激励与领导模拟演练	学科基础
			5	组织变革分析与设计	学科基础
6		公共行政学实验	1	公共行政学实验概述	专业基础
			2	行政事务中的伦理设计模拟	专业基础
			3	贪官的地狱生活设计模拟	专业基础
			4	地方（政府）绩效评估管理系统模拟	专业基础
7		公共政策学实验	1	公共政策学实验概述	专业基础
			2	公共政策过程设计模拟	专业基础
			3	公共交通政策出台模拟	专业基础
			4	物价调整方案模拟	专业基础
8		公共事业管理实验	1	公共财务管理模拟	专业基础
			2	公共预算管理模拟	专业基础
			3	基本报表与辅助报表制作	专业基础
			4	财务分析与预算编制说明	专业基础
9	专业课程实验教学平台	公共管理综合实验	1	公共管理综合实验综述	专业综合
			2	公共部门的机关管理	专业综合
			3	公共部门的人力资源管理	专业综合
			4	社区管理	专业综合
			5	公共危机管理	专业综合
			6	电子政务管理	专业综合
10		社会调查研究方法实训	1	直辖十周年成果调查研究	专业综合
			2	新农村建设调查	专业综合
			3	九龙坡区城乡统筹发展调查	专业综合
11		社会科学研究数据应用实验	1	社会科学研究数据应用实验综述	专业综合
			2	统计数据的搜集与整理	专业综合
			3	统计图表	专业综合
			4	统计数据的描述	专业综合
			5	相关分析	专业综合
			6	SPSS软件应用	专业综合
12		校内综合模拟实训			创新创业

附件二 我校公共事业管理专业实验课程教学体系与教学内容改革调研调查问卷

（教师卷）

一、实验教学总体情况

1. 近年来学校实验教学工作水平提高程度（   ）

   A. 有很大提高   B. 有较大提高   C. 不明显   D. 倒退

2. 您对学校目前的实验教学工作认可程度（   ）

   A. 很满意   B. 满意   C. 基本满意   D. 不满意

3. 影响当前实验教学质量的因素中，您认为主要的有（   ）（不超过 4 项）

   A. 实验教学队伍不稳定   B. 缺乏高水平的实验教学师资

   C. 专职实验技术人员不够   D. 教师投入精力不足

   E. 实验教学条件得不到保障   F. 政策导向不合理

   G. 实验教学改革和创新意识不强

二、实验教学内容与体系

1. 实验课程列入人才培养方案的学时与学分占总学时与学分的比例情况（   ）

   A. 合理   B. 基本合理   C. 不合理,应提高比例   D. 不合理,应降低比例

2. 专业实验教学课程实际开设情况（   ）

   A. 超过人才培养方案的规定   B. 与人才培养方案完全一致

   C. 稍有调整,但学时学分变化不大   D. 与人才培养方案的规定有较大的差距

3. 近年来实验教学内容的更新情况（   ）

   A. 能及时得到更新   B. 更新了一部分   C. 没有更新   D. 不清楚

4. 在下表中，将学生的素质结构分为思想道德素养、知识素养、能力素养、心理素养四个方面，您认为在本专业实验课程教学的实施过程中，哪些素养的培养是最欠缺的？（注:请您在相应的选项中画"√"。表中的"其他"选项是指您可自填您认为更适宜的选项。）

内容	序号	项目类别	选择	序号	项目类别	选择
思想素养	A	政治理论水平		E	道德意识	
	B	思想认识水平		F	法制观念	
	C	世界观与人生观		G	进取精神	
	D	事业心与责任感		H	其他	
知识素养	A	基础理论知识		F	自然科学知识	
	B	专业基础知识		G	社会科学知识	
	C	专业技术知识		H	人文科学知识	
	D	相关学科知识		I	其他	
	E	跨学科知识				

表(续)

内容	序号	项目类别	选择	序号	项目类别	选择
能力素养	A	自学能力		I	实际操作能力	
	B	分析综合能力		J	外语能力	
	C	信息处理能力		K	计算机应用能力	
	D	社会适应能力		L	文字写作能力	
	E	组织管理能力		M	口头表达能力	
	F	研究能力		N	社交能力	
	G	创新能力		O	其他	
	H	社会实践能力				
心理素养	A	自信心		F	自我调节能力	
	B	自主性		G	与人合作能力	
	C	意志力		H	角色意识	
	D	判断力		I	其他	
	E	自我评价能力				

三、实验教学与实验室建设

1. 目前本专业的实验课程体系设置(　　)

A. 科学合理　　　B. 基本科学合理　　　C. 欠科学合理

2. 您认为实验课程体系应按照以下哪项设置更为合理(　　)

A. 实验课独立设课,按一级学科分模块,分层次设置　　B. 依附于理论课设置

3. 您所授课程的实验教学内容(　　)

A. 能紧扣科技和社会发展前沿,更新及时　　B. 更新不够及时

C. 沿用几年前的内容　　　　　　　　　　　D. 内容陈旧,脱离实际

4. 您所授课程的实验项目开出情况(　　)

A. 全部开出　　　B. 基本开出　　　C. 还有部分未开出

5. 实验项目未开出的主要原因(　　)(可多选)

A. 缺乏实验技术人员　　B. 实验师资水平不够　　C. 实验经费不够

D. 实验设备达不到要求　　E. 实验材料达不到要求

6. 影响实验项目开出质量的主要因素(　　)(可多选)

A. 实验师资数量　　　　　　B. 实验师资水平

C. 实验仪器、设备和材料　　E. 学生的参与程度

7. 实验教学过程中您是否注重学生的创新能力和综合素质培养(　　)

A. 注重　　　B. 比较注重　　　C. 不太注重

8. 现代教育技术在实验教学中的应用情况(　　)

A. 应用较多　　B. 偶尔应用　　C. 根据教学需要而定　　D. 从不应用

9. 你采用的实验课程教学方法包括(　　)

A. 开放教学法　　　　B. 项目研讨法　　　　C. 情景模拟教学法

D. 案例教学法　　　　　E. 探究式教学法　　　　F. 多媒体（网络）教学法

10. 您所授实验课程的学生成绩评定方式为（　　），您认为哪种方式较适合您所授实验课程（　　）

A. 单独考核，单独记成绩，记学分

B. 单独考核，成绩按一定百分比计入课程总成绩

C. 与理论课合并为一张试卷考核

D. 不考实验，以理论课考核成绩为准

11. 您所授实验课程考试方式（　　）（可多选）

A. 试卷　　B. 操作考试　　C. 依据平时的实验报告　　D. 依据平时的操作

12. 所在单位实验室开放情况（　　）

A. 全方位开放（时间、空间、内容）　　B. 部分开放

C. 只对创新性实验项目开放　　　　　D. 不开放

13. 所在单位实验室的实验人员、设备、场地等资源共享情况（　　）

A. 完全共享　　　　B. 部分共享　　　　C. 各自为政

14. 所在单位的实验人员近三年培训情况（　　）（可多选）

A. 在职进修　　　B. 跟班听课　　　C. 参与教师科研

D. 专项培训　　　E. 没有培训

15. 您认为对实验技术人员的学历要求（　　）

A. 至少专科以上　　　B. 至少本科以上　　　C. 至少研究生以上

16. 在大学生中开展实验操作技能训练和竞赛（　　）

A. 有必要　　　B. 可有可无　　　C. 不必要

附件三 我校公共事业管理专业实验课程教学体系与教学内容改革调研提纲

		调研内容	备注
实验师资队伍状况	职称结构	本学科现有教授　名、副教授　名、讲师　名、助教　名。	各层次师资队伍的百分比。
	学历结构	博士　名、硕士　名、本科　名。	
	年龄结构	50岁以上　人、35~50岁　人、35岁以下　人。	
	主讲教师	1. 教授、副教授授课比例； 2. 有无外聘教师任课； 3. 有无青年教师培养计划及培养措施。	计算授课比例。
实验课程教学基本条件	实验室	1. 现有实验室个数； 2. 实验室建设情况； 3. 实验设备台(套)数； 4. 现有实验设备能否满足实验教学需要； 5. 实验室管理制度是否健全； 6. 实验室是否实行开放； 7. 技术队伍状况； 8. 今后实验室建设的基本思路。	1. 有关实验室管理制度； 2. 实验室记录。
	教师工作条件	1. 教师办公条件； 2. 教师工作条件； 3. 教学环境。	
实验课程教学的组织与管理	实验教学规章制度	1. 本学科是否有完善的实验教学管理规章制度； 2. 制度的执行情况。	具体的管理制度。
	实验教学任务的落实	1. 是否每学期召开实验教学工作会，安排布置实验教学工作； 2. 实验教学任务分配情况。	1. 具体的会议记录； 2. 教学任务书； 3. 课程教学进度表。
	实验预试	1. 有无预试制度； 2. 执行情况。	
	教学质量	1. 是否召开学生座谈会，了解学生对实验教学工作的意见和建议； 2. 教学质量的总体评价； 3. 学生及督导组的反馈信息。	听课、学生座谈会记录，督导组的反馈信息。
实验教学方法	教学方法	1. 情景模拟教学法； 2. 案例教学法； 3. 多媒体(网络)教学法； 4. 上机操作法。	
	教学成果	实验教学成果情况。	提供具体材料。

表(续)

		调研内容	备 注
实验课程内容	实验项目	1. 开设的实验课个数、内容、开出率； 2. 是否开设了综合性、设计性实验项目,百分比； 3. 今后实验教学改革的基本思路。	1. 实验教学安排、进度表； 2. 综合性、设计性实验开设情况。
实验考核方法	考试命题	1. 是否有命题计划； 2. 考试命题的组织。	
	考核方法	1. 上机操作； 2. 实验报告； 3. 小作业。	
存在问题及意见或建议		1. 本学科目前实验教学中存在的问题,解决的建议或意见； 2. 对学院建立实验教学监控体系的意见与建议。 3. 对学院实验教学管理工作的意见或建议。	

(项目负责人:王鹏　项目组成员:周重阳　纪杰　唐礼武　夏涛　袁俊萍)